武汉市住房保障和房屋管理课题研究成果汇编（2019年度）

邓万想　主编

WUHAN UNIVERSITY PRESS
武汉大学出版社

图书在版编目(CIP)数据

武汉市住房保障和房屋管理课题研究成果汇编:2019年度/邓万想主编.—武汉:武汉大学出版社,2020.7

ISBN 978-7-307-21479-8

Ⅰ.武… Ⅱ.邓… Ⅲ.①住宅—社会保障—研究成果—汇编—武汉—2019 ②房地产管理—研究成果—汇编—武汉—2019 Ⅳ.①D632.1 ②F299.276.31

中国版本图书馆CIP数据核字(2020)第072956号

责任编辑:聂勇军　　责任校对:李孟潇　　版式设计:韩闻锦

出版发行:**武汉大学出版社**　(430072　武昌　珞珈山)

(电子邮箱:cbs22@whu.edu.cn　网址:www.wdp.com.cn)

印刷:广东虎彩云印刷有限公司

开本:720×1000　1/16　印张:31.5　字数:635千字　插页:1

版次:2020年7月第1版　　2020年7月第1次印刷

ISBN 978-7-307-21479-8　　定价:88.00元

编 委 会

前　言

为全面深化住房保障房管事业改革，切实加强顶层设计，更好地实现高效便民、服务群众的房管宗旨，全面提高房管工作科学决策能力和服务水平，我局连续四年开展课题研究工作，注重创新，补齐短板，破解难题，促进发展。

2019年度我们围绕市委市政府中心工作和房管工作重点、难点、热点问题，开展课题研究共计14项，面向社会公开招标，借助外脑，共破难题。研究范围涵盖广泛，既包括应用型的行政审批“容缺受理”、企业自持租赁房、房屋安全鉴定费标准、信访智能应答、测绘面积管理、优秀历史建筑档案管理，也包括综合型的租赁市场风险防控、公租房服务定价、市场监管机制、物业公共收益、预售资金监管模式创新、维修资金续筹、房管系统法制建设及房地产金融创新等。这些课题报告涵盖了住房保障、房地产市场管理、房屋管理等各项房管工作，从不同层面反映了房管工作取得的新成绩，客观分析了当前面临的困难和问题，提出了许多有价值的对策和建议，形成了一系列既体现当前房管工作特点，又符合未来房管工作发展趋势的课题成果，具有强烈的针对性和代表性。

文可载道，以用为贵。为全面展示我局课题研究成果，充分发挥这些成果的作用，加强各单位之间的交流学习，我们将2019年度课题研究成果报告收集汇编成册，供大家学习交流，共同提高。

由于时间仓促和编辑水平有限，不当之处在所难免，敬请批评指正。

二〇一九年十二月

目　　录

对“容缺受理”在房管行政审批中法律风险的探讨 ………………………………（1）

武汉市住房保障和房屋管理局行政审批处　武汉市社会科学院

引导企业发展自持型租赁住房的难点与对策研究 ………………………………（29）

武汉市住房保障和房屋管理局房屋租赁管理处　华中师范大学

住房租赁市场风险防控管理机制研究 ………………………………………（59）

武汉市住房保障和房屋管理局房屋租赁管理处　武汉房地产经纪行业协会

政府购买公租房运营管理服务定价模型及动态调整机制研究 ………………（97）

武汉市住房保障和房屋管理局住房保障管理处　武汉市住房保障管理中心　武汉市尚贤顾问有限公司

武汉房地产市场监管体制机制研究 ………………………………………（149）

武汉市住房保障和房屋管理局房地产开发管理处　武汉大学

物业小区公共收益管理研究 ……………………………………………（181）

武汉市住房保障和房屋管理局物业管理处　武汉博观智库物业服务第三方评估咨询有限公司

房屋安全鉴定服务费用标准研究 …………………………………………（221）

武汉市住房保障和房屋管理局房屋安全管理处　湖北震泰建设工程质量检测有限责任公司

新建商品房预售资金监管模式创新研究 ……………………………………（257）

武汉市住房保障和房屋管理局交易管理处　武汉市房产交易中心　武汉市房地产估价师协会

武汉市房管系统法治建设问题及对策研究 …………………………………（277）

武汉市住房保障和房屋管理局政策法规处　武汉市社会科学院

基于机器学习的房管网上信访智能应答研究及实现 ……………………………（305）

武汉市住房保障和房屋管理局科技改革发展处　武汉市房产信息中心　北京荣之联科技股份有限公司

武汉市房产测绘成果审核备案及面积管理研究 ………………………………（353）

武汉市住房保障和房屋管理局交易管理处　武汉市房产测绘中心

关于武汉市房地产金融创新模式的研究 ………………………………………（387）

武汉市房地产市场管理中心　武汉大学

武汉市优秀历史建筑档案资料发掘途径及管理机制 ……………………………（425）

武汉市房屋安全管理中心（武汉市优秀历史建筑保护研究中心）　武汉共享遗产研究会

武汉市住宅专项维修资金续筹机制研究 ………………………………………（467）

武汉市物业管理事务指导中心（武汉市住房专项维修资金管理中心）　华中师范大学经济与工商管理学院

对“容缺受理”在房管行政审批中法律风险的探讨

武汉市住房保障和房屋管理局行政审批处
武汉市社会科学院

课题负责人：彭建忠　武汉市住房保障和房屋管理局　副巡视员
课题组成员：谢　平　董实忠　江国华　杨瑜娴
周　阳　夏芸芸　胡玉桃　吴　韦
课题统稿：谢　平　胡玉桃　吴　韦

党的十九大从我国发展进入新时代的历史方位出发，提出“转变政府职能、深化简政放权，创新监管方式，增强政府公信力和执行力，建设人民满意的服务型政府”等要求。党的十九届四中全会通过了《中共中央关于坚持和完善中国特色社会主义制度 推进国家治理体系和治理能力现代化若干重大问题的决定》，提出“深入推进简政放权、放管结合、优化服务，深化行政审批制度改革，改善营商环境，激发各类市场主体活力”等要求。近年来，我国大力推进“放管服”改革，优化营商环境，取得显著成绩。然而，行政审批程序复杂、耗时长等难题依然存在，企业和群众的改革获得感还有待提高。“容缺受理”制度就是创新行政审批方式，落实服务型政府理念的重要制度安排。“容缺受理”是指对基本条件具备、主要申请材料齐全且符合法定形式，但辅助申请材料欠缺的审批服务事项，经申请人做出书面承诺，政务服务部门先予受理和审查，当场一次性告知需要补正的材料、时限和超期补正处理办法，申请人补齐材料后，政务服务部门在承诺时限内及时出具办理结果意见，颁发相关批文、证照的制度。

本文主要分析行政审批中容缺受理制度的合理性，深入研究其制度性的法律风险，以及制度实施中存在的社会性风险，较为全面地归纳了全国房管系统行政审批的容缺受理制度与实践，简要总结了武汉房管系统行政审批容缺受理现状，在容缺事项、制度建设、风险防控等方面如何积极推进我市房管容缺受理工作提出决策参考建议。

一、容缺受理制度创新背景与制度合理性

容缺受理制度属于行政审批领域内的制度创新，行政审批制度改革从本质上看是一场政府内部的自我规制。地方政府何以愿意积极推动容缺受理制度创新？具体而言，其动力主要来源于以下几个方面。

（一）深化“放管服”改革，优化营商环境

行政审批制度改革和服务流程优化是打造一流营商环境的重要内容。在行政审批时所需材料繁多、耗时过长等问题长期困扰着企业和群众。简化行政审批则成为地方政府优化法治环境、吸引投资、增长经济的优先选择。① 政府推行容缺受理，主动为企业审批提供绿色通道，可以推进招商引资深入进行，是地方政府转变职能、创新行政审批运作方式、改善营商环境的重要举措。

（二）提高审批服务效率，增强企业和群众获得感

建设服务型、回应型政府，要求各级政府主动为人民服务、为市场主体服务，

① 黎军：《行政审批制度改革的地方创新及困境破解》，《广东社会科学》2015 年第 4 期，第 215 页。

要从群众的需求出发、实际困难出发，实实在在为他们排忧解难。房管系统的审批服务事项，更是与企业利益和民生需求息息相关。推行容缺受理，针对群众办事来回跑、环节多材料多、政府服务效率低等问题，对政务服务的流程、方式等进行系统化改革，有利于增强企业和群众在改革中的获得感。

（三）提升地方制度竞争力和法治竞争力

在基础设施建设、个别性特殊政策扶持等技术手段逐渐耗尽的情况下，当前和今后很长一个时期，制度竞争、法治竞争可能成为提升地方竞争力的根本手段。在改革进入攻坚期和深水区，鼓励地方探索，加强重大改革试点工作时，更需要激活地方竞争的持续动力和原创力。① 政府高效、司法公正、治安良好等制度环境和法治环境改善成为地方发展的重要关注点。制度竞争促进了制度创新和完善，容缺受理制度创新就是提高地方法治竞争力的重要体现。

容缺受理制度设计是基于“粗心人”的人性假设。当人们由于粗心大意而遗漏或欠缺某些材料，这些材料在行政审批服务中又只是辅助材料时，若申请人承诺在特定时限内补齐材料，给予申请人有限的宽容，是可以理解的。② 这一制度设计具有合理性基础，符合便民高效的行政法治原则。

二、容缺受理在行政审批中的法律风险

“风险”是一个关系性范畴，指的是一种不确定性的可能状态。可以把风险分为自然风险和社会风险。社会风险又包括实体性社会风险和非实体性社会风险。非实体性的抽象存在如各种货币符号体系、制度规则体系、科学技术体系、安全信任体系，产生相对应的非实体性社会风险如金融风险、制度风险、科技风险、信任风险。③ 法律风险则是非实体性社会风险中的一种，指发生某种后果的可能性。在特定的法律规范体系管辖范围内，法律规范对人们的行为有具体的授权性或禁止性规定。法律风险就是指由于作为或不作为与法律规范的规定存在差异，从而导致行为主体因此而承担不利后果的可能性。④ 从风险的形成角度而言，法律风险可以分为

---

① 周尚君：《地方法治试验的动力机制与制度前景》，《中国法学》2014 年第 2 期，第 57 页。

② 韩业斌：《“容缺受理”制度的法理基础与完善路径》，《北方法学》2019 年第 1 期，第 96 页。

③ 刘岩石、孙长智：《风险概念的历史考察与内涵解析》，《长春理工大学学报（社会科学版）》2007 年第 3 期，第 30 页。

④ 吴江水：《完美的防范——法律风险管理中的识别、评估与解决方案》，北京大学出版社 2010 年版，第 5 页。

内部法律风险和外部法律风险；从风险的体现程度而言，法律风险可以分为显性法律风险和隐性法律风险；从风险造成的法律责任后果而言，法律风险可以分为刑事责任风险、行政责任风险、民事责任风险等。

容缺受理制度是地方政府主动服务社会经济发展进行制度创新的重要体现。地方政府这种制度创新的法律依据关系到制度建构的法理基础，也关乎这种制度创新的发展前景。本文讨论容缺受理在行政审批中的法律风险，针对的风险主体主要是行政审批部门及其工作人员。其中的法律风险，最突出体现于容缺受理制度与上位法不一致的风险。同时，在制度实际运行中，如何区分主要材料与辅助材料、是否会出现监管“真空”、行政自由裁量权的滥用，以及由于征信制度的不完善等引发的法律纠纷和舆论炒作等，都是风险防控与制度完善需要关注的问题。

（一）法律依据不直接

目前为容缺受理制度进行合法性论证的主要观点是依据《行政许可法》第32条第4款。① 根据该规定，申请材料不齐全或者不符合法定形式的，应当当场或者在五日内一次性告知申请人需要补正的全部内容，逾期不告知的，自收到申请材料之日起即为受理。这一规定与容缺受理的前提大致相同，都属于申请材料不齐全、不符合法定形式的情形，但处理程序不同。《行政许可法》的该条规定强调行政机关的一次性告知义务，待申请人补齐材料后再行受理；而容缺受理是将申请材料分为主要材料和辅助材料，若欠缺的材料属于辅助材料，则通过一次性告知和让申请人做出书面承诺的形式予以受理；若欠缺的材料属于主要材料，则按照《行政许可法》的规定进行一次性告知。② 因此，我们并不能从该条款中直接得出容缺受理制度的法律依据。

还有一些地方政府及其职能部门出台的容缺受理制度规范性文件以2016年国务院发布的《关于建立完善守信联合激励和失信联合惩戒制度 加快推进社会诚信建设的指导意见》为依据。该意见将探索建立行政审批“绿色通道”作为褒扬和激励诚信行为的方式之一，规定在办理行政许可过程中，对诚信典型和连续三年无不良信用记录的行政相对人，可根据实际情况实施“绿色通道”和“容缺受理”等便利服务措施。但对于容缺受理制度的具体要求，如实施该制度的具体程序、受理标准、法律后果等问题都未进行规定。根据文件精神，适用容缺受理模式的是特殊主体，不具有行政许可受理标准的普适性，③ 而且国务院的指导意见本身为政府

① 李兴正：《关于行政许可容缺受理制度在法律层面的思考》，《中国质量技术监督》2016年第5期，第63页。

② 韩业斌：《“容缺受理”制度的合法性释疑》，《宁夏社会科学》2019年第1期，第83页。

③ 韩业斌：《“容缺受理”制度的合法性释疑》，《宁夏社会科学》2019年第1期，第84页。

规范性文件，就法律位阶而言也不宜作为合法性依据。

（二）先行先试授权不明确

2014年2月，习近平总书记在中央深化改革领导小组第二次会议的讲话中明确提出：凡属重大改革都要于法有据。在整个改革过程中，都要高度重视运用法治思维和法治方式，发挥法治的引领和推动作用，加强对相关立法工作的协调，确保在法治轨道上推进改革。同年10月召开的党的十八届四中全会，对如何处理改革与法治的关系给出明确思路：“实现立法和改革决策相衔接，做到重大改革于法有据、立法主动适用改革和经济社会发展需要。”在确立“重大改革于法有据”的原则基础上，进而给出处理改革与法治关系的三种具体路径和办法：“实践证明行之有效的，要及时上升为法律。实践条件还不成熟、需要先行先试的，要按照法定程序作出授权。对不适应改革要求的法律法规，要及时修改和废止。”因而，对于没有法律依据的改革，根据需要可以授权地方先行先试，等到实践成熟后，将其上升为国家立法，但是需要获得全国人大的授权，按照法定程序进行，不得超前推进。否则这种先行先试也不具有合法性，会对现有的法治秩序造成严重冲击，引发改革对法治的“破窗效应”。① 具体到容缺受理制度，目前缺乏全国人大实在法上的依据，也缺乏全国人大在此问题上对地方先行先试的授权。

（三）是否需要授权在理念上还不明晰

党的十九大强调，建设法治政府，推进依法行政，严格规范公正文明执法。依法行政是建设法治政府的重要原则，要求行政机关坚持“法无授权即为禁止”的公法原则。这项原则主要强调对国家公权力运行的制衡和监督，没有法律的明确规定和授权，行政机关不能私自作为，否则可能构成权力滥用。李克强总理在国务院第二次廉政工作会议上也指出，对市场主体，是“法无禁止即可为”；而对政府，则是“法无授权不可为”。② 就容缺受理制度而言，目前缺乏实在法上的制度依据，也没有全国人大及其常委会的授权，同时缺乏地方性法规的规范，只有一些地方出台的规范性文件予以规定，程序性、规范性、权威性不足。此外，《行政许可法》要求坚持程序合法原则，禁止违反法定程序予以行政许可。因而，有观点认为容缺受理违背“法无授权即为禁止”的原则。但也有观点指出，容缺受理是行政机关的一种惠益性行政行为，对公民权利并不会产生减损，反而是为更好保障和实现私权利而主动作为，并不受“法无授权即为禁止”原则的限制。目前，对于

---

① 刘作翔：《论重大改革于法有据：改革与法治的良性互动——以相关数据和案例为切入点》，《东方法学》2018年第1期，第19页。

② http：//www.gov.cn/guowuyuan/2014-02/24/content_2620261.htm。

这一问题的认识在理念上还不明晰。

（四）存在行政自由裁量权滥用的可能

《中共中央关于坚持和完善中国特色社会主义制度　推进国家治理体系和治理能力现代化若干重大问题的决定》强调，要“坚持有法必依、执法必严、违法必究，严格规范公正文明执法，规范执法自由裁量权，加大关系群众切身利益的重点领域执法力度”。英国著名行政法学家威廉·韦德曾指出：“法治所要求的不是消除广泛的裁量权，而是法律应当对裁量权的行使进行监督。”① 行政自由裁量权如果缺乏合理规范的规制，恣意行使，随意滥用，将侵蚀公民和法人的合法权益，破坏法治秩序的稳定。由于目前对于容缺受理没有统一的制度规范，各地在推行容缺受理的过程中，对哪些材料属于主要材料、哪些材料属于辅助材料的规定各不相同，可容缺材料是否列明并向社会公开也做法不一，显示出较大的自由裁量空间。如果可容缺事项及材料的界定过程缺乏专家论证和公众参与，政务公开执行不到位，行政权行使缺乏监督，将可能导致行政自由裁量权的滥用。

（五）法律纠纷和社会风险

在容缺受理制度实施过程中也存在风险，包括投诉风险、信用风险、行政复议和诉讼风险、媒体舆论风险等。例如，对于哪些属于可以容缺的辅助材料，行政机关公布的容缺受理清单目录可能存在科学性、合理性方面的不足，企业和群众在办理具体事项时会有不同看法和意见，这都可能导致反复投诉、行政复议和诉讼风险。又如，有些企业和个人可能违背诚信原则，未能在承诺期限内补齐辅助材料，或者本身材料不完整却进行投机性审批申请，破坏行政许可材料的完整性，影响行政审批工作的正常开展。在容缺受理制度实施中，也可能因为法律纠纷事件，媒体刻意扭曲放大，非法炒作具体审批事件从而形成社会舆论焦点。

三、外地房管行政审批事项容缺受理的制度与实践

容缺受理制度改变了“材料不齐不能办理”的困境，允许申请者在规定的可容缺材料不齐的情况下，提交主要材料由行政机关先行受理，大大节省了企业和群众的办事时间，有效提高了行政审批效率。目前，全国已有多个省市出台相关文件实行该制度，并在实践中不断探索，呈现出地方制度创新的勃勃生机和广阔前景。

---

① ［英］威廉·韦德、克里斯托弗·福赛：《行政法》（第十版），骆梅英等译，中国人民大学出版社 2018 年版，第 262 页。

（一）容缺受理制度创新：出台地方规范性文件与地方标准

1. 积极推行容缺受理，在工商、税收、食药监管等方面开展优化营商环境行动

2017年12月，北京市工商行政管理局印发《企业登记容缺受理操作规程（试行）》，规定了总则、工作原则、适用范围、登记程序、工作要求等内容。该规程所称容缺受理是指在申请人提交的申请材料基本符合登记条件，但部分申请材料需要完善和补充的情况下，登记机关先行受理并在申请人补交材料后做出登记决定的登记服务措施。① 同时，北京市东城区政务服务中心大厅推出“容缺受理”服务举措，区工商分局进驻窗口率先推行，在以下情形下，经申请人确认可以补交或更换相关申请材料的，可以适用容缺受理程序：证照数量不全；决议、章程等文件未提交原件；住所证明等可以提交复印件的文件未加盖印章；申请文件的文字错误处需加盖印章；决议、章程等企业自制文件中存在文字错误；营业执照、身份证明等复印件不齐全或不清晰；未提交法定代表人等人员的照片；根据实际情况，需要补充提交相关书面说明等。② 自2018年10月1日起，北京市纳税人可以容缺办理清税注销手续。即纳税人在办理注销时，若资料不齐，可在做出承诺后，税务机关先出具清税文书。事后，纳税人按照承诺期限（最长六个月）补齐资料，就可办结相关事项。为了更好地解决企业“注销难”问题，北京市税务局与市场监管局等部门建立了更高效的数据交换机制，税收征管系统不仅升级后台系统，还能自动检索注销企业是否有欠税情况。如果纳税人在最长六个月的承诺期内最终未履行承诺，企业法人和财务负责人将被列为D级纳税人，接受更严格的管理。此外，北京市食药部门也推出了类似的容缺受理制度。③

2. 对重大工程项目、重要实事项目和重点产业项目实施容缺审批、并联申报

上海市在2018年5月1日起施行《上海市行政审批告知承诺管理办法》，以优化行政审批程序，完善管理方式，提高行政效率，强化事中事后监管。这是在总结实施行政审批告知承诺实践经验的基础上，对告知承诺制度进行规范的首个创制性地方政府立法。该办法详细规定了告知承诺事项的确定与公布、告知承诺书格式文

---

① 《北京市工商行政管理局关于印发〈企业登记容缺受理操作规程（试行）〉的通知》，http：//www.beijing.gov.cn/zfxxgk/dcfj/fgwj1/2018-01/11/content _ c62c6fc706ad4ec3af1a596a5c91b936.shtml。

② 《“容缺受理”让企业办事不必折返跑》，http：//www.beijing.gov.cn/fuwu/lqfw/gggs/t1558447.htm。

③ 《北京市“容缺”制让政务服务更有温度》，http：//www.gov.cn/xinwen/2019-01/29/content_5361946.htm。

本、行政审批机关的告知、申请人的承诺、告知承诺书的生效和保存、提交材料、审批决定、后续监管、对违反承诺行为的处罚、诚信档案、行政责任等内容。① 上海市宝山区建管委积极探索行政审批制度创新，其“行政审批创新：‘容缺’审批，并联申报”项目被评为上海市依法行政“十大示范项目”（2018—2019）之一。宝山区建管委打破传统的“材料齐，再受理”的审批形式，变为更迅速、更便捷的“边补正，边受理”模式，为企业、群众开辟了一条审批服务的绿色通道，具有可复制、可推广的法治价值，受到了市级政府的认可。该项目中的“容缺审批”，是指重大工程项目、重要实事项目、重点产业项目（简称“三重”项目）基本条件具备，主要申报材料（主件）齐全且符合法定条件，但次要条件或手续（副件）存在瑕疵，且短时间内难以完成办理的，由建设单位做出书面承诺，先予容缺受理并进行实质审查，审查通过后予以发证，容缺材料在申请人承诺的时间内补交。逾期未补齐的后果和法律责任由申请人承担。②

3. 积极出台规范容缺受理的制度

有些地方专门针对容缺受理出台实施办法、实施意见等规范性文件，如《北海市行政审批容缺办理承诺制实施办法（试行）》《宁海县行政审批事项容缺受理实施办法（试行）》。有些地方在行政审批制度改革、优化营商环境等文件中部分内容也涉及容缺受理的规定，如广东省出台《广东省深化营商环境综合改革行动方案》，推广承诺制信任审批和容缺受理。其中规定：对通过事中事后监管能够纠正不符合审批条件的行为且不会产生严重后果的审批事项，实施“政府明晰告知、企业信用承诺、监管有效约束”的信任审批模式，试行告知承诺制。全面实行容缺受理制度，对非即办类审批事项，在基本条件、关键材料具备，允许在非关键性材料缺少或存在瑕疵的前提下先行受理并进入审核程序，待材料补正后及时出具办理结果。2018 年 5 月，广西壮族自治区人民政府办公厅印发《广西政务服务容缺受理制度》，它是目前对容缺受理制度进行全面规定的法律位阶相对较高的规范性文件，容缺受理成为自治区内各级政务服务部门行政审批服务时遵循的常态化制度。该制度对可以容缺受理的材料、申请人承诺、补正材料的方式与时限、未能按期补正材料的法律后果、信用管理及容缺受理工作评估、监督等内容进行了规定，并附《容缺受理政务服务清单（样本）》《申请容缺受理承诺书（样本）》《容缺受理终止通知单（样本）》等。

---

① 《上海市行政审批告知承诺管理办法》，http：//www. shanghai. gov. cn/nw2/nw2314/nw2319/nw2407/nw42927/u26aw55656. html。

② 《榜上有名！宝山区建管委“容缺审批”项目荣获上海市依法行政“十大示范项目”之一》，http：//dy. 163. com/v2/article/detail/E6OVEHHD05341284. html。

4. 推行行政许可容缺受理新模式

江苏省泰州市质监局自2014年5月以来，制定《泰州质监窗口容缺受理告知书》《泰州质监窗口容缺受理办事流程》《泰州质监窗口容缺受理承诺书》等文件，明确行政许可容缺受理的范围、办理流程、工作要求等。① 为解决容缺受理具体操作中可能出现的疏漏和不规范现象，泰州市牵头编制江苏省首部政务服务地方标准《行政许可容缺受理规范》（DB32/T3456—2018），从容缺受理制度设置、办理要求、流程要求、服务公开要求、管理要求等五个方面提出规范，具有科学性、实用性和可操作性。② 该规范的主要内容有：其一，制度设置。包括建立首问负责制和一次性告知制度，建立并联审批和AB岗工作制度，建立预约服务制度和推行“不见面审批”模式，制定行政许可容缺受理事项清单。其二，办理要求。各类行政许可事项办理应符合《行政许可法》和国家其他相关法律法规的规定。根据具体申办情况，分为即收即办、指导申请人当场补正后受理等不同的处理措施。其三，流程要求。对符合容缺受理要求的行政许可，申请人填写《行政许可容缺受理告知书》，签署书面承诺限期补齐，各行政审批部门受理岗位人员先予接收材料并进入行政许可程序，审查岗位人员对材料进行容缺审查，审批岗位人员审批时，在申请人提交的主要申请材料审查通过的前提下，若申请人未补齐补正相关材料，则不予许可；若申请人已补齐补正相关材料且符合法律法规等要求，则准予许可。申请人提交的主要申请材料和补齐补正的次要申请材料全部放入许可卷宗归档保存。其四，服务公开要求。应遵循合法、及时、真实、准确、公正和便民的原则，通过政务服务门户网站等途径公开行政许可容缺受理的条件、流程等，内容包括：容缺受理的许可事项名称、法律依据、申报条件、容缺受理的主要申请材料和次要申请材料、容缺补正时间、承诺办结时限、收费项目依据及收费标准、容缺审批流程、受理地点、咨询电话、投诉电话、办理情况和办理结果查询网址。其五，管理要求。包括培训、考核、监督、评价等。

（二）房管系统审批服务事项容缺受理实践

1. 持续深化“最多跑一次”改革，在行政审批服务中积极推行容缺受理

浙江省杭州市探索在环保、房管等领域开展容缺受理服务，根据《杭州经济

① 张吉祥、刘萍：《“容缺受理”提速服务——江苏省泰州市质监局推行行政许可服务新举措》，《中国质量技术监督》2015年第3期，第41页。

② 《泰州：全省〈行政许可容缺受理服务规范〉有了首部政务服务地方标准》，https://www.creditchina.gov.cn/xinxigongshi/xinxishuanggongshi/xinyongdongtai/201906/t20190621_159373.html。

技术开发区行政服务中心政务服务容缺受理制度（试行）的通知》，结合审批事项实际情况，杭州经济技术开发区建设（环保、房管）局决定，对需要由公民、法人或者其他组织申请办理的 8 个环保、房管相关审批事项开展容缺受理服务，只需在审批结果出来之前补齐材料即可。申请人可以通过现场递交、邮政寄递、电子邮件、传真以及窗口认可的其他方式补正容缺材料。① 温州市瓯海区行政审批制度改革领导小组发布审批事项容缺受理材料清单（第一批），涉及商品房预售许可证核发、房地产开发企业资质核准、商品房预售合同登记备案等事项。② 2017 年 5 月，绍兴市"最多跑一次"改革专题组办公室印发《绍兴市行政服务容缺受理制度（试行）》，发布《绍兴市级行政服务容缺受理事项及非关键性材料容缺清单》，共有 727 项可容缺事项，涉及房地产开发企业资质核准、商品房预售许可证核发、商品房现售备案等（表 1）。③

表 1　　**浙江省房管系统审批服务事项"容缺受理"实践**

	可容缺受理事项	可容缺受理材料
杭州经济技术开发区	1. 商品房预售许可证核发	1. 房号清单 2. 委托书、委托人身份证复印件 3. 拆迁安置情况详细说明 4. 标准地名批准使用书
	2. 楼盘表确认	1. 委托书、委托人身份证复印件 2. 营业执照 3. 门牌证
	3. 房地产经纪机构备案	1. 申请表、申请报告 2. 法人代表身份证 3. 经纪人工作简历
温州瓯海区	1. 商品房预售许可证核发	1. 工程施工合同、施工和监理单位联合出具的进度说明（横道图）原件 2. 法律、法规、规章规定的材料（白蚁防治合同、前期物业管理合同和备案表、物业用房定位协议书、地名审批表或门牌证或命名批文、预售资金监管协议书、建设项目各阶段资金使用计划、项目内安置房安置完毕证明）

① http：//qjwb. zjol. com. cn/html/2018-11/16/content_3714567. htm？div=-1。

② http：//www. ouhai. gov. cn/art/2017/10/27/art_1268987_12144089. html。

③ http：//www. echinagov. com/policy/222340. htm。

续表

	可容缺受理事项	可容缺受理材料
温州瓯海区	2. 房地产开发企业资质核准（暂定级核准、到期重新核定）	1. 公司章程 2. 近三年房地产开发项目资料复印件（按项目组卷）：（1）已竣工项目，须提供项目的投资计划批准（备案）文件、国有土地使用权证、建设用地规划许可证、建设工程规划许可证、建筑工程施工许可证、商品房预售许可证及建设工程竣工验收备案文件。（2）在建项目，按项目实际进度提供项目的投资计划批准（备案）文件、国有土地使用权证、建设用地规划许可证、建设工程规划许可证、建筑工程施工许可证、《房地产开发项目手册》、商品房预售许可证等文件，并附项目进度说明
温州瓯海区	3. 商品房预售合同登记备案	1. 购房人身份证明（加盖开发企业印章的复印件） 2. 商品房预售资金缴存证明
绍兴	1. 房地产开发企业资质核准（核准、到期重新核定）	1. 公司章程 2. 上一年度的财务审计报告 3. 企业法人代表、总经理的任职文件及身份证（复印件），确定企业董事长、董事、监事的董事会决议或证明文件 4. 企业规章制度 5. 绍兴市区房地产开发项目手册 6.《住宅质量保证书》《住宅使用说明书》样本 7. 企业诚信档案 8. 申请报告 9. 土地三方转让协议
绍兴	2. 商品房预售许可证核发	1. 前期物业服务合同 2. 业主临时公约 3. 住宅使用说明书 4. 质量保证书 5. 物业管理用房预留确认联系单 6. 地名办批复文件 7. 建设工程施工合同 8. 施工进度表 9. 商品房销售清册
绍兴	3. 商品房现售备案	1. 商品房销售清册 2. 建设工程施工许可证 3. 工程施工进度表 4. 物业管理协议 5. 白蚁预防合同

2. 持续推进商事制度改革、深化营商环境综合改革，推广承诺制信任审批和容缺受理

广东省自 2017 年 2 月起，在佛山市南海区率先实施行政审批容缺受理，目前已推出六批共 319 个事项，涉及 28 个部门。受理范围从区行政服务中心延伸至各个镇街中心，业务范围涵盖企业经营、投资建设及社会民生等领域，工程项目的相关制度报告、证照许可、个人身份证、委托书等都纳入容缺范围。① 在这些容缺受理事项中，涉及房管职能的主要有商品房预售核准、房地产开发企业四级资质核准、房地产开发企业暂定资质核准等（表 2）。②

表 2　**佛山市南海区房管系统审批服务事项“容缺受理”实践**

	可容缺受理事项	可容缺受理材料
佛山南海区	1. 商品房预售核准——首次核准	1. 审图节能备案表 2. 房管部门已备案的《物业管理用房备案表》 3. 中标通知书或选聘物业管理批复 4. 物业管理公司营业执照 5. 物业管理公司资质证书 6. 佛山市南海区物业共用部位、共用设施设备专项维修资金账户协议书
	2. 房地产开发企业四级资质核准	会计（审计）师事务所出具的验资证明
	3. 房地产开发企业暂定资质核准	1. 项目的国有土地使用证 2. 民政部门的项目命名批复

3. 推行容缺受理审批常态化

山东省在全国较早推行容缺受理，近年来由对重点项目试点采用容缺受理审批模式，逐渐发展为对多个部门审批服务事项实行容缺受理的常态化制度。2018 年 8 月，济宁市政务服务办公室公布《济宁市市级行政许可事项容缺受理材料清单》，将 27 个市直有关单位 205 个行政许可事项纳入容缺受理范围，其中申报材料总计可容缺 273 个，涉及商品房预售许可、房地产开发资质许可等审批事项（表 3）。③

① http：//www. fsonline. com. cn/p/258737. html。

② http：//www. nanhai. gov. cn/cms/html/11666/column_11666_1. html。

③ http：//zwfwzx. jining. gov. cn/art/2018/8/20/art_7351_682842. html。

表3　　山东济宁市房管系统审批服务事项“容缺受理”实践

<table>
<tr><th></th><th>可容缺受理事项</th><th>可容缺受理材料</th></tr>
<tr><td rowspan="2">济宁</td><td>1. 商品房预售许可</td><td>商品房预售许可申请审批表
授权委托书及委托人身份证复印件</td></tr>
<tr><td>2. 房地产开发资质许可</td><td>企业上年度审计报告含财务报表
已竣工项目提供《质量保证书》和《住房使用说明书》的相关执行情况报告</td></tr>
</table>

广西印发《广西政务服务容缺受理制度》，省内各地积极推行容缺受理。2018年8月，广西住房和城乡建设厅发布容缺受理政务服务清单，对房地产开发企业资质核定等事项容缺材料予以列举规定。① 同年7月，北海市人民政府办公室印发《北海市行政许可事项容缺办理推进工作方案》，规范容缺受理、双向承诺、补缺发证等工作流程，要求编制容缺办理目录、公开目录、组织实施和动态管理，并附《北海市行政许可事项容缺办理目录》，涉及房地产开发企业资质核定、商品房预售许可等事项。② 同年10月，南宁市住房保障和房产管理局在其网站公布容缺受理政务服务事项清单，涉及商品房预售许可、商品房现售备案、商品房预售合同备案、经济适用住房上市交易审批等事项（表4）。③

表4　　广西房管系统审批服务事项“容缺受理”实践

<table>
<tr><th></th><th colspan="2">可容缺受理事项</th><th>可容缺受理材料</th></tr>
<tr><td rowspan="2">广西</td><td rowspan="2">房地产开发企业资质核定（二级及以下）</td><td>1. 房地产开发企业二级资质核定</td><td>1. 房地产开发企业资质证书正、副本
2. 营业执照
3. 房地产开发项目手册
4. 《住宅质量保证书》、《住宅使用说明书》（按项目组卷）样本或复印件以及相关执行情况报告</td></tr>
<tr><td>2. 房地产开发企业二级资质延续</td><td>1. 房地产开发企业资质证书正、副本
2. 营业执照
3. 房地产开发项目手册
4. 《住宅质量保证书》、《住宅使用说明书》（按项目组卷）样本或复印件以及相关执行情况报告</td></tr>
</table>

① http：//www.gxcic.net/News/ShowNews.aspx？id=196892。

② http：//www.beihai.gov.cn/zwgk/jcxxgk/zfwj/szfbgswj/201807/t20180706_1698432.html。

③ http：//zfj.nanning.gov.cn/staticPage/fdcscbszn/20181029/22477.html。

续表

<table>
<tr><th></th><th colspan="2">可容缺受理事项</th><th>可容缺受理材料</th></tr>
<tr><td rowspan="2">广西</td><td rowspan="2">房地产开发企业资质核定（二级及以下）</td><td>3. 房地产开发企业暂定级资质新设立、重新核准（拟开发项目建筑面积超过 10 万平方米以上）</td><td>1. 房地产开发企业资质证书正、副本
2. 营业执照
3. 场地证明（新设立提供）</td></tr>
<tr><td>4. 房地产开发企业暂定级资质延期（拟开发项目建筑面积超过 10 万平方米以上）</td><td>1. 房地产开发企业资质证书正、副本
2. 营业执照</td></tr>
<tr><td rowspan="2">北海</td><td colspan="2">1. 房地产开发企业资质核定（二级及以下）</td><td>企业的工程技术、财务负责人身份证
统计负责人或专职统计人员身份证</td></tr>
<tr><td colspan="2">2. 商品房预售许可</td><td>前期物业管理合同备案</td></tr>
<tr><td rowspan="4">南宁</td><td colspan="2">1. 商品房预售许可</td><td>1. 营业执照（副本）
2. 资质证书（副本）
3. 开发企业法人代表身份证明、经办人身份证明及委托书</td></tr>
<tr><td colspan="2">2. 商品房现售备案</td><td>1. 营业执照（副本）
2. 资质证书（副本）
3. 法定代表人身份证明、经办人身份证明及委托书</td></tr>
<tr><td colspan="2">3. 商品房预售合同备案</td><td>1. 开发企业委托书、委托人身份证件
2. 买受人身份证件</td></tr>
<tr><td colspan="2">4. 经济适用住房上市交易审批</td><td>1. 申请人结婚证或离婚证
2. 户口簿
3.《超标面积差价款通知书》及收据或《住房控制面积标准确认书》
4.《房屋所有权证》《商品房买卖合同》或买卖合同登记备案证明</td></tr>
</table>

四、武汉市房管审批服务事项容缺受理现状

近年来，武汉市房管系统大力推进“放管服”改革，积极探索提高审批服务效能，优化营商环境。

（一）主要举措

自2018年5月起，武汉市住房保障和房屋管理局（以下简称“武汉房管局”、“市房管局”、“市局”等）紧密结合全市住房保障和房屋管理工作实际，集中利用半年时间在全市房管系统扎实开展“关注民生、人民满意”系列活动，聚焦群众最急、最盼、最怨、最恨、最烦事项进行专项整治，着力解决住房保障房管领域发展不平衡不充分的问题。针对市、区窗口办事不便捷的问题，开展审批服务“再提速”，推行“一次办”“马上办”“容缺办”“帮着办”“上门办”“网上办”“就近办”“一窗办”“掌上办”“联合办”。① 具体而言，市房管系统为进一步优化审批服务事项、创新服务方式、提高窗口效能，打造最优房管政务服务环境，主要从以下几个方面推进各项工作，② 并取得重要成效。

一是进一步精简审批事项、优化审批流程。调整优化“权责清单”，进一步简政放权，激发企业活力。2019年市房管局取消“市属及以上房改售房资金使用监管”及“外地物业企业备案”这两个行政权力事项。印发《武汉市以银行保函等额替换新建商品房重点监管资金若干规定（试行）》，开发企业可使用银行出具的现金保函等额替换重点监管资金，既保证了预售资金的安全，又有效缓解了企业融资压力，促进了房地产市场稳定健康发展。

二是深入推进“四办”改革，加快推进“一网通办”。制定“四办”改革工作方案，取消审批服务事项的特殊审批环节，清除收件资料中的兜底条款，进一步取消不合规证明事项，精简收件资料，压缩办理时限。大力推进政务“一张网”建设，率先实现全部事项的自建系统与省“一张网”和市统一综合收发件系统的对接，企业或群众可通过统一入口申报业务，系统连通率达100%。积极对接全市统一电子证照共享库，对于已获取到的电子证照证件，企业或群众办事无需再提交相关证照的复印件，节约办事成本。

三是找准痛点难点，不断推进优化营商环境工作。制定市房屋交易管理优化营

---

① 《武汉市房管局深入推进“关注民生 人民满意”系列活动》，《湖北日报》2018年8月7日，第12版。

② 《优化营商环境 减轻企业负担——市住房保障房管局全力打造最优房管政务服务环境》，http：//fgj. wuhan. gov. cn/gzdt/46007. jhtml。

商环境细化工作方案和路线图，会同市不动产登记部门进一步精简“一网受理，一窗办结”收件材料和办理流程，将 21 项业务子项进一步精简至 18 项，将业务办理时限进一步缩短至个人住宅业务“立等可取”、其他业务“当日办结”。取消了企业之间存量非住宅房屋买卖网上签约要求，实现新购商品房交易“同城通办”、二手房网签自助办理等功能。

四是提升服务意识，创新便民利企服务方式。大力推进“自助办”，将商品房项目信息查询、合同备案个人信息查询、二手房购房资格核查结果查询、经纪人信息查询、租赁房源查询、租赁合同备案查询、大学生毕业租赁房审批结果查询、房源编码查询、鉴定报告查询、物业服务企业信用信息查询等 10 项群众关注度高的查询事项纳入市民之家 24 小时自助服务区办理的业务清单，为办事人提供了全天候、可自主选择的“政务时间”，让企业或群众体验到“不打烊”服务带来的便利。实现证照快递“邮寄办”。与邮政快递签订合作协议，对审批服务系统升级改造，推行“不见面服务”，打通审批服务“最后一公里”，实现“只跑一次”到“一次都不跑”。提供绿色通道“帮着办”，在市民之家房管窗口设立“帮办区”，对省市重点项目提供“绿色通道”，建立首问负责制，从房屋基础信息测绘环节开始，安排专人引导和跟踪督办，各审核审批环节限时办结。

（二）完善制度

为进一步提高行政审批效率，提升规范化、标准化服务水平，2017 年 8 月，市房管局发布《关于进一步优化房地产开发项目审核审批事项业务流程的通知》。该文件对房地产开发企业资质核准、商品房配建公租房建设方案确认、房屋产权基础信息（测绘成果）审核（预测）、新建房屋白蚁预防委托服务、前期物业管理招投标合同备案、商品房（经济适用房）预售方案备案、新建商品房预售资金监管（三方协议签订）、商品房（经济适用房）预售许可、商品房现售备案、商品房买卖合同备案、住宅专项维修资金缴存、新建商品房预售资金监管（撤销监管）等相关工作环节流程予以优化，着力解决在房地产开发项目审核、审批过程中存在的工作流程烦琐、收件材料繁多、业务系统关联度不高等方面的问题，并提出以“一网通办、网上办结”为目标，加快推进“网上办”。

2018 年 10 月，市房管局印发《关于开发企业资质审批（新设立暂定级）事项实行“证照分离”改革试点实施意见》，决定对开发企业资质审批（新设立暂定级）事项实行告知承诺制。适用范围为：在中国（湖北）自贸区武汉片区、东湖新技术开发区、武汉经济技术开发区和临空港经济技术开发区内注册并从事房地产开发的单位。附件 1《市住房保障和房屋管理局关于实行告知承诺制后的事中事后监管措施》规定了多项事中事后监管措施。比如申请人未在告知承诺书约定的期限内提交材料或提交材料不全的，以及提交的材料不符合要求且无法补正的，将依法撤销行政审批决定。在作出准予行政审批决定后的2个月内，房管部门要对被审批人的承诺内容是否属实进行检查，发现被审批人实际情况与承诺内容不符的，应要求其限期整改；整改后仍不符合条件的，由作出准予审批决定的房管部门依法撤销行政审批决定。此外，还强调加强房地产开发企业信用管理和完善商品房销售全过程监管。即建立申请人诚信档案，在审查、后续监管中发现申请人、被审批人作出不实承诺的，应当记入申请人、被审批人诚信档案，记入诚信档案的不适用告知承诺制的审批方式。实行销售方案备案与公示、售前约谈与承诺、售中现场巡查、售后报告与抽查等6项具体措施。附件2《行政审批告知承诺书》规定行政审批机关就房地产开发企业资质审批（新设立暂定级）事项应告知审批依据、法定条件、应当提供的资料、已提交的资料和需要补充的资料等；申请人则应对所提交的申请材料真实准确等内容作出承诺。

为健全信用制度体系，市房管局修订完善了相关文件。2019年修订颁布了《武汉市房地产开发企业信用信息管理办法》《武汉市房地产经纪机构和经纪人员信用信息管理办法》《武汉市房屋安全鉴定单位信用信息管理办法》等规范性文件，对信用信息的内容、采集、公布、计分和使用等予以明确规定，进一步加强信用监管，营造诚实守信的市场环境。

（三）容缺受理

市房管积极推行"容缺办"，对估价机构备案、房地产开发企业资质核准等事项资料采取容缺的方式受理，在企业承诺的前提下，通过全市证照系统查验相关证照，实行先受理办理，后补齐资料，切实压缩了企业开办时间，方便企业尽快进入房地产市场。①

（四）积极效应

市房管系统推行审批服务事项"容缺受理"，是在深化"放管服"改革、优化营商环境背景下的重要举措，从企业和群众关心的关键小事入手，切实解决问题，让企业和群众少跑腿，提高了民众对房管工作的满意度，同时也提高了窗口单位的行政审批效率，推动了房管工作的有效开展。

（五）存在的主要问题

随着经济发展和社会进步，人民对美好生活的需要日益增长，房管审批服务工作也面临新的挑战。根据对武汉市多家房地产企业的调研座谈，我们发现目前房管

---

① 《武汉：对标最优　提质增效　切实优化房管系统营商环境》，http：//zjt. hubei. gov. cn/xw/fzsm/120672. htm。

审批服务与群众的需求和期待相比，还存在一定差距。

一是容缺受理制度缺乏法规支撑。武汉市房管审批服务事项容缺受理目前缺乏明确的地方性法规支撑，也没有完备的制度规范和清单目录，造成容缺受理实践中存在“无法可依”的困境，影响容缺受理改革工作的顺利推进。

二是申请材料有待进一步精简。企业希望在办理相关审批服务事项时，可以不再要求提供商品房（经济适用住房）预售许可申请材料中的《建设工程施工合同》、房地产开发企业资质核准申请材料中的专业技术人员的资格证书和劳动合同、现售许可中的水电气发票和合同及房产面积预测进件资料中的土地证等材料。

三是容缺受理事项范围有待进一步拓宽。目前房管容缺受理事项有限，可容缺材料范围也比较狭窄。企业建议可以将预售许可申请材料中的三方资金监管协议、房屋产权基础信息（测绘成果）审核申请材料中的不动产权证及房产面积预测进件资料中的规划证（以盖专用章的总平图、单体图作为过渡）等也纳入可容缺材料。

四是审批服务流程有待进一步优化。对此，企业建议对信用信息评价良好并纳入预售资金监管的企业可以适当调整放宽商品房预售条件；适当降低商品房（经济适用住房）预售许可的工程进度要求；新增重点监管资金拨付节点，缓解企业资金紧张压力；简化权籍调查流程，删减重复收取资料行为；适当调整预售资金保函替代流程。建议保函出具银行以承诺书形式替换现场查验流程，同一节点的预售资金可分开开具保函，取消保函三方监管补充协议签订。

五、武汉市房管审批服务事项容缺受理风险防控与制度完善建议

容缺受理是地方政府在行政审批程序上的制度创新，其合法性可以通过全国人大及其常委会授权或地方人大制定地方性法规予以补正，并因其方便服务企业群众而具有广阔前景。建议市房管局积极推行行政审批容缺受理，创新制度、完善事项、优化流程、强化智治，从制度建设和风险防控的角度，从以下方面推动容缺受理制度进一步走向完善。

（一）及时出台地方性法规，补强容缺受理制度合法性

容缺受理制度应尽快取得合法性依据，在法治轨道上运行。其一，建议武汉市参考有关规定，及时出台地方性法规，将容缺受理制度改革成果以地方性立法的方式进行巩固和完善，增强制度权威性和合法性。对此，可参考浙江省的相关做法。2018 年 11 月，浙江省第十三届人民代表大会常务委员会第七次会议通过的《浙江省保障“最多跑一次”改革规定》，即是将改革实践中积累的行之有效的经验做法

在立法层面进一步固化和深化的重要实践，以更好地推动和保障全省的改革进程。同时对改革推进过程中面临的体制机制上的问题，在立法层面作出回应、提供依据。该规定巩固和完善的改革成果包括行政许可告知承诺制、商事登记的相关便利制度、区域评估制度、标准地制度、施工图设计文件联合审查制度、竣工综合测绘制度和亩均效益评价制度等。① 其中第 11 条第 2 款规定：“主要申请材料具备、仅办事指南确定的容缺受理申请材料欠缺的，行政机关、综合行政服务机构可以先予受理，并当场一次性告知需要补正或者更正的内容以及补正或者更正的期限。申请人逾期未补正、更正或者补正、更正后仍不符合要求的，行政机关、综合行政服务机构撤销受理并书面说明理由。”其二，积极呼吁和尽快争取全国人大及其常委会的授权。《立法法》第 13 条规定：“全国人民代表大会及其常务委员会可以根据改革发展的需要，决定就行政管理等领域的特定事项在一定期限内在部分地方暂时调整或者暂时停止适用法律的部分规定。”这表明全国人大将地方改革试点纳入法治轨道，并运用法律措施对其进行有效控制。地方可以在争取得到授权后，于一定期限内在部分地方试验性地推行容缺受理制度，在充分试错和积累经验后向全国推行。同时，授权地方改革试点还应坚持比例原则，权衡改革目的与手段之间的关系。地方改革试点应尽可能减少对规范体系的冲击，同时有效发挥试验效用。②

（二）推进政府部门信息共享，优化审批服务流程

在“放管服”改革，优化营商环境的大背景下，推进容缺受理制度改革，要与行政审批制度改革、政府数据公开共享、社会信用体系建设等结合起来，实现制度间的流畅衔接、互相补充。当前要着力完善部门主题数据库，推动政府部门之间信息共享。房管部门要实现与国土规划、不动产登记、公安、金融等部门的数据共享和应用，拓宽资料来源渠道，为容缺受理提供有力资源支撑。

应最大限度简化审核审批业务链中涉及的重复收件，提高办事效率。利用影像化扫描技术，将收取的要件纸质资料扫描存入信息系统，供后置环节调阅，实现共性资料“一次收件，全局共享”，内部产生的审批审核结果一律通过系统调取，在前环节收取过的纸质材料，经核对，内容未发生变更的，不再重复收取；内容发生变更的，应在当前环节重新扫描，便于下一环节利用。

（三）合理区分主要材料与辅助材料，健全制度设计

将市房管局审批服务事项的办事环节和受理材料科学合理区分为主要材料与辅

---

① http：//jxgq. zjzwfw. gov. cn/art/2018/12/27/art_1179289_28509563. html。

② 王建学：《授权地方改革试点决定应遵循比例原则》，《法学》2017 年第 5 期，第 42 页。

助材料，对辅助材料才可以实行容缺受理，以防把“容缺受理”变成“欠缺受理”，从而造成审批违法。同时，建议将所需提交材料进一步明晰化，取消“其他补充材料”之类的表述。制定《武汉市房管局审批服务事项“容缺受理”实施方案（试行）》（附清单），明确审批服务事项的主要申请材料和可容缺受理材料目录、可容缺材料补正方式及时限、受理流程和操作规程，并规定告知承诺、诚信档案、后续监管及对容缺受理工作的评估监督等内容。

具体而言，可容缺受理的材料可以分为以下几类：（1）企业营业执照、法定代表人身份证明、授权委托书及代理人身份证明等；（2）公司章程、财务制度、工作人员资质证明、社保证明等；（3）同一政务服务部门需要多个阶段办理的事项，前一阶段办理时已经提交的申请材料；（4）多个政务服务部门依次办理的事项，在申请办理下一个事项时需提交的上一个事项的申请材料和办理结果；（5）其他可以容缺受理的材料。同时，政策制定过程中要充分听取专家和公众意见，并对容缺受理清单目录实行动态管理。

（四）严格执行告知承诺制度，把好主要关口

试点推行并严格执行“告知承诺制”。告知承诺是指公民、法人和其他组织提出行政审批申请，行政审批机关一次性告知其审批条件和需要提交的材料，申请人以书面形式承诺其符合审批条件，由行政审批机关作出行政审批决定的方式。其一，告知。对可容缺受理的材料，行政审批机关应当向申请人一次性告知以下内容：行政审批事项所依据的主要法律、法规、规章的名称和相关条款；准予行政审批应当具备的条件、标准和技术要求；需要申请人提交材料的名称、方式和期限；申请人作出承诺的时限和法律效力，以及逾期不作出承诺、作出不实承诺和违法承诺的法律后果等。其二，承诺。申请人愿意作出承诺的，应当提供申请人基本信息，并对以下内容作出确认和承诺：所提交的申请材料真实、准确；已经知晓行政审批机关告知的全部内容；认为自身能满足行政审批机关告知的条件、标准和要求；对于约定需要提供的材料，承诺能够在规定期限内予以提供；上述陈述是申请人真实意思的表示；若违反承诺或者作出不实承诺的，愿意承担相应的法律责任。

申请人应当在本告知承诺书约定的期限内提交适用于告知承诺方式的材料。未提交材料或者提交材料不全的，以及提交的材料不符合要求且无法补正的，将依法撤销行政审批决定。行政审批机关将在作出准予行政审批决定后 2 个月内对申请人的承诺内容是否属实进行检查，发现申请人实际情况与承诺内容不符的，行政审批机关要求其限期整改，整改后仍不符合条件的，依法撤销行政审批决定。行政审批机关发现企业未达到许可条件即开始经营或在经营中发生不符合许可条件行为的，责令其立即停止生产经营行为，依法撤销行政审批决定。

（五）强化全过程监管和信用管理，完善风险防控

在审批环节做好容缺受理方案的同时，为避免行政相对方进入监管的“真空”，应加强事中事后监管。将实行容缺受理的审批服务资料专门保存，待资料补齐后进行全面系统的审核，确保资料齐全。加强逾期提醒提示工作，对未按时补正材料的，审批工作人员可以通过电话、邮件等方式及时提醒申请人。实行分级分类监管，根据监管对象特点和风险程度，分别确定监管内容、方式和频次，提升监管精细化水平。充分发挥现代科技手段在监管中的作用，依托互联网、大数据、物联网、云计算、人工智能、区块链等新技术推动监管创新，降低监管成本，提高监管效能。拓宽公共监督渠道，构建“政府监管、行业自律、企业自治、社会监督”的综合监管格局。

应完善房地产市场信用管理体系，引导房地产开发企业规范运作、诚实守信、依法经营。推进信用分级分类监管，依据企业信用情况，在监管方式、抽查比例和频次等方面采取差异化措施。建立容缺受理申请人信用档案，在双随机抽查中加大对此类企业和从业人员的抽检力度，在审查、后续监管中发现申请人作出不实承诺的，应当记入信用档案，记入信用档案的不适用告知承诺制的审批方式。完善守信联合激励和失信联合惩戒制度，对失信企业在开发经营、资质升级、预售资金监管等方面予以惩戒，曝光失信和违法违规行为，构建“一处失信、处处受限”的联合惩戒机制，促进企业诚信自律，营造诚实守信的市场环境。

（六）强化社会参与和第三方评估，实现共治共享

在推进容缺受理的过程中要充分重视社会参与，包括专家论证、第三方评估、公民异议制度等，并建立信息整合、甄别和反馈机制。强化社会参与一方面可以增强改革决策的合法性和正当性，为改革方案的优化提供充分的信息资讯，另一方面也为改革的顺利推进奠定科学和民意基础。① 在容缺受理制度设计过程中，对主要材料和辅助材料梳理分类时要倾听专家意见和公众需求，保证在符合法律规定的同时便民利企。同时，对涉及公共利益的重大行政许可或者直接涉及申请人与他人之间重大利益关系的，行政机关在作出行政许可之前应组织听证程序。通过专家论证、听证会等形式提高容缺受理制度设计的权威性与合理性。

政务服务监督管理机构可以委托有资质的第三方评估机构开展容缺受理工作评估，并及时将评估结果向社会公布。同时，对审批服务部门开展容缺受理情况进行监督，将其开展容缺受理工作纳入年度绩效考评管理。定期组织开展容缺受理制度

---

① 朱新力：《困境与出路：行政审批制度改革的法治进阶》，《中共浙江省委党校学报》2016年第3期，第12页。

执行情况专项督查，对监督监察中发现的问题以及投诉问题，应及时调查核实、公正处理，调查处理结果在规定时间内向当事人反馈。建立行政许可容缺受理责任追究制度，明确责任追究的范围、对象、条件等，严格实施程序。对违反行政审批制度规定的工作人员，按规定严肃追责。

附　　件

武汉市房管局审批服务事项“容缺受理”实施方案

（试行）（建议稿）

为深化简政放权、放管结合、优化服务改革，推进房管审批服务再提速，营造良好政务服务环境和营商环境，结合我局工作实际，特制定本实施方案。

一、适用范围和条件

本方案适用于武汉市政务服务中心房管审批窗口，在办理房地产开发、房屋交易、房屋租赁、住房保障、物业管理、房屋安全等相关审批服务时，对主要申请材料齐全且符合法定形式，但次要申请材料欠缺的事项，经申请人作出书面承诺，审批窗口先予受理和审查，当场一次性告知需要补正的材料、时限和超期补正处理办法，待申请人补齐材料后，审批部门在承诺时限内出具办理结果意见。

二、容缺受理原则

容缺受理以申请人自愿申请为原则，申请人不提出申请并作出承诺的，房管审批窗口不得进行容缺受理。

三、容缺受理目录清单管理

制定市房管局容缺受理政务服务事项目录清单，明确容缺受理事项的主要申请材料和可容缺材料目录。容缺受理目录清单报市政务办，由市政府牵头向社会公布。

容缺受理目录清单实行动态管理。

四、可容缺材料及补正时限

对直接涉及公共安全、生态环境保护以及直接关系人身健康、生命财产安全的审批服务事项，不适用容缺受理方式。

可以容缺受理的材料主要包括：

（一）企业营业执照、法定代表人身份证明、授权委托书及代理人身份证明等；

（二）企业章程、财务制度，企业工作人员资质证明、社保证明等；

（三）同一政务服务部门需要多个阶段办理的事项，前一阶段办理时已经提交的申请材料；

（四）多个政务服务部门依次办理的事项，在申请办理下一个事项时需提交的上一个事项的申请材料和办理结果；

（五）其他可以容缺受理的材料。

申请人承诺补正容缺受理材料的时限不得超过办理该审批服务事项的承诺时限。

五、容缺受理的申请

申请人申请容缺受理的，应当提交《申请容缺受理承诺书》。以公民名义申请的，需在承诺书签名并提交身份证复印件；以法人或其他组织名义申请的，容缺受理承诺书应当由法定代表人（或授权代表）签字或加盖单位公章。委托办理容缺受理政务服务事项的，被委托人应当提交委托书。

申请人愿意作出承诺的，应当提供申请人基本信息，并对下列内容作出确认和承诺：

（一）所作承诺是申请人真实意思表示；

（二）已经知晓房管审批窗口告知的全部内容；

（三）所提供的申请材料真实有效；

（四）在承诺期限内补正容缺受理材料；

（五）愿意承担违反承诺的法律责任。

六、容缺受理、审查与决定

申请人提交《申请容缺受理承诺书》后，窗口工作人员当场出具《容缺受理补正材料通知书》，一次性告知申请人补正的材料、时限及超期补正的处理方式。申请人可以通过邮政寄递、传真以及房管审批窗口认可的其他方式补正容缺受理材料。补正时间以容缺受理材料送达窗口的时间为准。

申请人在承诺时限内补正全部材料且补正的材料符合要求的，房管审批窗口应当按照审批服务事项运行流程办理容缺受理事项，在承诺办结时限内作出处理决定。

申请人未在承诺时限内补正容缺受理材料的，或者提交的材料不符合要求的，容缺受理审批服务事项应当终止办理。窗口应当在终止办理后2个工作日内通知申请人，出具《容缺受理终止办理通知单》，并将申请材料退回。因申请人未按时补正材料造成的损失，由申请人自行承担。

七、失信惩戒

申请人未在承诺期限内补齐材料，或者提交的材料不符合要求的，以及审批部门在审查、后续监管中发现申请人作出不实承诺或者违反承诺的，审批部门应当记入申请人诚信档案，并有权依法撤销相关审批决定。对失信承诺人违反相关法律的，依法追究其法律责任。

八、容缺受理工作评估与监督

政务服务监督管理机构可以委托有资质的第三方评估机构开展容缺受理工作评估，并及时将评估结果向社会公布。

政务服务监督管理机构对窗口开展容缺受理情况进行监督，定期组织开展容缺受理制度执行情况专项督查，对违反规定的失职工作人员，按照有关规定严肃处理。

附表：　　**武汉市房管局审批服务事项可容缺受理材料清单及补正方式**

	行政审批事项	可容缺受理材料	材料补正方式
1	房地产开发企业资质核准	1. 加载法人和其他组织统一社会信用代码的营业执照 2. 经董事会（主管部门）推选（任命）的法定代表人的文件及身份证明 3. 企业任命的工程技术、财务、统计、经营负责人的文件 4. 企业章程及财务管理办法 5. 专业技术人员的资格证书和劳动合同 6.《住宅质量保证书》和《住宅使用说明书》	1. 在审批承诺时限内补齐 电子证照共享后不再提供 2. 在审批承诺时限内补齐 3. 在审批承诺时限内补齐 4. 在审批承诺时限内补齐 5. 在审批承诺时限内补齐 6. 在审批承诺时限内补齐

续表

	行政审批事项	可容缺受理材料	材料补正方式
2	商品房（经济适用住房）预售许可	1. 建设工程施工合同 2. 加载法人和其他组织统一社会信用代码的营业执照 3. 房地产开发企业资质证书副本 4. 前期物业服务合同 5. 地下建设用地使用权证、不动产权证	1. 在审批承诺时限内补齐 2. 在审批承诺时限内补齐 电子证照共享后不再提供 3. 在审批承诺时限内补齐 电子证照共享后不再提供 4. 在审批承诺时限内补齐 5. 在审批承诺时限内补齐
3	商品房现售备案	1. 建筑工程施工许可证 2. 加载法人和其他组织统一社会信用代码的营业执照 3. 房地产开发企业资质证书副本 4. 前期物业服务合同	1. 在审批承诺时限内补齐 2. 在审批承诺时限内补齐 电子证照共享后不再提供 3. 在审批承诺时限内补齐 电子证照共享后不再提供 4. 在审批承诺时限内补齐
4	房地产估价机构备案	1. 企业法人营业执照正、副本 2. 法定代表人或者执行合伙人的任职文件 3. 专职注册房地产估价师证明 4. 分支机构营业执照正、副本 5. 分支机构负责人的任职文件 6. 注册在分支机构的专职注册房地产估价师证明 7. 变更后的企业法人营业执照正、副本 8. 新的法定代表人或者执行合伙人的身份证明、房地产估价师注册证书、劳动合同和社保缴纳证明	1. 在审批承诺时限内补齐 电子证照共享后不再提供 2. 在审批承诺时限内补齐 3. 在审批承诺时限内补齐 4. 在审批承诺时限内补齐 电子证照共享后不再提供 5. 在审批承诺时限内补齐 6. 在审批承诺时限内补齐 电子证照共享后不再提供 7. 在审批承诺时限内补齐 8. 在审批承诺时限内补齐
5	新建房屋白蚁预防委托服务	1. 建设工程规划许可证 2. 武汉市新建（改、扩建）房屋白蚁预防服务申请表	1. 在审批承诺时限内补齐 2. 在审批承诺时限内补齐

续表

	行政审批事项	可容缺受理材料	材料补正方式
6	房屋安全鉴定单位名录管理	1. 单位营业执照 2. 建设工程质量检测资质证书或检验检测机构资质认定证书 3. 符合条件的从业人员身份证、资格证明、专业培训合格证明、学历证明、劳动合同、社保证明 4. 开展房屋安全鉴定工作必要的专业性设备清单，计量检定证书、校准证书	1. 在审批承诺时限内补齐 电子证照共享后不再提供 2. 在审批承诺时限内补齐 3. 在审批承诺时限内补齐 4. 在审批承诺时限内补齐
7	房屋产权基础信息（测绘成果）审核	1. 单位营业执照或组织机构代码证 2. 授权委托书 3. 代理人身份证明 4. 房屋地址证明 5. 房地产开发企业资质证书 6. 其他补充证明材料	1. 在审批承诺时限内补齐 电子证照共享后不再提供 2. 在审批承诺时限内补齐 3. 在审批承诺时限内补齐 4. 在审批承诺时限内补齐 5. 在审批承诺时限内补齐 6. 取消此项 注：国有土地使用证、建筑工程规划许可证及其附件等测绘图件审核环节已经收取的资料，采取内部流转的方式，不再重复收取
8	在建工程抵押交易监管	1. 单位营业执照或组织机构代码证 2. 代理人身份证明 3. 授权委托书 4. 建设工程规划许可证及其附件	1. 在审批承诺时限内补齐 电子证照共享后不再提供 2. 在审批承诺时限内补齐 3. 在审批承诺时限内补齐 4. 在审批承诺时限内补齐
9	房屋交易（转让）监管	1. 买方（代理人、监护人）身份证明、授权委托书、监护关系证明 2. 经公证的授权委托书、维护未成年人利益的书面保证、监护关系证明	1. 在审批承诺时限内补齐 2. 在审批承诺时限内补齐

续表

	行政审批事项	可容缺受理材料	材料补正方式
10	住宅专项维修资金缴交确认	1. 物业小区共用部位、共用设施设备清单 2. 地下室、架空及其他房屋的说明 3. 武汉市商品房预售许可证 4. 建设工程规划许可证 5. 湖北省房屋建筑工程和市政基础设施工程竣工验收备案证明书 6. 武汉市房产测丈表 7. 小区总体规划平面图	1. 在审批承诺时限内补齐 2. 在审批承诺时限内补齐 3. 在审批承诺时限内补齐 4. 在审批承诺时限内补齐 5. 在审批承诺时限内补齐 6. 在审批承诺时限内补齐 7. 在审批承诺时限内补齐
11	重点监管资金拨付审核	1. 委托书 2. 经办人身份证 3. 其他补充材料	1. 在审批承诺时限内补齐 2. 在审批承诺时限内补齐 3. 取消此项

引导企业发展自持型租赁住房的难点与对策研究

武汉市住房保障和房屋管理局房屋租赁管理处
华中师范大学

课题负责人： 陈新政　武汉市住房保障和房屋管理局　副局长
课题组成员： 徐　磊　陈立中　仵峰琦　吴　媚　刘　星
褚存龙　陈永伟　陈淑云　秦连燕　唐利恺
陈　锦　支殿桐　胡　奇
课 题 统 稿： 徐　磊　陈立中

一、引　言

党的十九大报告指出，中国特色社会主义进入新时代，我国社会主要矛盾已经转化为人民日益增长的美好生活需要和不平衡不充分的发展之间的矛盾。这在住房领域主要表现为住房购买与租赁比例严重失衡。培育住房租赁市场，加快建立租购并举①的住房制度，既是妥善解决过去住房消费体系失衡和建立房地产长效机制的现实要求，也是满足人民美好生活需要的民生工程，还是推进城市化高质量发展的战略布局。

武汉市作为国家住房租赁“双试点”城市，并且是中央财政补贴城市，近三年来，住房租赁市场得到了快速发展。

在该市租赁市场供给主体中，基本上是以个人出租住房为主，产品标准化程度低，租赁服务缺乏。企业自持型租赁住房是多渠道、多主体增加租赁住房供应的创新尝试，发挥企业在规范化、标准化、优质化租赁服务等方面的优势，对促进租赁市场发展、保障社会多元住房需求能够起到示范作用和重要补充。发达国家的历史经验亦表明，发展机构住房租赁，特别是自持型租赁，有助于提升服务质量，规范市场管理，稳定租赁关系。

为此，研究如何支持企业发展自持型租赁住房，不仅有利于租赁市场规范发展，重构与住房租赁相匹配的土地、金融和税收等配套政策，② 还有利于住房租赁产业转型升级。

（一）研究内容

本文的主要内容包括：（1）我市企业自持型租赁住房的发展现状。本文在对武汉市住房租赁专营企业调研的基础上，分析租赁企业的类别、规模、商业模式和盈利能力，并比较不同类别企业的优劣势。（2）企业在发展自持型租赁住房过程中面临的主要困境。本文在对我市及全国代表性城市住房租赁企业，特别是自持型租赁企业深入调研的基础上，剖析企业在拿地、融资、税收和经营等方面面临的主要问题和基本诉求。（3）北京、上海、广州和深圳采取了哪些政策助力自持型租

① 我们认为，“租购并举”有四重含义：不鼓励家庭租房居住，让租赁成为一种生活方式；引导房地产开发企业从“拿地—开发—销售”模式，向“拿地—开发—租赁—运营”模式转型；土地出让既可以是“招拍挂”形式，也可以探索“年租制”；银行的贷款业务，不仅要做开发贷、按揭贷，还要做租赁贷。

② 我国现行的土地、税收和金融等政策主要是面向商品住房和保障性住房，与自持型租赁住房政策不匹配，严重制约着租赁市场的发展。

赁住房发展，哪些做法值得我们学习借鉴。本文在对北京、上海、广州和深圳等重点城市深入研究的基础上，提出相关的借鉴意见。（4）提出具体的、可操作的引导企业发展自持型租赁住房的政策建议。结合北京、上海、广州和深圳的经验，提出支持武汉自持型租赁企业在土地、金融、税收和经营等方面的具体政策建议。

（二）研究方法

调查研究法。调查武汉市代表性住房租赁企业（国有企业、民营企业；房地产开发企业、酒店类企业、创投类企业等），统计分析企业在经营管理中存在的问题和经验、不足和需完善之处。同时到市房管局相关处室、市公安局、市工商局、经纪协会、中介机构、租赁企业、平台公司、区房管局、部分街道和社区实地调研，了解掌握第一手资料，为课题研究提供研究基础。

案例研究法。通过收集整理国内外关于自持型租赁管理方面的成功案例，例如自如和 Airbnb，提炼总结经验和好的做法，结合我市实际情况，提出好的、可操作的思路和方案。

比较研究法。通过比较国内同类城市、国外相似城市的经验做法，为解决方案提供思路。

（三）研究重点、难点和创新点

依据课题研究目的，本课题研究的重点、难点和创新点如下：

1. 研究重点和难点

（1）对于住房租赁企业发展自持型租赁住房这种创新型商业模式，研究如何利用这种创新型商业模式来拓展企业的盈利空间。

（2）帮助住房租赁企业发展自持型租赁住房的拿地方式，例如可否通过年租制、集体土地建设租赁住房；如何做到理论上可靠，政策上可行，实施中可操作。

（3）能有效降低住房租赁企业发展自持型租赁住房的融资模式，例如如何设计公募 REITs 产品。

（4）能有效降低住房租赁企业发展自持型租赁住房的税收筹划模式。如根据自持型租赁住房的行业发展特点，创新税收筹划模式，降低租赁企业税负。

2. 研究的创新点

（1）研究内容方面的创新：提出与现代租赁市场发展相适应的土地（国有、集体和自有）出让方式，定价方法；提出融资成本低、政策上可行、风险可控和商业上可持续的住房租赁融资创新产品，例如公募 REITs；提出鼓励国有企业与品牌公寓管理企业融合发展的新经营模式。

（2）研究方法方面的创新：边研究边试点的方法。

（四）研究框架

在对武汉市住房租赁专营企业调查的基础上，运用相关统计学方法，进行科学的分析，发现自持型租赁企业面临的困难和问题。接着，对北京、上海、广州和深圳等一线城市进行调研，总结借鉴它们的经验。最后，提出适合武汉特点的解决办法和政策建议。具体如图 1 所示。

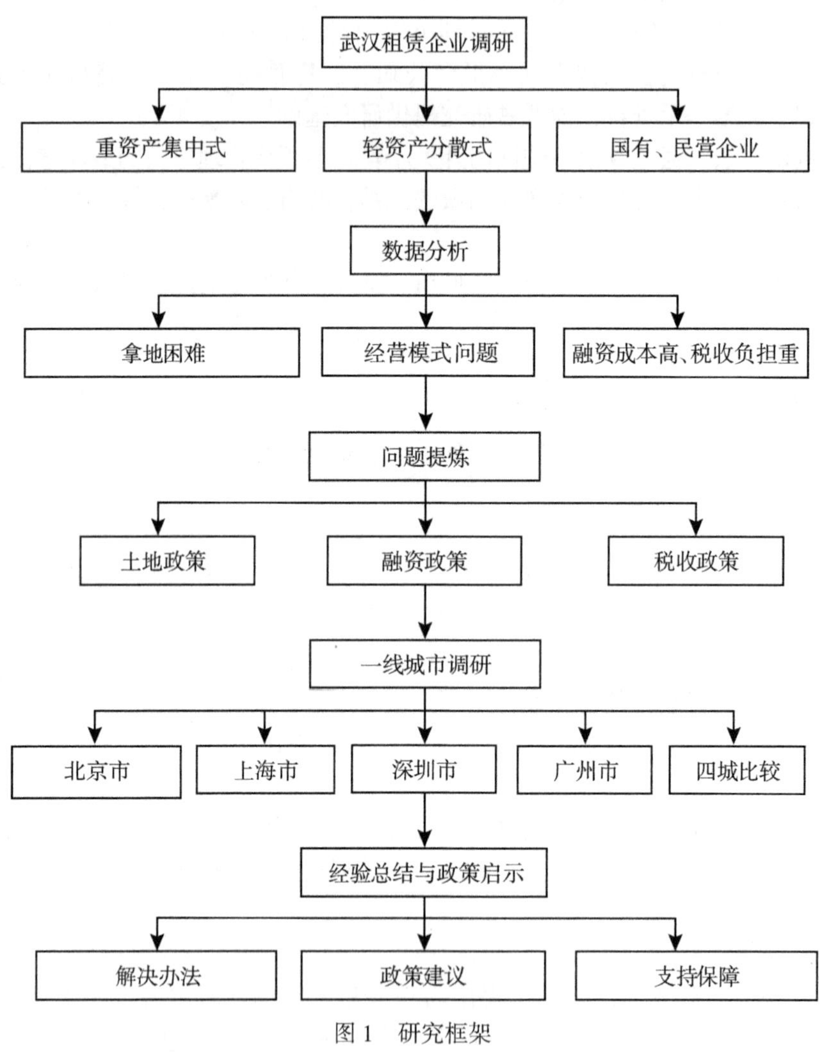

图 1　研究框架

二、企业自持型租赁住房发展现状

为贯彻落实中央“租购并举”系列政策，各地分别从发展规划、土地供应、金融创新和税收优惠等方面，重点推进企业自持型租赁住房发展，优化住房租赁供给方式。从租赁住房房源看，自持型租赁住房可分为新建自持型租赁住房和存量收购自持型租赁住房两大类。新建自持型租赁住房又可分为：主动自持型租赁住房①（国有土地、集体土地上建设租赁住房）和被动自持型租赁住房（土地“招拍挂”中“限地价、竞自持”政策下形成的自持②）；存量收购自持型租赁住房主要包括“工改住”自持型租赁住房和“商改住”自持型租赁住房两类。具体分类见图2。

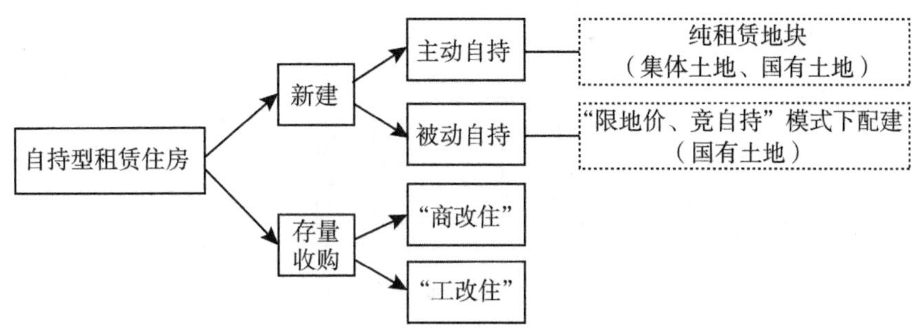

图2　企业自持型租赁住房分类

本章将在系统介绍全国企业自持型租赁住房发展概况的基础上，详细分析武汉市自持型租赁住房的发展现状和主要特点。

（一）全国自持型租赁住房发展现状

根据调研资料，本节主要从土地出让、项目开发维度，对全国自持型租赁住房的发展现状展开研究。

1. 土地出让情况

在企业新建的自持型租赁住房中，土地来源主要有三种方式：纯租赁用地出让（国有土地主动自持）、“限地价、竞自持”租赁土地出让（国有土地被动自持）和在集体土地上建设租赁住房（主动自持）。

① 主动自持是指，土地出让条件中，明确要求部分甚至全部建面需要竞得人自持。

② 被动自持是指，在“限地价、竞自持”政策下，当土地拍卖达到最高限价时，转入竞自持面积环节，进而形成的自持。

（1）纯租赁用地出让情况

统计显示，2016—2018 年，全国纯租赁用地成交规模呈增长之势；同时，参与的城市也明显增多，从 2016 年仅有北京，到 2017 年的上海、广州等 7 城市，再到 2018 年珠海等三线城市加入供地行列，参与城市越来越多。不过，2019 年 1—7 月，纯租赁用地成交总建面仅 146 万 m^2，同比下降 35%，供地节奏明显趋缓（图 3）。

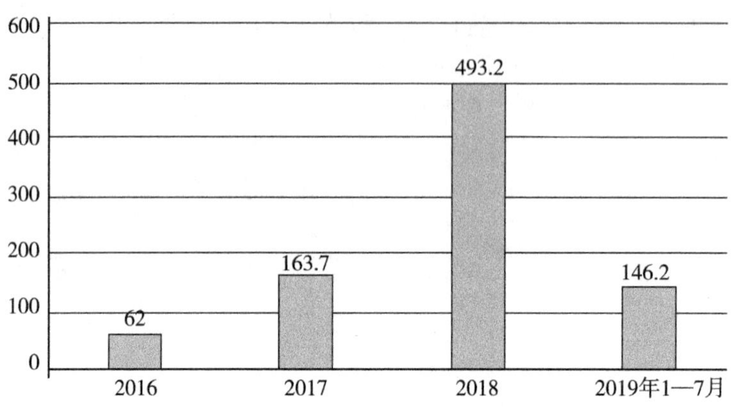

图 3　全国纯租赁用地出让情况（万 m^2）

（2）“限地价、竞自持”租赁土地出让情况

目前，国有土地自持用地出让主要包括“约定自持”和“竞自持”两种。“约定自持”是指在土地出让公告中约定一定比例的面积由受让方持有；“竞自持”是指近几年在“控房价、稳地价”调控政策基础上诞生的新型土地竞价模式，当土地竞买报价达到预设的价格上限时，不再接受更高报价，转为现场竞报企业自持租赁住房面积或比例。截至 2019 年 7 月，全国共计 23 个城市挂牌出让 353 宗自持用地，累计出让自持建面 857. 4 万 m^2。

（3）集体土地建设租赁住房情况

2017 年 8 月，国土部、住建部联合印发了《利用集体建设用地建设租赁住房试点方案》，选定北京、上海、武汉和沈阳等 13 个城市作为首批试点城市。2019 年 1 月，试点城市进一步扩容，新增福州、南昌等 5 个城市。首批入围试点的城市中，仅 4 个城市公布了具体的集体建设用地供应计划。其中，2017—2022 年北京市计划供应 1000 万 m^2集体建设用地建设租赁住房，2018—2020 年广州、合肥和南京分别计划供应 300 万 m^2、45 万 m^2、30 万 m^2集体建设用地建设租赁住房。其余城市虽然也发布了三年或者五年发展规划，但均未框定具体的量化供地指标。

2. 自持型租赁住房项目开发情况

调研发现，目前近七成租赁住房用地尚未开工，其余已开工项目尚未有运营产品落地。即使是开发施工进度领先的上海，2019 年底才有 4 个纯租赁项目入市，从开工到正式招租运营最快也要 1 年半之久。

（二）武汉市自持型租赁住房发展现状

根据贝壳研究院和武汉锦居瑞智房产管理有限公司的估计，2018 年武汉市租赁住房为 81 万~110 万套（间），租赁人口为 242 万~383 万人，市值为 162 亿~309. 8 亿元。其中，机构持有或管理的房源约 15. 97 万套（间）、见表 1。

表 1　**2018 年武汉市租赁房源规模及其构成**

类别	机构持有运营	机构托管或包租	个人散租房源	合计
武汉	3. 21%~4. 36%	10. 16%~16. 51%	80. 28%~85. 48%	81 万~110 万套

武汉市住房租赁专营企业基本都是以轻资产运营为主，重资产运营为辅。全市租赁服务企业运营规模约 15. 97 万套（间）、479. 39 万平方米。其中，自持型重资产运营 3. 53 万套（间）、202. 39 万平方米；分散式轻资产运营 12. 44 万套（间）、277 万平方米。

本节将对武汉市自持型租赁住房的土地供应、运营规模和经营状况展开分析。

1. 土地供应

（1）国有土地纯租赁地块

目前武汉市国有土地纯租赁项目有两个，一是武汉都保置业有限责任公司开发的位于武昌区白沙洲大道与江国路交会处西南角的江国路天工新建租赁住宅项目，占地面积 3 万 m^2，规划总建筑面积 7. 47 万 m^2；二是之寓置业有限公司开发建设的位于九峰二路以北顶冠峰以西的光谷国际人才自由港 · 武汉未来科技城青年社区项目，占地面积 22. 84 万 m^2，规划总建筑面积 38 万 m^2。

（2）“限地价、竞自持”租赁土地

目前武汉市通过国有土地“限地价、竞自持”模式配建租赁住房项目 5 个、占地面积 2. 34 万 m^2、建面 5. 99 万 m^2、950 套。

（3）集体土地

目前武汉市通过集体土地建设租赁住房的项目有 4 个、957 套（间）、建面 7. 8 万 m^2。

2. 运营规模

调研统计显示，目前武汉市自持型租赁住房项目 13 个、1. 17 万套，租赁住房面积 64. 25 万平方米。其中，已经投入运营的有 138 套，见表 2。

表 2　**武汉自持型租赁住房项目概况**

指标	项目数量（个）	租赁住房面积（万 m^2）	租赁住房套数（套/间）	已运营（套）	纯租赁地块情况（万 m^2、套/间）
数量	13	64. 25	11674	138	12. 8 万 m^2，2277 间

与其他兄弟城市相比，武汉市自持型租赁住房发展相对滞后。

表 3 将自持型住房细分为四种类别：①国有土地纯租赁，建筑面积 45. 47 万 m^2，占比 70. 77%，8447 间，；②“限地价、竞自持”配建，建筑面积 5. 99 万 m^2，占比 9. 32%，950 间；③集体土地建租赁住房，建筑面积 7. 8 万 m^2，占比 12. 14%，957 间；④存量改建型自持，建筑面积 4. 99 万 m^2，占比 7. 77%，1320 间。与国内同等级别城市相比，从结构角度看，武汉市未来应该加强存量改建和“限地价、竞自持”配建租赁住房的规模。

表 3　**武汉自持型租赁住房项目分类情况**

类别	项目数	建面（万 m^2）	占比（%）	套数	间数	状态
国有土地纯租赁	2	45. 47	70. 77	6399	8447	施工
“限地价、竞自持”配建	5	5. 99	9. 32	950	950	审批
集体土地建租赁住房	4	7. 8	12. 14	957	957	规划
存量改建型自持	2	4. 99	7. 77	558	1320	营业

13 个自持型租赁住房项目的空间分布如图 4 所示。大部分项目分布在三环线以内。

3. 经营状况

对租赁企业而言，租金回报率是考验企业生存的关键指标。如图 5 所示，2018 年 7 月，北京、上海、广州、深圳和武汉的租金回报率依次为：1. 41%、1. 50%、1. 74%、1. 44%和 2%。

2018 年在中国 100 个样本城市中，武汉住宅租金回报率为 2%，衡阳最高为

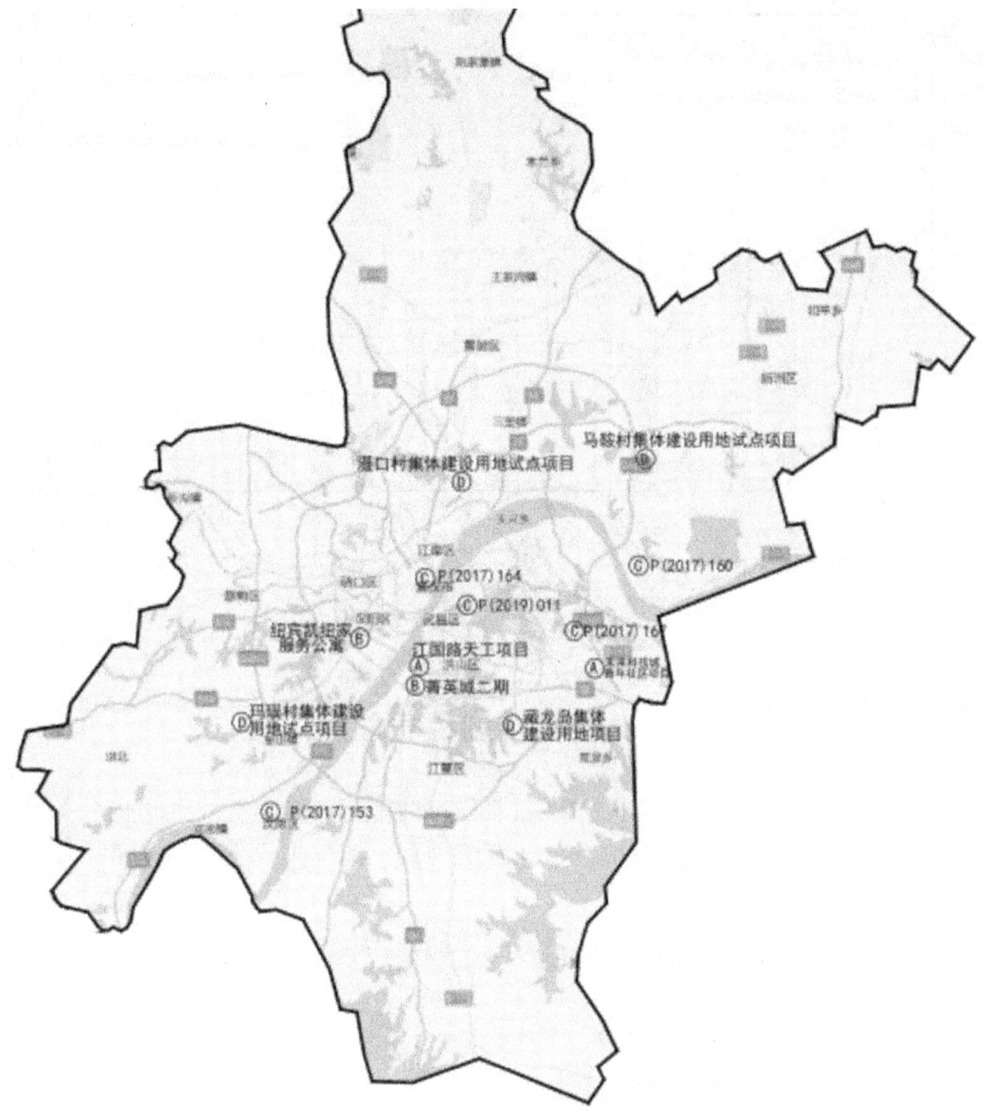

图 4　武汉市自持型租赁住房项目的空间分布

4. 23%；厦门最低，仅为 1%。市场经验表明，一般来说，租金回报率在 5%以上才适合投资租赁市场。据此，目前市场租金回报率过低是自持型租赁住房发展缓慢的主要原因之一；租金回报率低，也是散户选择直租甚至空置的重要原因之一。

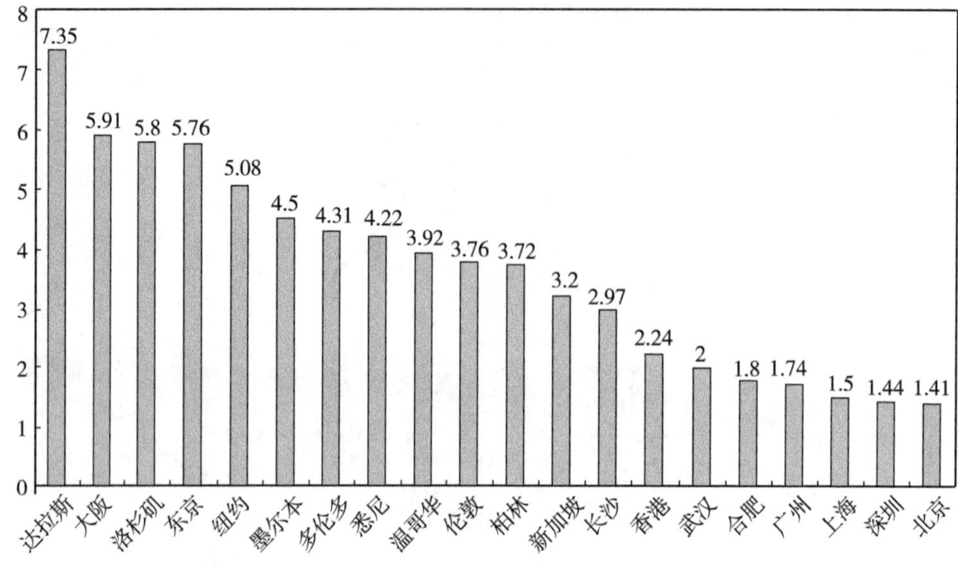

图 5 2018 年 7 月部分城市的租金收益率（%）

三、企业发展自持型租赁住房的难点

从自持型租赁企业的发展状况来看，目前面临的主要问题有：回报率低、拿地贵、融资难、税负重、制度配套差、运营能力弱，简单来说就是“地贵、钱贵、周转慢”。

（一）自持型租赁企业存在的困难

1. 回报率低

如前文所述，武汉市住房租赁行业的平均回报率仅 2%，自持型租赁更低，与发达国家的水平相比，大约低 70%（图 6）。如此低的投资回报率无法吸引到一定规模和优质的投资者，这是自持型租赁无法实现高质量发展供给侧方面的主因。

2. 拿地贵

调研发现，在大多数城市，目前土地出让依然延用的是商品住宅一次性缴纳土地出让金的“招拍挂”模式。在这种模式下，由于企业拿地价格太高，主动参与开发、建设、自持租赁住房的积极性不高；从投资的角度来看，与房地产销售相

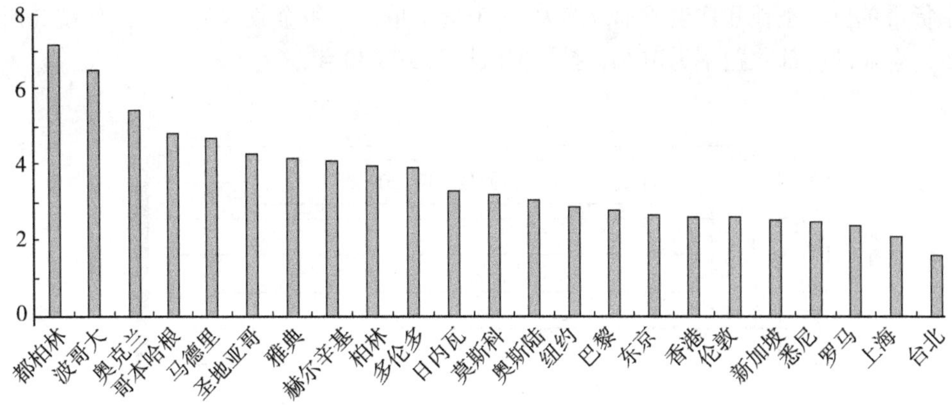

图 6　2017 年世界部分城市税前住房总租金回报率（%）

比，租赁行业不仅经济效益低，而且资金周转慢。此外，按目前 2%的租金收益率计算，融资成本高昂的开发商若运营租赁物业则多半是亏损的。图 7 和图 8 比较了两种模式下的现金流情况。

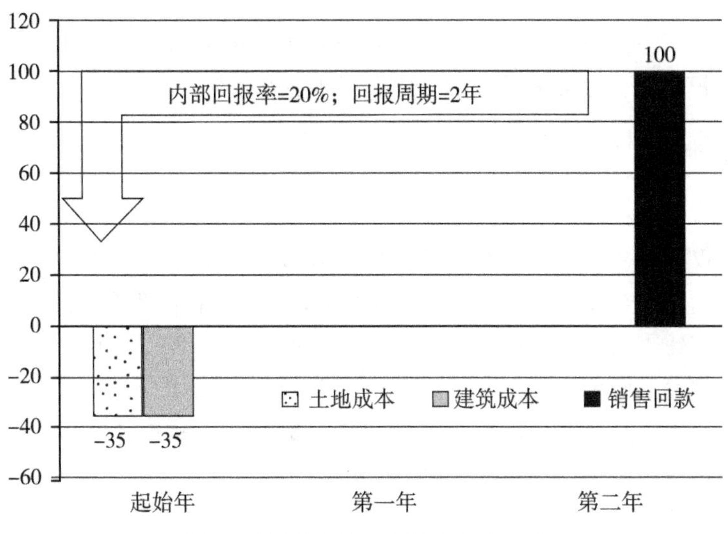

图 7　建设出售模式下的现金流情景

这里，我们假定开发企业现金流毛利润为 30%，其中，土地成本为 35 个货币单位，建设成本为 35 个货币单位，销售价格为 100 个货币单位。图 7 显示，在销售模式下，开发企业的内部回报率将达到 20%，回收期 2 年。

假设开发企业采取“开发—建设—自持—租赁”模式，企业初始投入为 100 个货币单位，土地和建设成本依然为 35 个货币单位，租金收入的现金流如图 8 所示，企业的内部收益率为 10%，投资回收期为 20~30 年。

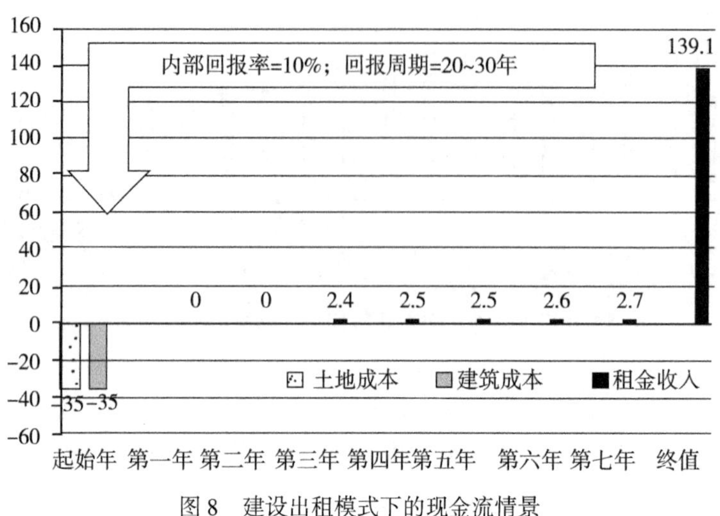

图 8　建设出租模式下的现金流情景

上述情形下，如果土地成本低于市场价格的 30%，那么在“开发—建设—自持—租赁”模式下，企业的总成本收益率可达到 4. 5%，接近商业价值点。

3. 融资难

住房租赁企业在获取房源时，需要一次性支付大量现金，特别是在重资产模式下，企业不仅需要买断物业产权，还需要装修改造，而租金收入是一种长期现金流，现金流出与现金流入严重错配，导致租赁企业经常面临现金流困境。2018 年 8 月，北京市住建委明确要求住房租赁企业“三不得”和“三严查”，其中包括不得利用银行贷款等融资渠道抢占房源，明显加剧了租赁企业的融资难度。

租赁住房本身具有“资产特定、租金收入稳定和运营模式清晰”的特点，符合资产证券化对基础资产和现金流的相关要求。从发达国家的成功经验看，住房租赁证券化，特别是租赁住房 REITs 是住房租赁市场的重要工具。但是，目前我国市场上的类 REITs 产品仍然是一个没有税收优惠，具有到期期限的私募偏债型产品。与公募 REITs 相比，类 REITs 推广的最大障碍是底层资产的收益率太低，导致市场上能满足收益率要求的底层资产稀少，制约了租赁企业的融资渠道和规模。

对租赁企业而言，公募 REITs 是相对更优的资产证券化方式。这是因为，第一，公募 REITs 投资者间接拥有物业产权。除租金分红外，还能获得未来物业的增值收益，刚好可以弥补目前租金收益率低的缺点，进而吸引投资者；第二，公募REITs分红可以抵扣所得税，进一步提高产品的收益率；第三，公募REITs没有到期期限，与租赁企业长运营周期契合得更好；第四，公募REITs可在公开市场中进行交易，流动性更好。

4. 税负重

租赁企业在实际经营中，增值税、房产税等税负过重；在集体土地上建设租赁住房的租赁企业同样面临着税负过重问题。集体土地建设租赁住房需要缴交租金收入12%的房产税，税赋过高，而且该项目并不拥有土地产权。① 集体土地租赁房项目资金回收缓慢，需在房产税收方面予以减免优惠，见表4。

表4 **住房租赁税负**

税种	法定税率		
	个人出租—住宅	个人出租—非住宅	企业出租—住宅
房产税	4%	12%	12%
土地使用税	免征	免征	免征
增值税	3%减按1.5%	5%	5%
城市建设维护税	7%、5%、1%	7%、5%、1%	7%、5%、1%
教育附加税	3%	3%	3%
个人所得税	20%减按10%	20%减按10%	年终汇算清缴
印花税	按租赁金额1‰贴花	按租赁金额1‰贴花	按租赁金额1‰贴花

5. 经验少

前面的分析显示，目前自持型租赁住房运营企业大多数是转型类国有房地产开发企业。国有房地产开发企业擅长于拿地、资金运作和品牌运营，而现代住房租赁产业的本质在于服务，属于一种“慢活”、“细活”。因此，对国有企业而言，精细化、长周期运营无疑是其短板。

6. 供需不匹配

目前，中心城区的地块已接近饱和，现在大部分地块都位于远郊区，而大部分

① 理论上是无需缴纳房产税。

租赁群体的工作岗位在市中心，所以他们更偏好于市中心的房屋，房屋供需上的不匹配导致位于远郊区租赁房屋的空置率较高。

7. 集体土地建设租赁住房面临的主要问题

2017 年 8 月，国土部、住建部出台了《利用集体建设用地建设租赁住房试点方案》，方案出台两年多以来，地方政府在实施过程中面临以下难题。

（1）集体土地无法抵押，租赁企业融资受限。根据《合同法》《担保法》和《农村集体土地使用权抵押登记的若干规定》，耕地、宅基地、自留地、自留山等集体土地使用权不能抵押。其中，以下两种情况可以办理：①以招标、拍卖、公开协商等方式取得的荒地等土地承包经营权；②乡（镇）、村企业的厂房等建筑物抵押的，其占用范围内的土地使用权可一并抵押。因此，租赁企业在集体土地上建设租赁住房，如果想抵押融资，只能寻找农村集体建设用地。

（2）租赁住房缺乏专门的设计标准，参照现有的住宅设计标准欠合理性和经济性。《利用集体建设用地建设租赁住房试点方案》中，未对集体土地建设租赁住房的建筑设计标准进行明确规定，地方政府大多是参照住宅建设标准执行。现有的住宅设计规范主要针对的是以家庭为单位的人群，该人群与租赁住房的目标人群在生活方式和经济水平上都存在一定差异。因此，租赁产品按照商品住宅来建设会带来一系列问题，例如车位配套指标过高、商业配套指标过低等。

由于租赁住房建设还处于起步阶段，住宅设计的相关规范当中并没有提及租赁住房的概念，导致租赁住房的建筑设计标准没有明确的规范。目前，集体土地建设租赁住房试点城市中，只有广州和上海出台了针对性的设计规范，其余城市均参考现行的住宅建筑设计规范，与租赁住房性质较为类似的公寓目前也没有通用的设计标准。

（3）在集体土地上建设租赁住房的租赁企业在经营管理上，容易产生经营权与决策权分离的内生矛盾。北京市《关于进一步加强利用集体土地建设租赁住房工作的有关意见》中规定，由集体经济组织和国有企业合作开发的，集体经济组织在合资公司中持股比例不低于 51%。依据《公司法》的相关规定，集体经济组织作为合资公司的大股东，具有决策权。实际上，集体经济组织在合资公司中担任决策人的一般为村干部，对于公司的经营管理以及项目开发一般缺乏经验。合资公司中的房地产开发企业自然会担心公司决策权掌握在外行手中，并对企业的正常经营行为造成某些潜在影响，各种矛盾导致合作不畅。

在北京市已经落地的几个项目中，村镇集体经济组织的决策人基本上是该村的村支书或村主任，村民一般不参与决策。集体建设用地的经营使用权决策由村主任或村支书决定，导致关键人的决策权力过大，合作过程不透明，关键人可影响集体土地租赁住房项目的合作。在集体土地入市过程中，应出台相应法规，建立制度和流程规范，避免出现“一言堂”，让村民享有知情权、参与权、决策权和监督权，让合作更加公开和透明，加快集体土地建设租赁住房的进程。

（二）住房租赁模式比较

1. 从商业模式角度比较

从权属性质和获取方式上区分，租赁企业可分为重资产模式和轻资产模式；从物业空间分布上区分，租赁企业可分为集中式和分散式。理论上，自持型租赁企业属于重资产集中式。图9从两个维度，将租赁企业细分为四种模式，并从业务的角度比较了各种模式的优缺点。

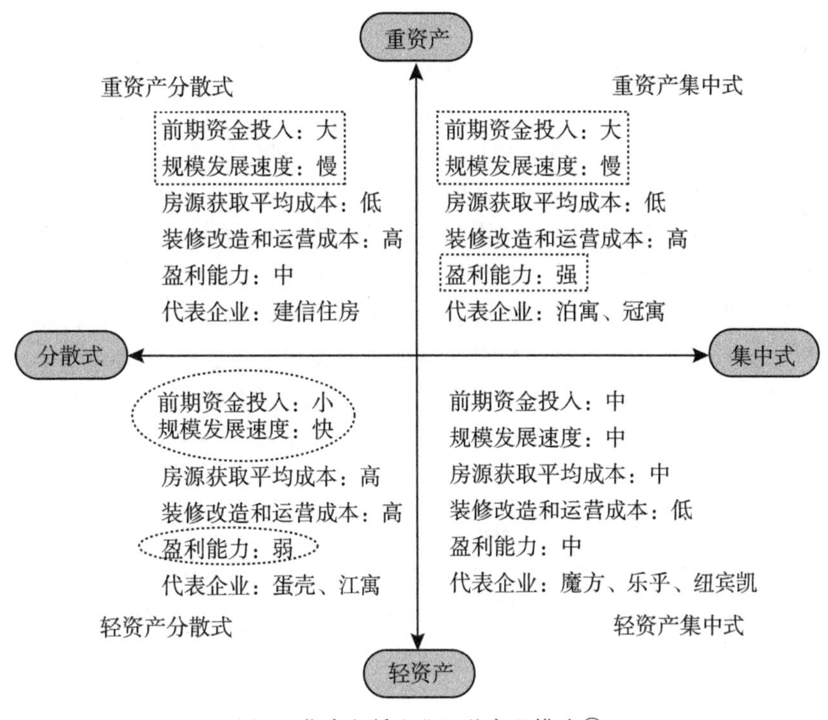

图9 住房租赁企业四种商业模式①

（1）重资产模式。重资产模式的优点在于物业持有期长且稳定。房源获取成本经过折旧分摊后，通常低于轻资产模式下的获取成本，尤其是通过开发纯租赁地

① 将建信住房归入重资产分散式，是因为建信住房公司的经营模式是对私人房东一次性支付5年房租的“存房”业务。

块或是收并购获得的租赁物业。另外，重资产模式除了能获得租金收益外，还能获得未来物业的资产增值收益，从而弥补租金收益率偏低问题。当然，该模式缺点有：第一，前期资金投入大，需要企业具备较强的资金链把控能力，还会产生较高的财务费用；第二，要求企业具备较强的融资能力；第三，尽管一次运作能为企业带来较多的增量房源，但前期测算、谈判耗时较长，再加上资金占用较大，规模扩张速度慢。

（2）轻资产模式。该模式是指企业不获得物业产权，而是通过长期租赁（或托管）的方式获得物业使用权，通过改造后转租，赚取租金价差以及服务费的一种经营模式。其优点在于，前期资金占用相对较少，谈判速度快，便于企业规模快速扩张。其缺点在于盈利困难，一是房源租赁成本会随着转租租金的变化而变化，市场进入门槛较低，竞争激烈，导致租金价差空间有限；二是租期通常比较短，原房东存在违约可能，底层资产可能因产权不清晰等问题引起纠纷，导致装修改造成本的折旧期未到就被迫结束运营，项目无法实现盈亏平衡；三是对企业运营能力要求高，一旦出现较长时间或较高的空置率，容易引起资金断链。

（3）集中式。集中式是指企业以整栋楼（或整栋楼中的几层）为单位开展住房租赁业务的经营模式。房源获取方面，集中式通常以商业、办公楼、酒店或工业厂房改造为主；运营方面，由于整栋或整层进行管理，通常可以利用公共空间提供公共服务，例如放映厅、桌游室、健身房、洗衣房等。该模式的优点主要体现在成本端：一是能够形成规模效应，降低运营管理环节的人工成本；二是虽然单位面积装修成本较高，但由于物业租赁期限一般较长，能够有效摊薄前期装修改造成本；三是对房源获取成本的议价能力较强，违约风险小；四是容易形成品牌效应。当然，其缺点主要有：第一，前期投入大；第二，优质地段合适的集中式房源少，项目位置通常偏远，规模扩张速度慢。

（4）分散式。分散式是指企业以房间为单位开展住房租赁业务的经营模式。通常企业从分散的房东手中获取房源，经装修改造后，对外出租。分散式的优点在于谈判速度较快，能快速扩大规模。其缺点主要有：第一，物业租赁期限通常较短，且由于多是与个人房东签署协议，违约风险大，无法有效摊薄装修改造成本；第二，后期运营也由于空间分散的原因，人工成本高，同时由于是非配套产品，而难以保证服务质量；第三，分散式的最大缺陷是无法获得资产运营的增值收益。

2. 从企业的背景或来源角度比较

从租赁市场参与主体的背景和来源看，目前，我市租赁企业参与主体主要包括：房地产开发商、房地产中介、酒店、创业公司四大类。四类主体禀赋不同，盈利能力自然不同。从业务的角度看，租赁企业的业务可分为融资、房源获取、装修改造、获客、运营五个维度，各自的优劣势比较见图 10。

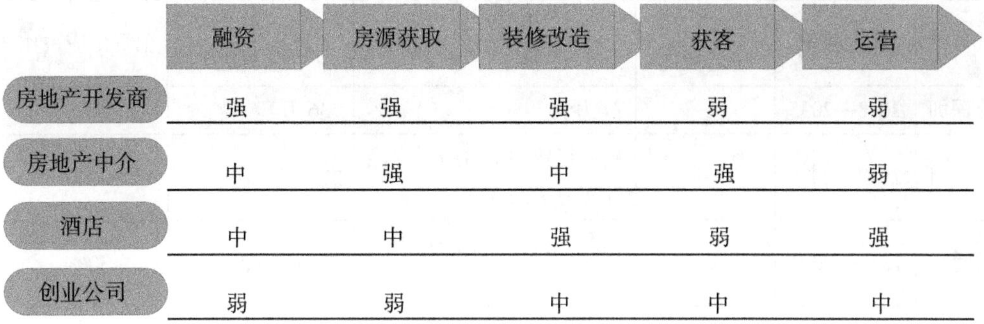

	融资	房源获取	装修改造	获客	运营
房地产开发商	强	强	强	弱	弱
房地产中介	中	强	中	强	弱
酒店	中	中	强	弱	强
创业公司	弱	弱	中	中	中

图 10　不同背景或来源租赁企业的优劣势比较图

总体上看，轻资产模式便于短期内快速扩张，但其商业模式决定了其盈利空间较小，未来需寻求更具特色的增值服务，来提升利润水平；重资产模式前期扩张速度较慢，投资规模较大，目前随着住房租赁融资手段的逐步放开，同时地方租赁地块出让数量增多，土地成本和融资问题有望得到一定的改善。

四、北上广深的主要做法及经验启示

北京、上海、广州和深圳四个特大城市，在支持企业发展自持型租赁住房方面，主要从发展规划、土地供给、经营方式和政策协调等方面作了先验性探索。

（一）主要做法

1. 在住房发展规划中明确了租赁用地规模

为培育和发展住房租赁市场，确保租赁住房用地需要，北上广深等热点城市在各自的住房发展规划中，明确了租赁住房建设用地的具体数量或比例（表 5）。

表 5　　**北上广深等热点城市住房租赁用地发展规划**

城市	规划期限	租赁住房规划供地	租赁住宅供应计划	商品住宅供应计划	租赁供应占比
北京	2017—2021	1300 公顷	1000 万 m^2，50 万套	6000 万 m^2，150 万套	25%
上海	2016—2020	1700 公顷	1700 万 m^2，70 万套	5500 万 m^2	23.6%
广州	2017—2021	825 公顷	15 万套	60 万套	20%

续表

城市	规划期限	租赁住房规划供地	租赁住宅供应计划	商品住宅供应计划	租赁供应占比
深圳	2018—2035	—	34 万套	136 万套	20%
杭州	2017—2021	—	新增租赁住房占新增商品住房总量的 30%	2755 万 m^2	30%
南京	2017—2021	—	租赁用地占比不低于 30%	5150 万 m^2	30%
厦门	2017—2021	—	2018 年 10 万 m^2，0.2 万套	1500 万 m^2	—
合肥	2017—2021	858 亩	1.8 万套，其中国有土地 1.3 万套，集体土地 0.5 万套	—	—

以北京为例，《北京市住房发展规划（2017—2021）》规定，规划期内租赁住宅供应量为 50 万套、1000 万 m^2。上海市租赁住房供地占比为 23.6%，广州和深圳各为 20%，杭州和南京各为 30%。

2. 土地供给方式多元

为积极推进租赁市场发展，北京、上海和广州率先推出国有土地出让“限地价、竞自持”政策，要求开发企业持有一定比例的租赁住房。国土资发〔2017〕100 号文①出台之后，这些城市又积极推进集体建设用地建设租赁住房。北京市还允许国有企业或事业单位，在规划许可的条件下，利用自有土地建设租赁住房，从而形成了“国有土地、集体土地和自有土地”三种类别的租赁用地供给方式。

截至 2018 年 9 月，全国主要城市通过“招拍挂”取得的自持建面如图 11 所示，上海最多，武汉位列第 5。

3. 已经出让的租赁住房用地量大、价低、区位好

截至 2018 年 9 月，北上广深四个城市累计出让租赁住房用地 90 宗、总建筑面积 421.4 万 m^2。与商品住宅土地出让价格相比，这些出让的租赁住房用地价格非常低。其中，上海租赁住房的楼面地价平均为 6519 元/m^2、广州为 6332 元/m^2、深圳为 10258 元/m^2，详见表 6 所示。

① 2017 年 8 月，国土部、住建部出台了《利用集体建设用地建设租赁住房试点方案》。

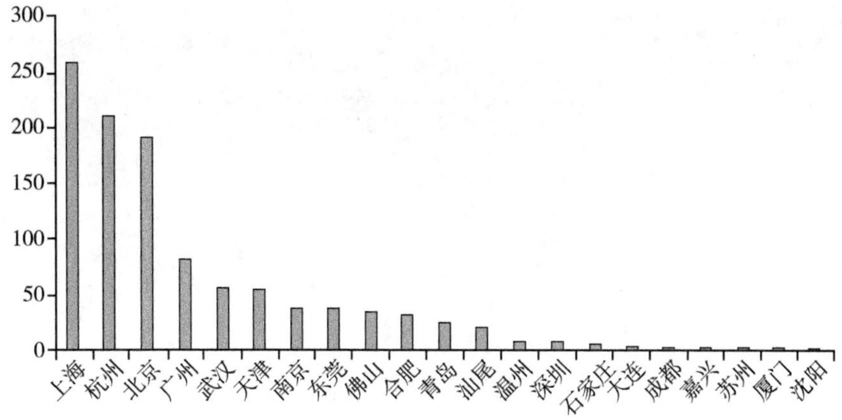

图 11　截至 2018 年 9 月主要城市通过“招拍挂”取得的自持建面（万 m^2）

表 6　**截至 2018 年 9 月北上广深租赁用地出让数量和价格**

城市	地块宗数	合计建面（万 m^2）	楼面地价（元/m^2）
北京	45	165	—
上海	37	220.4	6519
广州	4	10.6	6332
深圳	4	25.4	10285

（1）北京情况。图 12 具体展示了北京市 9 个租赁住房地块楼面地价及周边对标地块的楼面地价。其中，6 号地块的折价最多，仅为商品住宅出让价的 28.72%，下折幅度非常大；下折幅度最小的 1 号地块，政府也让利了近 15%。

北京市租赁住房用地不仅供应量大、价低，区位还比较好。图 13 展示了北京市已经和规划出让的 44 个地块的区位。其中，五环内有 18 个项目，六环内有 19 个项目。

从项目分布图来看，城南规划的项目明显多于城北。就区位而言，集体土地建设的租赁住房在布局上结合“三城一区”和产业功能区，坚持毗邻产业园区、交通枢纽和新城的原则进行规划建设，规划时充分考虑到“职住平衡”问题。

在配套和居住设计方面，北京市要求集体土地建设的租赁住房需要配置必要的医疗、教育等居住公共服务设施。同时，允许房屋套型结构和面积标准，可结合区域实际情况，按照市场需求，进行规划、设计和建设。

（2）上海情况。2017 年 7 月 24 日上海首次出让了两块纯租赁用地。嘉定新城

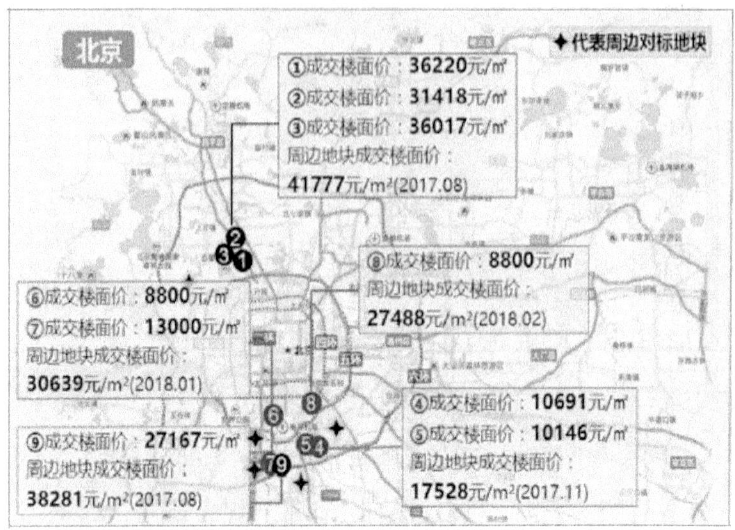

图 12　北京市纯租赁地块楼面地价与周边对标地块成交价

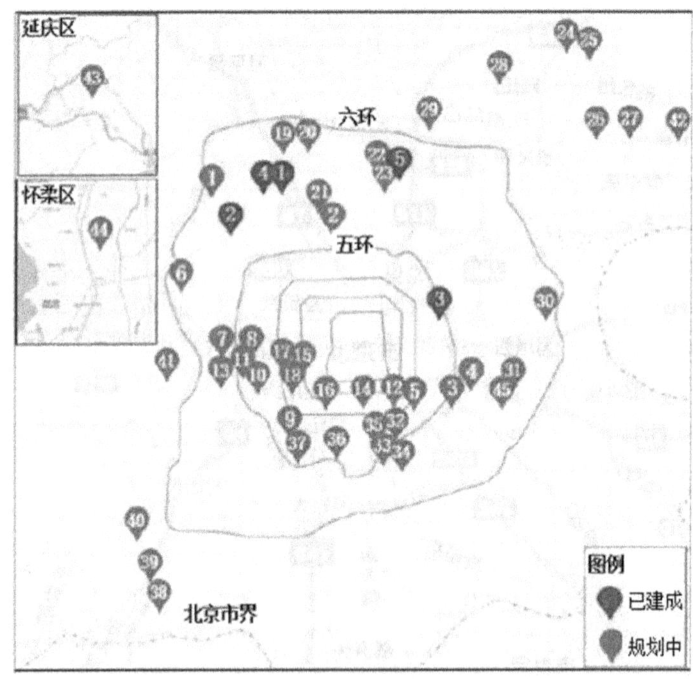

图 13　北京市租赁住房建设项目分布图

发展有限公司以4.24亿元的挂牌底价，获得了第一个项目，折合楼面地价仅5950元/m²。同一天，上海张江集团以7.24亿元的价格，拍下了浦东张江南区另一块约6.5公顷的纯租赁用地，楼面地价5569元/m²。图14是上海市10个纯租赁地块楼面地价与周边位置相似商品住宅地块价格对比。其中，出让价格最低的是6号地块，其价格仅为商品住宅出让价格的12.31%，折价比北京还低。

图14　上海市纯租赁地块楼面地价与周边对标地块成交价

4. 积极与相关部门协调，帮助企业收购存量物业改造为租赁住房

与武汉相似，北京、上海、广州和深圳也存在一定规模闲置的商业用房、工业厂房之类的物业。为了盘活这些闲置资产，北京市在鼓励国有企业收购工商业用房方面作了很多有益探索。一方面，在政策许可范围内，为了便于“工改住”“商改住”办理规划和消防手续，北京市建委联合市公安局、规划国土委发文《关于闲置工商业用房改建为租赁住房的意见》，让企业在办理相关手续时，有法可依；另一方面，为了减轻住房租赁企业的税收负担，北京市建委要求“工改住”“商改住”出租住房，以及集体土地上建设的租赁住房，按公租房的相关政策进行管理，租金有一定的限制，可免交相关税费。

5. 上海和广州出台了租赁住房建筑设计规范，使租赁产品供给贴近需求

目前，我国租赁住房建设还处于起步阶段，国家住宅设计规范中还没有租赁住房专项设计规范，一般城市主要是依据现有的住宅设计规范进行管理。显然，租赁

型住房与自有自住家庭住宅需求明显不同，在集体土地建设租赁住房试点城市中，上海出台了《关于明确本市自持租赁住房建设规范和相关管理要求的通知》，广州出台了《关于广州市住房租赁标准有关问题的通知》，一定程度上解决了租赁住房产品供需匹配问题。

（二）经验和启示

1. 主要经验

总体来看，北京、上海、广州和深圳在支持企业发展自持型租赁住房方面的主要经验可概括为：①出台了详尽的租赁住房供应计划，对租赁住房建设用地供应面积、套数和供应主体等内容进行了具体规划；②各地已经成交的国有土地纯租赁住房建设地块，几乎都是由地方国有房地产开发企业竞得；③纯租赁地块的楼面地价远低于商品住宅用地价格；④纯租赁地块的区位主要分布在城市产业园区附近，便于吸引人才，促进产业发展，充分考虑到了“职住平衡”问题；⑤集体建设用地转为建设租赁住房的地块主要由集体经济组织主导；⑥上海和广州出台了租赁住房建筑设计规范，有效改善了供需匹配，能一定程度上提高企业的经营效率；⑦对于“工改住”和“商改住”项目，北京市在联合相关部门办理规划和消防手续方面政策得力；另外，北京市将“工改住”“商改住”和集体土地建设租赁住房项目，按“类公租房”管理，减轻企业税负，也值得借鉴。

2. 主要启示

（1）政府如何支持自持型租赁住房发展。一是创新土地出让方式：直接低价供地（至少低于市场价的 30%）、土地“年租制”、扩大集体土地建设租赁住房的规模；二是盘活存量土地或物业：落实商业用地建设或调整为租赁住房用地的配套政策；试点国有企事业单位利用自有土地建设租赁住房，形成“国有土地、集体土地和自有土地”多元化的土地供给方式；三是充分考虑到了“职住平衡”问题。

（2）金融如何支持自持型租赁住房发展。一是推广发行租赁住房专项债；二是推进住房租赁证券化，改革相关税制，探索并使公募 REITs 产品落地。

（3）创新企业经营方式。一是基于市场需求设计产品。在自持地块新建租赁住房时，必须基于租赁市场的需求特征，设计出符合租客需要的租赁产品。二是要依据市场需求延伸产业链，例如依托住房租赁业务为租客提供洗衣、餐饮、理发、美容、书吧、健身房、影视等增值服务。三是支持自持型租赁企业与酒店、IT 龙头企业联合经营，提高企业智能化管理水平。

五、引导企业发展自持型租赁住房的对策建议

为了培育和发展住房租赁市场，国家在土地和金融方面不断释放政策红利。2017年8月，国土部、住建部出台了《利用集体建设用地建设租赁住房试点方案》，要求北京、上海和武汉等13个城市，开展利用集体建设用地建设租赁住房试点，① 村镇集体经济组织可以自行开发运营，也可以通过联营、入股等方式建设运营集体租赁住房；2018年1月，国土部在全国国土资源工作会议上表示，深化利用农村集体经营性建设用地建设租赁住房试点；2018年6月，农业农村部表示，在符合规划的前提下，可利用闲置的各类房产设施、集体建设用地等，以自主开发、合资合作等方式发展租赁物业；2018年4月，证监会、住建部发布《关于推进住房租赁资产证券化相关工作的通知》，支持利用集体建设用地建设租赁住房试点城市的住房租赁项目开展资产证券化；2018年5月，住建部出台《关于进一步做好房地产市场调控工作有关问题的通知》，要求力争用3~5年时间，使公租房、租赁住房、共有产权住房用地在新增住房用地供应中的比例达到50%；2019年7月，财政部、住建部出台《关于开展中央财政支持住房租赁市场发展试点的通知》，将武汉等16个城市列为首批中央财政支持的试点城市。

（一）规划引领

参照北京和上海的做法，依据住建部的相关文件要求，建议在我市住房发展规划中，明确未来租赁住房建设用地规模、建面和套数，总体上规划好租赁住房的供应规模和结构。

事实上，通过规划来引领住房发展结构，在国际上也比较流行。例如，日本租赁类住房占总量约30%。截至2013年，日本住宅总存量为6063万套，其中租赁类住房共有1852万套，占比约31%，而且已经形成了相对稳定的比例。1996—2017年，在日本所有新建房屋中，用于租赁住房的占比平均为40%，详见图15。

（二）创新土地出让方式

目前的土地出让方式主要延用销售型商品住房的出让方式，土地成本过高，无法适应新建自持型租赁住房的运营模式。为此，必须从顶层设计的高度，创新土地出让方式，激活国有土地、集体土地、商业用地和自有土地建设租赁住房的热情。

① 这意味着，政府向住房租赁领域大规模转移土地红利。未来，随着一大批低成本土地入市，将产生一大批低成本住宅，政府以此来稳定租金和房价。

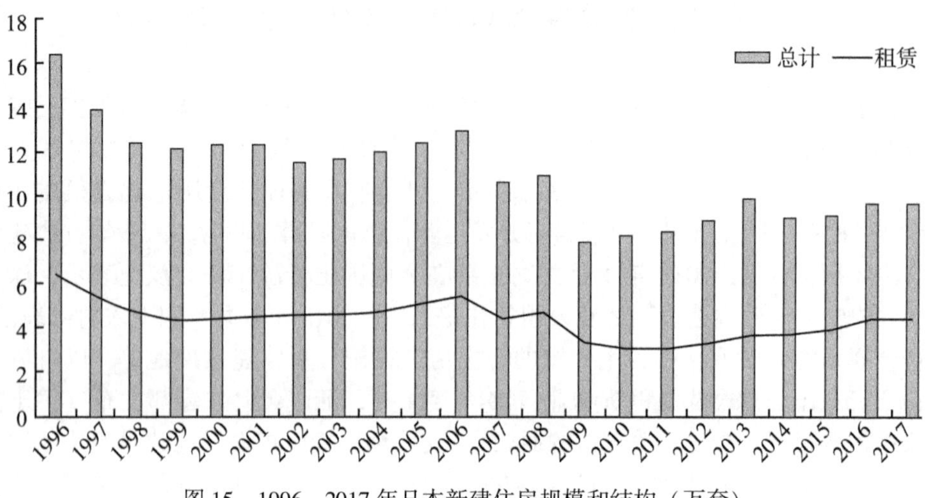

图 15　1996—2017 年日本新建住房规模和结构（万套）

1. 探索国有土地低价供应或实行“年租制”

（1）直接低价供地。传统的“招拍挂”模式向开发商“一锤子”卖地，为地方政府创造了财政收入。其实换一种思路，土地低价出售给企业，建设、持有、运营高品质及低价格的租赁住房，为产业工人提供优质、可支付居住条件，进而吸引更多产业落地，并从产业发展中获得税收收入，这也是一种战略选择。

当然，低价供地建设租赁住房需要满足两个条件，一是租赁企业须是地方国有企业，否则地方政府低价给了地，建设租赁住房，收了租金，结果运营方将税收交给其他地方政府，当地政府就没有积极性。如前文所述，上海推出的几块租赁地块，以远低于市场价的价格给了地方国有企业，就是例证。二是租住的产业人才必须在当地就业。如果当地政府提供了便宜、舒适的长租公寓，结果成了其他地区的“睡城”，当地政府也不能从这些引进人才创造的经济发展中获得税收，那地方政府自然不会低价供地。

根据前文模型测算结果，租赁地块出让价格至少低于市场价格的 30%，租赁企业才有盈利的可能。

（2）土地“年租制”。“拿地—开发—建设—自持—租赁”模式下的租赁企业，投资收益主要来源于未来房屋出租的租金收入，收入现金流与传统土地“招拍挂”下的支出期限存在严重错配。为了让收入和支出现金流趋于匹配，减轻自持型租赁企业的初始资金负担，可以借鉴香港的“勾地”制度，对用于建设租赁住房的国有土地，探索实行“年租制”，土地出让按年收取租金，并交纳一定数额的保证金。

按年收租的形式不同于一次性买卖，有利于降低自持型租赁企业进入门槛和经营风险，进而丰富租赁市场的供应主体和扩大市场规模。

2. 扩大集体建设用地建设租赁住房的规模

根据我国《宪法》和《土地管理法》的相关规定，可用于租赁住房建设的集体土地主要是集体建设用地中的集体经营性建设用地，并且集体经济组织和其他类型组织可以采用入股、联营的方式合作开发。比如，北京市大兴区瀛海镇租赁住房项目由北京汇瀛恒业有限公司（其股东为北京市大兴区瀛海镇的 27 个农村经济合作社）和北京万科天恒产城建设有限公司共同设立项目公司进行开发建设，北京汇瀛恒业有限公司以集体建设用地使用权作价 15. 9 亿入股，持股比例为 51%。

建议尽快普查我市集体经营性建设用地规模和分布，参照北京市大兴区瀛海镇租赁住房项目开发模式，鼓励我市国有房地产开发企业参与开发经营。

3. 落实商业用地建设或调整租赁住房用地的配套政策

国务院办公厅在《关于加快培育和发展住房租赁市场的若干意见》中允许将商业用房等按规定改建为租赁住房，土地使用年限和容积率不变，土地用途调整为居住用地，调整后用水、用电、用气价格按照居民标准执行，这为商业用地进入租赁市场提供了政策支持。

不过，在商住用地建设居住用途的房屋时还存在一些限制，比如存在不能落户、没有学区、转让契税过高等现实问题。为此，建议武汉市推进商业用地改建租赁住房与其他性质住房的“租售同权”，为租赁赋权，提高住房租赁的含金量和租金收益率，进而吸引社会资本进入租赁市场。

4. 试点国有企事业单位利用自有土地建设租赁住房

试点国有企事业单位利用自有土地，在符合相关规划许可的条件下，建设租赁住房。我市各类高等院校云集，建议在充分调查研究的基础上，鼓励在汉高校利用自有土地建设租赁住房。试点成功后，其他国有企事业单位可参照执行。

（三）创新金融产品

经济发展历史表明，工业持续革命是与金融革命相伴而行的。正如著名经济学家希克斯所言：“工业革命不得不等候金融革命。”同样，眼下租赁市场的大发展，离不开金融市场的助力。

目前，虽然一些开发企业已经开始布局存量物业，但是由于不动产价格和住房租赁收益率倒挂严重，并且通过金融工具来提高周转的成本依然较高，因此，参与的企业并不多。

不动产价格和收益率倒挂本质上是由于我国土地利用结构扭曲，长期用“住房”补贴“工业”① 造成的。

梳理相关政策我们发现，在中央和地方政策红利驱动下，针对租赁住房市场的融资渠道拓展迅速，目前，已打通四条主要渠道：银行信贷、公司信用类债券、资产证券化和股权融资。①银行信贷。自 2017 年 10 月起步，目前银行、政府、企业意向合作规模已达万亿级，未来发展空间最大。②公司信用类债券。受益于监管机构特设的绿色通道，该类融资正式实现“0”到“1”的突破，年均规模将达千亿级。③资产证券化。自 2017 年初以来，该类融资持续创新，产品形式、融资主体和标的资产多元化。未来公募 REITs 值得期待。④股权融资。该类融资起步最早，融资规模近年有显著提升，龙头公寓融资门槛进入“10 亿时代”。

调研发现，上述融资渠道有的已经进入实施阶段，有的处于试点阶段，有的处于论证阶段。难以落地的主要原因体现在风险层面，具体表现在六个方面：①行业层面的过度融资风险。资金快速涌入，租赁企业发展目标过度乐观，规模导向下加杠杆发展引起的行业风险。②政策层面造成的区域供给过剩风险。不是所有的城市都适合发展租赁业务。目前人口净流入不足的城市出现了区域性供给过剩风险。③运营机构面临的经营风险。过度融资、供给过剩的环境下，融资成本、空置率、底租“三高”叠加，给租赁企业带来的经营风险。④资金混用风险。租赁融资中，经营主体、产品设计、现金流划转的复杂性，隐藏着资金混用与挪用的风险。⑤融资产品的期限错配风险。租赁项目回报期长而融资期限偏短，融资方面临着严重的期限错配。⑥违约风险。未来数万亿资金进入住房租赁市场，行业发展初期的漏洞与瑕疵将在信用市场暴露出违约风险。

（四）落实“商改租”“工改租”政策

2016 年 5 月 17 日，国务院办公厅印发《关于加快培育和发展住房租赁市场的若干意见》，对加快发展住房租赁市场提出了 18 条意见，其中第 12 条就提出：允许将商业用房等按规定改建为租赁住房，土地使用年限和容积率不变，土地用途调整为居住用地，调整后用水、用电、用气价格应当按照居民标准执行；允许将现有住房按照国家和地方的住宅设计规范改造后出租，改造中不得改变原有防火分区、安全疏散和防火分隔设施，必须确保消防设施完好有效。但是，在实际执行过程中，存在配套细化政策不全，相关管理机构协调难等问题。

2019 年 7 月 16 日，广州市多部门联合印发的《广州市商业、商务办公等存量

① 事实上，这也是经济增长与民生发展之间的矛盾。

用房改造租赁住房工作指导意见》提出，已建成、已办理土地有偿使用手续或已办理初始登记的商业及商业办公混合等类型非住宅存量用房，可以栋或相对独立部分为单位按规定改建为租赁住房。建议借鉴广州经验，尽快出台武汉市工业和商业用房改造为租赁住房的实施意见，帮助企业以收购或入股等方式持有工商业闲置物业，将其改造为出租住房。

2019 年 8 月 12 日，合肥市住房保障和房产管理局下发修订后的《合肥市促进住房租赁市场发展财政奖补资金管理办法》。与之前政策相比，其最大的变化是，符合条件的“商改租”“工改租”项目也纳入奖补范围，对租赁企业的各种奖补标准也有所提高。这在一定程度上减轻了企业的经营成本。

（五）鼓励房地产开发企业转型开展自持型租赁业务

根据我国城镇化发展规律和房地产业生命周期，目前我国房地产市场正在由增量市场向存量市场转型。由此，建议出台相应政策，引导和鼓励房地产开发企业开展自持型租赁业务，逐步进入存量住房市场。同时，房地产开发企业需要认识到，租售并举是房地产开发企业转型的必然选择。

2015 年，住建部出台的《关于加快培育和发展住房租赁市场的指导意见》中，就提出推动房地产开发企业转型升级；2016 年国务院第 39 号文又明确提出，鼓励房地产开发企业开展住房租赁业务。之后，国家鼓励地方加大自持土地供给，北京、上海、武汉、杭州、广州、南京等地相继试行，各地土地成交也从价高者得，变成以竞拍自持面积或者保障房面积的方式来提供租赁住宅用地，鼓励房地产开发企业开发、建设、持有和运营租赁住房。

目前，我市国有性质房地产公司主要提供保障性或政策性租赁住房，房子主要提供给本地区引进人才、外来务工人员等，实行过程中多数会向高学历的引进人才倾斜。未来，建议响应国家租购并举政策，鼓励更多的房地产开发企业开展自持型租赁业务，丰富租赁市场供给主体。

（六）鼓励企业通过多种商业模式联合经营

现代租赁市场中的住房需求不仅仅是一种空间的需求，更是一种服务的需求，包括物业管理、社区服务、中介服务、房地产资产管理服务等一系列与居住和家庭相关的服务需求将快速增长，租赁将逐渐成为一种消费行为。近年来，随着 90、00 后逐渐成为租赁市场的消费主体，他们对租赁住房服务质量要求在普遍提高。现代租赁产业将叠加了更多增值服务，产业链将进一步延伸，租赁管理的边界在扩展，这必然带来管理上的复杂性和困难性。为此以房地产开发为背景的住房租赁企业，需要创新商业模式，通过联合经营的方式补短板。

实践证明，成功的商业模式需要：①低融资成本；②潜力项目识别与获取；③

提供额外增值服务的能力。对以房地产开发为背景的住房租赁企业而言，提供优质的增值服务是短板。因此，建议政府引导自持型租赁企业开展跨行业合作，例如鼓励自持型租赁企业与金融机构、物业公司和酒店合作，从房屋资产全生命周期的角度出发，通过延伸产业链，发展出新的盈利点，建立以租金收入为主、服务性收入和其他收入为辅的盈利模式。

（七）制定租赁住房设计导则

根据 58 集团安居客房产研究院和房产数据研究院的统计，2018 年全国租赁市场 18~35 岁租客中，18~24 岁占比最高（37%），25~30 岁次之（33%）。其中，刚毕业的本科生、研究生是租赁市场的主要需求者之一。从租住形态来看，62%的租客是整租赁，27%选择合租；39%的租房者和伴侣同住，29%是独居；有 40%的租房者更偏好租住一居室，34%的人需要两居室。但是，从北京和成都租赁市场供应的户型来看，占比最多的是两居室（40%以上），其次是一居室（30%），租赁市场上产品供求错配明显。另外，租金越高的城市，租客更倾向于选择合租。

租赁住房在设计上应当契合年轻人的生活习惯，特别是要注意共享部分与私密部分的动态组合。

根据北上广深自如公司对不同类别房源的分析，测算出来的房源面积利用率如表 7 所示。我们发现，对租赁企业而言，集中式公寓的面积利用率最高，四居室房源次之，二居室房源最低，其原因可能是二居室房源卫生间、厨房等公共面积之比太高。

表 7　　不同类别房源可租赁面积比例

类别	一居室	二居室	三居室	四居室	集中式公寓
可租赁面积比例	72%	65%	76%	80%	84%

（八）为租赁赋权，逐步提高租赁房屋的价值

应改变出租人优位的制度体系，逐步建立承租人优位的住房租赁制度。其中，关键是要确定承租权为一项准物权。应制定具体政策，在“居住租赁”中进一步区分“家计居住”和“非家计居住”，确保“家计居住”租户在租住地享有义务教育、医疗、卫生等公共服务。为租赁赋权，逐步提高租赁房屋的内在价值，改变租赁房屋只具备居住价值的现状（图 16）。

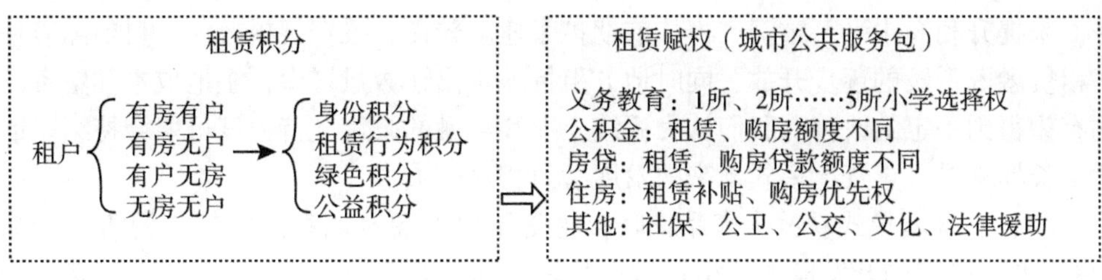

图 16 租赁积分和租赁赋权机制设计示意图

六、总结与建议

研究报告在实地调研和统计分析的基础上，深入剖析了自持型租赁住房发展面临的问题，最后结合武汉市住房租赁市场的特点和北上广深实践经验，提出了我市引导企业发展自持型租赁住房的对策和建议，全文总结如下。

（一）全文总结

1. 自持型租赁住房发展现状

（1）总体上，当前租赁住宅用地供应规模偏小。从全国来看，通过租赁住宅用地、自持运营和集体建设用地建设租赁住房总建筑面积不足 3000 万 m^2；武汉市租赁用地，特别是纯租赁用地，无论是绝对量还是相对量，都相对偏低。

（2）租赁用地供应在城市间和城市内部空间分布不均。从全国来看，租赁供地主要集中在上海、杭州、南京和北京等少数城市；另外，在这些城市内部远郊区占比明显高一些，而这些地区对租客而言通常缺乏吸引力，造成严重的供需错位。这种现象，在武汉市也表现出相似的特征。

（3）租赁项目开工进度十分缓慢，落地项目凤毛麟角。调研发现，目前全国近七成租赁住房用地尚未开工，已开工项目尚未有运营产品落地；或许因为重资产开发运营尚未有足够人才储备、成熟模式可资借鉴，项目落地注定需要更长时间。

2. 引导企业发展自持型租赁住房的难点

（1）武汉市自持型租赁住房发展面临的难点。总体上看，武汉市自持型租赁住房发展面临的难点有：无盈利、拿地贵、融资难、税负重、制度配套差（无租赁住房建筑设计规范或标准）和运营能力弱。

（2）长期看，重资产模式未来发展潜力大。比较发现，轻资产模式便于短期内快速扩张，但其商业模式决定了其盈利空间较小，未来需寻求更具特色的增值服务，来提升利润水平；重资产模式前期扩张速度较慢，投资规模较大，目前随着住房租赁融资手段的逐步开放，同时地方租赁地块出让数量增多，土地成本和融资问题有望得到一定的改善。我们认为后续土地和金融的政策支持力度可能会持续。因此，长期来看，重资产模式未来的发展潜力相对较大。

（3）从运营模式看，未来品牌联合将是重要的盈利路径。相较于销售型产品“短、平、快”的开发模式，租赁型产品属“慢工出细活”，产业链长。未来自持型租赁发展关键在于强强联合，建议嫁接长租公寓、互联网金融等多方资源，着力形成“1+N”组团优势，支持自持型租赁市场做大、做强。

（二）政策建议

我们从八个方面提出了帮助和支持自持型租赁住房发展的相关政策建议，总结起来就是，一是在住房发展规划中明确租赁住房建设的用地来源、出让方式、价格、面积和比例；二是试点土地出让“年租制”，扩大集体土地建设租赁住房的规模，切实降低租赁住房用地成本；三是推进住房租赁税费改革，尽快推出公募型 REITs，扩展住房租赁融资渠道，降低融资成本；四是协调部门间的政策掣肘，落实“商改租”“工改租”政策，盘活存量用房；五是鼓励国有房地产企业开展自持型住房租赁业务，推进企业智能化管理；六是鼓励企业通过多种商业模式联合经营；七是制定租赁住房设计导则，让住房租赁供给贴合需求；八是为租赁赋权，逐步提高住房租赁的内在价值和市场吸引力。最后，需要说明的是，住房租赁市场并不适合所有的参与者。

住房租赁市场风险防控管理机制研究

武汉市住房保障和房屋管理局房屋租赁管理处
武汉房地产经纪行业协会

课题负责人：陈新政　武汉市住房保障和房屋管理局　副局长
课题组成员：徐　磊　邓宏乾　仵峰琦　吴　媚　刘　星
褚存龙　王佑辉　洪建国　傅玲玲　明晶晶
余　淼　张　漾　谢晓娟
课 题 统 稿：徐　磊　邓宏乾

一、武汉市住房租赁市场发展及监管存在的问题

（一）住房租赁市场发展现状

1. 总体规模

根据蛋壳公寓发布的《2018武汉租住市场分析报告》，截至2018年底，武汉市租赁市场的年租金规模为328亿元，租赁住房已达91万套，租赁住房约占住房总量的25%。其中，市场租赁住房约77万间（套），租赁住房人数约253万；机构化、规模化租赁企业管理房源量约15.97万间（套），约占市场租赁房源的20.74%，传统的中介和个人房东依然是大部分市场租赁住房的供应主体。

2. 集中式和分散式长租公寓发展规模

武汉市住房租赁专营企业基本都是以轻资产运营为主、重资产运营为辅，全市租赁服务企业运营规模约15.97万间（套）、479.39万平方米。

集中式长租公寓，即房源集中布置（整栋或整层），有公共空间，由专业公司运营管理，平均租期半年及以上的租赁型公寓。根据不同项目实际情况，集中式长租公寓一般会配建健身房、娱乐室、咖啡吧、快递站、零售屋、众创空间等全部或部分设施；提供快递代收代发、衣物干洗等增值服务；打造租客节日，不定期举行聚餐、分享会等特色活动，在促进居住体验提升的同时，也注重营造良好的社交氛围。根据戴德梁行分析数据，目前武汉市长租公寓市场有多家集中式长租公寓运营企业入驻，但并未形成垄断地位，市场仍以分散式长租公寓为主。从企业调研的情况来看，武汉市集中式长租公寓规模为2万多间，主要来自“龙湖冠寓”“世联红璞”“乐乎城市青年社区”“可遇”“纽宾凯New+公寓”和“芒果公寓”等主营集中式公寓，具体情况如表1所示。

表1　**武汉市集中式长租公寓现状**

公寓品牌	运营主体	主体类型	区域分布	房间数量	物业形式	租金水平（元/月）
龙湖冠寓	龙湖集团	开发商	洪山区、江汉区等10个区	5700	自持+租赁	800~3100
世联红璞	世联行	经纪公司	蔡甸区、洪山区、江夏区	5500	租赁	750~3700

续表

公寓品牌	运营主体	主体类型	区域分布	房间数量	物业形式	租金水平（元/月）
乐乎城市青年社区	乐乎城市青年社区	公寓运营商	蔡甸区、洪山区、江汉区	1936	租赁	1000~3100
可遇	可遇科技有限公司	公寓运营商	洪山区、蔡甸区、江夏区	1007	租赁	950~1980
纽宾凯New+公寓	纽宾凯集团	酒店	—	1000+	自持+租赁	1100~3900
美滋梦	武汉美滋梦商业管理公司	公寓运营商	洪山区、江岸区	1000+	—	950~3200
芒果公寓	武汉优粒智寓芒果生活公寓管理有限公司	公寓运营商	蔡甸区	1000	租赁	980~1580
魔方公寓	魔方生活服务集团	公寓运营商	武昌区、硚口区等四个区	942	租赁	1100~2900
联客之家公寓	武汉联客之家公寓管理有限公司	公寓运营商	洪山区、江夏区	700+	租赁	1250~1550
金凯公寓	武汉经讯置业有限公司	开发商	蔡甸区	639	自持	1300~1900
柚米国际社区	旭辉集团	开发商	江汉区	615	租赁	1700~2100
乐家小屋	现代城建集团	开发商	江夏区、蔡甸区、江汉区	573	—	1000~2000
未来域	福星惠誉集团	开发商	江岸区	400	租赁	1400
红T青年公寓	—	公寓运营商	江汉区	335	—	1300~2400
壹间	—	开发商	蔡甸区	300+	—	1350~2100
泊寓	万科集团	开发商	洪山区、江岸区	300	自持	1100~2900
Big+碧家国际社区	碧桂园集团	开发商	江夏区、蔡甸区、汉阳区	300+	—	1000~1450
集家	武汉集家公寓管理有限公司	公寓运营商	江汉区、江岸区等四个区	277	租赁	1200~1400

续表

公寓品牌	运营主体	主体类型	区域分布	房间数量	物业形式	租金水平（元/月）
雅曼人才公寓	武汉经开投资有限公司	开发商	蔡甸区	234	自持	—
优客逸家	四川优客投资管理有限公司	公寓运营商	江夏区、汉阳区、武昌区	212	租赁	1500～1700
青年联盟	武汉青年联盟公寓管理有限公司	公寓运营商	洪山区	149	—	1650～2500
天橙寓见	武汉市城市建设投资开发集团	开发商	江岸区	144	自持	—
保利N+公寓	保利公寓管理有限公司	开发商	武昌区	102	租赁	2000～3000
优墨	优墨房地产经纪有限公司	公寓运营商	江汉区	100+	—	1280～2080
金地自在遇	金地集团	开发商	洪山区	76	自持	1400～2100
半橙公寓	武汉半橙资产管理有限公司	公寓运营商	—	—	—	1400

从运营主体来看，武汉市集中式长租公寓运营主体分为四大类：一类是大型的房地产开发商，如龙湖、万科，一类是经纪机构如世联行，一类是酒店集团如纽宾凯，还有一类专业的公寓运营商，如魔方生活服务集团、可遇科技有限公司等。专业的公寓运营商品牌种类最多，而开发商项目总数最多，其中龙湖冠寓在武汉市持有房源近 6000 间，远超其他长租公寓品牌，占据了武汉市集中式长租公寓市场最大的份额。另外，结合项目物业形式来看，专业的公寓运营商及经纪公司基本采用租赁形式持有房源，而开发商及酒店除通过租赁方式持有房源以外，还将自有闲置房源改造进行出租。

从分布区域来看，武汉市集中式长租公寓主要分布于三环内中心城区，江汉区及洪山区最多，汉南区及新洲区尚无集中式长租公寓。从项目具体情况来看，长租公寓主要集中于商圈、高校及工业园区等人流充足的区域。此外，各品牌均倾向于同时在多个区域拓展项目，全面布局武汉市长租公寓市场。

分散式长租公寓，即运营商从分散的房东手中取得房源，经过标准化改造或装修后，统一出租管理的一种租赁公寓模式。2018 年武汉市具有代表性的分散式住房租赁企业合计持有或管理的分散式房间数量为 113153 间。与 2017 年相比，租赁企业持有的分散式房间数量显著增长，增幅为127%。到2018年底，武汉市分散式长租公寓品牌主要有6家，具体情况见表2。分散式住房租赁企业已经形成明显的头部格局，江寓、自如、蛋壳、优客逸家四家租赁企业管理房源量均超过万套。

表2 **武汉市分散式公寓现状**

公寓品牌	运营主体	房间数量	物业形式	租约形式	租金（元/间/月）
江寓	吉家江寓房产管理服务有限公司	32471	租赁	1个月起租，可押一付一。服务费不等	1079
自如	链家房地产经纪有限公司	22791	租赁	1个月起租，可押一付一。服务费不等	590~1590
蛋壳	紫梧桐（北京）资产管理有限公司	19235	租赁	1个月起租，可押一付一。无服务费	1275
优客逸家	四川优客投资管理有限公司	12386	租赁	3个月起租，可押一付一。服务费100元/月	998~996
集家	武汉集家公寓管理有限公司	9229	租赁	2个月起租，可押一付一。无服务费	700~1850
锦居瑞智	武汉锦居瑞智房产管理股份有限公司	5004	租赁	1个月起租，押一付三。无服务费	400~10770（套）

3. 住房租赁价格水平

根据中国房价行情数据，2019年5月，武汉市住房租赁平均总价为2272元/月/套，平均单价为32.0元/月/m^2，环比下降0.25%，同比下降2.74%。各行政区具体租金水平见表3：

表3 **2019年5月武汉各行政区租金水平（住宅）**

行政区	租金（元/月/m^2）	租金（元/月/套）	环比上月
武昌	39.42	2440	-3.12%
江岸	36.38	2322	-3.63%
江汉	39.23	2426	-6.63%
洪山	34.68	2180	-4.07%
硚口	36.68	2168	-6.09%

续表

行政区	租金（元/月/m^2）	租金（元/月/套）	环比上月
汉阳	31.9	2110	−4.39%
东西湖	26.47	2210	−1.97%
江夏	31.15	2083	−1.76%
青山	29.32	2062	−1.48%
黄陂	23.52	1727	−1.85%
新洲	18.75	1479	−7.75%
蔡甸	25.31	1932	−0.19%

从横向来看，武汉市住房租赁价格稍高于其他中部城市。近一年武汉市住房租赁价格稳定在 34~35 元/月/m^2，其中单套租金大约为 2800 元/月。在二线城市中，除杭州、苏州、珠海等长三角和珠三角城市外，大部分的单套租金水平在 2000~2800 元/月，由此可见，武汉市住宅租金水平较其他中部城市稍高。从纵向来看，武汉市住房租赁价格表现较为平稳，有呈下跌趋势。以分散式长租公寓为例，与 2017 年相比，大部分分散式长租公寓企业租金处于停涨和下跌状态。

（二）住房租赁市场监管存在的主要问题

1. 住房租赁法制建设滞后

长期以来，我国房屋租赁法律法规建设严重滞后，且缺少专门规范房屋租赁行为、房屋租赁市场秩序的立法。我国目前房屋租赁管理的主要法规是《城市房地产管理法》（1994 年颁布，2007 年、2009 年修订）和住房和城乡建设部 2011 年颁布实施的《商品房屋租赁管理办法》。《城市房地产管理法》主要规定了房屋租赁合同和房屋租赁登记备案制度，“出租人和承租人应当签订书面租赁合同，约定租赁期限、租赁用途、租赁价格、修缮责任等条款，以及双方的其他权利和义务，并向房产管理部门登记备案”（第 54 条）。但对住房租赁管理，仅作了原则性的规定，“住宅用房的租赁，应当执行国家和房屋所在城市人民政府规定的租赁政策”（第 55 条）。《城市房地产管理法》对房屋租赁特别是住房租赁活动的规定较少，且基本为原则性的规定。《商品房屋租赁管理办法》规定了禁止房屋出租的情形、禁止房屋分割出租行为和“合租”行为、出租的违法行为、房屋租赁登记备案制度、承租人权益保护（包括承租人的优先购买权以及出租人不得单方面随意提高租金）等内容。

目前武汉市住房租赁管理的地方法规政策依据主要有：《武汉市房屋租赁管理办法》和《武汉市居住证服务与管理暂行办法》(武政规〔2017〕23号)。但法规主要侧重于流动人口管理和社会治安管理，对租赁主体行为管理、承租人权利的保护基本未涉及。

2. 住房租赁管理职权分割，“多头管理”和“管理缺失”并存

一方面，住房租赁管理涉及部门多且互不协调，管理职能分割。公安、财政、人力资源、卫生计生、教育、民政、司法、市场监管、住房保障、房管等部门在各自的法定职责范围内对“出租屋”依法实施管理。各个行政管理部门在各自的职权范围内制定相关管理制度，存在政出多门、多头管理问题。主要表现为：①房管、公安联合成立的社区流管站，人员缺失，流动性大，目前已经没有发挥房管的职能；②社区对于出租屋的管理更多偏重于流动人口登记，房屋的租赁合同备案工作几乎停滞；③长租公寓机构租赁合同备案、消防验收等需要和社区、公安、房管多部门对接，相互推诿现象时有发生；④长租公寓机构经营管理存在问题：工商注册经营范围不明确，武汉市部分工商部门受理长租公寓企业登记时，仍将其视为房地产经纪机构，经营范围未能体现房地产租赁经营，不利于消费者的辨识和主管部门的监管。各行政管理部门之间缺乏有效的沟通和协调，没有建立起一个统一健全的住房租赁管理体制，难以形成监管合力，管理效率有待进一步提高。另一方面，又存在着“管理缺失”的问题。一是对租赁行为、租赁市场秩序缺乏有效的监督管理，住房租赁备案率低；住房租赁并没有强制使用的合同范本，调查显示，按示范文本签订的合同仅为2.2%。二是“城中村”出租住房和城市私有房屋出租(散租市场)完全游离于政府监管之外，基本没有租赁备案，给社会安全和城市治理带来很大的风险隐患。三是管理能力相对薄弱，对房屋租赁企业、机构以及相关从业人员管理缺失。此外，对大量非流动人口(常住人口)的租赁行为，如城市户籍人口因子女上学而租赁住房等没有纳入管理，房屋租赁管理出现“真空”地带。

3. 住房租赁管理手段难以适应社会发展

目前房屋管理的实际状态是：重点是管人(主要是流动人口)，其次是管房(租赁房屋)，缺乏对房屋租赁行为、租赁市场、租赁秩序的管理，严格意义上说是以流动人口管理和社会综合管理为主线进行的管理，是一种防范式的管理，而非“人本管理”。同时，管理手段也较为落后，虽然各社区都建有流动人口及房屋租赁管理系统，但并未完全实现“线上”全程服务与监管，政务服务水平与监管能力有待完善。

4. 住房租赁行业自律机制不健全，租赁主体的信用体系尚未建立

目前住房租赁市场缺乏行业组织的自律管理以及政府部门与租赁行业自律组织的协同管理。一是缺乏统一的住房租赁行业行规行约和租赁行为规范，难以发挥规范住房租赁市场行为，维护住房租赁市场秩序的自律作用。二是尚未建立住房租赁行业的信用评价体系。缺乏住房租赁行业信用评价规范标准，如住房租赁行业公约、信用评价标准及实施办法；缺乏对住房租赁主体、对象、内容、标准、程序的基本规定；没有建立住房租赁行业信用激励与惩戒措施。由于没有统一的行业自律组织以及缺乏统一的行业规约、信用评价体系，难以建立住房租赁行业自律约束机制。

二、武汉市住房租赁风险识别与分析

住房租赁风险识别是风险防控的基础，只有在科学客观识别住房租赁风险的基础上，才能选择适当有效的方法防范、规避和管控风险。住房租赁风险主要有：租赁住房安全风险、投资运营管理风险、租赁金融风险、租赁市场风险、政策风险、舆情与社会风险等。

（一）租赁住房安全风险

保障人权是社会的一项基本原则和制度，人权中最基本的是生存权，而居住权是生存权中最基本的权利，即保障国民享有适宜与有尊严的住房权利，又称为适住权。居住权最基本的要素是保证出租住房安全、健康和舒适，有良好基础服务设施，这是出租房屋的基本标准。

目前，租赁住房安全风险主要表现在：一是出租住房存在着产权不清晰、违法违章建筑或者不符合居住安全标准、防火防灾等工程建设强制性标准的房屋，不符合《城市房地产管理法》等法律关于出租房屋的相关规定；二是一些出租房屋建筑年代久，质量较差，基础配套设施落后，居住功能不完善；三是改建扩建时损坏房屋承重结构，影响房屋安全，“群租”“打隔断”“胶囊房”等出租现象屡禁不止，更有不适合居住的地下室、储物室等用于出租居住；四是出租住房室内环境问题较为突出，如装修不达标、室内环境污染等，典型的如“甲醛门”事件，直接影响租客的身体健康和生命安全，特别是数量巨大的私人散租市场长期游离于政府监管之外，“房中房”“群租”问题相当突出，存在社会治安、消防等重大安全隐患，严重影响城市社会安全。

（二）投资运营管理风险

1. 住房租赁投资风险问题

首先，住房租赁企业因市场拓展需要，在收房和装修方面前期投入大，加之企业人工成本较高，资金回收期相对较长，投资回报率低，因此投资回报周期相当漫长，加之市场与政策的不确定性，投资风险大。以江寓公寓为例，自2017年以来，已累计亏损1个亿，这其中既有经营成本高的因素，也有长租公寓本身投资回报率低的行业特征。不少住房租赁企业自有资金规模有限，在无外部资金支持的情况下，经营面临较大压力。据调查，武汉市分散式长租公寓整体呈亏损或微利状态，投资回报率低，投资风险大。

同时，过去10余年的市场化商品房发展已将房价快速推高，而同期租金增幅明显落后于房价涨幅，租金收入较低，租售比背离（550：1），远超国际警戒线。从武汉市住房租金情况可以看出，投资者投资住房后出租，收回投资成本需要43年，静态投资回报率仅为2.33%，若考虑资金时间价值的话，投资回报率显得更低（表4）。

表4　　**2019年5月武汉市各区租金及租售比情况（住宅）**

行政区域	租金（元/月/m^2）	房价（元/m^2）	租售比（年）
总体（平均）	34.37	17995	43
武昌	39.42	23315	49
江岸	36.38	20687	47
江汉	39.23	20554	44
洪山	34.68	20440	49
硚口	36.68	18700	43
汉阳	31.90	16946	44
东西湖	26.47	14660	46
江夏	31.15	13933	37
东湖高新	41.47	19123	38
沌口	21.79	14147	54
青山	29.32	17731	50
黄陂区	23.52	11827	42

续表

行政区域	租金（元/月/m^2）	房价（元/m^2）	租售比（年）
新洲	18.75	7474	33
蔡甸	25.31	10227	34

资料来源：中国房价行情

2. 融资风险

尽管近年来我国金融支持住房租赁市场的融资模式不断丰富，但总体来看，住房租赁市场的融资难、融资方式单一、融资贵现象仍普遍存在。

目前住房租赁主要融资方式仍是银行信贷，一些企业也先后发行了住房租赁资产证券化产品，但绝大多数租赁企业难以达到发行标准，无法通过这一渠道融资。此外，目前国内住房租赁市场融资的成本依然较高。从银行信贷来看，贷款利率约6%；住房租赁证券化产品及住房租赁专项公司综合融资成本接近 10%；大多数长租公寓租金回报率仅为 2%~3%，租金收入难以覆盖利息（债息）支出。由于长租公寓不断爆出“甲醛门”“租金贷”“爆仓”等事件，自 2018 年下半年开始，股权融资困难，住房租赁证券化、公司债券等融资开始收紧。2019 年随着房地产行业融资政策收紧，国家对房企公司债融资、境外融资、信托融资、ABS 融资等融资渠道进行约束，房地产业融资环境趋紧。2019 年前 7 个月，仅有 11 家长租公寓企业获得了融资，同比下降了 70%。

3. 住房租赁企业财务风险

企业财务风险作为一种信号，能够全面反映企业的经营状况。住房租赁企业投资大，投资回收期长，回报率较低，由于住房租赁内部、外部环境及各种难以预料和控制的因素作用，可能会引发租赁企业丧失偿债能力和盈利能力。

住房租赁企业财务风险主要表现有：一是经营成本高，行业平均投资回报率低。无论是重资产还是轻资产住房租赁企业前期投入都很大，但投资回收期长；同时企业人工成本较高，住房租赁行业整体经营成本维持高位运行。二是企业负债高，融资成本高。目前住房租赁企业经营收益率普遍低于融资利率，租金净收益难以偿还利息。这使得股东投资者或者风投企业未来收益降低，会进一步造成资金外流，融资更加困难，加剧住房租赁企业经营风险。未来 2~3 年是住房租赁企业偿债期，从现有情况看，企业面临较大的偿债压力。三是住房空置损失或租金下降，导致盈利能力更弱。目前，武汉市分散式长租公寓普遍采取包租模式（仅江寓、蛋壳、锦居瑞智等企业采取托管模式），即由长租公寓企业承担房屋装修改造费用和空置期损失，依靠房东端和租客端的租金价差盈利。当市场竞争加剧，特别是一些企业高价收房进行盲目扩张，导致租赁住房供给偏大，自2019年以来，空置率上升，租金下跌，住房租赁企业经营变得更加困难。

（三）租赁金融风险

住房租赁产业属资金密集型产业，前期投资成本高，投资回收期长，投资回报率低，高负债率是租赁企业特点之一，租赁企业对外来资金依赖性强，若金融监管不力，将面临较大的金融风险。

1. 融资风险

国家大力发展住房租赁市场，使得住房租赁成为投资风口，银行等金融机构大力支持住房租赁市场发展，资金大量涌入住房租赁领域，存在着融资过度风险。以银行信贷为例，2017年开始发放住房租赁贷款，至目前累计授信规模达2万多亿，住房租赁专项公司债年拟发行规模1000亿左右。此外，股权融资规模不断扩张，仅魔方公寓利用股权融资的方式筹集金额就达6.6亿美元，自如股权融资也达74.38亿元。在住房租赁产业发展导向下，住房租赁企业大量采取加杠杆方式盲目扩张，存在着极大的金融风险。

2. 期限错配风险

住房租赁一次性投入大，投资回收期长，客观上需要有与之相匹配的融资期限，但是目前住房租赁的融资期限短，存在着资金来源期限短与资金运用期限长的矛盾，资金结构不平衡，期限错配。以银行信贷为例，目前中国建设银行发放的住房租赁专项贷款大致在3~25年，期限较其他银行长，但相对于住房租赁投资回收期40年至50年来看，依然存在到期难以偿还的问题。就住房租赁收益证券化产品来看，目前发行了12个类REITs产品和3个CMBS产品，但期限大多在5年左右，而此时，住房租赁资产不可能处置，证券化产品的发起人则需重新融资。特别是轻资产的住房租赁企业，其证券化的底层资产是房屋租金的净收益和增值服务收益，其运营期的净现金流难以覆盖融资本息，同时因没有可抵押的资产，再融资将相当困难。即使发行的REITs产品，期限长达18年，但每三年为一个期限，设定了五个投资期，即“每3年末投资者有退出选择权”，若大量投资者选择退出，则需要发起人回购或再融资，也存在期限不匹配问题。

3. 租金贷风险

“租金贷”是租客在与长租公寓企业签下租约时，与该企业合作银行或P2P网络借贷平台等金融机构签订租房贷款合同，放贷机构一次性将等同于一年租金的资金放款给住房租赁企业，租客向该金融机构按月偿还租房贷款。银行等金融机构开展“租金贷”业务，客观上有效提高了租客租房能力，但由于“租金贷”存在监管空白，带来较大的风险。

一些长租公寓企业使用“租金贷”后，将获得的一年或者更长期限的租金，并不一次性交付原房东，而是按月或按季度支付原房东，利用支付时间差，沉淀资金形成“资金池”用于其他投资，一旦长租公寓企业运营出现问题，不能按期支付租金给房东，原房东则会要求终止租赁合同，进而导致转租合同（租客与长租公寓签订的合同）也被迫中止，房东收回房屋，长租公寓企业因资金链断裂而“跑路”，引起银行信贷风险，同时带来严重的社会问题。同时，有大量的互联网金融公司或第三方金融分期平台等以加杠杆方式提供住房租金分期贷，如会分期、元宝 e 家、租了么等，为长租公寓提供资金支持，也存在较大的金融风险。据不完全统计，从 2017 年 2 月至今，全国已有爱公寓、鼎家公寓、寓见公寓等 10 多家长租公寓因“租金贷”问题，出现资金链断裂而倒闭或跑路。

（四）租赁市场风险

1. 住房租赁合同风险

租赁合同风险主要体现在两个方面，一是合同备案率低，二是合同缺乏规范性，相关细节缺乏规制，容易造成合同纠纷。

首先，目前房屋租赁备案制度建立不完善，备案成本较高，造成房屋租赁交易过程中，房主和承租人主动进行住宅租赁备案登记的很少，租赁双方达成协议，私下签订承租合同就可以现金交易，使公安、房管等部门取证困难，无法掌握整个房屋租赁市场的准确信息，房屋出租市场鱼龙混杂，纠纷不断。

其次，目前住房租赁市场合同订立缺乏规范性，容易造成合同纠纷。在实际租赁交易中，住房租赁并没有强制使用的合同示范文本。调查显示，住房租赁按合同示范文本签订的仅为 2.2%，通过中介机构签订住房租赁合同的也只占 28.4%，高达 69.4%的受访出租人与承租人是私下签订的合同，其中更有高达 31.8%者采取口头形式签订。合同签订不规范，极易造成合同纠纷。

2. 承租人的权益保障风险

房屋租赁关系中，承租人处于一个相对弱势的地位。之前在房屋租赁方面，国家主要是通过政策性文件来规范，之后随着房屋租赁过程中各种问题的不断显现，出台了除合同法之外的房屋租赁方面的一般规定。虽然其中对房屋承租人的合法权益有了一定的保障，但大多是原则性、宽泛性的规定，有关承租人的权益保障风险主要体现在三个方面：

一是违约风险。就目前情况而言，武汉市住房租赁市场上还存在众多不规范现象，比如存在出租人在租赁期间随意涨租、驱赶租客、侵占押金等现象。二是承租人的居住环境风险。室内配套设施配置无标准、普遍缺失、低端化；“打隔断”“群租”现象时有发生，公寓甲醛处理不到位，污染超标，消防安全隐患等问题突出，租客健康安全得不到保障。三是相关权益得不到落实的风险。如承租人的基本公共服务及子女的义务教育等权益得不到保障。

3. 租金价格风险

住房租金稳定是保障人们居住权益的前提条件，租金涨幅不超过人均可支配收入增幅、物价上涨指数是合理的，但如果城市住房租金涨幅高于人均可支配收入增幅，就会影响居民的支付能力。国际上，将房租收入比作为判断房租是否合理的一个重要指标，房租收入比在25%以内表明房租是合理的，房租收入比在25%~30%处于居民可以承受的范围之内，30%则是警戒线，房租收入比超过30%，表明房租超出了居民的支付能力。但是若房租下跌过多，则表明房东或租赁企业收益下降。租金下降，则租金回报率下降，回报率就是房屋资产的利率，若房租降幅过大，则表明住房需求在下降，住房租赁市场则存在风险。

2018年武汉住宅平均租金为33.56元/月/m^2，公寓平均租金为36.66元/月/m^2；武汉市分散式长租公寓和集中式长租公寓的租金普遍偏高（表5）。2018年不少长租公寓企业利用资金杠杆快速抢占房源，一定程度上推高了住房租金，导致租金水平稳步上升。以2019年4月为例，武汉市多个区域的租金同比上涨超过或接近5%（表6）。武汉市租客人均租金支出1100元/月，实际房租收入比为20%左右；若按人均住房面积计算，房租收入比则高达32%（超出房租收入比30%的警戒线。）

表5 **个人散租、分散式、集中式公寓月租金价格（元）**

单间租金	个人散租	分散式长租公寓	集中式长租公寓
武汉	600~900	1000~1200	1500~1700
北京	1500~2000	2000~2200	4000以上

表6 **2019年4月武汉各区住房租金情况表**

区县市名称	平均单价（元/月/m^2）	同比	环比
江汉区	38.31	+4.48%	-1.04%
武昌区	36.69	+4.89%	-2.68%

续表

区县市名称	平均单价（元/月/m^2）	同比	环比
江岸区	34.80	+3.5%	-2.72%
硚口区	34.67	+2.21%	-4.34%
洪山区	33.96	+4.19%	-1.05%
汉阳区	29.22	+9.35%	-2.95%
江夏区	27.70	+8.99%	-8.11%
青山区	26.67	+2.46%	—
东西湖区	25.68	+4.25%	-1.45%
蔡甸区	23.40	+13.39%	-4.06%

4. 住房租赁企业诚信风险

由于受客观环境的不确定因素及企业自身行为的影响，加之住房租赁市场发展尚不成熟，有关住房租赁市场法规制度不健全，住房租赁主体诚信问题较为突出，对住房租赁市场发展造成较大的负面影响。主要表现在：一是住房租赁企业或房地产中介行为不规范，“黑中介”“黑二房东”现象时有发生，严重扰乱住房租赁市场。二是住房租赁主体发布虚假租赁房源信息，乱涨房租、随意解除租赁合同、扣留租房押金等现象较为严重。三是住房租赁市场主体“无营业执照”经营、住房租赁不备案，以逃避政府监管。四是一些住房租赁企业“高价收房、低价出租”，目的是为了快速扩大规模，占领租赁市场，吸引风投或资本进入，最后实现套现退出。一旦没有资本进入，就会出现“爆仓”。更有甚至，恶意高价收房低价出租，随时准备“跑路”，损害房东、租客的利益。自 2017 年以来，已有 23 家长租公寓因“资金链”断裂或不能按期支付原房东的房屋而“爆仓”。其中较典型的高收低租的长租公寓“乐伽公寓”，于 2019 年 7 月“爆仓”，产生了较大的社会风险。2019 年 6 月，武汉市“南京享居屋”采用“高价收房低价出租”经营而引发经营纠纷；武汉“巢客公寓”也存在类似情况，潜在风险较大。

5. 私人住房租赁市场（散租市场）违规违法现象较为突出

武汉市住房租赁市场以个人房东、二房东为主，私人出租是住房租赁市场的供应主体，约占住房租赁市场的 80%左右。住房散租市场是为满足巨大的租房需求而自发生长起来的，但是住房租赁行为不规范，缺乏监管，存在大量的违法违规行为，扰乱住房租赁市场秩序，严重损害承租人的权益。一是房东私自改变房屋结构，打隔断，“房中房”“胶囊房”等问题较为突出，违规群租、违法出租等现象较为严重；二是私下签订租赁合同，租赁合同基本不备案，游离在政府监管之外；三是随意提高住房租金和提前解除租赁合同，强制逐客等行为时有发生，承租人的权益得不到保障。私人住房租赁市场隐患和风险大，矛盾纠纷较多，社会安全风险高。

（五）政策风险

1. 实施住房租赁合同备案制度可能引起的风险

从规范住房租赁市场秩序和租赁行为，保护承租人的权益角度，政府必须全面实行住房租赁合同备案制度。但短期内，可能会带来一些问题，因为住房租赁合同备案后，可能会增加房东或住房租赁企业的税负成本，如个人需要缴纳房产税、个人所得税等，反映到住房租赁市场中，税负会转嫁给承租人，可能会导致租金上涨，增加承租人的租房成本；另外，为避免税负成本，可能会导致私下租房上升，也会影响规模化、专业化长租公寓的发展。

2. 所得税抵扣政策可能导致租金上涨风险

2018 年《个人所得税专项附加扣除暂行办法》在提高基本费用扣除额的基础上，增加了包括子女教育、继续教育、大病医疗、住房贷款利息或住房租金、赡养老人等六项附加扣除。住房租金抵扣政策本质上是为租客减负，然而事实上，在申报专项扣除的同时，申报的租房专项扣除可能会变成税务机关向房东征税的依据，减税可能会发生传导效应，导致租金上涨，最终的负担还是靠租客来承担。

3. 住房租赁产业政策的不确定带来的风险

现代住房租赁产业的培育和发展是未来租赁市场发展的重点，现代住房租赁产业需要良好的产业政策引导，若政策不稳定或不科学，将会影响住房租赁产业的发展。因此，政府应制定长期不变的产业政策规划，而放弃短期的政策变动。目前，住房租赁产业政策存在着不确定性和缺乏稳定性，主要表现在：一是对住房租赁企业缺乏财政、税收政策支持。没有针对住房租赁行业收益率低、投资回收期长等特殊性，设置适合其发展的增值税、出租房产税、所得税等税制。若未来政策不调整，将会有更多的房地产开发企业选择放弃住房租赁业务。二是住房租赁融资环境趋紧，导致住房租赁企业融资更难，融资成本更高。商业银行全面叫停“租金贷”，给住房租赁企业带来现金流压力，也是一些企业资金链断裂的原因之一。同时，真正的适合住房租赁发展的 REITs 融资工具尚未得到发展，住房租赁业长期资金需求与大量社会资金间缺乏有效通道，严重制约了住房租赁产业的发展。三是

“招拍挂”的土地出让政策加重了住房租赁企业的负担。

4. 集体建设用地上市交易改革带来的风险

2017 年，国土部、住建部确定在北京、上海、武汉、广州等 13 个城市开展利用集体建设用地建设租赁住房试点，此举可以增加租赁住房供应，缓解住房供需矛盾，但在集体建设土地上建租赁住房，前期建设和配套需要投入的资金量大，而这些区域的租金水平较低，如果入住率低，租金水平低，将面临较大的投资风险。同时，国家已于 2019 年 8 月修订《土地管理法》，集体建设用地可直接上市交易具有了合法性，这将会增加租赁住房供给，继而引起住房租金下调，规模化的长租公寓的发展会受到一定的影响。

（六）舆情与社会风险

1. 舆情风险

因为住房关乎人们的切身利益，住房问题是社会关注的热点问题，新媒体时代，移动通信技术和互联网技术迅猛发展，人们可以通过多种途径如微信、微博、BBS 等了解信息，网民可以通过点赞、评论、发朋友圈等多种渠道表达意见、观点，网络舆情是社情民意中最活跃的部分，舆情形成迅速，具有突发性且传播快，很容易形成社会舆论焦点和热点，但是，大多数人对于网上的信息缺乏客观的判断能力，常以先入为主的心态看待房地产市场问题，稍有不慎就有可能发酵为重大舆论影响的事件。如 2018 年 8 月，长租公寓企业“哄抬房租”“租金贷”“甲醛超标”成为媒体关注的焦点。住房租赁市场出现的问题，虽然是个别事件，但对住房租赁市场特别是长租公寓的发展产生了较大的负面影响。

2. 社会风险

所谓社会风险是一种导致社会冲突，危及社会稳定和社会安全的风险。若对社会风险处置不及时或处置不当，就有可能转化为社会危机，危及社会稳定和社会秩序。更为严重的是，其风险通过互联网、自媒体等现代信息技术工具可迅速传播到全社会，产生严重的社会危害。

目前，住房租赁市场发展中存在较多的社会风险点有：（1）通过银行贷款等融资渠道盲目扩张，或利用“长收短付”“租金贷”、挪用租金等方式获取资金，出现以高额租金抢占房源再低价出租的“高收低租”经营行为；（2）通过强制、诱导或隐瞒欺骗等违法违规手段使承租人使用“租金贷”支付租金；（3）房地产经纪人员及租赁企业从业人员以个人名义承接房屋租赁经纪业务并收取费用；（4）发布虚假房源信息，隐瞒影响房屋租赁的重要信息，诱骗租客租房；（5）违规出租或代理不符合出租条件的房屋；(6) 房屋及装修安全不达标、“胶囊房”、“隔断房”、群租问题突出；(7) 采取威胁恐吓、断水断电等暴力手段驱逐承租人，恶意克扣押金、租金等；(8) 随意乱涨房租。这些行为严重扰乱住房租赁市场，损害承租人权益，影响社会秩序和社会稳定。2019 年以来，10 家长租公寓“爆仓”，均为因经营管理不善，高收低租，资金链断裂，拖欠房东房租等问题引发租赁矛盾纠纷，出现大量房东房客挤兑维权（表 7）。以南京乐咖公寓为例，该公司成立于 2016 年 5 月，注册资本 100 万元，实缴资本仅 15.3 万元。两年多时间，该公司通过高收低租方式，在南京、苏州、成都、西安、杭州等城市，扩张到 10 万多套（间）房源，2019 年 8 月，该公司因资金链断裂，拖欠房东房租等问题而倒闭，造成较大的社会风险。

表 7　　**长租公寓“爆仓”一览表**

序号	长租公寓名称	“爆仓”时间	原因
1	好熙家公寓	2017.2	资金链断裂
2	COLOR 公寓	2017.6	经营不善
3	GO 公寓	2017.12	经营不善
4	聚福缘公寓	2017.11	发生火灾被封
5	好租好住	2018.1	资金链断裂
6	爱公寓	2018.2	资金链断裂
7	WARM+	2018.3	经营不善
8	凯信亚洲	2018.4	资金链断裂
9	长沙优租客	2018.4	资金链断裂
10	杭州鼎家公寓	2018.8	资金链断裂
11	长沙咖啡猫公寓	2018.9	资金链断裂
12	石家庄众客驿家	2018.9	资金链断裂
13	鱼悦公寓（深圳）	2018.10	携款跑路
14	北京昊园恒业	2018.11	资金链断裂
15	北京爱佳心仪	2018.11	资金链断裂
16	北京小家联行	2018.11	资金链断裂
17	爱上租	2019.1	被蛋壳收购

续表

序号	长租公寓名称	“爆仓”时间	原因
18	星窝公寓	2019.1	被湾流国际收购
19	遇见公寓（上海）	2019.2	资金链断裂
20	苏州乐栈公寓	2019.3	资金链断裂
21	乐咖公寓	2019.8	高收低租
22	杭州安闲居	2019.8	资金链断裂
23	玉恒公寓（南京）	2019.9	高收低租
24	郑州悦如公寓	2019.10	高收低租

三、住房租赁市场风险预警机制及评价体系

近年来，在国家相关政策的推动下，我国的住房租赁市场正处于快速发展阶段。但与此同时，在市场与宏观调控双向机制的作用下，与之相关的各项经济指标也存在着较大波动。为保证住房租赁市场的健康平稳发展，有效防范可能出现的各类风险，通过模拟住房租赁市场经济的运行状况，建立适当的风险预警指标体系，并给予客观的评价，似乎是一条较为可行的现实路径。本课题利用层次分析法、主成分分析法以及模糊综合评价法来构建风险预警指标体系。

（一）风险预警指标体系构建思路

住房租赁市场风险预警指标体系是由一系列相互关联、相互补充的指标所构成的综合评价指标体系。构建综合评价指标体系主要包括系统元素和系统结构两方面内容，其中，单个指标即为系统元素，各个指标之间的关系则构成系统结构。构建科学合理的风险预警指标体系，大致要经过以下几个环节，即指标选取、指标权重赋值以及指标体系评价与应用（图1）。

根据前文对住房租赁市场五大风险的分析可以看出，住房租赁市场的风险类型众多，既包括可以定量的风险也包括难以直接量化的定性风险。对于不同类型的风险可以用不同的方法进行度量，但这些度量结果却难以简单加总。因此，要将租赁市场风险视为一个整体系统进行预警，则需要对不同类型的风险水平进行综合评估。构建风险预警指标体系是进行风险综合评估的常见方法，也是风险预警过程中的重要环节。本课题对定性指标与定量指标分别采用专家评价法与主成

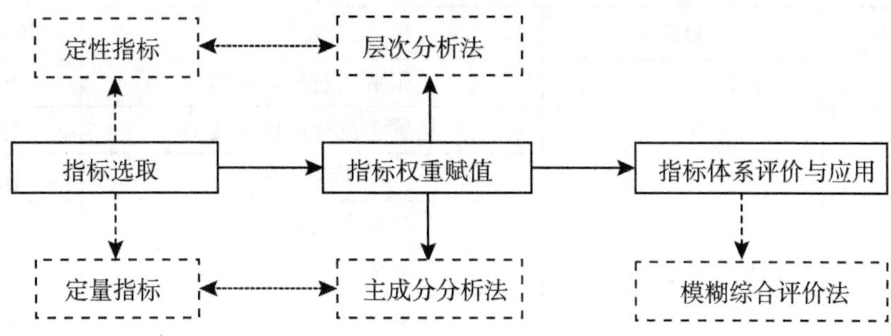

图 1 住房租赁市场风险预警体系构建

分分析法确定指标权重，并以模糊综合评价法为例说明了住房租赁风险预警指标体系的构成。

（二）风险预警指标体系构建

1. 风险预警指标选取

住房租赁市场风险预警指标体系是对武汉市租赁市场波动情况分析的核心与依据，但目前武汉市尚未有一个统一完善的指标体系。因此，本文基于对武汉市住房租赁企业以及租赁市场的调研，同时结合相关文献的研究，确定在武汉市的住房租赁市场风险预警指标中设定五个一级指标，分别是住房租赁市场指标、住房租赁企业经营指标、住房租赁安全指标、住房租赁金融指标以及媒体舆情指标。在此基础上，根据相关学者研究，在每一类下确定若干二级指标，并构建了如下预警指标体系（表 8）。

表 8 **武汉市住房租赁市场风险预警指标体系**

	一级指标	二级指标	指标类型
住房租赁市场风险预警指标	住房租赁市场指标	规模化租赁占比	定量
		住房空置率	定量
		年租金上涨率（同比）	定量
		租金上涨率（环比）	定量
		房租收入比	定量
		租售比	定量

续表

	一级指标	二级指标	指标类型
住房租赁市场风险经营指标	住房租赁企业经营指标	租赁企业经营规模	定量
		租赁企业资产负债比率	定量
		流动比率	定量
		现金流量比率	定量
		到期债务本息偿付比率	定量
		租赁企业年投资收益率	定量
		营业毛利润率	定量
		住房出租率	定量
		租赁企业信用评价等级	定量
	住房租赁安全指标	人均租住面积	定量
		住房本体是否符合居住安全	定性
		配套设施是否完善	定性
		消防设施质量、数量是否符合要求	定性
		安全疏散设施是否完好	定性
		住房装修是否达标	定性
	住房租赁金融指标	租赁企业负债总额	定量
		租赁企业资产负债比率	定量
		租赁金融杠杆	定量
		租赁消费贷款	定量
	媒体舆情指标	媒体关注度	定性
		媒体情绪	定性
		覆盖度	定性
		公众参与度	定性
		管理部门应急响应	定性

2. 风险预警指标权重计算

（1）定性指标的权重

本课题使用层次分析法计算定性指标的权重。层次分析法简称 AHP 方法，是由美国匹兹堡大学运筹学家萨迪于 20 世纪 70 年代提出的。这种方法的优点是定性与定量相结合，具有高度的逻辑性、系统性、简捷性和实用性。

在层次分析法中，为了使决策判断量化，常根据一定的比率标度将判断量化得到各层级指标的判断矩阵，再检验判断矩阵的一致性并计算结果。本课题采用常用的 1~9 标度方法，如表 9 所示。

表 9　**判断矩阵标度及其含义**

序号	重要性等级	a_{ij}赋值
1	i、j 两元素同等重要	1
2	i 元素比 j 元素稍重要	3
3	i 元素比 j 元素明显重要	5
4	i 元素比 j 元素强烈重要	7
5	i 元素比 j 元素极端重要	9
6	i 元素比 j 元素稍不重要	1/3
7	i 元素比 j 元素明显不重要	1/5
8	i 元素比 j 元素强烈不重要	1/7
9	i 元素比 j 元素极端不重要	1/9

注：a_{ij} = {2, 4, 6, 8, 1/2, 1/4, 1/6, 1/8} 表示重要性等级介于 a_{ij} = {1, 3, 5, 7, 9, 1/3, 1/5, 1/7, 1/9} 之间。这些数字是根据人们进行定性分析的直觉和判断力而确定的。

①计算特征向量

首先，计算判断矩阵每一行元素的乘积 M_i

$$M_i = \prod_{j=1}^{n} a_{ij},\ i = 1,\ 2,\ \cdots,\ n$$

其次，计算 M_i 的 n 次方根 $\overline{w_i}$

$$\overline{w_i} = \sqrt[n]{M_i}$$

最后，将向量 $\overline{w} = [\overline{w_1},\ \overline{w_2},\ \cdots,\ \overline{w_n}]^{\mathrm{T}}$ 正规化

$w_i = \dfrac{\overline{w_i}}{\sum_{j=1}^{n} \overline{w_i}}$，则 $W = [w_1,\ w_2,\ \cdots,\ w_n]^{\mathrm{T}}$ 即为所求的特征向量。

②判断矩阵的一致性检验

首先，计算判断矩阵的最大特征根 $\lambda_{\max}$

$$\lambda_{\max} = \sum_{i=1}^{n} \frac{(AW)_i}{n\,W_i}$$

其中 $(AW)_i$ 表示向量 AW 的第 i 个元素。

由于当判断矩阵不能保证具有完全一致性时，相应判断矩阵的特征根也会发生

变化，因此，在层次分析法中可以引入判断矩阵最大特征根以外的其余特征根的负平均值，作为度量判断矩阵偏离一致性的指标，即：

$$CI = \frac{\lambda_{\max} - n}{n - 1}$$

当矩阵 A 具有完全一致性时，$CI=0$；CI 越大，判断矩阵的一致性就越差。为了检验判断矩阵是否具有令人满意的一致性，将 CI 与一致性指标 RI 进行比较。一般而言，1 或 2 阶判断矩阵总是具有完全一致性，而面对 2 阶以上的判断矩阵，只有当 $CI/RI<0.1$ 时，才具有满意一致性，否则就需要调整判断矩阵。各指标类别的权重为 $W=(w_1, w_2, \cdots, w_n)$。

（2）定量指标的权重

在对风险预警指标进行评价之前，首先应注意对评价指标类型的一致化处理。在指标处理过程中要保持同趋势化，以保证指标间的可比性。对于定量指标而言，其性质和量纲不同，造成各指标间的不可共度性。为了尽可能地反映实际情况，排除由于各项指标的单位不同以及其数值数量级间的悬殊差别所带来的影响，避免不合理现象的发生，需要对评价指标作无量纲化处理。本课题根据指标的均值和标准差进行正态归一化，即把所有指标各年的数据转化为 0 点上下波动的数据，公式为：

$$U = \frac{(u - \bar{u})}{s}$$

其中 U 为标准化数据，u 为指标原始数据，$\bar{u}$ 为指标均值，s 为指标历年的标准差。

本课题利用主成分分析法来确定定量指标的权重。主成分分析法是多元统计中降维的一种方法，具体操作步骤如下：

①求取指标原始数据的相关矩阵 R

$$R = \begin{pmatrix} r_{11} & \cdots & r_{1p} \\ \vdots & \ddots & \vdots \\ r_{p1} & \cdots & r_{pp} \end{pmatrix}$$

其中，r_{ij} 为原始变量 U_i 和 U_j 的相关系数。

$$r_{ij} = \frac{\sum_{k=1}^{n}(u_{ki} - \overline{u_i})(u_{kj} - \overline{u_j})}{\sqrt{\sum_{k=1}^{n}(u_{ki} - \overline{u_i})^2 (u_{kj} - \overline{u_j})^2}} \quad ij = 1, 2, \cdots, p$$

②计算特征根 λ_i 与相应的标准正交特征向量

③计算主成分贡献率及累计贡献率。其中贡献率的计算公式为：

$$\frac{\lambda_i}{\sum_{k=1}^{p} \lambda_k} (i = 1, 2, \cdots, p)$$

累计贡献率的计算公式为：

$$\frac{\sum_{k=1}^{i} \lambda_k}{\sum_{k=1}^{p} \lambda_k} (i = 1, 2, \cdots, p)$$

④确定主成分的保留数目

⑤计算主成分

前 m 个主成分对总体方差的贡献矩阵为 $A = (\lambda_1, \lambda_2, \cdots, \lambda_m)$，同时得到各指标在前 m 个主成分上的贡献矩阵为 $L = (l_1, l_2, \cdots, l_m)$，则各指标对总体方差的贡献矩阵 F 可以由下式求出，即 $F = A \times L = (f_1, f_2, \cdots, f_p)$，则 F 中各元素的值即为相应指标的权重，用 W_{ij} 表示。

⑥分别对二级指标和三级指标的贡献度进行归一化处理。二级指标贡献度的归一化处理公式为：

$$a_{ij} = \frac{w_{ij}}{\sum_{j=1}^{n} w_{ij}} \quad (j = 1, 2, \cdots, n)$$

三级指标贡献度的归一化公式为：

$$a_i = \frac{\sum_{j=1}^{n} w_{ij}}{\sum_{i=1}^{m}\sum_{j=1}^{n} w_{ij}} \quad (i = 1, 2, \cdots, m; j = 1, 2, \cdots, n)$$

其中，m 为一级指标数量，n 为二级指标数量。

3. 风险预警指标体系评价

建立的住房租赁市场风险预警指标体系既包括定量指标又包括定性指标，因此，可利用模糊综合评价模型进行风险预警。模糊综合评价方法主要是根据模糊问题的各个评价因素、评价标准、自然状态以及各因素的相对重要程度建立模糊综合评价模型，然后对各评价对象进行综合评价。

（1）确定评价因素集合

将住房租赁市场风险预警指标体系设为评价指标集 U，将一级指标（住房租赁金融指标、住房租赁企业经营指标、住房租赁安全指标、住房租赁市场指标、媒体舆情指标）用 U_i 表示，即 $U=(U_1, U_2, \cdots, U_5)$。将二级指标用 U_{ij} 表示，如住房租赁金融指标可以用 $U_1=(U_{11}, U_{12}, \cdots, U_{17})$ 表示，其他指标与之相同。

（2）确定评语集并对其赋值

模糊综合评价方法中，各指标与风险状态之间的关系用隶属度来表示，因此，首先要确定风险状态的级别。本文将住房租赁市场风险状态分为四档：良性状态（无警）、低风险状态（低警）、中风险状态（中警）、高风险状态（重警）。即 $V=(v_1, v_2, v_3, v_4)$ =（无警，轻警，中警，重警）。此外，对评语集赋值，$v=(25, 50, 75, 100)$，则（0，25］为无警、（25，50］为轻警、（50，75］为中警，（75，100］为重警。

（3）确定隶属度矩阵

确定评语集后，如何确定住房租赁市场风险预警体系中各指标的隶属度是进行模糊综合评价的关键。可组织 S 位专家，按照评分等级标准对 U_{ij} 个预警指标进行打分，并填写专家评分表，然后对所有专家给出的住房租赁市场风险预警指标评分结果进行归纳与梳理，求得模糊评价矩阵 R，

$$R=\begin{bmatrix} r_{11} & \cdots & r_{1m} \\ \vdots & \ddots & \vdots \\ r_{n1} & \cdots & r_{nm} \end{bmatrix}$$

其中评价矩阵 R 中的元素 r_{ij} =第 i 个指标选择 v_i 等级的人数/参与评价的总人数，$j=1, 2, \cdots, m$。

（4）根据住房租赁市场风险综合评分进行预警

首先，计算住房租赁市场各风险因素风险得分 B_i，

$$B_i = w_{ij} \times R_{ij}$$

其中，B_i 为单项风险得分，W_{ij} 为对应的二级指标的权重，R_{ij} 为对应的二级指标的隶属度，i 代指一级指标个数，j 代指二级指标。

其次，计算住房租赁市场整体风险得分 D。

$$D = V \times W_i \times B_i$$

其中，W_i 为一级指标的权重值。

最后，根据得分 D，对照评价集 V，判断住房租赁市场所属的风险状态，并发出预警信号。

（三）武汉市住房租赁市场风险评估

1. 住房租赁市场风险预警指标权重计算

由于目前住房租赁市场中相关定量指标的数据难以获得，故均采用层次分析法

赋予其权重。首先，向10位专家发放调查问卷，采用1~9的九级判断尺度，邀请专家对不同层级指标的重要性做出判断。其次，整理专家打分结果，得到各层级指标的判断矩阵。最后，检验判断矩阵的一致性并计算结果。本课题采用yaahp软件的群决策功能对上述过程进行处理。通过计算，可以得到住房租赁市场风险预警指标的权重结果，见表10。

表10　**风险指标的权重结构**

一级指标权重		二级指标权重	
住房租赁市场指标	0.2263	规模化租赁占比	0.0312
		住房空置率	0.1722
		年租金上涨率（同比）	0.1894
		租金上涨率（环比）	0.1625
		房租收入比	0.221
		租售比	0.2237
住房租赁企业经营指标	0.158	租赁企业经营规模	0.0531
		租赁企业资产负债比率	0.0729
		流动比率	0.0861
		现金流量比率	0.1107
		到期债务本息偿付比率	0.0506
		租赁企业年投资收益率	0.1249
		营业毛利润率	0.1196
		住房出租率	0.18
		租赁企业信用评价等级	0.2021
住房租赁安全指标	0.3577	人均租住面积	0.0626
		住房本体是否符合居住安全	0.2928
		配套设施是否完善	0.0661
		消防设施质量、数量是否符合要求	0.2168
		安全疏散设施是否完好	0.2292
		住房装修是否达标	0.1326

续表

一级指标权重		二级指标权重	
住房租赁金融指标	0. 1752	租赁企业负债总额	0. 2286
		租赁金融杠杆	0. 3004
		租赁企业资产负债比率	0. 2117
		租赁消费贷款	0. 2593
媒体舆情指标	0. 0828	媒体关注度	0. 1166
		媒体情绪	0. 058
		覆盖度	0. 2247
		公众参与度	0. 2693
		管理部门应急响应	0. 3314

2. 住房租赁市场风险模糊综合评分计算

针对上述风险预警指标体系，可应用模糊综合评价模型进行住房租赁市场风险预警。首先，向 10 位专家发放风险评价问卷，确定隶属度矩阵。其次，利用上述指标权重计算各级指标风险得分。最后计算住房租赁市场整体风险得分，并根据得分，判断租赁市场是否存在风险。同样，采用 yaahp 软件中的模糊综合评价功能对上述过程进行处理。通过计算，可以得到住房租赁市场风险预警得分。由表 11 可知，目前武汉市住房租赁市场风险预警得分为 47. 7648 分，总体而言，处于低风险状态。但在五大风险中，住房租赁市场指标以及住房租赁金融指标得分均处于中风险状态，其中租售比以及租赁消费贷款的风险程度较高，应加强防范。

表 11 **风险指标得分情况**

住房租赁市场风险预警综合评价得分 47. 7648	一级指标得分		二级指标得分	
	住房租赁市场指标	54. 4996	规模化租赁占比	52. 5
			住房空置率	47. 5
			年租金上涨率（同比）	47. 5
			租金上涨率（环比）	45
			房租收入比	55
			租售比	72. 5

续表

	一级指标得分		二级指标得分	
住房租赁市场风险预警综合评价得分 47.7648	住房租赁企业经营指标	43.8165	租赁企业经营规模	47.5
			租赁企业资产负债比率	37.5
			流动比率	45
			现金流量比率	42.5
			到期债务本息偿付比率	47.5
			租赁企业年投资收益率	45
			营业毛利润率	52.5
			住房出租率	45
			租赁企业信用评价等级	37.5
	住房租赁安全指标	44.3913	人均租住面积	35
			住房本体是否符合居住安全	32.5
			配套设施是否完善	40
			消防设施质量、数量是否符合要求	52.5
			安全疏散设施是否完好	52.5
			住房装修是否达标	50
	住房租赁金融指标	53.2158	租赁企业负债总额	47.5
			租赁金融杠杆	57.5
			租赁企业资产负债比率	45
			租赁消费贷款	60
	媒体舆情指标	39.9203	媒体关注度	50
			媒体情绪	42.5
			覆盖度	37.5
			公众参与度	40
			管理部门应急响应	37.5

四、健全住房租赁市场风险防控机制的建议

培育和发展住房租赁市场是住房供给侧改革的重要举措，是构建“租购并举

住房制度”的重要内容。完善住房租赁规范化的监管体系，对稳定租赁关系，规范租赁市场行为，保障房屋租赁双方特别是承租人的权益，防范住房租赁风险，促进房屋租赁市场健康规范可持续发展具有重要的现实意义。因此，以健全和完善住房租赁法规体系为基础，构建法律监管、行政监管、社会监督的长效机制，是防范住房租赁风险的基本保障；构建和完善住房租赁风险预警指标体系和风险评估监测体系是防范住房租赁风险的重要手段。

（一）健全住房租赁法规，为住房租赁市场规范发展提供法律保障

长期以来，我国住房租赁法律法规建设严重滞后，且缺少专门规范住房租赁行为、住房租赁市场秩序的立法。武汉市 2011 年颁布的《武汉市房屋租赁管理办法》（共六章四十一条），主要是侧重出租房屋和社会治安管理，缺乏承租人权益保护、出租房屋“适居性”等条款。从国外住房租赁立法来看，出租房屋安全、健康必须符合标准（即房东对出租房屋的“适居性”承担担保义务）、保障承租人的居住权、保障承租人的可支付能力等是立法的重点。为规范住房租赁市场秩序和市场行为，保障租赁当事人的合法权益，为住房租赁管理提供法律依据，应尽快健全和完善住房租赁法规。一是尽快修订和完善《武汉市房屋租赁管理办法》，规范住房租赁市场行为。主要包括赋予居住权法律地位，出租房屋的安全与健康标准（强制性标准），承租人的权益保障（承租人优先承租权、承租人优先购买权、承租人的租赁权的对抗效力、租赁房屋“买卖不破租赁”等），出租人终止住房租赁合同的限制，禁止房东驱逐租客，住房租金标准及最高限价，承租人平等享有基本公共服务的权利，租赁合同与备案管理，住房租金稳定措施与调整机制，违约责任等内容。二是制定和完善住房租赁市场规则。主要包括《租赁住房基本标准》《住房租金管理办法》《住房租金指导价格实施办法》《房屋租赁合同示范文本》《房屋租赁合同备案管理办法》《长租公寓准入规划指引及行业标准》《住房租赁交易服务平台管理办法》等政策，以规范、约束住房租赁行为，保障住房租赁市场规范有序发展。三是完善相关配套政策。主要包括住房租赁企业及房地产经纪机构实名备案制度，住房租赁企业及从业人员信用评价制度，住房租赁企业准入制度，长租公寓规划指引，完善“商改住”“工改住”及“N+1”等用地政策、规划变更政策、产权政策等。

（二）加强住房租赁市场监测体系建设，夯实住房租赁监管和风险管控基础

1. 全面实行住房租赁合同示范文本、租赁合同备案管理

实行住房租赁合同示范文本制度，是保护租赁双方当事人合法权益的重要保证，有利于规范住房租赁合同当事人的签约行为和住房租赁行为，有利于住房租赁

合同纠纷的处理和解决，促进住房租赁市场健康发展。目前，住房租赁特别是散租基本未办理租赁合同备案，管理部门难以监管，住房散租行为完全游离在政府监管之外，给社会安全和城市治理带来很大的风险隐患。因此，应全面实行住房租赁合同网签备案，以更好地维护住房租赁市场秩序，保障租赁双方合法权益。

2. 完善和优化住房租赁交易服务平台

目前武汉市住房租赁交易服务平台尚处于初创阶段，入库总房源量少，主要是住房租赁机构、国有企业的房源。因此，应完善武汉市住房租赁交易服务平台，逐步将住房租赁全部纳入住房租赁交易服务平台，规范住房租赁市场发展。主要包括：规范住房租赁信息的填报、录入、审核和发布流程，全面实行“住房租赁信息发布、住房租赁合同签约、住房租赁合同登记备案、交易资金监管、租赁成交租金、租赁主体备案、租赁主体信用信息查询、信用评价”等信息化管理，并为住房租赁双方发放电子住房租赁凭证或电子住房租赁信息，做到住房租赁全程可追溯监管，为住房租赁交易监管、住房租金监测及制定住房租金指导价格提供基础数据，实现住房租赁网络化、动态化、精细化管理，并与武汉市政务信息资源共享交换平台对接，实现信息资源共享，将住房租赁中的政府服务、公共服务、金融服务等纳入平台，实现政府业务“一键式”办理——积分入学、积分入户、居住证办理、公积金提取等，为落实“租售同权”提供基础保障。

3. 建立健全住房租金监测体系

应建立住房租金监测体系，防止租金异常波动，保证住房租赁市场平稳运行。一是编制住房租赁价格指数。通过编制住房租赁价格指数，以反映一定时期内住房租赁价格水平变动趋势。住房租赁管理部门定期（五年）编制住房租赁价格指数，并发布月、季度、年度租赁价格指数，为政府管控住房租赁市场，制定住房租赁指导价格提供基础数据和依据，以引导住房租赁市场的健康发展。二是定期发布各类住房租金指导价格。政府住房租赁管理部门与住房租赁行业协会或第三方机构合作测算和制定不同地段、不同结构的住房租金标准。根据建筑密度、房屋新旧程度、道路交通、市政配套、生态绿化、卫生环境、商业配套、教育配套、消防治安、宜居程度，并采集各区、各街道、各地段租赁实际成交价格（实际交易租金），构建住房租金评估方法和评估体系，测算、制定不同地段及不同结构的住房租金指导价，并确定租金区间值，即确定不同地段、不同结构、不同类型住房租金的最低值和最高值，每两年发布一次住房租金指导价格，该指导价格作为租赁双方签约的基础租金，以引导住房租赁主体合理定价，促进住房租赁市场规范有序发展。三是在紧急状况下（如租赁住房严重供不应求，房租上涨过快时），实行租金稳定政策。规定住房租金最高上限和建立住房租金调整机制，房东与承租人签订首次租赁合同时，其租金不得超过住房租赁指导价格的 10%。在租赁期限内，每年租金上涨幅度不得超过住房租金指导价格指数或物价上涨指数（CPI），最多一年调整一次，连续三年上涨不得超过 15%。若房东对房屋及设施进行了重大修缮，则不受该限制。

4. 实行住房租金账户监管制度

政府应实行住房租金监管账户，加强住房租赁企业资金监管，注重防范住房租赁企业金融风险，特别是对包租、转租的住房租赁企业及房地产经纪机构出租业务实行租金账户监管，防止住房租赁企业出现“爆仓”“跑路”等风险。

另外，实行房屋编码制度，将城市房屋（包括“城中村”房屋）全部纳入房屋编码范围，推进房屋编码的标准化、电子化，并实时更新，实行动态管理。

（三）构建住房租赁金融监管机制

住房租赁业一次性投资大，投资回收期长，资金回报率低，资金供给与需求匹配度低，住房租赁金融风险较大，因此防范住房租赁金融风险是住房租赁市场发展的关键。应根据住房租赁融资渠道、融资特点以及住房租赁企业类型分类构建住房租赁金融风险监测及预警体系，为精准防范住房租赁金融风险提供依据。

1. 银行信贷风险防范

一是重资产租赁企业信贷风险防范。重资产租赁企业资金需求量大，收益较为稳定。银行发放租赁住房开发建设贷款（或购买贷款）审查重点是开发建设项目的合规性、项目总投资及其未来现金流，财务可行性等；而租赁住房抵押贷款、租赁住房租金收益权质押贷款审查重点是抵押物的市场价值、抵押物是否存在瑕疵、租金收益及其稳定性等问题。二是轻资产租赁企业信贷风险防范。发放租赁住房装修改造贷款审查重点是租赁住房装修改造的合规性及相关部门的审批文件，如“工改住”“商改住”等是否有规划、土地、消防等部门的批复文件，装修改造中标合同以及装修改造的总费用等；租赁住房租金收益权质押贷款审查的重点是未来租金净收益及其稳定性。由于轻资产租赁企业的租赁住房大都是包租的，其租金净收益是转租租金扣除包租租金后的余额，其净收益较低，因此银行应降低贷款质押率。

2. 住房租赁证券化风险防范

大力发展住房租赁证券化，对盘活住房租赁资产，提高资金投资使用效率，吸引社会资本投资租赁住房，降低住房租赁企业融资、营运风险，促进住房租赁市场规范健康发展等具有重要的现实意义。但由于存在住房租赁投资回报率低，住房租赁业发展不规范等问题，因此防范住房租赁证券化风险是其发展的关键。

住房租赁证券化风险防范主要关注点包括：一是基础资产符合证券化的要求。主要包括住房物业已建成且产权清晰，工程建设质量及居住安全标准符合规定；已办理住房租赁备案手续；物业能正常运营且有持续稳定的现金流。二是住房资产证券化发起单位具备完善的公司治理结构，有健全的风险控制机制和风险管理信息系统；发起人具有持续经营能力和运营管理能力。三是目前在公募型的 REITs 尚不具备条件时，住房租赁证券化产品应设立一般受益权和优先受益权，分别由租赁住房所有者和投资者分别持有，证券化产品到期后如投资者优先受益权未得到实现，则管理人有权处置该房产补足优先受益权的利益，或由原始发起人回购，以保护投资人的利益。四是应建立健全住房租赁证券化风险监测、信息披露、基础资产价值（收益）评估、信用增级等基础性制度，保障住房租赁证券化规范健康发展。住房租赁融资模式及风险关注点见表 12。

表 12 **住房租赁融资模式及风险关注点**

	重资产租赁企业	轻资产租赁企业		风险关注点
		集中式	分散式	
银行信贷	租赁住房开发建设贷款、购买租赁住房贷款、租赁住房抵押贷款、租赁住房租金收益权质押贷款	租赁住房装修改造贷款、租赁住房租金收益权质押贷款	租赁住房装修改造贷款、租赁住房租金收益权质押贷款	重资产企业：开发项目总投资、建设项目的合规性、项目财务可行性、抵押物的市场价值、抵押物是否存在瑕疵、租金收益。轻资产企业：租赁住房装修改造的合规性及相关部门的审批文件；租金净收益及其稳定性等
公司债券	住房租赁建设专项公司债券、非公开定向发行债券、企业担保债券	企业担保债券	企业担保债券	重资产企业：公司营运能力、公司资产、项目资产及盈利能力；轻资产企业：公司营运能力、公司资产负债比、项目净现金流及其稳定性
资产证券化	住房资产支持证券（ABS）、住房资产抵押或质押证券（CMBS）	住房资产收益质押证券、房地产信托投资基金（REITs）	房地产信托投资基金（REITs）	重资产企业：租赁住房资产及其净现金流；轻资产企业：租赁住房未来净收益、信用增级等

续表

	重资产租赁企业	轻资产租赁企业		风险关注点
		集中式	分散式	
股权融资		创投、风投	创投、风投	住房租赁项目盈利能力、上市公司股权质押担保、公司担保

3. 加强“租金贷”等金融产品的监控与管理

对于“租金贷”等住房租赁金融创新产品，应坚持发展和规范并重，健全住房租赁市场金融监管机制，对住房租赁市场中有关资金的进入、使用、托管和退出等活动加强监管，以有效防范风险。“租金贷”作为住房租赁消费的创新产品，有其优势和合理性，不能“因噎废食”，一刀切地加以禁止。应加强对“租金贷”的监管，引导“租金贷”规范发展。一是完善“租金贷”信息披露制度。服务商在与放贷机构合作开展“租金贷”业务过程中，应当严格遵守其居间服务的定位，事先向承租人全方位披露网贷机构、贷款金额、还款方式、借款利息等事项，如实向承租人提示贷款存在的风险。放贷机构应审核承租人贷款信息的真实性、有效性和完整性，考察承租人的贷款意愿、还款能力及风险承受能力。二是实行租金账户监管制度，防止租赁企业利用“租金贷”形成资金池，过度扩张，保证资金“专款专用”。同时，金融监管部门应建立相应的“租金贷”风险评估、预警、防控机制，有效防范流动性风险。三是建立承租人权益特殊保护的制度安排。若发生住房租赁企业或服务商破产、跑路、违约等情况，应保障承租人对租赁房屋的承租权及索赔权。

（四）完善住房租赁产业政策，重点支持规模化住房租赁企业发展

大力培育和发展规模化、集约化、专业化住房租赁企业的发展，对规范住房租赁市场秩序，稳定住房租赁市场，保障承租人的权益，提升居民居住品质，打造现代住房租赁服务业，扩大就业，加速推进人口城市化，拉动经济增长等具有重要的现实意义。

1. 大力培育专业化、规模化的长租公寓企业，重点支持集中式长租公寓发展

一是将规模化住房租赁企业纳入市政府重点扶持的范围，在政策、资金、税收、人才等方面给予重点支持；二是鼓励机构投资者、房地产开发企业、经纪机构、物业管理企业等投资、营运和管理长租公寓，增加市场供给，满足市场需求；

三是鼓励国有企业投资营运长租公寓，充分发挥国有企业的引导作用，推动长租公寓企业品牌化发展。

2. 完善财政、金融、税收政策，为长租公寓发展注入“新动能”

一是市政府设立长租公寓投资基金，重点支持专业化的品牌长租公寓企业发展；通过实施租赁住房货币化补贴、“住房券”等方式引导居民市场化租房。二是加快长租公寓金融创新，完善金融支持政策。银行等金融机构应设立长租公寓专项信贷资金，并给予贷款利率优惠或财政贴息；试点发行长租公寓信托基金、租赁收益资产证券，支持规模化的长租公寓企业发行公司债等金融政策，解决长租公寓企业融资问题。三是完善房屋租赁税收政策，降低长租公寓企业税负。按租金（出租租金-收房租金）差额部分作为企业缴纳增值税税基；租赁住房投资成本（或改造成本）、装修成本按一定年限进行摊销，实行企业所得税税前扣除，同时比照高新技术企业减按10%征收企业所得税；住房租赁企业缴纳的地方所得税50%返还给企业；住房租赁企业的房产税可按个人出租减按4%征收房产税。四是对住房租赁企业实行财政补贴政策，促进住房租赁业健康规范发展。对备案的住房租赁企业、进入住房租赁交易服务平台以及租赁合同备案的企业进行分类财政补贴，主要有：对存量租赁住房按租赁面积给予补贴；对“工改租、商改租”按平均改建成本的一定比例进行补贴；对存量住房给予装修、家居购置补贴；对自持型住房租赁企业按投资成本的一定比例给予补贴；同时，可设立出租住房室内环境检测、住房租赁企业绩效奖励等专项补贴。五是完善土地出让政策，对企业开发建设租赁住房的用地，应以土地租赁为主供给，降低企业投资成本。

3. 全面落实“商改住”“工改住”的支持政策

目前“商改住”“工改住”受到政策、消防制约较多，政府出台的相关配套支持政策难以落地，在很大程度上制约了长租公寓的发展。因此，政府应尽快制定“商改住”“工改住”的用地政策、规划变更政策、水电配套改“居”及产权政策，完善”N+1”政策等具体实施细则，明确职能部门的职责，尽快落实项目土地用途的调整及用水、用电、用气价格按照居民标准执行，明确消防验收要求与标准等。

（五）构建“高效、人本”的住房租赁管理协同机制

一是改变过去单纯以房管人（主要是流动人口管理）的管理模式，转变到“房、人并重，以人为本”上来。明确各相关部门职责，构建住房租赁管理、社区治理及社会治安管理联合协调机制。明确房地产主管部门牵头负责住房租赁管理，负责住房租赁政策制定、市场监管、行业管理等工作；公安部门负责租赁房屋治

安、消防及租赁人口、居住证管理等。二是按照“四级联动、属地管理、部门协同”的原则，建立“市区联动、以区为主、市—区—街道—社区”四位一体的住房租赁综合管理机制。市住房租赁管理部门主要负责住房租赁管理政策实施、住房租赁交易服务平台管理、指导监督全市住房租赁合同备案、制定和颁布全市住房租赁指导租金等工作；区住房租赁管理部门主要负责组织街道开展住房租赁备案、住房租赁行政处罚、调解住房租赁纠纷等工作；街道住房租赁管理部门具体负责住房租赁备案、统计调查住房租赁指导租金数据、住房租赁违法行为的上报等工作；社区住房租赁管理部门具体负责采集租赁房屋及承租人信息，协助落实住房租赁备案，巡查制止违法违规的住房租赁行为等工作。充分发挥社区组织作用，全面推行住房租赁网格化管理，全面实现“实有人口、实有房屋、实有法人、房屋出租”信息采集和管理任务，从源头上规范住房租赁管理，形成“政府—社区—房东（住房租赁企业）—物业服务公司”的协同管理模式。

（六）健全住房租赁行业自律机制，充分发挥行业自治组织作用

住房租赁行业组织对建立住房租赁行业诚信体系，维护公平、公正的住房租赁市场环境，规范市场行为和秩序，促进住房租赁市场具有不可替代的作用，应按照“组织机构是保障、行业规则是核心、信用体系是载体”的基本思路来构建住房租赁行业自律机制。通过健全住房租赁行业自律机制，发挥行业组织自我监督、自我约束作用，最终形成“政府监管、行业自律、社会监督”三位一体的住房租赁管理机制。

1. 完善住房租赁行业自律机制建设

建立健全住房租赁行业自律机制是规范管理的当务之急，行规行约（即自律机制）主要包括市场准入、从业人员管理、职业道德和执业行为准则、住房租赁行业标准及技术标准、自律惩戒制度、协调与解决争议办法等。

2. 加强住房租赁行业信用体系建设

住房租赁行业信用体系建设主要包括：一是构建住房租赁行业信用信息目录，制定住房租赁行业信用信息分类、内容和标准等。二是建立住房租赁行业信用信息共享平台。利用互联网、大数据技术，建立网络化信息系统，按照住房租赁信用信息目录内容和标准，全面及时地采集相关数据，并实现信息数据共享，以实现对住房租赁市场主体信用行为全面的动态监测监控。三是全面推进住房租赁企业信用等级评价，营造诚实守信的市场环境，引导企业诚信经营。四是构建住房租赁行业守信激励和失信惩戒机制，定期向社会公布“红黑榜”。守信激励和失信惩戒机制直接作用于市场主体信用行为，是社会信用体系运行的核心机制。对诚实守信的住房

租赁市场主体，给予表彰、宣传和授予相关荣誉等鼓励，同时在行业准入、市场推介、政务服务等方面予以“绿色通道”支持激励政策；对轻微失信的住房租赁市场主体列入重点关注名单，予以约谈、警示、行业内通报批评，督促企业自查自纠、自我整改；对严重失信的黑名单企业和个人，实行“黑名单制度和市场退出机制”，根据其失信类别和情节，采取公开谴责、劝退或限期整改、停业整顿、提请工商行政部门吊销营业执照等处罚，同时，对失信主体和失信行为予以公开披露和曝光。四是完善住房租赁行业市场主体信用档案。利用行业信用信息平台建立电子信用档案，将采集、归集的住房租赁企业信用信息，全部录入信用档案，并上传市住房租赁交易服务平台，为政府和社会提供信用信息服务。

（七）分类监控住房租赁行为，防范住房租赁风险

住房租赁市场发育和管理体制机制尚不成熟，面临许多难点和痛点，总体来看，存在着租赁住房安全风险、经营风险、市场风险、融资风险、政策风险等，如何防范住房租赁风险，是住房租赁规范健康发展的关键。

政府应根据住房租赁行为的特点、融资模式、经营模式，分类监控住房租赁风险点，构建住房租赁风险预警体系，建立健全住房安全、住房租赁市场、投融资、运营管理、租金管控和舆情风险防控管理机制，以促进住房租赁市场健康发展。从住房租赁市场整体分析，主要应关注住房年租金同比上涨（或下跌）率、租金环比上涨（或下跌）率、房租收入比、租售比、空置率、住房本体及装修安全性、媒体舆情等关键指标。

从住房租赁供给主体分析，应根据不同主体分类监控，各有侧重。住房租赁风险点及关键指标见表13。

表13　　**不同租赁主体风险点及关键指标**

	重资产租赁企业	轻资产租赁企业		散租市场
		集中式	分散式	
重点风险点	企业财务指标、企业租赁业务负债、租赁收益	企业财务指标、企业融资及负债、租赁收益	企业财务指标、企业融资及负债、高价收房低价出租	合同是否备案、房屋及消防设施是否完备、是否存在“群租”
关注的关键指标	企业信用等级、资产负债比率、年投资收益率	企业信用等级、出租率、租赁金融杠杆、“租金贷”比率	企业信用等级、出租率、租赁金融杠杆、经营毛利润	租金上涨率、人均租住面积
共同关注点	年租金同比上涨率、租金环比上涨率、房租收入比、租售比、空置率、住房本体及装修安全性、媒体舆情等			

重资产集中式住房租赁一次性投入大，融资方式多元化，一般来说，盈利能力较轻资产住房租赁强。监控的重点是：租赁企业信用评价等级、资产负债比率、流动比率、到期债务本息偿付比率、年投资收益率、经营利润增长率等。

而轻资产住房租赁企业经营方式主要是赚取租金差价（即包租转租模式），由长租公寓企业承担房屋装修改造费用和空置期损失，依靠房东端和租客端的租金价差盈利，包租成本和改造装修成本较高，其盈利能力较弱，若当期现金流不能满足运营成本，经营就会出现问题。特别是分散式长租公寓企业，其利用“租金交付时间差”，或利用“租金贷”的时间差，形成资金池，继而盲目扩张市场，更有一些企业将住房租赁业务“金融化”，以金融杠杆为经营模式，以期获得风险投资或被资本收购。2017—2019 年，倒闭的长租公寓 23 家，大都是因资金链断裂所致。因此，轻资产长租公寓是监管的重点。轻资产住房租赁企业关注的重点是：企业信用等级、住房出租率、租赁金融杠杆。除此之外，集中式长租公寓还应关注“租金贷”占比指标，分散式长租公寓应关注经营毛利润指标。

另外，私人住房租赁市场由于缺乏监管，违规群租、违法出租、乱涨房租、随意解除租赁合同等现象较为突出，承租人的权益难以得到保障，容易引发社会安全隐患。因此，应加强住房租赁散租市场管理，主要关注合同是否备案，房屋及消防设施是否完备，是否存在“群租”等问题。

（八）建立住房租赁舆情监测、引导和防控机制

1. 建立有效的舆情监测分析和预报机制

应运用信息科学技术、互联网技术、统计学及数据挖掘技术等，从海量的网络信息中抓取热点、焦点、敏感话题，了解网络媒体特别是自媒体发布的信息情况，识别、分析传播者和受众特征，掌握受众情绪特点、覆盖面及媒体关注程度等情况，分析舆情变化趋势，及时进行分析研判舆情。同时，建立健全网络舆情监测报告机制，完善全天候、立体式网络舆情监控体系，及时发现网络舆情，对有可能发酵为重大舆情的应及时上报，为处置舆情提供决策支持。

2. 建立健全网络舆情预警与引导机制

为实现对突发网络舆情的有效控制，应制定舆情处置预案。舆情发生后，对网络舆论蕴含的感情、态度、观点、立场进行分析，及时跟踪、分析研判舆情性质，及时发布不同舆情等级的预警信息，并启动处置预案，控制舆情传播。同时，建立网络舆情引导机制，一是充分发挥主流媒体的正面引导作用。当舆情发生时，通过主流媒体的影响，发布权威的信息，引导“自媒体、网络媒体”传播正确观点。二是利用房地产主管部门官方网站，搭建民意网络沟通渠道，主动“推送”发布

权威公告、政务信息、政策解读等信息；与网民进行交流，接受网民咨询，听取和采纳网民建议和意见。三是积极与房地产大V建立沟通和合作长效机制，充分发挥其舆论引导作用。

3. 建立健全网络舆情应对处置机制

一是建立网络舆情应对联动机制。建立房地产管理部门、公安部门、市场监管、工商、新闻管理、宣传部门等协作与联动机制，形成处置合力。二是建立舆情信息反馈机制，针对公众所关心的热点、敏感问题，第一时间及时权威回应。三是建立突发舆情快速决策机制。当舆情发生时，管理部门应根据舆情发生的原因、性质等，建立组织有力、统一高效的应急处置机制，抓住处置最佳时机果断处置；对发布虚假及违法违规网络信息的，依法进行查处。

（九）构建突发事件应急处置机制，提高风险防范治理能力

若住房租赁领域的社会风险处置不及时或处置不当，就有可能引发社会危机，危及社会安全和社会稳定。因此，对住房租赁风险防范要“有备无患”，针对住房租赁风险突发事件，应建立应急预案，提高化解住房租赁社会风险的能力。

1. 建立和完善住房租赁安全风险排查机制

一是坚持问题导向，对住房租赁社会风险实行日常排查，如对“高收低租”“长收短付”“加杠杆盲目扩张”“拖欠房东房租”等行为加强日常防范；二是建立健全住房租赁风险研判机制和决策风险评估机制，对住房租赁风险可能导致的社会稳定和社会安全风险进行科学的评估，切实解决住房租赁风险的突出矛盾和问题。

2. 构建突发事件应急处置机制，做好住房租赁风险突发事件应急和善后处置预案

管理部门应建立反应灵敏、部门联合、上下联动的应急处置机制，提高防范风险治理能力。一是若住房租赁风险发生后，应成立应对突发事件的领导小组，由房地产管理部门牵头，联合公安、市场监管、金融等部门，及时解决突出问题和回应社会关切，及时掌握住房租赁危机信息，登记受害人的基本情况、租赁期限及损失情况，及时研判，快速响应，将灾情控制在有限的范围内，防止进一步扩散，最大程度减轻住房租赁危机带来的损失。二是对涉事企业及当事人进行严格管控，可联合公安、金融等部门对涉事企业进行资产查封、账户冻结等司法措施；联合公安、边防等部门对涉事企业法人及高管实行边控，防止涉案的人员借出境之机逃避司法机关的打击。三是对事件进行善后处置。采取措施防止受害人过激行为发生，引导

受害人依法维权；协调涉事企业、受害人（承租人、原房东）解决矛盾和纠纷，积极寻求第三方租赁企业承接相关租赁业务，协助受害人（承租人、原房东）与承接方进行合同转签业务，也可由原房东与承租人双方协商续签合同或解除合同。协助受害人通过法律途径维权，依法追究涉事企业因不能履约而产生的违约、赔偿损失甚至刑事等法律责任。

政府购买公租房运营管理服务定价模型及动态调整机制研究

武汉市住房保障和房屋管理局住房保障管理处
武汉市住房保障管理中心
武汉市尚贤顾问有限公司

课题负责人：周　健　武汉市住房保障管理中心主任（副局级）
课题组成员：谢诗伟　陈祥林　张晓罡　古小莉　张志斌
涂　姗　童　晶　黄　巍　胡玉玲　冯荟竹
朱　琳　张　宽　罗惠月　邵鹏程
课 题 顾 问：梅建明
课 题 统 稿：张　宽　涂　姗

一、引　　言

随着公共租赁住房（以下简称“公租房”）的大规模建成和交付使用，公租房后期运营管理将成为这一保障性住房政策能否取得成效的关键。住建部住房保障司副司长刘霞曾在住房保障工作座谈会上指出：“当前我国公租房大规模建设时期已基本结束，住房保障工作将由建设为主转变为管理为主。”① 然而，在公租房后期运营管理中一些难题还亟须解决，比如部分公租房出现违规转租、住户拒不腾退或拒不支付租金、专业人员不足、服务水平不高等问题。

解决上述问题，提高公租房管理水平，政府购买服务便是良策之一。规模化建设和分配公租房，是政府责任所在，但差异化管理公租房，对专业程度要求高，更适合市场主体来做。通过购买服务，政府可以尝试构建一个良性的公租房运营管理机制，让足够多的市场主体来竞争上岗，从而不断升级服务品质。基于此，2018 年 9 月，住房城乡建设部、财政部发布了《关于印发推行政府购买公租房运营管理服务试点方案的通知》，确定在湖北等 8 个省（自治区）开展政府购买公租房运营管理服务试点。

随着公租房运营管理服务的市场化，合理的政府购买服务定价不仅可以提高公租房运营管理服务供给效率和财政资金的使用效率，还可以达到维护社会公平，实现国家治理能力和治理体系现代化的目的。但目前有关政府向社会力量购买公租房运营管理等公共服务定价机制方面的研究较少，没有较为成熟的经验。从已有研究看，沈俊（2017）从参与民主化和定价市场化的角度针对我国政府购买公共服务定价中存在的供给方参与渠道窄和政府定价市场化程度低两个主要问题提出了相应建议。许源（2015）建议从建立定价参与机制、合理测算成本、调整价格结构、分类购买服务等方面完善政府购买服务定价机制。李洁（2017）以购买道路清扫保洁服务为例，基于标准成本模型对政府购买环卫服务进行了定价策略研究。张荣馨等（2016）以购买专业知识型服务为例，基于成本核算对政府购买基础教育服务进行了定价方法的研究。无锡市财政局课题研究组（2012）提出在成本核算当中，应该结合当地物价水平、居民收入状况、财政支付能力等各项因素进行综合定价并提出定价原则和四种具体定价方法。崔军等（2016）认为政府购买服务定价的关键是准确核算承接主体承接并提供服务的成本。现有文献在政府购买服务的定价原则、方法等层面取得了一定的成果，同时认为政府购买服务以成本的精确核算

① https：//mvp. leju. com/article/6458190324199676012. html。

为核心，但大都从某一角度进行理论探讨，并未结合各种公共服务本身的具体特征深入探索政府购买公共服务的定价机理，实用性稍显不足，而政府购买公共服务的定价应综合考虑所购服务的成本构成、物价指数、行业利润水平等因素，形成一个动态性价格。

因此，在国家试点、现实管理需要的背景下，研究政府购买公租房运营管理服务定价问题，探究其中的定价机理并构建相应定价模型及动态调整机制，不仅有利于规范公租房市场运行并提高公租房运营管理效率，也可以为政府购买服务的定价提供一定的借鉴意义，以弥补现有研究的不足，因而具有重要的理论及实践意义。

二、武汉市中心城区公租房运营管理现状分析

（一）公租房运营管理规模分析

1. 各区总体房源情况

根据对武汉市 7 个中心城区的公租房运营机构的调研，其房源管辖情况如图 1 所示。

从图中可以看出，各区公租房运营管理机构的运营管理规模呈现增长态势，少数机构的管理规模较为稳定。但各区间管理规模存在着较大的差异，其中房源量较大的区为硚口区，管辖量最少的区为房源最为分散的武昌区，而在公租房运营单个项目中房源量较大的为硚口区的华生城市广场四期的 6000 套房源和青山区青和居的 5235 套房源。

2. 各区房源分布情况

由于目前武汉市公租房整体房源通过政府自建、商品房配建、向社会收购、租赁等方式筹集，因而存在集中式和分散式房屋。显然，分散式房屋由于间隔距离大、房屋老旧等原因造成管理难度大、成本较高，因此还需要具体区分各区内分散式和集中式房源量的大小，从而把握好各区之间的差异，以保证后续研究能够兼顾各区之间的差异。针对本次课题研究，我们走访了武汉市七个中心城区的公租房运营管理机构，并向各机构发放两次调查问卷。本次课题调研累计统计到 94 个公租房小区（项目）的信息，其房源分布情况如表 1 所示：

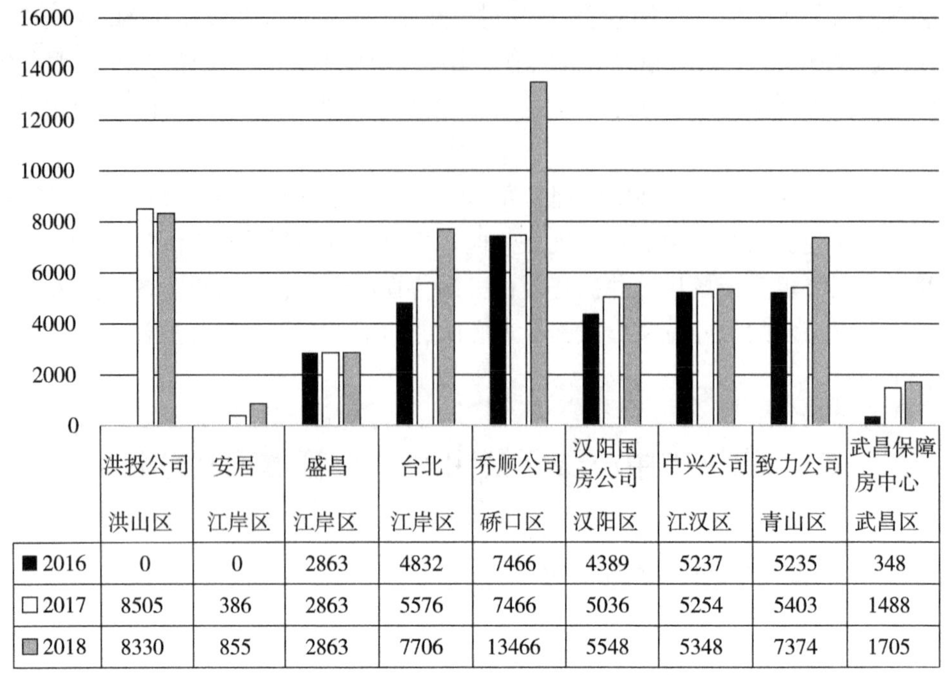

■2016 □2017 ■2018

图 1　2016—2018 年武汉市中心城区公租房运营机构房源管辖情况（单位：套）

数据来源：根据武汉市中心城区各运营机构填列的数据计算

表 1　　**2018 年武汉市中心城区中 94 个项目的房源情况统计（单位：个）**

房源量区间	小区量	占比	累计占比	房源量区间	房源量	占比	累计占比
≤50	23	24.47%	24.47%	≤50	499	0.93%	0.93%
51～100	13	13.83%	38.30%	50～100	957	1.78%	2.71%
101～200	19	20.21%	58.51%	101～200	2841	5.28%	7.99%
201～300	7	7.45%	65.96%	201～300	1612	3.00%	10.99%
301～400	6	6.38%	72.34%	301～400	2081	3.87%	14.86%
401～500	2	2.13%	74.47%	401～500	864	1.61%	16.47%
501～600	2	2.13%	76.60%	501～600	1158	2.15%	18.62%
601～700	2	2.13%	78.72%	601～700	1276	2.37%	21.00%
701～800	1	1.06%	79.79%	701～800	744	1.38%	22.38%
801～900	3	3.19%	82.98%	801～900	2618	4.87%	27.25%
901～1000	1	1.06%	84.04%	901～1000	936	1.74%	28.99%

续表

房源量区间	小区量	占比	累计占比	房源量区间	房源量	占比	累计占比
1001～1500	4	4.26%	88.30%	1001～1500	4569	8.50%	37.49%
1501～2000	2	2.13%	90.43%	1501～2000	3798	7.06%	44.55%
2001～2500	4	4.26%	94.68%	2001～2500	8574	15.95%	60.50%
2501～3000	1	1.06%	95.74%	2501～3000	2669	4.96%	65.46%
3001～4000	2	2.13%	97.87%	3001～4000	7334	13.64%	79.10%
4001～5500	1	1.06%	98.94%	4001～5500	5235	9.74%	88.84%
5501～6000	1	1.06%	100.00%	5501～6000	6000	11.16%	100.00%

数据来源：根据各区调研问卷汇总计算

（注：占比数据由小区量/总的小区量、区间内房源/总体房源量所得）

从表1可以看出，94个项目中，200套及以下的小区数量共计55个，占总项目数的59%，其中50套以下的零星房源的项目就有23个，且这些房源较为分散，管理难度相对较大。对于200套以上的房源，总的小区量占比为41%，明显低于200套以下房源的小区量。因此，研究团队认为将200套及以下房源确定为分散型，200套以上确定为集中型的划分是合理的。

根据武汉市房管局2014年公布的200套以上集中式公租房和200套以下分散式公租房的设定标准，各区之间集中式、分散式房源占比如表2和图2所示：

表2　**2018年武汉市中心城区公租房运营机构管辖房源分布情况**

区域	江岸			洪山	硚口	武昌	江汉	青山	汉阳
运营机构名称	安居运营站	盛昌运营站	台北运营站	洪投公司	乔顺公司	武昌保障房中心	中兴公司	致力公司	汉阳国房公司
房源量(套)	855	2863	7706	8330	13466	1705	5348	7374	5548
分散式200套以下房源占比	4.09%	6.78%	7.29%	8.59%	4.61%	42.92%	5.06%	2.28%	14.98%
集中式200套以上房源占比	95.91%	93.22%	92.71%	91.41%	95.39%	57.08%	94.94%	97.72%	85.02%

数据来源：根据各区调研问卷汇总计算

（注：占比数据由所属类别房源量/机构管辖房源总量所得）

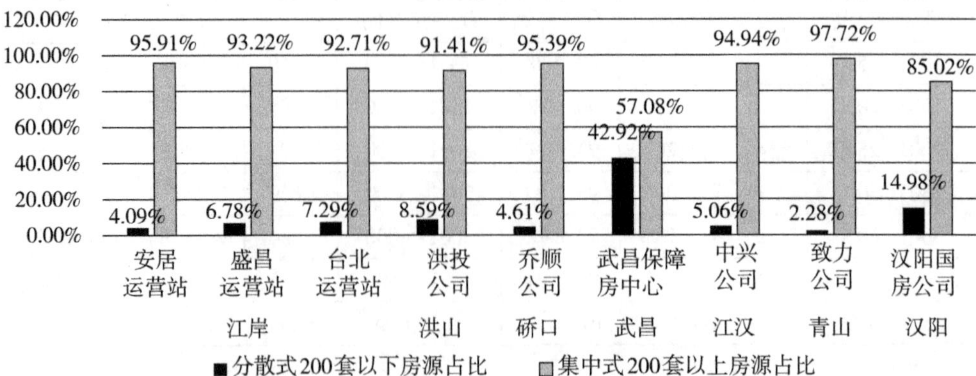

图 2　2018 年武汉市中心城区公租房运营机构管辖的集中式、分散式房源对比

根据图 2 各区的横向对比可以发现，武昌区房源分散情况较为突出，占比达到了 42. 92%，而其余各区/机构的情况基本相似，集中型房源量占比基本在 85%以上，其中集中性程度最高的为青山区。因此，从这一对比可知，对于分散型房源的公租房运营管理服务费的测算应更多地参考武昌区的实际情况，而对于集中型房源的公租房运营管理费的测算则应当根据其余各区（机构）间的平均水平进行测算。

（二）公租房运营管理模式分析

武汉市中心城区的运营机构性质除 2019 年 2 月确定的武汉东湖高地物业管理有限公司为私企外，其余均为国企或事业单位背景，具体如表 3 所示：

表 3　**2019 年武汉市中心城区各运营机构性质**

区域	运营管理机构名称
江岸	江岸区国有资产经营管理有限公司（国企）
武昌	武昌区房地产公司保障性运营中心（国企） 武汉东湖高地物业管理有限公司（私企）
汉阳	汉阳国有房产经营管理公司（国企）
青山	青山致力运营有限公司（国企）
洪山	武汉洪投保障房运营有限公司（国企）
硚口	武汉市乔顺保障房运营管理有限公司（国企）
江汉	武汉中兴保障性住房运营有限公司（国企）

资料来源：武汉市房管局提供

表3中的公租房运营管理机构绝大多数为国企，多数是由各房产集团成立的专门承担公租房运营管理服务的子公司；有的机构是事业化编制，企业化管理，如武昌区房地产公司保障性运营中心。

国企运营公租房的优势在于社会责任意识更强，更符合公租房的社会保障属性，承担运营风险的能力更强，但从企业逐利的角度看，一方面，若长期收不抵支，即使国企可以兜底也会难以为继，无法保证运营效率；另一方面，长期以国企运营为主的模式带来的低竞争不利于效率提高，有违政府购买服务促进效率提高的初衷。

（三）公租房运营管理服务成本状况分析

1. 公租房运营机构收支状况

根据对武汉市中心城区的调研，目前的运营管理服务费仍然参照2014年制定的费用标准，因而在参考价格标准一直未变而公租房运营成本不断上涨的矛盾下，不少运营机构已经出现了亏损情况，几乎不存在利润空间。武汉市七个中心城区共涉及九个公租房运营机构的收支状况，具体如表4所示：

表4 **2015—2018年武汉市中心城区公租房运营管理服务机构盈亏状况（单位：元）**

机构名称	收支类别	2015	2016	2017	2018
洪山 洪投公司	运营收入	—	146231.61	4750845.26	5861705.76
	运营支出	—	143933.34	5358424.73	6466605.22
	盈亏水平	—	2298.27	-607579.47	-604899.46
江岸 安居运营站	运营收入	—	—	112048	473992.8
	运营支出	—	—	553119.96	1506993.79
	盈亏水平	—	—	-441071.96	-1033000.99
江岸 盛昌运营站	运营收入	1290573.27	1720764.36	1720764.36	1720764.36
	运营支出	1031912.52	1824170.2	1980714.68	1986796.62
	盈亏水平	258660.75	-103405.84	-259950.32	-266032.26
江岸 台北运营站	运营收入	—	2880000	3200000	3260000
	运营支出	—	2880000	3200000	4960000
	盈亏水平	—	0	0	-1700000

续表

机构名称	收支类别	2015	2016	2017	2018
江汉 中兴公司	运营收入	3150565	3754291	4668336	4835751. 12
	运营支出	1832016. 41	3504930. 74	4452376. 45	4632102. 92
	盈亏水平	1318548. 59	249360. 26	215959. 55	203648. 2
汉阳 汉阳国房公司	运营收入	—	113733	448303	901682
	运营支出	—	58940	175437	564229
	盈亏水平	—	54793	272866	337453
青山 致力公司	运营收入	38415. 98	1434205. 62	1892093. 71	2396980. 43
	运营支出	627657. 42	1294154. 38	1593842. 23	2432375. 25
	盈亏水平	-589241. 44	140051. 24	298251. 48	-35394. 82
硚口 乔顺公司	运营收入	—	2874824. 27	6484150. 12	7375893. 36
	运营支出	—	1375913. 31	3967129. 01	5752800. 24
	盈亏水平	—	1498910. 96	2517021. 11	1623093. 12
武昌 武昌保障房中心	运营收入	1295438. 22	2081862. 13	1076948. 98	1696388
	运营支出	1850327. 95	1873878. 01	1410631. 9	1368967. 12
	盈亏水平	-554889. 73	207984. 12	-333682. 92	327420. 88

数据来源：根据武汉市七个中心城区的调研数据汇总

（注：由于硚口区硚顺公司于 2016 年 10 月才开始接管，2016—2017 两年内人手不足，运营成本较低，数据不足以作为研究依据。）

根据表 4，2015 年以来各区运营机构虽然随着房源的增加收入会呈现增加趋势，但实际单位收益未变，而成本的增速明显快于收入，因而各运营机构基本出现了亏损状况。此外，虽有一些账面上未呈现亏损的机构，但据调研了解，一方面像汉阳国房公司其内部员工基本为事业编制，工资并不靠运营管理费下发，从而使账面出现较大盈余；另一方面部分机构实际是为达到母公司的盈利目标，通过压缩人员编制、财务处理手段等来实现“账面利润”，实际运营情况则不容乐观。

2. 公租房运营管理成本分析

（1）总成本变化趋势

根据对武汉市中心城区各公租房运营机构的调研，其 2016—2018 年的运营总成本数据对比及走势如图 3 所示。

从图 3 可以发现，近三年各运营机构的总运营成本基本保持上升趋势，除了房

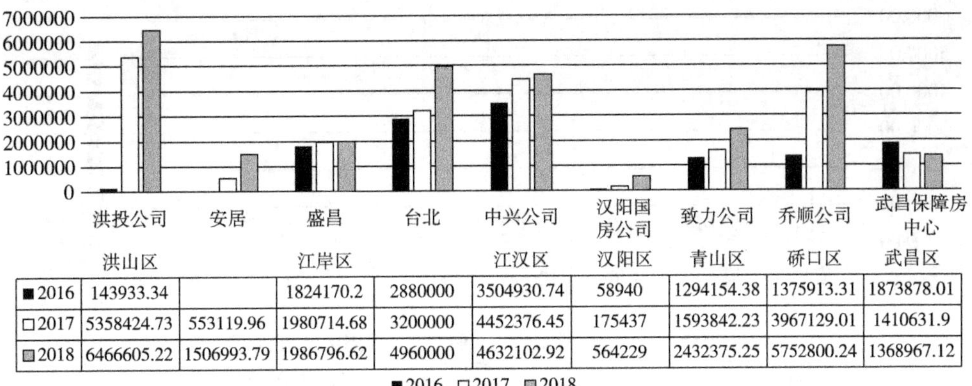

	洪投公司	安居	盛昌	台北	中兴公司	汉阳国房公司	致力公司	乔顺公司	武昌保障房中心
	洪山区		江岸区		江汉区	汉阳区	青山区	硚口区	武昌区
■2016	143933.34		1824170.2	2880000	3504930.74	58940	1294154.38	1375913.31	1873878.01
□2017	5358424.73	553119.96	1980714.68	3200000	4452376.45	175437	1593842.23	3967129.01	1410631.9
▩2018	6466605.22	1506993.79	1986796.62	4960000	4632102.92	564229	2432375.25	5752800.24	1368967.12

图 3　2016—2018 年武汉市中心城区各运营机构总成本变化（单位：元）

数据来源：根据武汉市七个中心城区的调研数据汇总

源增加会导致总成本陡增外，其增长趋势较为稳定，没出现较大变动。

从各区之间的横向对比看，运营总成本的大小主要与管辖房源规模相关，房源量较大的机构的总成本较大。较为特殊的是汉阳区，其运营总成本低的原因在于汉阳国房公司实际属于事业单位性质，内部员工多为事业编制人员，工资拨付靠区财政而非运营管理费，且其他一些开支均通过汉阳区房管局进行拨付。

（2）每套房运营管理服务平均成本变化趋势

通过各区公租房运营管理机构服务每套房的平均成本可以分析公租房运营管理成本的变动趋势。计算公式为：

平均每套房的成本＝当年运营管理服务总支出/当年管理公租房数量

各区运营机构每年每套房的平均成本具体情况见图 4。

通过图 4 可以看出，2016—2018 年间，对于洪山、江汉、江岸等运营规模相对稳定的区，其公租房运营机构每套房的平均成本呈现出相对稳定的增长趋势，符合经济发展的客观规律。但个别区/机构的成本波动较为异常，这一方面是由于房源规模变动引起公租房运营成本变动；另一方面是由于目前的公租房运营费用标准不足以覆盖其运营成本，导致运营机构压缩成本支出，造成平均成本有下降之势的“假象”。

（3）成本构成状况

进一步分析各机构公租房运营总成本构成有助于把握对其定价的重点。在公租房运营管理的成本中主要包括人工成本、行政办公成本、材料耗用成本、税费、保险费、维修成本、腾退清理费用、诉讼费用等。为便于后述分析，将行政办公成本、材料耗用成本、税费、保险费等在公租房运营管理过程中经常性发生的成本统

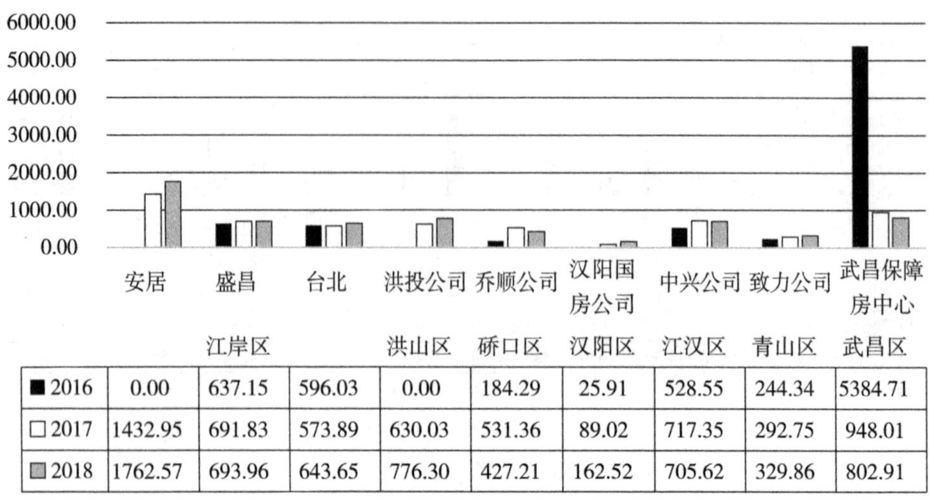

	安居	盛昌 江岸区	台北	洪投公司 洪山区	乔顺公司 硚口区	汉阳国房公司 汉阳区	中兴公司 江汉区	致力公司 青山区	武昌保障房中心 武昌区
■2016	0.00	637.15	596.03	0.00	184.29	25.91	528.55	244.34	5384.71
□2017	1432.95	691.83	573.89	630.03	531.36	89.02	717.35	292.75	948.01
▥2018	1762.57	693.96	643.65	776.30	427.21	162.52	705.62	329.86	802.91

■2016　□2017　▥2018

图 4　2016—2018 年武汉市中心城区各运营机构平均每套房管理成本图（单位：元/年）

称为行政办公运营成本；将腾退清理费用、诉讼费用等归结为不可预见费用。

其具体构成如图 5 所示。从图 5 可知，各运营机构的成本中人工成本在总成本中占比最大，行政办公运营成本和维修成本次之，最低为腾退等不可预见费用。从人工成本在总成本中的占比看，各机构数据差异较大，但大部分机构保持在 55%～60%。从行政办公运营成本和维修成本的占比看，除了洪山区和江岸区的安居运营站较为特殊外，其余机构两者累计占比达到 35%～45%。对于一些接管时间较短的机构，行政办公运营成本在总成本中占比大于维修成本，达到 25%～30%，但随着近几年部分房源维修频率上升，维修成本占比有超过行政办公运营成本之势。对于房源较为老旧的运营机构，维修成本在总成本中的占比要达到 20%～25%。最后不可预见费用占比并不高，主要原因在于诉讼及腾退清理等不可预测事项，前期未在运营管理服务价格预算中单独列支，以至各机构未能完整统计不可预测事项的具体发生情况。

（4）人工成本

A. 各区间人员数量及近三年变动趋势比较

从人员数量安排上来看，自 2016 年到 2018 年，由于各中心城区的公租房管理规模逐渐扩大，江岸区、青山区、硚口区、武昌区、汉阳区、洪山区的人员数量呈现出递增的趋势。由于受运营经费不足的限制，江汉区通过压缩人员编制来削减成本，所以江汉区的人员数量呈现出递减趋势（表 5、图 6）。

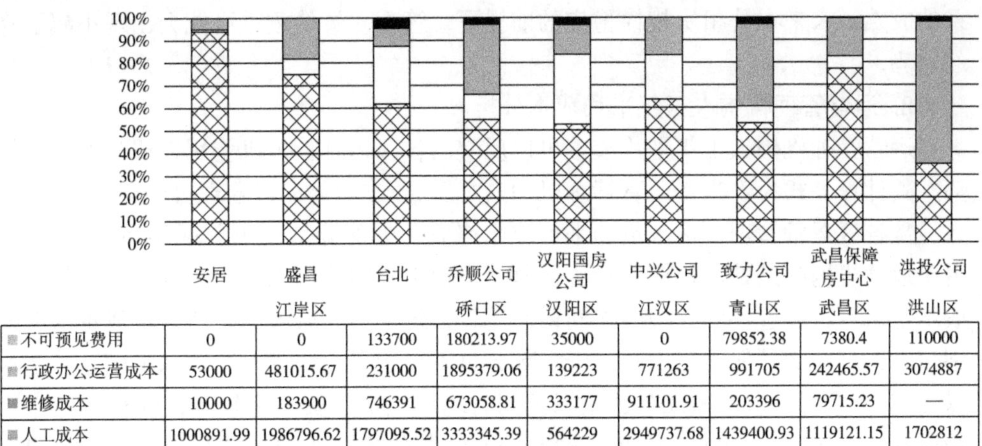

	安居	盛昌 江岸区	台北	乔顺公司 硚口区	汉阳国房公司 汉阳区	中兴公司 江汉区	致力公司 青山区	武昌保障房中心 武昌区	洪投公司 洪山区
不可预见费用	0	0	133700	180213.97	35000	0	79852.38	7380.4	110000
行政办公运营成本	53000	481015.67	231000	1895379.06	139223	771263	991705	242465.57	3074887
维修成本	10000	183900	746391	673058.81	333177	911101.91	203396	79715.23	—
人工成本	1000891.99	1986796.62	1797095.52	3333345.39	564229	2949737.68	1439400.93	1119121.15	1702812

图 5　2018 年武汉市中心城区公租房运营机构成本构成情况（单位：元）

数据来源：根据武汉市七个中心城区的调研数据汇总

注：2018 年，洪山区公租房维修采取公开招投标方式选定专业机构负责其所有 8330 套的整体计划维修事项，总成交价为 1350 万元，因此课题组无法确定具体年度的维修成本。

表 5　**各中心城区 2016—2018 年公租房运营管理人员数量统计情况**

	年份	江岸	青山	硚口	武昌	汉阳	洪山	江汉
人员数量（人）	2016	44	21	23	9	—	—	37
	2017	64	28	42	10	16	24	27
	2018	86	34	49	11	16	33	25

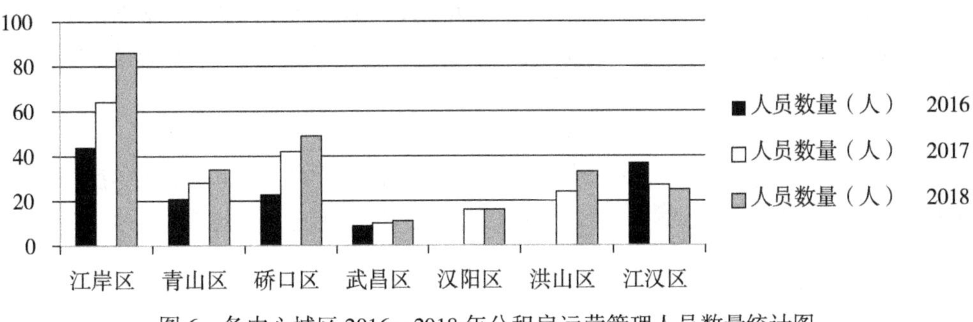

图 6　各中心城区 2016—2018 年公租房运营管理人员数量统计图

综合来看，各中心城区公租房运营管理过程中，在公租房运营达到稳定之前，人员数量会随着管理规模的扩大而增加，随着市场化管理经验的丰富和运营管理体系的成熟，未来在公租房规模稳定的前提下，管理人员的数量可能会出现小幅下降的趋势。

B. 运营管理机构人工年平均成本分析

运营管理机构人工年平均成本可以反映出各区运营管理机构用人成本的变动趋势。其计算公式为：当年运营管理机构人工总成本/当年运营管理机构总人数

从各区运营管理机构人员的平均成本来看，大部分呈现出了逐年递增的态势，由于运营机构都是处于初期接管，运营并不稳定，因此人工成本波动较大。从人均成本上来看，通过各中心城区之间横向比较，每个中心城区的整体人均成本水平差别较大，其中武昌保障房中心由于大部分员工属于事业编制，工资水平较高，基本保持在 11 万元左右，而江汉区中兴公司管理层人员工资水平较高，使得近两年人均成本在每年 10 万元左右，处于较高水平，其他各中心城区的每年人均成本都在 7 万元以下。从各中心城区人工成本趋势来看，2016—2018 年，青山区、硚口区、汉阳区、洪山区、江汉区的人均成本每年递增，江岸区的人均成本增减不稳定，武昌区的人均成本呈现出递减的趋势，但是仍然维持在较高水平（表 6、图 7）。

表 6 **2016—2018 年各中心城区公租房运营管理人均成本统计情况**

	年份	江岸	青山	硚口	武昌	汉阳	洪山	江汉	平均值
人均成本（元）	2016	76255	36066	10486	121443	—	—	65110	74719
	2017	65193	36457	42810	109774	10965	47402	94691	66055
	2018	72939	42335	68027	101738	35264	51600	117990	69985

注：2016 年平均值的计算未包含硚口区的数据，原因在于 2016 年硚口区乔顺公司处于成立初期，只有 2016 年 10—12 月的财务数据，人员配比严重不足，且 2016 年人工成本中未计入集团公司借调领导（3 名）的薪资费用，故公司 2016 年人工成本较低，不能将此数据作为调研课题的数据依据。2017 年平均值的计算均未包含汉阳区的数据，原因在于汉阳区数据只包括少数外聘人员工资，存在局限性，故不纳入平均值。

人工成本的高低一方面受社会平均工资增长率的影响，另一方面也与运营公司的管理模式有关。随着公租房运营管理市场化进程的推进，人均成本会呈现稳定增长的趋势。

（5）维修成本

A. 维修频率

武汉市中心城区 2016—2018 年的维修频率（维修频率计算公式：当年实际维修房源量/当年实际管辖房源量）如表 7 所示。根据表 7，从时间序列上看，随着

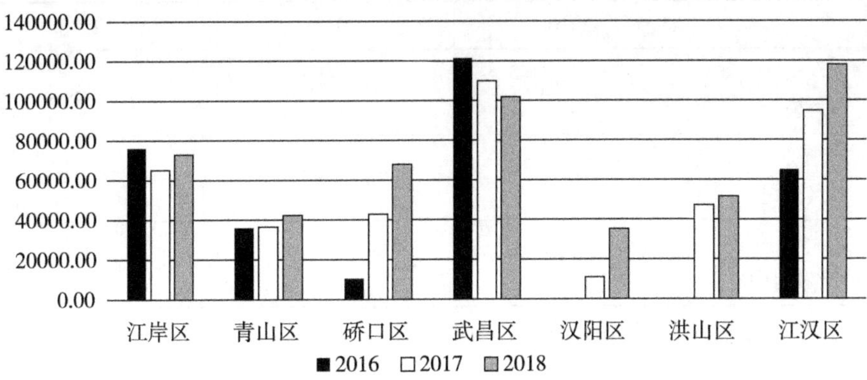

图 7 2016—2018 年各中心城区公租房运营管理人均成本统计图（单位：元）

公租房质保到期，各区总体的维修频率开始攀升，并且各区间的维修频率由于房源年限、维修事项等原因存在较大差异，这说明难以从平均水平的角度兼顾各区情况。以 2018 年为例，最低的洪山区的维修频率为 1.81%，最高为江岸区安居的 85.96%，造成这一差异的主要原因在于洪山区公租房维修事项采取外包方式，由专业机构进行维修，而安居较高的维修频率则由单套房屋维修多次等原因造成。

表 7 **2016—2018 年中心城区各运营机构公租房室内维修频率**

	2016	2017	2018
洪山 洪投公司	—	—	1.81%
江岸 安居运营站	—	—	85.96%
江岸 盛昌运营站	9.98%	8.69%	5.09%
江岸 台北运营站	3.42%	8.86%	13.17%
硚口 乔顺公司	—	—	8.37%
汉阳 汉阳国房公司	—	22.44%	33.62%

续表

	2016	2017	2018
青山 致力公司	—	—	41.64%
江汉 中兴公司	4.43%	57.15%	76.24%
武昌 武昌保障房中心	1.42%	3.70%	10.83%

数据来源：根据中心城区调研问卷汇总计算

B. 维修总成本及平均成本

根据武汉市中心城区填列的调研问卷，汇总得到表 8 中各机构的维修成本状况（单套维修平均成本计算公式：当年维修总支出/当年维修量）。

根据表 8，将各机构近三年的维修总成本作时间序列对比可以发现，总体上各机构由于所管辖的公租房数量逐渐增加、公租房过质保期，以及随着时间的推移房屋老化等原因导致的维修量上涨使得维修总支出有上升趋势，这符合目前公租房维修频率有所上升的现状（图 8）。

表 8　　武汉市中心城区各运营管理机构维修成本状况（单位：元）

机构名称	2015		2016		2017		2018	
	维修成本	平均每套成本	维修成本	平均每套成本	维修成本	平均每套成本	维修成本	平均每套成本
江岸 盛昌运营站	130000	1780.82	297000	1038.46	361100	1450.20	183900	1259.59
江岸 台北运营站	—	—	930000	1003.24	1870000	918.92	2200000	1060.75
硚口 乔顺公司	—	—	528561.62	802.07	697777.42	595.88	673058.81	597.21
汉阳 汉阳国房公司	—	—	—	—	408290	384.82	333177	209.55

续表

机构名称	2015		2016		2017		2018	
	维修成本	平均每套成本	维修成本	平均每套成本	维修成本	平均每套成本	维修成本	平均每套成本
江汉 中兴公司	—	—	84399. 36	2722. 56	906477. 34	333. 75	911101. 91	223. 53
武昌 武昌保障房中心	15745. 94	2624. 32	24004. 1	2000. 34	44052. 88	2936. 86	79715. 23	2097. 77

数据来源：根据中心城区调研数据计算

（注：由于维修成本及后续费用的测算选取的是公租房过质保期后的实际维修数据，而青山区致力公司管辖房源部分尚在质保期内，未作具体区分，故表8未列示青山致力公司的维修成本状况。）

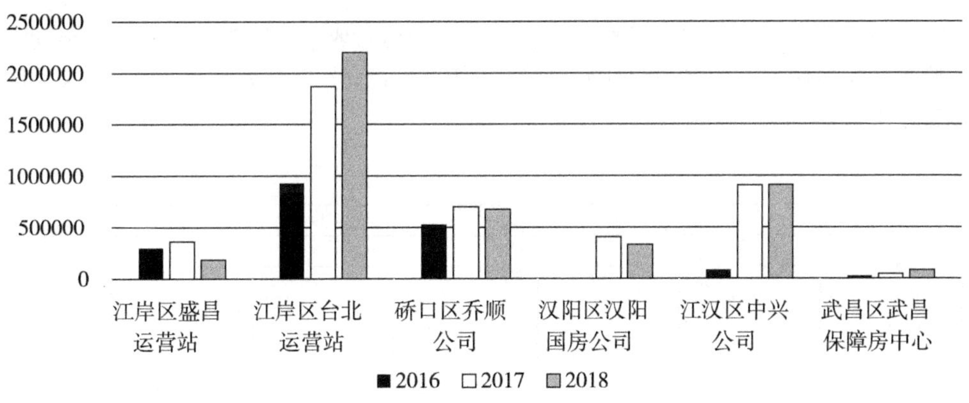

图8　各运营机构维修总成本走势（单位：元）

进一步地，将各机构的单套房屋维修成本进行对比，如图9所示。

从图9的对比可以发现，首先，除江汉区外各机构内部各年间的维修平均成本变动较小，因为维修事项等差异不大，而江汉区之所以维修平均成本变动较大是因为中城时代项目2017年开始过质保期，目前均是一些较小的维修事项从而拉低了江汉区的总体水平，若剔除中城时代项目，江汉区的平均维修成本仍达到2735. 88元/套。其次，从各机构之间的横向对比看，不同机构管辖的房源维修平均成本差异较大，主要原因在于各区房源老旧程度不同，具体的维修事项存在差异，有的以室内粉刷、治漏防水等大修为主，有的则以室内易耗品更换为主。

（6）行政办公运营成本

武汉市中心城区各公租房运营机构近三年行政办公运营成本如图10所示。从

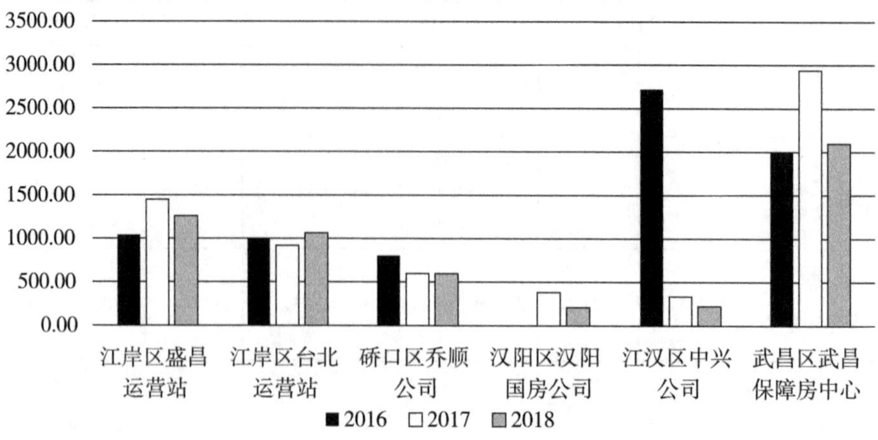

图 9 各运营机构维修平均成本对比（单位：元/套）

时间序列上看，当公租房运营稳定后，行政办公运营成本会因为折旧等原因出现下降趋势。从各区之间的横向对比看，除洪山区这一部分成本较大外，其余各区之间差异较小。

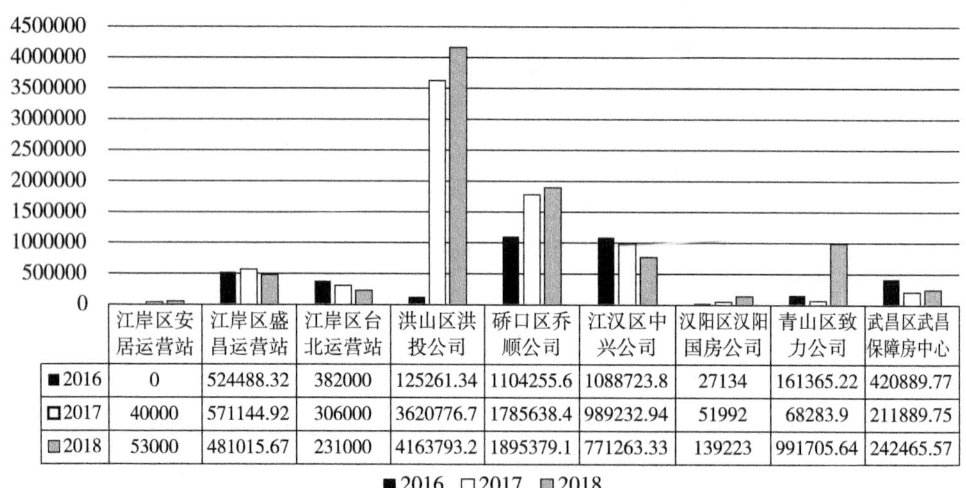

	江岸区安居运营站	江岸区盛昌运营站	江岸区台北运营站	洪山区洪投公司	硚口区乔顺公司	江汉区中兴公司	汉阳区汉阳国房公司	青山区致力公司	武昌区武昌保障房中心
■2016	0	524488.32	382000	125261.34	1104255.6	1088723.8	27134	161365.22	420889.77
□2017	40000	571144.92	306000	3620776.7	1785638.4	989232.94	51992	68283.9	211889.75
■2018	53000	481015.67	231000	4163793.2	1895379.1	771263.33	139223	991705.64	242465.57

图 10 各机构行政办公运营成本概况（单位：元）

（7）不可预见费用

根据各机构填列的调研数据，以 2018 年为例，将腾退、诉讼等不可预见费用与总成本进行对比，结果如图 11 所示。

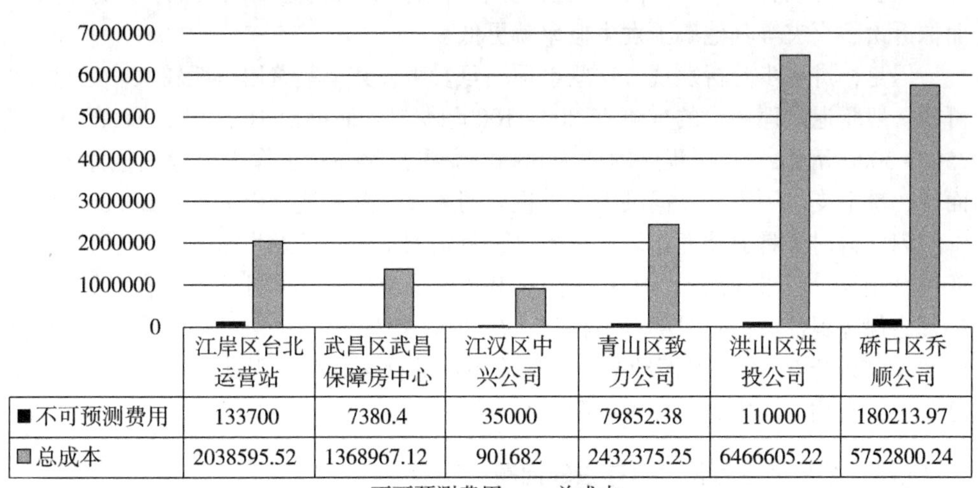

图 11　2018 年武汉市各运营机构不可预见费用与总成本的对比（单位：元）

数据来源：根据武汉市中心城区调研问卷计算

根据图 11 所示，与公租房运营管理总成本相比，不可预见费用极低。但是这并不意味着公租房运营管理中腾退清理、诉讼等不可预见费用支出很少，主要原因在于前期腾退清理、诉讼等不可预见费用未在运营管理服务价格预算中单独列支，以至这类支出杂糅在总的运营管理服务支出之中，没有完全统计出来，这类事项的实际支出要高于调研所统计的数据。

从其发生频率上看，我们以腾退清理事项为例，选取数据填列较全的几个机构进行对比（腾退频率计算公式：当年腾退次数/当年实际管辖房源量），具体如表 9 所示：

表 9　　**2017—2018 年武汉市中心城区公租房运营机构腾退清理情况**

年度	江岸 盛昌运营站		江岸 台北运营站		洪山 洪投公司		汉阳 汉阳国房公司		硚口 乔顺公司		江汉 中兴公司	
	腾退套数	腾退频率	腾退套数	腾退频率	腾退套数	腾退频率	腾退套数	腾退频率	腾退套数	腾退频率	腾退套数	腾退频率
2017	1	0. 035%	32	0. 57%	—	—	4	0. 08%	24	0. 32%	49	0. 93%
2018	2	0. 035%	59	0. 77%	13	0. 16%	14	0. 25%	83	0. 62%	28	0. 52%

数据来源：根据武汉市中心城区调研问卷计算

从表 9 可以看出，腾退清理的发生频率在各区/机构之间均较低，未超过 1%，而像诉讼、火灾等其他事项发生概率就更低。

但是，进一步分析发现，这些事项一旦发生，其单笔费用一般较大。经过计算可知一般腾退清理一户的成本在 800～1000 元/户，而诉讼中，采取仲裁的成本为 2500～3000 元/次，司法程序的话为 5000 元/次，此外对于像火灾等其他意外情况而言，单笔支出则更大。据洪山区洪投公司测算，这一笔支出大致为 50000 元/次。

因此，对于腾退清理、诉讼等不可预见费用不能因为发生概率低、总费用小而忽视，相反，应当注意到，一旦发生，其单笔支出较大，而且公租房本身具有较强的社会保障属性，保障对象较为特殊，社会敏感度较高，如果处理不当，将可能产生“蝴蝶效应”，牵一发而动全身，造成不良的社会影响。因此，应当重视这一部分事项，有相应的应急资金予以配备。

（四）公租房运营管理中存在的问题

1. 运营机构面临收不抵支的危机

近年各机构运营管理公租房的总支出一直呈现上升之势，但与之相对应的却是运营管理费定价标准处于停滞状态，因而成本刚性增长与运营管理价格缺乏弹性之间的矛盾导致公租房运营机构的收支之间难以协调，已经面临收不抵支的局面，即使一些机构在账面上看似仍有盈余但这是压缩人员编制等“节流”措施的结果，会危及公租房运营管理服务的质量。

2. 维修频率有所上升，原有的费用标准难以覆盖其成本支出

随着公租房运营管理工作的不断深入，大部分公租房已经过质保期，加之一部分原本就已老旧的房源，导致近两年公租房运营中室内维修的频率有所上升，且多为治漏防水、墙壁粉刷等金额较大的维修事项，这使得原有 24.4 元/（套·月）的维修费用标准难以覆盖其维修支出。

3. 事前难以预见且未在运营管理规范中明确规定的事项随时可能发生

除上述与公租房运营成本直接相关的问题外，还有一大难题在于一些不可预见情形的发生，主要集中于两方面：租户退租后房屋的腾退清理问题以及租金欠缴等问题而产生的法律诉讼。对于这一部分事项，在之前的公租房运营管理规范中未有明确规定，其发生概率相对较低但单次支出较大，且租金收缴率直接与运营管理费拨付挂钩，从而加重了运营机构的负担。

4. 现有公租房运营管理服务质量的考核及激励标准不尽科学

武汉市中心城区相关公租房运营机构反映，目前对运营机构的服务质量考核或激励标准不尽合理，只要达到相应的服务基本需求，各机构均可以得到政府文件规定的 20%的上浮费用，这造成运营管理服务质量有着显著差异的机构之间实际得到的单位收益相同，不符合质价相符的原则，长此以往将会导致“柠檬市场”问题，使得公租房运营质量下降。

5. 公租房运营管理服务的市场化程度有待提升

目前，武汉市中心城区的运营机构均以国企性质的企业为主，民营企业参与的只有 2019 年选定的东湖高地物业管理公司一家，民营企业参与度不高。同时，虽然当前武汉市公租房运营管理服务已经具备政府购买服务的“雏形”，但其采购服务模式仅仅是“单一来源采购”，相当于设置了一定的市场进入壁垒，与公开招标、竞争性磋商等方式相比，市场化程度较低，这也导致了民营企业的参与度不高。因此，后期在开展政府购买公租房运营管理服务的试点过程中应当更多地吸引民营或其他国营专业机构加入这一行业，增强市场竞争，提高公租房运营管理效率。

三、政府购买公租房运营管理服务定价模型研究

（一）模型构建思想

目前各市政府购买服务的指导性文件中基本坚持“以事定费、费随事转”的政府购买服务定价原则，结合公租房运营服务本身的属性，公租房运营管理服务的主体是政府部门，保障对象为中低收入群体，这一资格限制使得该项服务具有一定的排他性，同时采用政府购买服务方式委托社会资本方运营管理公租房使得该项服务又具备一定的竞争性和经营性，因而公租房运营管理服务是一种准公共性服务。为此首先要明确政府购买公租房运营管理服务的内容，以合理分析其成本构成及影响其定价的因素。

根据 2019 年《武汉市公共租赁住房运营管理规范》要求，公租房运营管理服务的内容主要包括：房源接收；办理入住、退出手续；收缴和结算租金等费用；签订、变更、续签、终止租赁合同；房屋使用管理；房屋安全管理；监督物业服务工作；配合开展社会综合管理；维修养护房屋专有部位及室内设施设备；建立和管理房屋、租户档案等。在这些服务内容中运营承接主体将根据岗位职责配备相应的服务人员，履行相应的服务职责，因而公租房运营服务更多表现为一

种人力需求型服务。

因此，根据公租房运营管理具体的服务内容，公租房运营管理服务的成本主要为：人工成本、行政办公成本、材料耗用成本、维修成本、腾退成本、税费等。由于维修、腾退等事项每年发生的户数不同，具有一定的概率，故可将这些成本分为三大类：一般性运营管理费用、维修费用、不可预测费用。其中一般性运营管理费用包括人工成本、行政办公运营成本（行政办公成本、耗材费用、税费、组织活动等综合成本）。

（二）模型构建

根据上文分析可知，公租房运营管理的成本主要由一般性成本、日常维修成本以及其他一些难以预见的成本三大块构成，由于维修及不可预见费用两大类每年发生概率存在浮动性，基于这一特殊性，研究拟采用类似于“两部定价法”的方式构建基础项目预算定价模型，具体如下：

$$P=(C_1+C_2)\times(1+v),$$

其中 P 为公租房运营管理服务的指导价格，C_1 为公租房运营管理服务的基本成本，C_2 为公租房运营管理服务的浮动成本，v 为目标利润率。

1. C_1 部分

基本成本 C_1 指服务的一般性费用，主要为人工成本、行政办公运营成本，其中行政办公运营成本包括行政办公成本、税费、材料耗用成本等随房源确定后相对固定的成本。

（1）人工成本

A. 人员编制的确定

在政府购买公租房运营管理服务中，政府部门需要做的是确定服务购买具体事项、监督以及定期绩效评估等。对于公租房运营管理中的人员配备，政府部门应在保证服务质量的前提下规定公租房管理基本的人员配备要求，让社会专业机构在这一范围内自由安排其人员、岗位，使其存在自主调整空间，而不用政府确定具体岗位的人员配备标准，否则又产生“政府干涉”之嫌。

从武汉市公租房实践层面上看，目前各机构在实践过程中并未按照政府明确的人员要求设置岗位人员。以洪投公司为例，其总体人员配比为 252 套/人，低于《武汉市公共租赁住房运营管理规范》的房管人员要求。但这并不代表洪投公司运营质量不佳。相反，据调研了解，洪投公司的服务质量是武汉市公租房运营管理服务中的翘楚，多次得到市局认可。而据洪投公司相关负责人介绍，其现有人员配备足以完成现有管理任务，后期开发相关 App 后，人力需求会有所下降，服务质量也会提高。这充分说明其自身现有人员配备足以出色完成任务，是市场化的结果，政府不需要确定具体岗位要求，套牢或限制住社会机构的调整空间。

目前武汉市各运营机构的总体人员配备情况如表 10、表 11 所示：

表 10　　2018 年武汉市中心城区各运营机构总体人员安排

<table>
<tr><th colspan="2">运营机构</th><th>房源量（套）</th><th>员工数</th><th>人员配比</th></tr>
<tr><td rowspan="5">江岸
安居运营站</td><td>同心雅庭</td><td>386</td><td>4</td><td>1：97</td></tr>
<tr><td>盛景花园</td><td>220</td><td>2</td><td>1：110</td></tr>
<tr><td>跃进家园</td><td>214</td><td>2</td><td>1：107</td></tr>
<tr><td>利腾人才房</td><td>35</td><td>1</td><td>1：35</td></tr>
<tr><td>机构总体状况</td><td>855</td><td>9</td><td>1：95</td></tr>
<tr><td colspan="2">江岸盛昌运营站</td><td>2863</td><td>16</td><td>1：179</td></tr>
<tr><td rowspan="5">江岸
台北运营站</td><td>台北花园</td><td>2867</td><td>20</td><td>1：143</td></tr>
<tr><td>惠民居</td><td>2145</td><td>14</td><td>1：153</td></tr>
<tr><td>惠康居</td><td>744</td><td>7</td><td>1：106</td></tr>
<tr><td>中央华城</td><td>2130</td><td>20</td><td>1：107</td></tr>
<tr><td>机构总体状况</td><td>7706</td><td>61</td><td>1：126</td></tr>
<tr><td rowspan="2">青山
致力公司</td><td>青和居</td><td>5235</td><td>27</td><td>1：194</td></tr>
<tr><td>机构总体状况</td><td>7374</td><td>35</td><td>1：211</td></tr>
<tr><td rowspan="2">硚口
乔顺公司</td><td>华生·城市广场四期</td><td>6000</td><td>12</td><td>1：500</td></tr>
<tr><td>机构总体状况</td><td>13466</td><td>49</td><td>1：275</td></tr>
<tr><td rowspan="5">武昌
武昌保障房中心</td><td>东沙花园</td><td>1141</td><td>6</td><td>1：190</td></tr>
<tr><td>徐东花园</td><td>190</td><td>5</td><td>1：38</td></tr>
<tr><td>南湖花园</td><td>30</td><td>5</td><td>1：6</td></tr>
<tr><td>原廉租房</td><td>351</td><td>3</td><td>1：117</td></tr>
<tr><td>机构总体状况</td><td>1705</td><td>11</td><td>1：155</td></tr>
<tr><td colspan="2">武汉东湖高地物业管理有限公司</td><td>590</td><td>7</td><td>1：84</td></tr>
<tr><td rowspan="3">汉阳
汉阳国房公司</td><td>黄金口花园</td><td>2164</td><td>7</td><td>1：309</td></tr>
<tr><td>华立苑</td><td>343</td><td>2</td><td>1：172</td></tr>
<tr><td>机构总体状况</td><td>5548</td><td>16</td><td>1：347</td></tr>
</table>

续表

运营机构		房源量（套）	员工数	人员配比
洪山 洪投公司	本部办公点	1544	6	1∶257
	南区办公点	606	3	1∶202
	北区办公点	5984	6	1∶997
	机构总体状况	8330	33	1∶252
江汉 中兴公司	新龙和苑	2635	8	1∶329
	中城时代	2119	8	1∶265
	橄榄城	594	4	1∶149
	机构总体状况	5348	25	1∶214

数据来源：根据武汉市中心城区调研问卷计算

表 11 **各机构目前人员配比数据特征描述**

<table>
<tr><td colspan="4">各机构总体数据情况（数据量：9 个）</td></tr>
<tr><td>人员配比标准范围
（套/人）</td><td>数据量
（个）</td><td>人员配比标准范围
（套/人）</td><td>数据量
（个）</td></tr>
<tr><td>≤100</td><td>1</td><td>（100，150]</td><td>1</td></tr>
<tr><td>（150，200]</td><td>2</td><td>>200</td><td>5</td></tr>
<tr><td colspan="2">总体人员配比均值</td><td colspan="2">1∶208.61</td></tr>
<tr><td colspan="4">分项目级次状况（数据量：23 个）</td></tr>
<tr><td>房源量级次
（套）</td><td>数据量
（个）</td><td>人员配比标准范围
（套/人）</td><td>人员配比范围内数据量
（个）</td></tr>
<tr><td>≤200</td><td>3</td><td>≤100</td><td>3</td></tr>
<tr><td rowspan="3">（200，1000]</td><td rowspan="3">8</td><td>≤100</td><td>1</td></tr>
<tr><td>（100，150]</td><td>5</td></tr>
<tr><td>（150，200]</td><td>2</td></tr>
<tr><td colspan="2">本级次内人员配比值的均值</td><td colspan="2">1∶132.35</td></tr>
<tr><td rowspan="3">>1000</td><td rowspan="3">12</td><td>（100，150]</td><td>2</td></tr>
<tr><td>（150，200]</td><td>4</td></tr>
<tr><td>>200</td><td>6</td></tr>
<tr><td colspan="2">去掉本级次内极端值后的人员配比值的均值</td><td colspan="2">1∶213</td></tr>
</table>

（注：由于东湖高地为目前唯一私企，故未计入本表的统计中）

首先，从各机构总体的人员配备看，最大的为 347 套/人，最小的为 95 套/人，平均 209 套/人，其中以 200 套/人以上为标准的机构居多。其次，从 200 套以下的分散型房源看，以最为分散的武昌区为例，武汉东湖高地物业公司的人员配备为 84 套/人，武昌保障房中心总的人员配备为 155 套/人，而剔除较为集中的东沙花园后，武昌保障房中心三个片区人员配比各不相同，最大的为 117 套/人，若将三个分散型片区总体计算则为 44 套/人，这一人员配比要求相对较高。结合《武汉市公共租赁住房运营管理规范》要求分散型房源不低于 100 套/人的配备来看，在当前各机构运营质量均达标，人员配备可以完成服务事项的情况下，100 套/人的人员配备的管理效率显然更高。因此，对于分散型公租房，参考私企武汉东湖高地物业的 84 套/人，设定 80~100 套/人的人员配备是合理的。

对于 200 套以上的集中型房源而言，在剔除表 10 中的分散型房源后，集中型房源总的人员配备为 172.07 套/人，但是将表 10 细致分析后，从表 11 中可以发现，房源规模不同的机构的人员配比不同：1000 套以下房源的人员配比的 8 个数据中，100~150 套/人这一区间的数据占 5 个；而 1000 套以上房源的 12 个数据中，100~150 套/人这一区间的数据仅占 2 个，其余均为 150 套/人以上的标准。因此，通过这一对比可以发现，200~1000 套的房源的人员配比要求明显高于 1000 套以上的房源，这也符合越集中的房屋管理难度相对更低的事实。

从表 11 的统计结果看，200~1000 套房源的人员配比值的均值为 132.35 套/人，同时该房源量级次内数据分布集中在 100~150 套/人这一标准的区间内，该区间内的最大值为 148.5 套/人。因此，结合数据的集中程度的上限，对于该级次内房源分布的上限可界定为 150 套/人；对于该级次内人员配备标准的下限值，应参考该级次内数据的均值 132 套/人，因为均值本身是考量各数据中内含的因素后的综合结果，能兼顾整体情况。因此，对于该级次人员配备的下限值进一步从严要求，取整十数即 130 套/人，即 200~1000 套房源的人员配备标准定为 130~150 套/人。

而 1000 套以上更为集中的房源中，人员配比值的均值去掉表 11 中两个极端值后为 213 套/人。但是进一步分析该级次内的数据可知，存在汉阳区和江汉区这样大于 300 套/人的人员配置要求，从调研中了解到，这两个区的运营机构存在被迫压缩人员编制的情况，因而去掉这两个机构大于 300 套/人的数据后，该级次内人员配备标准的实际均值为 186 套/人。因此，与 200~1000 套房源级次内人员配备划分作相同考量，可从严要求将下限值取整十数即 180 套/人。对于上限值则参考目前级次内数据集中在 200 套/人左右的特征，以及目前政府要求的岗位员工 200 套/人的标准，确定为 200 套/人，即 1000 套以上更为集中的人员配备标准为 180~200 套/人。综上所述，人员配备标准见表 12：

表 12　　各层级房源人员配备标准

房源规模（套）	<200	200~1000	>1000
人员标准（套/人）	80~100	130~150	180~200

由于公租房运营管理服务行业属于劳动密集型行业，其人员数量安排对于公租房运营管理服务质量有着很大的影响，因此为了最大限度保证公租房运营管理服务的质量，我们研究认为各规模层级均应采用最高人员配备标准，见表 13。

表 13　　各层级房源人员最高配备标准

房源规模（套）	<200	200~1000	>1000
人员标准（套/人）	1：80	1：130	1：180

B. 人员标准工资的确定

根据调研数据，各区运营管理机构的员工综合工资不同，若采取平均值计算标准工资颇有不妥，因此只能根据公租房运营管理服务工作人员的市场平均工资水平来确定人员标准工资。由于目前没有官方层面的公租房运营管理服务工资水平的统计数据，考虑到公租房运营管理服务工作内容和性质与物业行业十分相似，因此选择物业行业的平均工资水平作为公租房运营管理服务的工资水平。根据国家统计局《国民经济行业分类》（GB/T4754—2002）可知，物业管理隶属于第三产业的房地产业（行业代码 72），物业管理对应行业代码为 7220，因此选择房地产业的平均工资水平作为公租房运营管理服务人员标准工资水平，具体情况如表 14 所示：

表 14　　**2013—2019 年武汉市房地产业年平均工资水平（单位：元）**

年份	2013	2014	2015	2016	2017	2018	2019
工资水平	53339	61543	65950	68352	70439	72552	74728
增长率	—	15%	7%	3%	3%	3%	3%

数据来源：2013—2018 年《武汉市统计年鉴》

（注：由于 2018 年武汉市统计年鉴统计的是 2017 年的数据，因此表中 2018 年、2019 年数据为预估数据）

通过图 12 可知，2013—2016 年武汉市房地产业平均工资水平逐年递增但增长速度逐渐趋缓，到 2016 年后增长速度趋于稳定，2016、2017 两年均保持在 3%。这一增速与目前国内经济进入新常态下各经济指标增速放缓的背景相吻合。

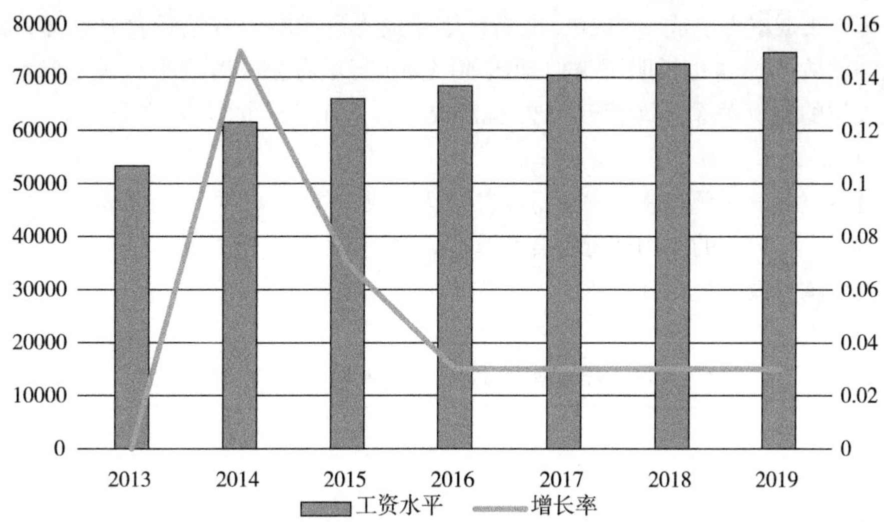

图 12 2013—2019 年武汉市房地产业年平均工资水平和增长率

此外，考虑到该行业职工名义工资水平和实际工资水平的差异，在保证行业内职工实际工资水平及居民生活质量不下降的前提下，武汉市房地产业的平均工资水平增速应至少与通货膨胀水平（CPI 指数）相并行。目前武汉市的 CPI 指数由于经济进入新常态等原因，2017 年和 2018 两年保持在 1.9%左右，2016 年较高为 2.4%。2016—2017 年的房地产业平均工资水平增速为 3%。可见武汉市房地产业平均工资水平增速应略高于 CPI 涨幅，保持在 3%左右更符合经济现实。

因此，考虑到目前经济新常态的背景以及 CPI 指数与房地产业平均工资水平增速之间的并行关系，按照目前的增长趋势，武汉市房地产业平均工资增速预估为 3%较为合理，因而可以预计 2019 年武汉市房地产业平均工资水平为 74728 元/年，同时根据表 6 统计的 2018 年各区运营管理机构人员年平均成本为 69985 元/年，结合经济发展的预期下，选取 74728 元/年作为武汉市 2019 年公租房运营管理服务人员标准工资水平具有很强的实际意义和可信度。

C. 人员工资成本的计算公式

假设公租房运营管理服务所需人数为 N，公租房运营管理服务人员平均标准工资水平为 P，则总的人员工资成本为 $N \times P$。

（2）行政办公运营成本

对于行政办公运营成本而言，由于不同单位所购材料不同、单位内部制度不同、设备折旧等原因，不同机构的支出状况有所不同，而且各机构在不同运营管理年度均有所差异，因此在费用标准的制定中难以兼顾各个项目的准确测算。

此外，根据与公租房运营性质相类似的物业行业的成本构成，一般较为科学的比例为人工成本占总成本的 60%左右，维修成本占 20%，其他行政办公运营成本则占 20%左右，这也说明了类似性质的服务中行政办公运营成本与人工成本之间存在大致的比例关系，即行政办公运营成本占人工成本的比例约为 33%（20%/60%=0.33）。

有鉴于此，课题组建议对于行政办公运营成本的测算，可用各机构行政办公运营成本占人工成本的比例进行综合测算更为合理。

各机构行政办公运营成本占人工成本的比例状况如表 15 所示：

表 15　　**2014—2019 年各机构行政办公运营成本占人工成本的比例**

	2014	2015	2016	2017	2018	2019	平均值
洪山 洪投公司	—	—	671%	318%	245%	—	411%
江岸 安居运营站	—	—		20%	6%	—	13%
江岸 盛昌运营站	—	71%	52%	54%	36%	—	54%
江岸 台北运营站	—	—	30%	19%	13%	—	21%
东湖高地公司	—	—	—	—	—	25%	25%
武昌 武昌保障房中心	34%	19%	39%	19%	22%	—	26%
江汉 中兴公司	—	108%	45%	39%	26%	—	55%
汉阳 汉阳国房公司	—	—	46%	30%	25%	—	33%
硚口 乔顺公司	—	—	—	—	57%	—	57%
青山 致力公司	—	25%	17%	6%	61%	—	27%

数据来源：根据武汉市七个中心城区的调研汇总

从表 15 中可以发现，除了洪山区这一比例较为极端外，其他机构相对较为正常，主要原因在于洪山区近几年的行政办公成本远远超过了人工成本。在剔除洪山区的极端数据后，剩余机构行政办公运营成本占人工成本的比例的平均值为35%，与物业行业的这一比例（33%）较为接近，因此为顾及各区之间的差异，研究认为将行政办公运营成本占人工成本的比例值确定在平均水平35%显得较为合适。

2. C2 部分

（1）维修成本

A. 维修频（概）率的确定

本部分首先描述武汉市中心城区的维修概况，其次结合各区维修的历史数据，就维修套数和总的房源数量，运用 Eviews 软件做一元线性回归以判断维修的频率。

表 16　　**2016—2018 年武汉市中心城区维修情况统计**

		2016			2017			2018		
		统计维修量（套）	统计房源量（套）	维修频率	统计维修量（套）	统计房源量（套）	维修频率	统计维修量（套）	统计房源量（套）	维修频率
洪山								147	8134	1.81%
江岸	安居							735	855	85.96%
	盛昌	286	2867	9.98%	249	2867	8.69%	146	2867	5.09%
	台北	98	2867	3.42%	266	3003	8.86%	527	4003	13.17%
硚口								1127	13466	8.37%
汉阳					1061	4729	22.44%	1590	4729	33.62%
青山								2579	6194	41.64%
江汉		31	699	4.43%	2716	4752	57.15%	4076	5346	76.24%
武昌		5	351	1.42%	13	351	3.70%	38	351	10.83%

数据来源：根据中心城区调研问卷汇总计算

根据表16，从时间序列上看，随着公租房质保到期，各区总体的维修频率开始攀升，并且各区间的维修频率存在较大差异。以2018年为例，最低的洪山区的维修频率为1.81%，最高的为安居的85.96%，造成这一差异的主要原因在于洪山区公租房维修事项采取外包方式由专业机构进行维修，而安居较高的维修频率则由单套房屋维修多次等原因造成。因此，从表16中难以把握武汉市公租房运营的整体维修频率，需要进一步依靠计量技术进行综合确定。故选择构建一元线性回归模型来分析维修频率，模型如下：

$$Y = \alpha + \beta X + \mu$$

其中 Y 代表维修量，X 代表房源量，α 为常数项，β 即为维修频率，μ 为随机误差项。在本次课题调研中，共收集到 7 个中心城区各年度累计 99 个项目的维修情况，为保证数据质量，提高精确度，在 99 个样本数据中剔除一些极端异常数据后筛选出有效数据 73 个。对于维修套数和房源量的一元线性回归结果如图 13 所示：

Dependent Variable:Y
Method: Least Squares
Date: 08/08/19 Time: 09:32
Sample: 173
Included observations: 73

Variable	Coefficient	Std. Error	t-Statistic	Prob.
C	69.73125	69.78238	0.999267	0.3211
X	0.201448	0.050131	4.018455	0.0001

图 13　维修频率一元线性回归结果

从回归结果可以发现，模型表达式为：$Y = 69.7 + 0.2X$，即房源量每变动 1 个单位，维修量会变动 0.2 个单位，两者的相关系数即维修频（概）率。从数据显著性上看，对于此一元回归结果而言，其 t 值为 4.02，明显大于 2，同时 P 值基本接近于 0，这说明此结果的数据置信度较高，可以通过显著性检验。因此，可以确定每年的维修概率约为 20%。

B. 维修金额的确定

公租房室内维修服务中包括了门窗、室内地面、电线、渗漏等事项，且不同事项维修金额各不相同，造成了事前对维修部分定价的困难。对于该问题，可以根据各项目的维修成本状况进行分析总结，并结合金额大小不同的维修事项，从武汉市整体公租房运营角度出发，最终确定一个合理的单套房屋维修金额。

从近年各区运营机构的维修成本看，各区之间数据均存在差异，但单套房屋平均成本基本在 1000～3000 元之间。表 17 中未显示洪山区的数据，经课题组了解，洪山区公租房维修 2018 年采取公开招投标方式，选定专业机构负责其所有 8330 套的整体维修事项，总成交价为 1350 万元，那么相应单套房屋的平均维修成本为 1620.65 元，也在这一区间内。

对于硚口、汉阳、江汉三区，其平均数据明显较低，主要原因在于服务事项相对较小，开销不大，汉阳区公租房维修也是外包给专业机构修理。

表 17　**武汉市中心城区各机构维修情况统计分析表**

	2015			2016			2017			2018		
	维修数量（套）	维修成本（元）	平均每套成本（元）	维修数量（套）	维修成本（元）	平均每套成本（元）	维修数量（套）	维修成本（元）	平均每套成本（元）	维修数量（套）	维修成本（元）	平均每套成本（元）
江岸 盛昌运营站	73	130000	1780. 82	286	297000	1038. 46	249	361100	1450. 20	146	183900	1259. 59
江岸 台北运营站				927	930000	1003. 24	2035	1870000	918. 92	2074	2200000	1060. 75
硚口 乔顺公司				659	528561. 62	802. 07	1171	697777. 42	595. 88	1127	673058. 8	597. 21
汉阳 汉阳国房公司							1061	408290	384. 82	1590	333177	209. 55
江汉 中兴公司				31	84399. 36	2722. 56	2716	906477. 34	333. 75	4076	911101. 9	223. 53
武昌 武昌保障房中心	6	15745. 9	2624. 32	12	24004. 1	2000. 34	15	44052. 88	2936. 86	38	79715. 23	2097. 77

数据来源：根据中心城区调研数据计算

（注：维修平均成本由维修总成本除以维修量计算而得出）

但是上述数据只反映各机构总体维修成本的平均状况，在各机构所管辖的具体项目/小区中，由于房屋老旧程度不同等原因，维修事项大小、难度也各不相同，因而具体的维修金额也因事而异，总体成本的平均水平并不具有代表性。以江汉区为例，其 2017 年维修平均成本为 333.75 元/套，但是由于其管辖的中城时代房源较大，以门窗等小修为主且部分房源未过质保期，单套成本仅为 263.9 元/套，这一下拉低了平均水平，若剔除中城时代的数据，平均成本立马上升为 2735.88 元/套。

因此，仅考虑各机构总体维修成本的平均水平合理性略显不足，还需要分房源、分事项对比分析，从而综合确定单套维修成本。

由于目前还有部分小区未过质保期，考虑到未来公租房将全面跨过质保期，因此，表 18 统计了目前已完全过质保期的相应小区的维修成本。此外由于汉阳区公租房运营单位属于事业编制，维修等外包给专业机构，数据相对其他机构较小不具备参考性，故未在表 18 中列示。

表 18　**各具体小区单套房屋维修成本概况（单位：元/套）**

	2016	2017	2018	维修事项备注
盛昌	1038.46	1450.20	1259.59	治漏、粉刷、电线更换等
惠民苑	3382.35	7250.00	2625.00	以室内治漏为主
嘉义公寓	—	1550.00	—	室内治漏、门窗修理等
长江明珠	1021.05	1322.73	3288.89	治漏、粉刷等
黄埔人家	—	1495.65	2190.91	室内治漏、其他小项等
东勤佳苑	—	3407.69	1856.00	2017 年以室内治漏为主、2018 年较均匀
晟蓝花园	4533.33	5227.27	2403.70	以室内治漏为主
天兴花园一期	—	9868.42	4259.83	以室内治漏为主
君安花园	—	9333.33	2600.00	以室内治漏为主
收购旧房	—	3800.00	500.00	2017 年为室内治漏、2018 年为门窗修理
百姓之春	—	—	1707.31	防水维修、易耗品更换
天勤花园	—	—	866.28	门窗修理、易耗品更换等
紫润明园	—	—	849.44	易耗品更换、门窗修理、内墙粉刷等
收购旧房	—	—	3138.15	防水维修、内墙粉刷

续表

<table>
<tr><th></th><th>2016</th><th>2017</th><th>2018</th><th colspan="4">维修事项备注</th></tr>
<tr><td>古田帝园</td><td>—</td><td>—</td><td>573.67</td><td colspan="4">易耗品更换、门窗修理、内墙粉刷</td></tr>
<tr><td>丰华园</td><td>—</td><td>—</td><td>1040.27</td><td colspan="4">易耗品更换</td></tr>
<tr><td>天顺园</td><td>—</td><td>—</td><td>456.84</td><td colspan="4">易耗品更换</td></tr>
<tr><td>长华公寓</td><td>—</td><td>—</td><td>844.17</td><td colspan="4">易耗品更换、内墙粉刷、电线重排等</td></tr>
<tr><td>红旗公寓</td><td>1091.80</td><td>—</td><td>—</td><td colspan="4">—</td></tr>
<tr><td>颐和家园</td><td>2897.28</td><td>2899.41</td><td>2709.15</td><td colspan="4">以室内治漏为主</td></tr>
<tr><td>香缇美景</td><td>—</td><td>2442.17</td><td>2421.44</td><td colspan="4">阳台栏杆更换、治漏</td></tr>
<tr><td>红旗公寓</td><td>—</td><td>2902.00</td><td>1618.92</td><td colspan="4">室内治漏、瓷砖更换</td></tr>
<tr><td>新龙和苑</td><td>—</td><td>2768.00</td><td>2111.61</td><td colspan="4">室内治漏、粉刷、瓷砖更换</td></tr>
<tr><td>复兴村</td><td>—</td><td>1240.33</td><td>5717.42</td><td colspan="4">内墙粉刷、瓷砖更换，2018 年厕所及平台治漏</td></tr>
<tr><td>安胜</td><td>2938.72</td><td>—</td><td>—</td><td colspan="4" rowspan="7">室内治漏、门窗修理、内墙粉刷、更换水管、重做防水等</td></tr>
<tr><td>锦绣</td><td>2972.00</td><td>—</td><td>—</td></tr>
<tr><td>堤东</td><td>—</td><td>1298.27</td><td>1892.92</td></tr>
<tr><td>华锦</td><td>—</td><td>2943.52</td><td>1843.60</td></tr>
<tr><td>佳韵</td><td>—</td><td>2507.60</td><td>—</td></tr>
<tr><td>东沙花园</td><td>—</td><td>—</td><td>2934.28</td></tr>
<tr><td>荣发</td><td>—</td><td>—</td><td>1672.14</td></tr>
<tr><td>平均值</td><td>2633.90</td><td>最大值</td><td>9868.42</td><td>最小值</td><td>456.84</td><td>中位数</td><td>2412.27</td></tr>
</table>

数据来源：根据武汉市中心城区调研情况计算

根据表 18 最下方关于已有数据的描述性统计可知，目前各小区的维修平均成本为 2633.90 元/套，中位数为 2412.27 元/套，最大的单套维修成本为 9868.42 元/套，最小为 456.84 元/套，两者差异较大的原因在于维修事项成本差异大，一个仅涉及易耗品更换，一个涵盖了室内维修等大项。

对于平均值 2633.90 而言，由于维修事项中各具体单项发生概率存在差异，因此平均值水平基本为各种大小维修事项发生的频率、实际成本的综合考量，既包括了金额较大的维修，也包括了金额较小的维修，且结果本身存在室内治漏等金额较大的事项拉高平均值的作用。因此对于当前维修事项的定价，参考目前的均值水平 2633.90 元/套相对而言较为合理。为方便后续计算，保证维修服务的较高标准，在此基础上略微提高取整百数 2700 元/套。在此需要说明的是，该项费用支出并不包括房屋室内设施设备更换的费用，房屋室内设施设备更换费用需要向财政单独申请专项资金进行处理。

（2）腾退、清理费用

相较于维修支出，腾退、清理费用每年发生的概率更低甚至有些年份不会发生。从调研数据看（表 19），腾退清理事项发生的频率相对于上千套的房源而言微乎其微，最高发生概率也仅为 0.77%，未达到 1%的水平。而从腾退费用的“单价”看，除了安居较为特殊外，其余项目均保持在 1000 元/套左右，最小的为 769.23 元/套，这一数据也符合调研中向洪山区洪投保障房运营公司了解的腾退费用为 800~1000 元一户。

因此，针对腾退清理事项，考虑到后期运营中老人孤独终老、租房对象退租后房屋清理难度等，建议腾退概率和腾退“单价”均采用最高标准，确定为 1%和 1000 元/套。

表 19 **2016—2019 年武汉市中心城区各机构腾退清理实际情况**

		2016	2017	2018	2019（上半年）
江岸安居运营站	腾退套数				1
	腾退金额（元）				3000
	腾退单价（元）				3000
	腾退概率				0.12%
江岸盛昌运营站	腾退套数		1	2	
	腾退概率		0.035%	0.035%	
江岸台北运营站	腾退套数	20	32	59	49
	腾退金额（元）	20000	31100	55600	52500
	腾退单价（元）	1000.00	971.88	942.37	1071.43
	腾退概率	0.41%	0.57%	0.77%	0.64%
洪山洪投公司	腾退套数			13	
	腾退金额（元）			10000	
	腾退单价（元）			769.23	
	腾退概率			0.16%	

续表

		2016	2017	2018	2019（上半年）
汉阳 汉阳国房公司	腾退套数	4	4	14	20
	腾退概率	0.09%	0.08%	0.25%	0.36%
硚口 乔顺公司	腾退套数	21	24	83	72
	腾退概率	0.28%	0.32%	0.62%	0.53%
江汉 中兴公司	腾退套数	35	49	28	19
	腾退概率	0.67%	0.93%	0.52%	0.36%

数据来源：根据武汉市中心城区调研问卷据实填列

（3）诉讼费用

相比于腾退清理事项而言，诉讼目前发生的频率更低。目前已经发生的情况为：江岸区台北运营站2017年发生7笔，总支出35000元，即单笔5000元，总体发生频率为0.091%；洪山区2018年集中批量发生了1次诉讼，其中包括10户仲裁、50户律师函，共计60户，发生频率0.72%，单笔5000元；汉阳区2018年发生13笔，发生频率0.23%；硚口区2017年和2018年分别发生8笔和22笔，发生频率为0.1%和0.16%，单笔3000元左右；而江汉区目前拟准备提起诉讼的单笔费用预计为4000元/户。因此，与腾退事项类似，诉讼总体发生概率很低但单笔支出较大。

值得注意的是，目前仅上述几个区/机构已经发生过诉讼事项，且发生频率均较低，这一方面是因为诉讼事项相对于公租房运营整体事项而言本身发生概率就有较低的特点，另一方面存在着以下原因：①各运营机构在接管公租房初始阶段维权意识不强，未预料到此类事项发生。②各机构会权衡诉讼的收益与成本以及潜在的社会影响。据调研了解，一些机构对于欠租较长的租户会有诉讼考虑，但与所欠租金相比，诉讼金额更高，甚至会出现即使诉讼也难以追回欠租的情况。此外，对于公租房这一特殊住户群体的诉讼也可能会产生不利的社会影响，因而一些运营机构亦不愿提起诉讼。

此外，诉讼中不同申诉渠道的金额也各不相同，各机构反映如走仲裁程序，单笔费用为2500~3000元/户，而走司法诉讼程序则需5000元/户。

考虑到公租房的社会保障属性，保障对象为社会低收入群体，社会潜在影响较大，因此，为保证公租房的稳定运营，规避一定的运营风险，对于潜在的诉讼费用的测算，建议采取从高标准：由于目前诉讼发生事项的频率较低，最高仅为0.72%，因而在诉讼发生的频率上取整为1%，对于单次费用的测算则按最高的司法程序5000元/户的标准确定。

（4）其他特殊费用

对于其他一些特殊情况如火灾等，与上述两个事项一样发生概率低而单笔金额大，从当前各区调研问卷统计的情况看，盛昌运营站 2016 年发生过 1 笔 40000 元支出；台北运营站 2016—2018 年均有发生，总体支出为 5000～80000 元不等；洪山区测算火灾等意外情况的支出金额为 50000 元/次。对于这些意外或特殊情况的发生，建议采用实报实销或设立专项应急资金，避免资金浪费和不足，提高资金使用效率。

3. 目标利润率的确定

根据调研我们了解到，东湖高地物业管理有限公司作为武汉市首家通过政府购买服务方式承接公租房运营管理服务的社会资本方，其运营稳定后的期望利润率能达到 20%。此外据武汉市嘉信物业公司介绍，像公租房这种类似于物业服务类的服务，一般私企的目标利润率要达到 10%～15%，即市场平均目标利润率为 15%，最低目标利润率要达到 10%，并且根据 2019 年兴业证券发布的《2018 年物业管理行业年报总结》，我国 2018 年物业板块上市公司平均净利率在 10%～20%。

综合以上分析，考虑到后期公租房运营管理服务将以政府购买服务的方式进行公开招投标，为保证服务质量与各企业参与这一行业的积极性与基本利润空间，研究拟先将 V 的值划分为最低利润率（10%）、平均利润率（15%）和最高利润率（20%）三个方案进行测算对比，最终选定最适合武汉市政府购买公租房运营管理服务定价的目标利润率水平。

4. 政府购买公租房运营管理服务的定价模型

将上述研究成果整合，假设房源量为 K，人员配备标准为 A，那么所需人员数量为 K/A；单位人工年成本为 C_R，行政办公运营成本占人工成本的比值为 a；维修概率为 r，单笔维修金额为 W；腾退清理概率为 γ，单次腾退清理金额为 T；诉讼发生概率为 α，单次诉讼金额为 S；目标利润率为 V。因而一般性成本的计算公式为：

$$\text{一般性成本}（C_1）=\frac{\text{房源量}（K）}{\text{人员配备标准}（A）}\times\text{单位人工成本}（C_R）\times（1+\text{行政办公运营成本占人工成本的比值}\ a）$$

$$\text{浮动性成本}（C_2）=\text{单笔维修金额}（W）\times\text{维修概率}（r）\times\text{房源量}（K）+\text{单次腾退清理金额}（T）\times\text{腾退清理概率}（\gamma）\times\text{房源量}（K）+\text{单次诉讼金额}（S）\times\text{诉讼概率}（\alpha）\times\text{房源量}（K）$$

$$\text{每套房每月运营管理价格}=\frac{（\text{一般性成本}\ C_1+\text{浮动性成本}\ C_2）\times（1+\text{目标利润率}\ V）}{\text{房源量}\ K\times 12}$$

因此，可得单套公租房每月的运营服务的数理定价模型为：

$$P=\frac{\left[\frac{K}{A}\times C_R\times(1+a)+W\times r\times K+T\times\gamma\times K+S\times\alpha\times K\right]\times(1+V)}{K\times 12}$$

（式①）

结合武汉市公租房运营管理规范要求，日常维修成本以及诉讼成本将采取实报实销的管理方式，那么对于这两项成本将不计入利润率，因此武汉市单套公租房每月的运营服务的数理定价模型调整为：

$$P=\frac{\left[\frac{K}{A}\times C_R\times(1+a)+T\times\gamma\times K\right]\times(1+V)+W\times r\times K+S\times\alpha\times K}{K\times 12}$$

（式②）

（三）公租房运营管理服务费用指导标准的制定

根据上述具体分析可知，各项费用的具体明细如表 20 所示：

表 20　**各项研究指标值汇总**

	C_1		C_2				V		
	年人工成本 C_R(元/人·年)	行政办公运营成本占人工成本比值 a	单次维修金额 W(元/次)	维修概率 r	单次腾退清理金额 T(元/套)	腾退概率 γ	单次诉讼金额 S(元/套)	诉讼概率 α	目标利润率
方案 1	74728	35%	2700	20%	1000	1%	5000	1%	10%
方案 2	74728	35%	2700	20%	1000	1%	5000	1%	15%
方案 3	74728	35%	2700	20%	1000	1%	5000	1%	20%

数据来源：根据上述研究整理

参照公式②，将表 20 数据代入计算，三种方案下每套公租房每月的运营管理服务价格如表 21 所示：

表 21　**公租房运营管理服务价格表**

房源规模	人员配比	方案 1	方案 2	方案 3
		单套每月价格（元）	单套每月价格（元）	单套每月价格（元）
200 套以下	1 : 80	165.68	170.97	176.27
200~1000 套	1 : 130	121.22	124.49	127.77

续表

房源规模	人员配比	方案 1	方案 2	方案 3
		单套每月价格（元）	单套每月价格（元）	单套每月价格（元）
1000 套以上	1∶180	101.46	103.84	106.21

数据来源：根据上述研究整理计算

对于上述三个方案的选择，课题组建议确定目标利润率水平为 15%，采用方案 2。原因在于：①公租房运营管理服务属于准公共性服务，具有一定的公共性、社会保障属性，其本质并非以完全的市场化操作来满足企业的逐利需求，而更多是通过引入市场化管理经验，提高公租房运营管理效率，满足保障对象的群体需求，这一公共属性决定其利润水平不能太高。②任何企业都有一定的盈利诉求，通过政府购买服务方式选定社会机构参与公租房运营管理应当考虑给予其合理的利润空间。若利润过低，无法满足其盈利诉求，那么社会机构参与的积极性将大幅降低，即使参与其服务质量也难以得到保证，激励机制将难以发挥作用；若给予其合理的利润空间，将克服上述不足。

为了进一步明确具体服务事项的费用标准，课题组针对目前具体服务事项设计出相应的管理难度打分表，由各区运营管理机构管理类人员填写，统计结果如表 22 所示：

表 22 **公租房运营管理服务事项难度区分统计**

①	②	③	④	⑤	⑥	⑦	⑧	⑨	⑩
房源管理	入住管理	退出管理	租金管理	房屋使用管理	安全管理	物业服务监督	档案管理	社会综合服务	维修管理
5%	7%	8%	17%	18%	15%	5%	10%	5%	10%

数据来源：根据调研结果统计计算

需要注意的是，由于具体服务事项的特殊性，并不是所有的服务事项价格均按上述比例分配。一是日常维修服务。由于日常维修服务波动性较大，因此对于维修管理中的日常维修服务价格可直接根据已有的维修数据进行确定，这样更贴近于实际。由上述分析可知，维修概率为 20%，单次维修金额为 2700 元，因此平均每套房日常维修服务的价格为：$\frac{1 \times 2700 \times 20\%}{12} = 45$ 元／套·月，由于运营机构在实际维修过程中，会面临一些工程量较大且复杂的维修事项，因此会临时外聘专业维修人员进行修理，此时会产生临时外聘人员的劳务支出，而这笔支出在实际运营过程中无法列支，因此要从上述维修单价中剥离出来。根据各区的数据经验，临时外聘人员劳务支出占维修费用的比例为 15%，其余部分为日常维修过程中的维修材料费，因此后文确定价格时将维修材料费定为：45×85% = 38.25 元/套·月，外聘人员劳务支出 45×15% = 6.75 元/套·月将列入维修管理之中。二是关于目前公租房运营过程中由于欠租违规等原因导致的诉讼事项。由上述分析可知，诉讼发生概率取 1%，单次诉讼金额取 5000 元，因此平均每套房诉讼事项价格为 $\frac{1 \times 5000 \times 1\%}{12} = 4.17$ 元/套·月。三是《武汉市公共租赁住房运营管理规范》将退出管理服务事项中的房屋清理服务作为新增事项，因此也需要根据已发生的腾退清理数据进行单独确定。由上述分析可知，腾退清理概率为 1%，腾退清理单次金额为 1000 元，目标利润率为 15%，因此平均每套房屋清理服务的价格为 $\frac{1 \times 1000 \times 1\% \times (1 + 15\%)}{12} = 0.96$ 元/套·月。由于维修和诉讼服务在实际运营过程中会采取实报实销的方式，故不计利润。四是在计算各项具体服务事项的价格时，应将上文中确定的每套房每月的服务价格减去日常维修服务、房屋清理服务以及诉讼服务价格再乘以各项具体服务事项所占比例，从而确定各项具体服务事项的价格。

综合以上分析，可制定《2019 年武汉市公共租赁住房运营管理费用指导标准表》。

表 23　**2019 年武汉市公共租赁住房运营管理费用指导标准表（单位：元/套·月）**

<table>
<tr><th colspan="2">项目</th><th>服务标准</th><th>1000 套以上费用价格标准</th><th>200～1000 套费用价格标准</th><th>200 套以下费用价格标准</th></tr>
<tr><td rowspan="4">房源管理</td><td rowspan="3">房源查验</td><td>查验房源竣工验收资料，核实房源已竣工并完成装饰装修工作，且已通过相关部门的验收</td><td rowspan="4">2.68</td><td rowspan="4">3.72</td><td rowspan="4">6.04</td></tr>
<tr><td>现场查看房屋结构及水、电、气、通信等室内设施设备的完好程度，判断房屋是否满足入住条件</td></tr>
<tr><td>逐套登记室内设施设备的品种、数量及水、电、气的起始码</td></tr>
<tr><td>房源资料交接</td><td>与运营委托主体（政府主管部门）做好资料移交手续，接受房屋移交资料并建档</td></tr>
</table>

续表

<table>
<tr><th colspan="2">项目</th><th>服务标准</th><th>1000 套以上费用价格标准</th><th>200～1000 套费用价格标准</th><th>200 套以下费用价格标准</th></tr>
<tr><td rowspan="12">入住管理</td><td rowspan="5">协助选房配租</td><td>首次配租时，做好前期准备。制定选房工作方案，确定选房场所、选房时间和选房规则，制作项目楼盘信息，将选房规则及项目楼盘等重要选房信息在选房现场予以公示</td><td rowspan="12">3.76</td><td rowspan="12">5.21</td><td rowspan="12">8.45</td></tr>
<tr><td>组织看房活动。正式选房前 15 日内，为选房对象安排选房时间、批次和场次，讲明选房规则和注意事项，在项目现场了解选房对象对房屋朝向、楼层、户型、面积、租金标准等具体要求</td></tr>
<tr><td>正式选房。依据选房顺序号，分批次和场次组织选房对象选定承租房屋，发放配租确认通知书</td></tr>
<tr><td>信息公示。在选房现场公布选房结果，并报送运营委托主体（政府主管部门）</td></tr>
<tr><td>信息告知。告知选定房屋的对象签订租赁合同的时间、地点、需缴费用等信息</td></tr>
<tr><td rowspan="4">签订租赁合同</td><td>核对配租对象基本信息。核对配租对象信息是否与政府主管部门核发的配租人员信息相符</td></tr>
<tr><td>签订合同文本。提醒配租对象阅读合同条款，双方签字确认</td></tr>
<tr><td>收取相关费用，包括租金、履约保证金、押金等</td></tr>
<tr><td>收回配租凭证。包括配租确认通知书、公租房租赁资格证明等</td></tr>
<tr><td rowspan="3">办理入住手续</td><td>提供专门场所并配备接待人员为租户办理入住手续</td></tr>
<tr><td>核对租户基本信息，采集租户入住信息，留存租户的档案资料，协同租户进行入户查验</td></tr>
<tr><td>在租户入户查验无异议后要求租户对公租房使用相关事宜进行签字确认，并向其移交房屋钥匙，同时发放房屋使用说明等资料</td></tr>
</table>

续表

<table>
<tr><th colspan="2">项目</th><th>服 务 标 准</th><th>1000 套以上费用价格标准</th><th>200 ~ 1000 套费用价格标准</th><th>200 套以下费用价格标准</th></tr>
<tr><td rowspan="7">退出管理</td><td rowspan="5">主动退出</td><td>受理退出申请。告知租户相关退租手续和流程；核实政府主管部门退出实物保障的认定材料；约定入户查验及租户搬离时间</td><td rowspan="7">5.26</td><td rowspan="7">6.91</td><td rowspan="7">10.63</td></tr>
<tr><td>入户查验。检查是否存在破坏房屋结构、损坏自用设施设备等情形，确定恢复或修复责任；核实房屋水、电、气等的使用情况；提醒租户及时结清水、电、气、物业等费用；查验后告知物业服务企业与租户办理物业清退相关手续</td></tr>
<tr><td>费用结算。在办理费用结算的同时，应做好房屋钥匙及相关物品的移交，留存租户签字确认资料</td></tr>
<tr><td>房屋清理。督促租户清理个人物品，租户搬离后，运营承接主体应对房屋进行必要的清理，并更换锁芯</td></tr>
<tr><td>资料归档及信息上报</td></tr>
<tr><td rowspan="2">被动退出</td><td>及时提醒并劝阻相关租户违规违约行为</td></tr>
<tr><td>做好证据保全工作，及时报送运营委托主体处理</td></tr>
<tr><td rowspan="7">租金管理</td><td rowspan="7">租金收缴</td><td>做好租金收取、退出结算等工作，按规定时限和要求缴存至指定账户</td><td rowspan="7">9.14</td><td rowspan="7">12.63</td><td rowspan="7">20.55</td></tr>
<tr><td>做好租金收支的账务管理，确保账目清晰，账实相符</td></tr>
<tr><td>规范制作租金台账、缴款单及日记账</td></tr>
<tr><td>按时与银行和相关部门对账</td></tr>
<tr><td>按要求及时报送资金报表</td></tr>
<tr><td>对未及时缴交租金的租户进行催缴</td></tr>
<tr><td>做好票据领取、使用和核销的管控</td></tr>
</table>

续表

<table>
<tr><th colspan="2">项目</th><th>服务标准</th><th>1000 套以上费用价格标准</th><th>200～1000 套费用价格标准</th><th>200 套以下费用价格标准</th></tr>
<tr><td rowspan="6">租金管理</td><td rowspan="3">欠租催缴</td><td>每季度末对租金滞缴情况进行分析，必要时可进行入户调查和核实，同时将相关信息报送运营委托主体</td><td rowspan="6">9. 14</td><td rowspan="6">12. 63</td><td rowspan="6">20. 55</td></tr>
<tr><td>采取电话、入户催缴、送达租金催缴通知单等方式督促欠租的租户补缴租金</td></tr>
<tr><td>经多次催收仍拒不缴纳租金或无法联系的租户，及时清算账目、保留欠租催缴证据，必要时可启动司法程序，并报运营委托主体备案</td></tr>
<tr><td rowspan="3">退出结算</td><td>做好房屋租金、押金、履约保证金等费用的结算工作</td></tr>
<tr><td>提供费用结算清单并由租户签字确认</td></tr>
<tr><td>租户拒不配合欠租追缴等退出结算工作的，应及时清算账目、保留证据，必要时可启动司法程序，并报运营委托主体备案</td></tr>
<tr><td rowspan="6">房屋使用管理</td><td rowspan="6">房屋巡查</td><td>制订房屋巡查计划</td><td rowspan="6">9. 67</td><td rowspan="6">13. 38</td><td rowspan="6">21. 76</td></tr>
<tr><td>按房屋巡查事项内容开展巡查工作，房屋巡查应不少于 2 名工作人员同行，并佩戴工作证件</td></tr>
<tr><td>整理填写巡查记录表，对巡查中发现的违规行为作好记录，告知当事人违规行为事实及享有的陈述和申辩权利，双方签字确认</td></tr>
<tr><td>每季度应至少进行 1 次入户调查，掌握租户个人及家庭成员变化情况</td></tr>
<tr><td>将发现但拒不整改的、群众举报反映的、政府相关职能部门指示的违规行为纳入巡查重点</td></tr>
<tr><td>每季度应对房屋违规使用情况进行汇总整理，形成《季度巡查情况汇总报告》并报送运营委托主体</td></tr>
</table>

续表

<table>
<tr><th colspan="2">项目</th><th>服务标准</th><th>1000 套以上费用价格标准</th><th>200～1000 套费用价格标准</th><th>200 套以下费用价格标准</th></tr>
<tr><td rowspan="7">房屋使用管理</td><td rowspan="7">违规行为处置</td><td>对违规行为立即联系租户，送达整改通知书并督促其按要求整改</td><td rowspan="7">9.67</td><td rowspan="7">13.38</td><td rowspan="7">21.76</td></tr>
<tr><td>闲置公租房超过规定时限的，巡查人员应联系租户告知其行为违反的相关规定，送达整改通知书并督促其按要求整改</td></tr>
<tr><td>利用房屋进行违法活动的，巡查人员应及时报告公安机关</td></tr>
<tr><td>发现室内设施设备因自然损耗、老化等安全隐患问题的，巡查人员应及时通知维修责任单位处理并作好记录</td></tr>
<tr><td>接到投诉举报，巡查人员应立即对投诉举报的情况予以核实，协助相关部门进行处理并作好回访记录</td></tr>
<tr><td>督促违规租户在规定时间内进行整改，并跟踪整改进度。对拒不整改或一个月内 3 次下达整改通知书仍未整改的，应及时报送政府主管部门处理</td></tr>
<tr><td>发现公租房小区周边的房屋经纪机构发布或提供公租房出租、转租等经纪业务时，运营承接主体应及时收集相关信息，报送政府主管部门处理</td></tr>
<tr><td colspan="2" rowspan="4">安全管理</td><td>设置专门的安全管理岗位，每个服务站点至少配备 1 名专（兼）职安全管理责任人，定期组织安全检查，排查房屋居住安全隐患</td><td rowspan="4">8.06</td><td rowspan="4">11.15</td><td rowspan="4">18.13</td></tr>
<tr><td>做好信访维稳工作，处理紧急安全事故，设置专门的工作人员处理信访投诉。对于群访、媒体关注的重大事件，应及时调查核实并向相关部门反馈情况</td></tr>
<tr><td>建立公租房安全管理台账，定期整理相关资料并形成记录档案</td></tr>
<tr><td>每季度应开展安全检查，每季度不少于 1 次</td></tr>
</table>

续表

项目	服务标准	1000 套以上费用价格标准	200～1000 套费用价格标准	200 套以下费用价格标准
安全管理	开展对租户的安全防范和法制宣传工作，每年不少于 4 次。引导住户正确使用房屋及室内设施设备	8.06	11.15	18.13
	应重点关注孤寡空巢老人、残疾或行动不便人群等，可采取入户宣传、定期走访等方式帮助其消除安全隐患			
	与物业、公安、消防和社区保持密切联系，开展安全联防活动			
	应督促物业服务企业按照相关要求设置公租房消防安全标志			
物业服务监督	与公租房产权人签订业主权利委托协议，行使相关投票权、选举权和被选举权，对物业共用部位、共用设施设备和相关场地使用情况享有知情权和监督权	2.68	3.72	6.04
	监督业主委员会的工作；监督物业共用部位、共用设施设备专项维修资金的管理和使用；督促物业服务企业履行物业服务合同			
	对公租房小区物业管理情况进行检查，发现问题应督促物业服务企业限期整改，确保每季度检查不少于 1 次			
	代表房屋所有权人积极协助业主委员会、社区、物业服务企业等相关责任主体开展维修工作，行使业主权利			
	运营承接主体应督促租户遵守业主公约，配合物业管理			
社会综合服务	协助处理租户的信访投诉	2.68	3.72	6.04
	配合开展群众服务和社区公益活动			
	配合开展住房保障政策和法制宣传			
	配合相关部门做好各类慰问走访工作			
	配合处置群体性事件及其他应急事件			
	配合相关政府主管部门开展执法行动			
	结合租户的需求，按便民、利民的原则提供便利服务			
	定期组织召开租户代表参加的联席会，发放满意度调查问卷，征询各项服务改进意见和建议			

续表

<table>
<tr><th colspan="2">项目</th><th>服务标准</th><th>1000 套以上费用价格标准</th><th>200～1000 套费用价格标准</th><th>200 套以下费用价格标准</th></tr>
<tr><td colspan="2" rowspan="5">档案管理</td><td>对公租房在运营管理过程中形成的文件资料进行收集、整理、归档及统计，维护档案的完整、安全</td><td rowspan="5">5.37</td><td rowspan="5">7.44</td><td rowspan="5">12.08</td></tr>
<tr><td>按照“一套一档”的要求建立公租房房源档案，归档范围为：基本情况材料和使用情况材料</td></tr>
<tr><td>建立运营管理服务专项档案</td></tr>
<tr><td>建立电子档案，电子档案应与相应纸质档案的内容保持一致</td></tr>
<tr><td>纸质租户档案应长期保存。电子租户档案、纸质房源档案和电子房源档案保管期限应为永久。财务凭证、重大突发事件或事故档案应长期保存</td></tr>
<tr><td rowspan="5">维修管理</td><td rowspan="2">受理报修</td><td>安排专人通过报修电话、微信、QQ 等信息化工具或平台建立报修渠道，安排专人受理租户报修申请，及时响应租户报修信息</td><td rowspan="5">12.12</td><td rowspan="5">14.19</td><td rowspan="5">18.83</td></tr>
<tr><td>通知维修单位组织维修。一般故障或损坏报修，工作人员应在 2 小时内到达现场；紧急故障或损坏报修（含事故风险的报修），工作人员应在 30 分钟内到达现场</td></tr>
<tr><td rowspan="2">维修回访</td><td>房屋维修结束，运营承接主体应安排专人进行回访，并作好回访记录，维修回访率不低于 50%</td></tr>
<tr><td>回访时间应安排在验收合格后 5 个工作日内。其中，紧急故障或损坏维修（含事故风险的维修）应在 2 个工作日内回访；漏水项目维修应在 3 个工作日内回访</td></tr>
<tr><td>维修台账</td><td>建立公租房房屋维修台账，内容包括维修工作记录、维修费用记录等</td></tr>
<tr><td colspan="2">维修材料费</td><td>质保期满后的日常维修</td><td>38.25</td><td>38.25</td><td>38.25</td></tr>
</table>

续表

项目	服务标准	1000 套以上费用价格标准	200～1000 套费用价格标准	200 套以下费用价格标准
诉讼管理		4. 17	4. 17	4. 17
合计		103. 84	124. 49	170. 97

四、政府购买公租房运营管理服务定价的动态调整机制研究

目前武汉市公租房运营管理服务费难以满足各运营机构的成本及利润诉求的根本原因在于成本刚性增长与价格缺乏弹性之间的矛盾，而这一矛盾的形成在于价格动态调整机制的缺位，因此，本研究通过科学设定公租房运营管理服务的动态调整周期、价格调整触发机制及动态调整公式，通过三者的有机互补构建起公租房运营管理服务的动态调整机制，增强公租房运营管理服务的价格弹性，使其能够适应成本不断变化的影响，从而维护公租房的稳定运营。

（一）动态调整周期的确定

一般而言，公租房运营管理服务定价的动态调整周期越长，服务供求双方面临的市场风险越大，公租房运营管理不稳定性上升。但调价相对频繁，一方面容易导致价格信号失真，失去其应有的市场引导作用，使得政府部门及社会专业机构难以准确把握公租房运营管理市场的市场状况；另一方面会使得公租房运营管理单位的效率激励作用降低，甚至诱发相关单位人为增加运营成本、降低效率。因此，一个合理的动态调价周期对于规范和稳定公租房运营管理服务至关重要。

通常而言，政企合作项目或者一些公共服务项目的动态调价周期为 2 年至 4 年，例如公路费率调整周期为 2～3 年，垃圾焚烧发电项目价格为 2～3 年，污水处理服务项目基本为 3 年。具体行业的调价周期应根据不同行业的特征来确定。公租房运营管理服务的动态调价周期应考虑以下具体因素：

1. 社会经济发展状况

（1）CPI 指数

CPI 指数能较好反映社会综合物价水平的波动，在一定程度上可以作为公租房运营管理中人力成本以外的其他成本变化的参考依据。通过分析 2000 年以来武汉

市 CPI 指数的涨跌趋势变化情况可以大致判断一个调整周期。具体数据如图 14 所示：

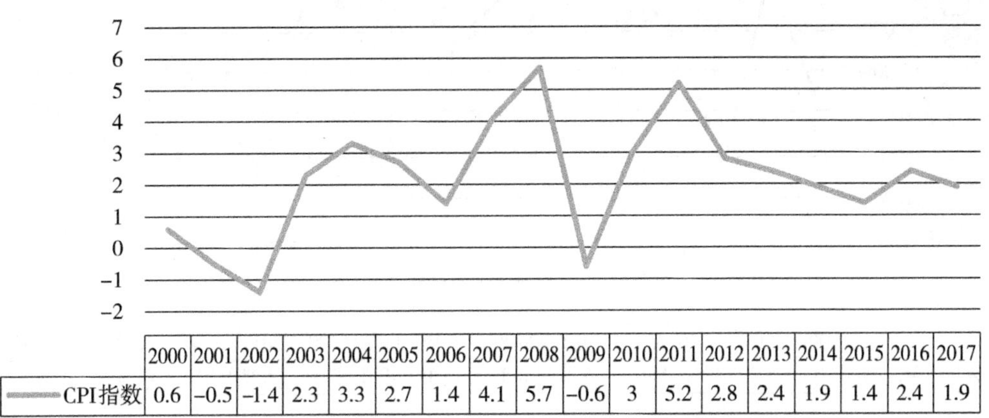

	2000	2001	2002	2003	2004	2005	2006	2007	2008	2009	2010	2011	2012	2013	2014	2015	2016	2017
CPI指数	0.6	−0.5	−1.4	2.3	3.3	2.7	1.4	4.1	5.7	−0.6	3	5.2	2.8	2.4	1.9	1.4	2.4	1.9

图 14　武汉市 2000—2017 年 CPI 指数及其变动情况

数据来源：武汉市 2018 年统计年鉴

图 14 中武汉市 CPI 指数涨跌趋势变化的年度可从曲线拐点处得知。从图中可以看出，拐点为 2002 年、2004 年、2006 年、2008—2009 年、2011 年、2015—2016 年，武汉市在 2000—2017 年，基本为每 2～3 年 CPI 指数的涨跌趋势发生变化。因此，为避免调价周期较短，调价相对频繁，对应武汉市物价变动这一经济指标，公租房运营管理服务价格的调整周期应初步确定为 3 年左右。

（2）在岗职工平均工资

由于公租房运营管理是一种劳动密集型的服务行业，其人力成本在总成本中的比例在 50%～60%之间。因此通过考察武汉市自 2000 年以来在岗职工工资变化的时间，可以将其作为公租房运营管理服务定价动态调整的参考依据。具体数据如图 15 所示：

从图 15 可以看出，武汉市自 2000 年以来平均工资基本呈上升之势，但近年来有所放缓，且各年间工资涨幅存在波动，而这一涨幅波动的时间可以作为调整周期的参考。图 15 中武汉市在岗职工平均工资涨幅变化的拐点为 2001—2002 年、2004—2005 年、2008 年、2010 年、2012 年、2014 年，基本可以得出，武汉市在岗职工工资在 2～3 年会变动一次，这一时间间隔与 CPI 指数趋势变动的时间间隔大致相同。

2. 公租房运营管理服务历史数据

公租房运营管理的历史数据主要包括：往年利润、人力成本、维修、行政办公

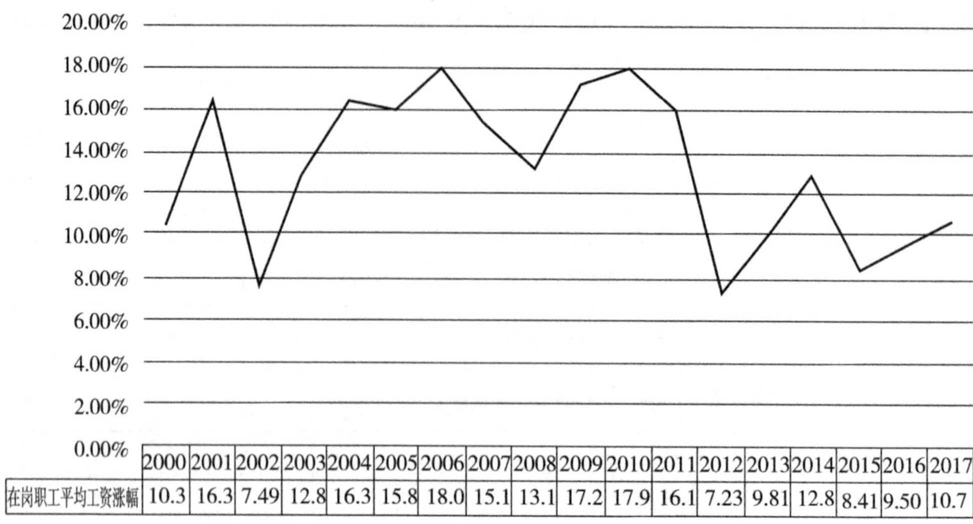

图 15　武汉市 2000—2017 年在岗职工平均工资变化情况

数据来源：武汉市 2018 年统计年鉴

成本等。由于公租房运营管理单位的盈亏平衡状况或利润空间最能直接反映价格调整的必要性，因此，公租房运营管理服务的历史数据应主要参考其利润空间的变化状况。各机构 2015 年以来的数据如表 24 所示：

表 24　**中心城区各机构 2015 年以来盈亏平衡状况（单位：元）**

	2015	2016	2017	2018
洪山		2298. 27	−607579. 47	−604899. 46
安居			−441071. 96	−1033000. 99
盛昌	258660. 75	−103405. 84	−259950. 32	−266032. 26
台北		0	0	−1700000
江汉	1318548. 59	249360. 26	215959. 55	203648. 2
汉阳		54793	272866	337453
青山	−589241. 44	140051. 24	298251. 48	−35394. 82
硚口		1498910. 96	2517021. 11	1623093. 12
武昌	−554889. 73	207984. 12	−333682. 92	327420. 88

数据来源：根据武汉市七个中心城区的调研数据汇总

注：由于硚口区硚顺公司于 2016 年 10 月才开始接管，2016—2017 两年内人手不足，运营成本较低，数据不足以作为研究依据。

从表24可以得知，各区公租房运营机构/运营站于2017年陆续陷入亏损状态，而有盈利的运营机构也只是账面利润，实际情况不容乐观，同时2017年是费用价格标准施行的第三年，考虑到各区的运营单位基本为国有性质企业，同样存在盈利目标，因此从各机构的盈亏平衡角度看，公租房运营管理服务价格的调整周期约为3年较为合理。

综合上述分析，在对应武汉市经济发展状况的基础上，结合武汉市公租房运营管理服务的实践效果，为避免调价周期较短、调价相对频繁带来的市场信号失真以及调价不及时带来的市场风险等问题，课题组建议武汉市政府购买公租房运营管理服务定价的动态调整周期为3年。

（二）价格调整触发机制

1. 成本变动方面的触发机制

一方面，随着公租房运营管理的不断推进，未来不确定因素将会增多，社会经济发展状况以及公租房运营成本的影响因素会存在变化，导致价格的调整滞后于成本变动，因此，单纯设置一个固定的动态调整周期并不完全科学。此外，依据成本核算进行定价及动态调整的一大弊端在于使运营机构规避原材料价格、人力成本等变动风险，所有成本的增长最终均由政府买单。因此，需要价格调整触发机制来弥补上述不足。

根据对物业服务行业的咨询及相关资料的查阅，这一类物业服务性质行业最低利润率为8%~10%，而参与政府购买公租房运营管理服务的运营管理机构本身存在一定的利润诉求，如果平均每套房成本变动达到10%左右，那么其利润空间将被压缩得很小甚至为零利润。因此，首先确定以10%的平均每套房成本变化率为触发价格调整的临界点是题中应有之义。此外，若由于工资、CPI等的上升引起成本增加，企业对运营期的价格变化应当承担一定的风险，借鉴一些公共服务项目物价上涨风险分摊标准，每套房平均成本上涨幅度5%以内的风险可由企业自行承担，即平均每套房服务成本变化引起价格调整的预警点为5%，触发点为10%。

而当社会经济出现物价全面下跌等导致公租房运营管理实际价格下降的状况时，要考虑价格下调的情形。因此，综上而言，公租房运营管理服务费的价格触发机制为：平均每套房服务成本变化率达到±5%为价格调整的预警点，达到±10%时为价格调整的触发点。若在动态调整周期中的某一年内发生重大的经济变化或者成本变动超过10%，那么该年度便需要进行相应的价格调整。同时也将从该年度开始进入新一轮的动态调整周期，而不再拘泥于原来的调整周期。

2. 政策变更、运营情况出现较大变动

对于公租房运营管理政策发生一些足以引起其费用指导价格标准变动，以及在公租房运营管理服务中诸如腾退清理等难以预见事项出现连续两三年的频率上升现象时，应当重启定价机制，重新测算公租房运营管理服务的价格。

（三）动态调价公式

1. 动态调价方法

目前在公共服务领域常用的动态调价方法包括最高上限调价模型、NPV 模型以及 PPP 项目中常用的基于成本变化的调价方法。一方面，最高上限调价模型中的关键指标生产效率增长值对于公租房运营管理服务而言难以准确衡量；另一方面，NPV 模型既涉及项目的投资回报率又涉及运营中的需求量变化等运营风险，相对于公租房运营管理这一管理量相对稳定且只涉及项目运营的公益性社会服务而言范围较大，因而这两种模型难以适用于公租房运营管理服务的动态价格调整当中。目前大多数 PPP 项目考虑到项目成本的刚性增长趋势，均通过合同设计了相应的动态调价机制。这一方法对于公租房运营管理是适用的，原因在于：

（1）政府购买公租房运营管理服务的实质也是公共部门与社会专业机构的合作，以提高公租房运营管理效率，这与 PPP 模式的本质相似。

（2）与部分政府付费类 PPP 项目相似，公租房运营管理服务的收入来源单一，仅通过财政拨付的运营管理费维持，而其成本又存在刚性增长之势，这决定了公租房运营管理服务价格能否覆盖其成本关乎公租房运营管理服务质量。

（3）造成价格变动的主要原因在于成本变化，这点可由下列公式予以说明。

假设 t 时期的价格为 $P_t=C_t\ (1+V)$，其中 P_t 为价格，C_t 为总成本，V 为目标利润率。那么同理 $t+n$ 期的价格为 $P_{t+n}=C_{t+n}\ (1+V)$。其中 n 为动态调整周期。

那么价格变化率为：$\dfrac{\Delta P}{P}=\dfrac{P_{t+n}-P_t}{P_t}=\dfrac{C_{t+n}-C_t}{C_t}=\dfrac{\Delta C}{C}$。

这意味着价格的变化率与成本变化相同，那么只要分析在动态调整周期内的成本变动情况就可以确定价格的涨幅，从而可以进行相应的调价。

因此，从这一角度看，只要明确公租房运营的成本构成就可以采用 PPP 项目中的这一调价公式，达到相应的目的。

2. 公租房运营管理服务价格动态调整模型构建

基于上述分析，结合政府购买公租房运营管理服务本身的特点，本研究借鉴 PPP 项目中基于运营成本因素变化的动态调价公式，确定公租房运营管理服务价格动态调整模型为：

$$P_n = P_{n-t} \times K$$

其中 P_n 为第 n 年的公租房运营管理服务价格，P_{n-t} 为第 $n-t$ 年的公租房运营管理服务价格，K 为调价系数，t 为动态调整周期。

调价系数 K 满足：$K = \sum C_i \times \frac{E_n^i}{E_{n-t}^i}$，$\frac{E_n^i}{E_{n-t}^i}$ 表示影响因素 i 在上一调价年度与本调价年度的变化程度，C_i 为影响因素 i 在价格（或成本）构成中所占的比重（$\sum C_i = 1$）。①

3. 关于调价系数 K 的影响因素确定

关于动态调价系数 K 的选择应主要考虑在公租房运营成本构成中占据主要地位的人工成本、行政办公运营成本以及维修成本。

（1）由于人工成本变动主要反映在运营机构的职工工资水平上，考虑到在上述定价模型测算中采用的是武汉市房地产业社会平均工资水平的数据，且公租房运营管理服务本质属于物业管理服务一类，而物业管理服务按照 2017 年第四次修订的《国民经济行业分类》应属于房地产业。因此人工成本的变动应参照武汉市统计年鉴中的分行业就业人员平均工资中房地产业的平均工资变化测算，假设这一因素为 W（Wage）。

（2）维修单位成本的变化。公租房日常维修事项主要涉及一些维修材料的耗用（维修中的人力成本由于设有专门维修员而在人工成本处予以考虑）。在不考虑购买优惠等其他因素的情况下，这些材料的价格波动将会引起维修成本的变动，而这些室内维修材料价格的变动将主要从物价指数 CPI 得到反映。进一步从武汉市统计年鉴的数据分类可知，在 CPI 指数中有一类二级指标“居住类 CPI 指数”，在此二级指标下又进一步细分有专门统计住房维修的 CPI 指数三级指标“住房保养维修及管理 CPI 指数”。因此综合上述分析，维修成本的变动应参考武汉市统计年鉴中居民消费价格指数里的“住房保养维修及管理 CPI 指数”变化情况，假设这一因素为 R（Repair）。

（3）行政办公运营成本的变化。对于行政办公运营成本的变动，由于其既涉及办公材料耗用又涉及手续费、税费等开支，难以准确区分各个成本或影响因素的

---

① 《遂平县城区汝河综合治理 PPP 项目合同》，http：//www. cpppc. org：8083/efmisweb/ppp/projManage/perview. do？ fileName=%E9%81%82%E5%B9%B3%E5%8E%BF%E6%B1%9D%E6%B2%B3%E9%A1%B9%E7%9B%AEPPP%E9%A1%B9%E7%9B%AE%E5%90%88%E5%90%8C%E5%B8%A6%E7%AD%BE%E5%AD%97. pdf&ftpFileName=2018/03/01/20180301033446230. pdf&content=efmisweb&xsg=：8083/。

大小及影响程度。同时由于公租房运营管理本身属于一种服务性质的行业，是一种服务的“购销”行为，因而其变动情况可以参考武汉市统计年鉴中的“服务价格指数”进行综合测算。因此，行政办公运营成本的变动可由服务类 CPI 指数反映，假设这一因素为 O（Others）。

4. 系数 C_i 的确定

首先，系数 C_i 为各因素在价格（成本）构成中所占的比例，因此可以先根据已有历史数据测算目前各机构人工成本、维修成本、行政办公运营成本在总成本中所占的比例。

根据调研统计的历史数据，在去掉一些极端的异常数据后，人工成本、维修成本及行政办公运营成本在总成本中的占比分别为 59. 37%、19. 35%、21. 51%。四舍五入取两位小数后为 0. 59、0. 19 和 0. 22。参考与公租房运营管理性质相似的物业管理服务的成本构成，其人工成本、维修成本一般为 60% 和 20% 左右，因此本研究所确定的影响因子系数基本合理。

5. 关于动态调价系数 K 的确定

结合上文分析可知，动态调价系数 K 为：

$$K = 0.59 \times \frac{W_{n-1}}{W_{n-3}} + 0.19 \times (CPI_R^{n-1} \times CPI_R^{n-2} \times CPI_R^{n-3} \times 10^{-6}) + 0.22 \times (CPI_O^{n-1} \times CPI_O^{n-2} \times CPI_O^{n-3} \times 10^{-6})$$

五、结　　语

本研究以《武汉市公共租赁住房运营管理规范》为研究基础，根据公租房运营管理具体服务事项，全面核算服务事项的成本支出，并结合公租房自身公共属性和行业市场利润水平，确定 2019 年武汉市公租房运营管理服务指导价格，并且构建了价格动态调整机制模型，以适应武汉市市场环境的变化，从而保证价格的合理性和适用性，维护政企双方权益，提高财政资金的使用效率，保证公租房运营管理服务质量，最终提升武汉市公租房住户的幸福感和满足感。

由于目前相关研究的理论和实证经验相对较少，并且数据并不充足，许多指标的确定只能参考相关行业经验，因此一些问题还有待深化和研究，比如公租房运营管理机构的税收问题、公租房存量的趋势、未来公租房运营管理的趋势等。课题组将不断学习，努力探索，完善对公租房领域的研究，争取探究出理论充分、实践扎实、普遍适用的定价模型和价格调整机制。

◎ 参考文献

[1] 沈俊．政府购买公共服务合理定价问题的研究［J］．中国市场，2017（34）：85-86.

[2] 许源．政府购买社会组织服务定价机制研究［J］．学会，2015（7）：14-20.

[3] 李洁．基于标准成本的政府购买环卫服务定价策略研究——以购买道路清扫保洁服务为例［J］．经济研究参考，2017（53）：37-40，106.

[4] 张荣馨，周湘林．基于成本核算政府购买基础教育服务定价方法研究——以购买专业知识型服务为例［J］．当代教育论坛，2016（2）：28-36.

[5] 无锡市财政局课题研究组．完善政府购买服务的选择和定价机制［N］．中国政府采购报，2012-10-12（4）.

[6] 崔军，张雅璇．政府购买服务定价的核心推定与策略安排［J］．行政管理改革，2016（8）：47-52.

[7] 王晶．政府购买服务：创新公租房运营管理模式［J］．决策与信息，2018（10）：94-99.

[8] 程永高．推动公租房管理升级　政府购买服务可期待［N］．浙江日报，2018-10-18（6）.

[9] 褚少琨．政府向社会购买公共服务的定价模型及其应用研究［D］．西安建筑科技大学，2017.

[10] 武亚军．可持续发展型的水资源定价：边际机会成本方法与一个动态定价模型［J］．经济科学，1999（1）：76-80.

[11] 高华，孙赵航天，程风华．污水处理 PPP 项目价格形成与动态调整机制研究［J］．价格理论与实践，2016（11）：130-133.

[12] 周思娇．PPP 模式下污水处理服务价格调整模型与政策研究——基于最高上限价格管制理论［J］．现代经济信息，2018（23）：295-296，298.

[13] 王洪强，张梦情，程敏．PPP 项目动态调价机制与利益相关方敏感性研究——以污水处理 PPP 项目为例［J］．价格理论与实践，2017（8）：148-151.

[14] 邓小鹏，熊伟，袁竞峰，等．基于各方满意的 PPP 项目动态调价与补贴模型及实证研究［J］．东南大学学报（自然科学版），2009，39（6）：1252-1257.

武汉房地产市场监管体制机制研究

武汉市住房保障和房屋管理局房地产开发管理处
武汉大学

课题负责人： 林　晖　武汉市住房保障和房屋管理局　副局长
课题组成员： 曾国安　陈　浩　孙晓燕　徐冰涛　但　丁
张艳芳　何艾狄　罗亚兰　马宇佳　耿　勇
杨小曼　林成龙　陈　芮　黄鹏飞　邓　琪
陈诗佳
课 题 统 稿： 张艳芳　何艾狄

一、引　言

党和国家高度重视民生保障，高度重视房地产发展长效机制的建设，高度重视住有所居，明确提出坚持以人民为中心，坚持房子是用来住的、不是用来炒的定位，突出住房的民生属性，始终把解决人民群众住房问题作为出发点和落脚点，强调落实城市主体责任。武汉市通过完善房地产市场监管体制机制，积极探索如何构建房地产市场平稳健康发展长效机制，更好地落实国家有关房地产市场监管的政策，努力促进“稳就业、稳金融、稳外贸、稳外资、稳投资、稳预期”和“稳地价、稳房价、稳预期”目标的实现。

在党中央、国务院及市政府提出的新要求下，武汉市房地产市场监管体制机制的继续完善必须牢牢把握六个主要目标，打造法治化、国际化、便利化的营商环境，激发市场主体活力，增强内生发展动力，顶住经济下行压力。

其一，维护消费者正当权益。维护消费者权益始终是政府的基本职责，完善房地产市场监管、规范房地产市场秩序是维护消费者权益的前提。尽管市场总体有序、健康，但在预售、装修、信息等诸多方面仍不时出现侵害消费者权益的事。因此，需要研究如何以更好的监管来解决这些问题，切实维护消费者的正当权益。

其二，规范市场秩序。整顿和规范房地产市场秩序工作已取得显著成效，但由于各种主客观原因，房地产市场仍存在某些混乱现象，较为突出的问题包括“捆绑销售”“精装修质量纠纷”“延期交付”等违法违规行为，严重破坏了房地产市场环境，亟须通过创新监管方式和提升执法能力来进一步规范市场经济秩序，保障房地产行业平稳健康运行。

其三，维护市场公平竞争。完善“事前、事中、事后”的全过程监管，既要保护房地产开发企业的合法经营权益，也要严惩房地产开发企业的违法违规行为。通过引导房地产开发企业规范经营，维护房地产市场公平竞争，一方面能够激发市场主体活力，释放发展内生动力；另一方面能够提高行业整体水平，保障消费者合法权益。

其四，化解市场突出矛盾。在人口呈现持续净流入状态、承接东部产业转移红利、金融运行态势稳中向好的大背景下，必须强化源头管控，做好过程管理，加强职能机构联动，积极化解精装修住房质量与价格不符、延期交房、捆绑销售等突出矛盾，促进市场健康有序发展。

其五，促进市场健康平稳发展。一方面要通过对市场的调节促进房地产市场供求平衡，价格平稳，另一方面则需要通过完善对房地产市场的监管，构建诚信经营环境，完善舆情监测和管控，落实各项法规文件，遏制房地产市场投机，预防房地产市场过度投资，避免房价出现大幅度波动，切实落实好房地产市场调控的城市主体责任，建立起市场调控的长效机制，促进房地产市场健康平稳发展。

其六，提高市场管理效能。积极探索信息共享和调控会商的有效机制，构建全方位、跨部门、多层级的监管体系，构建更有效的多部门联合执法机制，不断加强房地产开发市场主体信用建设，不断提高房地产市场管理效能，不断提高市场运行效率，促进房地产市场高质量发展。

房地产市场监管要紧紧围绕以上六个主要目标，坚决贯彻落实党中央和国务院关于加强房地产市场监管的决策部署，通过强化七个方面的工作，确保将房地产市场监管体制机制的相关措施落到实处。

第一，健全综合治理和联合执法机制。一是强化权责清晰、目标兼容、相关性强的综合治理和联合执法的组织机制建设，健全横向协作和纵向联动的监管组织体系。二是以制度建设为手段，以解决问题为目标，强化高效的综合治理和联合执法的全过程协调机制建设。三是以权责划分为前提，以监督问责为手段，强化综合治理和联合执法的保障机制建设。

第二，完善信息共享和调控会商机制。一是加强信息共享与调控会商法规建设，通过法规来规范信息共享与调控会商过程中的各种行为。二是不断提高信息的标准化水平，逐步建立起完善的信息标准体系。三是不断完善信息共享平台，既要加强信息平台基础设施建设，也要加强信息平台运行体系、管理方式等方面的建设。四是加强信息共享和调控会商的监督机制建设，健全信息共享和调控会商的考核监督，强化信息共享和调控会商的问责。五是设置统一高效的协作组织，充分发挥行政管理的约束作用，促进政府内部信息资源的共享。六是提高各部门信息共享和参与会商的主动性，通过跨部门合作对房地产市场交易、供地、金融等信息和政策进行全方位的调控。

第三，健全信用管理机制。一是要加强法律法规建设，明确法规红线，使得市场主体有规可循，执法部门有法可依。二是要完善信用信息共享共用平台建设，给予拥有相关市场主体较多信用信息的部门以平台使用权限，对信用信息的录入和更新进行核实和跟进。三是要适当提高对市场主体的资质要求，加大审查力度，严把进入门槛，强化市场淘汰和退出机制，促进市场主体守信意识和能力的提高。四是发挥新闻媒体的监督作用和行业协会的组织功能，加强对市场主体的信用教育，提高守信意识，减少失信行为。

第四，完善舆情管控机制。一是要完善舆情监测管理机制，通过网络舆情监测分析平台全面实时掌握舆论动向，提升房地产市场舆情监测和管控效率。二是要建立舆情汇总分析机制，通过定性和定量相结合的方法对监测到的房地产市场舆情进行深度挖掘，为后续房地产市场舆情风险的防范和化解提供数据基础。三是要制定舆情预警预报机制，对舆情危机提前做出判断，做好应对准备。四是要健全舆情控制引导机制，把握网络舆论导向，净化网络舆论环境。五是要构建舆情事后评判机制，及时进行总结和反思，不断总结经验和教训，完善突发事件舆情应对预案。

第五，健全职能分工机制。一是根据部门和市区层级分工，明确在房地产市场监管中各部门和市区各自的职能，避免在房地产市场监管中出现推诿和执法违规现象。二是明确在房地产市场监管全过程中的主责部门和次责部门。三是健全各部门履责的监督问责机制。

第六，完善协同机制。在房地产市场监管中全社会要形成合力，需要形成政府部门、行业协会以及其他力量之间的协同。一方面政府各部门之间、市区之间要形成协同，另一方面政府部门和行业协会以及其他力量应形成协同。政府部门要充分发挥对协同的推动作用，采取定向购买服务、专项资金扶持等方式，引导行业协会积极促进房地产市场主体的自我约束，不断规范市场行为，尤其是在政府部门监管能力和监管资源都相对薄弱的环节，要善于利用行业协会的专业性优势。行业协会作为政府部门和市场主体之间的桥梁和纽带，必须准确把握职能定位，通过制定行业协会自律规章促进行业协会成员实现自我约束和自我管理。同时，要合理利用行业协会以外的组织和市场主体的作用，共同监督房地产市场主体的行为，从而增强对房地产市场主体的监督和约束。

第七，建立激励约束机制。激励约束机制的建设既针对政府部门，也针对行业协会等社会组织以及个人。首先是要建立起针对政府部门的激励约束机制。具体而言，一是建立起对相关职能部门负责人的激励约束机制；二是建立起对相关职能部门的激励约束机制；三是建立起对相关职能部门具体责任人的激励约束机制。其次是要建立起针对行业协会等社会组织以及个人的激励约束机制。

二、武汉市房地产市场监管体制机制建设的做法

（一）推进信息共享与调控会商体制机制建设的做法

1. 制定了《武汉市政务数据资源共享管理暂行办法》

跨部门的政府信息共享对于提升政府行政效率与服务水平具有重要意义。“十三五”以来，国家高度重视“互联网+政务服务”体系建设，特别是在房地产领域，建立全社会房产、信用等基础数据统一平台，推进部门信息共享，成为未来我国改革房地产市场监管模式和提高房地产宏观调控效果的重要途径。为此，国家相关部门出台了一系列的文件。武汉市针对信息共享出台了《武汉市政务数据资源共享管理暂行办法》（武政办〔2015〕146号），要求加强数据采集和归集、数据共享应用和数据监督管理等工作。

2. 颁行了《武汉市推进“数字政府”建设实施方案》

2019年9月，武汉市印发了《武汉市推进“数字政府”建设实施方案》，方

案明确以建设人民满意的服务型政府为目标，以“互联网+政务服务”为切入点，以全面提升政府决策科学化水平、社会治理能力、公共服务效能为重点，推动政府数字化转型，“对外服务一个网站一个 App，对内办公一套系统一个平台”，打造全国一流营商环境，促进武汉经济社会高质量发展。该方案要求加快政务大数据平台建设及应用，加大数据资源治理与共享力度，构建完善全市数据资源信息库，推动政府数据资源有序开放利用。

3. 新成立了武汉市政务服务和大数据管理局

2019 年 1 月 9 日，武汉市委召开全市机构改革动员大会，对武汉市全面推进改革作了安排部署，将市政务服务管理办公室的职责、市互联网信息办公室的大数据管理职责、市人民政府办公厅的政务公开工作职责、市行政审批制度改革领导小组办公室的职责等进行整合，组建了市政务服务和大数据管理局，主要职责包括但不限于：①研究拟订并组织实施大数据战略，引导和推动大数据研究和应用工作。②拟定大数据收集、管理、开放、应用等标准规范。③统筹推进社会经济各领域大数据开发应用。④负责统筹政务信息网络系统、政务数据中心的建设及管理，促进政府数据资源的共享与开放。⑤统筹协调信息安全保障体系建设（图 1）。

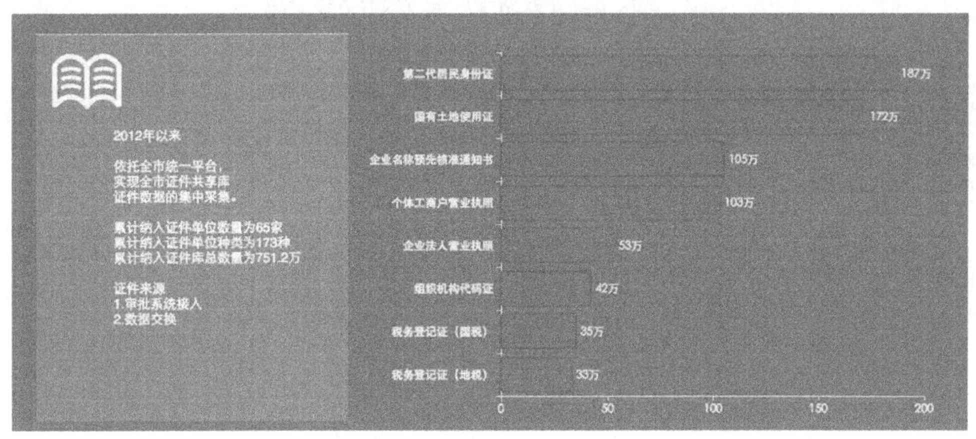

图 1 武汉市政务服务和大数据管理局证照共享情况

4. 建立了武汉市政务数据开放平台

2015 年 4 月，武汉市互联网信息办公室承建的武汉市政府公开数据服务网（www. wuhandata. gov. cn）正式面向社会开通运行。截至 2019 年 11 月 10 日，该网站全面开放 12 个领域主题数据资源，数据记录共 127808 条，可下载数据

3360 项、地图服务 203 个、App 应用 57 个、Excel 文件 708 条、图片 152 张、数据文件 5 个、PDF 文件 1782 个、csv 文件 735 个，数据来自 101 家单位（图 2、图 3、图 4）。

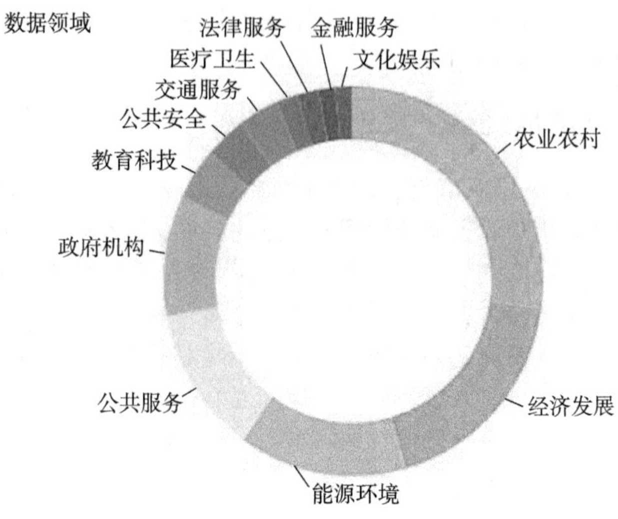

图 2　武汉市政务数据开放平台公开数据领域

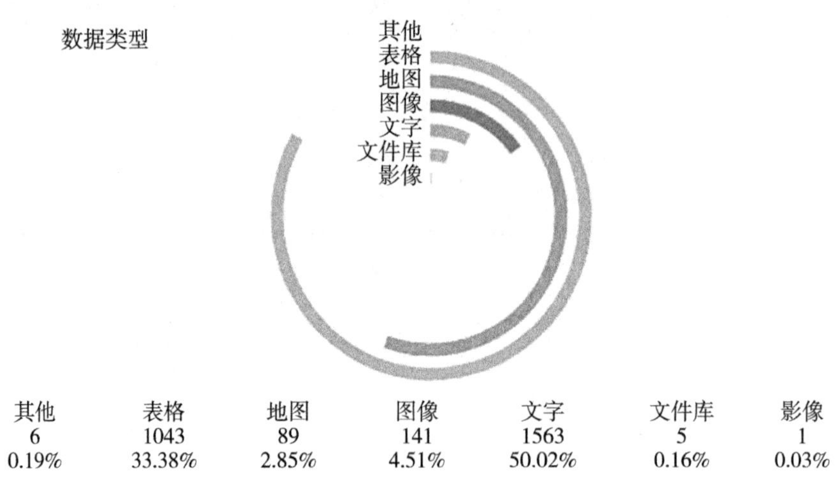

图 3　武汉市政务数据开放平台公开数据类型

武汉市在制定房地产市场调控政策时有会商机制，目前未见有关会商的专门文件。

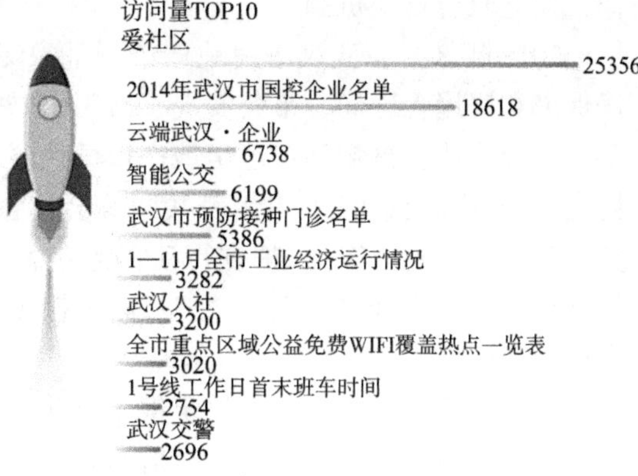

图 4　武汉市政务数据开放平台数据下载量和访问量

（二）推进综合管理和联合执法体制机制建设的做法

1. 不断推进综合管理和联合执法制度建设

（1）制定了一系列针对房地产市场监管的法规和文件

武汉市在国家出台的房地产市场监管的相关法律法规和部门规章的基础上，根据武汉市房地产市场运行和监管的实际需要，出台了一系列关于商品房销售、销售资金使用监管、网签备案、开发企业信用管理、土地使用权取得等方面的法规、规章和文件。这些法规、规章和文件的出台，一方面弥补了国家层面相关法律法规和部门规章的缺位，例如《武汉市房地产开发企业信用信息管理办法》（武房规〔2019〕2 号）就弥补了对房地产企业进行信用评级的上位法规的缺位；另一方面则使相关监管措施落地，更贴合武汉市实际，更具可操作性。

（2）陆续出台了有关房地产市场监管综合管理和联合执法的政策

目前，武汉市已就构建和完善多部门综合管理和联合执法的长效体制机制进行了相关探索，陆续出台了关于房地产市场多部门综合管理和联合执法的相关政策文件。

2017 年 2 月 22 日，武汉市住房保障和房屋管理局发布《2017 年全市住房保障和房屋管理工作要点》，提出要“强化市场监督执法检查，落实市区责任，采取日常巡查、专项整治、集中检查、联合执法等多种形式，促进市场整治工作常态化、规范化、实效化”。

2018 年 6 月，武汉市房管局在《2018 年住房保障和房屋管理工作要点》（武发〔2018〕8 号）中强调，要“联合国土规划、建设、统计等部门，完善项目供地、施工、销售等全流程监管体系；加强与国土、公安、财税、金融等相关部门协作，建立联合查处机制”。

2018 年 8 月，武汉市房地产市场乱象专项整治行动推进大会召开，武汉市住房保障和房屋管理局、市公安局、市工商局等部门联合成立专项行动领导小组，多部门联合执法，整顿和规范房地产市场秩序。9 个市直部门、各区人民政府、行业协会、开发商及经纪机构代表共同参会，会上发布了《武汉市治理房地产市场乱象专项行动实施方案》。根据行动实施方案，整治主要包括四个方面的内容，即投机炒房行为、房地产“黑中介”违法违规行为、房地产开发企业违法违规行为、虚假房地产广告。

在法规建设过程中，武汉市根据房地产市场宏观调控的不断深化以及房地产市场出现的新情况和新问题，及时对原有法规进行修订，比如 2019 年就对《武汉市房地产开发企业信用信息管理暂行办法》（武房规〔2015〕9 号）进行了修订，颁发了新的《武汉市房地产开发企业信用信息管理办法》（武房规〔2019〕2 号）。

2. 不断推进综合管理和联合执法实践

市房管局自身综合管理和联合执法实践不断丰富。武汉市房管局市场管理中心、交易中心、信息中心等部门就开发项目进度管理与市场监测以及房地产市场销售情况等，进行了一系列合作。例如，市房地产市场管理中心在武汉市房管局的指导下，组织开发了房地产市场执法智能综合管理系统，2018 年市房地产市场管理中心完成了系统的一期开发，2019 年完成系统的二期开发。房地产市场执法工作通过后台预警与现场执法相结合，大数据虚拟模型与真实市场情况比对，真正做到智能执法、高效执法、精准执法。

市房管局与其他部门联合执法工作不断推进，实践经验不断丰富。武汉市房管局与市工商、地税、公安、国土等部门开展了多次联合执法实践，联合执法形式不断丰富，内容不断扩展。

市房管局与区房管部门综合管理和联合执法日益加强，形成了多种市区协同工作方式。其一，形成了市局领导赶赴区房管部门实施考察指导的工作方式。其二，形成了以局领导分区包干的方式成立督导小组的工作模式。其三，形成了召集区房管部门负责人开展联席会议的工作机制。

（三）推进房地产开发企业信用管理体制机制建设的做法

1. 不断推进房地产开发企业信用管理制度建设

伴随着房地产市场的建立和发展，房地产开发企业的信用管理相应地提上议事日程，针对房地产开发企业的信用管理体制逐步建立起来。武汉市也不断加强对房地产开发企业的信用管理，特别是近几年，不但加强管理力度，完善管理机制，并制定了一系列相关法律法规和条例，如《武汉市物业管理条例》《武汉市住宅专项维修资金管理办法》《武汉市新建商品房预售资金监管实施细则》等，相关法规政策及条例涉及武汉市新建商品房交易市场的各个环节，宏观层面主要包括项目开发、项目施工、房屋销售（包括新建商品房预售和现售）和前期物业管理四个阶段；微观层面主要包括房价、合同、广告、销售价款等方面。完善的法规体系，有效规范了房地产市场主体的行为，为房地产市场的平稳运行提供了有效的制度保障。

2. 建立了较为完善的房地产市场主体信用信息管理系统

武汉市住房保障和房屋管理局通过多年的探索，现已初步形成了一套较为完善的房地产市场主体信用信息管理系统，具体的运作流程详见图 5。

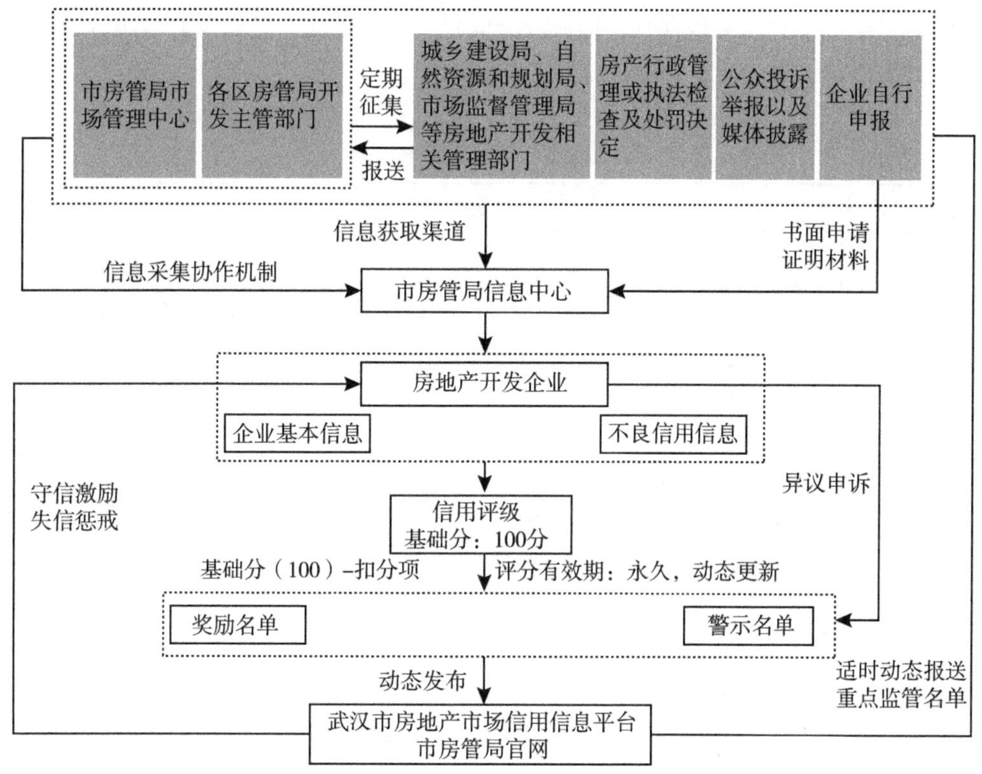

图 5　武汉市房地产开发企业信用管理框架及流程图

武汉市房地产开发企业信用信息来源主要有两个渠道：一是信访投诉渠道。在武汉市住房保障和房屋管理局官网设有专门的互动交流板块，可以通过市长专线、阳光信访受理平台、在线访谈、行政复议、纪检监察举报、城市留言板等渠道对房地产开发企业进行投诉举报；二是对房地产开发企业售前、开盘的日常检查和专项整治活动。市房管局多次开展房地产领域专项整治活动，自 2016 年 9 月起，武汉市房管局相继制发了《关于开展开发企业违规销售商品房问题专项检查的通知》《落实房地产开发企业违规销售商品房问题整改公开承诺的实施方案的通知》《关于印发持续开展全市房地产市场专项整治行动实施方案的通知》等文件，对房地产开发企业等市场主体行为进行重点整治。对于开发企业的违法违规行为，市房管局一般有以下两种处理方式：一是行政处罚，二是信用扣分。目前，武汉市住房保障和房屋管理局已初步建立了房地产市场信用信息平台，该平台在信用信息计分和使用方面，对开发企业信用等级评价实行记分制，信用基础分为 100 分；对开发企业信用信息管理实行“警示名单”管理制度，对“警示名单”企业和“非警示名单”企业差别管理，具体细则参见表 1。该平台一方面便于社会了解房地产开发企业的真实信用信息，去伪存真，形成社会监督；另一方面通过企业的信用分数的差异化处理办法，促进企业不断提高自身信用水平。

表 1 **开发企业信用等级管理细则**

执行主体	市房地产市场管理中心
信息分类	基本信息 不良信用信息
基础分	100
记分规则	基础分-扣分项
评分周期	每年恢复基础分
评级	高于 90 分列入奖励名单 低于 75 分纳入警示名单
公示平台	武汉市房地产市场信息网 市房管局官网
奖励措施	（1）可采取调整重点监管资金比例等方式适当降低预售资金监管额度 （2）作为资质升级和延续的参考指标 （3）享受法律、法规及有关文件规定的其他政策支持
惩戒措施	（1）对其开发建设的房地产项目进行跟踪督办 （2）暂缓受理开发企业新建房地产项目预售许可申请 （3）将信用得分作为降低或注销资质的重要依据 （4）向市信用平台上传开发企业失信行为警示信息，由市信用平台向自然资源、工商、税务、金融等相关部门和社会公众发出警示

续表

执行主体	市房地产市场管理中心
特点	(1) 跨级别联动。纳入市级信用信息平台 (2) 信用“警示名单”制度，约束重大失信行为及多次同类违规行为的企业

3. 及时惩治失信行为，大力推进信用环境建设

自2016年以来，市、区两级房管部门以“全覆盖、拉网式”的检查方式，共出动执法人员1万余人次，检查在建在售商品房项目2800余次、经纪门店6500余次，检查率100%。对整治过程中发现的无证销售、公示不规范、价外价、捆绑搭售等各类违法违规行为“零容忍、出重拳”，坚决依法依规予以查处，对130家开发企业和493家经纪机构下达了整改通知书；对186家开发企业和288家经纪机构进行信用扣分；对12家开发企业和37家经纪机构实施了行政处罚。

武汉市住房保障和房屋管理局通过不断探索、完善对房地产市场主体的信用管理模式，与时俱进地更新管理思路，创新管理方法，在房地产市场主体信用管理方面取得了显著成效。房地产市场主体诚信意识不断加强，有效维护了消费者的正当权益；通过行政处罚和信用扣分相结合的惩罚手段，有效惩治了房地产市场主体的失信行为，维护了市场秩序，降低了市场风险，促进了市场健康平稳发展；防范和化解了部分社会矛盾，促进了社会和谐稳定。表2显示，在19类失信行为中，2019年相比2018年月平均失信行为记录条数有所下降的共有7类，持平的2类，上升的10类。2018年房地产开发企业月平均失信行为排名前三的分别为预售资金未按规定进入监管账户；未在合同约定时间内达到交付条件，延期交付；拒绝购房人使用公积金个人购房贷款，不良信用信息月平均记录条数分别为3.5条、1.08条和0.5条。2019年，房地产开发企业月平均失信行为排名前三的分别为预售资金未按规定进入监管账户；销售过程中公示材料不齐全；不配合管理部门信用调查等管理工作，不良信用信息月平均记录条数分别为1.33条、1.17条和1.17条。与2018年相比，这三类失信行为均出现较大幅度下降，其中预售资金未按规定进入监管账户失信行为月平均条数仅为1.33条，比2018年下降了62%；延期交付问题也得到了较大缓解，从2018年月平均1.08条降至2019年的0.33条，降幅为69%；拒绝购房人使用公积金个人购房贷款则从月平均0.5条下降为0条。过去较为典型的失信行为减少反映出武汉市住房保障和房屋管理局的信用管理措施取得了较大成效，特别是有效减少了一些比较突出、危害性较大的违规、失信行为。

表2　　**2018年、2019年房地产开发企业不良信用月平均条数①**

不良信用信息类别	2018年月平均	2019年月平均
不配合管理部门信用调查等管理工作	0.00	1.17
因企业开发原因造成上访	0.08	0.33
样板间损坏或未复原	0.08	0.50
违规投招标	0.08	0.00
阻碍执法人员执法	0.08	0.00
因企业违规而产生社会维稳问题	0.08	0.00
企业遭大量投诉或投诉后不整改	0.17	0.17
违背消费者意愿搭售或附加其他不合理条件	0.17	0.00
未在取得预售许可证后十日内公开对外销售	0.25	0.50
未按照备案的预售方案进行销售	0.25	0.33
委托无资质的销售代理机构或销售代理机构违规	0.25	0.50
发布不实价格和销售进度信息，恶意哄抬房价	0.33	0.50
销售过程中公示材料不齐全	0.33	1.17
返本销售或售后包租	0.33	0.33
擅自销售已抵押或被查封等被限制的商品房	0.42	0.33
擅自将未经验收或经验收不合格，未达到合同约定条件的房屋交付使用	0.42	0.50
拒绝购房人使用公积金个人购房贷款	0.50	0.00
未在合同约定时间内达到交付条件，延期交付	1.08	0.33
预售资金未按规定进入监管账户	3.50	1.33

（四）推进舆情监测和管控体制机制建设的做法

1. 不断推进舆情监测和管控制度建设

不同的市场状态、不同的政策安排对房地产市场利益主体的影响和程度存在差异。这些利益主体都可能为了自身利益发布一些虚假信息，甚至编造谣言，从而会引起社会群体心理变化和失衡，影响房地产市场的健康发展，降低房地产市场政策

① 数据来源：武汉市住房保障和房屋管理局网站。

的调控效力，成为引发社会不稳定的诱因。

为了形成有利于房地产市场平稳健康发展的舆论氛围，武汉市出台了相关文件，具体情况见表3。

表3　　舆情监测和管控相关政策文件

时间	相关部门	政策或会议名称	主要内容
2016年7月	武汉市房管局	《关于促进房地产市场持续平稳健康发展的意见》（武房发〔2016〕77号）	开展房地产市场专项整治，依法查处捂盘惜售、囤积房源、不明码标价、哄抬房价、无证销售、虚假宣传等违法违规行为，建立和完善企业信用档案
2016年11月	武汉市人民政府办公厅	《武汉市人民政府办公厅关于进一步促进我市房地产市场持续平稳健康发展的意见》（武政办〔2016〕159号）	依法依规严肃查处编造谣言、散布不实信息、扰乱市场秩序等行为，营造有利于房地产市场稳定发展的良好氛围

2. 明确了房地产市场舆情监测与管控工作的范围和流程

市房管局设有专职人员进行房地产市场舆情监测。从目前的工作内容来看，主要是明确了舆情监测的范围、类型和管控工作流程。

（1）监测范围

武汉市房地产市场舆情信息的监测范围包括报刊、影视、互联网等媒体以及公众普遍关注的房地产市场相关信息和上级或相关部门通报的相关信息。舆情信息是发现房地产市场违法违规问题的重要途径之一，监控舆情动态是房地产市场执法部门的日常工作，舆情监控工作一般按照规定流程和要求进行。

（2）舆情信息登记分类

按照敏感程度、严重程度、紧急程度、影响范围等因素，将舆情信息划分为以下几种等级：一般舆情、警示舆情、重大舆情和严重舆情。

①一般舆情是指反映房地产市场新闻报道、其他城市房地产市场政策动态等，房管部门需密切注意的房地产市场舆情信息。

②警示舆情是指反映明确时间、项目名称、基本事实等信息具有可查性的房地产市场违法违规问题，需要房管部门防止事态进一步扩大，及时进行调查处理并正面回应的房地产市场舆情信息。

③重大舆情是指错误解读房地产调控政策、市场管控措施和市场行情，误导购房群众对房地产市场的预期，引起社会关注，需要房管部门及时正面回应，防止形

成舆论热点的房地产市场舆情信息。

④严重舆情是指房地产市场违法违规问题存在引发群体性上访等影响社会稳定情形或上级领导交办、需要房管部门及时采取相应措施及时正面回应的房地产市场舆情信息。

（3）工作流程

①甄别上报。每日对房地产市场舆情信息进行收集，并对舆情信息进行初步分析研判，标注警示级别后，汇总上报。

②问题移交。对房地产市场舆情信息有关涉嫌房地产违法违规问题的，按照规定移交执法人员进行调查核实。

③立卷归档。对房地产市场舆情监控相关资料进行立卷归档工作，并形成工作台账（图 6）。

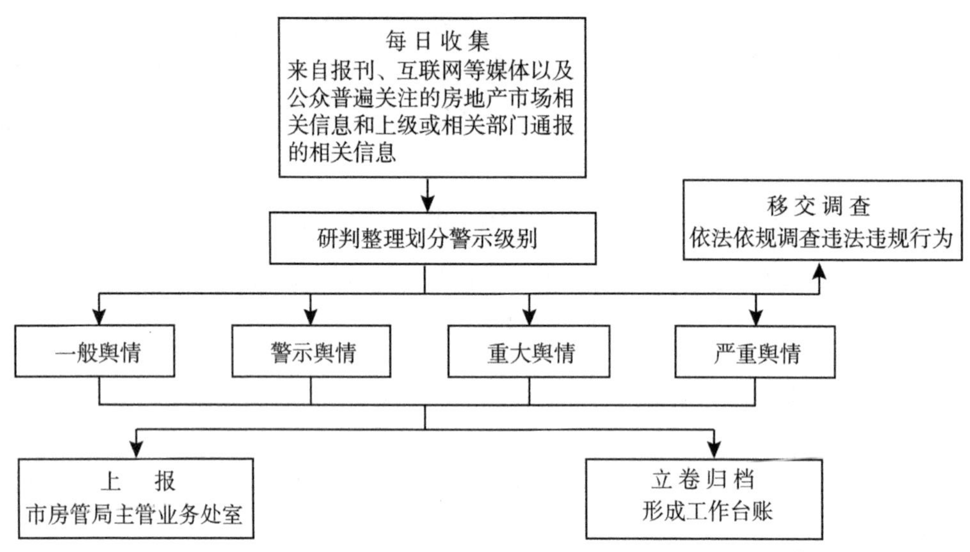

图 6　武汉市房地产市场舆情监测流程图

三、武汉市房地产市场监管体制机制建设存在的问题

（一）信息共享与调控会商体制机制建设滞后

根据武汉市住房保障和房屋管理局房地产开发企业信用信息查询平台公布的数据，2018 年 1 月至 2019 年 7 月，武汉市房地产开发企业不良信用信息共计 152 条，一半的失信行为主要集中在：预售资金未按规定进入监管账户、未在合同约定时间

内达到交付条件导致延期交付、销售过程中公示材料不齐全，其中存在未在合同约定时间内达到交付条件导致延期交付的房地产开发企业多达 15 家。例如，武汉市住宅楼盘盛世长江，业主已网签备案，但开发商却因债权债务纠纷等原因，延期交房两年多，省委副书记、武汉市委书记马国强曾亲自来到新洲区接访室，耐心听取业主诉求，现场协调各方商议解决，最终企业承诺将于 2018 年底前完成交房，马国强曾要求相关部门和企业要牢固树立以人民为中心的发展理念，信守承诺，把好质量关，按时保质保量交房。

该案例中的债权债务纠纷仅仅是造成延期交付的主要因素之一，其他还包括房地产开发企业在商品房项目尚未完成竣工验收手续，未达到合同约定交付的情况下，擅自向业主进行违规交付；房地产开发企业因各种原因导致新建商品房验收进度滞后或停工，未能按照合同约定期限进行交付；房地产开发企业在新建商品房项目交付过程中以缴纳“物业费”“初装费”等作为房屋交付条件等。

虽然房管部门对存在延期交付行为的房地产开发企业进行了信用信息扣分处理，同时督促开发企业尽快办理相关竣工验收手续，并要求开发企业严格按照合同约定承担延期交房的违约责任，搭建沟通平台做好购房者的沟通解释工作，及时将项目进展情况告知购房者，但由于新建商品房项目竣工验收工作涉及环保、消防、园林、规划、建管、燃气、供电、供水等多个部门和单位，房管部门对新建商品房项目交付的管理缺乏抓手，难以掌握新建商品房项目是否在合同约定交付期限内达到交付条件。对开发企业延期交付、违规交付等问题难以第一时间掌握具体情况。同时，延期交付赔偿问题属于民事纠纷，开发企业与购房群众应依据已签订的合同通过协商或者司法途径解决。但在实践中由于消费者担心司法途径维权成本高、时间长，仍希望通过政府部门协调解决。

通过分析延期交付这类典型案例可以看出，造成此类事件的重要原因是信息共享和调控会商工作不到位，体制机制建设水平滞后，具体反映在以下八个方面：

1. 信息共享的强制力度不够，共享激励与约束机制不足

首先，少数职能部门“本位主义”思想严重，在缺乏信息共享的强制性要求下，为了保持固有的信息垄断地位，倾向于将现有信息归属为部门资源，排斥部门之间的信息互通共享，导致信息资源大量浪费和重复建设，造成部门之间沟通不畅和协调困难，严重影响了政府部门的服务水平和行政效率。其次，部门向外进行信息共享之前需要进行处理，包括收集整理信息以及对信息进行加工和传输等，由此就会耗费大量的人力、物力和财力，如果缺乏有效的激励机制，一方面受制于本部门的预算约束，另一方面可能面临信息共享带来的行政管理风险，职能部门对于信息互通共享并无积极性可言。再者，当前政府部门信息共享的监督和评价主要来自上级部门，而大部分上级部门对于信息共享的评价都是依据部门内部实际情况制定

的规则，对于不同部门而言，这种规定并不具有普遍适用性，无法对政府部门之间的信息共享起到促进作用，无法形成有效的约束机制。武汉市亟须出台规范性文件和强制性标准，依法依规运用激励和约束手段进一步提高信息共享建设水平，要着力加大信息共享的力度，拓展信息共享的广度，挖掘信息共享的深度。

2. 信息共享平台建设滞后

武汉是继北京、上海之后全国第三个运行政务数据开放平台的城市，起步虽早，但后期建设和维护滞后。从现有数据规模来看，公开的部门多达 101 个，数据集高达 3007 类，但数据总量却只有 12. 8 万条，各部门公开的平均数据量仅为 0. 13 万条，远远落后于部门平均公开数据量高达 617 万条的深圳；从房地产领域信息建设来看，北京、上海、广州、深圳、成都均已建立房地产专项数据，其中北京市命名为“房屋住宅”，上海市命名为“城市建设”，广州和深圳命名为“房地产业”，成都命名为“城建住房”，但武汉尚未建立类似房地产专项数据；从信息更新和反馈速度来看，武汉信息更新速度相对较快，略微滞后于上海和深圳，但武汉信息反馈速度很慢，反馈周期很长，平均约为 3 个月至 1 年，远远滞后于北京、广州、深圳和成都。由于部分职能部门推动信息共享工作的意识仅仅停留在完成建立政务数据开放平台此项任务上，缺乏从源头上梳理是否存在多头采集、重复浪费、数据不一致等问题的主动性，缺乏从根本上利用信息资源共享达到业务协同、联合监管目标的积极性，从而导致武汉市信息共享平台后期建设速度偏缓、应用程度偏低。

3. 信息共享范围小，渠道不畅通

房地产从拿地、建设、预售到交付全过程涉及职能部门众多，包括但不限于房管、国土、规划、建管、园林、消防等，任何一个环节出现问题仅靠单个部门的力量难以应对，只有通过大量沟通协调和信息共享才能保障各项工作顺利进行。但目前武汉市政务数据开放平台共享的信息资源范围较窄，且部门之间没有建立更为有效的沟通渠道，部门之间信息资源仍处于相对封闭的状态。以房管部门为例，其他部门所掌握的房地产行业数据并不能及时地传递到房管部门，房管部门通常是依靠本部门采集的商品房销售面积、套数、价格等滞后数据进行房地产市场分析、预判和管理，导致房管部门无法落实好源头管控和过程监管，极大增加了末端治理的难度。此类问题的发生与没有指导性文件对信息共享的内容作出明确规定有关，信息提供部门并不确定哪类信息可跨部门共享，哪类信息需要绝对保密，只能依靠主观判断，倘若发生信息泄露事件，信息提供部门可能要承担主要风险，因此部分职能部门为规避风险，会选择刻意缩小信息共享范围，不主动开启沟通渠道。

4. 信息共享标准化程度低，数据质量缺乏保障

一是在信息建设上缺乏统一规范，部门间信息建设标准不一致。信息的标准化建设是在原有信息和原有标准基础上，整合各个部门的情况，并结合当前的技术、资金、资源等进行建设。但目前信息资源缺少统一的规划，各部门存在信息标准化认识不够深入、部门本位意识较强等问题。在这种“缺规划少标准”的背景下为了信息化而信息化，这就导致标准过多，大多数部门已有的信息模式不统一，各个部门间无法进行沟通和交流。另外，在这种情况下盲目地进行信息标准化建设也导致了资源浪费和地区部门难以协调的状况产生。二是信息标准化建设水平较低，存在片面性。只注重技术层面，政府信息资源管理过程的标准化工作没有得到信息主管部门的关注，例如在信息交换和业务流程上没有制定严格的标准来进行规范。同时这种片面性也表现在信息主管部门对硬件建设比较重视，大规模建设基础设施和引进先进硬件设施，但是对信息共享所必需的软件等重视不够，导致了信息孤岛的增多。三是缺乏信息标准化的超前意识。一些部门只注重局部和短期利益，制定出的信息标准可能存在一定的滞后性，不但消除不了原有的“信息孤岛”，反而产生了新的“信息孤岛”。

5. 市场基础信息采集不到位，能力不足

为了适应信息化时代的需要，各职能部门都建立了一套信息采集的途径和方式。在信息采集环节，如果一旦出现采集人员对数据采集工作重视程度不够、责任心不强，缺乏严谨的工作态度，缺乏实地调查，对采集的数据把关不严、勘误不够、错误录入等情况，会导致采集到的数据大量为无效数据。在信息汇总和分析环节，需要采集人员、分析人员等各方面人员的通力合作，汇总和分析过程易受各种人为因素干扰，加之数据层层上报，任何一个阶段的疏忽都可能造成采集数据的失真，且经过多次加工后的数据难以追根溯源，难以进行核对校验，因此很难从客观上保证统计分析结果的准确性和唯一性，各职能部门对数据质量的控制能力不足。

6. 信息共享部门联动主动性不足

当前，我国的政府信息公开主要依靠地方政府各自的独立推进，各地区的房地产市场信息化程度各不相同，例如，“上海市政府数据服务网”以“资源类型”和“数据提供单位”为类别，可提供包括住宅工程、保障房工程、各区房地产集团直管公房、房地产经纪企业、商品住宅维修等各类房地产市场数据信息。武汉市的此类信息则未在以“数据主题”为类别范围的武汉市政府公开数据服务网公布信息之列。尽管《政府信息公开条例》自 2008 年 5 月 1 日起即予以实施，2010 年《国务院关于坚决遏制部分城市房价过快上涨的通知》提出要“完善房地产市场信息

披露制度”，“住房城乡建设部要加快个人住房信息系统的建设。统计部门要研究发布能够反映不同区位、不同类型住房价格变动的信息”。然而，由于政府机构纵向、横向部门之间未形成统一的电子政务系统网络，既无全国统一的政府数据开放服务网络，地方政府的数据服务也仅限于各部门的单独信息，信息共享机制没有真正建立，市场信息化与电子政务的发展和效能受到严重制约。大量房地产数据资源处于沉睡状态，既不能为宏观调控的预测、决策服务，亦不能为市场交易提供有效的信息支撑。

7. 调控会商法规建设滞后，迄今仍未制定专门文件

2018 年 3 月，湖北省住房和城乡建设厅、湖北省国土资源厅及中国人民银行武汉分行发布《关于建立房地产市场调控会商制度的通知》（鄂建文〔2018〕16 号），为加强房地产市场分类调控、因城施策，决定建立房地产市场调控会商制度，共享全省房地产市场交易、供地、金融等信息和政策，共同加强市场研判和政策研究，指导各地制定和调整调控政策，并联合监管房地产市场中的风险和问题。但武汉市目前尚未出台类似专门性文件，调控会商制度建设滞后不利于信息共享渠道的打通，不利于综合管理和联合执法的落实，不利于房地产开发企业信用数据的运用。武汉市必须尽快出台房地产市场调控会商相关制度文件，以制度建设为抓手，明确各部门职能分工，加强部门之间协作能力，提高部门之间沟通效率。

8. 调控会商响应不足，效率低下

武汉市虽尚未建立长效化的调控会商机制，但在各部门联合开展的房地产市场专项整治行动中已形成了与重大事件或专项行动挂钩的不定期会商。目前来看，此类不定期会商已成为各部门相互沟通、协调与决策的有效手段之一，但也存在部分职能部门对不定期会商的重视程度不够，抱着应付上级检查的心理；会商效率相对低下，一方面可能是由于会商前期的准备工作不足、会议流程不够优化，另一方面可能是由于部门之间出现推诿扯皮现象，更深层次地说是部分职能部门懒政怠政的作风问题。究其原因在于约束力度不足，对于违反不定期会商的部门和个人只是采用警告、诫勉等相对较轻的问责方式；追责范围过小，对违反不定期会商的部门和个人无法追究直接领导和上级领导的连带责任。

（二）部门联合、市区协同长效机制建设尚待加强

尽管目前武汉市房地产市场在多部门综合管理和联合执法上取得了一定成效，但是仍然存在较多问题，监管效率整体而言不高。“黑中介”问题、开发商以捆绑销售车库或家电包等形式收取“价外价”等问题一直是武汉市多部门综合管理和联合执法的重点。尽管房管、公安等相关部门多次采取了相关措施进行严厉打击和

整治，但这些问题仍然反复出现，屡禁不止。因此，武汉市多部门综合管理和联合执法机制建设还需要进一步完善，部门联合、市区协同的长效机制建设还有待加强。

1. 部门联合长效机制建设存在的问题

一是部门之间联系不紧密，没有对相关信息进行及时对接。就武汉市目前出现的“黑中介”问题来看，中介机构在工商部门进行了注册登记，领取了工商营业执照后，却因不符合备案条件而未在房管部门办理房地产经纪机构备案手续，这说明工商部门和房管部门之间并未就中介机构登记注册信息进行及时沟通反馈。在这种情况下，如果房管部门能够及时了解中介机构的登记动态，那么结合其是否备案情况，房管部门可以预判中介机构是否存在违规倾向，从而可以采取相应管理和执法手段，对未备案中介机构进行及时处理，在源头上予以打击。

二是部门职责有分工，但职责履行不到位。目前武汉市相关法规文件尽管强调了要加强多部门综合管理和联合执法的重要性，但并未对具体工作程序做出详细规定。相关法规政策尽管要求参与综合管理和联合执法的部门在各自负责的领域各行其是，但对于综合管理和联合执法中出现的复合型问题，并未明确指定主要负责部门。因此，相关部门倾向于采取不访不问、不诉不理、不追不管的应对方式，或者存在访问不及时、起诉受理迟滞、追管效率不高现象，导致受害群众放弃对自身利益损失的追索，从而进一步纵容房地产市场违法行为的猖獗。

三是部门管理和执法不积极。“黑中介”问题也充分反映出，其一，对于房地产市场的监管，房管局以外的职能部门参与的积极性不高，参与意向低，更谈不上主动提高执法水平。由此造成在房地产市场监管领域，经常是房管局孤军作战，其后果一方面导致市场监管多个环节缺位，另一方面势必造成管制整体失效以及管制结构扭曲。其二，房管部门、公安或司法等部门倾向于在问题充分爆发或者接到投诉或上诉时，才正式开展执法行动，执法方式非常被动。这种被动式的执法犹如隔靴搔痒，无法对房地产市场活动主体带来威慑，从而减少违法违规行为的滋生。

部门联动之所以出现上述问题，很大程度上是因为其在机制体制上还存在以下一些深层次的问题。

一是缺乏必要的法规政策支持。尽管在房地产市场监管实际工作中需要综合管理和联合执法，但在依法治国的前提下，任何公权力机构要对市场主体的活动进行干预，必须既有法规政策的要求，也有法规政策的明确授权，否则就会违法违规。尽管武汉市目前相关法规和文件有多部门综合管理和联合执法的规定，但多是针对临时性的专项工作而制定的，这显然不适应常态化的房地产市场监管需要。武汉市已有的、具有一定长效性的法规文件，也存在层级低、权威性低、约束力有限的缺陷。

二是缺乏有效的约束机制。在目前的政绩考核制度之下，干得越多，出错的机会越多，得罪人的概率越大，评分会越低，因此各部门领导往往更关注与绩效考核体系和标准相关联的内容，导致各部门怠于参与，一般多是为了应付上级命令而被动式参与。由于当前的相关法规和文件对于综合管理和联合执法基本没有明确的责任分工，这就使得约束机制基本不存在，由此联合执法消极作为、不作为即成必然。

三是联合执法组织机构不健全。其一，缺乏合理的多部门综合管理和联合执法自启动机制。多部门综合管理和联合执法所联动的部门往往与牵头部门是平级单位，在行政层级中属于同一行政级别，牵头部门在组织调动其他部门时，由于在行政体系中地位相当，很难协调平级或不相隶属的其他部门之间的关系，话语权相对不足，组织调动力相对欠缺，联合执法效果必然大打折扣。其二，部门间缺乏完善的信息沟通和交流平台。综合管理和联合执法需要有效的沟通以及信息共享，不同部门间以及同一部门的不同科室之间协同工作都离不开有效的交流，而武汉市尚未建立全面的多部门信息交流平台，这不利于掌握房地产市场运行情况，不利于提高综合管理和联合执法的效率。

2. 市区协同长效机制建设存在的问题

一是市和区之间的部门职能架构存在差异，执法权力配置难或配置不合理。相较于市局房管部门而言，区县房管部门与该区县内的公民或法人机构联系更为紧密，也掌握着更多信息，故而由区县房管部门接管部分问题（如“黑中介”问题）的调查取证工作，往往具有天然优势，从而能够避免高成本耗费。但是在实际操作中，市区之间的职能有效分工往往存在组织架构方面的阻碍。从市局层面来看，武汉市房管部门和城乡建设部门分别属于不同的职能部门，房管部门内部也分设不同的职能部门。然而从区县层面来看，部分区县房管部门和城乡建设部门并未分设，而是结合成一个部门，在房屋管理职能分工上，区县分管房屋管理的职能部门较市局房管部门而言，更容易出现分工不明晰、人员配备不合理等现象。市和区之间部门职能架构的差异，使得市局部门面临执法权力配置难的局面，譬如，针对某项商品住房交易事项违法行为，房产交易管理处很难将具体管理和执法事项对接到区县部门中的“房产交易管理”部门。此外，由于区县部门人员配备相对而言不合理，市局部门即使将具体任务分派到区县部门，区县部门由于人员配置结构不合理、管理和执法人员数量不足或水平有限，导致其执法权力和执法能力不匹配，故而很难将具体任务落到实处，出现执法权力配置不合理的局面。

二是市场信息等沟通机制不畅，配合机制未建立起来。目前尽管市局和区县房管部门形成了三种有效的市区协同工作形式，即市局领导赶赴区房管部门实施考察指导的工作形式、以局领导分区包干的方式成立督导小组的工作模式、市局召集区房管部门负责人开展联席会议的工作机制，但是这些工作形式并未将市区协同的配合机制建立起来。其一，市局领导赶赴区房管部门实施考察指导，或者是由于临时起意，或者是由于遵循上级命令，具备偶然性和次数有限性的特点，不可能发挥长效的市区配合效果。其二，以局领导分区包干的方式成立督导小组的工作模式往往在房地产市场出现重要问题，或者上级政府下达重要命令或指示的情况下才出现，具有短期性和阶段性特征，随着具体问题的解决或者任务的完成，之前成立的督导小组则自动解散。其三，在市局召开的联席会议尽管能够让市局房管部门和区县房管部门之间形成一定的沟通，但联席会议上的沟通所能获得的信息量终究是极为有限的，并且这种联席会议主要是市局和区县之间的纵向沟通，区县之间的横向沟通则十分缺乏。

（三）房地产开发企业信用管理体制机制尚待完善

市房管局在房地产市场信用体系建设方面做出了多方面的努力，整体而言，房地产市场信用体系建设取得了很大的成就。特别是在市场准入管理、预售管理、市场监管等方面构建的相关制度对于加强房地产市场信用管理、促进相关主体提高信用发挥了积极的作用，但是，房地产市场主体的失信行为屡有发生，并且有的失信行为还有造成社会不稳定的隐患。从房地产开发企业整体情况来看，目前拥有开发资质的开发企业共2938家，2018年1月至2019年7月被列入有不良信用信息记录的企业数量为121家，占比约4%。2018年1月至2019年7月武汉市房地产开发企业存在两次及以上失信行为的企业共有25家，其中有21家企业存在2次失信行为，存在3次、4次失信行为的企业个数分别为2家。例如东湖某府项目购房人投诉该项目存在违规搭售“选配科技系统”问题，在销售过程中，该公司违规与95户购房人另行签订《选配装修合同》，选配内容包括空调、新风、地暖、厨房净水及垃圾处理器等，并收取相关款项。武汉市房管局于2019年6月6日对该公司下达《整改通知书》，责令其立即整改。同时，下达《给予武汉……公司信用信息扣分的通知》，作出信用扣6分的处理决定，并对社会公示。

值得关注的是，上市非百强企业、百强非上市企业、上市且百强企业这三类企业的失信行为次数总计占比也超过了20%，大型房企也依然有各种违规失信行为（表4）。

表 4 **2018 年 1 月至 2019 年 7 月武汉市房地产开发企业失信行为①**

不良信息信用扣分记录	存在此失信行为的开发企业数量（家）
预售资金未按规定进入监管账户	50
未在合同约定时间内达到交付条件，延期交付	15
销售过程中公示材料不齐全	11
擅自将未经验收或经验收不合格，未达到合同约定条件的房屋交付使用	8
不配合管理部门信用调查等管理工作	7
发布不实价格和销售进度信息，恶意哄抬房价	7
擅自销售已抵押或被查封等被限制的商品房	7
未按照备案的预售方案进行销售	7
未在取得预售许可证后十日内公开对外销售	7
返本销售或售后包租	6
委托无资质的销售代理机构或销售代理机构违规	6
拒绝购房人使用公积金个人购房贷款	5
样板间损坏或未复原	4
企业遭大量投诉或投诉后不整改	3
因企业开发原因造成上访	3
违背消费者意愿搭售或附加其他不合理条件	2
收取未予表明的费用	1
违规投招标	1
因企业违规而产生社会维稳问题	1
阻碍执法人员执法	1
总计	152

尽管房管局及各部门采取了一系列措施加强对开发商信用管理，但房地产信用

① 数据来源：武汉市住房保障和房屋管理局官网（http：//fgj.wuhan.gov.cn/fdckfqyfdcjjjgxyxx.jhtml）。

体系建设仍存在诸多缺位，信用管理制度尚不系统、不健全，信用管理仍存在盲区。目前，武汉市房地产开发企业信用管理体制机制问题可以总结为以下几个方面：

1. 信用信息范围偏小

评判房地产开发企业的信用状况需要多方面的信息，实际上从基础信息来看，所需要的这些信息是客观存在的，但了解这些信息的部门和机构垄断了这些信息，相互封闭，呈现的是一个又一个信息孤岛。包括资产、债务信息、税务信息、土地信息、项目信息等在内的信息分散掌握在不同的部门和机构手中，并没有形成开放、共享机制。由此导致的结果就是无法对房地产开发企业的信用状况进行准确的评估，单一主管部门的信用评估只能是依据有限的局部信息所做出的不全面的信用评估，也无法对房地产开发企业未来信用的变化进行预判，从而也就无法对房地产开发企业的信用管理提供必要的依据，导致信用信息的范围偏小，信用评价不全面、不客观。比如上述案例中的某置业公司，市房管局若掌握其资产、债务、税务、金融等多方面的信息，事前对该置业公司形成预判，事前重点关注、重点检查，可一定程度避免失信行为的发生。

2. 信用评分办法可进一步完善

从开发环节和市场交易环节的信用评分来看，目前的信用评分是比较全面的，不过其他方面的信用评分基本没有，例如债务信用、税务、捐赠信用、社会关系信用等。目前的评分简单易行，但也存在不同程度的失信扣分相同的问题，有些失信行为极其恶劣，应当有更多的扣分，但目前最高扣分只有 20 分，这就不足以鼓励守信和惩戒失信。案例中的捆绑销售问题，属于新违法违规行为，市房管局可根据其对当前社会造成的影响程度灵活调整扣分。此外，由于《武汉市房地产开发企业信用信息管理办法》对违法违规行为的规定不灵活，使很多新出现的违法违规行为不能得到及时、有效的惩处。

3. 失信惩戒方式不尽合理，联合惩戒（连锁惩戒）不足

按照现行房地产开发企业信用信息管理办法，失信行为会被主管部门扣分和公示，信用得分低于 75 分，或一年内同类违法违规行为出现 3 次及以上，有其他严重失信行为给社会造成重大不良影响的，纳入“警示名单”。被纳入警示名单的企业遭受的惩戒包括：被约谈、开发项目被跟踪督办、新建房地产项目预售许可申请被暂缓受理、信用得分被作为降低或注销资质的重要依据、失信行为警示信息被上传到市信用平台。信用得分达到 90 分的开发企业享受的激励不过是：可适当降低预售资金监管额度，可作为资质升级和延续的参考指标以及基本没有实质支持的其

他政策支持。守信激励方式和失信惩戒方式相当有限，无论是守信激励，还是失信惩戒，都没有土地、金融、市场监管等其他职能部门的参与，既无联合奖励，也无联合惩戒，既不能形成守信激励链，也不能形成失信惩戒链，因此既看不到房地产开发企业诚实守信、处处受益，也看不到房地产开发企业“一处失信、处处受限”的局面。

4. 失信惩戒力度小，守信激励不足

一是守信激励方式和失信惩戒方式有限，缺乏其他部门参与；二是对失信行为的行政处罚标准很低，对守信行为无实质激励措施，① 导致守信激励力度和失信惩戒力度都很小，以至无论是守信激励，还是对失信的约束，都要依靠市场力量，也因此虽然行政主管部门尽职尽责进行监管，但开发企业失信行为仍频频出现。之所以管理部门不能通过加大经济处罚力度的方式惩戒失信者，一在于立法思路转变难，二在于确定处罚数额难。由于上位法和相关文件的取向，地方在能不能加大经济处罚力度、经济处罚数额可以达到什么水平的决策中就面临着困难。国务院印发的《社会信用体系建设规划纲要（2014—2020 年）》指出我国“守信激励和失信惩戒机制尚不健全，守信激励不足，失信成本偏低”，提出要“加强对失信主体的约束和惩戒”，但总体上仍然是强调“强化行政监管性约束和惩戒”，《关于建立完善守信联合激励和失信联合惩戒制度　加快推进社会诚信建设的指导意见》（国发〔2016〕33 号）中的联合惩戒仍主要是行政手段。

（四）舆情监测和管控体制机制尚不健全

1. 案例分析

通过对武汉市以往舆情问题的分析，舆情信息的主要传播渠道集中在网络、QQ 群、微信、集会等几个方面。在不同的事件发展阶段，舆情的生成与扩散会经历以下几个阶段：

舆情萌芽期。舆情主要萌发于微信、QQ 群、微博、新闻媒体、集会等渠道。

舆情成长期。微信、QQ 群、微博、新闻媒体、集会等在舆情成长中起到关键作用。

舆情爆发期。微信、QQ 群、微博、新闻媒体里的图片和语音具有丰富的感染

① 部分城市对信用良好的房地产开发企业给予的优惠力度更大、优惠手段更多样，优惠政策明确具体，比如郑州市对信用良好企业提供信贷优惠政策，苏州市对信用良好企业提供土地方面政策优惠等。

力，极大增强了舆情的传播效果和冲击力。

2. 政府舆情应对措施存在的问题

（1）对网上舆情重视不够，缺乏专门的舆情工作机构且人员配备不足

目前武汉市对网络舆情管理工作的重视程度仍然不够，舆情监测和管控主体尚不明确，舆情监测和管控人员配备不足，舆情监测和管控的权属和责任追究都没有得到清楚的界定。目前，武汉市房地产领域的舆情监测和管控工作主要依靠武汉市房地产市场管理中心，缺乏专门的舆情监测与管控机构，且人员配备不足（据了解，目前武汉市舆情监测人员仅 1 人），舆情问题一旦发生，就不太容易从容应对。因此，对房地产市场舆情监测和管控工作的主体需要进一步明确，不然会使得房地产市场舆情工作遇到突发危机时，造成非常严重的后果。

（2）管控手段和方法单一，缺乏有效应对手段

就武汉市而言，目前的舆情管控工作流程主要是：首先，每日对房地产市场舆情信息进行收集，并对舆情信息进行初步分析研判标注警示级别后，汇总上报。然后，对房地产市场舆情信息有关涉嫌房地产违法违规问题的，按照规定移交执法人员进行调查核实。可以看出，这种工作流程程序较为冗长，反应较慢，无法适应新媒体、自媒体舆情问题快速发展的特点。

（3）房地产市场舆情日常管理制度不健全

目前武汉市房地产市场舆情监测和管控工作刚刚起步，网络舆情监测与管控的相关制度还未建立，给房地产市场舆情监测和管控带来了巨大的困难。

（4）缺乏房地产市场舆情监测和管控预警机制

就武汉市而言，目前还缺乏专门的房地产网络舆情监测和管控机构，也缺乏系统化的网络舆情突发事件应对处置机制，一旦危机降临，后果往往不堪设想。只有通过建立起完善的舆情预警机制，才能在危机降临时进行合理的处置安排，促进房地产市场平稳健康发展。

四、立足实效，锐意改革，积极探索进一步加强武汉市房地产市场监管体制机制建设的有效方式和方法

（一）加强信息共享体制机制建设

政府各部门间的信息共享，能够实现政府信息资源最大程度的开发，提高信息资源的利用率，为政府职能部门科学决策和精准执法提供必要的信息基础，是有效实施一城一策，合理而有效地调控房地产市场的重要前提。因此，必须大力推进信

息共享体制机制建设，更大范围、更高水平、更高效率地实现信息共享。

1. 积极推进信息共享制度建设，加强信息共享激励与约束机制建设

必须高度重视和进一步加强信息共享的制度建设，通过法规、文件来规范、约束信息共享，促进信息共享的发展。首先，加强信息保密制度的规章建设。其次，加强信息标准化建设。最后，加强信息共享激励与约束机制建设。

2. 加大信息化建设投入力度，促进信息共享平台建设

首先，制定统一标准，用于数据信息资源的统计和采集。该过程中，可以共享平台为载体，整合各职能部门的数据和信息，对其进行统一、标准化管理。其次，畅通的渠道是保证数据资源信息共享的前提，共享平台的价值在于使各职能部门之间建立联系，录入上传各类数据信息，并对其进行科学查询和应用。

3. 推进信息标准化建设，建立完善的信息标准体系

信息标准化建设是一项长期的、复杂的系统工程，要发挥它的真正作用不能单单依靠单一技术的加强和某些管理标准，更需要形成一套科学的信息标准体系。

4. 主动加强与其他部门的联系，建立统一高效的协作组织

信息共享需要以广泛性和约束力为前提，确保参与各方都能获得回报，实现数据长久共享。因此，要使多部门参与进来，实现组织成员之间的互惠互利，必须建立统一高效的协作组织。

5. 积极利用协会等行业组织和市场化信息专业服务机构的力量，扩大基础性信息来源和提高信息获取的时效性

加强信息共享体制机制建设还需要对各种社会力量进行整合。积极利用协会等行业组织和市场化信息专业服务机构的力量，扩大基础性信息来源和提高信息获取的时效性，并引导社会力量对资源相对较少、信息力量薄弱的地区和部门进行“补位”，减少“信息孤岛”现象。

（二）健全调控会商体制机制

1. 积极推进制定调控会商专门文件，加强调控会商制度建设

在依法治国条件下，任何部门的权责均由法规赋予和约束，没有专门的调控会商法规，要求各部门积极配合的确有难度，因此为了推进政府各部门间进行调控会

商，保障调控会商的制度化和长效性，应积极推动政府制定调控会商的专门文件，明确调控会商的主体、内容和机制。

2. 积极推动建立以分管市长或秘书长牵头的调控会商组织架构，提高调控会商的效率

要保证调控会商的落实，应当在组织架构上提供保障，调控会商的召集人必须有足够的权威性，为此应积极推动建立以分管市长或秘书长牵头的调控会商组织架构（调控会商领导小组），除房管部门外，还应包括自然资源与国土规划局、市场监督管理局、发改委、税务局、建设局、环保局、人民银行等在内的各委局。

3. 积极推进建立调控会商的激励与约束机制，提高各部门信息共享和参与会商的主动性

构建调控会商机制的主要目的在于通过跨部门合作对房地产市场交易、供地、金融等信息和政策等多个方面进行全方位调控。要达到这一目的，多部门之间必须积极互动。对重要的事宜，各部门负责人应积极参予会商，并主动参与部门之间的沟通、协调、磋商、互动与对接。为此，政府应积极推进建立调控会商的激励与约束机制，提高各部门信息共享和参与会商的主动性。

（三）加大综合管理和联合执法体制建设力度

1. 进一步完善综合管理和联合执法的法规政策

法规建设一方面在于明确在综合管理和联合执法方面各职能部门的职责和义务，另一方面在于保障综合管理和联合执法的规范性。重点是根据源头管控、过程管理、部门联动、市区协同的基本思路制定相关政策，为建立联合执法机制提供依据和保障。

2. 加强多部门综合管理和联合执法长效机制建设

应在制定相关政策法规的前提下，努力从以下几个方面加强多部门综合管理和联合执法长效机制建设。

第一，依照各部门职责分工，梳理和明确全过程各部门具体职责；依照市区两级分工，梳理和明确市区两级房管部门职责。

第二，建立多部门综合管理和联合执法的平台和常设领导小组。建立由多部门组成的专业化的联合执法大队（办公室），由其专门负责属于房地产市场行政管理

范围内的各项执法任务（包括明码标价等各项执法）。同时建立居于联合执法大队之上的多部门综合管理和联合执法的领导小组，作为联合执法的决策和协调机构。常设领导小组应当包括市住房保障和房屋管理局、市场监督管理局、发展和改革委员会、自然资源和规划局、城乡建设局、财政局、税务局、公安局、司法局、民政局、统计局、政务服务和大数据管理局、人力资源和社会保障局、地方金融工作局等部门与区政府的主要领导。

第三，建立市区联合执法组织架构，总体原则是市局负责业务指导，区局负责具体执法，重大事件由市局和区政府协同处理。

第四，建立联合执法的问责机制。一是针对职能部门的监督问责，二是针对职能部门主要责任人和具体责任人的监督问责。

3. 积极推动部门间联合执法能力建设

第一，要完善各部门信息共享机制，强化信号预警机制，加强源头执法。

第二，要提高联合执法机构的专业化水平，增强执法的威慑力。特别是要加强对基层执法队伍的指导和业务培训，一方面通过市局指导和培训，保证其对政策法规的正确理解和对市场的正确把握，另一方面通过市局指导和培训提高其执法能力，保证违法必究，执法必准，协同高效。

第三，要提高联合执法的反应能力和机动性。

第四，保障执法的合法性、公开性和公正性。

第五，改变运动式执法的状态，加强执法的一惯性，形成执法的无缝对接。

4. 强化对综合管理和联合执法主体的激励与约束

第一，建立对执法机构的合理的考评机制，督促执法机构积极履责。

第二，建立对执法机构的激励机制，主要以评优评先和经济奖励的方式进行。

第三，建立对执法机构的纪律约束、行政约束机制以及经济惩戒机制，保证执法机构依法执法，不缺位、不越位。

（四）完善房地产开发企业信用管理体制机制

1. 根据信用管理实践，进一步完善信用管理制度

促进武汉市房地产市场主体信用管理制度建设，首先要加强法规建设，借鉴发达国家信用管理法律法规和其他省市信用管理法规建设的经验，根据武汉市具体情况，制定更完备的信用管理法规。对于《武汉市房地产开发企业信用信息管理办法》中的违法违规行为，应根据市场中出现的新问题、新情况，进行动态调整；

合理调整重要违规事项的分值；设置明确、层级式的信用评级档次等，不断完善信用管理评价办法。

2. 加强信息共享

增强多部门合作，共同搭建信用信息共享共用平台。在具体实践过程中，市房管局可主要负责平台的开发，并对其日常使用进行监督和管理，也可与建设银行等第三方专业机构进行合作，联合开发管理信用信息平台。给予拥有较多市场主体信用信息的部门以平台使用权限。与此同时，市房管局需对信用信息的录入和更新进行核实和跟进。比如房地产市场主体在市场中发生违法违规行为时，房管局、城乡建设局、银行、税务、审计、公安等部门可通过平台上传相关信息，实现信息共享，形成联动机制，对房地产开发企业形成有效约束。

3. 加大失信联合惩戒力度，增强守信联合激励力度

要建立针对房地产开发企业守信激励、失信惩戒的全过程及多维度管理措施，并加大奖惩力度。奖励和惩戒措施均应"对标"，奖励措施应为企业最需要奖励的，惩戒措施应为企业最害怕的，从而最大限度地发挥奖惩措施对信用建设的促进作用。例如，对于奖励措施，可将土地、税收、金融支持、资本金监管标准以及其他特殊政策优惠包括在内,① 促进企业不断规范自身行为，推动企业诚实守信，营造良好的市场环境；对于惩罚措施，亦可将土地、税收、金融、资本金监管标准以及其他特殊政策包括在内；② 针对信用级别不同的企业实行实质性的差异化奖惩措施，使企业既有压力又有动力。

4. 善用司法手段，促进失信惩戒方式的不断优化

当前，涉房事件多由当事人主动或被相关部门移送至房管局，但其实很多事件并不属于房管局的职责范围，房管局既没有管理的权力，也没有管理的手段。因此，房管局一方面要善于将不属于自己管理范围之内的事务移送其他部门，而不是自我消化，既要积极向公众宣传自身的职能范围，积极提议政府加大对各部门职能分工的宣传力度，主动引导公众到对口部门，也要举案说法，利用典型案例让公众知悉诸多涉房事务管理的权限和程序，知悉这些事务的主责部门和救济机制；另一

① 比如，郑州市对于信用良好企业提供金融支持，在房地产开发企业融资难、融资贵的背景下对企业有较大的激励作用。

② 例如，天津市对于信用较差的企业，不推荐其参与土地公开出让竞标活动，对项目资本金进行全程监控。

方面要善用司法手段，将部分涉嫌犯罪案件移送至司法机关，交由司法部门解决。

5. 大力加强诚信教育，持续营造守信环境

首先，要加强对房地产开发企业的信用教育，房地产主管部门应当定期开展相关法规政策培训或有关会议。尤其是对信用分数较低的开发企业，要经常对其开展法制教育，增强其诚信观念。其次，对消费者加强信用教育，注重引导消费者形成良好的信用观念，增强维权意识。可以通过拍摄教育片、印发宣传册、召开座谈会等形式展开，使消费者不断增强相关法制观念，不给房地产开发企业的违法违规行为以可乘之机。要充分利用新闻媒体，发挥其监督作用，在房地产开发企业出现严重失信行为时，可联合武汉市有影响力的新闻媒体，对其违法违规行为进行曝光，增强威慑警示效果。最后，要充分利用行业协会，发挥其组织功能，鼓励其经常开展行业内自我教育，在房地产市场营造诚信的良好氛围。

6. 加强信用信息运用，完善相关制度，提高执行能力

目前，武汉市房地产开发企业的信用信息利用程度较低，市房管局以及其他部门应加强对信用信息的运用度，提高信息资源的使用效率。比如，房地产开发企业在申请银行贷款进行融资或申请特殊政策优惠时，相关机构可参考房管局统计的房地产开发企业的信用信息，结合其信用状况做出决定，加大对信用信息的利用程度，使信用信息对房地产开发企业起到诚实守信、处处受益，一处失信、处处受限的局面。此外，对“警示名单”中需要予以惩罚的开发企业，房管局务必落实惩罚措施，必要时，可通过制定相关制度法规确保惩罚措施的实施；或每年将实施了惩罚措施的相关信息，比如企业名称、惩罚措施、惩罚的执行情况予以公示，以切实提高执行能力。

（五）构建舆情监测和管控的体制机制

做好房地产市场舆情监测和管控，一方面要让公众有表达意见的自由，另一方面又要防止负面舆情的传播，危害房地产市场的健康运行，因此做好房地产市场舆情监测和管控工作至关重要。

1. 明确舆情监测范围和重点，建立专业化、信息化房地产市场舆情监测平台，建立舆情监测专班，加强主动监测能力建设，同时要通过购买专业化舆情监测机构服务方式来对舆情进行监测

（1）明确舆情监测的范围和重点

通过对当前的舆情热点问题进行检索，发现历年以来武汉市的舆情热点主要为“装修维权”“物业服务”“高房价”“地王”和“延期交房”（见表 5）。分购房阶段来看，购房前公众关注的舆情热点主要为“高房价”，购房中舆情热点主要为

"住房合同"，购房后的热点主要表现为"装修维权"和"物业服务"。

整体来看，购房前、购房中和购房后在整个舆情关注热点问题中，分别占比为28.15%、18.86%和52.99%。购房后的舆情问题占比最高，因此政府监测和管控的重点应为购房后的舆情问题。

表5 **历年武汉市房地产市场舆情主要热点问题**

舆情热点		关注度（万）	占比
购房前	高房价	679	15.97%
	地王	518	12.18%
购房中	住房合同	469	11.03%
	购房资格	333	7.83%
购房后	装修维权	858	20.18%
	房屋质量	189	4.44%
	延期交房	516	12.14%
	物业服务	690	16.23%
合计		4252	100.00%

（2）建立专业化、信息化房地产市场舆情监测平台，加强主动监测能力建设

传统的舆情监测方法需要花费大量的人力物力，应当利用房地产市场中的关键指标，以信息技术为依托，建立专业化、信息化房地产市场舆情监测平台。

建立舆情监测专班，加强主动监测能力建设，同时要通过购买专业化舆情监测机构服务方式来对舆情进行监测。

2. 构建包括舆情采集、甄别分类、响应、处理等的合理的管控流程，构建市场相关信息发布和指导平台，建立常规化舆情管控机制

为提高房地产市场舆情监测的及时性，房地产市场舆情监测和管控机构应构建包括舆情采集、甄别分类、响应、处理等的合理的管控流程，构建市场相关信息发布和指导平台，建立常规化舆情管控机制，从而有效提高房地产市场舆情监测和管控工作的效率，促进房地产市场平稳健康发展。

3. 加强舆情研究，探索舆情发展规律，建立重大舆情预判、预警、预报、预防和管控机制，加强对重点舆情的监测力度，主动发声，积极引导舆情

要对监测到的房地产舆情进行分析，加强舆情研究，探索舆情发展规律，挖掘

房地产市场上存在的潜在问题。同时监测部门应建立重大舆情预判、预警、预报、预防和管控机制，积极引导舆情。

4. 加强与市政府办、宣传部门的协同与上级主管部门的协调，建立爆发性负面舆情应急管控机制

舆情的管控需要各方通力合作，使多部门参与进来。单靠单一部门进行单打独斗很难实现对舆情的有效管控，因此舆情监测部门要加强与市政府办、宣传部门的协同与上级主管部门的协调，对舆情进行有效管控。

5. 提高舆情专业人员的专业化水平，加强与重要研究机构和专家的联系，不断增强舆情监测和管控能力

房地产市场舆情监测和管控机构应加强对监测人员的培训，提高舆情监测人员的专业化水平，同时要加强与重要研究机构和专家的联系，实现快速预警，不断增强舆情监测和管控能力。

物业小区公共收益管理研究

武汉市住房保障和房屋管理局物业管理处
武汉博观智库物业服务第三方评估咨询有限公司

课题负责人：邓绪海　武汉市住房保障和房屋管理局　总工程师
课题组成员：程　磊　李　跃　周建宏　董　璐　黄光宇
顾玉兰　顾永红　万小艳　方爱清　徐礼有
周静雯　刘沁婷　木红然　贺婉婷
课 题 统 稿：顾玉兰

第一章　概　　论

一、公共收益的界定

“公共收益”是近几年才提出的新名词，物业管理在中国诞生发展近 40 年的历程中，其实在住宅小区内由公共“物”所产生的收益一直都存在，只是在前 30 多年的管理过程中，由于业主的权益意识以及法制意识不强，物业管理发展水平及责任边界的不清而没有被如此强烈清晰地从物业服务产生的各种费用中分割开来。近几年，因公共收益在物业管理中产生的问题日益明显，因此针对公共收益从何处产生，如何收取、使用和分配，如何规范管理备受各方关注。当前，有关公共收益管理的法规仍是一个空白，为了规范公共收益的管理，全国各地相继出台的物业管理条例对其有了一些界定，如《深圳经济特区物业管理条例》《上海市住宅物业管理规定》等将公共收益的使用、分配、管理和监督在法规中予以明确。但大多数地方规定中仍然不够细化，为此许多城市陆续制发了规范性文件进行指导。如武汉市房管局在 2015 年分别制发了《全面督导住宅小区物业服务企业“四资”移交和做好公共收益开户建账工作的实施方案》《关于做好住宅小区公共收益单独开户建账工作的通知》，山东威海市制发了《关于进一步加强我市物业管理区域公共收益管理与使用的通知》等文件。

那么，什么是公共收益？公共收益从何处而来？武汉市在 2019 年 1 月 1 日颁布实施的《武汉市物业管理条例》曾对“即公共收益”作了明确定义，即公共收益主要是指利用住宅小区共用部位、共用设施设备所产生的收入扣除成本后的收益。本定义明确了公共收益主要来自利用住宅小区的共用部位、共用设施设备所产生的收益。这一规定，既明确了业主对公共收益的所有权，也维护了物业服务企业的合法权益。

公共收益主要利用住宅小区哪些共用部位、共用设施设备获取？根据《物权法》等相关规定，住宅小区的公共收益主要来源于利用小区业主共有的道路、绿地或者其他场地作为停放车辆的车位收益；公用设施和物业服务用房等收益；公共区域内租赁摊位租金、摊位费、入场费和场地费等收益；公共区域的广告收益，如电梯间广告、楼道广告、户外广告等收益；利用公共区域内的活动场所对外开放产生的收益，如会所、足球场、篮球场、游泳池、网球场等经营收益；部分通信运营管理费；因损坏或违法使用小区的公共设施进行的赔偿或收益；其他属于小区的公共收益等。

二、研究背景及意义

近年来，随着社会经济和房地产市场的持续发展，物业小区从功能配套到管理服务都越来越完善，极大改善了老百姓的居住环境。与此同时，物业小区内公共收益日益增长，因当前对公共收益这个共有“物”经营所产生的“财”在管理、使用、分配、监督上没有一个专门的制度清晰地予以规定，因此“费用”之争产生的矛盾越来越突出。

2019 年 1 月 1 日实施的《武汉市物业管理条例》明确规定物业管理区域的公共收益属于全体业主共有，业主委员会应当每半年公布一次公共收益的收支情况，接受业主监督。同时，还规定了公共收益的审计、存储和管理等大的原则事项。因此，规范公共收益的归集、分配、使用和管理，既是贯彻执行《武汉市物业管理条例》的必然要求，也是维护全体业主合法权益的重要措施，对促进小区物业管理的良性运行和健康发展具有十分重要的意义。

本课题旨在通过广泛调研，按照因地制宜、因地施策的工作思路，制定科学可行、具有操作性的政策，规范我市物业小区公共收益管理，维护全体业主合法权益，重点解决物业小区公共收益界限、责任主体、资金使用、收益分配、监督风险等问题。

研究思路如下：

对现有武汉市相关法律制度进行研究，为武汉市住宅小区公共收益管理办法的制定寻找法理依据，体现武汉特色；对武汉市前期物业服务合同、临时管理规约等示范文本进行研究，以发现示范文本中有关公共收益条款设计不足或不够清晰之处，为进一步完善前期物业服务合同、临时管理规约等示范文本，维护业主财产权益提出修改建议；搜集、整理全国省市各级政府出台的有关公共收益管理制度与政策，走访武汉市相关小区，开展调查研究，发现问题、寻找办法、总结经验；重点研究公共收益种类、归属和分配、入账管理、使用原则、公布和使用监管等六个重要管理环节，探索解决小区公共收益规范管理和有效使用的规范程序和制度设计路径；研究前期物业管理、业主管理、政府托管等三种物业管理形态下，公共收益归集、存储、使用、监管等管理难点、重点和特点；对小区公共收益的管理成本构成进行研究，探索构建住宅小区公共收益分配数据模型思路，解决物业企业与业主之间就公共收益如何合理分配的问题；研究小区公共收益增值的合理性、合法性及增值渠道；研究小区公共收益管理中如何保障业主知情权、决策权和监督权，探索街道社区监管机制建设问题。

三、研究方法

本次课题研究采用问卷调查、深度访谈等方式，遵循科学、合理、准确的调研原则，以武汉市住宅小区公共收益管理现状为主线。

文献研究。收集、分析与本领域相关的国内外文件，梳理小区物业公共收益现状。

发放调查问卷。针对物业小区公共收益管理现状，合理、有效、科学设计调查问卷，采取线上、线下相结合的方式，向业主、业主委员会、物业服务企业、街道社区等不同群体发放问卷，收集数据。

实地考察座谈。在武汉市 15 个行政区中，选择 5~10 个在公共收益管理上具有突出性、代表性的小区进行线下走访调研。通过与街道社区、物业服务企业、业主、业主委员会负责人等相关方进行座谈访问，研讨小区物业公共收益管理现状及存在的主要问题。

案例分析。收集与本领域相关的实际案例和法院判决案例，分析小区物业公共收益管理的症结点和风险点。

比较研究。系统总结北京、上海、深圳、杭州等地区的先进经验，为完善武汉市物业小区公共收益管理提供有益借鉴。

第二章　对武汉市住宅小区公共收益管理现状的问卷调查及分析

公共收益作为当前物业管理中的焦点问题之一，武汉市管理现状如何，有哪些成功经验，存在哪些问题，物业管理各方主体有何意见、建议和想法，只有深入了解和剖析武汉市住宅小区公共收益管理现状，才能进一步有针对性地提出管理对策，制定管理规则，规范住宅小区公共收益的管理。

因此，课题组围绕公共收益的归集、使用、分配和监管等问题，针对物业服务企业、业主委员会等对象分别设计了一套开放式调查问卷。同时，课题组还以实地走访座谈、案例分析等方式对武汉市住宅小区公共收益管理进行了全面的梳理、归纳和总结。本章重点对调查情况进行分析。

一、调研情况

1. 调研对象及方式

本次调研对象主要为业主委员会（业主代表）以及物业服务企业两方面主体，以及少部分街道、社区代表。调研采取以调查问卷为主、实地走访与访谈为辅的方式。

2. 调研内容

调研内容主要涉及三大部分：

第一部分为业主基本情况：包含业主性别年龄分布情况、业主文化水平与职业分布情况、业主所在小区类型及居住时长、所在小区物业管理模式、业主对公共收益相关政策了解程度、对公共事务决定权的了解情况、业主对业委会的关注度以及对业主委员会工作的关心程度等七方面。

第二部分是公共收益管理情况：包含业主对公共收益的了解程度、公共收益来源类型、公共收益的归属和分配、公共收益的入账管理、公共收益的使用情况、对公共收益收支了解情况、了解公共收益收支情况的渠道、公共收益的监管情况、业主的维权渠道等九个方面。

第三部分是个开放性问题：收集被调查者对公共收益管理的看法及建议。

3. 调研组织实施情况

（1）2019 年 6 月 7 日至 6 月 27 日，课题组以在线问卷的形式，向武汉市各个不同类型的小区业主发放问卷链接，征集信息，本次向业主发放问卷 183 份，收集筛选有效问卷 102 份，有效问卷占比 55. 7%。

（2）2019 年 9 月 2 日至 9 月 8 日，向武汉市 15 个行政区 54 家物业服务企业发放 54 份问卷，均有效。

（3）2019 年 8 月 16 日，组织 7 个小区业委会主任进行了专题座谈（水域天际、珑璟轩、歌林花园、奥林花园等小区）。

（4）2019 年 7 月 1 日至 7 月 22 日，实地走访 6 个小区（融科天城、水域天际、东湖名居、三和光谷道、奥林花园、绿景苑）。

4. 数据分析及评估

数据收集后，课题组运用问卷星自动生成相关结果，在分析结果的基础上，对数据进行描述性分析以及得出相应的结论。

二、重点变量分析

（一）业主委员会/业主代表调查问卷统计分析

1. 业主基本情况

（1）业主性别与年龄分布情况

有效样本中，男性样本 48 人，占 47%；女性样本 54 人，占 53%。可见在所调研的住宅小区中，男女比例较平均。30 岁以下的样本占 18%，30～45 岁的样本占 47%，46～60 岁的样本占 28%，60 岁以上的样本占 7%，见图 1 和图 2。

（2）业主文化水平与职业分布情况

有效样本中，初中及以下的有 4 人，占 4%；高中及中专有 25 人，占 24%；大专及本科有 68 人，占 67%；硕士及以上水平有 5 人，占 5%。从文化水平的分布来

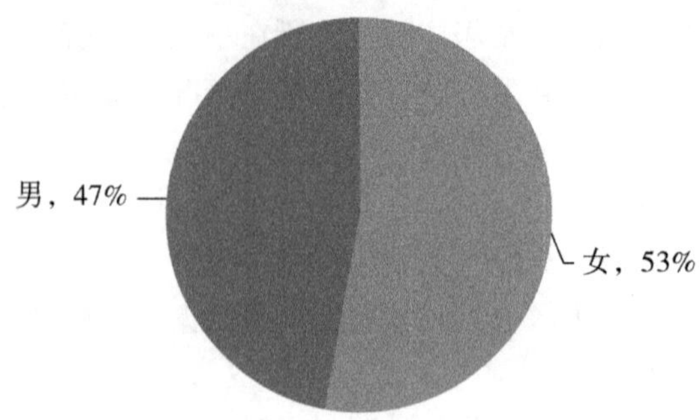

图 1　业主性别分布图

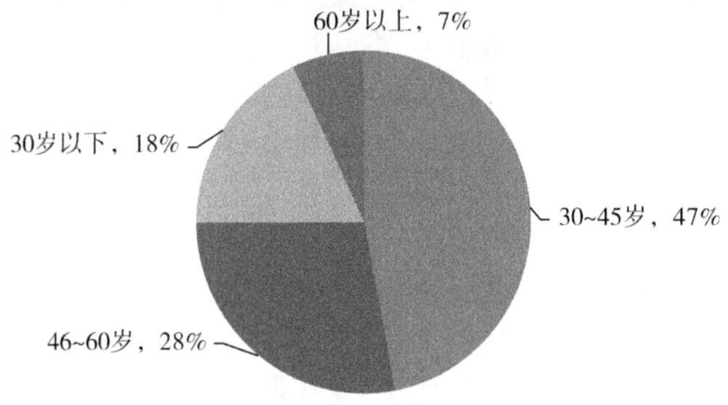

图 2　业主年龄分布图

看，初中及以下文化水平的仅占 4%，而大专和本科文化水平的占 67%（图 3）。

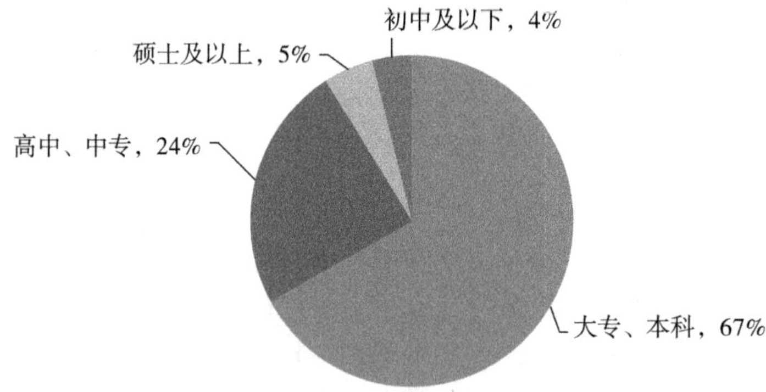

图 3　业主文化水平分布图

有效样本中，公务员有 9 人，占 9%；事业单位职员有 12 人，占 12%；企业职员有 41 人，占 40%；从事其他职业的有 40 人，占 39%（图 4）。

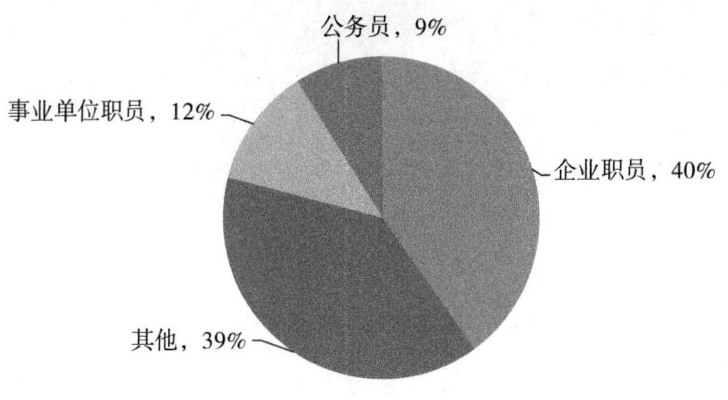

图 4　业主职业分布图

（3）业主所在小区类型及居住时长

有效样本中，有 27 人居住的是属于高档商品房住宅小区，占 26%；有 59 人居住的是普通商品房住宅小区，占 58%；7 人居住的是经济适用房小区，占 7%；3 人居住的是单位小区或公有住房，占 3%，还有 6 人居住的是其他类型的小区，占 6%（图 5）。

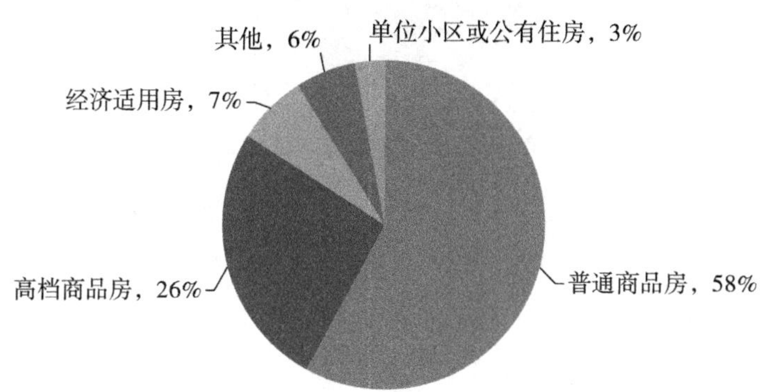

图 5　业主所在小区类型分布图

从居住时长来看，有 7 人在该小区的居住时间在 1 年以内，占 7%；有 27 人在小区的居住时间为 1～3 年，占 26%；有 41 人在小区的居住时间为 4～5 年，占 40%；27 人的居住时间是 5 年以上，占 27%（图 6）。

（4）小区物业管理模式

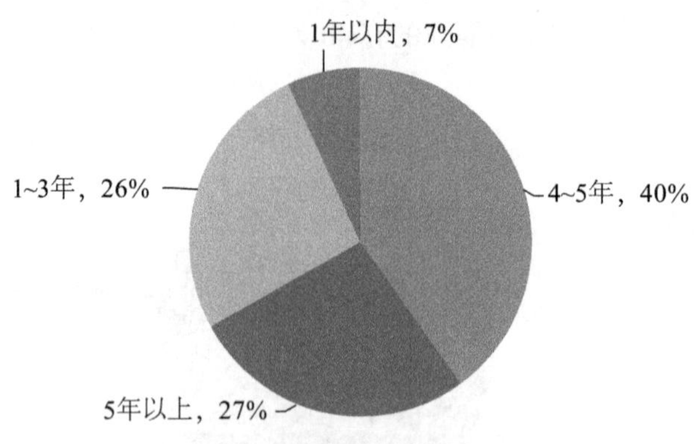

图 6　业主所在小区居住时长图

由于各个小区存在差异，小区物业管理模式也存在差异。有效样本中，小区由市场化专业物业公司管理的，占 81%；小区由业主自行管理的，占 8%；小区由社区代为管理的，占 5%；其他管理模式的，占 6%（图 7）。

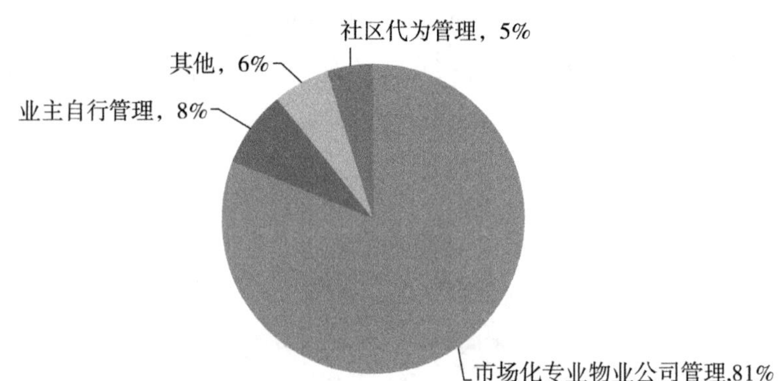

图 7　业主小区物业管理模式图

（5）业主对公共收益相关政策了解程度

对新修订后的《武汉市物业管理条例》有关公共收益的规定，有效样本中有 17 人非常了解，占 17%；比较了解的有 19 人，占 19%；基本了解的有 18 人，占 17%；而不太了解的有 40 人，占 39%；完全不了解的有 8 人，占 8%（图 8）。

（6）对小区公共事务决定权的了解情况

对于小区的重大事项一般是如何决定的这一问题，有效样本中，有 24 人回答是由业主代表大会决定，占 23%；有 14 人回答是由业主授权业主委员会决定，占

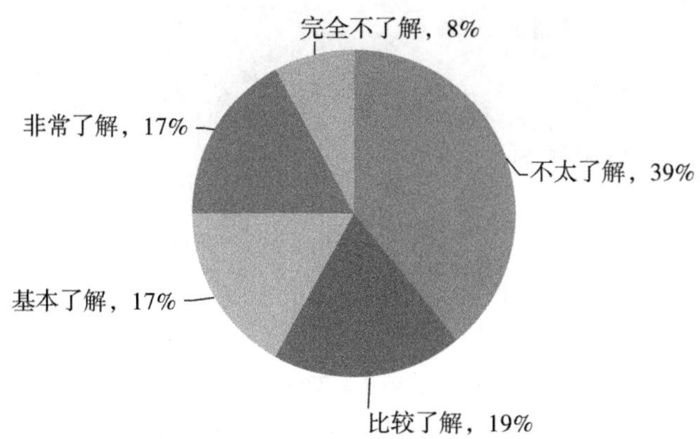

图 8 业主对公共收益相关政策了解程度图

14%；有 15 人认为是征求大部分业主意见后决定，占 15%；有 32 人回答是由物业公司决定的，占 31%；另外，有 17 人表示不清楚小区重大事项是如何决定的，占 17%（图 9）。

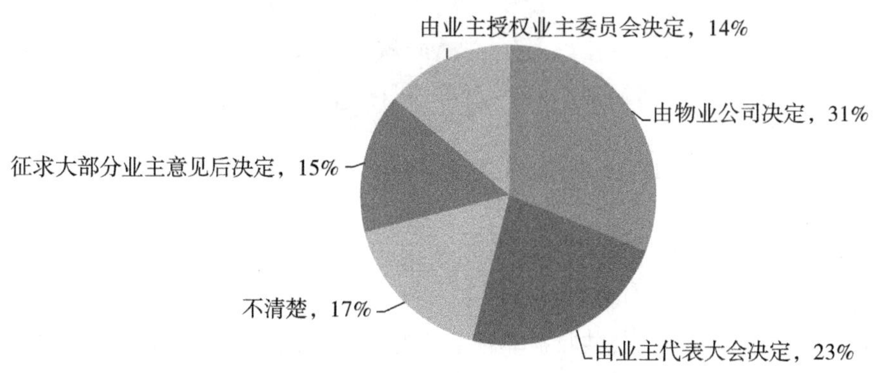

图 9 业主对小区公共事物决定权了解图

（7）业主对业主委员会的关注程度

关于小区是否成立了业主委员会这一问题，有效样本中，业主所在小区已经成立业主委员会的占 46%；未成立业主委员会的占 20%；正在筹备的占 22%，不清楚小区是否有业主委员会的占 12%（图 10）。业主委员会的成立情况，说明了小区业主委员会组织进展的不同阶段。

业主对小区业主委员会的工作是否关心，有效样本中，69 人表明是关心的，占 68%；25 人表示偶尔会关心，占 24%；8 人表示不关心，占 8%（图 11）。

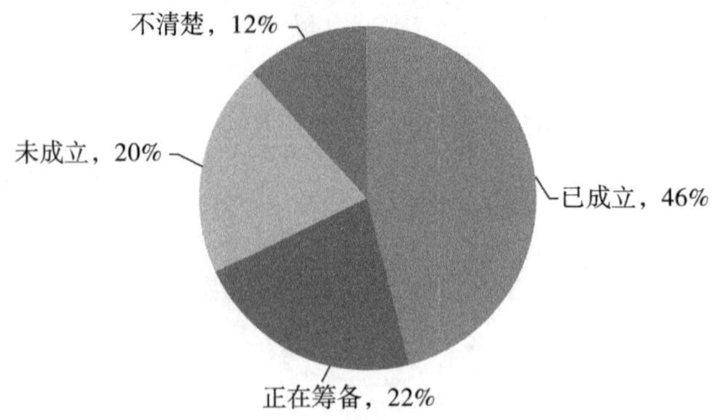

图10　业主对业主委员会关注程度图

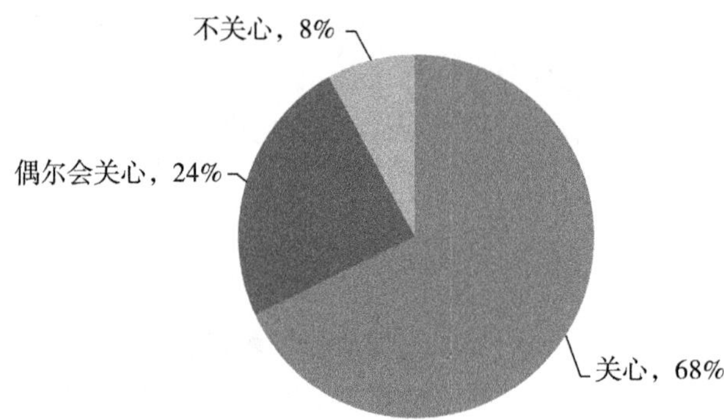

图11　业主对小区业主委员会的工作关心程度图

2. 公共收益管理情况

（1）业主对公共收益的了解程度

有效样本中，对小区公共收益非常了解的有13人，占13%；比较了解的有11人，占11%；基本了解的有16人，占16%；而不太了解的有31人，占30%；完全不了解的也有31人，占30%（图12）。

（2）公共收益来源类型

住宅小区公共收益的来源主要有：广告费，露天、地下停车费，摊位、商铺出租费和其他公共收益来源。有效样本中，认为公共收益来源于广告费的占30%；来源于露天、地下停车费的占29%；来源于摊位、商铺出租费的占20%；来源于其他类型的占15%；还有6%不清楚公共收益来源类型（图13）。

（3）公共收益的归属和分配

关于公共收益的归属问题，有效样本中，88人认为公共收益应归属于全体

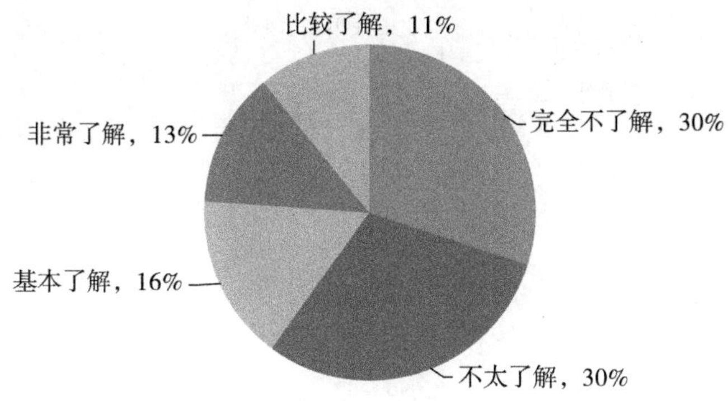

图 12　业主对小区公共收益了解情况图

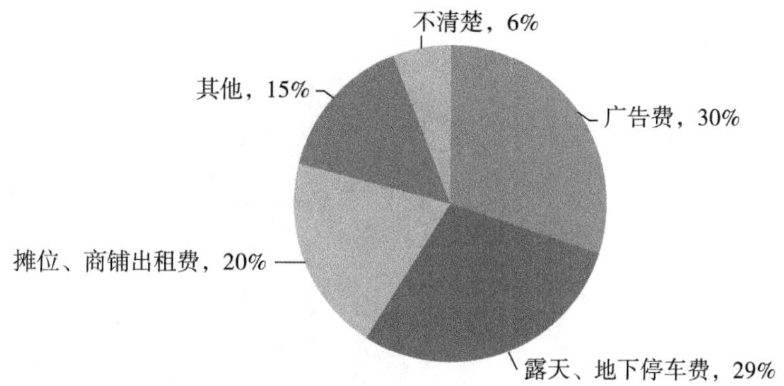

图 13　公共收益来源类型图

业主所有，占 86%；5 人认为公共收益应归属于物业公司，占 5%；4 人认为应归属于业主委员会，占 4%；另有 5 人尚不清楚公共收益应归属于谁，占 5%（图 14）。

关于公共收益是否分红这一问题，有效样本中，有 8 人选择“是”，即小区采用了分红模式，占 8%；有 81 人选择“否”，即小区未采用分红模式，占 79%；另有 13 人选择了“不清楚”，即对于是否分红并不了解，占 13%（图 15）。

（4）公共收益的入账管理

对于公共收益是由谁在管理这一问题，有效样本中，30 人认为是由业主委员会管理，占 29%；55 人认为是由物业公司管理，占 54%；6 人认为是由社区居委会管理，占 6%；还有 11 人不清楚公共收益的管理主体是谁，占 11%（图 16）。

（5）小区共有部分是否合理利用

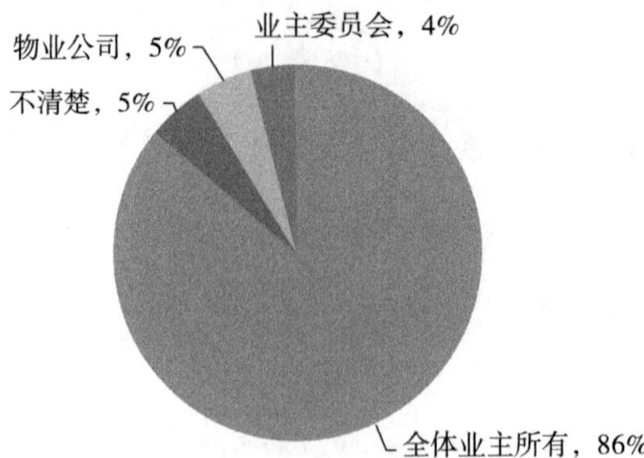

图 14　公共收益的归属和分配图

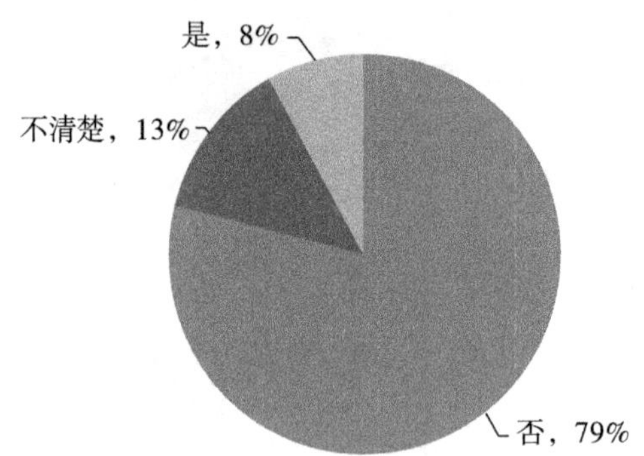

图 15　公共收益是否分红图

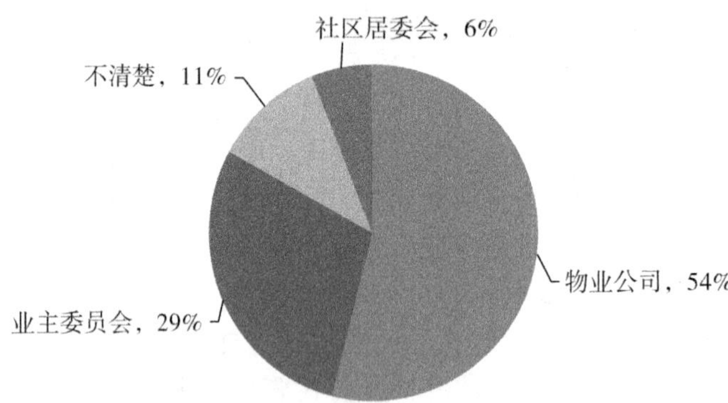

图 16　公共收益的入账管理图

小区共有部分利用率高不高，也是关乎公共收益的价值所在。有效问卷中，25人认为共有部分得到了充分利用，占24%；47人认为共有部分没有得到充分利用，存在部分荒置和浪费，占46%；9人认为共有部分根本没有得到利用，占9%；21人不清楚共有部分是怎样被利用或根本没有留意，占21%（图17）。

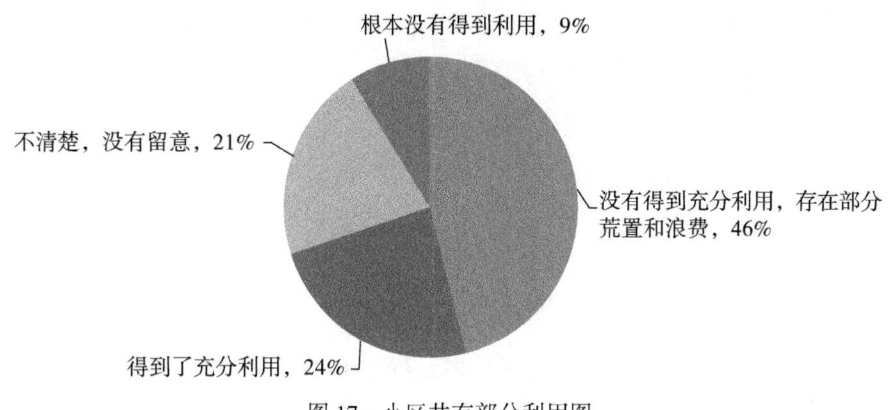

图17　小区共有部分利用图

（6）公共收益的使用情况

在大部分住宅小区，公共收益主要用于设施维修、环境绿化等物业维护，抵消物业费和其他用途。有效样本中，34人认为公共收益主要用于设施维修、环境绿化等物业维护，占33%；8人认为公共收益主要用于抵消物业费，占8%；24人认为公共收益被物业公司占用，占24%；11人认为公共收益用于其他，占11%；25人不知道公共收益去向，占24%（图18）。

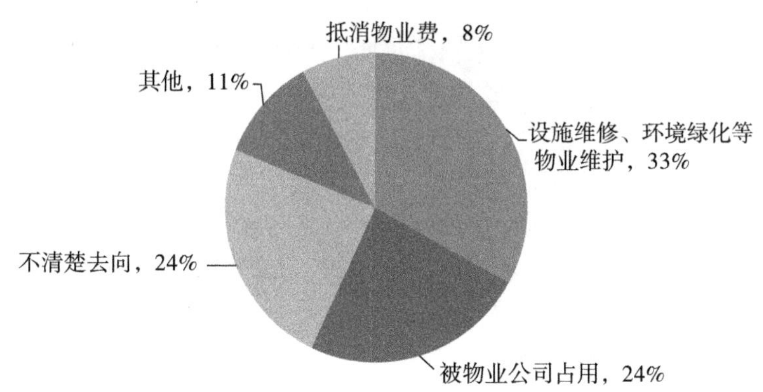

图18　公共收益使用情况图

（7）对公共收益收支情况的了解

关于业主对公共收益的收支、余额情况了解程度，有效样本中有 15 人非常了解，占 15%；7 人比较了解，占 7%；10 人基本了解，占 10%；31 人不太了解，占 30%；此外，39 人完全不了解公共收益开支情况，占 38%（图 19）。

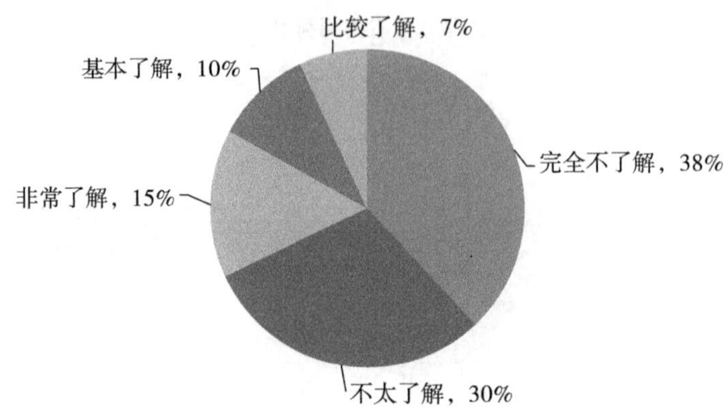

图 19　业主对公共收益收支了解图

（8）对公共收益收支情况渠道的了解

业主可以通过哪些渠道了解到公共收益的使用情况，有效样本中，24 人通过社区公告栏公告或小区网站了解，占 23%；21 人通过小区的业主委员会了解，占 21%；14 人从其他业主口中得知，占 14%；14 人向物业公司咨询，占 14%；6 人通过其他渠道了解，占 6%；23 人表明无从得知，占 22%（图 20）。

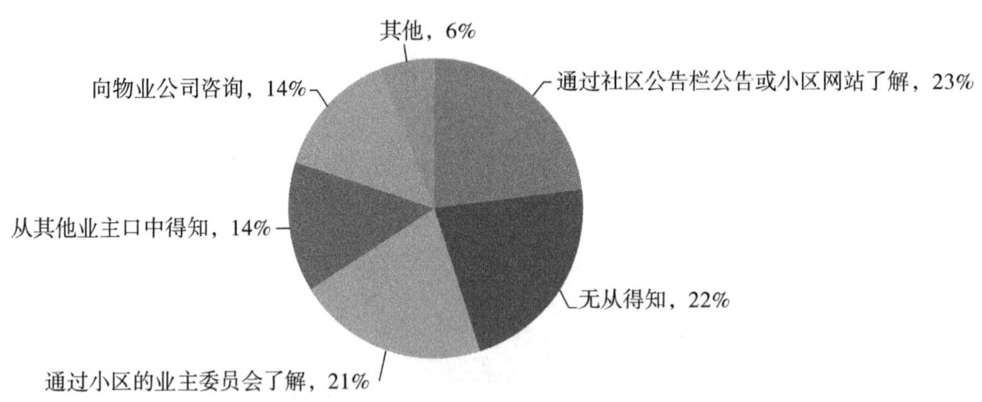

图 20　业主了解公共收益收支情况渠道图

(9) 公共收益的监管情况

公共收益由谁来监管最合适，有效样本中，25 人认为由政府监管最合适，占 24%；4 人认为由物业公司监管最合适，占 4%；64 人认为由业主委员会监管最合适，占 63%；9 人对于谁监管合适表示不清楚，占 9%（图 21）。

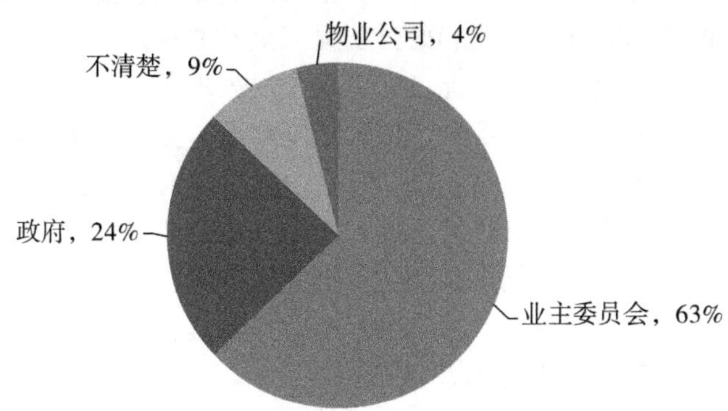

图 21 公共收益谁监管最合适图

(10) 业主的维权渠道

关于业主受到物业公司侵权时选择的维权渠道，有效样本中，20 人表示自己找物业公司维护权益，占 20%；29 人请居委会或街道办事处与物业公司进行沟通，占 28%；33 人寻求业主委员会的帮助，请业主委员会代为维权，占 32%；20 人寻求法律援助，占 20%（图 22）。

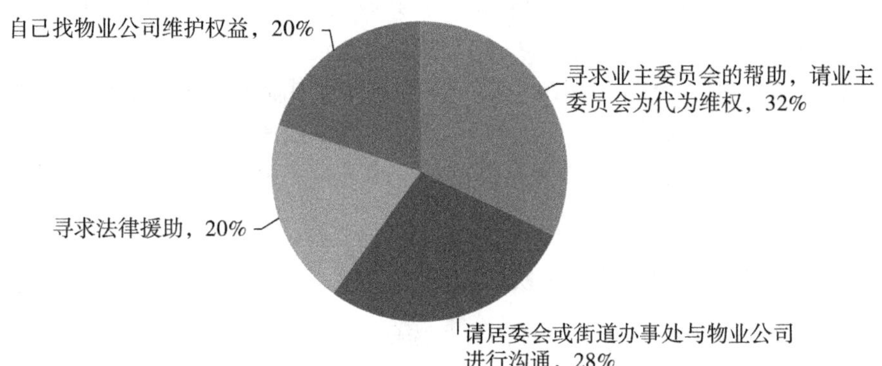

图 22 业主维权渠道图

3. 对本小区公共收益的看法及建议

该问题属于开放型题目，在访谈中，业主对小区共用部分的利用状况、公共收益的管理和处分状况的看法主要集中在以下几个方面：

（1）对公共收益管理状况的满意度

不少业主表示对公共收益管理状况不太清楚。这主要表现在两个方面，其一是业主主观上对小区公共事务不清楚、不关注，因而对小区公共收益管理情况也不了解；其二是由于大部分物业公司很少甚至从未公开过公共收益，因而业主在客观上对小区公共收益的利用状况、收益和处分状况完全不清楚。

有的业主认为公共收益管理状况良好。这主要表现在：公共收益由业委会管理的小区，业主与业主委员会相互配合、依法依规商量，业委会按照业主大会的决定依法处理小区共用部分和公共收益，公共收益由业主享有，业主决定。

大部分业主则表示小区公共收益管理一团糟。这主要表现在：没有成立业委会的小区，公共收益由物业公司霸占，业主觉得无法监管，一些业主提出成立业委会的要求。此外，物业公司很少甚至从未公示过公共收益，公共收益收支不透明。

（2）对公共收益管理的意见与建议

第一，公共收益应公开。在对公共收益管理的意见征集中，“公开透明”是出现频次最高的回答，很多业主提出了公共收益应公开透明这一意见。

第二，公共收益管理应规范。关于公共收益的使用和分配，业主不约而同提到公共收益管理应“合理”。有的业主提出更为具体的使用建议，如公共收益要“用于专项维修资金”“收益应相应地用在公共部分的建设，对小区有利的部分”，也有业主提出在没有成立业主委员会的小区，由于业主与开发商或物业公司间存在严重的信息不对称现象，业主完全无法知道公共收益的来源及真实具体情况。

第三，加强监管。首先，加强对业主委员会的监管。业主建议，公共收益应由政府监管，业主大会决定，业委会管理。公共收益由业主委员会公共账户统一管理，定期向业主公布收支明细。其次，加强对物业企业的监管。

第四，完善相关法律。业主认为存在灰色地带，相关法律法规不健全。缺少监管，且部分居民没有相关的权利意识，不懂得哪些权益属于业主所有。因此政府应该出台相关规定，对物业侵占业主公共收益行为进行约束和惩处，保障业主合法权益。

（二）物业服务企业调查问卷统计分析

这部分的调查问卷共包括 15 项内容，详情如下：

1. 您所管理的小区是否已经成立了业主委员会

关于小区成立业主委员会情况，有效样本中，32 个小区已成立业主委员会，占比 59%。12 个小区尚未成立业主委员会，占比 22%。10 个小区正在筹备成立业主委员会，占比 19%（图 23）。

2. 您所管理的小区公共收益当前是由谁管理

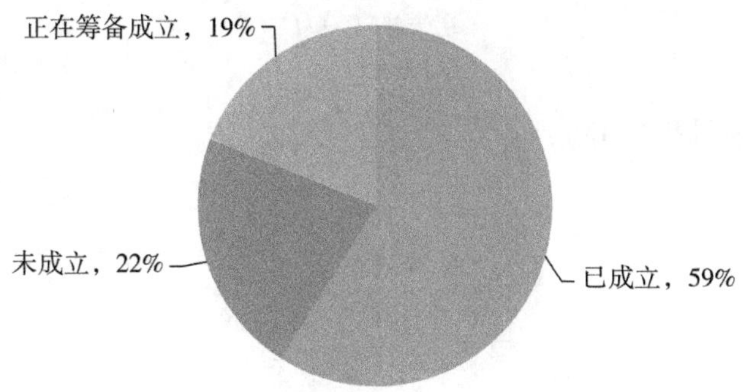

图 23 小区业主委员会成立情况占比图

关于当前公共收益由谁管理情况，有效样本中，34 个小区当前由物业公司进行管理，占比 63%。2 个小区当前由社区居委会进行管理，占比 4%。17 个小区当前由业主委员会管理，占比 31%。1 个小区当前由房管部门管理，占比 2%（图 24）。

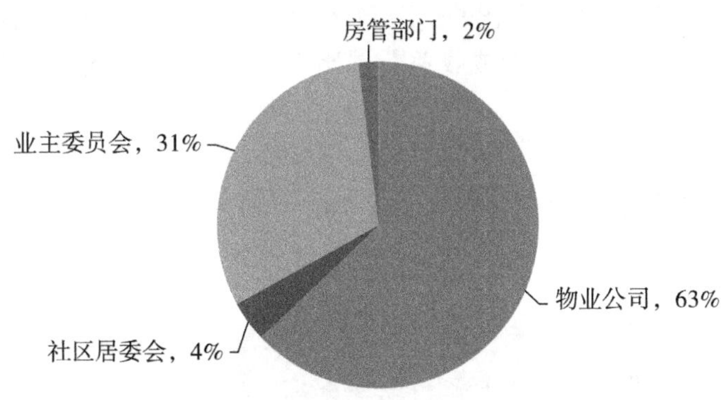

图 24 小区公共收益管理方占比图

3. 您认为小区公共收益应由谁监管

关于小区公共收益应由谁来监管，有效样本中，28 个小区认为应由业主委员会监管，占比 52%。14 个小区认为应由物业公司监管，占比 26%。7 个小区认为应由社区居委会监管，占比 13%。5 个小区认为应由房管部门监管，占比 9%（图 25）。

4. 您所管理的小区的公共收益来源有哪些

关于小区公共收益来源，有效样本中，38 个小区公共收益来源包含业主共有的道路、绿地或者其他场地停放车辆的车位收益，占比 32%。12 个小区公共收益

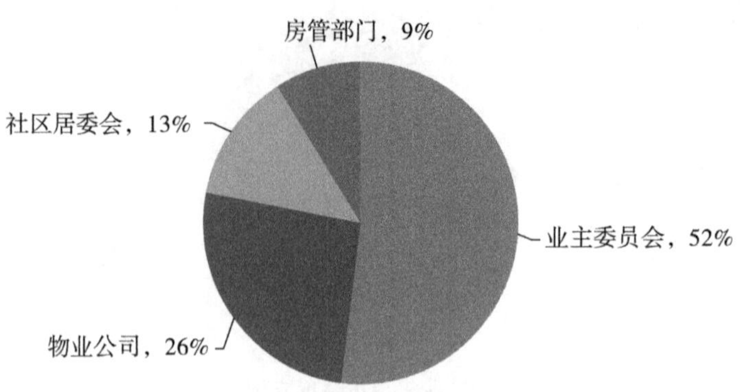

图 25　小区公共收益由谁监管占比图

来源包含公共设施和物业服务用房等收益，占比 10%。42 个小区公共收益来源包含公共区域内租赁摊位租金、摊位费、入场费和场地费等收益，占比 36%。12 个小区公共收益来源包含利用公共区域内的活动场所对外开放产生的收益，如会所、足球场、篮球场、游泳池、网球场等经营收益，占比 10%。7 个小区公共收益来源包含部分通信运营管理费，占比 6%。3 个小区公共收益来源包含因损坏或违法使用小区的公共设施进行的赔偿或收益，占比 3%。3 个小区公共收益还包含其他，占比 3%（图 26）。

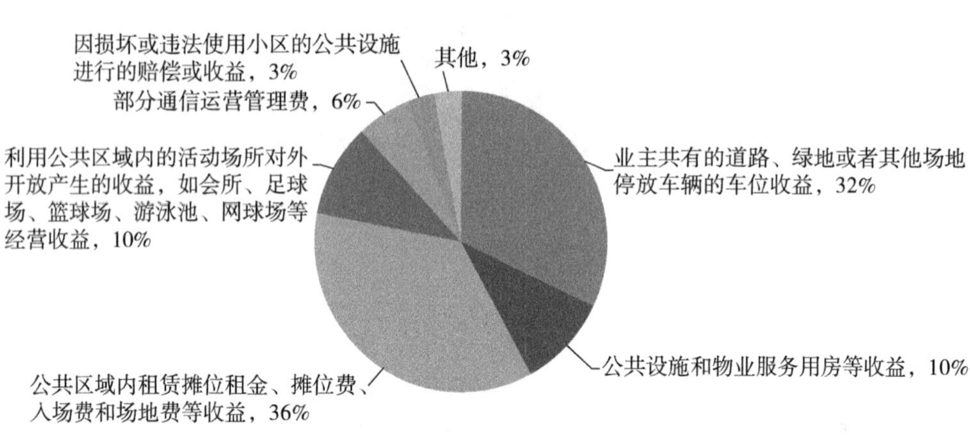

图 26　小区公共收益来源占比图

5. 您所管理的小区公共收益是通过下列哪种方式进行管理的

关于小区公共收益管理方式，有效样本中，14 个小区是业主委员会单独建账，专户储存，占比 27%。19 个小区是物业公司项目建账，占比 36%。18 个小区是物业公司总公司建账，占比35%。1个小区是通过其他途径管理，占比2%（图27）。

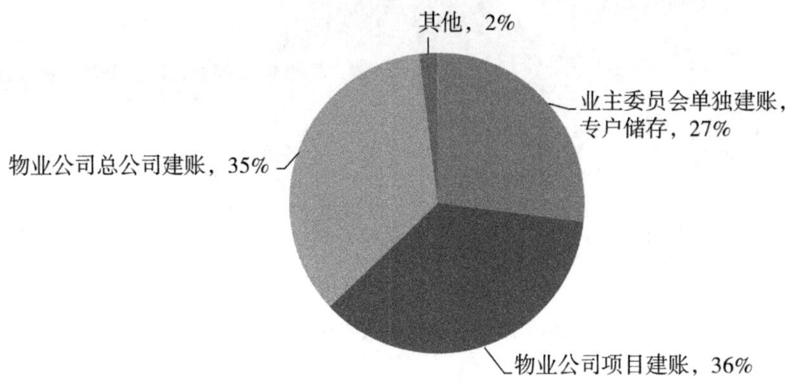

图27　小区公共收益管理方式占比图

6. 您所管理的小区的公共收益是否进行移交

关于小区公共收益移交，有效样本中，19个小区公共收益已移交，占比37%。7个小区公共收益正在移交，占比13%。26个小区公共收益尚未移交，占比50%（图28）。

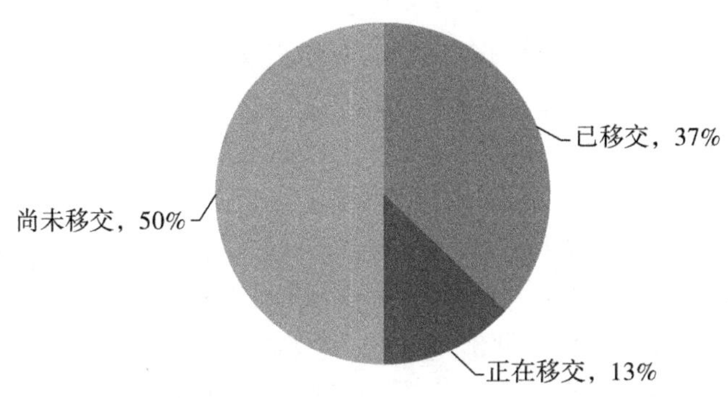

图28　小区公共收益移交情况占比图

7. 您所管理的小区公共收益是如何使用的

关于小区公共收益的使用途径，有效样本中，29个小区是通过物业公司征集过半数业主意见，同意后使用，占比39%。15个小区是通过社区街道审批后使用，房管部门审批，占比20%。9个小区是未经过相关程序，使用后告知业主，占比12%。3个小区是公共收益属全体业主所有，通过年底分红发给业主，占比4%。19个小区尚未使用公共收益，占比25%（图29）。

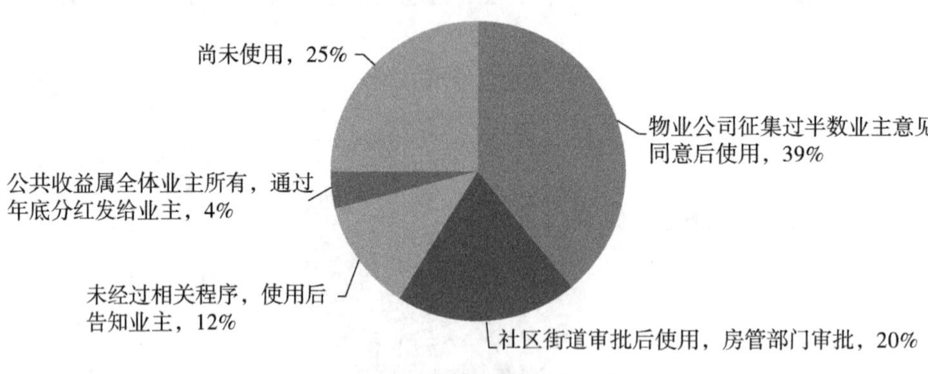

图 29　小区公共收益使用途径占比图

8. 您所管理的小区公共收益管理成本占共用部位、共用设施设备经营成本的百分比

关于小区公共收益管理成本，有效样本中，18 个小区公共收益管理成本占比 20%，13 个小区公共收益管理成本占比 30%，7 个小区公共收益管理成本占比 40%，14 个小区公共收益管理成本占比 50%。数据显示，公共收益成本在 20%～50%之间，不同的小区产生的成本不一样，此数据为制定服务成本分配比例提供了一定的指导性。

9. 您所管理的小区是否区分各门幢的收益（如该幢电梯广告）归各门幢的业主单独享有

关于小区公共收益是否分户分区使用，有效样本中，6 个小区规定各门幢的收益（如该幢电梯广告）归各门幢的业主单独享有，占比 11%。44 个小区不分门幢，集中使用，占比 85%。2 个小区通过其他方式使用，占比 4%（图 30）。

10. 按相关文件规定，公共收益应当用于补充专项维修资金，您认为若补充专项维修资金，则补充比例应不低于__%

关于小区公共收益补充专项维修资金占比，有效样本中，23 个小区认为补充占比不低于 30%，占比 41%。3 个小区认为补充占比不低于 40%，占比 5%。14 个小区认为补充占比不低于 50%，占比 25%。16 个小区认为补充占比不低于 60%，占比 29%。数据显示，大部分物业企业支持将公共收益用于补充公共维修资金，且应在 30%～60%之间（图 31）。

11. 您所管理的小区是否对小区公共收益归集、使用的明细账目进行公示

关于小区对于公共收益账目进行公示，有效样本中，41 个小区定期公示账目，占比 77%。4 个小区偶尔公示账目，占比 8%。8 个小区未公示账目，占比 15%（图 32）。

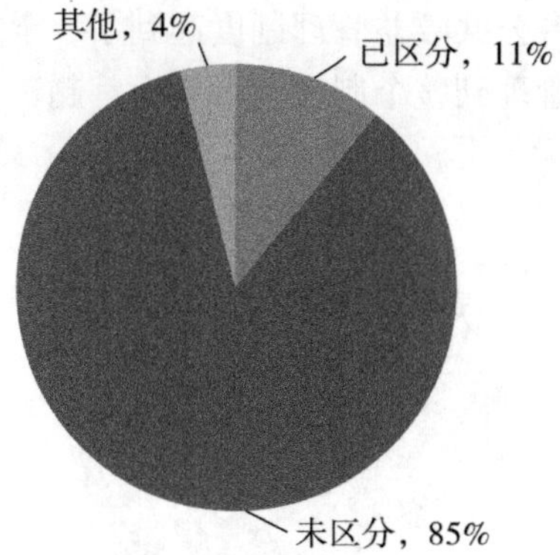

图 30　小区公共收益是否分户分区使用调查占比图

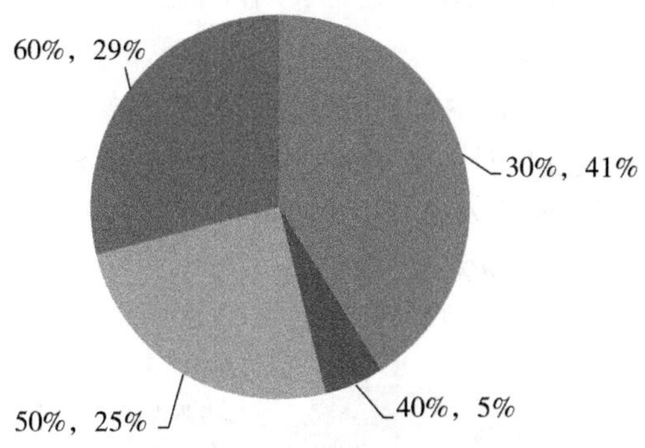

图 31　小区公共收益补充维修资金比例占比图

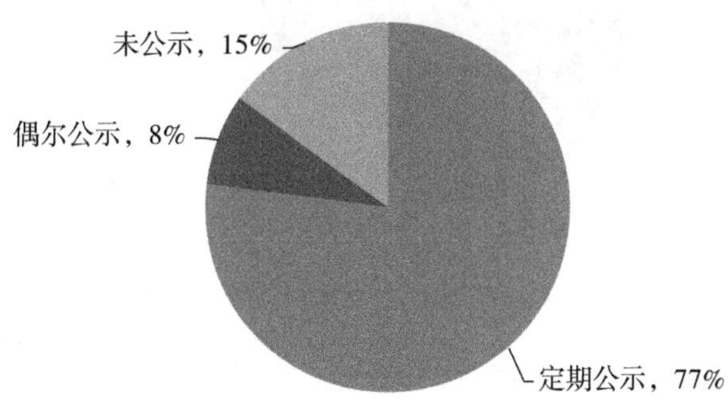

图 32　小区公共收益公示情况占比图

12. 您所管理的小区是否建立了公共收益管理制度

关于小区公共收益是否建立了管理制度，有效样本中，39 个小区已建立了管理制度，占比 72%。15 个小区未建立管理制度，占比 28%（图 33）。此组数据说明了近几年来，武汉市出台公共收益管理制度起到了一定效果，物业服务企业对公共收益从账目管理、财务管理到整个制度建设方面都趋于规范。

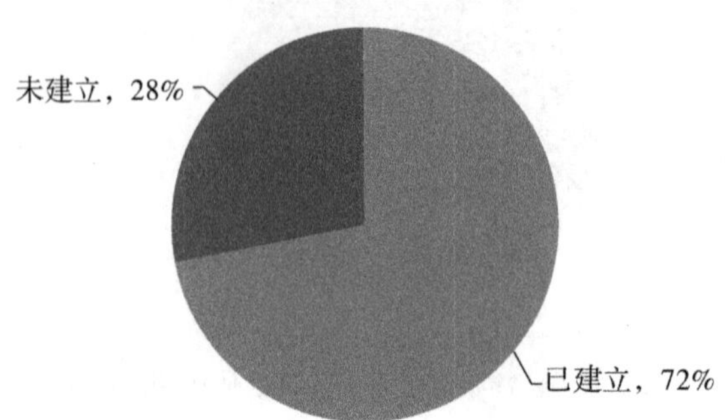

图 33　小区公共收益建立专项管理制度情况占比图

13. 您所管理的小区公共收益收支情况是否进行过专业机构审计

关于小区公共收益收支审计，有效样本中，14 个小区按要求进行审计，并公示审计报告，占比 26%。35 个小区未进行审计，只公示账目明细，占比 66%。4 个小区未审计，未公示，占比 8%（图 34）。

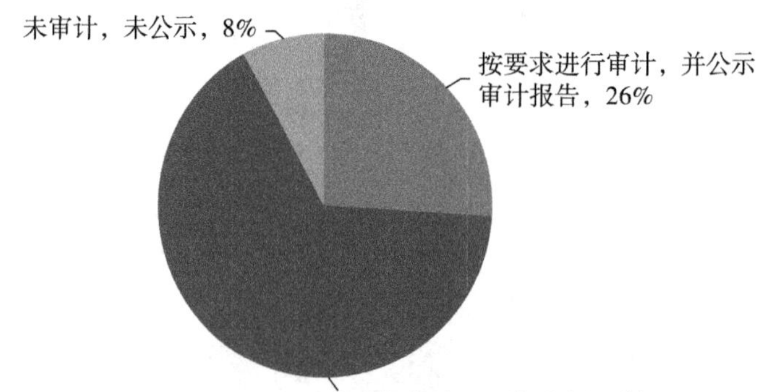

图 34　小区公共收益审计情况占比图

14. 您所管理的小区物业服务合同中对公共收益约定的类型包括哪些

关于小区物业服务合同对公共收益类型的约定，有效样本中，27 个小区约定了停车费项目，占比 31%。29 个小区约定了电梯广告费项目，占比 33%。21 个小区约定了公共区域摊位租赁费，占比 24%。3 个小区约定了会所场地经营费，占比 4%。7 个小区约定了其他项目，占比 8%（图 35）。

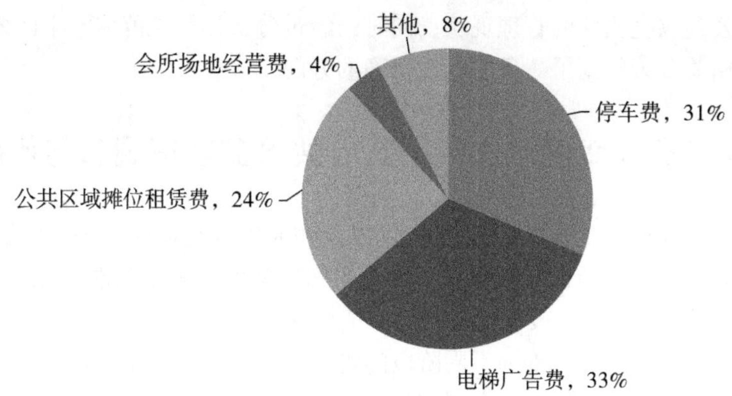

图 35　小区公共收益在物业服务合同中约定类别情况占比图

15. 您认为所管小区的共有部分有没有得到充分利用

关于小区共有部分是否得到充分利用，有效样本中，23 个小区认为得到了充分利用，占比 43%。23 个小区认为没有得到充分利用，存在部分荒置、浪费现象，占比 43%。3 个小区认为根本没有利用，占比 5%。5 个小区有其他看法，占比 9%(图 36)。

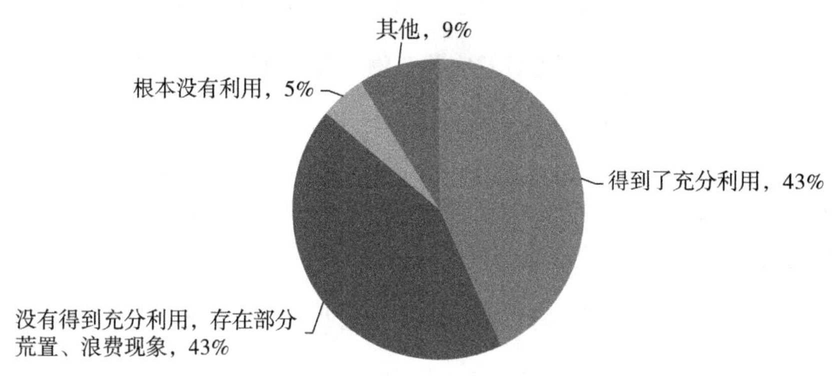

图 36　小区共有部分经营利用情况占比图

（三）开展走访、座谈时业委会代表反映的相关（案例）问题

业委会代表反映的相关问题包括：

移交公共收益账务不明；公共收益分两笔账管理；公共收益分配不合理；公共收益难增值；相关政策缺乏效力；缺乏严格的监管。

通过上述对不同主体调研情况的统计分析，课题组进行了归纳和总结，深度剖析了小区公共收益当前的管理现状，同时，经过分析，为规范住宅小区公共收益的管理制定相关政策找到了一条清晰而明确的方向。

第三章　武汉市住宅小区公共收益管理现状与问题

课题组分别对业主委员会/业主代表以及物业服务企业两个公共收益的主体进行全面充分的调查，调查中涉及公共收益的归属问题、来源问题、账目管理问题、分配问题、使用情况、收支公开情况、监管情况等。本章将针对武汉市住宅小区公共收益的现状，结合物业管理不同阶段的管理模式，公共收益的管理特点，进一步剖析武汉市住宅小区公共收益在不同管理阶段存在的问题。

一、公共收益管理现状

（一）业主对于公共收益的认知清晰，维权意识较强

随着法制日益完善，业主的法治意识日益增强，对住宅小区产生的公共收益有了明确的认知。其主要表现在，其一，对公共收益的归属问题，毫无悬念，认为应属全体业主所有；其二，对于公共收益来源于利用小区的共用部位、公共设施设备所产生的收益，业主基本无异议；其三，业主对于公共收益的维权意识日益增强。

（二）公共收益的管理制度日益完善，物业服务合同约定已成主流

近几年来，武汉市出台的公共收益相关规范性文件起到了一定效果，物业服务企业针对项目取得的公共收益无论是以公司总部建账还是以项目建账，在公共收益的财务管理上已趋于规范。同时，在物业服务合同中也逐渐约定公共收益类型，但约定的类型仍过于单一，主要是公共区域的停车费、电梯广告费等。

（三）公共收益的管理，特别是使用及分配处于模糊状态

调查发现，大部分业主对于小区公共收益的状况，具体从哪些渠道可以产生收益，公共收益如何管理等还不清楚，主要表现在：一是从业主和企业层面的调查中均反映出公共收益管理权大多数在物业服务企业手中；二是业主对本小区究竟产生了多少公共收益不清楚；三是公共收益使用方式和具体去向不明，开支不透明；四是分配方式模糊不清，大部分小区没有对如何分配进行约定，针对公共收益经营成本占比，企业如何与业主进行分配，公共收益应当补充进专项维修资金的占比，现阶段在物业服务合同中进行约定的少，即使有约定的，分配比例也各不相同。

（四）公共收益的监管仍是薄弱环节

在公共收益的监管方面，无论是由物业服务企业管理还是由业主委员会管理，公共收益均处于无人监管状态，或监管手段缺失，监管力量弱小。

公共收益由物业服务企业管理的，其监管执行主体是业主委员会，但对于物业服务企业究竟获得了多少公共收益、用于何处等业委会并没有办法获得真实的数据，往往都是企业说了算。公共收益移交也有问题，一是企业不向业主移交，二是业主委员会不愿接收等。

公共收益由业主委员会管理的，其监管方是全体业主，但对于业主委员会不公示账目，使用不征集业主意见等违规行为，因监管制度或制约手段缺失，作为业主群体往往只得依赖于政府部门进行监管。

（五）公共收益资源没有得到最大化利用，公共收益还有极大空间

由于当前在公共收益的管理上还缺乏细化实操性指导，公共收益管理处于待规范发展的阶段，因此，现阶段住宅小区公共部分利用率低，共有部分没有得到合理开发和利用，存在荒置、浪费状态，从而影响整个小区公共收益的最大化。

二、公共收益管理存在的主要问题

结合当前武汉市住宅小区公共收益的现状，为了规范公共收益在不同管理时期、不同管理阶段、不同管理模式下的管理方式，本章重点分析了公共收益在前期物业管理阶段、业主大会成立后以及居（村）委员会代为管理阶段的管理现状及主要问题，旨在针对问题寻找有针对性的解决方法和制度设计的方向和思路。

（一）前期物业管理阶段公共收益的特点与问题

1. 前期物业管理阶段的特点

一是前期物业管理阶段业主主体地位缺失。前期物业服务合同由开发建设单位与物业服务企业签订，因此在公共收益方面存在着业主的权益难以得到保护局面。

二是前期物业服务合同中公共收益的约定缺失。针对公共收益归集的范围仅涉及利用业主共有部位的停车收益，其他的公共收益都没约定。

三是此阶段公共收益的管理主体为物业企业代管，公共收益缺乏监管主体。

2. 前期物业管理阶段公共收益存在的问题

由于上述三个缺失，便产生了系列的问题：一是公共收益直接被开发建设单位或物业服务企业作为收入占用；二是物业服务企业收取公共收益未设立专户，收多少是笔糊涂账，在后期移交时，瞒报虚报甚至出现负数现象；三是无人监督公共收益的使用，公共收益被挪作他用或用于本应属于物业服务费范畴内的维修保养等。

（二）业主大会成立后公共收益的特点与问题

业主大会成立后，公共收益的管理方式有两种模式：一是经业主大会决定，由业主委员会自行管理。二是经业主大会决定，通过物业服务合同约定委托物业服务企业代管。

业主大会成立后，两种不同管理模式又会产生不同的问题：

1. 业主委员会自行管理模式存在的主要问题

一是业委会不依法开设账户或将公共收益不存入专户，而存进某个委员私人账户，以至个人擅自使用、挪用或侵吞公共收益。

二是公共收益的账务管理不规范，收入不透明，不定期公开公共收益账目，业主知情权难以实现。

三是业委会擅自使用和处分公共收益，用来购买基金、投资理财、发福利等。

四是在公共收益经营过程中，经营单位徇私情、谋私利，使小区的公共利益不能最大化。

五是在公共收益的分配上，未确定分配到专项维修资金的比例问题。

六是对业委会自行管理公共账户的，没有明确规定监督机构，也没有有效的管理手段，公共收益出了问题谁来管、谁来监督、谁来追责等没有明确规定。

2. 物业服务企业代管模式存在的主要问题

一是在物业服务合同中对公共收益的约定不明，没有具体条款对公共收益管理进行约定。

二是物业服务企业在经营过程中，对小区内可以产生公共收益的范围少报或隐瞒不报。

三是做假账，隐瞒公共收益的收入。

四是在公共收益与业委会进行分配时，虚报管理成本。

五是在公共收益使用时，不经业主大会表决，账目开支不公开，处于无监管状态。

六是无监管机构监督公共收益补充专项维修资金等问题。

（三）居（村）委会代为管理公共收益的特点及问题

公共收益由居（村）委会代为管理一般存在于老旧小区、没有实行专业化物业管理且未成立业主大会的小区，此类小区物业管理一般由居（村）委会进行兜底托管，老旧小区虽创造公共收益的资源有限，但通过合理的利用和挖掘还是有创造公共收益的机会。如对小区公共场地合理规划停车位，广告宣传等，其公共收益也很可观。

由居（村）委会兜底托管的老旧小区创造的公共收益究竟如何管理、如何使用、谁来监督等也存在诸多问题，主要表现在：

一是居（村）委会作为基层政府管理部门，在公共收益管理方面，可能会存在不经业主大会表决擅自决定公共收益的管理方式，通过行政管理手段来替代业主的共同管理权。

二是公共收益没有单独立账，账目不公开透明。

三是因为是代管，为了维护小区的正常服务，容易将公共收益补充和弥补物业服务费的不足，或用于小区改造项目，此行为会加剧业主不交物业费行为等。

上述不同物业管理阶段出现的公共收益问题，究其原因，主要还是对公共收益的管理没有相应的制度、规则和监督机制，因此，解决公共收益的纷争首先应立规矩。

第四章　武汉市住宅小区公共收益管理制度建设的成果与面临的挑战

本章内容主要涉及三个方面：一是探寻武汉市住宅小区公共收益制度的法律来源，为构建武汉市住宅小区公共收益管理制度寻找法律依据，同时，关注上位法在制度设计上存在的空白点和矛盾点。二是分析武汉市住宅小区公共收益管理制度建设情况，总结武汉市住宅小区公共收益制度的特色及成果。三是分析武汉市住宅小区公共收益制度建设面临的困难和挑战，为进一步完善武汉市住宅小区公共收益制度提供一些可供参考的意见。

一、当前武汉市公共收益管理制度建设的依据（相关法律法规关于公共收益的规定）

武汉市住宅小区公共收益制度的法律来源主要是《中华人民共和国物权法》(以下简称《物权法》)，并遵循国务院《物业管理条例》和《湖北省物业服务和管理条例》等行政法规。分析这三个法律文本中与公共收益相关的规定及说明，可以明确了解小区公共收益的法律来源及其在实践中的具体规定。同时促进武汉市住宅小区公共收益制度与上位法保持一致，在法律允许的范围内更好地管理公共收益。

（一）《中华人民共和国物权法》

其一，关于公共收益权属的界定。《物权法》作为一部明确物的归属、保护权利人物权的法律，在第六章“业主的建筑物区分所有权”中对公共收益作了原则性的规定。规定专有部分以外的共有部分产生的收益属于公共收益，公共收益归全体业主所有。(共同共有)

其二，关于公共收益产生范围的界定。《物权法》第七十三条、第七十四条规定说明了建筑区划内的道路、绿地、其他公共场所、公用设施和物业服务用房，以及占用业主共有的道路或者其他场地用于停放汽车的车位都属于业主共有。实际上界定了小区共有部分，并对公共收益的种类与来源进行了说明。

其三，关于对公共收益管理原则的界定。《物权法》第七十六条规定，对有关共有和共同管理权利的其他重大事项，应当经专有部分占建筑物总面积过半数的业主且占总人数过半数的业主同意。这也就说明了共有部分产生的收益，其管理的相关事项应当由业主决定。

其四，关于对公共收益分配原则的界定。《物权法》第八十条规定：建筑物及其附属设施的费用分摊、收益分配等事项，有约定的，按照约定；没有约定的或者约定不明确的，按照业主专有部分占建筑物总面积的比例确定。该规定说明对公共收益的分配若没有特别约定，则由业主按专有部分面积按份共有。

其五，关于对公共收益监督管理的界定。《物权法》第八十二条规定表明，物业服务企业或其他管理人基于与所有权人签订的委托合同，才获得了从属于所有权的物业管理权。物业服务企业应当按照物业服务合同的约定，提供相应的服务，在相应的权限范围内行使权力，不可越权，其擅自利用小区共有部分进行经营活动并将所得收益收入囊中的行为是没有任何法律依据的。

（二）《物业管理条例》

其一，明确了公共收益的知情权、监督权。如《物业管理条例》第二章第六条第一款第八项、第九项等，该条例进一步细化了《物权法》中规定的业主享有的权利，其中就包括业主对物业共有部分管理和使用情况的知情权和监督权。

其二，明确了全体业主对公共收益的共同管理权。《物业管理条例》第二章第十一条规定，公共收益源于业主对小区共有部分的共有权，因此其相关事项应由业主决定。（共同共有）

其三，明确了全体业主对公共收益的所有权和使用权。《物业管理条例》第三章第七十二条进一步确定了业主对物业共有部分的权利，规定即使是在前期物业管理阶段，公共收益也属于业主所有，建设单位不得侵犯业主的合法权益。

其四，明确了公共收益的产生、使用需经业主决定。《物业管理条例》第五章第五十四条规定，业主所得收益应当主要用于补充专项维修资金，也可以按照业主大会的决定使用。

其五，明确了违规行为的法律责任。该条例明确规定了任何个人、物业建设单位和物业服务企业都不得擅自经营小区共有部分，也不得侵占经营所得收益，公共收益属于全体业主所有。

（三）《湖北省物业服务和管理条例》

其一，明确了公共收益的经营、管理、分配、使用权等均由业主大会决定。该条例规定了共用部位的经营方式，公共收益的管理、分配和使用事项由业主决定，业主委员会由业主授权，并应公布公共收益收支情况。

其二，明确了公共收益的公示原则，保障业主的知情权和监督权。《湖北省物业服务和管理条例》第四章第三十八条第一款、第三十五条第二款对公共收益公示及周期进行了具体规定，切实保障了业主的知情权和监督权。

其三，明确了公共收益的管理应在物业服务委托合同中进行约定。《湖北省物业服务和管理条例》第五章第四十七条第二款对物业服务内容、服务标准、收费项目、收费标准及调整办法、收费方式、双方权利义务、物业服务用房、住宅专项维修资金的管理与使用、共用部位和共用设施设备的管理与使用、合同期限、物业服务企业的退出、资料的移交、违约责任等内容进行了约定。

二、上位法制度设计上存在的问题

无论是《物权法》，国务院的《物业管理条例》，还是《湖北省物业服务和管理条例》，都以法律或法规形式确立了业主对专有部分以外的共有部分享有共有和共同管理的权利。但是，上位法只是对该权利进行了抽象的规定，而没有充分考虑到实践中可能出现的情况。公共收益作为业主的共有和共同管理权的具体体现，为何在实践环节中却产生各种矛盾和困难。基于此，我们剖析上位法在公共收益这一制度设计上存在的问题，并提出相关改进意见。

（一）公共收益界定模糊

三个法律或法规文本中，并没有明确出现“公共收益”这一概念，而用其他的陈述来指称公共收益。《物权法》中仅能从“建筑区规划内的道路、绿地、其他公共场所、公用设施和物业服务用房”这一描述来了解小区的共有部分，即公共收益的来源与种类；国务院《物业管理条例》和《湖北省物业服务和管理条例》中将公共收益描述为“物业共用部位、共用设施设备进行经营所得收益”。虽然《湖北省物业服务和管理条例》第六十二条界定了物业共用部位和共用设施设备的范围，但是对公共收益的界定仍是模糊不清。

（二）公共收益规定不系统

对于公共收益，上位法中多为零散的规定。《物权法》作为高度概括的国家法律，肯定了公共收益属于业主所有。《物业管理条例》和《湖北省物业服务和管理条例》除了进一步肯定业主的权利外，还对公共收益的使用、公布以及相应的法律处罚进行了简单说明。然而，上位法更多的是肯定业主的权利，没有对公共收益管理的各个有效环节进行系统的规定，诸如入账管理、分配比例、使用流程、监管方式等环节的规定还是空白。

（三）权利保护不力

法律的最终作用是维护社会秩序，保障社会群众的人身安全与利益。在上述三个文本中，虽然规定了相应的处罚措施以保护业主的共有和共同管理权。然而，国务院《物业管理条例》和《湖北省物业服务和管理条例》并没有充分考虑到现实的具体情况，缺乏相应的法律处罚。近几年来很多住宅小区因公共收益引发矛盾纠纷，业主在法律文本中找不到相应的条例，往往陷入无法可依的境地。

三、武汉市住宅小区公共收益制度建设成果

基于此，武汉市根据《物权法》、国务院《物业管理条例》和《湖北省物业服务和管理条例》等上位法，制定了《武汉市物业管理条例》，并颁布了一系列地方性文件，以规范公共收益的管理。分析《武汉市物业管理条例》及相关法规，可以了解当前武汉市公共收益管理的制度设计，为进一步完善公共收益法规提供指导。值得注意的是，武汉市虽未出台住宅小区公共收益管理的专门性法规，但为了规范住宅小区公共收益的管理，房屋行政主管部门对公共收益的管理早在省、市物业管理条例出台前就制发了系列的规范性文件。

（一）武汉市住宅小区公共收益相关政策文件

2012 年 2 月 1 日，武汉市住房保障和房屋管理局印发了《业主大会议事规则》《业主委员会工作指导规则》和《管理规约》三个示范文本，旨在规范业主、业主大会和业主委员会的行为。《管理规约》对共用部位、共用设施设备的经营与收益的分配及使用作出了原则性的约定。示范文本均说明业主大会可以根据实际情况，在不侵害业主合法权益的情况下对示范文本条款内容进行选择、修改、增补或删减。因而在实际中，不同住宅小区对共有部分的经营、公共收益的使用与分配有可能不同。这实际上赋予业主较大的权利，全体业主有权在制度指导下自行对小区公共收益的分配和使用做出决定。

2015 年，武汉市将强化物业服务质量监管、破解住宅小区综合管理难题两项责任事项纳入武汉市政府工作报告，旨在解决住宅小区面临的各种问题，其中就包括公共收益问题。2015 年，武汉市政府和房管局重拳出击，陆续出台了一系列相关文件。

2015 年 6 月 26 日，武汉市社区建设领导小组发布了《关于加强住宅小区公共收益管理的指导意见》和《关于做好住宅小区业主委员会组建后相关移交工作的

通知》。以往的公共收益制度都是以条例形式分散在各物业管理法律法规中，《关于加强住宅小区公共收益管理的指导意见》是第一个针对公共收益管理的专门性政策文件，对住宅小区公共收益管理具有指导性作用。该指导意见从界定公共收益及其范围、规范公共收益使用、明确管理责任主体、规范受托管理行为等九个方面对公共收益的种类、归属与分配、入账管理、使用原则、公布、使用监管进行了较为详细的规定。虽然该指导意见属于政策指导性文件，在法律上缺乏强制约束力，但也具有一定的法律和法理依据，因此各区社区建设领导小组、业主委员会和物业服务企业均严格执行文件精神。《关于做好住宅小区业主委员会组建后相关移交工作的通知》督促物业服务企业向业主委员会做好"四资移交"工作，其中就包括做好公共资源（共用部位、共用设施设备）的清理以及做好公共收益的报告。该文件真正让全体业主认知了什么是公共收益，公共收益的权属是谁等基本问题。

2015 年 7 月 17 日，市房管局发布《关于做好住宅小区公共收益单独开户建账工作的通知》，督导代管小区公共收益的物业服务企业做好公共收益单独开户建账工作，依法管理、使用住宅小区公共收益，维护全体业主合法权益。

2015 年 11 月 25 日，武汉市人民政府办公厅印发《关于加强住宅小区综合管理的实施意见》，就破解物业管理矛盾纠纷和小区综合治理的难题提出新思路和新举措，其中就包括公共收益收支的问题。该实施意见从顶层设计上对政府、市场、社会相关责任主体做出相关规定，虽然并没有关于公共收益管理的具体条款，但是加强小区综合管理在一定上程度上就等于保护了业主的公共收益权。

2017 年 10 月 19 日，市住房保障和房屋管理局制定了《物业小区公共收益分配使用试点方案》，以规范物业小区公共收益管理，维护小区业主合法权益。这实际是 2015 年发布的《关于加强住宅小区公共收益管理的指导意见》的实践，并在该指导意见的基础上进行了适当调整。

（二）《武汉市物业管理条例》中公共收益条款分析

基于小区公共收益是各方关注的焦点，为了将公共收益合法化，2019 年 1 月 1 日起施行的《武汉市物业管理条例》，在遵循上位法的同时，结合武汉市实际以及多年的公共收益管理实践，将公共收益正式写入条例，对公共收益的管理提供了明确的法律依据。

1. 明确了公共收益的定义

《武汉市物业管理条例》第七十三条第二款对公共收益进行了界定。

2. 明确了共有部分的区域范围

《武汉市物业管理条例》第十一条规定：建设单位应当将经备案的物业管理区域的详细分布图以及共用部位、共用设施设备的配置和建设标准在物业管理区域内显著位置予以公示，并在房屋买卖合同中明示。

3. 明确了公共收益的所有权

《武汉市物业管理条例》第三十五条第一款规定：物业管理区域内的公共收益属于全体业主共有。

4. 明确了公共收益移交主体、移交内容

《武汉市物业管理条例》第二十四条规定应将公共收益移交纳入“四资移交”，规定了从前期物业管理阶段到现物业管理阶段，前期物业服务企业利用小区共用部位、共用设施设备经营所得的收入应该移交给业主委员会，切实保障了前期物业管理阶段业主的公共收益权。

5. 明确了公共收益账户管理、收支公示、禁止使用行为及处罚等，让业主有知情权，并参与共同监督管理

《武汉市物业管理条例》第三十二条和第三十五条规定了业主委员会及业主委员会委员在管理公共收益时的具体规范：业主委员会每半年公布一次公共收益的收支情况，接受业主监督。

6. 明确了公共收益产生的范围，公共收益的用途以及使用的决定权

《武汉市物业管理条例》第六十条、第六十三条等进一步规定了利用共用部位、共用设施设备进行经营的，应当符合法律、法规和管理规约的规定，并征得相关业主和业主大会的同意。住宅物业管理区域的公共收益应当主要用于补充住宅专项维修资金，也可以按照业主大会的决定使用。

（三）武汉市住宅小区公共收益制度建设取得的成效

通过梳理近几年来武汉市在公共收益管理实施过程中，从制发各项规范性文件到《武汉市物业管理条例》正式为公共收益立法，尽管实践环节与法律制度存在若干矛盾，但武汉市的制度建设仍取得了较好成效，主要表现在以下几个方面：

其一，公共收益的定义、权属及界定更加清晰。

其二，公共收益的不同管理模式和管理主体更加明确。

其三，物业服务企业经营和管理公共收益的规范意识加强。逐步减少和杜绝了物业服务企业以各种形式侵占业主公共收益的行为。

其四，业主、业主委员会责任意识及法制意识加强。业主委员会作为业主自治组织，越来越多地承担起维护业主公共收益权的责任。一方面，业主委员会会督促物业服务企业提供良好的物业服务；另一方面，当业主的公共收益被侵占时，业委会会采取与物业服务企业协商的方式，努力维护业主的公共收益管理权。此外，不少业委会成员主动学习相关法律制度，提高自己的管理水平，更好地代表业主维护他们的公共利益。

其五，公共收益账务管理更加明确。自 2015 年《关于做好住宅小区公共收益单独开户建账工作的通知》下达以来，大部分住宅小区的业主委员会和物业服务

企业为公共收益单独开户建账。

其六，公共收益使用合规，公开透明，维护了业主知情权和共同管理权。大多数业主委员会严格按照《武汉市物业管理条例》和《武汉市物业服务合同》等相关法律文本的规定管理公共收益，公共收益主要用于补充专项维修资金或业主大会决定的事项。

四、武汉市住宅小区公共收益制度建设面临的挑战

当前，武汉市公共收益制度多为零散的规定，从公共收益的种类、归属与分配、入账管理、使用原则到公共收益的公布、使用监管、保值增值，其相关规定分散在各地方性法规中，缺乏公共收益管理的专门性法规。此外，公共收益制度更适用于业主聘请物业管理阶段，没有充分考虑到前期物业管理、业主自治管理、政府兜底物业管理等不同模式下公共收益管理存在的问题。因此，在公共收益的制度建设方面，面临着以下挑战：

（一）制度建设层面

其一，对上位法的挑战。在制定武汉市住宅小区公共收益管理制度时，面临的最大挑战就是突破上位法。通过对上述《物权法》及国务院《物业管理条例》的分析，当前对于公共收益，上位法中规定较原则，实操性不强。另外，上位法针对公共收益的用途有一个模棱两可的矛盾冲突点，即既鼓励公共收益用于补充专项维修资金，但同时又规定由业主大会决定。因此，在执行过程中，公共收益用途五花八门，难以实现其对建筑物的保值增值作用。

其二，面临着法规规定的业主大会表决方式的挑战。首先，《业主大会议事规则》对于业主大会表决公共收益的使用，只需双 1/2 同意即可，但公共收益归于专项维修资金后，需要使用时就需双 2/3 同意；其次，根据业主大会表决意见时，未明确意见的应计入多数票的原则，对公共收益的表决是否也适用此原则尚无定论；最后，对于由于不同公共区域产生的公共收益，按栋进行收益分摊时，如何设置总、分账到户也是一个难题。

其三，在《业主委员会工作指导规则》中，对于业主委员会管理公共收益模式，面临着如何提高业委会经营能力，增强管理能力，如何解决业委会开展公共收益经营动力不足的挑战。

其四，在《管理规约》中，面临将公共收益来源具体化的界定，明确哪些公共区域可以经营，以及面临如何将公共区域产生利益最大化的挑战。

（二）实际操作层面

其一，制度设计中应兼顾不同公共收益的管理模式。针对物业管理不同阶段，

存在的不同的管理模式，公共收益的管理方式也应各有不同。

其二，公共收益的用途应遵循取之于“物”用之于“物”原则。要引导将公共收益从公共“物”上产生的收益用于对“物”的维修、养护，让建筑物保值增值上，同时，用于补充专项维修资金的续筹困难。

其三，公共收益的服务成本应约定分配原则，减少纷争。在物业管理实践中，对于公共收益的分配一直是各方争议的焦点，因此，在制度建设层面，应将公共收益的服务成本加以明确，使经营主体、全体业主的权益得到保障。

（三）监管处罚层面

对于公共收益中的违规行为，应明确监管职责部门，加强对公共收益的监督管理，并有一定的惩戒措施。

第五章　国外、国内部分城市住宅小区公共收益管理的经验

一、国外管理经验

国外已经形成了较为完善、统一的小区公共收益管理办法，其中主要以美国、德国以及日本为代表。

1. 美国——所有权、经营权、监督权三权制衡

美国以业主委托、业主委员会托管、银行保管、律师会计监督这种多元化的管理模式，通过所有权、经营权、监督权三权制衡的结构，增强了公共收益的保障程度，促进了公共收益的保值增值，保证了业主的知情权，提高了小区生活和物业质量。

2. 德国——建立公共事务发展基金

德国的公共收益管理主要体现在通过建立公共事务发展基金管理公共收益，物业服务企业扮演代理者角色，由业主、银行和国家进行合理的统筹管理。

3. 日本——轮流管理监督

日本的管理特色主要体现在两个方面：一是居民管理委员会成员由所有业主轮流担任，以提升业主的参与和监管能力；二是通过设立物业服务企业管理基金，由专人管理，使账目更加清晰。

4. 新加坡——法规详尽，共管式管理

新加坡没有对小区公共收益的管理作明确说明，它的特点在于共管式管理方式，新加坡拥有强大的物业管理，有完善细致的法律法规，有健全成熟的考核体系，居民共同管理小区事务，包括对公共收益的管理。

二、国内典型城市管理经验

当前，在我国缺乏统一管理公共收益办法的前提下，部分省、市结合各自管理特点，从不同的维度制定了小区公共收益管理政策及制度，课题组选择几个具有代表性城市进行了经验总结和归纳。

1. 北京——严格规范使用

北京市在小区公共收益管理上的规范性和严格性值得借鉴，北京市《专项维修资金使用管理细则（草案）》对公共收益的使用做出了明确界定，公共收益在业主、业主大会、物业服务企业三方共同同意的基础上，履行相关手续后才能使用，体现了业主的参与性和使用程序的规范。

2. 深圳——完善配套管理制度

深圳小区公共收益管理最大的特色在于配套制度的完善，以减少和避免各种问题的出现，主要体现在公共收益的入账管理和使用监管环节上，包括资金的管理和物业的督导等，以更好地服务小区和业主。《深圳经济特区物业管理条例》规定了公共收益的归属和入账管理，共有物业收益归全体业主所有，必须存入共有资金账户。

3. 上海——基于大数据管理

上海的小区公共收益管理是一线城市中做得最好的，首先表现为公共收益的种类界定清晰，细而不乱；其次有完善的法律规定，确保公共收益如实入账；最后是先进的公布方式，拥有自己的物业查询 App，内容清晰细致，公开透明。

4. 杭州——居委会、业委会、物业三方共同管理

根据《杭州市物业管理条例》的有关规定，小区公共收益应该由业主大会决定，使用方式分两种：一是全部补贴物业费，小区物业实行包干制，物业公司自负盈亏；二是业委会和物业按比例分成，这类小区公共收益比较可观，大部分由业委会代表业主管理使用。

杭州物业小区公共收益的管理与其他城市的不同之处主要体现在监管主体上，其是由小区居委会、业委会、物业三方人员共同监管。

5. 宁波——实现公共收益最大化

宁波物业小区公共收益管理的特点，首先在于公共收益的使用方式和使用比例。70%的公共收益存入公共资金账户以实现保值增值，30%的公共收益用于日常支出以服务社区，其次在于对公共收益的来源界定清晰。

6. 绍兴——第三方评估进小区

绍兴规定公共收益应单独列账，收支情况应每半年至少公布一次。对于公共收益的监管，若物业公司拒不公开，管理部门应出面沟通协调，指导业委会召开业主大会，请第三方机构进行账目审计。

7. 山东——单独列账，独立核算

《山东省物业服务收费管理办法》第三十条规定：公共收益由业主大会决定其使用方式和用途。第三十九条规定：物业服务企业对公共收益应当单独列账，独立核算，按季度进行公示，时间不得少于一个月。第四十五条和第四十七条规定：物业服务企业未按照规定公示和使用公共收益资金的，将会受到行政处罚，构成犯罪的，依法追究刑事责任。

为避免在前期物业管理阶段业主和物业服务企业之间因收缴物业费而出现矛盾纠纷，山东在此阶段规定公共收益可以优先用于折抵物业公共服务费。

8. 郑州——签订三方协议

郑州在公共收益管理方面的做法是，在银行设立专用账户，并和腾讯微众银行探索实践区块链财务共管体系，探索业委会秘书制度，确保业主建议的收集和对物业公司的正常监督。在公共收益的公示与监管方面，由业委会、物业、广告公司等甲乙丙三方签订合同，每三个月在小区正大门口的公告栏公示公共收益进账明细和开支明细。

三、国内外经验总结

各物业小区的公共收益存在的问题主要有：钱从哪里来、谁来管、怎么用、怎么管控等几个方面，结合美国、德国、日本及国内各个省市的做法，可以看出对于物业小区的公共收益管理存在很多共性的做法，也有一些差异之处。

（一）种类清晰，权责明确

在物业小区中，公共收益来源界定的清晰与否关乎公共收益的使用、监管等一系列问题，因此要精确地界定来源，可像宁波一样进行细化分类，而非笼统地罗列，公共收益可分为七类：广告收益、停车位收入、租赁摊位收入、公共配套活动场地经营收入、通信运营管理费、公共设施的赔偿或残值和物业管理用房收入。同时，也要明确业主、业主委员会、物业服务企业等主体的职责，通过职责分配明确彼此的权利义务关系。

（二）业主主导，充分参与

应发掘业主在公共收益管理上的优势，鼓励业主充分参与到公共收益的监管中来，建立业主委员的换届审计制度，规范新旧物业服务企业的交接程序，实现轮流管理。一方面，使每个业主都参与到小区公共事务中来，站在管理者的角度，以主人公的身份来管理小区公共收益，增进对公共收益的了解，维护自身和全体业主的利益；另一方面，业主的参与有利于实现公平公正，增进小区的和谐稳定。

（三）多元参与，共同监管

为保证公共收益的分配公平合理，可请第三方评估机构进行评估，共同商讨分配问题；为保证公共收益的账务如实入账，根据各个小区的实际情况，可促进业主、居委会、业委会、物业公司、广告公司、律师事务所、银行等多方参与，共同管理小区公共收益，最终实现公共收益的保值增值。

（四）完善制度，规范执行

通过完善管理制度和法律制度，以保障业主的知情权、决策权和监督权。第一，公共收益的进账与开支，要规范程序，具体细化，图文并存，避免公共收益进入了私人的口袋。第二，在公共收益的使用和公布方面，应留存发票或收据等证明材料，保证公共收益收支情况明晰，公共收益的公布采用线上和线下结合的方式公布。对于未按照规定公示和使用公共收益资金的，或是拒绝接受询问和应付欺骗的，应进行相应处罚，构成犯罪的，依法追究其刑事责任，保障业主的监督权。第三，对物业服务企业建立信用档案，出台奖惩措施，加强监管。第四，当前所有的管理办法和法律法规都是针对物业服务企业，而对于业委会和业主的规定则处于空白状态，应出台对业委会和业主的约束规定。

第六章　完善武汉市住宅小区公共收益管理的建议

课题组综合调研情况、国内外相关城市好的经验和做法，就完善武汉市住宅小区公共收益管理制度提出如下建议：

一、总体思想

针对公共收益的管理，首先应遵循一个基本原则：公共收益应是业主共有、专户储存、单独建账、依法决策、合理使用、业主监督。

在此基本原则下，前期物业管理阶段，公共收益的管理应重点加强顶层制度设计，解决业主主体缺位、合同内容缺失、监管主体缺失的问题，从源头上把控和避免后续管理中存在的问题。在前期物业服务合同中，应当建立公共收益管理规约或小区公共收益管理制度，作为物业服务合同的附件予以明示。

在业主大会成立后，公共收益管理的重点应是加强公共收益不同管理主体在公共收益的归集、存储、使用、监管方面各个环节的方式方法，做到公开透明、依法依规以及监管方式等方面的规范管理。

二、制度设计内容

（一）单独建账，专户储存

业主委员会应持业主大会的街道备案证明向金融机构申请开设账户，物业企业也应将公共收益专项存储，不能与其他账户合用，账户名称及账号等信息应在小区显著位置公示，公开透明，接受业主的监督。物业服务企业同时受托管理多个物业管理项目的，应对每个项目的公共收益单独开户立账，分别管理。

（二）明确方式，公开透明

不同物业管理阶段，公共收益的管理主体应制定公共收益管理方案，明确经营方式，所得收益的管理、分配、使用，以及经营单位的选择方式等主要内容，并在物业服务合同中进行约定，公示告知全体业主，让业主有知情权和监督权。公共收益收支情况定期公示，可参考上海做法，利用线上平台让业主查询到自己所在小区的费用情况。

（三）分类归集，账目清晰

物业服务企业或业主委员会应建立规范的公共收益财务管理制度，在公共收益的归集和使用中，业主委员会和物业服务企业、居（村）委会，应留存发票、收据、银行对账单、合同等证明材料，以保证收支情况明晰。其中涉及全体业主（利用小区全体业主共有的场地、设施设备进行经营所得收益属全体业主所有，如公共场所设立广告取得的收益、小区道路停车费取得的收益等）和涉及部分业主（利用部分业主所共有的共用部位、共用设施设备进行经营所得收益属该部分业主所有，如某幢楼的电梯内、楼道内设立广告取得的收益等）公共收益的收支情况应分别记入公共收益总账和分摊到户的分户账。

（四）合理分配，保值增值

一是约定公共收益管理成本的比例，让经营管理单位（物业服务企业和业委会）有经营管理的积极性。根据外地城市一些好的做法和经验，公共收益管理成本一般不能高于共用部位、共用设施设备经营收入的 30%。二是除去管理成本后的公共收益应明确用途及分配比例。公共收益的用途在物业管理条例中明确规定用于补充专项维修资金或由全体业主大会共同决定的事项。在实际工作中，用于补充维修资金的方式和比例一般应当高于 50%，按季度予以补充。由业主大会共同决定的事项，则主要用于小区维修、改造、重建，以及业主大会、业主委员会工作经费等。这样既对专项维修资金的续筹有一定保障，让房屋的养老钱有个造血功能；

又保障了小区日常的维护工作，让房屋不至老化太快。

（五）明确范围，合法使用

在业主大会成立前，业主共有部位、共用设施设备保修期过后需要使用公共收益进行维修、更新、改造、重建的，按照物业服务合同的约定使用，没有约定或者约定不明的，在使用前，应将使用方案的主要内容、额度、用途及效果在小区显著位置公示，并征得物业管理区域内专有部分占建筑物总面积过半数的业主且占总人数过半数的业主同意。业主大会成立后，业主委员会按照业主大会的决定使用公共收益，主要用于相关共用部位、共用设施设备保修期满后的维修及养护，以及按照业主大会决定用于取得批准手续的物业管理区域改造（建）项目、业主大会及业主委员会工作经费等。公共收益经业主大会决定将其用于补充专项维修资金，其性质即转为专项维修资金管理范畴，应及时分摊到户，并按专项维修资金的法律规定使用公共收益，即应当经占建筑物总面积 2/3 以上的业主且占总人数 2/3 以上的业主同意。

（六）财务审计，多方监管

在公共收益主体发生变更时，如业委会换届、物业服务移交给业委会、社区代管移交给其他托管单位等情况下，应聘请第三方机构进行财务审计，做到账目清晰，有据可查。同时，对于公共收益财务监管可采取多方共管、多方监督的方式。

（七）明确主体，监管有据

围绕公共收益各方管理的主体，应规范各主体间的行为，平衡和维护各方权益。一方面，确定监管职责。如房屋主管部门应负责对物业服务企业的监管；街道、乡镇人民政府应负责对业主委员会的监管；物业管理行业协会应负责公共收益管理的检查与考核，加强企业信用评价。另一方面，完善处罚机制。在相关主体违反规定或不履行职责时，监督部门应有相应的处罚措施和手段，如业委会成员有违规行为的，由街道办事处或乡镇人民政府约谈、责令改正、暂停职责，直至由业主大会决定终止业主委员会委员职务；如物业服务企业有违规行为的，由房屋主管部门责令改正、记入企业的不良信用记录等；如居（村）委会有违反规定的，由街道党工委负责处理。在公共收益管理中，任何一方有挪用、侵占公共收益的，应依法追究直接责任人的刑事责任。

房屋安全鉴定服务费用标准研究

武汉市住房保障和房屋管理局房屋安全管理处
湖北震泰建设工程质量检测有限责任公司

课题负责人： 黄　立　武汉市住房保障和房屋管理局　副局长
课题组成员： 吴　彤　柯爱平　李　跃　曾迎春　肖亦文
牛思敬　曹　毅　蔡飞龙　张　皞　谭　杰
雷静雅　江　健　李　博　邓声禄　张彦君
刘远达　占慧鸣　刘　洋
课 题 顾 问： 刘士清
课 题 统 稿： 谭　杰　李　博

一、课题研究的基本情况

（一）研究背景

2015 年 9 月 1 日，我市房屋安全鉴定业务走向市场后，由于缺乏权威部门出具的鉴定收费标准，房屋安全鉴定市场出现了收费混乱、恶意低价竞争等问题，严重影响房屋安全鉴定市场的健康发展。

2016 年，武汉市房屋安全鉴定行业协会在借鉴《北京市房屋建筑鉴定行业技术服务收费标准》的基础上，制定了《武汉市房屋建筑安全鉴定行业技术服务收费暂行标准》（武房鉴规〔2016〕1 号）。2018 年，为促进鉴定单位参与政府购买房屋安全技术服务工作，配合政府对特殊困难家庭实施救助，协会又出台了《武汉市房屋安全技术服务标准》（房鉴协（规）〔2018〕1 号）和《城镇困难群众房屋安全鉴定费用实行优惠的通知》（房鉴协〔2018〕11 号）。这些文件在规范鉴定收费方面起到了一定的积极作用，但由于缺乏市场调研以及对鉴定类型的区分，《武汉市房屋建筑安全鉴定行业技术服务收费暂行标准》的实际应用效果不佳，同时部分鉴定单位的服务意识和社会责任感有待提高，鉴定市场上低价竞争等问题依然突出。

通过交流、调研，课题组广泛收集了国内其他省市的房屋安全鉴定收费标准，具体为：北京市：12～18 元/m^2；上海市：10～15 元/m^2；广东省：12～18 元/m^2；南京市：普通房屋鉴定 10 元/m^2，疑难房屋鉴定 15～18 元/m^2。目前，武汉市房屋安全鉴定收费价格为 5～8 元/m^2，明显低于上述省市房屋安全鉴定收费标准。

武汉市现有人口约 1200 万，既有房屋数量超过 100 万栋，庞大的人口及房屋数量意味着巨大的市场和责任。因此，研究我市房屋安全鉴定服务收费存在的问题，制定可操作性强的费用参考标准，对于规范我市房屋安全鉴定市场，促进我市房屋安全鉴定行业健康发展具有十分重要的意义。本课题的研究能在一定程度上补充完善武汉市乃至湖北省在房屋安全鉴定服务费用依据方面的不足，提高房屋安全鉴定服务整体质量。

（二）研究内容

1. 研究目标

（1）明确鉴定与检测的收费模式。

（2）确定鉴定费用的基本组成以及各组成部分的合理收费参考范围。

（3）确定不同难易程度的鉴定服务费用收取调整方式。

（4）确定特殊类型鉴定（如：教育用房、旧城改造、农村危改、应急投诉、局部鉴定等）服务费用的调整方式。

通过一系列研究，我们形成了《房屋安全鉴定服务费用标准研究报告》，起草《武汉市房屋安全鉴定服务费用标准》初稿，供市、区房屋主管部门将课题研究成果转化为实际应用，促进全市房屋安全鉴定市场健康、可持续发展。

2. 解决的问题

本课题拟解决的关键问题主要有三点：

（1）确定鉴定与检测收费模式。

（2）确定房屋安全鉴定费用的基本组成，并对每个组成部分进行成本核算，分别给出合理参考范围。

（3）对不同难易程度及特殊类型的房屋安全鉴定服务费用标准进行区分，分别制定合理的调整方式。

3. 主要研究内容

本课题的研究内容主要包含以下几部分：

（1）调研、比较房屋安全鉴定业务开展过程中，采取鉴定、检测综合收费与单独收费的优缺点，明确适合武汉市实际情况的鉴定与检测收费模式。

（2）以开展房屋安全鉴定业务过程中的必要环节为基础，研究房屋安全鉴定服务费用的基本组成部分，考虑各环节的直接成本、间接成本以及企业税费、利润等因素，确定各组成部分费用的合理参考范围。

（3）考虑房屋安全鉴定业务的难易程度，确定合理的、可操作性强的费用收取方式。目前，影响房屋安全鉴定业务复杂程度的主要因素包括但不限于：

（a）房屋原始资料是否完整；

（b）产权人的多少，入户查勘的工作量；

（c）房屋的新旧程度、结构类型以及是否经过正规建设程序；

（d）是否需要进行结构验算。

（4）对特殊类型的房屋安全鉴定服务费用进行研究，确定相应的收费政策。特殊类型的房屋安全鉴定包括但不限于：

（a）教育用房的安全鉴定；

（b）旧城改造、农村危房改造以及政府部门委托的其他大批量房屋鉴定；

（c）酒店、宾馆等公共场所办理特种行业许可需要的鉴定；

（d）涉及应急、投诉处置的鉴定。

（三）研究过程及方法

1. 研究技术路线

课题研究中我们对鉴定服务相关方进行调查，广泛收集武汉市各鉴定单位、个体委托人、企业委托人以及其他委托人对武汉市房屋安全鉴定收费现状的意见建议；同时对湖北省内其他地区以及其他省市的房屋鉴定服务收费标准进行对比分析，提出适合武汉市房屋鉴定现状、各鉴定单位及各委托人能承受的收费方式；根据房屋安全鉴定程序，对各个环节的成本进行分析，从成本、利润的角度对收费标准进行深入研究。课题的具体技术路线图如图 1 所示。

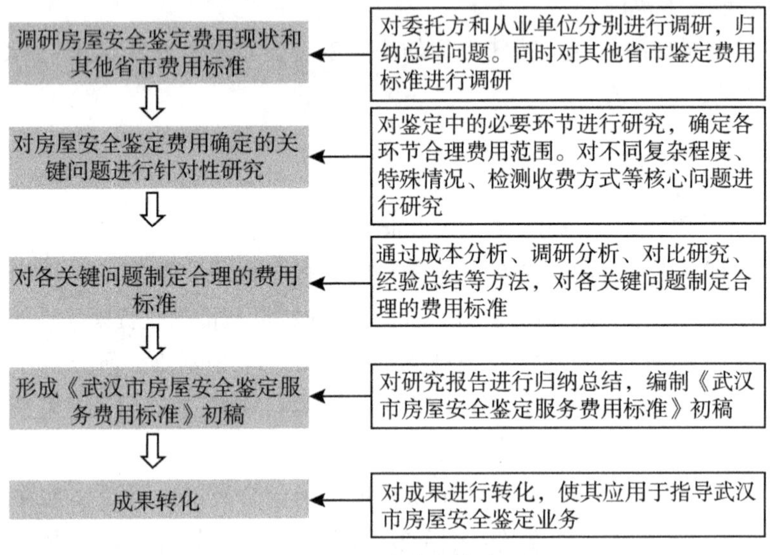

图 1　课题研究技术路线图

2. 研究方法

本课题在研究过程中用到的主要方法有：

调查分析法：对武汉市内房屋安全鉴定市场收费现状进行调研。一方面，全面调查了解鉴定单位、委托单位（个人/企业）对目前鉴定服务收费的看法及意见建议。另一方面，对武汉市房屋安全鉴定从业单位进行调研，了解武汉市房屋安全鉴定中遇到的收费不规范问题的类型及集中程度，并进行收集归纳。

对比研究法：走访调研，对国内房屋安全鉴定业务发展稳定成熟的省份、城市进行走访调研，学习并吸收其先进的定价方式、推行方法、成果经验，结合武汉市地区特色进行整理归纳。

成本分析法：以开展房屋安全鉴定业务过程中的必要环节为基础，研究房屋安全鉴定服务费用的各组成部分，并确定各部分的合理参考范围。对房屋安全鉴定服务费用的组成部分进行细分，考虑各环节的直接成本、间接成本，考虑企业税费、利润等，确定服务费用的合理参考范围。

经验总结法：以实际调研的房屋安全鉴定服务收费现状为基础，结合其他城市的先进经验和武汉市特点，制定出符合武汉市房屋安全鉴定市场业务的服务费用标准。

二、结论及成果

（一）成果一：鉴定与检测是否应分开收费研究

1. 现状调查

我们通过问卷调查的方式对武汉市 22 家鉴定公司进行了调查，其结果见表 1：

表 1 鉴定单位问卷调查结果表

<table>
<tr><th>序号</th><th colspan="2">调查内容</th><th colspan="2">结果</th><th>备注</th></tr>
<tr><td rowspan="3">1</td><td rowspan="3">武汉市的房屋安全鉴定收费是否合理</td><td>偏高</td><td>1 家</td><td>占比 4.55%</td><td></td></tr>
<tr><td>偏低</td><td>14 家</td><td>占比 63.64%</td><td></td></tr>
<tr><td>正常</td><td>7 家</td><td>占比 31.81%</td><td>其中 3 家认为实际市场存在低价问题</td></tr>
<tr><td rowspan="2">2</td><td rowspan="2">房屋安全鉴定、检测的费用是否应该一起收取</td><td>应该</td><td>8 家</td><td>占比 36.36%</td><td rowspan="2"></td></tr>
<tr><td>不应该</td><td>14 家</td><td>占比 63.64%</td></tr>
<tr><td rowspan="7">3</td><td colspan="2" rowspan="7">你认为房屋安全鉴定收费的合理价位应该是多少</td><td colspan="2">8~12 元</td><td>1 家公司</td></tr>
<tr><td colspan="2">4~6 元</td><td>1 家公司</td></tr>
<tr><td colspan="2">10 元</td><td>1 家公司</td></tr>
<tr><td colspan="2">12 元</td><td>2 家公司</td></tr>
<tr><td colspan="2">5~8 元</td><td>2 家公司</td></tr>
<tr><td colspan="2">10~20 元</td><td>2 家公司</td></tr>
<tr><td colspan="2">10~24 元</td><td>2 家公司</td></tr>
</table>

续表

序号	调查内容	结果	备注
3	你认为房屋安全鉴定收费的合理价位应该是多少	12~15 元	1 家公司
		15 元	3 家公司
		6~10 元	2 家公司
		8 元	2 家公司
		6~15 元	2 家公司
		6~8 元	2 家公司
		11 元	2 家公司
		6~15 元	2 家公司
		6 元	2 家公司
		6~14 元	2 家公司
		8~10 元	2 家公司
4	你认为房屋安全检测收费的合理价位应该是多少	5~8 元	1 家公司
		10 元	3 家公司
		0~10 元	1 家公司
		8 元	2 家公司
		10~12 元	1 家公司
		5~20 元	9 家公司
		12 元	1 家公司
		15 元	1 家公司
		5~10 元	1 家公司
		4~6 元	1 家公司
		4~15 元	1 家公司

2. 结果分析

（1）武汉市的房屋安全鉴定收费是否合理

鉴定公司普遍反映现有协会价格和市场价格偏低，少数认为协会建议价格正常但市场价格偏低，故有必要重新调整鉴定收费价格。

（2）房屋安全鉴定、检测的费用是否一起收取调查结果表明，大多数单位认为鉴定费用和检测费用应该分开收取。其原因是：鉴定和检测合在一起收的，委托方只会按鉴定来支付费用，认为检测费用是包含的关系，而检测的成本费用在多数情况下可能比鉴定费用要高；而认为鉴定和检测费用应该一起收取的，是考虑委托方其实是不清楚哪些需要检测，或者实际委托方不愿另外支付检测费用；从实际意愿来说，所有的鉴定单位都认为应该收取鉴定费和检测费，只不过在支付方式上有不同的考虑。

（3）房屋安全鉴定收费的合理价位

调查结果表明，大多数单位认为合理价格区段在 4～15 元/m^2。大家普遍的共识是鉴定面积越大，正常单价就要降低；鉴定面积越小，正常单价就应该增加。

（4）房屋安全检测收费的合理价位

调查结果表明，房屋安全检测收费的合理价位比较分散，初步分析原因是大家在检测项目、检测方法、检测数量等方面的分歧比较大，具体如下：

（a）检测项目

不同的结构形式有很多个检测项目，不同鉴定单位、不同的鉴定人员可能会根据个人认知选择不同的检测项目，因此会产生较大的费用差异。

如混凝土结构构件的检测项目主要有：原材料性能、混凝土强度、混凝土构件外观质量与缺陷、尺寸与偏差、变形与损伤和钢筋配置、钢筋锈蚀等，必要时，可进行结构构件性能的实荷检验或结构的动力测试。砌体结构的检测项目有：砌筑块材、砌体强度、砌筑质量与构造以及损伤与变形等项目。

（b）检测方法

相同的检测项目，不同鉴定单位、不同的鉴定人员可能会根据个人认知选择不同的检测方法，因此会产生较大的费用差异。如混凝土强度的检测方法主要有：回弹法、超声回弹综合法、钻芯法、拔出法；砖强度的主要检测方法有：取样抗压法、回弹法。

（c）检测数量

相同的检测项目，不同鉴定单位、不同的鉴定人员可能会根据个人判断需要、现场情况和不同的规范要求选择不同的检测方法，因此会产生较大的费用差异。

检测抽取数量一般应按照《建筑结构检测技术标准》的要求来抽取，但当房屋的鉴定面积很大、构件数量很多或检测项目很多时，检测费用将是一个非常庞大的数字，会达到鉴定费用的数倍甚至几十倍，委托方往往难以接受，认为存在过度检测，所以鉴定单位会在检测数量上进行调整，此时就会产生差异；个别鉴定人员可能只对自己认为比较重要的构件进行检测，所以检测数量也会产生差异。

3. 结论

房屋鉴定时，如鉴定单位认为有必要进行检测时，应根据鉴定需求、规范要求、现场实际条件等制定相应的检测方案，明确检测项目、检测数量、检测方法、检测费用等事项，和委托方协商进行确定，鉴定收费标准不宜制定专门的条款。

（二）成果二：房屋安全鉴定费用的基本组成及费用核算

1. 鉴定环节

根据房屋安全鉴定程序，我们对各个环节的成本进行分析，从成本、利润的角度对收费标准进行了深入研究。实际开展房屋安全鉴定工作分为 6 个环节，各环节的工作内容分别如下：

① 受理委托：包括前期业务上的沟通洽谈、资料收集（房屋权属证明材料、委托人身份证件、房屋资料）以及合同签订。

② 调查查勘：调查查勘包括图纸资料调查、鉴定方案确定、房屋历史情况调查和现场查勘。现场查勘应准备必要的检测仪器，根据武汉市房屋鉴定实际情况，现场对房屋进行倾斜观测，使用设备为全站仪。

③ 鉴定方案：现场查勘发现房屋结构情况复杂，有必要开展更多检测内容时，应根据需要制定检测鉴定方案。

④ 检测验算：根据制定的检测鉴定方案，对结构进行检测，并进行计算。

⑤ 鉴定评级：鉴定评级包括数据整理、数据分析、报告编写、报告审核、报告归档。

⑥ 鉴定书签发及备案：鉴定书签发及备案包括报告上传及报告发送。根据武汉市房屋鉴定业务现状，《房屋鉴定书》须录入武汉市房屋安全信息管理系统，鉴定书、查勘表、检测报告须扫描上传，且鉴定书网上备案前上报区房屋主管部门。鉴定书应及时发送至委托人，并报房屋所在地区房屋主管部门备案。鉴定结论属于危险房屋的，房屋鉴定单位应当在做出鉴定结论后 24 小时内将鉴定书送达鉴定委托人。在鉴定过程中发现房屋存在重大险情的，要立即向房屋所在地的区房屋主管部门报告。

此外，在房屋鉴定过程中还涉及一定量的其他费用，主要指在鉴定过程中可能发生的其他服务，如报告打印装订、邮寄等。

2. 鉴定费用组成

各个鉴定环节中可能产生的直接成本费用包括：人员工资、人员保险费、倾斜检测费、车辆交通费用、外勤补助、打印及装订费。以武汉市某鉴定公司为例，现对该公司的鉴定业务成本进行详细分析。其中，当鉴定房屋面积小于 3000m^2 时，倾斜检测费用为 500 元/栋；当房屋面积为 3000～10000m^2 时，倾斜检测费用为 3000 元/栋；当房屋面积大于 10000m^2 时，倾斜检测费用为 4000 元/栋。打印及装订费按 100 元/栋核算。人员保险费及公积金、人员工资费用标准分别如表 2、表 3 所示。

表 2 **人员保险费及公积金成本**

企业保险费+公积金费（按 22 个工作日计算）			
人员职称	企业人员月成本（元/月）	企业人员日成本（元/天）	备　注
初级以下	1278.7	58.1	以武汉某鉴定单位为例，保险费缴费基数为 3402.6 元，公积金基数分为 3000 元、3600 元、4000 元、5000 元共四档
初级	1350.7	61.4	
中级	1398.7	63.6	
高级	1518.7	69.0	

表 3 **人员工资及其他**

项目	工人劳务	商务人员	初级	中级	高级
每日工资（元/人·天）	400	500	400	600	1000
外勤补助（元/人·天）	/	60	60	60	60
用车费（元/辆·天）	/	200	200	200	200
保险费（元/人·天）	/	63.6	61.4	63.6	69

每一步可能产生的各项直接成本可按式 1 计算：

直接费=(人员日工资+人员日保险费+用车费+外勤补助)×工作天数（式 1）

间接费用主要为企业管理费，公司管理费费率按 12%计算，计费方式如式 2 所示：

间接费=直接费×管理费费率（式 2）

完成房屋鉴定每一步中的成本核算之后，加上企业利润及税金即可得到该危房鉴定的合理收费价格。危房鉴定工作是一项技术服务工作，鉴定公司利润率按 20%核算较为合理，税率为 6%，则该房屋安全鉴定业务的收费方式可按式 3、式 4、式 5 计算：

利润=（直接费+间接费）×利润率（式 3）

税金=（直接费+间接费+利润）×税率（式 4）

房屋鉴定收费=直接费+间接费+利润+税金（式 5）

通过以上方法则可核算各类房屋的鉴定费用。

3. 案例分析

因鉴定面积对鉴定费用的影响相对突出，而工业与民用建筑也差别较大，这里分别按单幢民用建筑房屋鉴定面积 1000m^2 以内，1000～3000m^2，3000～10000m^2，10000m^2 以上，和一个面积为 1000m^2 的工业厂房，共 5 个案例进行费用核算。

（1）1000m^2 以内民用建筑

以某 1975 年建造的 4 层砌体结构房屋为例，该房屋楼板为钢筋混凝土预制板，有构造柱、圈梁，房屋面积约 700m^2。其综合成本核算见表 4。

表 4 **综合成本分析表**

序号	名称	成本价格	小计
1	受理委托	经营人员工资：1 人×0. 5 天×500 元 =250 元 保险费（中级）：1 人×0. 5 天×63. 6 元=31. 8 元	281. 8 元
2	调查查勘	2 名鉴定人员工资：600（工程师）元+400（助工）元=1000 元 交通：200 元 外勤补助：2 人×1 天×60 元=120 元 倾斜测量费用：500 元 保险费：1 天×（63. 6 +61. 4）元=125 元	1945 元
3	鉴定方案	人员（助工）工资：1 人×0. 5 天×400 元=200 元 保险费（初级）：1 人×0. 5 天×61. 4 元=30. 7 元	230. 7 元
4	检测验算	检测：6500 元（依据抽样数量和检测收费标准） 详细查勘人员工资：0. 5 天×（600 +400）元=500 元 计算人员工资：1 天×600 元+0. 5 天×700 元=950 元 保险：1. 5 天×63. 6 元+0. 5 天×61. 4 元+0. 5 天×69 元=160. 6 元 外勤补助：2 人×0. 5 天×60 元=60 元	1670. 6 元，另检测 6500 元
5	鉴定评级	人员工资：2 天×600 元+0. 5 天×1000 元=1700 元 保险费：2 天×63. 6 元+0. 5 天×69. 0 元=161. 7 元	1861. 7 元
6	鉴定书签发及备案	人员工资：1 人×1 天×400 元=400 元 交通：200 元 保险费：1 人×1 天×61. 4 元=61. 4 元	661. 4 元
7	其他费用	如报告打印装订费用、邮寄费用等，按 100 元/栋考虑	100 元

当不需要进行检测验算时，直接费 4849.9 元（因制定鉴定方案不一定发生，此部分费用未计算进去，后同），间接费 582.0 元，利润 1086.4 元，税金 391.1 元，总价 6909.4 元，单价约 9.9 元/m^2。当需要进行检测验算时，直接费 6590.6 元，间接费 790.9 元，利润 1476.3 元，税金 531.5 元，总价 9389.2 元，单价约 13.4 元/m^2；另检测费 6500 元，总价为 15889.2 元，单价约 22.7 元/m^2。

（2）1000~3000m^2 民用建筑

以某 1980 年建造的 5 层砌体结构房屋为例，房屋楼板为钢筋混凝土预制板，有构造柱、圈梁，房屋 5 层 4 单元，一梯 2 户，共 40 户。建筑面积约 2300m^2，入户率达 100%，墙构件数量共 430 个。其综合成本核算见表 5。

表 5 **综合成本分析表**

序号	名称	成 本 价 格	小计
1	受理委托	经营人员工资：1 人×0.5 天×500 元=250 元 保险费（中级）：1 人×0.5 天×63.6 元=31.8 元	281.8 元
2	调查查勘	2 名鉴定人员工资：4 天×（600+400）元=4000 元 交通：200 元 外勤补助：2 人×4 天×60 元=480 元 倾斜测量费用：500 元 保险费：4 天×（63.6 +61.4）元=500 元	6280 元
3	鉴定方案	人员（助工）工资：1 人×1 天×400 元=400 元 保险费（初级）：1 人×1 天×61.4 元=61.4 元	461.4 元
4	检测验算	检测：56000 元（依据抽样数量和检测收费标准） 详细查勘人员工资：2 天×（600 +400）元=2000 元 计算人员工资：2 天×600 元+1 天×700 元=1900 元 保险：5 天×63.6 元+2 天×61.4 元=440.8 元 外勤补助：2 人×2 天×60 元=240 元 劳务配合费用：2 人×2 天×400 元=1600 元	6180.8 元，另检测 56000 元
5	鉴定评级	人员工资：4 天×600 元+1 天×1000 元=3400 元 保险费：4 天×63.6 元+1 天×69.0 元=323.4 元	3723.4 元
6	鉴定书签发及备案	人员工资：1 人×1 天×400 元=400 元 交通：200 元 保险费：1 人×1 天×61.4 元 =61.4 元	661.4 元
7	其他费用	如报告打印装订费用、邮寄费用等，按 100 元/栋考虑	100 元

当不需要进行检测验算时，直接费 11046.6 元，间接费 1325.6 元，利润

2474.4 元，税金 890.8 元，总价 15737.4 元，单价约 6.8 元/m^2。当需要进行检测验算时，直接费 17688.8 元，间接费 2122.7 元，利润 3962.3 元，税金 1426.4 元，总价 25200.2 元，单价约 11.0 元/m^2；另检测费 56000 元，总价为 81200.2 元，单价约 35.3 元/m^2。

（3）3000～10000m^2 民用建筑

以武汉市某 1995 年建造的 6 层砌体结构房屋为例，房屋三单元，每单元一梯三户，共 54 户。建筑面积约 6000m^2，入户率达 100%，墙构件数量约 800 个。其综合成本核算见表 6。

表 6 综合成本分析表

序号	名称	成本价格	小计
1	受理委托	经营人员工资：1 人×2 天×500 元＝1000 元 保险费（中级）：1 人×2 天×63.6 元＝127.2 元	1127.2 元
2	调查查勘	人员工资：6 天×（600 元+2 人×400 元）＝8400 元 交通：1200 元 外勤补助：3 人×6 天×60 元＝1080 元 倾斜测量费用：3000 元 保险费：6 天×（63.6 元+2 人×61.4 元）＝1118.4 元	14798.4 元
3	鉴定方案	人员（助工）工资：1 人×1 天×400 元＝400 元 保险费（初级）：1 人×1 天×61.4 元＝61.4 元	461.4 元
4	检测验算	检测：89000 元（依据抽样数量和检测收费标准） 详细查勘人员工资：3 天×（600 +400）元＝3000 元 计算人员工资：4 天×600 元+1 天×700 元＝3100 元 保险：693 元 外勤补助：2 人×3 天×60 元＝360 元 劳务配合费用：2 人×5 天×400 元＝4000 元	11153 元，另检测 89000 元
5	鉴定评级	人员工资：5 天×600 元+1 天×1000 元＝4000 元 保险费：5 天×63.6 元+1 天×69.0 元＝387 元	4387 元
6	鉴定书签发及备案	人员工资：1 人×1 天×400 元＝400 元 交通：200 元 保险费：1 人×1 天×61.4 元＝61.4 元	661.4 元
7	其他费用	如报告打印装订费用、邮寄费用等，按 100 元/栋考虑	100 元

当不需要进行检测验算时，直接费 21074 元，间接费 2528.9 元，利润 4720.6 元，税金 1699.4 元，总价 30022.9 元，单价约 5.0 元/m^2。当需要进行检测验算

时，直接费 32688.4 元，间接费 3922.6 元，利润 7322.2 元，税金 2636 元，总价 46569.2 元，单价约 7.8 元/m²；另检测费 89000 元，总价为 135569.2 元，单价约 22.6 元/m²。

(4) 10000m² 以上民用建筑

以武汉市某 1995 年建造的地下 1 层地上 19 层钢筋混凝土结构房屋为例，房屋共 114 户。建筑面积约 14000m²，入户率 100%，墙构件数量共 740 个。其综合成本核算见表 7。

表 7　**综合成本分析表**

序号	名称	成 本 价 格	小计
1	受理委托	经营人员工资：1 人×3 天×500 元=1500 元 保险费（中级）：1 人×3 天×63.6 元=190.8 元	1690.8 元
2	调查查勘	人员工资：10 天×（600 元+2 人×400 元）=14000 元 交通：2000 元 外勤补助：3 人×10 天×60 元=1800 元 倾斜测量费用：4000 元 保险费：10 天×（63.6 元+2 人×61.4 元）=1864 元	23664 元
3	鉴定方案	人员（助工）工资：1 人×1 天×400 元=400 元 保险费（初级）：1 人×1 天×61.4 元=61.4 元	461.4 元
4	检测验算	检测：97200 元（依据抽样数量和检测收费标准） 详细查勘人员工资：4 天×（600 +400）元=4000 元 计算人员工资：4 天×600 元+2 天×700 元=3800 元 保险：10 天×63.6 元+4 天×61.4 元=881.6 元 外勤补助：2 人×4 天×60 元=480 元 劳务配合费用：2 人×5 天×400 元=4000 元	13161.6 元，另检测 97200 元
5	鉴定评级	人员工资：5 天×600 元+1 天×1000 元=4000 元 保险费：5 天×63.6 元+1 天×69.0 元=387 元	4387 元
6	鉴定书签发及备案	人员工资：1 人×1 天×400 元=400 元 交通：200 元 保险费：1 人×1 天×61.4 元=61.4 元	661.4 元
7	其他费用	如报告打印装订费用、邮寄费用等，按 100 元/栋考虑	100 元

当不需要进行检测验算时，直接费 30503.2 元，间接费 3660.4 元，利润 6832.7 元，税金 2459.8 元，总价 43456.1 元，单价约 3.2 元/m²。当需要进行检测验算时，直接费 44126.2 元，间接费 5295.1 元，利润 9884.3 元，税金 3558.3 元，

总价 62863. 9 元，单价约 4. 5 元/m²；另检测费 97200 元，总价为 160063. 9 元，单价约 11. 4 元/m²。

（5）工业建筑

以武汉市内某单层门式刚架结构车间为例，平面呈 L 形布置，一层层高为 8. 4m，总建筑面积约为 1000m²。其综合成本核算见表 8。

表 8 **综合成本分析表**

序号	名称	成本价格	小计
1	受理委托	经营人员工资：1 人×0. 5 天×500 元=250 元 保险费（中级）：1 人×0. 5 天×63. 6 元=31. 8 元	281. 8 元
2	调查查勘	人员工资：1 天×（2 人×600 元+2 人×400 元）= 2000 元 交通：200 元 外勤补助：4 人×1 天×60 元=240 元 倾斜测量费用：1000 元 保险费：1 天×（2 人×63. 6 元+2 人×61. 4 元）= 250 元 措施费：2000 元	5690. 0 元
3	鉴定方案	人员工资：1 人×0. 5 天×600 元=300 元 保险费（中级）：1 人×0. 5 天×63. 6 元=31. 8 元	331. 8 元
4	检测验算	检测：9600 元（依据抽样数量和检测收费标准） 详细查勘人员工资：2 人×400 元+600 元=1400 元 计算人员工资：2 天×600 元+0. 5 天×700 元=1550 元 保险：3. 5 天×63. 6 元+2 天×61. 4 元=313. 6 元 外勤补助：3 人×1 天×60 元=180 元 措施费：2000 元	5475. 4 元，另检测 9600 元
5	鉴定评级	人员工资：2 天×600 元+0. 5 天×1000 元=1700 元 保险费：2 天×63. 6 元+0. 5 天×69. 0 元=161. 7 元	1861. 7 元
6	鉴定书签发及备案	人员工资：1 人×1 天×400 元=400 元 交通：200 元 保险费：1 人×1 天×61. 4 元=61. 4 元	661. 4 元
7	其他费用	如报告打印装订费用、邮寄费用等，按 100 元/栋考虑	100 元

当不需要进行检测验算时，直接费 8594. 9 元，间接费 1031. 4 元，利润 1925. 3 元，税金 693. 1 元，总价 12244. 6 元，单价约 12. 2 元/m²。当需要进行检测验算时，直接费 14402. 1 元，间接费 1728. 3 元，利润 3226. 1 元，税金 1161. 4 元，总

价 20517.8 元，单价约 20.5 元/m²；另检测费 9600 元，总价为 30117.8 元，单价约 30.1 元/m²。

4. 结果汇总

将以上各个案例的结果汇总后，具体情况如表 9 所示。

表 9 不同类型房屋鉴定收费单价表

序号	房屋类型	鉴定房屋面积（m²）	鉴定单价（元/m²）		
			无检测验算	有验算	有检测验算
1	民用建筑	<1000	9.9	13.4	22.7
2	民用建筑	1000~3000	6.8	11.0	35.3
3	民用建筑	3000~10000	5.0	7.8	22.6
4	民用建筑	>10000	3.2	4.5	11.4
5	工业建筑	1000	12.2	20.5	30.1

（三）成果三：特殊情况鉴定收费研究

根据各类鉴定目的、内容、范围及难易程度不同，我们选择了 9 类常见的特殊类型鉴定，分别对房屋安全鉴定服务费用进行分析，通过聚类分析及回归分析得到不同类型房屋鉴定的参考收费。

1. 基本思路

（1）各类型房屋安全鉴定的特殊性及分析方法

表 10 各类型房屋安全鉴定的特殊性及分析方法

序号	鉴定类型	特殊性	分析方法	调整形式
1	局部鉴定	一般面积较小；鉴定查勘面积比计费建筑面积要大	相关性检验、回归分析、聚类分析	调整系数
2	幼儿园、培训机构等教育用房	一般面积不大；位置分散；重要性高、责任大，须定期鉴定	相关性检验、聚类分析	按面积分档计费
3	酒店、宾馆等特业办证	一般面积不大；位置分散；现场查勘条件不足（装修层覆盖等）	相关性检验、聚类分析	按面积分档计费

续表

序号	鉴定类型	特殊性	分析方法	调整形式
4	农村危房改造鉴定	单栋面积小；位置偏远、分散；结构相对简单；单批次鉴定房屋数量较多；一般工期较紧，须投入的技术人员较多	相关性检验、聚类分析	按房屋数量分档计费
5	工程影响区房屋鉴定（保全鉴定）	一般鉴定房屋资料存在缺失情况；涉及的相关方较多，协调难度较大；入户率要求高，难以同一时间一次性查勘完成	回归分析、聚类分析	调整系数
6	投诉鉴定	一般鉴定房屋资料存在缺失情况；涉及的相关方较多，协调难度较大；一般须多次沟通、过程烦琐、后期服务工作较多，须计入人力、时间成本；一般需检测验算	成本组成分析	调整系数
7	应急鉴定	突发性强，情况紧急，且存在一定的危险性；一般应包括初步鉴定和详细鉴定两个阶段；必须检测验算	成本组成分析	调整系数
8	房屋基础资料缺失影响	资料缺失影响大小与房屋结构本身的状态有较大关系。可分为三种情形	成本组成分析	调整系数
9	最低价格	面积小；结构简单；鉴定过程可适当简化	成本组成分析	单栋总价

（2）分析方法简介

（a）相关性检验

数据分析前先进行相关性检验，就是分析变量之间相互关系的密切程度。只有对相关变量作进一步的回归分析才有意义。一般地，变量之间的相关关系可分为三种：正相关、负相关、不相关。两个变量之间的密切程度用相关系数 r 表示，$|r| \leq 1$。当 $|r|$ 越接近 1，说明两个变量之间的相关性越强，反之则越弱。描述相关关系的统计量很多，常用的包括：皮尔逊（Pearson）相关系数，用于反映两个连续型变量之间的相关程度；斯皮尔曼（Spearman）和肯德尔（Kendall）秩相关系数，用于反映两个定序或等级变量的相关程度；偏相关（Partial Correlations）系数。本次采用斯皮尔曼系数。

（b）回归分析

通过相关分析可以看出对象变量之间的相关关系。选用回归拟合模块进行非线性或线性回归分析。从 Excel 表中导入数据，调用程序 liner 或 Non-liner 过程，可得出相应的拟合方程，同时得出决定系数（拟合度）R^2。R^2 越接近 1，表示回归拟合效果越好。反之，越接近 0 则拟合效果越差，须要重新选用其他不同的模型进行迭代计算。

（c）聚类分析

聚类分析就是根据一定的规则和标准通过比较对象（数据等）之间的特征，将对象分为若干类簇（Class）的过程。其中，具有很大相似性的对象集合到同一个类或簇中，而相异性大的对象则归到不同类中。聚类分析是数据挖掘的主要任务之一。它可作为一个独立的工具获得数据的分布状况，观察每一类（簇）数据的特征，从而再做出有针对性的分析，也可以作为其他算法的预处理步骤。

聚类分析有很多种类。根据聚类对象的不同，可分为 Q（样品）型聚类和 R（变量）型聚类。根据算法的不同，聚类分析又可以分为综合聚类法、K-均值（K-mean）聚类法、模糊聚类法等，其中，K-均值聚类法是最常用也是最知名的聚类方法。

K-均值聚类法就是将包含 N 个数据的数据集划分为给定数 K（$K \leq N$）个类的过程，且满足各类中的对象与该类中心（类均值）的距离最近要求。该算法最早由麦奎因于 1967 年提出，其基本思想是将每一个对象分配到距离中心最近的类中，聚类过程（图 2）包括以下 4 个步骤：

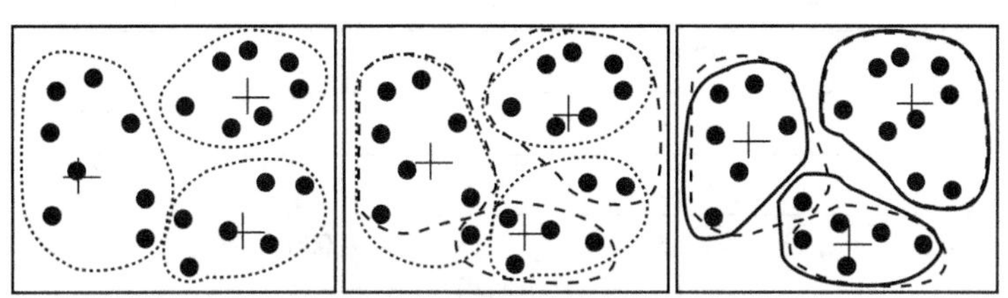

图 2　K-均值聚类法过程示意图（$K=3$）

第一，从待分析的数据集中任选 K 个对象作为初始聚类中心 O_j（$j=1, 2, \cdots, k$）。

第二，计算每个对象到初始中心 O_j 的欧氏距离（Euclidean Distence）：

$$d(i, j) = \sqrt{\sum_{i=1}^{N} |x_i - o_j|^2} \quad (式 6)$$

根据距离最小原则将数据集重新划分 K 组。

第三，重新计算各组（类）的均值，并作为新的聚类中心。

第四，重复第 2~3 步，完成各类的中心收敛。

在本文中我们试图将综合单价数据随鉴定面积的变化分为不同的阶段（类别），根据其变化起止区间制定合理的分档标准，为工程计费提供可靠的参考。

(d) 成本组成分析

参照第一阶段研究成果，结合实际工程案例进行成本分析。

2. 各类型房屋安全鉴定费用的分析

(1) 局部鉴定费用调整系数

第一阶段研究得出了整幢房屋一般性鉴定项目的鉴定费用（表 11）。成果显示整幢房屋安全鉴定费用与鉴定面积大小关系密切。图 3 为整幢房屋鉴定综合单价与鉴定面积关系曲线图，回归拟合表明两者呈乘幂数负相关，关系式 $y=114.66x^{-0.368}$。

表 11　　**一般性整幢房屋安全鉴定费用研究结果（无检测验算）**

鉴定面积（m^2）	700	2300	6000	14000
综合单价（元）	9.9	6.8	5	3.2

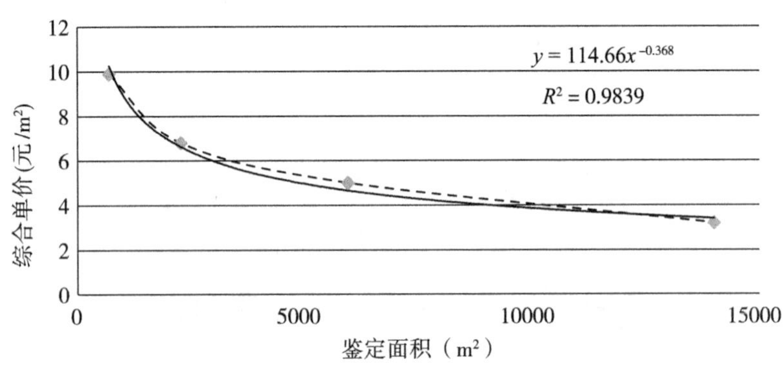

图 3　综合单价与鉴定面积关系曲线图（整幢鉴定）

经调查，我们收集了 58 个局部鉴定项目市场价格数据（图 4），对数据进行了分析。相关性检验综合单价与鉴定面积（仅鉴定区域面积）表明相关系数为 -0.580，显著相关。回归拟合表明两者呈乘幂数负相关，关系式 $y=98.53x^{-0.34}$。

对上述数据进行聚类分析，聚类数取 $K=4$，平均面积与综合单价的最终聚类中心列于表 12。再对各聚类中心进行回归拟合，拟合方程 $y=73.63x^{-0.26}$，决定系数（拟合度）$R^2=0.978$。聚类分析表明大部分局部鉴定房屋的鉴定面积分布在 500~2000m^2 之间，超过 2000m^2 的局部鉴定较少，故局部鉴定费用单价可根据平

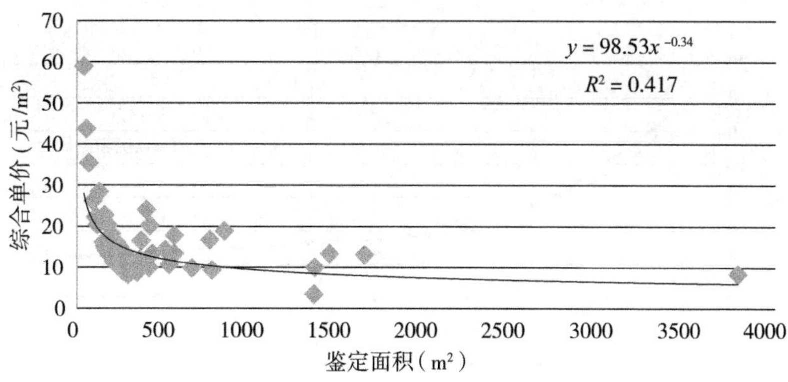

图4　综合单价与鉴定面积关系曲线图（局部鉴定）

均鉴定面积分为三档：500平方米以下、500~2000平方米、2000平方米以上（表13）。对数据进行归化后（图5），推荐综合单价列于表14。

表12　**相关性检验结果**

相关系数				
Spearman 的 rho	综合单价	相关系数	1.000	−0.580**
		Sig.（双侧）	0.000	0.000
		N	58	58
	平均面积	相关系数	−0.580**	1.000
		Sig.（双侧）	0.000	0.000
		N	58	58

**：在置信度（双侧）为0.01时，相关性是显著的。

表13　**聚类分析结果**

最终聚类中心				
	聚类			
	1	2	3	4
平均面积（m²）	226.24	644.53	1447.84	3781.08
综合单价（元/m²）	17.20	13.92	10.06	8.40
聚类个案数	45	8	4	1

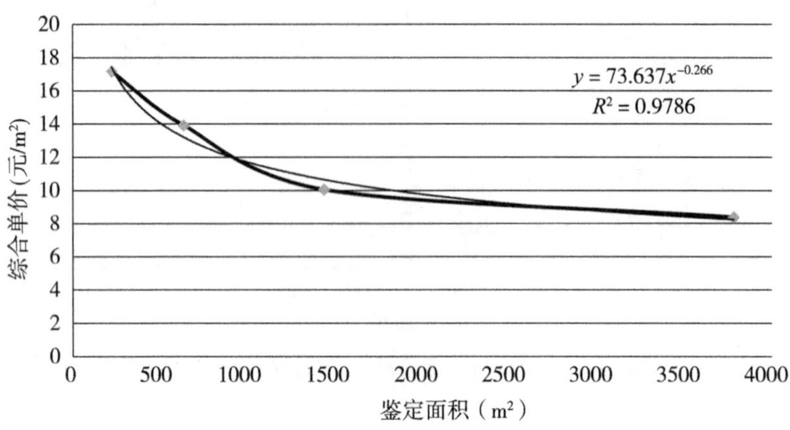

图 5　聚类中心回归拟合曲线图

表 14　　按面积分档综合单价表

	1	2	3
按面积分档（m^2）	<500	500~2000	>2000
综合单价（元/m^2）	14	12	9

将分析数据归化后，与整幢房屋鉴定成果进行对比（表 15），得到房屋安全局部鉴定费用调整系数 $\gamma_j = 1.40$。

表 15　　局部鉴定与整幢房屋鉴定综合单价比值

鉴定面积（m^2）	700	2300
整幢鉴定综合单价（元/m^2）	9.9	6.8
局部鉴定综合单价（元/m^2）	13.41	9.84
单价比值	1.354	1.447

（2）幼儿园等教育用房安全鉴定

经调查收集 47 个幼儿园鉴定项目市场价格数据（详见图 6），我们对数据进行了相关性检验分析，分析显示鉴定费用与鉴定房屋平均面积相关系数为 0.616，显著相关。

对上述数据进行聚类分析，聚类数取 $K=3$，平均面积与综合单价的最终聚类中心列于表 16。聚类分析表明大部分幼儿园鉴定房屋的鉴定面积分布在 500~

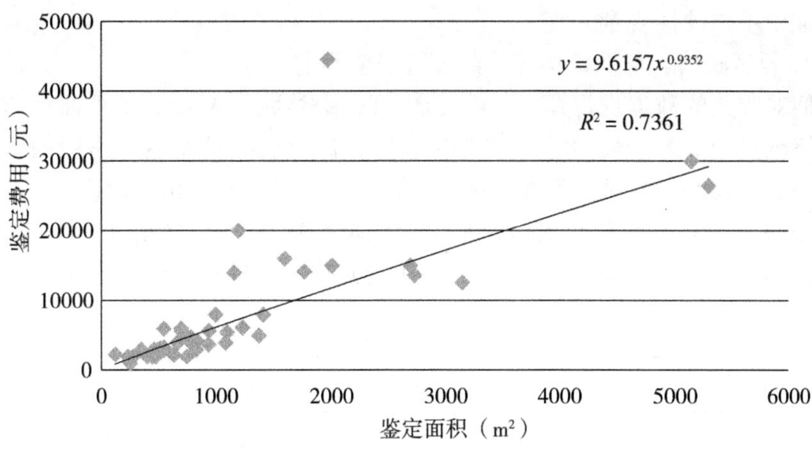

图 6　鉴定面积与鉴定费用关系曲线图（教育用房鉴定）

5000m² 之间，超过 5000m² 的幼儿园鉴定较少，故幼儿园鉴定费用单价可根据平均鉴定面积分为三档：500m² 以下、500~5000m²、5000m² 以上。对数据进行归化后，推荐综合单价列于表 17。

表 16　**聚类分析结果**

项目	聚类中心		
	1	2	3
平均面积（m²）	5216. 8	2469. 8	591. 9
综合单价（元/m²）	5. 42	6. 01	7. 54
聚类个案数	2	5	40

表 17　**按面积分档综合单价表**

	1	2	3
按面积分档（m²）	<500	500~5000	>5000
综合单价（元/m²）	8. 0	6. 0	5. 0

根据相关规定，幼儿园等教育用房在使用过程中须定期鉴定（每年或每几年一次）。由于部分基础资料可以与前次鉴定共用，故在鉴定单位相同且房屋使用状况未出现较大变化的情况下，鉴定费用可适当折减。根据调查，折减率在 0. 6~0. 9

之间。考虑到价格谈判属于市场行为，具体价格应由市场双方根据实际情况共同协商，标准中不作硬性规定为宜。

（3）酒店宾馆、培训机构等公共场所安全鉴定

我们对收集的数据进行聚类分析（图 7），聚类数取 $K=2$，平均面积与综合单价的最终聚类中心列于表 18。聚类分析表明大部分公共场所鉴定房屋的鉴定面积分布在 500~5000m² 之间，超过 5000m² 的酒店宾馆等公共场所鉴定较少，故酒店宾馆等公共场所房屋鉴定费用综合单价可根据平均鉴定面积分为三档：500m² 以下、500~5000m²、5000m² 以上。对数据进行归化后，推荐综合单价列于表 19。

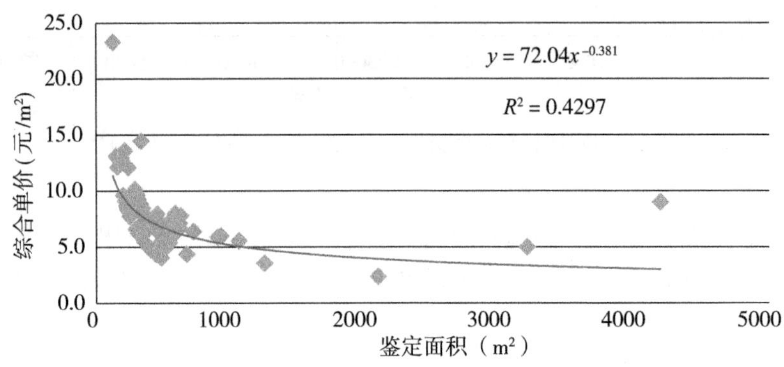

图 7　综合单价与鉴定面积关系曲线图（酒店宾馆等鉴定）

表 18　**聚类分析结果**

项目	聚类中心	
	1	2
平均面积（m²）	449.51	3170.52
综合单价（元/m²）	7.74	5.45
聚类个案数	62	3

表 19　**按面积分档综合单价表**

按面积分档（m²）	<500	500~5000	>5000
综合单价（元/m²）	8.0	6.0	5.0

（4）农村危改房屋安全鉴定

经调查，我们收集了 6 个农村危改项目市场价格数据（图 8）。相关性检验合

同金额与房屋数量显著线性相关，相关系数为0.886，与面积等变量相关性较小(检验结果详见表20)。故一般农村危改房屋基本上是按照栋计费的。

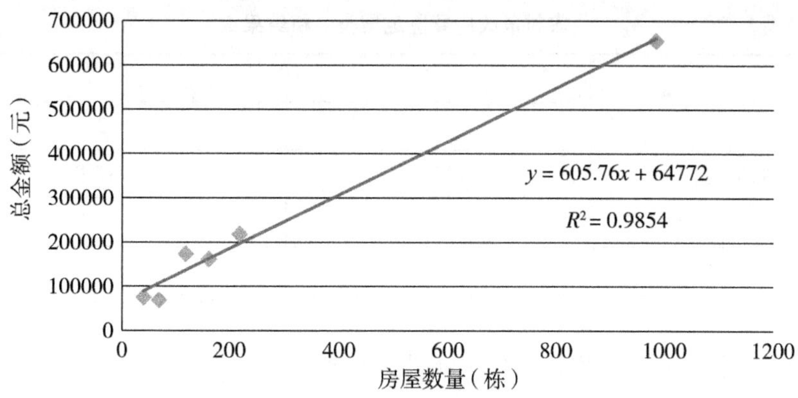

图8 农村危改房屋鉴定费用与房屋数量关系曲线图

表20 **相关性检验结果**

相关系数						
			房屋数量	平均面积	合同金额	平均单价
Spearman的rho	房屋数量	相关系数	1.000	0.429	0.886*	-0.820*
		Sig.（双侧）	0.000	0.397	0.019	0.046
		N	6	6	6	6
	平均面积	相关系数	0.429	1.000	0.143	-0.638
		Sig.（双侧）	0.397	0.000	0.787	0.173
		N	6	6	6	6
	合同金额	相关系数	0.886*	0.143	1.000	-0.516
		Sig.（双侧）	0.019	0.787	0.000	0.295
		N	6	6	6	6
	平均单价	相关系数	-0.820*	-0.638	-0.516	1.000
		Sig.（双侧）	0.046	0.173	0.295	0.000
		N	6	6	6	6

*：在0.05水平（双侧）上显著相关。

对上述数据进行聚类分析，聚类数取$K=2$，平均单价与房屋数量的最终聚类中心列于表 21。故农村危改房屋安全鉴定费用平均单价可根据鉴定房屋的数量分为三档：$100m^2$ 以下、$100\sim1000m^2$、$1000m^2$ 以上。

表 21　　农村危改房屋鉴定聚类分析结果

	聚类	
	1	2
房屋数量（栋）	122.0	983.0
平均单价（元/栋）	1267.44	665.72
聚类个案数	5	1

对数据进行归化后，推荐综合单价列于表 22。

表 22　　按房屋数量分档综合单价表

分档	1	2	3
按房屋数量分档（栋）	<100	100~1000	>1000
平均单价（元/栋）	1500	1000	600

（5）工程影响区房屋鉴定（安全保全鉴定）

一般地，工程影响区房屋鉴定应分为两次鉴定：正式施工前第一次鉴定和施工完成后第二次鉴定。本次研究对象为第一次鉴定。选取 6 个项目数据进行分析，回归拟合分析表明鉴定费用与单栋房屋平均面积（鉴定房屋总面积/房屋栋数）线性相关。聚类分析得出单栋面积与综合单价的最终聚类中心。将分析数据归化后，与第一阶段成果进行对比，得到房屋安全保全鉴定费用调整系数 $\gamma_g=1.20$（图 9、图 10、表 23、表 24）。

表 23　　保全鉴定聚类分析结果

项目	最终聚类中心		
	1	2	3
平均面积（m^2）	956.7	2348.8	7187.4
综合单价（元/m^2）	10.17	8.75	6.00

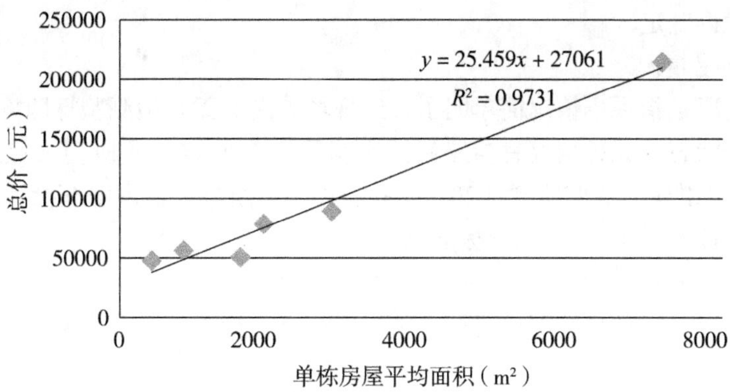

图 9 保全鉴定费用与单栋房屋平均面积曲线图

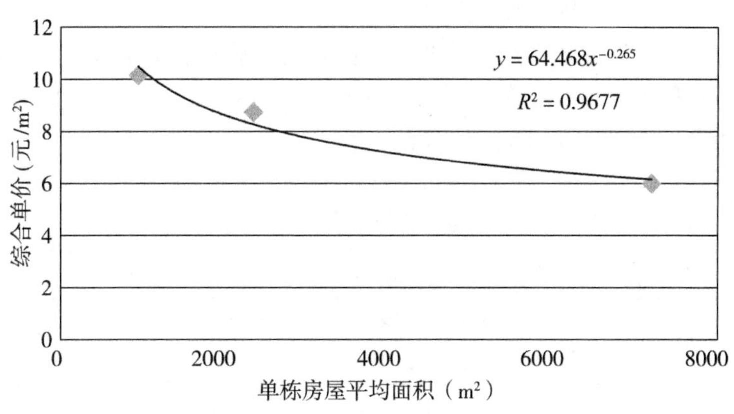

图 10 聚类中心回归拟合曲线图

表 24 **保全鉴定与整幢房屋鉴定综合单价比值**

鉴定面积	700	2300	14000
整幢鉴定综合单价（元/m²）	9. 9	6. 8	5. 0
保全鉴定综合单价（元/m²）	11. 39	8. 32	6. 45
比值	1. 15	1. 22	1. 29

对于第二次鉴定，由于部分现场基础资料可以与第一次鉴定共用，所以费用可适当折减。根据调查，折减率在 0. 6～0. 9 之间。考虑到价格谈判属于市场行为，

具体价格应由市场双方根据实际情况共同协商，标准中不作硬性规定为宜。

（6）投诉鉴定

（a）简易情况

简易情况是指现场情况简单明了，经现场查勘而无须检测验算即可快速准确评定房屋安全状态。此种情况宜参照武汉市房屋安全鉴定行业协会《武汉市房屋安全技术服务标准》（武鉴协规〔2018〕1 号文）第四节“房屋安全投诉处理”的规定执行，可按不低于 2000 元的标准收费。

（b）复杂情况

复杂情况是指现场情况较复杂，须详细调查、检测、验算后方可评定房屋安全状态。

较一般鉴定，此类鉴定的主要特点有：调查查勘人员数量和时间的增加；大部分项目应做检测工作，且检测工作量需视具体投诉情况而定（本文按第一阶段成果增加 20%计取）（少数项目不作检测）。

分析认为，投诉鉴定费用中检测费占比较大，故建议鉴定与检测分开计费。投诉鉴定费用调整系数取比值的平均值：γ_s = （1. 273+1. 201）/2 = 1. 24 ≈ 1. 20。检测应单独计费（表 25、表 26、表 27）。

表 25　　**投诉鉴定费用组成计算分析表**

序号	名称	成本价格	小计
1	受理委托	人员工资：1 人×0. 5 天×500 元 = 250 元 保险费（中级）：1 人×0. 5 天×63. 6 元 = 31. 8 元	281. 8 元
2	调查查勘	人员工资：2 天×（600+400）元 = 2000 元 交通：400 元 外勤补助：2 人×2 天×60 元 = 240 元 倾斜测量费用：500 元 保险费：1 天×（63. 6 +61. 4）元 = 125 元	3265 元
3	鉴定方案	人员工资：1 人×0. 5 天×400 元 = 200 元 保险费（初级）：1 人×0. 5 天×61. 4 元 = 30. 7 元	230. 7 元
4	检测验算	检测：6500 元×1. 2 天 = 7800 元 详细查勘人员工资：0. 5 天×（600 +400）元 = 500 元 结构计算人员工资：1 天×600 元+0. 5 天×700 元 = 950 元 保险费：1. 5 天×63. 6 元+0. 5 天×61. 4 元+0. 5 天×69 元 = 160. 6 元 外勤补助：2 人×0. 5 天×60 元 = 60 元	1670. 6 元，另检测 7800 元

续表

序号	名称	成本价格	小计
5	鉴定评级	人员工资：2天×600元+0.5天×1000元=1700元 保险费：2天×63.6元+0.5天×69.0元=161.7元	1861.7元
6	鉴定书签发及备案	人员工资：1人×1天×400元=400元 交通：200元 保险费：1人×1天×61.4元 =61.4元	661.4元
7	其他费用	如报告打印装订费用、邮寄费用等，按100元/栋考虑	100元

表26　　**投诉鉴定费用统计表**

序号	名称	各情况费用（元）			备　注
		无检测验算	有验算	有检测验算	
1	直接费	6169.9	7910.6	15871.2	1、2、5、6、7项之和
2	间接费	740.4	949.3	1904.5	12%的企业管理费
3	利润	1382.1	1772.0	3555.1	20%的利润
4	税金	497.5	637.9	1279.9	6%的税率
5	总价	8789.9	11269.8	30410.7	元
6	单价	12.6	16.1	43.4	元/m^2

表27　　**投诉鉴定与一般鉴定费用对比表**

鉴定类别	无检测验算	有验算	有检测验算
投诉鉴定（元/m^2）	12.6	16.1	43.4
一般鉴定（元/m^2）	9.9	13.4	22.7
比值	1.273	1.201	1.91

（7）应急鉴定

应急鉴定应分为两个阶段：

第一阶段：接到应急任务，应立即组织相关应急人员（至少包括技术负责人1名、有经验的工程师1名、检测鉴定人员3名）赶赴现场，紧急查勘，出具应急意见书上报。其目的主要是为应急措施决策作依据。总时间按0.5天计算。

第二阶段：对房屋进行详细的受灾鉴定，为灾后治理提供依据。

依实际情况，应急鉴定检测验算应为必做内容，且非常关键，故成本分析不考虑不做检测验算的情况。又鉴于应急鉴定时检测内容要根据受灾房屋结构、损伤范围、现场条件等情况确定，具体情况具体对待，故将只验算的情况作为计费基准相对更合理，而检测费用应具体另计为宜。成本分析计算和不同情况（仅含检测验算）下的费用统计列于表28、表29。将应急鉴定与一般鉴定情况时的鉴定费用单价进行比较，平均比值为1.56（表30），故取应急鉴定调整系数 $\gamma_y=1.60$。

表28　　　　**应急鉴定费用组成计算分析表**

序号	名称	成本价格	小计
1	受理委托	人员工资：1人×0.5天×500元=250元 保险费（中级）：1人×0.5天×63.6元 =31.8元	281.8元
2	调查查勘	人员工资：0.5天×（700元×1人+600元×1人+400元×3人）=1250元（第一阶段） 人员工资：1天×（700元×1人+600元×1人+400元×3人）=2500元（第二阶段） 交通：400元 外勤补助：5人×1.5天×60元=450元 倾斜测量费用：500元 保险费：1.5天×（63.6+61.4）元×5人=625元	5725元
3	鉴定方案	人员工资：1人×0.5天×400元=200元 保险费（初级）：1人×0.5天×61.4元=30.7元	230.7元
4	检测验算	检测：9750元 人员工资1450元；外勤补助60元 保险费：160.6元	11420.6元
5	鉴定评级	人员工资：2天×600元+0.5天×1000元=1700元 保险费：2天×63.6元+0.5天×69.0元=161.7元	1861.7元
6	鉴定书签发及备案	人员工资：1人×1天×400元=400元 交通：200元 保险费：1人×1天×61.4元=61.4元	661.4元
7	其他费用	100元/栋	100元

表29　　　　**应急鉴定费用统计表**

序号	名称	各情况费用（元）		备　注
		有验算	有检测验算	
1	直接费	10370.6	20120.6	1、2、5、6、7项之和
2	间接费	1244.5	2414.5	12%的企业管理费

续表

序号	名称	各情况费用（元）		备　　注
		有验算	有检测验算	
3	利润	2323.0	4507.0	20%的利润
4	税金	836.3	1622.5	6%的税率
5	总价	14774.4	38414.6	元
6	单价	21.1	54.9	元/m^2

表 30　　**应急鉴定与一般鉴定费用对比表**

鉴定类别	有验算	有检测验算
应急鉴定（元/m^2）	21.1	54.9
一般鉴定（元/m^2）	13.4	22.7
比值	1.575	2.419

分析认为，应急鉴定费用中检测费占比较大，故建议鉴定与检测分开计费。应急鉴定费用调整系数取：$\gamma_s = 1.575 \approx 1.60$。检测单独计费。

另外，当应急鉴定仅进行到第一阶段，可按照调查查勘（第一阶段）人员工资+交通+外勤计算（0.5 天）：$1250+400/2+5\times60\times0.5=1600$ 元计费。

（8）房屋基础资料缺失对鉴定费用的影响

根据工程经验，按房屋建造程序完善程度和房屋结构复杂程度，资料缺失情况可分为以下三种情形：

（a）建造程序完善但资料收集困难，提供的资料不齐全；

（b）建造程序不完善，但结构体系较简单，传力路径明确，且未擅自变动原结构和改变使用环境、功能、用途等；

（c）建造程序不完善，结构体系较复杂，传力路径不明确；或有改动结构，改变使用环境、功能、用途等情况；或对房屋结构性能存有质疑。

鉴于对房屋结构体系现场调查、复核是安全鉴定的基本要求，房屋安全鉴定所需的资料中最为关键的是结构构造相关的图纸资料，针对（a）（b）情形，鉴定人员应重点调查、复核或补充测绘结构布置图即可，必要时宜做少量的抽检或简单验算；对于（c）情形，仅测绘结构布置图不能满足鉴定需要，应在现场实体检测的基础上恢复结构图纸（到达结构施工图深度为宜），并进行结构承载力验算。以第一阶段研究对象房屋为例（四层砖混结构、建筑面积 700 平方米），费用主要区别在于调查查勘和补充检测图纸恢复工作所增加的费用。费用组成分析列于表 31 中，费用统计表和比值分析详见表 32、表 33。

表 31　　资料缺失房屋鉴定费用组成计算分析表

序号	名称	成本价格	小计
1	受理委托	人员工资：1 人×0.5 天×500 元=250 元 保险费（中级）：1 人×0.5 天×63.6 元=31.8 元	281.8 元
2	调查查勘	人员工资：2 天×（600 +400）元=2000 元 交通：200 元×2 人=400 元 外勤补助：2 人×2 天×60 元=240 元 倾斜测量费用：500 元 保险费：2 天×（63.6 +61.4）元=250 元	3390 元
3	鉴定方案	人员工资：1 人×0.5 天×400 元=200 元 保险费（初级）：1 人×0.5 天×61.4 元=30.7 元	230.7 元
4	检测验算	检测：6500 元 人员工资 1450 元；外勤补助 60 元 保险费：160.6 元	8170.6 元
5	补充检测、图纸恢复	图纸恢复：16 元/平方米×700 平方米=11200 元；砼中钢筋检测：10 构件×500 元/构件=5000 元；地基基础开挖：3 点×1500 元/点=4500 元；预制板检测：3 块×1000 元/块=3000 元	23700 元
6	鉴定评级	人员工资：2 天×600 元+0.5 天×1000 元=1700 元 保险费：2 天×63.6 元+0.5 天×69.0 元=161.7 元	1861.7 元
7	鉴定书签发及备案	人员工资：1 人×1 天×400 元=400 元 交通：200 元 保险费：1 人×1 天×61.4 元=61.4 元	661.4 元
8	其他费用	100 元/栋	100 元

表 32　　资料缺失房屋鉴定费用统计表

序号	名称	（a）（b）情形（元）		（c）情形（元）	备注
		无检测验算	有验算	检测、图纸恢复及验算	
1	直接费	6525.6	8196.2	38396.2	1、2、5、6、7 项之和
2	间接费	783.1	983.5	1763.5	12%的企业管理费
3	利润	1461.7	1835.9	3291.9	20%的利润

续表

序号	名称	(a)(b)情形(元)		(c)情形(元)	备注
		无检测验算	有验算	检测、图纸恢复及验算	
4	税金	526.2	660.9	1185.1	6%的税率
5	总价	9296.6	11676.6	51136.8	元
6	单价	13.3	16.7	73.1	元/m^2

表 33　　**资料缺失房屋鉴定与一般鉴定费用对比表**

鉴定类别	无检测验算	有验算	检测、图纸恢复、验算
资料缺失房屋鉴定(元/m^2)	13.3	16.7	73.1
一般鉴定(元/m^2)	9.9	13.4	35.9
比值	1.346	1.243	2.033

分析认为，一般资料缺失房屋的鉴定费用调整系数可取：$\gamma_q=1.30$。资料缺失房屋鉴定费用中检测费占比较大，故建议鉴定与检测分开，单独计费。

(9)一般鉴定最低限价

以一栋新洲区邾城街1栋D级私房为例，一层砖木结构，建筑面积42.42平方米，按成本组成分析，得出总费用为2848.9元(表34、表35)。

表 34　　**一般鉴定最低费用组成计算分析表**

序号	名称	成本价格	小计
1	受理委托	与调查查勘合并进行	0元
2	调查查勘	人员工资：0.5天×(600+400)元=500元 交通：200元 外勤补助：2人×0.5天×60元=60元 倾斜测量费用：300元 保险费：0.5天×(63.6+61.4)元=62.5元	1122.5元
3	鉴定方案	0	0元
4	检测验算	检测：0元、人员工资0元；外勤补助0元 保险费：0元	0元
5	鉴定评级	人员工资：0.2天×600元+0.2天×1000元=320元 保险费：0.2天×63.6元+0.2天×69.0元=26.5元	346.5元

续表

<table>
<tr><th>序号</th><th>名称</th><th>成 本 价 格</th><th>小计</th></tr>
<tr><td>6</td><td>鉴定书签发及备案</td><td>人员工资：1 人×0.5 天×400 元＝200 元
交通：200 元
保险费：1 人×0.5 天×61.4 元＝30.7 元</td><td>430.7 元</td></tr>
<tr><td>7</td><td>其他费用</td><td>100 元/栋</td><td>100 元</td></tr>
</table>

表 35　　一般鉴定费用统计表

序号	名称	费用（元）	备注
1	直接费	1999.7	1、2、5、6、7 项之和
2	间接费	240.0	12%的企业管理费
3	利润	447.9	20%的利润
4	税金	161.3	6%的税率
5	总价	2848.9	元

3. 结果汇总

综上，汇总结果见表 36。

表 36　　鉴定类型及难易程度收费调整汇总表

<table>
<tr><th>序号</th><th>鉴定类型</th><th>研 究 成 果</th><th>备　注</th></tr>
<tr><td>1</td><td>局部鉴定</td><td>在一般整幢鉴定的基础上综合单价乘以调整系数 $\gamma_j=1.40$</td><td></td></tr>
<tr><td>2</td><td>幼儿园、培训机构等教育用房</td><td>根据平均单栋鉴定面积分为三档：500 m^2以下，8 元/m^2；500 ~ 5000 m^2，6 元/m^2；5000 m^2以上，5 元/m^2</td><td rowspan="2">平均单栋鉴定面积＝鉴定总建筑面积/鉴定房屋数量（栋）</td></tr>
<tr><td>3</td><td>酒店、宾馆等特业办证</td><td>根据平均单栋鉴定面积分为三档：500 m^2以下，8 元/m^2；500 ~ 5000 m^2，6 元/m^2；5000 m^2以上，5 元/m^2</td></tr>
<tr><td>4</td><td>农村危房改造鉴定</td><td>按房屋栋数分为三档：100 栋以下，1500 元/栋；100~1000 栋，1000 元/栋；1000 栋以上，600 元/栋</td><td></td></tr>
</table>

续表

序号	鉴定类型	研究成果	备注
5	工程影响区房屋鉴定（保全鉴定）	在一般整幢鉴定的基础上综合单价乘以调整系数 $\gamma_g = 1.20$	
6	投诉鉴定	在一般整幢鉴定的基础上综合单价乘以调整系数 $\gamma_s = 1.20$	
7	应急鉴定	在一般整幢鉴定的基础上综合单价乘以调整系数 $\gamma_y = 1.60$	
8	房屋基础资料缺失影响	在一般鉴定的基础上综合单价乘以调整系数 $\gamma_q = 1.30$，检测与图纸恢复费用另计	应与其他类型鉴定费用调整系数连乘
9	同一幢房屋或局部二次鉴定	在第一次鉴定的基础上综合单价乘以调整系数 $\gamma =$ ［0.6，0.9］	
10	最低价格	2850 元/栋	

4. 其他情况

（1）对文体交通建筑、综合类及特殊建筑，宜根据房屋鉴定过程中涉及的辅助措施费用，参照其余类型房屋收费标准与甲方商议确定。

（2）对文物及优秀保护建筑的房屋鉴定，须遵守其他相关规范、标准，其鉴定费用应相应提高，宜与甲方商议确定。

（3）在有毒或高温等特殊环境中开展房屋鉴定工作，可根据现场情况，增加20%~100%的鉴定费用。

（4）其他未列举到的房屋鉴定，可参照类似建筑的收费标准及调整方法，与甲方商议确定。

（四）成果四：1 篇学术论文

本研究拟在学术期刊发表论文 2 篇，拟发表在《工程技术》杂志上。

（五）课题创新点

（1）通过详细分析房屋安全鉴定过程中可能产生的工作内容及人员需求，按照市场价格分别进行计价，然后核算出整个鉴定过程中的直接成本，通过直接成本推算出间接成本、利润和税金，则可以推算出合理的鉴定收费单价。

目前，武汉市房屋安全鉴定从业单位多，其技术力量相差大，所开展房屋鉴定工作质量良莠不齐，成本差异巨大，由于收费依据较为笼统，不同的单位均根据自己的想法随意定价，造成市场价格混乱。本课题提出了对各种面积的鉴定房屋的鉴定收费单价参考数据，由此得到的单价透明、直观、贴近实际，更加有利于指导制定合理的房屋安全鉴定收费标准。

（2）本课题针对不同鉴定面积的房屋，分别进行了成本和费用核算，得到了适合不同面积的房屋的收费单价，差异化的定价更加适合市场规律，更容易让鉴定各方接受，使鉴定活动中的收费更加明确。

（3）对各种特殊情况的房屋鉴定进行了广泛的调查分析，针对不同的需求以及鉴定难度，提出了不同的收费调整方法，并提出了鉴定最低收费价格，让鉴定市场中绝大部分的鉴定活动都有收费依据是本课题的创新点之三。

（4）对房屋安全鉴定过程中，检测与鉴定是否应该分开收费的问题进行了广泛的调查、分析，并得出鉴定与检测应分开收费的结论，是本课题的创新点之四。

（六）成果应用转化

为使本课题研究成果能更直接有效地服务社会，现正推动编制适合武汉市实际情况的房屋安全鉴定收费标准。

三、附　　件

武汉市房屋安全鉴定技术服务收费参考标准

第一条　为规范我市房屋安全鉴定市场，促进我市房屋安全鉴定行业健康发展，依据《中华人民共和国城市房地产管理法》《武汉市房屋安全管理条例》，参考国内其他城市收费标准，结合武汉市房屋安全鉴定实际情况，制定本收费标准。

第二条　房屋安全鉴定是指鉴定单位接受委托人委托，对既有房屋有关结构安全开展查勘、分析及鉴定等技术工作。

第三条　本收费标准包含受理委托、调查查勘、鉴定评级、鉴定书签发及备案等工作的费用。

第四条　开展房屋安全鉴定时涉及的工程检测、结构承载力验算、现场图纸测绘等其他项目工作，费用按相关标准或规定另计。

第五条　本收费标准若涉及专家评审、技术审查、复议等非标准业务流程事项，费用另计。

第六条　一般情况下的房屋安全鉴定，按表 1 计费；特殊情况下的房屋安全鉴定，按表 2 进行调整后计费。

表 1　　**一般情况下房屋安全鉴定收费标准**

<table>
<tr><th>鉴定类型</th><th>单幢鉴定面积（m²）</th><th>收费标准（元/m²）</th></tr>
<tr><td rowspan="5">民用建筑</td><td><1000</td><td>10</td></tr>
<tr><td>≥1000，<3000</td><td>7</td></tr>
<tr><td>≥3000，<10000</td><td>5</td></tr>
<tr><td>≥10000</td><td>3.5</td></tr>
<tr><td colspan="2">民用建筑单幢（或套）收费不足 2800 元的按 2800 元收取</td></tr>
<tr><td rowspan="3">工业建筑</td><td><1000</td><td>12</td></tr>
<tr><td>≥1000</td><td>15</td></tr>
<tr><td colspan="2">工业建筑及构筑物每次收费不足 6000 元的按 6000 元收取</td></tr>
</table>

备注：按照鉴定面积采用阶梯方式计费

表 2　　**特殊情况房屋安全鉴定收费标准**

<table>
<tr><th>序号</th><th>特殊鉴定类型</th><th>鉴 定 费 用</th><th>备　注</th></tr>
<tr><td>1</td><td>局部鉴定</td><td>在一般整幢鉴定的基础上综合单价乘以调整系数 γ=1.40</td><td rowspan="10">当存在多种特殊类型时，调整系数采用连乘</td></tr>
<tr><td>2</td><td>幼儿园等教育用房</td><td rowspan="2">根据单栋鉴定面积分为三档，采用阶梯计价：<500m²，8 元/m²；≥500，<5000m²，6 元/m²；≥5000m²，5 元/m²</td></tr>
<tr><td>3</td><td>酒店宾馆、培训机构等特业办证</td></tr>
<tr><td>4</td><td>农村危房鉴定</td><td>按房屋栋数分为三档：<100 栋，1500 元/栋；≥ 100 栋，< 1000 栋，1000 元/栋；≥1000栋，600 元/栋</td></tr>
<tr><td>5</td><td>工程影响区房屋鉴定（保全鉴定）</td><td>在一般整幢鉴定的基础上综合单价乘以调整系数 γ=1.20</td></tr>
<tr><td>6</td><td>投诉鉴定</td><td>在一般整幢鉴定的基础上综合单价乘以调整系数 γ=1.20</td></tr>
<tr><td>7</td><td>应急鉴定</td><td>在一般整幢鉴定的基础上综合单价乘以调整系数 γ=1.60</td></tr>
<tr><td>8</td><td>房屋基础资料缺失影响</td><td>在一般鉴定的基础上综合单价乘以调整系数 γ=1.30，检测与图纸恢复费用另计</td></tr>
<tr><td>9</td><td>同一幢房屋或局部二次鉴定</td><td>在第一次鉴定的基础上综合单价乘以调整系数 γ=［0.6，0.9］。</td></tr>
</table>

第七条 其他类型鉴定

1. 对文体交通类建筑、综合类及特殊建筑的鉴定收费，可根据房屋鉴定过程中涉及的辅助措施，参照其他类型房屋收费标准确定。

2. 对文物建筑及优秀历史建筑的鉴定收费，可相应提高。

3. 在有毒有害或高温等特殊环境中开展房屋安全鉴定，可视情况以上浮20%~100%的标准收费。

4. 其他未列举到的房屋鉴定，可参照类似建筑的收费标准进行调整。

第八条 鉴定计费面积以房屋建筑面积为准；未经产权部门核定的，可由鉴定单位量测、委托人确认。

第九条 本收费标准仅为武汉市房屋安全鉴定名录单位在本市行政区划内开展鉴定时向委托人提供技术服务的收费标准。

第十条 本收费标准由武汉市房屋安全鉴定行业协会负责解释。

武汉市房屋安全鉴定行业协会

2019 年 10 月 24 日

新建商品房预售资金监管模式创新研究

武汉市住房保障和房屋管理局交易管理处
武汉市房产交易中心
武汉市房地产估价师协会

课题负责人： 黄　立　武汉市住房保障和房屋管理局　副局长
课题组成员： 赵泽山　王　晶　胡　刚　廖　敏　祁春燕
王　娟　张红远　吴彩梅　沈小在　徐岚岚
詹伯霞　徐曼丽
课 题 顾 问： 邓宏乾
课 题 统 稿： 王　娟　徐岚岚

一、武汉市商品房预售资金监管现状及问题分析

（一）武汉市商品房预售资金监管的演变与发展

武汉市于 2012 年出台了《新建商品房预售资金监管暂行办法》，明确了监管部门监管的基本原则；构建了商品房预售资金监管的基本框架和制度。2017 年将《新建商品房预售资金监管暂行办法》修订为《新建商品房预售资金监管办法》（武政规〔2017〕37 号），其主要内容包括：①商品房预售资金实行全程监管。对用于工程建设的预售资金实行重点监管，以保证预售资金用于项目工程建设。②逐步建立商品房预售资金分级监管制度。根据房地产开发企业的资质、经营业绩和诚信记录等因素，确定重点监管资金的不同标准。③必须签订预售资金监管协议。房地产开发企业申请商品房预售许可证前，应当选择与监管机构签订合作协议的商业银行，设立新建商品房预售资金监管专用账户，并与监管机构、合作银行签订《武汉市商品房预售资金监管协议书》。④严格预售资金使用管理。按照取得商品房预售许可后 1 个月、结构封顶、竣工验收、完成房屋所有权初始登记等 4 个环节设置重点监管资金使用节点；监管账户内预售资金超过重点监管资金标准后，房地产开发企业可以申请使用重点监管资金，并将其用于购置本项目建设所必需的建筑材料、设备和支付项目建设的施工进度款、法定税费及其他相关费用；房地产开发企业使用非重点监管资金，应当优先偿还本项目抵押贷款。

《新建商品房预售资金监管办法》的颁布实施，对确保预售资金用于商品房项目工程建设，保障购房人的合法权益，防范房地产预售风险，规范房地产预售行为发挥了积极作用。

为增强商品房预售资金监管的可操作性，2018 年武汉市住房保障和房屋管理局出台了《武汉市新建商品房预售资金监管实施细则》（武房规〔2018〕1 号），对预售资金监管范围、监管职责、重点监管资金范围及标准、监管账户开立及变更、三方监管协议、监管资金入账、重点监管资金的拨付、非重点监管资金的拨付、解除监管等问题进行了细化和明确。该实施细则进一步明确了重点监管资金节点限额控制比例：对房地产开发企业商品房项目形象进度达到结构封顶并已支付完封顶工程费用的开发企业，重点监管资金标准为项目总预售款的 15%；对项目形象进度达到项目 1/2 并已支付相应工程建设费用的，重点监管资金标准为项目总预售款的 20%；未达到上述条件的，重点监管资金标准为项目总预售款的 25%。同时规定，凡上一年度在武汉市开发施工面积在 30 万平方米、销售额在 15 亿元以

上，且无不良信用记录的房地产开发企业；按照武汉市建筑产业现代化要求建设的商品住宅项目，按照装配式建造方式开发建设的商品房项目，重点监管资金标准均为项目总预售款的15%。同时，该实施细则对监管资金提取使用也作了明确规定：房地产开发企业取得商品房预售许可证1个月后，申请使用资金额度不得超过重点监管资金核定总额的35%；结构封顶的，累计申请不得超过75%；竣工验收的，累计申请不得超过95%。预售资金监管制度很好地规范了商品房预售资金的缴存、支取、使用等，有效防止开发商随意挪用预售资金、造成资金链断裂；有效保障购房人的合法权益，促进了社会的和谐稳定。同时，对增加商品住宅的供给等方面产生了积极影响。

2019年4月，武汉市出台了《关于印发以银行保函等额替换新建商品房重点监管资金若干规定（试行）的通知》（武房发〔2019〕23号），实行以银行保函替换重点监管资金的政策。其要点为：①保函出具银行应为国有商业银行、股份制商业银行、国家开发银行、各政策性银行。保函由外地银行出具的，须在武汉市同行转开后办理保函业务。转开成功后，转开银行为保函承兑银行。②保函金额应不高于监管账户中重点监管资金额度的95%。③银行保函期限应当为自保函生效之日起至取得《建设工程竣工验收备案表》之日止，一般不低于两年。④适用范围。按照分类管理和风险控制的要求，申请使用银行保函等额替换重点监管资金的开发企业满足“开发企业及其控股企业连续2个年度内未受到房地产市场监管部门行政处罚，且未发生监管账户司法冻结、司法扣划、税收保全措施或强制执行措施”等条件，可凭银行出具的保函等额替换重点监管资金。

（二）武汉市商品房预售资金监管制度存在的主要问题

武汉市自2012年实施商品房预售资金监管制度以来，虽然在保障购房人的合法权益，防范房地产预售风险，规范房地产市场秩序等方面起到了积极作用，但也存在不少问题。

1. 商品房预售监管沉淀资金使用受限，资金使用效率有待进一步提高

武汉市自2012年实施新建商品房预售资金监管以来，房地产开发企业预售项目全部纳入预售资金监管。以2015—2018年为例，平均每年监管的预售资金账户2000个左右，存入监管的预售资金累计金额每年递增，累计沉淀的商品房预售监管资金余额821.08亿元（见表1）；其中，2015—2018年监管的商品房预售资金沉淀额分别为148.1亿元、214.1亿元、195.8亿元和178.1亿元，平均占当年度归集总额的7.64%，监管资金使用受限，资金难以发挥有效作用。

表 1　　**武汉市 2015—2018 年新建商品房预售监管资金（单位：个、亿元）**

年份	监管账户数量	累计监管资金余额	本年度归集总额	本年度支出总额	本年度沉淀资金
2015	1986	263.04	1737.83	1589.70	148.13
2016	2259	411.17	2873.03	2658.92	214.11
2017	2366	625.27	2465.47	2269.67	195.8
2018	1845	821.08	2683.35	2505.23	178.12

数据来源：武汉市房产交易中心

预售是商品住宅销售的主要形式，也是房地产开发项目开发建设的主要资金来源。2012—2018 年，武汉市商品住宅预售面积占销售总面积平均达 83%，2018 年占 91.8%；商品住宅预售额占销售总额平均为 85.3%，2018 年占 95.2%（表 2）。武汉市商品住宅预售面积、商品住宅预售额占比均高于全国水平。以 2018 年为例，全国商品住宅预售面积占住宅销售总面积的 84.3%，预售额占销售总额的 87.9%，武汉市分别为 91.8%和 95.2%，比全国平均水平高 7.5 个百分点、7.3 个百分点。实施商品房预售资金监管后，房地产开发企业必须将全部预售资金缴存至预售资金监管账户，企业只能按照预售资金使用节点申请提取资金用于预售项目开发建设，存在着相当一部分资金沉淀在资金监管账户中的现象。以 2018 年为例，商品住宅预售额为 3899 亿元，按最低监管比例 15%计算，重点监管资金为 585 亿元，至工程结构封顶，申请监管资金使用比例不超过 75%，监管账户中仍有 146 亿元的资金沉淀，影响了房地产开发企业自有资金的流动性，资金使用效率不高，一定程度上影响了商品房预售项目的后续开发建设。

表 2　　**2012—2018 年武汉市商品住宅预售情况**

时间	销售面积（万平方米）	预售面积（万平方米）	预售面积占比（%）	销售额（亿元）	预售额（亿元）	预售额占比（%）
2012	1390.47	1131.27	81.4	958.78	817.81	85.3
2013	1750.43	1294.43	74.0	1266.95	958.23	75.6
2014	1978.96	1528.00	77.2	1464.16	1167.90	79.8
2015	2413.77	1904.01	78.9	2028.42	1637.69	80.7
2016	2931.06	2635.44	89.9	2878.15	2601.19	90.4

续表

时间	销售面积（万平方米）	预售面积（万平方米）	预售面积占比（%）	销售额（亿元）	预售额（亿元）	预售额占比（%）
2017	3085.78	2654.09	86.0	3534.29	3183.61	90.1
2018	3229.75	2965.94	91.8	4094.84	3899.13	95.2

数据来源：WIND 数据库、国家统计局

2. 增加了企业的财务负担，影响了企业的开发能力

房地产开发周期长，资金需要量大，一次性投入大，属资金密集型产业。一是房地产企业资产负债率比其他行业高。从全国来看，2012—2017 年房地产开发企业资产负债水平平均值达 77.2%，且逐年上升，2017 年资产负债率达到 79.1%。湖北房地产开发企业资产负债水平为 76.73%，比全国平均水平略低，但也呈逐年上升趋势，2017 年资产负债率达到 79.7%，比全国负债率高 0.6 个百分点。2014—2017 年，武汉市房地产开发企业的资产负债率分别为 75.56%、75.14%、76.39%、78.27%，平均为 76.34%，虽比全国和湖北省资产负债率低，但房地产开发企业项目预售资金进入监管账户，在监管期内，重点监管资金除用于项目后续建设外，剩余部分也不能提取用于偿还银行贷款或其他外债，一定程度上增加了房地产开发企业的负债。二是提高了房地产开发企业的资金成本。房地产开发企业的资金来源主要有：自有资金、银行贷款、定金及预售款、企业发行债或股票融资、房地产投资信托等。资金来源构成中，除企业自有资金外，定金及预售款占比最高，银行贷款居第三位。若将个人住房按揭贷款计入预售款，定金及预售款在资金来源构成中占比最高，2012—2018 年，其分别为 38.4%、39.7%、36%、39.3%、46%、46.5%、47.7%，且呈逐年上涨趋势。但商品住宅预售后，其预售款全部存入资金监管账户，只能按照规定的节点提取使用资金，既影响了企业资金使用，又提高了企业财务费用。本质上说，定金及商品房预售款是企业的收入，企业除了用于项目开发建设外，还可以用于归还银行借款或偿付其他债务，但由于实行商品房预售资金监管，预售项目后续建设则需要从银行借款或通过其他举借等方式筹措资金，增加了企业融资成本。从银行贷款来看，由于房地产开发资金量大，贷款风险较高，商业银行为了保证资金安全，其贷款必须专款专用，也就是说商业银行对房地产开发贷款实行封闭管理，房地产开发项目贷款及销售资金必须在同一银行账户内。在发放房地产开发贷款时，商业银行对借款人申请贷款的房地产项目进行调查评估，经贷前评估符合放贷要求，报上级行审批同意后，签订《借款合同》《抵押

或担保合同》。在贷款发放前，借款人应办理房地产项目抵押手续并办理抵押登记，并在贷款银行开立专用账户，其贷款存入专用账户。但在实施商品房预售资金监管后，预售资金必须存入监管账户，商品房预售资金监管账户与商业银行开立的贷款偿还账户，其性质是不同的，银行贷款的归还要通过封闭账户实现，其还款来源主要是贷款项目的销售收入，但事实上银行贷款难以从监管账户中偿还。商品房预售资金监管后，房地产开发企业难以实施“滚动开发”，影响了房地产开发企业的开发能力。

3. 商品房预售资金监管制度有待进一步完善

武汉市自 2012 年实施商品房预售资金监管制度以来，其制度不断完善，监管机制不断优化，对规范武汉市房地产市场健康发展起到了积极作用。但现行预售资金监管制度尚有不完善之处，亟须加以调整和优化，主要表现在：一是预售监管资金计算基础不科学。目前纳入预售资金监管的是全部预售款（包括购房者首付款及个人住房贷款等）。商品房预售价格中包括购地款（支付的地价），开发土地和新建房及配套设施的成本（土地征用及拆迁补偿费、前期工程费、建筑安装工程费、基础设施费、公共配套设施费、开发间接费用），与房地产开发项目有关的费用（销售费用、管理费用、财务费用），已缴纳的税金及投资利润等。项目达到预售条件时，企业已实际支付地价及建设总投资的 25%以上（武汉市实际上需达到项目总投资的 50%以上），而在预售资金监管制度设计中，将所有预售款均纳入监管范围，没有考虑项目实际投入，即使是重点监管资金，也没有考虑项目已投入建设成本，实际上增加了企业融资的难度，会影响预售项目的开发进度。二是预售资金监管没有实施差异化的分级管理，不利于信誉良好、实力强的企业发展。重点监管资金标准虽进行了差异化设置，但主要体现在项目的开发进度、建筑工艺和开发规模等方面，而没有考虑企业资质、企业业绩及企业信用等情况，进而实行有差别的监管标准，一定程度上制约了资质等级高、信用良好的房地产开发企业的发展。三是监管资金提取使用节点设置过少。房地产开发期限长，短则二三年，长则五年或更长，投入大且具有投入的连续性，但目前提取使用节点仅有三个，即房地产开发企业取得商品房预售许可证 1 个月后，申请使用资金额度不得超过重点监管资金核定总额的 35%；结构封顶的，累计申请不得超过 75%；竣工验收的，累计申请不得超过 95%。同时规定，不动产首次登记前，监管账户内的资金余额不得低于重点监管资金的 5%。这种制度设计没有考虑项目的实际形象进度的资金需要，影响了项目的开发建设。

二、新建商品房预售资金分级监管模式创新研究

（一）新建商品房预售资金分级监管的必要性

武汉市自2018年实施《武汉市新建商品房预售资金监管实施细则》以来，有效地抑制了商品房预售的各种问题，对规范预售资金的收存、支取、使用，强化新建商品房预售资金监管，真正实现预售资金专款专用，确保商品房预售资金用于商品房项目工程建设，防止资金被挪作他用从而造成烂尾楼；保障购房者的合法权益，规范房地产开发企业行为，防范房地产交易风险等起到了积极作用。但是，现行商品房预售资金监管办法采取“一刀切”的监管方式，在一定程度上影响了房地产开发进度及资金使用效率，不利于房地产市场健康平稳发展。因此，有必要对现行新建商品房预售资金监管办法进行修订和完善。

1. 是促进房地产市场健康平稳发展的需要

目前房地产市场存在一些结构性矛盾，如房地产资金供给与需求的矛盾。房地产融资政策趋紧，导致房地产开发企业融资难，融资成本高，房地产国内贷款和个人按揭贷款下降明显，企业主要依赖销售回款，定金及预收款和企业自筹资金约占总资金的65%。未来三年将是房地产开发企业债务偿还高峰期，2019年共有4600亿元地产公司债到期，2020年5月至2021年10月，偿债规模约8600亿元，月均偿还额480亿元。融资瓶颈问题更加重了房地产开发企业的经营困难。加强新建商品房预售资金监管的目的是促进房地产市场健康持续发展的重要手段，但是目前武汉市商品房预售资金监管办法采取“一刀切”的监管方式，已影响了部分房地产项目的建设资金，对增加房地产供给，促进房地产市场平稳健康发展产生了一定的负面影响。因此，完善新建商品房预售资金监管模式，构建分类分级新建商品房预售资金监管制度，是优化我市房地产开发领域营商环境，减轻企业负担，促进房地产市场平稳健康发展的现实需要。

2. 是落实房地产调控政策“因城施策、分类指导、精准调控”的需要

坚持因城因地制宜、精准施策，强化地方调控主体责任，是未来房地产调控的主基调。对调控负有主体责任的城市政府应根据房地产市场变化情况，适时出台更加精准的调控措施。以新建商品房预售资金监管而言，可以根据房地产开发企业的资质、业绩、信用等因素，构建商品房预售资金分级监管制度，以保证信用良好的房地产开发企业的资金需要。预售资金分级监管作为房地产市场监管的重要手段，

实行预售资金差异化监管显得尤为必要。

3. 是深化“放管服”改革，转变政府职能的需要

转变政府职能，简政放权，减少政府对市场资源的直接配置，最大限度减少政府对市场活动的直接干预，提高资源配置效率和公平性，优化发展环境，最大限度激发市场活力，是我国行政机构改革的总体方向。房地产行业应充分发挥市场配置资源的决定性作用，政府主要职责是营造公正公平的市场竞争环境，制定市场监管规则，健全事前事后监管机制。对房地产开发企业应转向建立以信用监管为基础的监管机制，以监管促行业、企业自律，以公平、有序为方向创新监管，以提高监管效能。因此，实行预售资金差异化监管是“放管服”改革的必然要求。

（二）新建商品房预售资金分级监管的基本思路

我们提出“以新建商品房预售资金运用安全，提高资金使用效率”为主线，以“房地产开发企业信用”为基础，根据房地产开发企业的资质、业绩、信用等因素，考核评定房地产开发企业的预售资金监管等级，为实施预售资金差异化监管提供依据，构建新建商品房预售资金分级监管模式。

1. 房地产开发企业信用等级评价

规范房地产市场秩序和房地产开发行为，提高房地产开发企业诚信经营意识，推进信用体系建设，促进房地产市场平稳健康发展，需要构建以信用为核心的新型房地产市场监管体制。

房地产开发企业信用评价体系由 3 个一级指标（客观信用能力、企业经营信用情况、企业社会信用情况）、14 个二级指标、36 个三级指标构成，基础分为 100 分。根据国家标准《企业信用等级表示方法》（GB/T22116—2008），企业信用等级分为三等（A、B、C）五级（AAA、AA、A、B、C）。A 等为企业信用较好，B 等为企业信用一般，C 等表明企业信用较差。具体分级如下：

AAA 级：信用优；AA 级：信用良好；A 级：信用较好；B 级：信用一般；C 级：信用差。其信用等级划分标准为：

AAA 级信用企业：企业综合得分在 90 分（含）以上；

AA 级信用企业：企业综合得分 80~89 分；

A 级信用企业：企业综合得分 70~79 分；

B 级信用企业：企业综合得分 60~69 分；

C 级信用企业：企业综合得分 60 分以下。

根据国务院《关于建立完善守信联合激励和失信联合惩戒制度 加快推进社会

诚信建设的指导意见》（国发〔2016〕33号）精神，房地产开发企业有严重失信行为的，实行一票否决。其严重失信行为包括：

①企业或企业法定代表人、主要股东、主要管理人员目前被列入失信被执行人的；企业法定代表人或执行合伙人、主要股东或合伙人因执行企业职务的行为犯罪，被依法追究刑事责任的；

②提供虚假《国有土地使用权证》《建设用地规划许可证》《建设工程规划许可证》《建设工程施工许可证》《商品房预售许可证》等相关证件进行开发的；

③隐瞒有关情况、提供虚假材料，或者采用欺骗等不正当手段取得商品房预售许可证、不动产产权证的；

④开发的房地产项目存在重大质量问题，造成严重后果的；

⑤虚构事实或隐瞒真相，与一方当事人串通或对相关当事人进行误导或欺诈，给当事人造成重大损失的；

⑥被有关机关或行业协会认定，采取不正当手段恶性竞争，严重损害行业或同行声誉、利益的；如在投标过程中有串标、围标等舞弊行为；

⑦消费者集体投诉并经核实为有责投诉，但未对投诉事件进行处理的；

⑧威胁、恐吓、殴打行政执法人员或者采取其他方式阻碍行政执法人员依法履行职责的；

⑨三年内有偷、逃抗税记录的；

⑩近三年发生重大安全事故，造成重大社会影响的。

房地产开发企业信用评价体系建议采纳中国房地产业协会编制的指标体系。

2. 调整商品房预售资金监管标准

商品房预售资金监管的目的是保证预售房地产项目顺利开发完成，避免预售资金“抽逃”或被挪用，导致预售楼盘“烂尾”，损害购房人的利益。因此，为提高商品房预售资金使用效率和预售项目按期开发完成，预售资金监管分为重点监管资金和非重点监管资金两类。

（1）商品房预售重点监管资金构成

商品房预售重点监管资金是指预售项目的地上建筑物及配套设施的投资总成本，即新建房及配套设施的成本、费用等，主要包括：前期工程费、建筑安装工程费、基础设施费、公共配套设施费、开发间接费用，以及与房地产开发项目有关的销售费用、管理费用、财务费用等。以住宅为例，项目建造成本以钢混结构住宅、传统建筑方式为标准，按不同高度和层数分别进行成本测算，其项目建设费用构成测算见表3。其他类型房屋建造成本在此基础上进行调整、修正确定。

表 3 **住宅项目建造成本明细表**

<table>
<tr><th rowspan="2">一级费用项</th><th rowspan="2">二级费用项</th><th rowspan="2">三级费用明细</th><th colspan="5">费用（元/平方米）</th></tr>
<tr><th>低层</th><th>多层</th><th>中/高层</th><th>超高层（150m 以下）</th><th>超高层（150m 以上）</th></tr>
<tr><td rowspan="9">1. 建筑安装工程费</td><td rowspan="4">1.1 建筑工程费</td><td>1.1.1 土方工程费</td><td>20</td><td>20</td><td>20</td><td>20</td><td>20</td></tr>
<tr><td>1.1.2 桩基及基坑支护工程费</td><td>70</td><td>90</td><td>0</td><td>0</td><td>0</td></tr>
<tr><td>1.1.3 地下室工程费</td><td>0</td><td>0</td><td>1050</td><td>1050</td><td>1050</td></tr>
<tr><td>1.1.4 主体结构工程费</td><td>900</td><td>900</td><td>1200</td><td>1600</td><td>2200</td></tr>
<tr><td colspan="2">小计</td><td>990</td><td>1010</td><td>2270</td><td>2670</td><td>3270</td></tr>
<tr><td>1.2 安装工程费</td><td></td><td>100</td><td>150</td><td>200</td><td>235</td><td>280</td></tr>
<tr><td>1.3 装饰装修工程费</td><td></td><td>300</td><td>300</td><td>300</td><td>300</td><td>300</td></tr>
<tr><td rowspan="2">1.4 附属工程费</td><td>1.4.1 围墙建造费
1.4.2 建筑小品</td><td rowspan="2">600</td><td rowspan="2">400</td><td rowspan="2">200</td><td rowspan="2">200</td><td rowspan="2">200</td></tr>
<tr><td>1.4.3 绿化建设费
1.4.4 道路广场建造费</td></tr>
<tr><td>2. 公共配套设施建设费</td><td></td><td></td><td colspan="5">一般情况下，该部分包含在总包合同内，且与上述建筑安装工程同时进行，故不单独计算，其费用已包含在上述建筑安装工程费中</td></tr>
<tr><td rowspan="3">3. 基础设施费</td><td rowspan="2">3.1 基础设施建设费</td><td>3.1.1 宗地内基础设施建设费</td><td>250</td><td>250</td><td>250</td><td>250</td><td>250</td></tr>
<tr><td>3.1.2 宗地外基础设施建设费</td><td>0</td><td>0</td><td>0</td><td>0</td><td>0</td></tr>
<tr><td>3.2 城市基础设施配套费</td><td></td><td>90</td><td>90</td><td>125</td><td>125</td><td>125</td></tr>
</table>

续表

一级费用项	二级费用项	三级费用明细	费用（元/平方米）				
			低层	多层	中/高层	超高层（150m以下）	超高层（150m以上）
4. 其他工程费	4.1 工程监理费		20	20	20	20	20
	4.2 工程检测费		15	15	15	15	15
	4.3 竣工验收费		3	3	3	3	3
1~4 项小计			2368	2238	3383	3818	4463
5. 行政事业性收费	5.1 人防工程费		0	0	0	0	0
	5.2 绿化建设赔偿费		0	0	0	0	0
	5.3 水电增容费		0	0	0	0	0
	5.4 住宅专项维修资金		25	25	42	42	42
	5.5 垃圾处理费		18	18	25	25	25
	5.6 水土保持设施补偿费		4	1	1	1	1
	5.7 城镇土地使用费		66	22	11	11	11
6. 其他成本	管理费用、资金成本		187	174	261	294	343
1~6 合计			2668	2478	3723	4191	4885

备注：①上述标准中，低层建筑指建筑层数一般为 1~3 层，未设置电梯和地下室。多层建筑指建筑层数一般为 4~6 层，设置电梯，不设置地下室。中/高层建筑指建筑层数 7 层以上，高度 100 米（或 34 层）及以下的建筑，设置电梯、1~2 层地下室。超高层建筑（150 米及以下）指高度 100 米（或 34 层）以上、150 米（或 50 层）及以下的建筑，设置电梯、1~2 层地下室。超高层建筑（150 米以上）指高度 150 米（或 50 层）以上的建筑，设置电梯、1~2 层地下室。

②上述费用均按计容面积计算取值。

③运用本标准时，若电梯的配置情况与本标准中建筑标准说明不一致，可根据实际情况进行相应修正（电梯修正值为 40~60 元/平方米）。

④运用本标准时，若地下室的设置情况与本标准中建筑标准说明不一致，可根据实际情况进行相应修正（地下室修正值为 400~500 元/平方米）。

⑤运用本标准时，采用装配式建筑模式，建筑安装工程费每平方米增加 400 元。

⑥上述标准对应房屋建筑结构为钢混结构。

（2）调整商品房预售重点监管资金标准

商品房预售重点监管资金标准按项目总投资成本（不包括地价）的75%确定（符合预售条件，其项目投资必须达到工程总投资的25%及以上）。其重点监管资金基础额度为：

重点监管资金基础额度=项目总投资成本×75%

监管部门根据预售项目在预售前已完成工程量及支付工程款情况核定重点监管资金标准及其具体比例。

实际监管额度=项目总投资成本−实际已投入的部分

预售资金进入监管账户，达到重点资金监管标准后，房地产开发企业可以申请提取非重点监管资金，该资金必须用于偿还本项目的银行贷款、支付施工单位的工程价款及本项目其他应付款等。

3. 开发项目建设节点及对应建设成本

目前，随着房地产市场环境的不断变化，现行商品房预售资金监管方式，在一定程度上影响了房地产开发进度及资金使用效率。其中，重点监管资金拨付节点的设置是监管工作的重要环节，对监管资金的使用效率起着至关重要的作用。目前，武汉市重点监管资金设置四个拨付节点，分别为商品房预售许可后1个月、结构封顶、竣工验收和完成房屋所有权初始登记，拨付比例分别为累计使用金额不得超过重点监管资金核定总额的35%、75%、95%以及监管账户内金额不得低于重点监管资金的5%。根据课题组调查，我们认为现有监管资金拨付节点的设置不合理，影响了预售房地产项目的开发进度。因此，合理提高资金的流动性显得十分必要。一是促进房地产市场健康平稳发展的需要。目前房地产市场宏观调控以“稳”字为核心，强调“稳地价、稳房价、稳预期”。虽然市场整体平稳，但仍存在一些结构性矛盾，特别是在当前经济运行稳中有变，下行压力有所加大，房地产调控政策和房地产融资政策趋紧的情况下，部分企业经营困难较多，长期积累的风险隐患有所暴露。开发企业获利依靠售价以及资金流转产生的价值，在“限价”的大背景下，合理提高资金流转速度对企业的正常经营起着积极的作用。二是目前市场以高层及超高层建筑类型为主流，建造成本较之前增加，开发周期加长，导致监管资金占压时间增加，拉高了资金成本。且近期建管部门在竣工验收环节的操作发生了变化，取消了“消防合格证明”，之前以“消防合格证明”为节点证明材料的核实方式需要随之调整。

以住宅为例，目前武汉市新建住宅商品房以高层、超高层为主。项目建设节点可细分为7个，各建设节点对应的已投入成本占建设总额的比例大致为：主体结构达1/2时，占比约为50%；主体结构达2/3时，占比为55%~60%；主体结构封顶时，占比约为70%；主体结构验收时，占比为75%～80%；建设工程竣工规划条件核实，占比约为90%；竣工验收时，占比约为95%以上。具体见表4。

表4 **开发项目建设节点与投入分析**

序号	开发项目建设节点	已投入建设成本/建设总额
1	主体结构达1/2	约50%
2	主体结构达2/3	55%～60%
3	结构封顶	约70%
4	主体结构验收	75%～80%
5	建设工程竣工规划条件核实	约90%
6	竣工验收	95%以上
7	完成产权首次登记	100%

4. 调整提取重点监管资金使用节点及标准

商品房预售重点监管资金使用在保证资金安全的基础上，以满足预售项目开发资金需要为基本前提，同时，还应考虑建筑物的高度设置有差异的使用节点，因此，可按7层以下、7层（含7层）以上建筑总高度未超过100米、建筑总高度超过100米三类设置预售重点监管资金提取使用节点。

（1）7层（含7层）以上建筑总高度未超过100米的使用节点及标准

①取得商品房预售许可证1个月后的，申请使用资金额度不超过重点监管资金核定总额的35%；

②完成项目形象进度达到主体结构1/2的，累计申请使用资金额度不超过重点监管资金核定总额的50%；

③主体结构封顶的，累计申请使用资金额度不超过重点监管资金核定总额的75%；

④通过主体结构验收的，累计申请使用资金额度不超过重点监管资金核定总额的85%；

⑤预售项目竣工验收的，累计申请使用资金额度不超过重点监管资金核定总额的95%；

⑥预售项目办理不动产首次登记后，凭缴纳的住宅专项维修资金凭证，申请使用剩余的重点监管资金（表5）。

表5　　新建商品房重点监管资金拨付节点及标准

序号	拨付节点		解付差额	累计拨付比例
1	原节点	商品房预售许可后1个月	35%	累计使用金额不得超过重点监管资金核定总额的35%
2	增加节点	完成主体结构1/2	20%	累计申请不得超过55%
3	原节点	主体结构封顶	20%	累计申请不得超过75%
4	增加节点	主体结构验收	10%	累计申请不得超过85%
5	原节点	竣工验收	10%	累计申请不得超过95%
6	原节点	完成房屋产权首次登记	5%	100%

（2）建筑总高度超过100米的使用节点及标准

①取得商品房预售许可证1个月后的，申请使用资金额度不超过重点监管资金核定总额的35%；

②完成项目形象进度达到主体结构1/2的，累计申请使用资金额度不超过重点监管资金核定总额的50%；

③完成项目形象进度达到主体结构2/3的，累计申请使用资金额度不超过重点监管资金核定总额的60%；

④主体结构封顶的，累计申请使用资金额度不超过重点监管资金核定总额的75%；

⑤通过主体结构验收的，累计申请使用资金额度不超过重点监管资金核定总额的85%；

⑥预售项目竣工验收的，累计申请使用资金额度不超过重点监管资金核定总额的95%；

⑦预售项目办理不动产首次登记后，凭缴纳的住宅专项维修资金凭证，申请使用剩余的重点监管资金。

（3）7层以下（不含7层）的建筑，按照上述取得商品房预售许可证后1个月、主体结构封顶、竣工验收和不动产产权首次登记四个节点和标准申请提取使用资金。

（三）商品房预售资金分级监管的主要方法与实施政策

1. 商品房预售资金分级监管的主要方法

商品房预售资金分级监管是根据房地产开发企业信用等级、实际开发情况等使用不同的监管方法。其主要内容有：

（1）降低或提高商品房预售重点监管资金标准

对信用等级评定为AAA级的房地产开发企业；上年度在武汉市开发施工面积累计达30万平方米且销售额15亿元以上，信用等级在A等的房地产开发企业；按照武汉市建筑产业现代化要求建设的商品住宅项目；按照装配式建造方式开发建设的商品房项目，实行降低商品房预售重点监管资金标准政策。对信用等级评定为C级的房地产开发企业，提高商品房预售重点监管资金标准。

（2）银行出具现金保函，免同等额度的重点监管资金

商品房预售资金从本质上看，其资金所有权属房地产预售项目开发商，为提高预售资金使用效率，可实行银行现金保函替代直接监管资金，免除银行保函担保的等额监管资金额度。银行保函具有符合条件即刚性兑付的特征，安全性高，同时银行信用等级可有效保障商品房预售资金监管安全。银行保函制度是由银行出具的新建商品房预售重点资金免监管担保书，担保金额应当不高于新建商品房监管账户的重点监管资金。在保函有效期内，保函银行在收到监管银行保函索赔通知后应见索即付，保函银行在保函期限内承担不可撤销的连带责任。

对信用等级评定为AAA级的房地产开发企业；上年度在武汉市开发施工面积累计达30万平方米且销售额15亿元以上，且信用等级为A等的房地产开发企业；按照武汉市建筑产业现代化要求建设的商品住宅项目以及按装配式建造方式开发建设的商品房项目，可实行银行保函制，免同等额度的重点监管资金。

（3）集团公司（或母公司）出具承诺书或第三人担保，免除50%的重点监管资金

由集团公司或母公司出具房地产开发企业按期完成建设工程的承诺书，若不能按期完成，则由集团公司或母公司支付建设工程价款或完成未完工的建设工程；或由第三人的信用或者特定财产来担保房地产开发企业履约；若不能履约，则由担保人缴纳不低于新建商品房监管账户的最低监管资金额度，或支付建设工程价款或由担保人完成未完工的建设工程。将集团公司（或母公司）出具承诺书、第三人担保功能引入新建商品房预售资金监管体系，也是实施分级管理的有效方式。

（4）设立商品房预售资金监管保险制度

开发商购买商品房预售资金监管保险，免同等额度的重点监管资金，通过保险以保证预售监管资金的安全性。

2. 商品房预售资金分级监管的实施政策

（1）对信用等级评定为AAA级的房地产开发企业；上年度在武汉市开发施工面积累计达30万平方米且销售额15亿元以上，且信用等级在A等的房地产开发企业；按照武汉市建筑产业现代化要求建设的商品住宅项目；按照装配式建造方式开发建设的商品房项目，下调预售商品房重点监管资金比例20%。实行银行保函免

同等额度的重点监管资金（但需签订资金监管三方协议），仍设立监管账户。

（2）对信用等级评定为 AA 级的房地产开发企业，下调预售重点监管资金比例 10%。

（3）对信用等级评定为 A 级的房地产开发企业，下调预售重点监管资金比例 5%。

对符合上述（1）（2）（3）的房地产开发企业，均可采用集团公司（或母公司）出具承诺书或第三人担保，免除 50%的重点监管资金的政策。

（4）对信用等级评定为 B 级的房地产开发企业，预售重点监管资金比例维持不变。

（5）对信用等级评定为 C 级的房地产开发企业，上调预售重点监管资金比例至 100%，实行重点资金全额监管。

由中国房地产业协会公布的中国房地产企业信用等级为 AAA 的企业，比照按上述（1）项的政策执行。

3. 商品房预售资金分级监管的过渡性措施

鉴于武汉市尚未开展房地产开发企业信用等级评定工作，目前暂时难以以等级来实施分级监管政策。为保证商品房预售资金分级监管政策精准实施，可采取临时过渡性措施。可参照武汉市目前房地产开发企业信用记分制度，实行分级管理。

（1）信用记分在 90 分以上（含 90 分），或资质等级一级且本年度无不良信用记录的房地产开发企业，可下调预售重点监管资金比例 20%；或采取银行保函免同等额度的重点资金监管政策。

（2）信用记分在 80~89 分，下调预售重点监管资金比例 10%；或采取银行保函免同等额度的重点监管资金政策。

（3）信用记分在 75~80 分的房地产开发企业，预售重点监管资金比例维持不变。

（4）信用记分 75 以下的房地产开发企业，上调预售重点监管资金比例至 100%。

三、完善商品房预售资金分级监管政策的建议

（一）修订和完善商品房预售资金监管实施细则

根据《新建商品房预售资金监管办法》“监管部门应当根据房地产开发企业的资质、经营业绩和诚信记录等因素，逐步建立商品房预售资金分级监管制度”的要求，我们以房地产开发信用等级为基础，修订和完善商品房预售资金监管实施细

则，构建规范的商品房预售资金监管制度。主要内容包括：

（1）科学核定商品房预售重点监管资金基础。目前实行的商品房预售重点监管资金基础是根据商品房销售收入的一定比例确定，此方式存在不同地段、相同建筑类型的商品房监管资金基础不一致，监管资金标准与工程造价不匹配等问题。根据资金监管的目的，我们建议调整为按预售项目工程总成本核算重点监管资金标准，在风险可控的前提下，提高商品房预售资金流动性。商品房预售重点资金按预售项目的地上建筑物及配套设施的投资总成本计算，即完成新建房及配套设施建设所需要的成本、费用等。

（2）科学确定商品房预售重点监管资金标准。按项目总投资成本（不包括地价）的75%确定（符合预售条件，其项目投资必须达到工程总投资的25%及以上）。监管部门根据预售项目在预售前已完成工程量及支付工程款情况核定重点监管资金标准及其具体比例。实际监管额度为项目总投资成本扣除实际已投入金额。

（3）调整提取重点监管资金使用节点及标准。根据项目实际进度和资金需求计划，结合预售项目特点，实行有差异的提取使用节点。7层（含7层）以上建筑总高度未超过100米的使用节点及标准为：①取得商品房预售许可证1个月后的，申请使用资金额度不超过重点监管资金核定总额的35%；②完成项目形象进度达到主体结构1/2的，累计申请使用资金额度不超过重点监管资金核定总额的50%；③主体结构封顶的，累计申请使用资金额度不超过重点监管资金核定总额的75%；④通过主体结构验收的，累计申请使用资金额度不超过重点监管资金核定总额的85%；⑤预售项目竣工验收的，累计申请使用资金额度不超过重点监管资金核定总额的95%；⑥预售项目办理不动产首次登记后，凭缴纳的住宅专项维修资金凭证，申请使用剩余的重点监管资金。建筑总高度超过100米增加一个使用节点，即完成项目形象进度达到主体结构2/3的，累计申请使用资金额度不超过重点监管资金核定总额的60%。7层以下（不含7层）的建筑，按照取得商品房预售许可证后1个月、主体结构封顶、竣工验收和不动产产权首次登记设置重点监管资金使用节点。

（4）创新和完善商品房预售重点资金监管方式。主要包括：降低或提高商品房预售重点资金监管标准；银行出具现金保函，免同等额度的重点监管资金；集团公司（或母公司）出具承诺书或第三人担保，免除50%的重点监管资金；可设置商品房预售资金监管保险，以保证实现足额、及时的预售监管资金损害赔偿。

（5）实行有差别的分级监管政策。对信用等级评定为AAA级的房地产开发企业；上年度在武汉市开发施工面积累计达30万平方米且销售额15亿元以上，信用等级在A等的房地产开发企业；按照武汉市建筑产业现代化要求建设的商品住宅项目；按照装配式建造方式开发建设的商品房项目，下调预售重点监管资金比例20%；以及实行银行保函免同等额度的重点监管资金或集团公司（或母公司）出具承诺书或第三人担保，免除50%的重点监管资金的政策。对信用等级评定为AA

级的房地产开发企业，下调预售重点监管资金比例 10%；对信用等级评定为 A 级的房地产开发企业，下调预售重点监管资金比例 5%；上述两类企业可实行集团公司（或母公司）出具承诺书或第三人担保，免除 50%的重点监管资金的政策。对信用等级评定为 B 级的房地产开发企业，预售重点监管资金比例维持不变。对信用等级评定为 C 级的房地产开发企业，上调预售重点监管资金比例至 100%，实行重点资金全额监管。

（二）适时引入房地产开发企业信用评价体系，完善信用分类管理

适时引入房地产开发企业信用体系建设，有利于增强房地产开发企业诚信意识，营造诚实守信的市场环境，规范房地产市场秩序，引导企业增强社会责任感，促进房地产开发市场健康规范发展。在条件成熟的情况下，建立完善的房地产开发信用体系，为房地产市场行政执法部门实施信用分类管理提供了重要依据，也是实施商品房预售资金分级监管的基础。

房地产开发企业信用体系建设主要包括：

（1）构建房地产开发信用信息目录，这是信用管理的基础，内容包括制定房地产开发信用信息分类、内容和标准等。

（2）建立房地产开发企业信用信息共享平台。利用互联网、大数据技术，建立网络化信息系统，按照房地产开发信用信息目录内容和标准，全面及时地采集相关数据，并实现信息数据共享，以实现对房地产开发市场主体信用行为全面的动态监测监控。

（3）健全房地产开发企业守信激励和失信惩戒机制。守信激励和失信惩戒机制直接作用于市场主体信用行为，是社会信用体系运行的核心机制。对诚实守信的房地产开发市场主体，给予表彰、宣传和授予相关荣誉等鼓励，在行业准入、市场推介、政务服务等方面予以“绿色通道”支持激励政策，同时可以采取降低商品房预售监管资金比例或以银行保函方式替换等额的重点监管资金额度。将失信的房地产开发市场主体列入重点关注名单，予以约谈、警示、行业内通报批评，督促企业自查自纠、自我整改，采取暂缓受理开发企业新建房地产项目预售许可申请，提高商品房预售监管资金比例等政策加以惩戒。同时，利用行业信用信息平台建立电子信用档案，将采集、归集的房地产开发企业信用信息，企业信用评价结果、信用激励和惩戒等重要信息，全部录入信用档案，为政府监管和社会提供信用信息服务。

（三）逐步建立房地产预售监管联动机制，提高商品房预售资金监管效率

构建公平、公开、透明、高效的商品房预售资金监管运行体系，优化服务流程，融合线上线下服务，提升政务服务水平，其主要内容包括：

（1）完善商品房预售管理、预售资金监管、预售资金使用平台建设，制定商品房预售资金监管服务指南标准，规范和简化服务流程。

（2）制定商品房预售及资金监管窗口建设、数据管理等标准，实现政务数据、政银数据共享，保障数据安全。

（3）制定政企及政银沟通机制、商品房预售及资金监管诉求处理机制、政务服务监督、政务服务评价等标准和制度，提升咨询服务的效率和水平。

（4）建立房地产市场和商品房预售监管联动机制，加强房地产预售管理部门的沟通与协调，明确城市建设、住房、国土、规划、工商、城管、金融、税务、市场监管等部门职责，加强对房地产开发企业预售行为的监督管理，规范房地产预售秩序；市房地产市场交易中心应完善商品房预售资金缴存、使用监管机制，加强对房地产开发企业预售资金的使用检查和监督，保证商品房预售资金的使用安全。

武汉市房管系统法治建设问题及对策研究

武汉市住房保障和房屋管理局政策法规处
武汉市社会科学院

课题负责人： 王传耀　武汉市住房保障和房屋管理局　巡视员
课题组成员： 彭建忠　张　恒　朱伟睿　董实忠　江国华
杨瑜娴　周　阳　夏芸芸　胡玉桃
课 题 顾 问： 江国华
课 题 统 稿： 杨瑜娴　董实忠　张　恒

随着全面依法治国及法治政府建设的持续深入，武汉市房管系统法治建设水平不断提升。制度建设方面，武汉市房管系统已具备一套比较完整的制度体系并日趋完善，其在全面覆盖的基础上进行了分类和细化，使重点领域制度建设突出，并蕴含较为丰富的法治文化内核。实践经验方面，武汉市房管系统在商品房交易监管、商品住宅专项维修资金监管、住房租赁的规范和培育、老旧小区改造和管理、住宅小区管理、房屋安全监管等方面，实践经验突出，亮点纷呈，产生了较好的社会治理效果和社会影响力。

尽管如此，在武汉市房管系统法治建设过程中，依然存在着目标体系有待明确、制度体系有待完善、行政审批流程有待简化、执法监管能力有待提升、法治文化建设有待强化等突出问题。

有鉴于此，全面开展武汉市房管系统法治建设，应首先明确其基本原则和系统性目标。简而言之，武汉市房管系统法治建设的主要原则包括：以法治政府建设目标为总体导向，以强化依法管理理念为基本要求，以促进房地产市场健康发展为重要宗旨，以难点痛点堵点为关键突破口。武汉市房管系统法治建设的目标要求包括：依法全面履行政府职能，推进行政决策法治化，完善房管政策法规体系，严格规范行政执法行为，依法推行政务公开，健全监督问责机制，优化营商环境的法治保障，加强法治文化建设，健全行政争议解决机制。

对照武汉市房管系统法治建设的主要原则和目标要求，根据当前的建设进程、典型方面和实际问题，武汉市房管系统应从健全地方房管制度体系、不断提升依法全面履职能力、促进高质量行政执法监督、大力推行“互联网+”政务公开和政务服务、优化营商环境法治保障、持续推进法治文化建设等方面着手，进一步加强武汉市房管系统法治建设。

随着全面依法治国及法治政府建设的持续深入，武汉市房管系统法治建设水平不断提升，制度体系逐渐完善，依法治理效果日趋明显。尽管如此，房管系统因关乎市场经济的重要导向和社会民生的基本需求，涉及诸多重要的领域和环节，面临的情况和问题错综复杂，这对武汉市房管系统法治建设提出了更高的要求。党的十九届四中全会在《中共中央关于坚持和完善中国特色社会主义制度、推进国家治理体系和治理能力现代化若干重大问题的决定》中强调，要“坚持和完善中国特色社会主义行政体制，构建职责明确、依法行政的政府治理体系”。武汉市房管系统应始终运行于法治化轨道，坚持以法治思路开展具体工作，以法治方式解决现实问题和矛盾纠纷，这样才能实现对于房地产市场的高效管理及调节，确保武汉市房地产行业持续健康发展。

本课题力求全面、准确地把握武汉市房管系统法治建设的现实情况，总结武汉市房管系统法治建设现状，厘清武汉市房管系统法治建设的制度现状和制度特点，分析房管系统市场监管和社会服务各项专业领域法治建设的复杂情形，在制度建设和法治实践中发掘其中的突出问题，在确立法治建设的主要原则和目标要求前提下，提出加强武汉市房管系统法治建设的重点方向和具体路径建议。

一、武汉市房管系统法治建设的总体情况

武汉市房管系统十分重视法治建设，始终紧紧围绕“服务民生、保障发展”的双重职责，以规范管理为抓手，以改革创新为驱动，以增强房管干部依法行政的意识、提高法治社会治理水平为目标，为推进房管系统各项目标任务的完成提供法治保障。根据《武汉市法治政府建设实施方案（2016—2020年）》的相关要求，市房管局于2016年成立了由党组书记任组长，分管法治工作的领导任副组长，法规处、机关党委、办公室、财务处负责人为成员的法治建设领导小组。近些年来，武汉市房管系统每年初都会制订法治建设工作计划或工作要点，从制度建设、决策水平、执法体制、矛盾化解、普法宣传等多个方面着手，扎实推进法治建设，不断取得新突破和新成效。

总体来看，武汉市在现有国家法律法规的框架内，依照国家、湖北省的相关规定，制定了大量用以引导和规范武汉市房地产发展的政策法规，这些政策法规是武汉市房管系统开展具体工作的制度依据，全面涵盖房管系统对于房地产开发、房地产市场、房屋交易、房屋租赁、物业管理、房屋使用安全、房屋资金等方面的监督管理，并对老旧小区改造、住宅专项维修资金监管、房屋租赁管理等热点焦点问题着重关注。可以说，武汉市房管系统已具备一套比较完整的制度体系并日趋完善。与此同时，基于武汉市房地产的发展特色和现实需求，武汉市房管系统在商品房交易监管、商品住宅专项维修资金监管、住房租赁的规范和培育、老旧小区改造和管理、住宅小区管理、房屋安全监管等方面，实践经验突出，亮点纷呈，产生了较好的社会治理效果和社会影响力。

推进房管系统法治建设，就是将法治建设贯穿于整个房管过程之中，渗透到房管系统的方方面面。它应当既包含房管系统的制度体系建设，又包含房管系统执法监管的依法治理能力建设，还包含推进房管系统的法治文化、法治保障等多方面的内容。

二、武汉市房管系统法治建设的制度依据和特点

法治建设离不开制度建设。制度建设不仅是武汉市房管系统开展法治建设的基本前提，也是其关键要素之一。因此，厘清武汉市房管系统法治建设的制度现状和制度特点，有助于全面了解当前房地产管理的制度要求，以查验工作开展情况，亦有助于借此寻求法治建设现有问题的根源。

（一）武汉市房管系统法治建设的制度现状

房地产管理所涉及的制度体系十分庞大繁杂。国家层面上，房地产管理既要受到民法、行政法等领域的法律规制，也要被大量的行业性行政法规和部门规章予以规范。具体到地方层面，情况则更为复杂，囿于不同地区社会经济的发展差异，包括武汉在内的各个地区还结合本地实际出台了相应的地方性法规、地方政府规章、地方政府规范性文件，对当地的房地产市场进行调整。因此，研究武汉市房管系统法治建设的制度现状，必须全面梳理与房地产管理相关的国家层面的法律法规，以及地方层面的法规规章。除此之外，国家层面及地方层面的规范性文件、政策文件以及相关规定中，若涉及房地产管理事宜，也是房管系统法治建设的制度依据，如关于房地产管理所涉具体事项的通知、通告、暂行意见、实施意见等。

1. 国家层面的法律法规

法律方面，与房地产管理相关的法律及其规定包括：在民法领域，主要见于《中华人民共和国物权法》《中华人民共和国侵权责任法》中；在行政法领域，主要见于《中华人民共和国行政许可法》《中华人民共和国行政处罚法》《中华人民共和国行政强制法》《中华人民共和国行政复议法》《中华人民共和国行政诉讼法》《中华人民共和国国家赔偿法》中，这些都是房地产管理过程中所需要依据的一般法。相对应的，与房地产管理有关的单行法包括：《中华人民共和国城市房地产管理法》《中华人民共和国土地管理法》《中华人民共和国城乡规划法》等。其中，《中华人民共和国城市房地产管理法》是调整国家管理房地产开发经营过程中发生的经济关系的法律规范的总称，是我国城市房地产管理的基本法律，为我国房地产管理的法治化奠定了坚实的基础。

行政法规方面，由国务院发布的关于房地产管理的行政法规包括：《城市房地产开发经营管理条例》《住房公积金管理条例》《物业管理条例》《政府信息公开条例》《不动产登记暂行条例》等。国务院根据宪法、法律和全国人大及其常委会的授权，制定、批准和发布法规、决议和命令，其法律效力次于宪法和法律。

部门规章方面，该部门规章均是由负有房地产管理职能的国家部委参与制定，例如，原建设部发布的《城市危险房屋管理规定》；原建设部与原国家测绘局联合发布的《房产测绘管理办法》；原建设部与财政部联合发布的《住宅专项维修资金管理办法》；已被住房和城乡建设部修订的《房地产开发企业资质管理规定》；住房和城乡建设部发布的《商品房屋租赁管理办法》等。这些部门规章往往与房管系统法治建设的相关性更为明显，主要涉及房屋安全、住房保障、市场监管等领域（详见表 1）。

表 1 **房管部门规章列举**

文件名称	颁布单位	涉及领域	颁布年份
《城市危险房屋管理规定》	原建设部	房屋安全	1990 年发布，2004 年修正
《城市商品房预售管理办法》	原建设部	市场监管	1994 年发布，2004 年修正
《城市房地产转让管理规定》	原建设部	市场监管	1995 年发布，2001 年修正
《城市房地产抵押管理办法》	原建设部	市场监管	1997 年发布，2001 年修正
《商品房销售管理办法》	原建设部	市场监管	2001 年发布
《房产测绘管理办法》	原建设部与原国家测绘局联合发布	住房保障	2001 年发布
《住宅专项维修资金管理办法》	原建设部与财政部联合发布	住房保障	2007 年发布
《城市房屋白蚁防治管理规定》	住房和城乡建设部修订	房屋安全	1999 年发布，2004 年修正
《房地产开发企业资质管理规定》	住房和城乡建设部修订	市场监管	2000 年发布，2015 年修正
《房地产估价机构管理办法》	住房和城乡建设部修订	市场监管	2005 年发布，2013 年修正
《注册房地产估价师管理办法》	住房和城乡建设部修订	市场监管	2006 年发布，2016 年修正
《商品房屋租赁管理办法》	住房和城乡建设部	住房保障	2010 年发布
《公共租赁住房管理办法》	住房和城乡建设部	住房保障	2012 年发布
《房地产经纪管理办法》	住房和城乡建设部、国家发展和改革委员会、人力资源和社会保障部联合发布	市场监管	2010 年发布，2016 年修正

2. 地方层面的政策法规

对武汉市房管系统而言，地方层面的制度依据包括具有地方立法权的湖北省、武汉市所制定的地方性法规、地方政府规章和地方政府规范性文件。例如，湖北省涉及房地产管理的地方性法规有《湖北省实施〈中华人民共和国城市房地产管理法〉办法》《湖北省物业服务和管理条例》等。一般而言，武汉市制定的房管制度必须符合湖北省的相关规定，是对湖北省房管制度的细化和延伸。当武汉市房管制度欠缺或不明时，还可以直接使用湖北省房管制度的相关规定。

武汉市在国家、湖北省的相关制度框架内，针对本地区的房地产经济发展规划，制定出台了一系列地方性法规、地方政府规章和地方政府规范性文件。例如,《武汉市房产管理条例》《武汉市历史文化风貌街区和优秀历史建筑保护条例》《武汉市房屋安全管理条例》《武汉市物业管理条例》等地方性法规，《武汉市房屋租赁管理办法》《武汉市住宅专项维修资金管理办法》《武汉市城市房屋白蚁防治管理办法》等地方政府规章，及《武汉市新建商品房预售资金监管实施细则》等地方政府规范性文件。这些地方层面的法规只在本行政区内发生法律效力，广泛涵盖商品房预售资金监管、住宅专项维修资金监管、房屋租赁管理、老旧小区改造、住宅小区管理、房屋安全监管、历史建筑保护等多个事项（详见表 2）。

表 2 **武汉市房管制度列举**

事项	地方性法规	地方政府规章	地方政府规范性文件
商品房预售资金监管		《新建商品房预售资金监管办法》（2017 年发布）	《武汉市新建商品房预售资金监管实施细则》（2018 年发布） 《新建商品房预售资金缴存监督管理的程序规定》（2018 年发布）
住宅专项维修资金监管		《武汉市住宅专项维修资金管理办法》（2011 年发布，2018 年修订）	《武汉市住宅专项维修资金交存操作规程》（2011 年发布） 《武汉市住宅专项维修资金使用操作规程》（2011 年发布） 《武汉市住宅专项维修资金年度使用预拨工作实施方案》（2016 年发布）

续表

事项	地方性法规	地方政府规章	地方政府规范性文件
房屋租赁管理		《武汉市房屋租赁管理办法》（2011年发布，2018年修订）	《武汉市公共租赁住房租赁管理暂行规定》（2011年发布） 《市人民政府关于开展培育和发展住房租赁市场试点工作的实施意见》（2017年发布） 《武汉市培育和发展住房租赁市场试点工作扶持政策（试行）》（2017年发布） 《关于规范住房租赁服务企业代理经租社会闲散存量住房的试行意见》（2017年发布）
房屋安全监管	《武汉市房屋安全管理条例》（2013年发布）	《武汉市城市房屋白蚁防治管理办法》（2007年发布，2017年修订）	《武汉市房屋安全鉴定单位信用信息管理办法》（2019年发布）
历史建筑保护	《武汉市历史文化风貌街区和优秀历史建筑保护条例》（2012年发布）		《武汉市优秀历史建筑分级保护及评审管理办法》（2013年发布） 《武汉市优秀历史建筑保护修缮方案审查管理办法》（2019年发布）

（二）武汉市房管系统法治建设的制度特点

1. 在全面覆盖的基础上进行了分类和细化

武汉市房管系统对制度建设十分重视，为加强对本地房地产市场的监管和引导，出台了一系列的政策法规，其覆盖面较广，基本涵盖了房地产管理的各个方面，并按所涉事项的不同范畴进行了分类，具体包括：住房保障类、开发市场类、交易权籍类、物业管理类、住房改革类、住房安全类、优秀历史建筑保护类以及其他类。这种分类有助于实现对房地产市场的全面统筹和分类监管，既方便房管系统对于法律法规的适用，也方便管理对象的查询和遵守，还有助于对不同类别的制度规范进行系统梳理，及时发现制度缺口，适时修改和完善。就具体制度规范的内容看，武汉市在现行国家法律法规的框架下，结合当地实际情况予以进一步细化，出台了明确详细的实施方案。譬如《武汉市房产管理条例》《武汉市房屋安全管理条例》《武汉市物业管理条例》等地方性法规均是对行政法规、行政规章的进一步细化，这些规定能更好地推动国家层面的法律法规在当地的有效施行，为当地房地产管理提供了更有针对性的制度保障。

2. 着力推进重点领域制度建设

为解决关切民生的各种住房问题，武汉市房管系统加大了对重点领域的制度建设，大力推进相关法律法规的制定工作。目前，武汉市现行政策法规中涉及住房保障领域的较多，如《武汉市房屋租赁管理办法》《武汉市廉租住房保障办法》《武汉市经济适用住房管理办法》等，均是为解决居民住房问题而发布的。武汉市高度重视住宅小区整治改造，将其视为提升人民生活质量、维护社会和谐的民心工程，相关政策法规体系亦趋于成熟，包括：一部地方性法规《武汉市物业管理条例》，一部政府规章《武汉市住宅专项维修资金管理办法》，以及 7 个配套文件，这些政策法规为开展住宅小区整治改造提供了重要的制度支撑。除此之外，武汉市对于加强优秀历史建筑及风貌街区的保护也十分重视，出台了一系列的政策规定，如《武汉市历史文化风貌街区和优秀历史建筑保护条例》《武汉市优秀历史建筑分级保护及评审管理办法》《武汉市优秀历史建筑维修及装饰装修设计、施工方案审查管理办法》等。强力推进这些重点领域的制度建设，成为武汉市房管系统制度建设的特点之一。

3. 蕴含较为丰富的法治文化内核

武汉市房管系统注重通过制度建设推动法治文化建设。现行政策法规中多次提出积极开展法治宣传活动，营造良好法治文化氛围，并提出了一系列明确具体的举措。譬如，线上利用官网和微信公众号作为法治宣传阵地，对相关法律法规进行宣传与解读；线下结合工作实际采取多种形式开展法治社会宣传活动。根据普法工作的进程及具体要求，还制定多部规范性文件对年度普法工作进行安排，落实普法责任，开展主题活动，增强普法力度，如《市住房保障局 2019 年普法依法治理工作要点的通知》《武汉市住房保障和房屋管理局普法责任清单的通知》《市住房保障局 2018 年普法依法治理工作要点的通知》等，通过创新普法工作方式方法，在普法过程中加大对疑难案件的处理，开展房地产市场整治，探索构建房地产行业法治诚信体系，营造出良好的社会氛围。可以看出，武汉市房管系统在法治建设过程中，十分重视法治文化建设，并将制度建设与法治文化建设紧密结合，以制度促文化，以制度体现文化，这也成为推进武汉市房管系统制度建设的重要组成部分。

三、武汉市房管系统法治建设的实践探索和主要难点

房管系统法治建设应涵盖房地产管理的方方面面，如住宅建设发展规划、房地产宏观调控政策、居民基本住房需求保障、房地产市场发展和监管、房屋安全鉴定和管理等，涉及多个专业领域和各种复杂情形。从武汉市的房管实际看，其在以下几个方面进行了实践探索，积累了丰富的实践经验，但仍面临诸多亟须解决的难点。

（一）商品房交易监管

为适应城市建设步伐加快和房地产业的快速发展，武汉市房管系统不断调整管理方式、精简办事程序、创新服务手段，着力防范化解涉房矛盾纠纷和房地产市场风险，有效维护购房人合法权益。

1. 商品房预售资金监管

为确保预售资金用于商品房项目工程建设，有效防范商品房交易风险，武汉市房管系统对新建商品房预售资金开展起底清查，全面清理未及时入账项目，资金入账率从74.1%上升到94.26%，对52个因司法强制、债务纠纷等原因未及时入账的监管账户，督促企业及时整改到位。自2019年1月1日起，采取先进账再网签的方式，从机制上保证首付入账率达到100%。印发《新建商品房预售资金监管办法》及其实施细则，推动商品房预售资金从收缴到拨付全过程依法规范运转。制定《新建商品房预售资金缴存监督管理的程序规定》和重大事项会审、疑难问题会审、及时发现、分析报告等一系列制度，强化事前、事中和事后监管，确保重点监管资金按节点拨付。改造商品房预售资金监管系统功能77项，逐步实现监管账户实时在线监测。通过这些举措，着力解决资金进账不及时、拨付不规范等“重点监管资金收缴拨付不规范”问题。

2. 商品房延期交付监管

为着力化解日益凸显的商品房延期交付问题，武汉市房管系统全面清理自2016年以来商品房延期交付信访投诉和商品房网签、初始登记信息数据。组织各区房管部门实地走访、约谈开发企业，深入项目核查，做到底数清、数据准、情况明，并且结合项目摸排情况，认真分析问题及成因，对延期交付所涉及的资金、规划、建设等各类原因进行深入研究。

目前，商品房延期交付问题的主要特征是：其一，区域分布广，除汉阳、东湖风景区尚未发现延期交付项目外，其他各区均不同程度存在。其二，延期时间长，

项目延期大都在1年以上。延期交付时间越长，问题越复杂，解决难度越大。其三，业态分类全，涵盖住宅和非住宅。其四，问题类型多，矛盾纠纷复杂多元且互相叠加。涉及债务纠纷和资金链、违法违规建设、企业经营管理不善、市政配套和生活类设施不到位、市政规划变更等。

（二）商品住宅专项维修资金监管

武汉市于2002年建立维修资金制度，截至目前，共归集维修资金237.46亿元。从2003年首次使用维修资金至今，共使用资金10.29亿元，占归集总量的4.33%，其中应急维修2.92亿元，占使用总量的28.4%。在19个副省级以上城市中，资金使用总量居第2位，仅次于上海；资金使用率居第4位。针对商品住宅专项维修资金使用难题，一是制发《关于加强商品住宅专项维修资金使用管理的通知》，并在《武汉市住宅专项维修资金管理办法》的基础上，进一步扩大维修资金应急使用范围，简化应急使用程序；二是下发《武汉市商品住宅专项维修资金应急使用暂行办法》，创造性地引入“特别紧急情况下的应急维修”程序，实现维修资金使用效率的再次提速；三是在2018年修订《武汉市住宅专项维修资金管理办法》时，设置具有武汉特色的“常态维修有门诊、应急维修有急诊、特别应急有急救”的“维修资金三级诊疗体系”。与此同时，通过打造“互联网+维修资金”管理体系，改造完善维修资金管理系统，建立业主自主查询平台和维修资金自缴平台，提供业主网上缴交快捷渠道，逐步实现维修资金在线缴交。

尽管如此，根据《中华人民共和国物权法》第七十九条、《武汉市住宅专项维修资金管理办法》第四条，维修资金用不用、用多少、怎么用等问题，应当完全由业主决定。特别是在部分业主未交存维修资金的前提下，其他已交存维修资金的业主是否同意垫付资金也应严格遵循业主的意愿。因此，鉴于维修资金使用中存在的“双三分之二”表决难通过、申请使用程序复杂、应急维修范围过窄等实际问题，商品住宅专项维修资金使用难题依然顽固存在。

（三）住房租赁的规范和培育

为加快培育和发展住房租赁市场，武汉市出台了《市人民政府关于开展培育和发展住房租赁市场试点工作的实施意见》《武汉市培育和发展住房租赁市场试点工作扶持政策（试行）》。在承接国家培育和发展住房租赁市场试点工作任务后，武汉市在全国率先研究住房租赁管理体制机制问题，研究提出市、区、街道、社区四级网络协同管理，变流动人口管理和租赁备案串联办理为并联办理的思路，深入推进房屋租赁进社区和基层网格化管理。2019年7月，武汉市又被财政部、住建部共同确定为16个中央财政支持住房租赁市场发展试点城市之一。

1. 违规出租行为治理

我市住房租赁较为活跃，但“胶囊房”、群租房等违规出租行为是长期以来难以解决的一项难题。为消除治安、消防等安全隐患，2014 年《市委办公厅市政府办公厅关于开展出租住房综合治理工作的通知》出台；为规范发展住房租赁市场，多渠道筹集房源，促进住宅居住空间合理利用，2017 年《关于规范住房租赁服务企业代理经租社会闲散存量住房的试行意见》出台，明确允许实施“N+1”改造（将符合条件的客厅改造后出租），全市“胶囊房”、群租房等违规出租行为大幅减少。然而，由于近年来武汉市大批原有棚户区、城中村改造完成，造成一大批原有租金相对低廉、生活配套比较齐全的小户型市场租赁房源灭失，给收入较低的外来务工人员和相关用工单位带来居住难题。为降低居住成本，群租房应运而生。此外，当前武汉市城市吸引力增强，大批留汉大学生和外来人员租房居住，在收入相对较低的情况下，群租现象在很长一段时间内仍将客观存在。

2. 租赁市场培育

为多渠道增加房源供应，武汉市出台 50 条住房租赁扶持政策，重点对存量住房“N+1”改造、集体土地建设租赁住房试点、金融支持、配套服务等政策进行了创新。截至 2019 年 11 月，通过落实优惠支持政策，共减免房产税 1.17 亿元，减免个人所得税 1465 万元，减免增值税 5125 万元；培育住房租赁试点企业 87 家，其中国有企业 29 家，民营企业 58 家；通过新建、配建、改建、包租等方式，在国有土地上明确 32 个租赁住房建设项目，建筑面积约 219 万平方米，房源约 3.77 万套，在集体土地上选址 5 个地块、66.3 亩土地建设租赁住房，房源约 1100 套，通过存量房市场筹集长租房源 17.5 万余套（间），522 万平方米。不过，面对不断扩大的市场需求，租赁房源尤其是中低价位的租赁房源依然存在着难以解决的缺口。

（四）老旧小区的改造和管理

武汉市老旧小区的整治改造和管理大致经历了五个阶段：一是“883 行动计划”实施阶段（2003—2005 年），二是政府实际推进阶段（2009—2011 年），三是城管革命巩固阶段（2012—2014 年），四是加强住宅小区综合管理（“1+10”文件体系）阶段（2015—2016 年），五是红色物业阶段（2017 年起）。特别是从 2017 年起，武汉市房管系统按照市委实施“红色引擎工程”、打造“红色物业”的指示要求，会同各区因地制宜、分类施策，重点推进深化拓展社区党建、确定物业服务模式、规范物业服务行为、改善小区基础环境、建立应急维修保障平台等任务，目前各项工作取得了阶段性成效。

1. 老旧小区改造

根据《武汉市老旧小区改造工作方案》，截至 2019 年 10 月底，全市已启动 130 个老旧小区改造，涉及房屋建筑面积 432. 89 万平方米，居民 5. 39 万户。其中 36 个项目基本完工，建筑面积 125. 88 万平方米，惠及居民 1. 59 万户。2019 年 11 月，武汉市又出台《武汉市老旧小区改造三年行动计划（2019—2021 年）》，将市老旧小区改造指挥部办公室设在市房管局，由其负责统筹指导、组织协调和检查考核，预计三年内基本完成全市 760 个老旧小区（2709. 04 万平方米、33. 27 万户居民）改造。然而，由于推进时间短、工作任务重、基础条件差，绝大部分老旧小区仍处于一种“广覆盖、低水平、保基本”状态，主要表现为：一方面，老旧小区基础设施薄弱，普遍存在早期规划欠缺，基础设施设备普遍年久失修，没有充分考虑、规划电梯及停车场所等问题，且大多数均无维修资金。另一方面，老旧小区的应急服务有待强化。虽然武汉市房管系统在汉阳区打造了 15 分钟房屋应急维修服务圈，但还有许多老旧小区缺乏应急维修保障，亟须组建区级应急维修平台，建立应急抢修队伍，重点解决物业服务企业和业主无法解决的老旧小区公共部位、房屋及配套设施设备应急维修及抢修问题。

2. 老旧小区物业服务提档升级

为切实提升老旧小区物业服务水平，武汉市于 2018 年印发《全市老旧小区“红色物业”拓面提质工作实施方案》，并制定《拓面老旧小区物业服务指导标准》和《提质老旧小区物业服务指导标准》，分类明确了公益性物业服务企业托管、市场化物业服务企业接管、业主自行管理、物业服务企业指导帮扶与社区共管等老旧小区物业服务模式。2019 年又印发《2019 年全市扩大老旧小区“红色物业”覆盖面工作实施方案》，由市房管局承担市物业管理工作领导小组办公室的日常工作，负责统筹协调和指挥调度，持续深入推进全市老旧小区物业服务覆盖率和服务水平。目前，全市 2074 个老旧小区中，物业服务已覆盖 2069 个，占比 99. 74%。尽管如此，部分老旧小区物业还是存在管理质量欠缺、专业化水平不高的问题，加之业主法治意识、资金来源和利益冲突等原因，业主之间对于是否选择物业服务、选择怎样的物业服务难以形成统一意见，物业费收缴率低的情况进一步导致老旧小区物业服务标准“降格”。

（五）住宅小区管理

住宅小区作为社会治理的基本单元，是社会和谐稳定的基础。武汉市房管系统应依法加强物业服务市场监管，加强物业服务质量监督检查，并做好业主委员会组建和运行监管等相关工作，规范业主委员会履职行为，强化业主委员会履职能力。

1. 住宅小区物业服务收费

为促进物业服务专业化、精细化和标准化，武汉市房管系统制定了《武汉市住宅物业服务等级标准》，引导开发建设单位、物业服务企业和业主委员会规范招投标、合同签订等环节，并制定《武汉市物业服务收费管理实施细则》，建立物业收费分级指导价格体系，将过去的"一价制"调整为"分等级定价"，满足业主不同层次需求。同时，在新修订的《武汉市物业管理条例》中明确规定价格主管部门应当每三年对收费标准进行评估，根据评估结果调整收费标准。然而，当前物业服务收费难等问题仍普遍存在：一是收费难。很多小区物业服务费收缴率在50%~70%，很大程度上影响了物业服务企业的正常经营运转，据统计，每年都有100个左右的小区物业服务企业因经营困难退出。二是协商难。随着物价上涨和劳动力成本上升所带来的物业服务成本刚性增长，物业服务收费也需要进行调整协商。但实际上，业主委员会与物业服务企业之间存在着对话、沟通、协调障碍，很多小区十几年执行一个收费标准。三是维权意识不强。物业服务企业考虑到小区的日常运营，往往不愿意采用法律手段对欠交、拒交物业服务费的业主提起仲裁或诉讼，造成物业服务收费欠交、拒交现象屡屡出现，愈演愈烈。

2. 住宅小区物业服务水平

为促进住宅小区物业服务能力的提升，武汉市房管系统采取了各种创新举措：建立"四公开一监督"机制，要求物业服务企业履行定期报告制度，接受广大业主监督；建立常态化、制度化的物业服务行政监管巡查机制，制定《武汉市住宅小区物业服务行政监管巡查规定》《武汉市住宅小区巡查工作手册》，明确综合管理、环境绿化、秩序维护、设施设备等四大方面49项检查指标；建立以《处置记录表》《违规行为劝阻通知书》《违规行为报告书》为内容的"三联单"制度，制发《市房管局关于指导督促物业企业落实小区违法建设等突出问题相关控管责任的通知》，指导、督促物业服务企业落实对违法建设、噪声油烟扰民、种菜养鸡、"胶囊房"等违规行为的巡查发现、劝阻和报告责任。但是，物业服务企业服务意识不足的现象仍然普遍存在，包括：物业服务企业对角色定位存在"管理者"与"服务者"的偏差，服务态度、服务质量欠佳；物业服务企业对信息公示公开及宣传工作做得不到位，致使业主不知晓、不知情、不理解物业服务企业所做工作等。此外，由于物业服务费用收费难、协商难，很多企业"以收定支"，拼命压缩人力成本，降低设备保养标准等，进而引发服务质量下降，业主满意度下降，这又会加剧收费难，从而演变成服务质量再下降，如此陷入恶性循环。

3. 住宅小区业主委员会履职

武汉市房管系统注重以立法引导业主委员会规范履职，根据《关于加强对业主委员会组建和履职管理的通知》《武汉市业主委员会运行管理指导意见》，配套编写了《业主委员会工作实务手册》《业主委员会组建、换届工作流程指引》《“三方联动”服务机制工作指南》，进一步明确了业主委员会的职责要求和运作方式。同时，武汉市房管系统每年制发培训工作方案，在前期编印《业主委员会培训教材》的基础上，又联合民政部门编写《业主委员会知识问答》，每年组织开展全市业主委员会集中培训，培训内容为业主委员会选举换届、业主委员会制度、维修资金使用管理、物业服务合同签订等。然而，部分小区的业主委员会仍然存在组织较松散、运行不规范、履职水平有限等问题，业主委员会成员以及业主的公共意识依然不够；部分小区的业主委员会议事规则和管理规约还未有效形成，或是规定不够详细明确而难以实现；部分小区的业主委员会并未按照相关规则依法依规开展工作，也没有建立相应的监督制约机制，致使业主委员会机制仅仅流于形式。

（六）房屋安全监管

随着城市发展规模急速膨胀，虽然经历了大规模的城市改造，但武汉市危旧住宅（棚户区）房屋存量依然不小。武汉市房管系统明确了加强城镇危房治理，确保城镇新增 D 级危房及时消危，有序推进 B、C 级危房治理的工作目标，形成了以房屋安全责任人、街道（社区）、房管部门构成的三级房屋安全监督管理网络，部分区房管部门还通过购买技术服务委托第三方专业人员参与房屋巡查。自 2015 年以来，累计消除城镇 D 级危房 1230 栋。2019 年，全市已完成城镇 D 级危房治理 45 栋，达到市级绩效目标的进度要求。但是，部分区（江岸、汉阳、硚口、武昌等）新增零星 D 级危房治理不及时的问题依然存在。对于体量大、产权人多的零星 D 级危房，因个人出资治理资金筹措困难，各区多采用政府出资收购方式进行治理。但协商中多数产权人提出对接房源的要求，而区政府手中暂无足够的房源，收购谈判难以推进。少数危房还存在产权不明、涉法、涉私等历史遗留难题。

四、武汉市房管系统法治建设的突出问题

通过总结武汉市房管系统法治建设的实践探索和典型做法，分析其中固有的或新生的实践难题，可以发现，在武汉市房管系统法治建设过程中，依然存在着以下几个方面的突出问题。

（一）房管系统法治建设的目标体系有待明确

近些年，武汉市房管系统每年初都会制订法治建设工作计划或工作要点，结合本地房管实际需要，提出当年的法治建设工作要求，这对武汉市房管系统法治建设进程发挥了重要的推动作用。然而，这样的工作计划仍在一定程度上缺乏系统性和连贯性，使房管系统法治建设的长效性大打折扣。武汉市房管系统法治建设中的诸多问题都存在历史原因，所涉关系较为复杂，必须持久应对并予以全面纠正，不可能一蹴而就。尽管武汉市已经出台《武汉市法治政府建设实施方案（2016—2020年）》，但对于房管系统而言，该方案的相关要求较为笼统，针对性不够强，往往无法直接适用。

因此，有必要为武汉市房管系统法治建设制定独立的、完善的目标体系，并在制定具体目标之前厘清目标要求的主要原则，通过对实施原则的把握，设置条目清晰、体系完整的实施目标。这样，根据明确的实施目标，可以清楚拟定每一阶段的实施方案，也可以结合现有突出问题，找准当前武汉市房管系统亟须开展法治建设的重要方面，并指明具体实施路径。

（二）房管系统法治建设的制度体系有待完善

尽管武汉市房管系统已经具备一套比较完整的制度体系，但通过对其制度依据尤其是地方层面政策法规的梳理，可以发现，武汉市房管制度总体上存在立法位阶较低、规则陈旧、制度不完备、体系不完善等显著问题。从地方层面政策法规的文本形式看，政策法规大部分属于地方政府规范性文件，地方性法规、地方政府规章较少，立法位阶整体偏低，权威性、强制力和稳定性不足，并且，大部分政策法规的制定年代久远，如1993年发布的《武汉市房产管理条例》、2011年发布的《武汉市房屋租赁管理办法》、2013年发布的《武汉市房屋安全管理条例》等，虽然有的政策法规也几经修订，但相较于迅速发展的房地产经济，其相关规定并不十分符合当前更加多元复杂的社会关系和现实需求，也常常与上位法相冲突，导致行政执法和市场监管中不够用、不好用、不管用的情况时有发生。

武汉市房管系统法治建设的制度不完备和体系不完善具体体现为相关规定缺乏、相关规定不够明确两个方面。一是相关规定缺乏。例如，目前房地产开发立法较为滞后，房地产开发经营管理、商品房预售管理、销售管理的相关规定较为原则，对此武汉市也没有出台相应的地方性规定，导致行政处罚的范围极为有限，执法力度和监管效果不佳。又如，《武汉市住宅专项维修资金管理办法》虽然规定了不属于维修资金使用范围的若干情形，但没有明确认定标准和鉴定部门，导致房屋建筑质量、维护不当等责任难以判定。又如，该办法取消不动产登记部门把关后，由于缺乏有效把关手段，如何界定维修资金交付节点和交付条件常常存在争议。该办法对于维修资金续筹的规定也过于原则，实践中无法操作。二是相关规定不够明确。例如，《武汉市物业管理条例》虽然对物业企业停车服务行为提出明确要求，但对物业企业细化落实规则的指导偏弱，缺乏可操作、引导性的管理标准。

（三）房管系统的行政审批流程有待简化

武汉市房管系统持续深入推进“四办”改革，取得了明显成效。其对标北京、上海、杭州和厦门等先进城市，取消了所有审批服务事项的特殊审批环节，清除了收件资料中的全部兜底条款，取消了57项不合规证明事项，精简了25%的收件资料，压缩了30%的办理时限，完成了对标最优的承诺，实现了政务事项“马上办”比例达到60%以上、“网上办”达到90%以上、“就近办”达到100%、“一次办”达到100%的目标。

尽管如此，面对“放管服”改革的深度需求，武汉市房管系统的行政审批流程仍然存在需要化繁为简之处。比如，武汉市维修资金制度设计虽然将资金安全放在突出位置，开辟了“绿色通道”，但备案程序较为复杂。其为了防止资金滥用和弄虚作假，又明确了具体细化的申报要件，需在事前完成编制使用方案、测算工程费用、造价咨询、公示方案、选择施工单位、签订合同等诸多环节的工作。由于维修工程的专业性、复杂性和业委会的不专业性之间的矛盾，造成前期准备时间过长，也影响了应急维修资金使用效率。

（四）房管系统的执法监管能力有待提升

武汉市房管系统在行政执法和市场监管过程中，依然存在政策把握不够精准、执法力量薄弱、缺乏有效手段、执法效果不佳、联动机制不足等问题。在具体房管工作中，有的执法人员因业务不熟或精力不够，说清讲透政策和流程的能力不足，工作不够深入细致，造成问题反复、延误时间、监管不力的情况出现。例如，有的执法人员未深入小区对业委会申请使用维修资金进行跟踪指导，帮助其做好资金使用方案制定、工程造价测算、使用范围界定、申请要件准备等工作，很大程度上影响了专项维修资金的使用效率。又如，部分违规群租行为整治中，执法人员虽然下达了《整改通知书》《行政处罚决定书》，但对于违规中介、房屋出租人拒绝接受处罚的行为，后期管理手段和处罚措施难以跟进。再如，对于房屋在汛期强降雨、冬季风雪等恶劣天气时存在的较大安全风险，武汉市房管系统难以预防，主要囿于危房未能实现24小时全时监控，不能做到及时发现隐患。

此外，市区联动、部门协同的房地产执法监管体系还没有形成，多部门联动机制还不够健全，部门间相互推诿扯皮、市区统筹不够、精准打击力度不强的情况正不同程度存在。例如，尽管武汉市房管系统通过清查、核实、整改、处罚等手段，对开发建设单位未足额交存的维修资金依法追缴，但因其与市场监管、税务等部门的沟通协调不足，仍大量存在逾期未补交的、尚未补交且有其他在建项目的，甚至失联的开发建设单位。

（五）房管系统的法治文化建设有待强化

从根本上看，武汉市房管系统法治建设的实践难题和突出问题，主要源于法治意识和法治观念的不足。就房管系统内部的法治文化建设而言，受机构设置、人员配置等因素制约，总体上武汉市房管系统执法监管队伍建设较为滞后，人员不够稳定，整体法治素质不足，监管手段和监管能力有待提高，执法监管的主动性、目的性、针对性和有效性不强。

就针对社会公众的法治宣传而言，也存在不够持续、不够深入的问题。例如，对于专项维修资金的应急使用新政，虽然武汉市房管系统开展了发放宣传册、地铁滚动播放宣传片、媒体专题解读、举办培训班等多种形式的政策宣传解读，但系统性不够、针对性不强、覆盖面不广，部分街道社区、物业企业、业委会对维修资金应急使用政策还不够了解、不够熟悉。此外，在房管系统的执法监督过程中，社会公众法治意识不强仍然是明显问题。例如，老旧小区中老年住户多、下岗人员多、承租户多，受福利性住房、管房观念的长期影响，有的住户物业服务消费意识淡薄，存在搭便车享受服务而不愿交费的心态。这导致老旧小区物业费收费率低，难以实现物业服务提档升级的良性发展。又如，当前住宅小区中大多数业主对维修资金使用意识不强，少数业主、业委会认为维修资金是房屋的“养老金”，不能“房未老、钱没了”，惜用维修资金，在资金使用上难以达成统一意见。社会公众的法治意识状况极大影响了执法监督效果。

五、武汉市房管系统法治建设的主要原则和目标要求

全面开展武汉市房管系统法治建设，应首先构建其基本原则和系统性目标，以明确法治建设的总体导向和基本要求。再结合该目标要求，科学规划、循序渐进地推进法治建设，确保法治建设的长期性、连贯性和有效性。

（一）武汉市房管系统法治建设的主要原则

1. 以法治政府建设目标为总体导向

建设法治政府是全面依法治国的关键环节，是国家治理体系和治理能力现代化的重要推手。改革能否在法治的轨道上推进，改革的成果能否及时上升为法律，关

键在于法治政府建设，具体而言，关键在于每个政府部门的法治建设程度。只有切实推进包括房管系统在内的每个政府部门、系统的法治建设，才能引领改革方向，促进改革事业，确保改革合法性。因此，武汉市房管系统法治建设应以法治政府建设目标为总体导向。

2. 以强化依法管理理念为基本要求

在武汉市房管系统法治建设过程中，政府及其公务人员既是法律法规的执行者，也是行政权力的行使者，为履行好管理职责，确保治理实效，政府及其公务人员应始终坚持依法管理理念，成为遵纪守法的榜样和标杆。房管系统的管理必须以法治为指引和制约，否则不仅会偏离正确的方向，而且会问题丛生、矛盾重重。要坚持行政决策与法律制度相统一、相衔接，法律制度因应行政决策需要，积极发挥引导、推动、规范、保障作用。要坚持在法律制度的框架下进行管理，建设权责法定、执法严明、公开公正、廉洁高效、守法诚信的房管治理系统，实现良法善治。

3. 以促进房地产市场健康发展为重要宗旨

在法治政府建设语境下，房管系统是指以房地产开发、房屋交易、房屋租赁、住房保障、物业管理、房屋安全等房地产行业管理为主要内容的政府管理系统，因此，推进房管系统法治建设并非仅仅是为了提高政府管理能力和治理水平，更为重要的是为了以更加正当规范、科学有效的手段和方式对武汉市房地产经济进行引导和调控。随着房地产从数量型增长转向质量型增长，从外延式增长转向内涵式增长，房地产市场必将面临重大的趋势性变化以及复杂多样的紧迫情况。房管系统法治建设的具体举措应有助于加强和改善房地产市场调控，规范房地产市场秩序，推动房地产行业持续健康发展。

4. 以难点痛点堵点为关键突破口

现阶段，武汉市房管系统法治建设已经全面展开，并取得了明显成效。但面对错综复杂的房地产市场，依然亟须继续深入推进房管系统法治建设。例如，房管立法是否存在不完善、不配套、不具体等问题；为深入贯彻落实市领导关于“打击黑中介要始终不能松懈”“坚决把打与治结合起来，切实取得治理成效”的重要批示精神，还需要实施哪些综合法治手段等；随着房地产税法进入提请审议的立法日程，如何在法治建设方面做出准备也提上议事日程。基于此，武汉市房管系统法治建设应从武汉市的实际情况出发，关注房地产市场的真实状况和需求，找准关键点、切入点和突破点，做到有的放矢、重点明确，确保最终的对策方案可行有效。

（二）武汉市房管系统法治建设的目标要求

根据《法治政府建设实施纲要（2015—2020年）》《湖北省法治政府建设实施方案（2016—2020年）》《武汉市法治政府建设实施方案（2016—2020年）》《武汉市法治政府建设指标体系》等文件要求，结合房管系统的工作实际，武汉市房管系统法治建设的实施目标应包含九个方面的内容（详见表3）。

表3 武汉市房管系统法治建设目标及具体要求

法治建设目标	具体要求
依法全面履行政府职能	加强组织领导，优化职能配置
	建立和实施权力清单制度
	落实简政放权，简化审批流程
推进行政决策法治化	健全依法决策机制
	推行法律顾问制度
完善房管政策法规体系	全面梳理房管法规规章
	推动房管制度的制定、修改和清理
严格规范行政执法行为	明确房管行政执法责任制
	建立房管执法人员资格管理制度
	推进综合执法
依法推行政务公开	变“被动公开”为“主动公开”
	实现网络公开和在线民主
健全监督问责机制	完善外部监督机制
	完善房管系统内部监督机制
优化营商环境的法治保障	提升房地产市场准入便捷程度
	推进房地产行业信用体系建设
	提高房地产营商环境的制度化水平
加强法治文化建设	开展房管系统内部法治教育培训
	加大对外普法宣传力度
健全行政争议解决机制	推进房管系统行政复议规范化
	落实负责人出庭应诉制度

1. 加强组织领导，依法全面履行政府职能

房管系统法治建设要始终坚持党对法治政府建设的领导，坚持常务会议对法治政府建设工作进行讨论，夯实法治政府建设的组织领导和组织保障，大力推行权责清单制度并实施动态化管理。按照全市统一部署，进一步完善房管权力清单和责任清单，完成房管系统行政权力清单职责的确认，并将部门职能、法律依据、实施主体、职责权限、管理流程、监督方式等事项以权力清单的方式向全社会公开。继续推进简政放权和放管结合，深化行政审批制度改革。深入开展房管系统公共服务项目的梳理工作，全面清查行政审批事项，取消非行政许可审批事项，进一步缩小行政审批的范围，简化和规范行政审批的程序，优化办事流程，精简申报材料，压缩承诺时限，将行政审批的“减法”落到实处。

2. 健全依法决策机制，推进行政决策法治化

房管系统法治建设要坚持把行政决策纳入法治化轨道，制定合理的重大决策合法性审查制度，完善重大事项集体决策、专家咨询、社会公示和听证以及决策失误责任追究制度。推进决策程序法定，确保在所有重大行政决策制定的过程中集体讨论和合法性审查等必要环节一个不漏。同时，建立房管系统法律顾问机制，组织或聘用有资质的法律顾问对重大行政决策、政府立法和规范性文件制定、疑难复议诉讼案件、签订合同等具体问题开展咨询论证和法律服务，促进依法办事，防范决策的法律风险。房管系统签订的有关信息系统建设、房产测绘成果清理、课题招投标等标的额较大的合同时，由法律顾问出具审查意见书，从合同的完整性、合同的权利义务等方面提出合理建议。

3. 推进地方立法，进一步完善房管政策法规体系

应积极健全地方房管政策法规体系，为房管系统法治建设提供良法善治指引。应大力推动地方房管制度的制定、修改和清理工作，推进房管系统相关立法，科学安排立法进度，保证立法质量，坚持“立改废释”并举，建立科学完善的房管系统法律法规体系，做到重大改革于法有据、决策和立法紧密衔接。完善房管规范性文件管理制度，规范房管规范性文件制定程序，认真做好规范性文件合法性审查工作，及时出具规范性文件合法审查意见书。规范性文件出台后，及时报送市政府备案，并在局规范性文件数据库中公示。定期对房管规范性文件进行清理，及时修订失效、有效期届满的规范性文件，确保房管执法依据合法有效。

4. 严格规范行政执法行为，确保公正文明执法

切实推进房管系统行政执法规范化，真正做到公正文明执法。强化房管系统行

政执法人员的责任意识，严格执法流程管理，深入推进执法的规范化、信息化和制度化。按照《武汉市行政执法全过程记录办法》的要求，逐步实现所有行政执法事项通过官方网站公示，任何执法过程都有详细记录可循。针对行政执法人员的录用和上岗组织统一培训和定期考核，不断提高其执法能力和水平。深入推进综合执法，着力解决权责交叉、多头执法问题，尤其要理顺各部门的执法权，提高房管执法效能。加强对违法行为的打击力度，将违规销售、拒缴维修资金、胶囊房、黑中介、物业管理活动中的违法行为、房屋安全使用、鉴定中的违法行为等作为处罚重点，提高行政处罚质量。

5. 依法推行政务公开，约束行政权力运行

房管系统应主动适应“互联网+”时代的新特点和人民群众的新要求，变“被动公开”为“主动公开”，全面贯彻“以公开为常态，不公开为例外”的原则。对于与群众生活息息相关的政府信息，要第一时间公开，让群众看得到、听得懂、能监督；对于群众申请公开的信息，应当依法迅速给予回应，保障群众的知情权、参与权与监督权。以互联网为依托，推进房管系统智慧政务建设，发展科学有序的在线民主，形成良好的公共政策众创格局。在外网开辟“权力清单”和“行政许可和行政处罚双公示”专栏，对外公示房管系统行政执法依据、执法权限、执法程序和行政许可、行政处罚的基本信息，提高行政执法工作的透明度，保障行政相对人对行政执法工作的知情权、参与权和监督权。

6. 健全监督问责机制，强化行政执法监督

进一步提高房管系统工作的透明度，全面接受监督，尤其是社会公众和新闻舆论的监督。遇到问题时要认真调查核实相关情况，及时依法处理和改进工作。同时，加强房管系统内部监督，完善绩效考核制度，做好专项执法监督检查，突出责任落实，提高依法履职的质量和水平。加大问责力度，推进房管系统的行政问责法治化，对工作中出现的行政不作为、失职渎职、违法行政等行为，要依法严肃追究相关责任人的责任。贯彻落实房管行政执法全过程记录、重大行政执法法制审核、行政执法公示三项制度，定期对三项制度落实情况进行检查，提高房管部门依法行政、依法管理、依法办事的法治化水平。

7. 优化营商环境的法治保障

优化营商环境是推动政府职能转变、促进房管系统法治建设的重要环节。要从法治角度保障管地产市场主体的权益，营造公开透明、稳定可预期、公平竞争规范有序的营商环境。首先，不断提升市场准入便捷程度。健全信息公开制度，公开发布市场准入的条件、程序和时间，推行负面清单制度，实行统一的市场准入制度。

其次，积极推进房管系统信用体系建设。既要强化政务诚信，开展公务员诚信教育和诚信管理，建立健全政务失信记录，注重政务承诺及其履行，提升整体诚信意识；又要强化对房地产行业的诚信管理，全面建立信用记录并及时归集市信用平台，实现信用信息共享查询，找准诚信突出问题，建立信用红黑名单和奖惩措施清单。同时还要因地制宜，出台关于优化房地产市场营商环境的地方性法规、规章或者规范性文件，提高优化营商环境的制度化水平。

8. 加强法治文化建设，提高社会公众满意度

要在房管系统内部广泛开展相关法律法规的教育培训工作。以房管制度的制定、修订作为重要内容，加强房管系统公职人员，特别是领导干部、行政执法人员和专业技术人员的普法教育和培训工作。推进房管系统的法治文化建设，深入开展以社会主义核心价值观为核心标准的公务员队伍道德建设，树立房管系统的法治思维理念，全面提高执法监督工作中知法用法的能力。与此同时，面向社会公众，要加大普法工作力度，深入开展房地产行业法律法规的普法宣传工作。借助多种形式的新媒体，将房管系统官网和微信公众号作为法治宣传阵地，及时刊载与房地产管理密切相关的法律法规和规章，以及查处房地产违法行为的典型案例。通过开展主题宣传日等活动，利用发放宣传文本、设立咨询点等多种方法，对日常生活中可能遇到的房产安全鉴定、房屋拆建改建、危房治理等问题进行解答，并对公众建议和意见进行记录和改进，以扩大社会普法效果，提高工作的社会公众满意度。

9. 健全行政争议解决机制，及时有效化解纠纷

要重视房管系统行政争议的解决，推行行政复议和行政应诉规范化。对行政复议案件要进行严格审查，注重对复议当事人合法权益的保护，采用实地调查、书面审理和裁前告之等多种审理方式，力争做到案结事了。实行疑难案件会审制度，对涉及房屋交易、住房保障、房屋安全、优秀历史建筑保护、物业管理、政府信息公开等重大疑难案件实行会审，充分听取法律顾问、业务部门的意见，就法律适用和事实认定进行研究并提出处置意见。严格落实行政机关负责人出庭应诉制度，不断提高房管系统行政应诉的专业水平，确保单位负责人出庭应诉率达到 100%。增强房管系统协助法院执行的法定责任意识，认真做好协助执行工作，及时登录有关执行事项的查封、解封信息并进行核对。

六、武汉市房管系统法治建设的重点方向和具体路径

对照武汉市房管系统法治建设的主要原则和目标要求，根据当前的建设进程、典型方面和实际问题，武汉市房管系统应从健全地方房管制度体系、不断提升依法

全面履职能力、促进高质量行政执法监督、大力推行“互联网+”政务公开和政务服务、优化营商环境法治保障、持续推进法治文化建设等方面着手，进一步加强武汉市房管系统法治建设。

（一）健全地方房管制度体系

对武汉市现有房管政策法规进行全面梳理，重点查找地方性法规和地方政府规章滞后、缺位等问题。根据经济社会发展需要及上位法制定、修改、废止情况，拟定房管制度“立改废”清单，明确待制定立法、待完善立法、待修改立法、待清理立法等事宜，并拟定房管立法计划建议（详见表4）。①商品房交易监管方面。废除《武汉市房产管理条例》，尽快制定出台《武汉市房地产交易管理条例》，对商品房交易价格进行有效的宏观调控，规范城市房地产交易行为，维护房地产权利人的合法权益；修订《新建商品房预售资金监管办法》，进一步明确和细化新建商品房预售资金监管范围和流程。②住宅专项维修资金监管方面。修订《武汉市住宅专项维修资金管理办法》，分别根据新项目开发建设单位交存、购房人交存首期、部分已交付商品房尚未办理不动产登记的存量房三种情形，规定具体的交存时点以完善把关方式。同时，增强维修资金续筹可操作性，区分成立业主大会与未成立业主大会两种情形，分别制定操作性较强的续筹规则。③房屋租赁管理方面。修订《武汉市房屋租赁管理办法》，并对《武汉市公共租赁住房保障办法》进行补充完善，明确房屋租赁行为规范、经纪服务、监督管理和法律责任等内容；制定加强市场监管、扩大租赁备案和信息采集范围、网上签约备案、信用信息管理等相关规范性文件；研究出台非住房房屋改建为租赁住房的相关管理办法、城中村改造产业用地建设租赁住房等文件举措。④老旧小区改造和管理方面。研究老旧小区微改造的具体内容、标准，加快制发《老旧小区微改造内容及建设标准》，按照老旧小区房屋建筑本体和公共区域，分别拟定改造内容；会同市财政部门尽快出台《武汉市老旧小区改造专项资金管理暂行办法》，加强对老旧小区改造的资金管理，确保资金安全、规范、有效使用。⑤针对物业服务的突出问题，推动开展《武汉市住宅小区物业服务质量考评及监督检查管理办法》《武汉市物业服务企业退出住宅小区管理指导意见》《武汉市物业服务企业和项目经理信用信息管理办法》等文件修订工作；适时修改《武汉市物业管理条例》，将解聘、选聘物业企业中的两次表决修改为一次表决；针对住宅小区业主委员会履职问题，尽快会同市委组织部、市民政局修订《武汉市业主大会和业主委员会指导规则》，并配套修订《业主大会议事规则》《业主委员会工作指导规则》《管理规约》等示范文本。

表 4　　**武汉市房管制度“立改废”建议**

事项	地方性法规	地方政府规章	地方政府规范性文件
商品房交易监管	废除《武汉市房产管理条例》 制定《武汉市房地产交易管理条例》	修订《新建商品房预售资金监管办法》	
住宅专项维修资金监管		修订《武汉市住宅专项维修资金管理办法》	
房屋租赁管理		修订《武汉市房屋租赁管理办法》 修订《武汉市公共租赁住房保障办法》	
老旧小区改造管理			制定《老旧小区微改造内容及建设标准》 制定《武汉市老旧小区改造专项资金管理暂行办法》
住宅小区管理	修订《武汉市物业管理条例》		修订《武汉市住宅小区物业服务质量考评及监督检查管理办法》 修订《武汉市物业服务企业退出住宅小区管理指导意见》 修订《武汉市物业服务企业和项目经理信用信息管理办法》 修订《武汉市业主大会和业主委员会指导规则》
房屋安全监管	废除《武汉市房屋安全管理条例》		

（二）不断提升依法全面履职能力

强化房管系统的依法治理能力，大力推行房管系统权力清单、责任清单、负面清单三大清单制度，深化简政放权，拓展工作机制，优化办事程序，形成依法决策的良好局面。同时，每年至少安排两次法治建设专题汇报，确保武汉市房管系统领导了解掌握法治建设最新进展以及各类清单完成情况。①专项维修资金使用方面。

不仅要完善维修资金使用操作规程，还应在详细论证的基础上，进一步解放思想，进一步缩短维修资金申请使用流程，减少维修资金申请要件，避免准备各类证明资料而带来的维修资金申请使用拖延等问题。②住房租赁的规范和培育方面。打造示范租赁企业和示范项目，加大租赁住房房源建设筹集力度，积极推进新建配建项目公开挂牌，组织新建一批“蓝领公寓”、大学生租赁住房，切实解决外来务工人员和新就业大学生“租房难”问题。③老旧小区改造方面。可以根据实际需要，将小区车棚改造、非机动车停车设施建设、电动车充电装置设置等项目，列入小区改造项目清单，并对项目完成情况、改造内容、改造标准、长效管理机制等方面进行综合考核。④物业服务方面。一方面，建立健全“红色物业”长效机制。探索实现公益性物业服务企业托管、自助型物业规范提升、市场化物业服务企业承接等老旧小区接管模式。提炼物业服务企业党建、党员大学生队伍建设、物业服务融入基层治理、“三方联动”、老旧小区接管、15 分钟房屋应急维修服务圈等试点中可复制、可推广的创新举措、成熟做法和先进经验，循序推进，推广应用。另一方面，健全物业服务收费协调和监督机制，引导物业服务企业、业主通过合法程序调整收费标准。

（三）促进高质量行政执法监督

以高质量发展理念为指引，不断提高房管系统依法行政和公正执法水平，创新房管系统执法方式，提升精细化治理能力。①推进商品房预售资金监管的精细化。立足控制监管总额、减轻企业资金压力，进一步细化商品房预售资金监管举措。探索合理增加重点监管资金拨付节点，创新非重点资金监管模式，以进一步降低企业经营成本，切实提高资金使用效率。②强化对专项维修资金使用政策的指导与检查。加大对各区局的指导力度，通过集中培训、现场指导等多种手段，确保专项维修资金使用政策的理解与执行力度。继续深化专项维修资金年度检查，及时发现及总结问题，指导各区局予以整改，提高工作效能，提升专项维修资金申请效率。③加大对“胶囊房”的巡查力度。积极协调各区组织社区群干、房管专干、网格员、协管员、物业、安保等辅助力量，采取拉网摸排方式，对辖区所有房屋逐一上门核查，全面登记常住、寄住、流动人口和房屋出租信息，形成档案。督促物业服务企业切实履行巡查、发现、劝阻和报告职责，积极配合公安部门指导社区流动人口和出租屋管理服务站，落实流动人口、出租屋的动态管理，并会同公安部门研究加大处罚力度的相关措施，加大对违规出（群）租业主的处罚力度。对“胶囊房”、群租房等违规出租行为整治不力的各区局，适时启动追责问责程序。④注重通过统筹组织协调开展老旧小区改造工作。在老旧小区停车规划审批方面，积极加强与城管、规划部门的协调沟通，推动各区政府、相关行业部门、街道和社区落实相关工作，形成解决老旧小区停车规划、电动车停车管理问题的合力。联合消防部门持续开展消防安全宣传、电动车专项整治等活动。⑤加强物业服务事中事后监管。严格物业准入机制，完善物业小区退出机制，防止出现管理真空，保障进退有序衔接，维护小区秩序；指导、监督物业服务企业规范小区公共收益分配使用管理，接受业主大会和业主监督，保障其主要用于小区建设和物业服务需要；强化重点问题监控，针对治安防范、消防安全、电梯安全、汛期渍水等问题，配合相关部门进行专项检查，通过日常巡查、下达整改通知书、限期整改、跟踪督促等措施，强化物业服务企业安全责任意识；完善投诉受理处置机制，梳理分析通报各类舆情和信访投诉，结合日常巡查，重点检查日常差评多和投诉量大的小区，加强督导整改，将问题解决在萌芽状态。⑥加强对业主委员会的监管。督促业主委员会制定完善议事规则和管理规约，依法依规开展工作；督促社区定期对业主委员会工作情况和重大事项公示情况进行督促检查；加大维修资金收支情况公开的力度，对存在违法违规行为的，坚决予以惩处。

（四）大力推行"互联网+"政务公开和政务服务

因应智慧政务建设，探索通过引入互联网技术手段提高办事效率，促进政务服务公正公开。①"互联网+"商品房预售资金监管：研究升级专用 POS 机功能，调整资金监管系统进账数据处理方式，将当前资金监管系统"账款与数据同步处理"的数据处理方式调整为"刷卡数据与账款数据分离，刷卡数据即刷即用，资金账务隔日清算后使用"，允许买卖双方在刷卡成功但资金未到账的情况下先行完成网上签约，以满足买卖双方即时付款即时签约的需求。②"互联网+"专项维修资金使用：进一步升级专项维修资金管理系统，建立专项维修资金网上申请备案渠道，提升专项维修资金使用申请办事效率。③"互联网+"住房租赁：积极推广武汉市住房租赁交易服务平台应用，拓展平台服务功能，通过租金减免等措施，吸引承租人通过政府平台租房；逐步推进与政府相关部门、各住房租赁企业的数据对接，适时在平台上提供积分落户、公积金提取、子女上学等延伸服务。④公共服务"互联网+评议+整改"：结合试点情况，进一步细化评议方案，全面推行公共服务管理线上评议工作，由业主对涉及小区公共安全、公共服务、公共管理和物业服务的 8 个政府职能部门、4 个公共服务单位及物业服务企业进行线上评议，每季度进行分区排名，对满意度靠后的部门、单位发出预警提示，督促整改到位，探索建立科学评价、结果反馈、严格奖惩、督促整改"四位一体"的评议体系。⑤"互联网+"业主表决：推广应用武汉市业主共同决策电子平台，使物业服务企业、业主委员会可通过关注"武汉住保房管"微信公众号，组织召开业主大会，在网上进行投票、表决，并查看表决结果，提升业主大会会议表决效率，解决小区内业主决定公共事务时投票难、表决难、身份认定难等问题。⑥"互联网+"房屋安全监控：继续推进房屋安全购买技术服务工作，探索对危房采取互联网+房屋安全动态监控，实时掌握房屋安全状况，控制房屋险情，最终达到控危消危目的，重点做好汛期、恶劣灾害天气期间的巡查工作，对在册危房进行全时动态监控。

（五）优化营商环境法治保障

积极推进房管系统信用体系建设，为房地产市场主体健康发展提供坚实的法治保障和优质的法律服务，进一步激发市场活力和社会创造力。一是推动建立物业服务三方主体诚信体系。积极落实《武汉市物业服务企业和项目经理信用信息管理办法》，按照违法、违规、违约、造成重大影响等进行分类，以红黄牌的形式，及时在官网上公布失信物业服务企业名单，供业主委员会选聘物业服务企业参考。建立物业服务企业、物业服务项目经理信用信息系统，并向公众提供查询服务。同时，将物业服务企业信用与质量考评、投标资格和行业评优等挂钩，加大对物业服务企业行政处罚力度，倒逼物业服务企业重视诚信经营，规范服务行为。业主未按照约定交纳物业服务费的，经仲裁裁决或者司法判决确认后仍不履行的，按照有关规定录入失信被执行人名单。二是推动将房屋租赁中介纳入社会信用体系。通过武汉市住房交易综合服务平台，运用大数据分析技术，建立中介、从业人员“红黑榜”，促进优胜劣汰。加大违法违规中介信用信息公开力度，与市场监督部门信息联动，实施联合惩戒。

（六）持续推进法治文化建设

房管系统法治文化建设应包括法治学习教育、法治宣传、法治惠民项目、法治阵地建设等丰富多彩的活动形式，树立重视法治素养和法治能力的用人导向，推广诚信守法和依法维权的法治意识，使法治观念更加深入人心。创新法治宣传方式，将传统的板报、上街摆摊设点、悬挂横幅等传统方式与互联网+、微信公众号、地铁、街头小区电子屏幕宣传等现代手段相结合，扩大房管法治宣传的社会影响力。继续按照线上线下相结合、集中授课与网络教学相结合方式，以房管政策法规解读为重点内容，分区分批做好物业行政人员、街道和社区工作人员、业主委员会、物业服务企业的政策业务培训，从不同侧重点提高各主体履职能力：对于物业行政人员，侧重依法行政、维修资金使用监管、物业纠纷调解等内容；对于街道和社区工作人员，侧重法规政策、物业管理业务常识、业主大会成立及业主委员会换届、物业纠纷调处等内容；对于业主委员会，侧重法律法规、换届选举、物业服务企业选聘、合同签订、维修资金使用、公共收益管理等内容；对于物业服务企业，侧重新颁布法规政策、企业党建、物业服务规范等内容；对于业主，侧重增强其公共意识、履约意识、自治意识，引导业主树立正确的物业消费观，正视、重视物业服务，改变传统的无偿享受公共服务的观念，引导业主依法理性维权，避免以欠交、拒交物业费作为维权手段。

◎ 参考文献

[1] 潘家华等：《房地产蓝皮书：中国房地产发展报告（2019）》，北京：社会科学文献出版社 2019 年版。

[2] 吕士威：《房地产企业常见法律问题及风险防控（第二版）》，北京：法律出版社 2019 年版。

[3] 孙阿凡：《房地产制度与税制改革衔接机制研究》，北京：中国社会科学出版社 2019 年版。

[4] 张泓铭、顾书桂等：《上海房地产制度、政策和运行研究》，上海：上海交通大学出版社 2018 年版。

[5] 刘涛、黄罗平：《房地产开发法律风险防范》，北京：人民法院出版社 2016 年版。

[6] 邹永丽等：《房地产法律概论》，北京：中国政法大学出版社 2015 年版。

[7] 唐烈英：《房地产法律问题研究》，武汉：华中科技大学出版社 2014 年版。

[8] 杨勤法：《房地产宏观调控政策与法律》，北京：北京大学出版社 2011 年版。

[9] 邱艳：《中国房地产法律规则研究》，北京：人民出版社 2011 年版。

[10] 於向平、邱艳：《房地产法律制度研究》，北京：北京大学出版社 2004 年版。

[11] 黄健雄：《房地产市场的政策定位和法治保障》，载《现代法治研究》2017 年第 4 期。

[12] 贾媛媛：《大数据时代房地产市场信息化治理的法治路径》，载《经济与社会发展》2017 年第 4 期。

[13] 冯辉：《论房价调控中宏观调控权的优化及其法治进路》，载《南京社会科学》2015 年第 9 期。

[14] 岳红强：《法治思维下房地产市场宏观调控的路径选择》，载《河南师范大学学报（哲学社会科学版）》2014 年第 1 期。

基于机器学习的房管网上信访智能应答研究及实现

武汉市住房保障和房屋管理局科技改革发展处
武汉市房产信息中心
北京荣之联科技股份有限公司

课题负责人： 陈新政　武汉市住房保障和房屋管理局 副局长
课题组成员： 徐　敏　缪　涛　徐有威　傅嘉亮　魏鸿毅
陈永霞　田　鑫　王素文
课 题 统 稿： 魏鸿毅

最近几年人工智能一直是各大媒体、前沿科技甚至百姓口中的热门话题。同时随着自动语音识别（Automatic Speech Recognition，ASR）转译准确率的提升，自然语言处理（Natural Language Processing，NLP）应用范围与深度的不断延伸和突破，更多的人机交互产品不断被推向市场，例如：智能手机、智能音响、智能车载导航设备、智能穿戴产品等。伴随着各种便携式智能设备的深度普及及配套应用场景的不断问世，人工智能已经深入到人们生活中的方方面面。

“衣、食、住、行”作为民生大计，是几千年中国文化中一直无法回避的话题。其中，“住”又是自古至今人们生活中的重要话题，甚至成为百姓婚姻家庭的关键影响因素。因此，武汉市住房保障和房屋管理局密切关注自身服务与前沿科技接轨，在持续提升自身服务的理念指引下，希望借助人工智能技术，在提升服务效能的同时拉近与百姓之间的距离。基于此，在互联网能量大爆发的背景下，匹配房管局自身服务内容以及服务对象的特点，研究最适合当前状况的人工智能服务渠道——智能应答机器人成为当务之急，以便为在线客户提供 7×24 小时自动化自助服务，扩大服务窗口时间，提高办事效率，增强客户体验，树立新的房管服务模式。

本方案提出了一种基于自然语言处理的问答机器人，基于自然语言处理技术的问答系统是传统搜索引擎改进的方向之一，自然语言问答系统本身处理的问题就是以自然语言形式表达的问句，通过提取问句中的查询信息，然后解析出用户的查询意图，再根据查询意图从文档中精准定位答案所在，将自然语言形式的答案抽取出来返回给用户，而不仅仅是将问题的答案文档直接返回给用户，这无论是从精确程度还是满足用户的检索需求上都是很大的进步。

武汉房管局所采用的应答机器人采用微服务架构、自主学习管理、可视化配置和 Web 服务等技术，这些都是为了能够使人工智能机器人在实际服务中达到最佳的效果。

第一章 绪　　论

一、研究背景与动机

随着传统互联网和移动互联网的发展、移动设备的普及、Web 服务的爆发以及自然语言处理技术的进步，聊天机器人（Chatbot）以其较好的体验被看成人机交互的未来。它可以根据不同的应用场景，配置相应的感官感应器及处理单元，例如：语音识别、图像识别、文字识别、触觉感应等，来与人之间进行不同形式的沟通。换言之，聊天机器人也可以理解为是一类具有自然语言对话形式的自动程序，其被设计为通过各种感官方式模拟与一个或多个用户对话的计算机程序。

应答机器人不同于软件机器人（Software Robot）执行重复性、单一性的程序任务，也不同于纯聊天机器人与用户进行无边界的会话，也不同于网络机器人（Internet Bot）仅作为信息获取、存储及应用的工具。

Eliza 是目前已知最早的聊天机器人，它于 1966 年诞生，能使用简单的模式匹配在大多数情况下以问题的形式响应用户的语句，且其会话能力并不好。PARRY 是第一个实际使用某种图灵测试评估的聊天机器人系统，与 Eliza 类似，被心理及精神医疗领域所使用。而后来被世人所瞩目的是 AlphaGo，其由 Google 名下的 DeepMind 公司研发并成为第一个击败人类职业围棋选手、第一个战胜围棋世界冠军的人工智能机器人，但是其并非以聊天机器人的身份出现。之后又出现众多聊天机器人，例如：苹果的 Siri、谷歌的 Google Now、微软的 Cortana 与小冰、百度的“度秘”、亚马逊的智能助手 Alexa、Facebook 的语音助手 M，以及韩国风靡全球的 SimSimi 等，但都更多地被搭载到了相应的操作系统或 App 当中，以个人助理的身份出现；其中亚马逊的 Alexa，为一种满足人们日常需求的交互方式，给聊天机器人可以在客户服务领域崭露头角指明了方向。

由此，武汉房管局决定引入聊天机器人技术，以新的信息交互方式给房管工作以及解决人们住房问题带来新的变革。因为基于自然语言交互的聊天机器人被看成是正统人机交互的未来（图 1），为此，武汉房管局研究出以文字作为信息载体的应答机器人，并保证其在实际应用中的效果，包括但不限于：

（1）具有更自然的交互方式。自然语言是几百、几千乃至上万年形成的人与人之间的沟通交流方式，其占据了所有沟通方式的绝对主导地位。自然语言不同于计算机编程语言的形式化与结构化，其最大的特点就是自由化和非结构化。人工智能语音机器人核心是基于自然语言处理技术，可以对用户的生活化自然语言进行识别及处理。

（2）缩短了人与服务之间的距离。应答机器人在服务过程中整合了武汉房管局的众多零散信息资源，以流程化服务模式向用户提供信息服务，减少用户自主通过网站进行信息检索、业务办理、信息查询的时间，是一个统一的信息服务窗口。

（3）实现服务投入中的增效减耗。通过应答机器人解决当前非常严峻的人力资源成本问题，以 7×24 小时模式提供服务，同时还有效避免了人工方式中的诸多隐含管理风险，全面提升服务及管理效能。

二、研究的意义与价值

与原始的人工信息查找及传统搜索引擎相比，应答机器人（系统）有着不可比拟的优势：首先该系统不再需要用户自己提取关键词，而是输入整句自然语句，操作上变得通俗易懂。其次可以从语义上理解用户需求，能够比搜索引擎提供更精

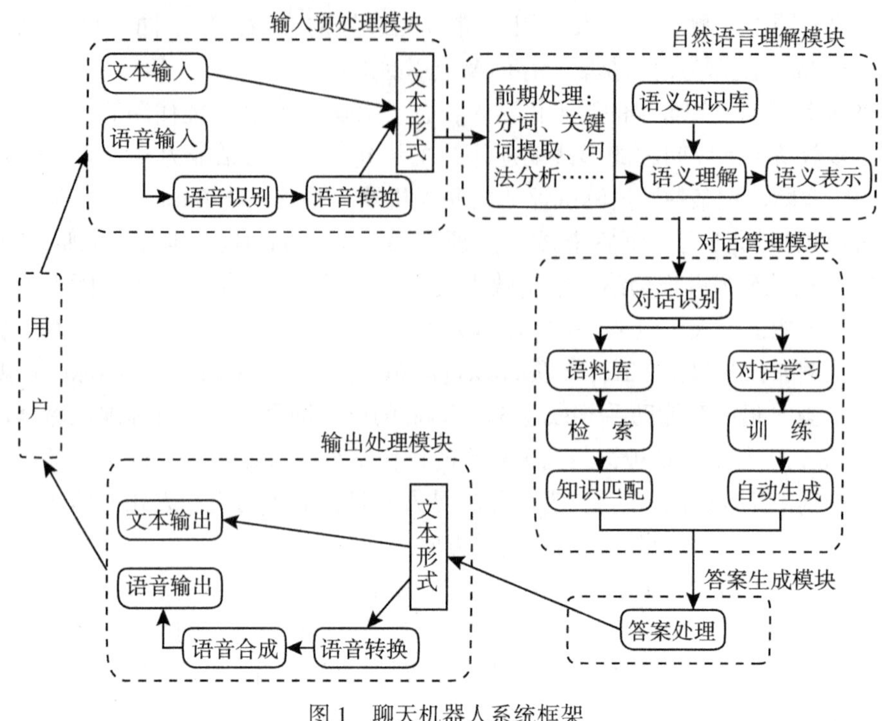

图 1　聊天机器人系统框架

准的信息定位。最后自动应答系统往往具有较为完善的知识库，从而避免了网络上错误信息的干扰。

与此同时，在应答机器人的所有应用场景中，都需要其对人们日常生活中使用的自然语言①进行处理。而自然语言就是非结构化语言，其中中文又是所有自然语言中最不结构化的一种语言，不像英语、德语、法语等语言中，对于时态、单复数、词性等都有明确的结构模型。我们一直引以为傲的“中国语言博大精深”，却为自然语言的处理带来了前所未有的挑战，同样一段文字在不同的语境中其含义迥异。中文问答系统有以下天生的劣势及挑战：

连写：连写是中文最大的特色，西方的字母文字有明显的界线——空格。而中文却是连写的，所以中文问答系统会比一般字母文字问答系统多一个步骤：分词。只有对语句正确分词，才有可能对句子进行分析。但是现在的分词系统正确率并不

① 自然语言通常是指一种自然地随文化而演化的语言。自然语言是人类智慧的结晶，自然语言处理是人工智能中最为困难的问题之一，而对自然语言处理的研究也是充满魅力和挑战的。

高，在最理想的状态之下也只能达到90%左右，通常情况下往往不足70%。

形态：中文的动词不具有明显的形态变化，而西方字母文字大多会根据主语的不同或时态的不同而发生变化，例如英语中的被动、过去时态、第三人称单数等。形态是语义理解的标志之一，一个具有特定形态的单词往往能够暗示很多信息，如带有第三人称单数的单词能够暗示主语为单数；带有虚拟语气的单词往往是判断一段话是主观句还是客观句的标志。

语义语法：中文的一词多义现象非常普遍，特别是由于书写是连写，所以某几个连续的汉字是不是一个词，或者哪几个字能够组成一个词，这个词的词性是什么，在句子中作为什么成分出现等都很难确定。加上同音字、近义词以及各种指代和成分省略，使得中文解析的复杂程度非常高。

相关语法研究：中文语法的研究基础是基于西方语法的，但是现在很多学者对这个基础提出了质疑，按照西方语系成分划分中文成分本身就是有问题的。中文中各种成分都是可以省略的，对于中文的理解必须结合上下文。而现在还没有学者提出一个让人信服的语法规则，这使得中文计算机语言学发展非常缓慢。

基于以上提到的困难，中文问答系统与其他语系的问答系统相距甚远，中文问答系统的比赛直到2005年才由NTCIR①会议举办，而目前最好的系统正确率也只能保证55%左右。

武汉房管局在深知这些挑战的情况下，与北京荣之联科技股份有限公司共同联合研发一套适合房管服务的应答机器人系统，并计划通过不断的优化训练来验证人工智能在房管服务上的可用性，在为用户提供服务的同时帮助单位提升信访及舆情管理工作。

方法：建立“四个一”，即：建立一套知识体系，梳理一套应答规范，打造一个智能学习平台，开辟一条智能服务通道。

目标：一是为群众提供更加智能化的业务咨询服务，不断提升群众的满足感和认同感。二是通过对问题的采集、分析、预测，帮助业务主管部门及时发现业务办理过程中存在的问题和隐患，以问题为导向及时解决群众的访求，提升房管办事效率和部门形象。

三、研究内容

本文所介绍的基于Web服务匹配的应答机器人，可以被划归为一种复杂的信

① NTCIR（NACSIS Test Collections for IR）计划是由日本国家科学咨询系统中心（National Center for Science Information Systems）所策划主办的，其目的是希望能建立一个日文标准测试集，作为咨询检索与自然语言处理研究的基础语料。

息匹配与检索系统，可以自动将用户的自然语言问句转化为查询请求并从一系列候选答案中找到可能性最高的回答。也就是根据用户的输入，借助中文自然语言处理技术进行服务匹配，通过调用 Web 服务来响应用户意图。早在 1999 年，TREC①比赛就加入了问答系统比赛项目，目前大部分问答系统的构建思路都是在现有的信息检索②（IR）系统外添加用户问句意图预测与分类模块、答句检索与答案提取模块、问答状态追踪模块以实现所需功能。因此，检索式问答系统的核心性能与其依赖的 IR 系统紧密相关，而 IR 系统的性能取决于其答案索引与查询请求的设计，由于自然语言天生具有句式复杂、表达多样的特性，大部分问答系统的 IR 模块采用问句重写（Query Expansion）与语义模板（Semantic Template）的方式来简化自然语言问句并提高召回率。这两种方法多采用语言学家手工构造规则模板，选用特征包括同义词、反义词、上下位词、频次信息、标点、关键词、代词、位置（比如句首与句尾）、前后词性标注等，然后利用各类传统的机器学习分类算法与模板匹配。这些方法大多依赖于词典、语义模板，然而这类方法也有相当大的局限性，对于扩展维护的挑战很大。另外，单一使用此类方法或多或少忽略了问句的上下文语境与语义信息，场景准确率较低。

近年来，深度学习③方法在语音和图像处理领域取得了突破性的进展，其在自然语言处理领域也越来越受到重视，并逐渐广泛应用于各类自然语言处理任务中。

---

① TREC（Text Retrieval Conference），文本检索会议。它是文本检索领域人气最旺、最权威的评测会议，由美国国防部高等研究计划署（Defense Advanced Research Projects Agency，DARPA）与美国国家标准和技术局（National Institute of Standards and Technology，NIST）联合主办。自 1991 年举办第一届会议起，每年的参与者包括 MIT、Stanford、UCB、微软研究院、Google、IBM 研究院、新加坡国立大学、加拿大 Quenes 大学、日本东京大学、英国城市大学、北京大学、清华大学、上海交通大学等当今 IT 界一流学府和企业科研机构，并且在不断增加。

② 信息检索（Information Retrieval）是用户进行信息查询和获取的主要方式，是查找信息的方法和手段。狭义的信息检索仅指信息查询（Information Search），即用户根据需要，采用一定的方法，借助检索工具，从信息集合中找出所需要信息的查找过程。广义的信息检索是信息按一定的方式进行加工、整理、组织并存储起来，再根据信息用户特定的需要将相关信息准确查找出来的过程。一般情况下，信息检索指的就是广义的信息检索。

③ 深度学习（Deep Learning）是机器学习（Machine Learning）领域中一个新的研究方向，它被引入机器学习使其更接近于最初的目标——人工智能（Artificial Intelligence）。深度学习是学习样本数据的内在规律和表示层次，这些学习过程中获得的信息对诸如文字、图像和声音等数据的解释有很大的帮助。它的最终目标是让机器能够像人一样具有分析学习能力，能够识别文字、图像和声音等数据。深度学习是一个复杂的机器学习算法，在语音和图像识别方面取得的效果，远远超过先前相关技术。深度学习在搜索技术、数据挖掘、机器学习、机器翻译、自然语言处理、多媒体学习、语音、推荐和个性化技术，以及其他相关领域都取得了很多成果。深度学习解决了很多复杂的模式识别难题，使得人工智能相关技术取得了很大进步。

其中很多工作采用了词向量①（Word2Vec）与卷积神经网络②（CNN）并在多个数据集上证明了该方法的有效性，可以很好地与应答系统框架结合。

武汉房管局研究并引入的应答机器人系统根据以上背景陈述，通过结合信息匹配与机器学习，可以解决知识检索和知识库扩展与维护困难等问题，快速且准确地返回结构化的信息。

在该应答机器人系统中，用户可以使用文字与机器人进行交流，像聊天一样方便地体验信息服务，例如问题询问：什么是物业服务费，房屋交付后未入住是否要交物业费，大学毕业生保障性住房如何定价，对于骗领住房租赁补贴的外来务工人员将如何处理等。理论上该应答机器人可以调用任何可用的服务，适用于任何场景和需求，仅需要配置和完善背后的应用知识库，用户所要做的就是通过自然语言调用这些信息及服务即可。

在应用过程中，用户在 Web 端调用服务后输入文本信息与应答机器人进行信息交互。服务器接收用户输入，借助自然语言处理技术在知识库进行语义服务匹配，在服务匹配成功后通过 API 返回给服务器，随后服务器经由 Web 端将答案以可视化的方式反馈给用户。同时，针对无法匹配的内容也进行了拒识配置及记录，尽可能保证服务的完整性及良好的客户感受。

第二章　问答机器人相关技术研究

Web 智能问答中融合了自然语言处理、机器学习、数据挖掘等多个领域的相关技术。本章首先介绍 Web 智能问答系统的基本原理，然后对自然语言处理和机器学习方面的相关理论和技术进行简要描述。

一、Web 智能问答系统基本原理

（一）问句分析

用户以自然语言的形式提出问题，为了理解用户的意图，问句分析过程通常会对问题进行分类，并通过关键词提取、同义词扩展生成描述问题的中间数据。

为了扩大搜索范围，问句分析过程会按照一定的规则提取问题成分作为关键

---

① 即将词映射到一个新的空间中，并以多维的连续实数向量进行表示。

② 卷积神经网络（Convolutional Neural Networks，CNN）是一类包含卷积计算且具有深度结构的前馈神经网络（Feedforward Neural Networks），是深度学习的代表算法之一。卷积神经网络具有表征学习（Representation Learning）能力，能够按其阶层结构对输入信息进行平移不变分类，因此也被称为“平移不变人工神经网络”（Shift-Invariant Artificial Neural Networks，SIANN）。

词，常用的规则包括：提取主谓宾词成分，提取问题中词性为名词、形容词、动词的词成分等。有些 Web 智能问答系统还基于词典对提取到的词进行了同义词扩展，并在此基础上对问题进行了重写。关键词、同义词、重写后的问句会与问句一同被提交给搜索引擎。

（二）信息检索

信息检索过程通常包括向搜索引擎提交数据和从搜索结果中提取数据。Web 智能问答系统会将问句分析过程处理后的问题提交给搜索引擎，并利用爬虫技术、HTML 解析技术对结果页面进行匹配和提取，得到回答问题的文本依据。

（三）答案抽取

答案抽取过程负责从检索到的文本中提取答案，主要包括答案的抽取和排序。

早期的答案抽取方法主要考虑的是词的外部特征，包括词频、词与问题关键词的距离等，忽略了词序、词性对答案的影响。为了弥补外部特征的不足，研究人员通过实体抽取、句法分析技术对传统的答案抽取方法进行了改进。一种基于实体抽取的答案抽取方法，通过命名实体识别技术提取句子中的实体将其作为答案，经过规则筛选后作为最终答案上交。另一种基于句法分析的答案抽取方法，将问题的句子用其主谓宾词成分构成的三元组表示，进一步匹配搜索结果中与问题主谓宾三元组相同的句子，缩小了答案的提取范围。

为了得到最优答案，Web 智能问答系统会对答案抽取过程的结果进行评分和排序。决定答案得分和顺序的主要因素包括：词、词性、词频、词语相似度等。一种基于向量空间（Vector Space Model ，VSM）的答案排序方法，在综合考虑词性、命名实体、词的依存关系、语法树编辑距离的基础上为检索到的每条文本进行排序，并通过训练好的条件随机场模型从排序后的文本中提取答案。

排序完成后，排名越靠前的答案越有可能被系统识别为正确答案。

二、自然语言处理相关理论和技术

自然语言处理是计算机科学和人工智能的一个领域，主要研究通过计算机对人类的语言进行加工和处理的相关理论和方法。

（一）n 元语法模型

语言模型是一种计算文本中的词顺序出现可能性的概率模型。语言模型在中文分词、拼写检查、语音识别、机器翻译等方面得到了广泛应用。模型通常被分解表示为：

$$P(w_1 \cdots w_i) = P(w_1) \times P(w_2 \mid w_1) \times \cdots P(w_i \mid w_1 \cdots w_{i-1}) \tag{2-1}$$

其中，w_i 表示句子的第 i 个词，其条件概率由句子的前 $i-1$ 个词 w_1，…，w_{i-1} 共同决定。当 i 取值非常大时，$P(w_i \mid w_1 \cdots w_{i-1})$ 的值难以计算。

为了解决这一问题，研究人员提出了 n 元语法模型（n-gram）。n 元语法模型假设词在句子中出现的可能性只与位于它之前的 $n-1$ 个词有关，公式（2-1）由此表示为：

$$P(w_i \mid w_1 \cdots w_{i-1}) \approx P(w_i \mid w_{i-n+1} w_{i-n+2} \cdots w_{i-1}) \tag{2-2}$$

由于计算机计算能力的限制，常用的 n 元语法模型主要有：一元语法模型 unigram，二元语法模型 bigram，三元语法模型 trigram 等。

为估算条件概率，通常会采用基于统计和极大似然估计的方法，条件概率计算公式为：

$$P(w_i \mid w_{i-n+1} w_{i-n+2} \cdots w_{i-1}) = \frac{C(w_{i-n+1} w_{i-n+2} \cdots w_i)}{C(w_{i-n+1} w_{i-n+2} \cdots w_{i-1})} \tag{2-3}$$

其中，$C(w)$ 为字符串 w 出现的次数。由于训练数据不可能包含所有的短语搭配，按照公式（2-3）计算，某些词的条件概率可能为 0。在一些任务中，这样的词永远不能被识别出来。为了避免出现这些 0 概率的词，语言模型使用了数据平滑技术。常用的数据平滑技术包括：Katz 平滑方法、Jelinek-Mercer 平滑方法、Kneser-Ney 平滑方法等。本文研究的 Web 智能问答系统只用到了语言模型中的相关概念，因此对数据平滑技术不作过多的描述。

（二）中文分词

词是可以单独使用的最小语言单元。和英文不同，中文的词之间没有空格作为边界，因此，分词是中文领域很多自然语言处理任务的必要工作。中文分词是将输入的文本序列通过添加空格分隔成一个个单独词的过程。

目前中文分词领域的主要分词方法包括两大类：

1. 基于词典的分词方法

基于词典的分词方法通常按照特定的策略对句子进行机械切分，本质是字符串的匹配。词典分词的效果受到词典大小、扫描方向和匹配规则的影响。词典分词中，正向最大匹配法、逆向最大匹配法、最少切分法、双向最大匹配法在应用上比较简单，也比较常用。

2. 基于序列标注的分词方法

由于词典分词缺乏对于未登录词的识别能力，2002 年有人首次提出了基于序列标注的分词方法，在最大熵模型的基础上由字构词。基于序列标注的分词是目前应用范围最广、分词效果最好的分词方法。

序列标注任务中经常使用的模型包括隐马尔可夫模型、条件随机场模型和其他的一些神经网络模型。

（三）词性标注

词性是表示词在句子中作用的基本语法属性，词性标注的关键是处理多义词。目前中文词性标注领域并没有统一的词性划分标准，常用的标注集包括《人民日报标注语料库》的词性标注集、《现代汉语语料库加工规范——词语切分与词性标注》的词性标注集、HanLP 的词性标注集、Jieba 的词性标注集等。

本文使用 Jieba 的词性标注集，系统中的词性标记如表 1 所示。

表 1 **Jieba 词性编码表**

n	名词	a	形容词	r	代词	o	拟声词	y	语气词
nr	人名	ad	副形容词	rr	人称代词	e	叹词	zg	状态词
ns	地名	an	名形容词	rz	指示代词	t	时间词	l	习惯用语
nt	团体机构名	m	数词	q	量词	tq	时间量词	w	英文单词
nz	其他专有名词	mh	中文数词	d	副词	tdq	日期量词	i	成语
v	动词	mb	百分数词	p	介词	s	处所词		
vn	名动词	mf	分数词	c	连词	f	方位词		
vd	副动词	mx	小数词	u	助词	b	区别词		

三、机器学习相关理论和技术

广义上说，机器学习是一种在不直接针对具体问题编程的条件下，赋予计算机学习能力的计算机应用。具体来说，机器学习是一种通过计算机发掘和归纳数据的规律，建立和优化模型，最终利用模型预测结果的方法。

第三章　房管信访和舆情问答研究

一、房管信访问答研究

根据自 2005 年 5 月 1 日起施行的《信访条例》① 中的相关规定，政府办事机构都应当保持同人民群众的密切联系，保护信访人的合法权益，维护信访秩序。在

① 《信访条例》是为了保持各级人民政府同人民群众的密切联系，保护信访人的合法权益，维护信访秩序而制定的法规。2005 年 1 月 5 日，《信访条例》由国务院第 76 次常务会议通过，自 2005 年 5 月 1 日起施行。

《信访条例》中，通过总则、信访渠道、信访事项的提出、信访事项的受理、信访事项的办理和督办、法律责任及附则共七个部分对信访工作进行了明文要求。

根据《信访条例》第六条、第九条规定，各级人民政府、县级以上人民政府工作部门都应关注建立有利于信访工作开展的信访机构及信访机制。同时，第十一条还明确指出："国家信访工作机构充分利用现有政务信息网络资源，建立全国信访信息系统，为信访人在当地提出信访事项、查询信访事项办理情况提供便利。县级以上地方人民政府应当充分利用现有政务信息网络资源，建立或者确定本行政区域的信访信息系统，并与上级人民政府、政府有关部门、下级人民政府的信访信息系统实现互联互通。"国家希望借助互联网等前沿技术来提升信访受理工作的办事效率，提升广大人民群众的满意度。

基于此，2019 年 5 月 30 日，武汉房管局以"基于机器学习的房管网上信访智能应答研究及实现"为年度课题项目进行了开题汇报会。该会议认为，一是要按照信访案件类型和业务类型，梳理形成房管信访知识库；二是要根据实际需求设置业务场景，注重用户体验，提升群众满意度；三是要循序渐进推进实际应用，优先解决咨询类案件的智能应答，逐步调优推广。

武汉房管局将借助人工智能问答机器人，在为来访用户提供智能化信息服务的同时，对咨询问题及信访问题进行有效汇总及分析，努力做到：

针对一般普遍性问题：第一时间形成处理办法，并向公众进行公示；

针对重要问题：积极主动且及时地对外公布，并向用户进行重点提示；

针对紧急严重性问题：及时预警并采取应对措施，以安定维稳为原则进行处理，打通整体信访处理流程。

二、舆情问答研究

舆情是"舆论情况"的简称，是指在一定的社会空间内，民众对作为社会管理者及其政治取向产生和持有的社会政治态度。随着网络的高速发展，网民的数量日渐增多。根据不完全统计，中国网民数量已经达到了惊人的 3.84 亿，位居世界之首。网络已经成为人们重要的信息获取通道，也成为众多网民宣泄心中不满和少数别有用心者挑拨煽动的重要场所。为了维护政治稳定和社会和谐，政府对网络的监管是非常必要的。

在网络中往往会出现很多热点事件，然后被炒作放大，吸引着亿万网民的眼球。然而有的事件却被人恶意篡改，引起不明真相的群众大肆传播。能够尽早地发现、监控这些事件，使之不会成为危害社会稳定的舆情事件就显得十分迫切了。

网络信息有着自身的特点，"海量"就是最重要的一个。网络上每天新增的网页数以百万计，靠人工去检索每一个网页几乎是不可能完成的任务，因此需要找到一种方法能够帮助网络监管人员自动检索筛选网络上的热点事件，并能够辅助其判断事件是否已经成为舆情事件，是否需要监管以及采取什么样的监管策略。

使用应答机器人作为舆情自动问答系统便是解决之道，它能够使网络监管人员不必浏览海量数据，直接通过自然语言获取来访用户的各种信息，并且能够提供各种情况下的监管策略建议。

舆情问答系统旨在回答用户提出的关于舆情方面的各种问题，其知识库局限于现实生活中的热点事件，所以从其知识领域上划分，舆情问答系统可以划分成“封闭领域问答系统”和“开放领域问答系统”。虽然舆情问答应当划分到“封闭领域问答系统”，但是舆情问答系统也有与其他“封闭领域问答系统”不同的地方。一般的“封闭领域问答系统”如银行问答系统等知识库几乎是一成不变的，几乎不会出现知识库大规模更新的情况，但是舆情系统却面临着随时更新知识库的问题，因为网络的特殊性，随时都会有新的热点事件产生，也会有曾经的热点事件消亡，或者是同一个事件每天都有新的进展，这就使我们的知识库必须随时保持更新。

舆情问答系统的设计首先要拥有处理海量数据的能力，要想尽可能地搜集舆情数据，就必须从网络中获取大量的信息，理论上知识库的信息条目必须达到百万量级。此外因为舆情本身的特点，对实时性要求很高，资料库必须具备随时更新的能力。武汉房管局已做好了长期完善海量知识及舆情数据的准备。

三、武汉市房管信访舆情现状

武汉市房管信访舆情现状见图 2。

（一）武汉市房管局信访舆情信息处理方式

1. 舆情日报制度

这是武汉房管局目前舆情监控的主要途径，浏览地址设置在市局协同办公平台二级目录新闻中心，局办工作人员在各类主流报纸上收集舆情内容，分为正面及负面舆情，并向局办每日报送。

2. 现有信访投诉渠道

现有信访投诉渠道包括市长专线、局长信箱、武汉市城市综合管理监督指挥系统（110 联动）、阳光信访（包含信息公开）、物业服务投诉信箱、行政复议信箱、武汉城市留言板等。其中 110 联动、市长专线、局长信箱由局办专人受理、转办、回复；阳光信访由信访处负责处理；物业服务投诉信箱由物业处负责处理；行政复议信箱由法规处负责处理；纪检监察举报由市局纪检监察组负责处理；城市留言板目前由信访处负责受理、分发、回复。

3. 各信访投诉平台受理、分发及处理情况

市长专线，即武汉市 12345 市长专线暨数字化城市管理系统，在政务专网上登

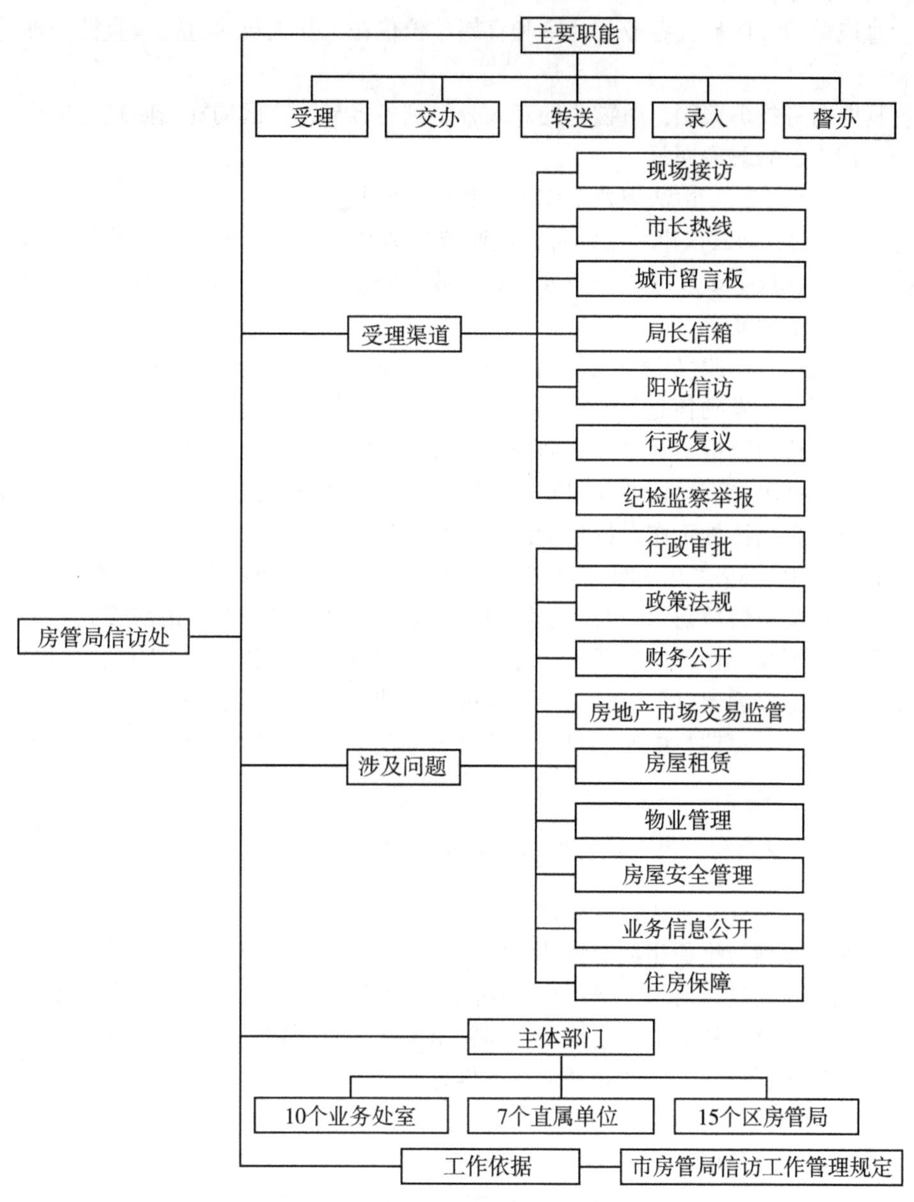

图 2　武汉市房管信访舆情现状

录操作，由局办工作人员将投诉内容打印出来，线下纸质分发到各业务处室或直属单位，要求各单位及时答复，回复内容返回局办后，局办工作人员审核后回复至市长专线系统。

局长信箱，由办公室专人受理，通过局长信箱系统线上直接分发到各业务处室、直属单位、区局，各业务处室和直属单位信访工作人员通过登录直接受理、回复。

物业服务投诉信箱，由物业处专人分发到各区局，待区局提交回复意见后，物业处工作人员修改后回复。

行政复议信箱，由法规处工作人员受理、回复。

110 联动，即武汉市城市综合管理监督指挥系统，通过登录，由局办工作人员监控、受理，线下纸质或电子版分发到各业务处室，局办工作人员收到回复意见后在 110 系统上回复。

阳光信访，即武汉市阳光信访受理平台，由信访处工作人员登录收集信访内容，线下纸质分发到各业务处室，由信访处工作人员在阳光信访受理平台回复。

武汉城市留言板，登录长江网武汉城市留言板，信访处工作人员输入专用用户名和密码，即可受理、转办及回复，或线下提交各业务处室信访工作人员，待收到回复意见后，信访处工作人员线上提交回复意见。

4. 大数据分析“互联网+舆情”，搭建房管系统的“网上群众工作部”

为方便局机关信访部门及时了解舆情，第一时间做出应对，市房管局升级完善了市局网上群众工作部信息系统，打通了城市留言板、市长热线、阳光信访、市长信箱等多渠道投诉建议渠道，利用大数据分析技术，对全市房管系统实时舆情进行监控分析，并对短期集中反响强烈的社会舆论及事件进行预警预判，为领导决策提供支撑。

（二）武汉市房管局在信访舆情信息化建设中的主要做法

为切实维护群众合法权益和社会稳定，保障市房管局信访工作正常开展，市房管局按照上级信访维稳相关指示精神，认真贯彻执行《信访条例》，紧紧围绕上级信访维稳工作的具体要求，强化法制保障，夯实基础，化被动应对为主动作为，多途径、多渠道整合舆情，为信访突出问题早掌握、早预判、早化解构建信息技术支撑，为市房管局行政工作的开展创造了良好的社会环境。

1. 高度重视，加强领导

为使市房管局信访维稳工作落到实处，抓出成效，市房管局在信访维稳工作中，按照“预访为主，层层落实”的工作方针，完善工作机制，畅通信访渠道，成立专班，领导班子对信访工作做到常抓不懈，强化宣传，深化认识，定期召开会议传达贯彻上级有关信访会议、文件、政策精神和相关规定，促使全体干部职工充分认识做好信访工作的重要性，在全局上下形成了各负其责、各司其职、密切配合、齐抓共管的良好局面。

2. 公开承诺，加强网站建设

（1）在局政务网首页显著位置设立了信息公开专栏。专栏涵盖信息公开指南、信息公开申请、信息公开目录、行政许可项目等，方便群众及时查阅房管政务信息，了解相关政策法规。

（2）在房地产市场信息网公开我市房地产市场最新动向，共设有商品房项目情况、市场运行情况、合同范本、商品房合同备案查询、每日商品房成交统计情况等栏目，方便群众随时进行查询。

（3）梳理了市房管局行政权力和政务服务事项清单，按类分项完成了行政权力与政务服务事项“程序清单”“责任清单”的网上发布工作。

3. 多举措并使，构建技术支撑

（1）加强市房管局政务新媒体平台建设。借力互联网+平台的影响力和传播力，展现我市城市发展新面貌，从而更好地为群众服务。信息中心配合局办入驻“今日头条”新闻客户端和“九派号”自媒体平台，进一步扩大了影响。

（2）汇聚舆情，搭建信访维稳舆情监控平台。一是围绕市局涉房维稳风险项目和化解信访积案集中攻坚活动工作部署，汇总涉房舆情信息；二是汇聚现有信访维稳各类投诉渠道（市长专线、局长信箱、阳光信访、物业服务投诉等），搭建信访维稳舆情监控平台；三是加强对涉房舆情及维稳信息的采集、整理、监控，并及时将涉稳舆情上报市房管局信访处和维稳信访工作专班。

（3）技术支持，配合建立涉稳舆情信息共享共管机制。在收集维稳舆情信息的基础上，信息中心配合信访处、科技处建立与市网信办、市公安局网安支队等部门的信息联络渠道，确保涉稳舆情及时共享，为实现跨部门协作联动提供技术支撑。

（4）全面分析，为信访维稳突出问题预判做好情报服务。通过对信访维稳舆情监控平台的信息进行分析研判，挖掘出可能存在群访及不稳定事件的舆情关键信息，每日一收集、每日一整理、每日一报告，市局相关部门相互配合，形成信访维稳群访事件早掌握、早预判、早化解的工作机制。

（5）加强善后，妥善处置涉稳事件数据。本着稳定大局、服务百姓的工作理念，配合市局相关部门做好涉稳事件的合同变更、数据清理、修正统计等善后工作，为事件及时处置、矛盾化解做好技术支撑。

（6）强化调度，落实涉房信访维稳舆情监控责任。一是实行工作值班制度，专班成员随时保持通信畅通，确保指挥高效、处置及时；二是专班每周召开一次涉房维稳信息工作例会，对重大涉稳事件和舆情进行分析研判；三是领导小组不定期召开碰头会，研究部署应急及数据处理等善后工作。

（三）目前舆情处理存在的问题及解决途径

根据 2019 年 10 月 11 号武汉市城市留言板的数据统计，51 家政府部门的历史总留言量为 65109 条，其中房管局历史留言总量为 12987 条，排位第二名，仅次于交通运输局，占政府部门总留言量的 19.95%。而房管局年度总留言量为 8778 条，占年度政府部门留言量 38418 条中的 23%（图 3）。

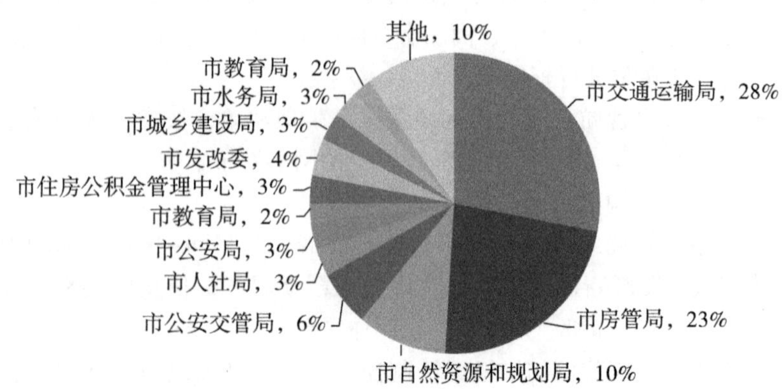

图 3　武汉市城市留言板政府部门年度留言量占比

大量的群众信访给现有的信访处理机制带来了很大的挑战，而解决现有困局的方式包括增加人员配置、搭建专业的客服呼叫中心以及构建信访智能问答系统等，这其中基于机器学习的智能问答系统无疑是目前最有效的方式，与人工处理方式相比它具备明显的优势：

1. 降低人工成本

智能回复，快速精准，完成 80%以上的基础工作，节省人员，减少培训成本。

2. 提升满意度

为重点和热点问题提供快速统一答复，确保服务标准化，满意度实现大幅提升。

3. 提升服务效率

机器人能高效工作，实时答复用户。

4. 全天候热情服务

7×24 小时全天候在线智能服务，系统稳定性高，可同时接入大量用户，无需排队等候。

5. 知识库丰富，知识维护方便

基于房管局多年舆情数据积累可快速搭建知识库，知识加工流程化，操作透明简单，有利于知识库的更新扩张。

6. 数据存储分析挖掘

目前房管局电话受理群众反映问题的信访专班有 6～7 人，接访工作时间段为

8：00—17：30，每天接待电话量约 300 个，而且同时在线接访有较多类似问题，占用了多部电话线路，导致时效低，资源利用率低。采用智能问答系统则具备一些明显的优势（图 4）。

人工话务接待		智能应答系统
每天300个左右	日接待量	文本机器人接待无上限
250天（节假日休息）	年工作天数	365天（全年无休）
工作日8:00—17:30	接待时间	7×24小时全年无休
信访专班（6~7人）	人力成本	1到2个运维人员（兼职即可），3小时/人/周工作量
时效低，资源利用率低	解决效率	实时推送答案及时答复客户疑问
每天需要浪费大量时间回复重复问题	重复问题	针对热点问题，提供热点问题列表，更新及时
缺失、耗时、主观	数据统计	完整、高效、客观

图 4　人工话务接待和智能应答系统比较

目前，市场上各行各业都已经开始或正准备引入智能应答机器人系统，本课题正是匹配武汉市房管局自身服务内容以及服务对象的特点，研究最适合当前状况的人工智能服务渠道——智能应答机器人，以便为在线客户提供 7×24 小时自动化自助服务，扩大服务窗口时间，提高办事效率，增强客户体验，树立新的房管服务品牌。

第四章　房管问答知识体系构建

一、智能问答知识库基本原理

（一）什么是智能问答知识库

1956 年，在 Daitmouth 举行的一场机器智能研讨会后，人工智能 AI 技术诞生了。为了解决机器人智能化中出现的问题，人们开始寻找高效率的问题解决方法，传统的高效率搜索方式中，信息本身是完全客观的，组合数的增加导致搜索量的增大和准确性的降低，而以解决实际问题为目标、具备独特意义的知识可以很好地避免这些问题。

所谓智能问答知识库，实际上也就是利用知识库进行问题回答，即给定自然语言形式下的问题，通过对问题进行语义理解和解析，进而利用知识库进行查询、推理得出答案。机器人知识库不同于一般应用程序将信息编码在程序中，它可以将实际问题的对应知识显式地表达，并组成一个相对独立的程序主体，有利于实际问题的快速准确匹配。

目前智能问答知识库使用得最广泛的一个领域就是公司的客服系统，这种应用一般被业内称为“智能客服机器人”，其本质就是一个客服方面的智能问答知识库（也可以理解为智能问答知识库是客服机器人的“大脑”），为机器人提供源源不断的知识支持。

虽然在现阶段 AI 技术支持下的智能知识库无法完全取代人工（从统计数字上来说只能解决 40%~60%的用户问题），但其在企业客服工作中的巨大价值是不能忽视的：智能知识库的核心价值就在于能够处理大量枯燥、重复、标准化或以数据为基础的客服问题，因此更多的复杂问题可以用更少的人工来解决。

也就是说，至少在现阶段智能问答知识库的出发点并不是取代人工客服，而是本着“分工协作”的目的——简单重复的问题由智能问答知识库（智能客服机器人）处理，而复杂灵活的问题则转交给人工客服来解决。

（二）知识库对机器人的意义

1. 知识库为机器人提供问答知识

机器人在前端进行客户接待时，知识库在后台为机器人提供知识支持，机器人根据客户来源信息或客户问题进行内容推荐、智能问答时，都需要知识库在后端进行判断，匹配相应的知识。机器人在前端服务，是有昵称、有头像的，客户对于机器人有实际感知，就像是人的“身体”一样，知识库在后台进行问题的匹配，输出回复客户的知识，就像是人的“思想”一样，使客户对机器人有“智能感”。动作是机器人发出的，客户对知识库没有“实际”感触，但是知识库对机器人发挥作用却至关重要，没有知识库，机器人就是一片空白。

与人的大脑和身体一一对应不同，一个知识库可以对应多个机器人，知识库内部可以进行知识的分区，进行知识的三级分类编辑，知识库可以根据不同的机器人调用不同模块的知识。

2. 知识库可沉淀机器人服务信息

智能知识库建设除了为机器人提供充足的知识和客户进行沟通外，还可以对机器人、人工客服与客户的沟通信息进行收集。比如机器人可以收集学习客服人员对话，知识库将对话知识沉淀留存下来，当机器人与客户沟通遇到同样的问题时，就可以从知识库调出来使用。知识库也可以留存客服未解决的问题，人工干预解决后填充到现有知识中。通过这样的模式，机器人可以获得一定“自我学习”的能力，实现更高层次的智能化。

（三）机器人知识库的主要功能

1. 知识管理

除了可以实现基本的问题添加、删除、更新等操作，机器人知识库可以设置常用语库，一般用于机器人或人工客服与客户进行寒暄或对客户常见问题的快捷回复；在填充知识的时候，可以添加问题的有效时间；可以设定特定知识库，如分别添加问题的对内、对外答案；还可以对同一知识设置问题的标准问法、相似问法，尽可能覆盖客户的问法；聊天机器人知识库还可以实现知识的批量导入导出。多样的知识管理功能帮助企业更快捷地管理知识库知识内容，为机器人和人工客服接待客户提供便利。

2. 知识检索

聊天机器人知识库支持问题的检索，人工客服在接待客户时，可以通过检索来获取答案。

3. 数据统计

知识库可以统计客户关心的问题并对频次进行排名，这些客户数据有助于企业建立用户画像，根据用户特性调整营销运营决策。

4. 问题学习

聊天机器人知识库具备多样对未知问题学习的功能，管理者可以根据知识库收集的未回答问题添加新的知识；知识库可以通过一定规则将未知问题添加为相似问题，覆盖更多客户问法；知识库可以学习访客的点击和提问行为，统计知识库中同一问题多次被问到的问法，企业直接添加或者忽略就可以实现知识库的完善。

作为机器人的“大脑”，机器人知识库包含很多对知识进行高度结构化、智能化管理功能。知识库包含多样的知识管理功能，除了基本的添加、删除、批量导入导出功能，机器人知识库还可以设置一些特定知识库来提高效率，比如常见问题知识库、内外部知识库，知识库还可以添加标准、相似问法来实现客户问法更全面的覆盖，使机器人表现得更加智能；知识的检索功能可以辅助人工客服进行接待；对客户问题的统计和频次排名有助于用户画像的建立；知识库还具备多样化的问题学习功能，进一步补充优化知识内容和结构。从知识库的基础管理到知识检索、问题学习，知识库的结构化程度越来越高，知识的组织管理也从第一层级的“事实知识”的管理转变为对第一层级知识组织规则的管理。

二、问答知识库的设计

目前智能问答知识库都是基于检索模型（Retrieval-based）构建的，其工作原理类似于大家常见的搜索引擎：用户提出问题后，系统会先通过自然语言处理技术（NLP）来对用户输入的问句进行处理。具体来说，智能聊天机器人会把句子按不同类型的元素分隔开，接着剔除掉一些干扰信息（或者叫噪音），然后给剩下的每个关键词赋予一个单独的权重。在完成上面的这些处理后，智能问答知识库会根据算法对这些权重进行计算，并与自己包含的知识条目进行匹配，最后将选出的匹配度最高的回答反馈到用户那里（图5）。

从上面的描述可以看出：检索式智能问答知识库的性能极依赖于其知识内容的

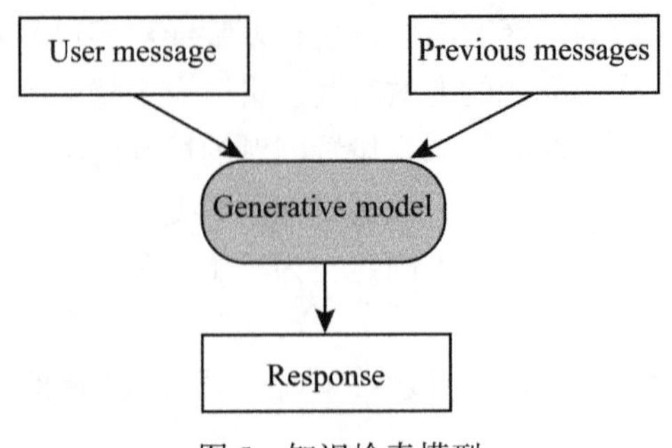

图 5　知识检索模型

丰富度和内容质量，而搭建一个符合上述条件的知识库又是一个漫长浩大的工程——目前除了少数非常重视客服工作的大、中型企业外，绝大多数的企业只有最基础的客服知识库，知识还大多是以文档的形式存储，不能直接用于智能问答知识库。

为了满足越来越多企业对于智能问答知识库的需求，现在也出现了一批以 SaaS 服务为切入点的客服系统/智能机器人服务商，它们为企业用户提供的系统产品中也包含了快速搭建业务知识库的服务（通常都是先添加一个标准版的行业知识库，然后再根据客户的实际业务需求来补充一定量的定制知识库内容）。这样在 1～3 个月的时间内，企业就能拥有一个高度匹配自身业务的智能问答知识库了。

（一）知识问答管理

知识库管理是系统的核心管理模块。知识库的建设主要通过知识录入、知识训练、知识验证以及知识发布四步操作完成（图 6）。

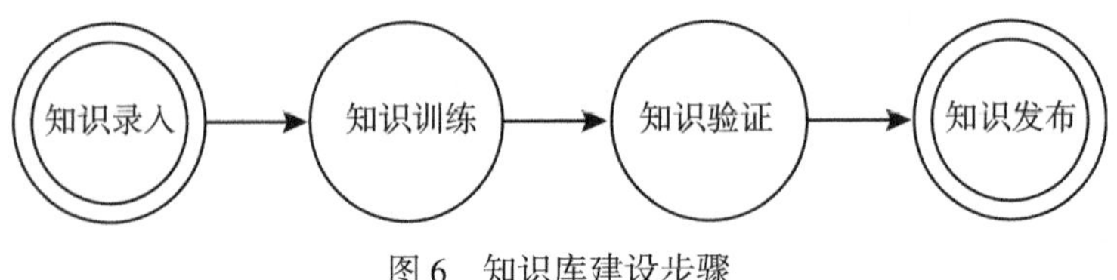

图 6　知识库建设步骤

1. 知识录入

通过可视化的页面操作，用户可以随意对知识问答对进行增、删、改、查等操作。此外，为了满足不同的交互场景需求，系统通过多媒体文本、超链接、H5 等功能支持用户自定义知识问答的展现形式。

（1）知识分类

为了更好地管理知识库，做到知识条理清晰，可支持对知识按照不同类型进行类目管理（图 7）。

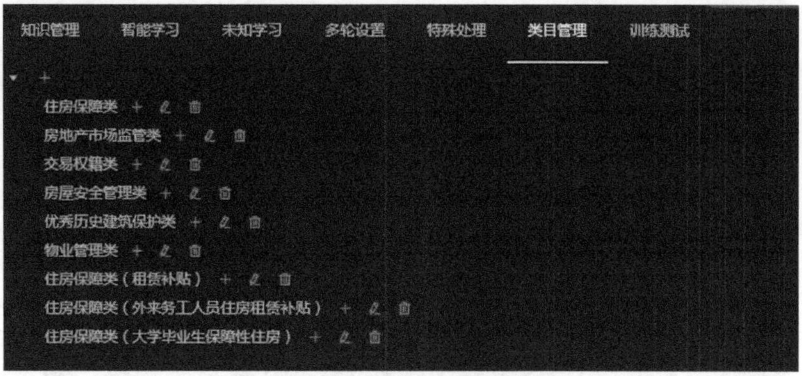

图 7 知识类目管理

(2) 新建/修改知识问答

新建/修改知识问答时，可以添加一种标准问法，同时为了支持用户问法的多样性，可以尽量多地扩充相似问法，这样有利于提高问题语义解析的准确率（图 8）。

图 8 添加知识问答条目

（3）批量导入/导出知识条目

提供批量导入/导出知识条目的功能可以快速管理已有的知识内容，有助于利用外部文本编辑工具如 Excel 实现对知识条目的快速编辑（图 9）。

图 9　知识批量导入/导出

（4）知识问答呈现形式多样化

除了支持基本的文本内容显示外，系统还可以自定义问题按照列表链接形式显示，支持数字、鼠标点击、语义文本以及语音等任意输入形式的操作（图 10）。

通过支持富文本功能可以满足用户各种不同场景对内容展示形式的多样需求，可以支持用户自定义的字体、大小、颜色等文本属性，同时可支持超链接、音频、图片、视频及不同文档格式的附件等多种自定义媒体格式的内容展示（图 11）。

2. 知识训练、验证及发布

（1）知识训练

知识问答录入操作完成后，需要进行对应的 NLP 知识库模型训练，系统实现了前端页面一键训练操作的功能（图 12）。

（2）知识验证

知识问答录入操作完成后，需要进行对应的 NLP 知识库模型训练，系统实现了前端页面一键训练操作的功能（图 13）。

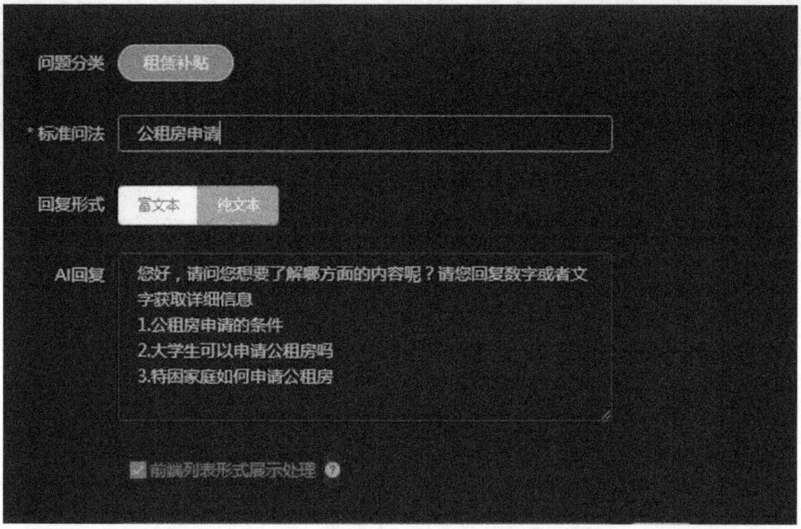

图 10　问题列表形式问答

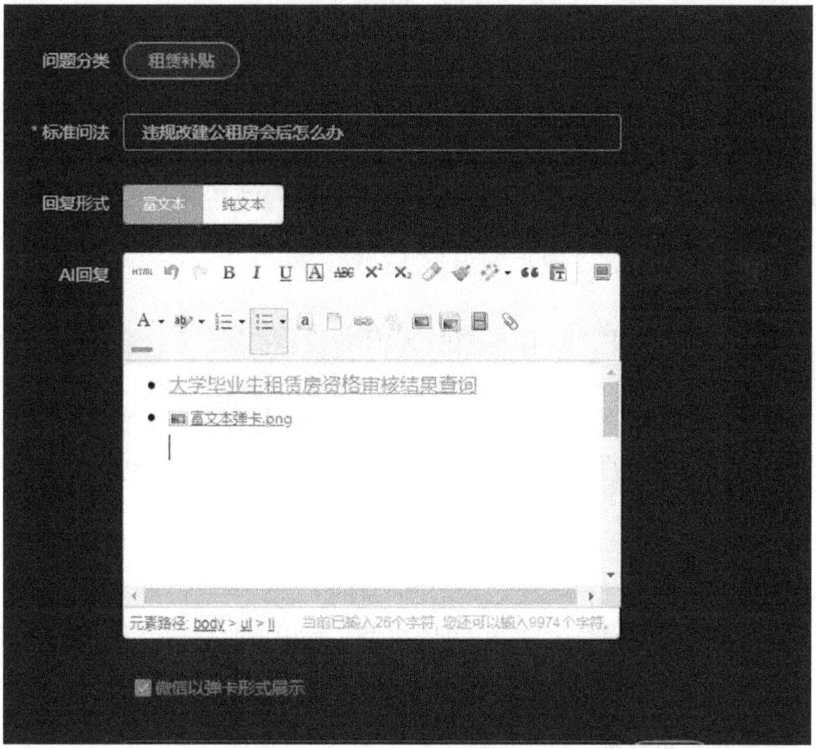

图 11　富文本内容编辑

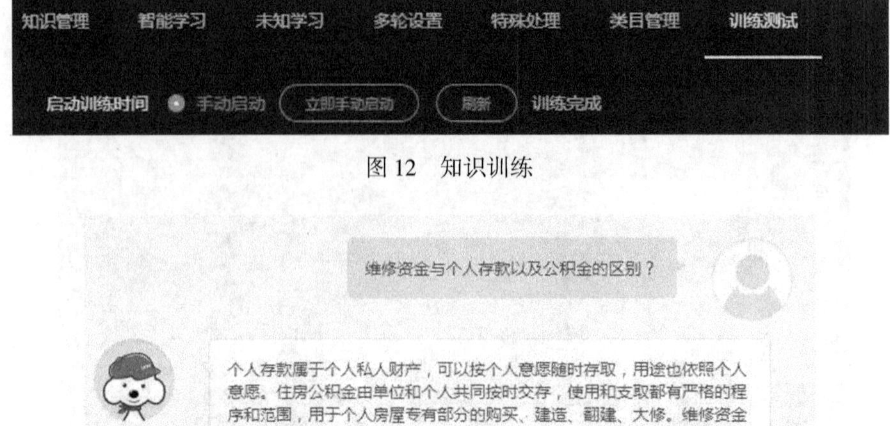

图 12　知识训练

图 13　知识验证

（3）知识发布

知识库训练完成后，需要点击发布操作，结果才能在对应对接的 Web 渠道上生效。

（二）知识再建设

1. 智能学习

用户实际交互场景中，如果问题在知识库中没有找到，系统会依据问题的相似度进行相似问题的推荐，用户可以针对推荐的问题进行判断。所以针对此种交互场景，知识库管理人员可以根据用户的实际行为获取可能存在的相似问题，并通过知识库管理后台进行相应的操作，如“通过、设置为新增、关联相似”等操作（图 14、图 15）。

2. 未知学习

此功能会统一显示所有机器人未给出回答的问题，并进行相似问题聚类，可以帮助知识库管理人员发现潜在的知识问答以及了解用户的实际行为习惯，从而帮助管理人员进一步丰富知识库问答（图 16）。

三、房管知识库构建

房管知识库主要由基本问题、政策法规以及留言回复三部分构成。

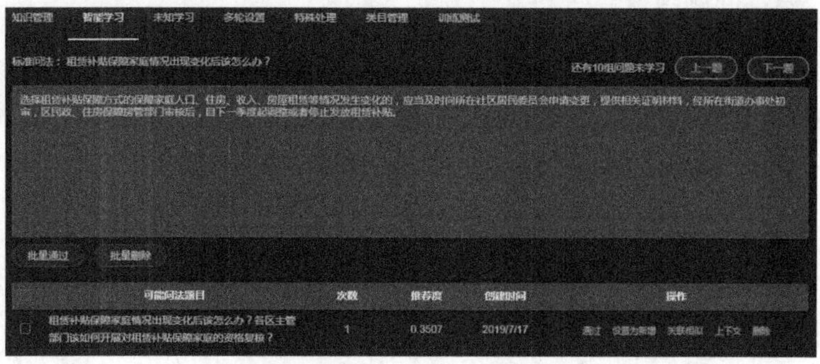

图 14　智能学习—标准问法—相似问法

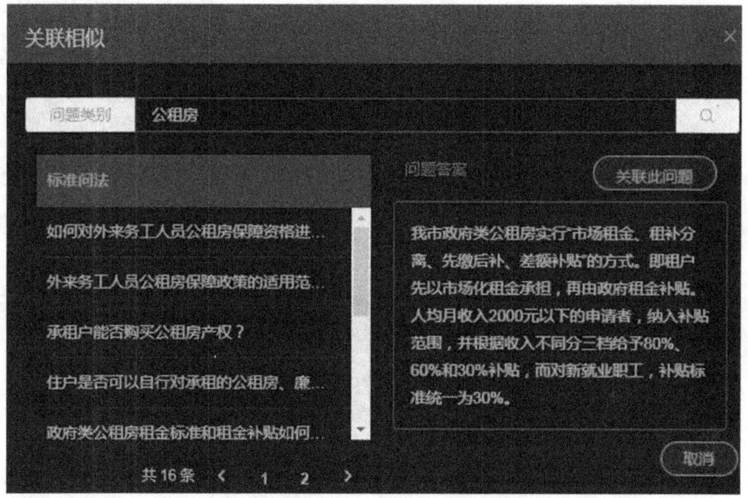

图 15　智能学习—相似问法—关联相似

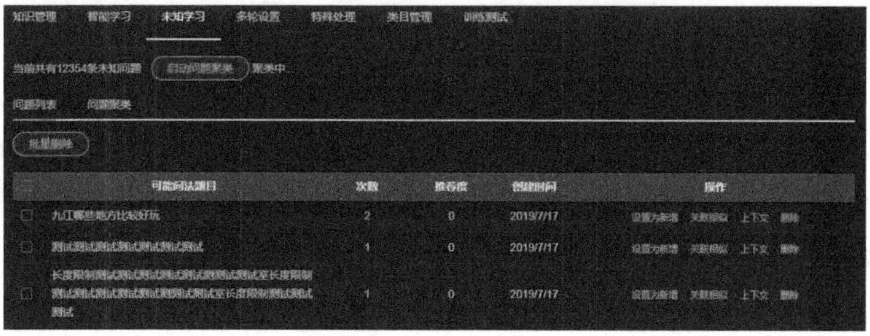

图 16　未知学习

（一）基本问题与留言回复

课题组初始分别收集到来自房管局安维处、保障处、行政审批处、物业处、市场处、产权处、法规处 7 个部门包括物业管理类、房屋安全管理类、住房保障类等 21 个大类的 917 条原始问题（图 17）。

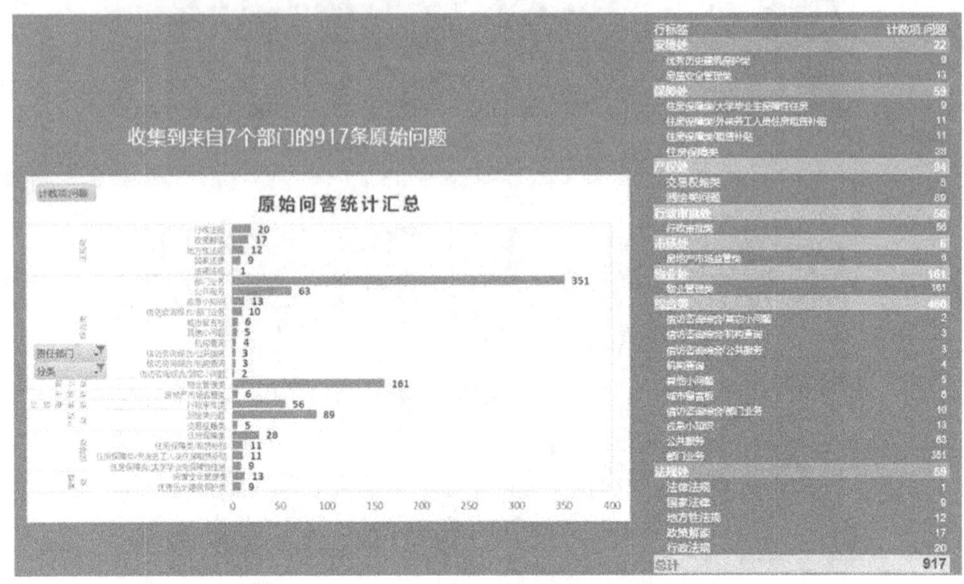

图 17　房管问答原始问题汇总

为了丰富训练语料的数量，提高问答的准确率，我们基于 917 条原始问题进行了大量相似问法的扩充，额外增加了 4013 条相似问题，扩充后总计有 4930 条问答，大大提高了问答的准确率（图 18）。

（二）政策法规

房管政策法规是人民群众非常关心的问题，课题组针对法规汇编进行了深入研究和分析，考虑到法规条款的严谨性和可维护性，采用了独立法规文档查询和全文关键词检索两种方式导入法规知识，满足人民群众查询政策法规不同的需求。

1. 法规文档导入

首先，将法规汇编文档拆分成 40 个独立法规文档导入知识库（图 19）。

然后构建并扩充了 200 条法规问答条目（图 20）。

2. 法规条款导入

为了实现法规条目的全文关键词检索，按照法规名称、发布时间、文号、条款

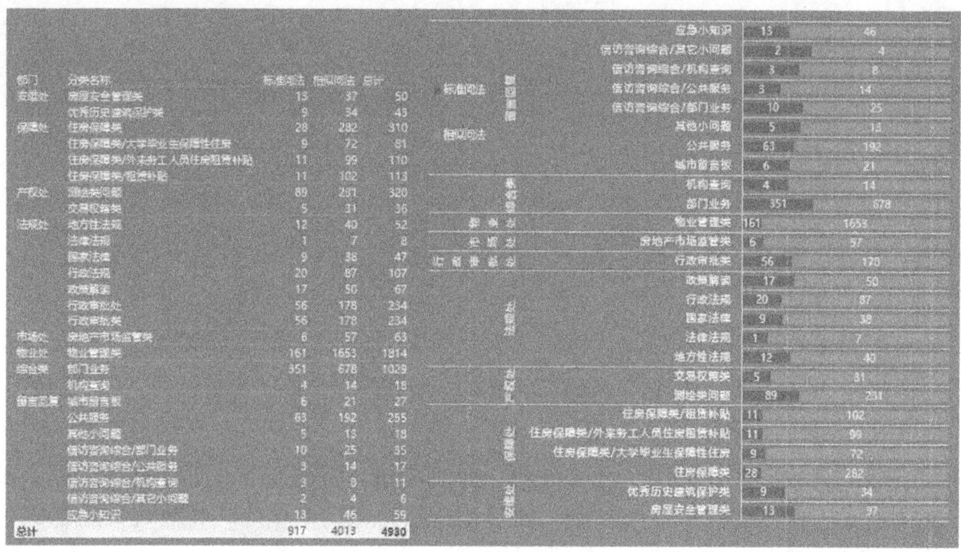

部门	分类名称	标准问法	相似问法	总计
安监处	房屋安全管理类	13	37	50
	优秀历史建筑保护类	9	34	43
保障处	住房保障类	28	282	310
	住房保障类/大学毕业生保障性住房	9	72	81
	住房保障类/外来务工人员住房租赁补贴	11	99	110
	住房保障类/租赁补贴	11	102	113
产权处	测绘类问题	89	231	320
	交易权籍类	5	31	36
法规处	地方性法规	12	40	52
	法律法规	1	7	8
	国家法律	9	38	47
	行政法规	20	87	107
	政策解读	17	50	67
	行政审批处	56	178	234
	行政审批类	56	178	234
市场处	房地产市场监管类	6	57	63
物业处	物业管理类	161	1653	1814
综合类	部门业务	351	678	1029
	机构查询	4	14	18
留言[illegible]	城市留言板	6	21	27
	公共服务	63	192	255
	其他小问题	5	13	18
	信访咨询综合/部门业务	10	25	35
	信访咨询综合/公共服务	3	14	17
	信访咨询综合/机构查询	3	8	11
	信访咨询综合/其它小问题	2	4	6
	应急小知识	13	46	59
总计		917	4013	4930

图 18　房管问答问题扩充

- 不动产登记暂行条例
- 城市房地产抵押管理办法
- 城市房地产管理法
- 城市房地产开发经营管理条例
- 城市房地产转让管理规定
- 城市房屋白蚁防治管理规定
- 城市商品房预售管理办法
- 城市危险房屋管理规定
- 房产测绘管理办法
- 房地产估价机构管理办法
- 房地产经纪管理办法
- 房地产开发企业资质管理规定
- 房屋登记办法
- 公共租赁住房管理办法
- 国家赔偿法
- 行政处罚法
- 行政复议法
- 行政强制法
- 行政诉讼法
- 行政许可法
- 湖北省城镇保障性住房管理办法
- 湖北省实施《中华人民共和国城市房地产管理法》办法
- 湖北省物业服务和管理条例
- 侵权责任法
- 商品房屋租赁管理办法
- 商品房销售管理办法
- 武汉市城市房屋白蚁防治管理办法
- 武汉市房产管理条例
- 武汉市房屋安全管理条例
- 武汉市房屋租赁管理办法
- 武汉市经济适用住房管理办法
- 武汉市历史文化风貌街区和优秀历史建筑保护条例
- 武汉市廉租住房保障办法
- 武汉市物业管理条例
- 武汉市住宅专项维修资金管理办法
- 物权法
- 物业管理条例
- 政府信息公开条例
- 住宅专项维修资金管理办法
- 注册房地产估价师管理办法

图 19　法规文档

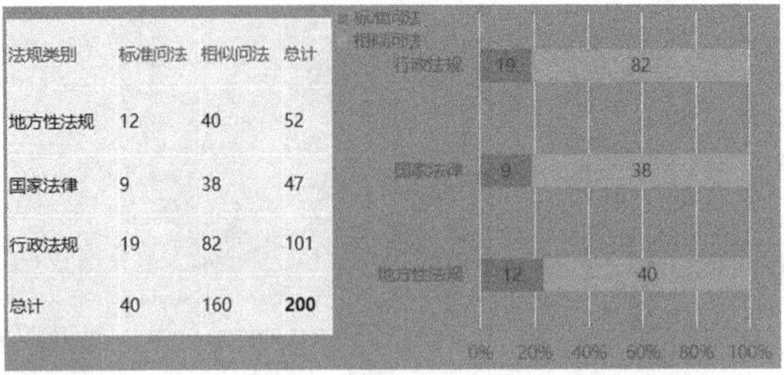

法规类别	标准问法	相似问法	总计
地方性法规	12	40	52
国家法律	9	38	47
行政法规	19	82	101
总计	40	160	**200**

图20　法规文档问答扩充

编号、条款内容、实施时间、废止时间、类别的格式将法规条款进行整理，总共梳理出40个法规的2235个法规条款，然后构建法规条款数据库，将法规条款导入数据库（表2、图21）。

表2　**法规条款格式**

序号	法规名称	发布时间	文号	条款编号	条款内容	实施时间	废止时间	类别
1	中华人民共和国物权法	2007-10-1	中华人民共和国主席令第六十二号	第一条	为了维护国家基本经济制度，维护社会主义市场经济秩序，明确物的归属，发挥物的效用，保护权利人的物权……	2007-10-1		法律
2	中华人民共和国物权法	2007-10-1	中华人民共和国主席令第六十二号	第二条	因物的归属和利用而产生的民事关系，适用本法。本法所称物，包括不动产和动产。法律规定权利作为物权客体的……	2007-10-1		法律
3	中华人民共和国物权法	2007-10-1	中华人民共和国主席令第六十二号	第三条	国家在社会主义初级阶段，坚持公有制为主体、多种所有制经济共同发展的基本经济制度。国家巩固和发展公有制经济……	2007-10-1		法律

续表

序号	法规名称	发布时间	文号	条款编号	条款内容	实施时间	废止时间	类别
4	中华人民共和国物权法	2007-10-1	中华人民共和国主席令第六十二号	第四条	国家、集体、私人的物权和其他权利人的物权受法律保护，任何单位和个人不得侵犯	2007-10-1		法律
5	中华人民共和国物权法	2007-10-1	中华人民共和国主席令第六十二号	第五条	物权的种类和内容，由法律规定	2007-10-1		法律
6	中华人民共和国物权法	2007-10-1	中华人民共和国主席令第六十二号	第六条	不动产物权的设立、变更、转让和消灭，应当依照法律规定登记。动产物权的设立和转让，应当依照法律规定交付	2007-10-1		法律
7	中华人民共和国物权法	2007-10-1	中华人民共和国主席令第六十二号	第七条	物权的取得和行使，应当遵守法律，尊重社会公德，不得损害公共利益和他人合法权益	2007-10-1		法律
8	中华人民共和国物权法	2007-10-1	中华人民共和国主席令第六十二号	第八条	其他相关法律对物权另有特别规定的，依照其规定	2007-10-1		法律
9	中华人民共和国物权法	2007-10-1	中华人民共和国主席令第六十二号	第九条	不动产物权的设立、变更、转让和消灭，经依法登记，发生效力；未经登记，不发生效力，但法律另有规定的除外……	2007-10-1		法律
10	中华人民共和国物权法	2007-10-1	中华人民共和国主席令第六十二号	第十条	不动产登记，由不动产所在地的登记机构办理。国家对不动产实行统一登记制度。统一登记的范围、登记机构和登记办法……	2007-10-1		法律

法规名称	条款数量
不动产登记暂行条例	35
城市房地产抵押管理办法	55
城市房地产开发经营管理条例	40
城市房地产转让管理规定	22
城市房屋白蚁防治管理规定	21
城市商品房预售管理办法	18
城市危险房屋管理规定	29
房产测绘管理办法	26
房地产估价机构管理办法	55
房地产经纪管理办法	40
房地产开发企业资质管理规定	28
房屋登记办法	96
公共租赁住房管理办法	39
湖北省城镇保障性住房管理办法	44
湖北省实施《中华人民共和国城市房地产管理法》办法	45
湖北省物业服务和管理条例	75
商品房屋租赁管理办法	28
商品房销售管理办法	48
武汉市城市房屋白蚁防治管理办法	24
武汉市房产管理条例	76
武汉市房屋安全管理条例	61
武汉市房屋租赁管理办法	41
武汉市经济适用住房管理办法	55
武汉市历史文化风貌街区和优秀历史建筑保护条例	57
武汉市廉租住房保障办法	31
武汉市物业管理条例	74
武汉市住宅专项维修资金管理办法	49
物业管理条例	67
政府信息公开条例	56
中华人民共和国城市房地产管理法	73
中华人民共和国国家赔偿法	42
中华人民共和国行政处罚法	63
中华人民共和国行政复议法	43
中华人民共和国行政强制法	71
中华人民共和国行政诉讼法	103
中华人民共和国行政许可法	81
中华人民共和国侵权责任法	92
中华人民共和国物权法	246
住宅专项维修资金管理办法	44
注册房地产估价师管理办法	42
总计	**2235**

图 21　法规条款数量统计

第五章　问答机器人整体架构设计

一、智能客服机器人设计原则

在本次人工智能科研验证过程中，所有系统设计及实际部署均严格遵循如下原则：

1. 保密性

系统的设计首先确定系统的保密性，使得非法用户无法获取，实现严格的内部通信系统保密性，进行权限管理。

2. 实用性

本系统的建设将遵循实用性原则，即切实解决客户的实际需求和痛点问题，确保良好的用户体验，保证信息的顺利传输，并实际解决系统部署后可能出现的相关问题。

3. 先进性

系统所选用的算法、技术架构、编程语言、设备标准和管理工具应是最普及通用和成熟的，能与最新技术接轨，对市场的任何变化具有极强的适应性。

4. 开放性

考虑到系统中所选用的技术和设备的协同运行能力，保护现有的资源和系统投资的长期效应以及系统不断扩展的需要，系统所采用的软硬件平台必须具有开放性，能够和原有的业务系统协同运行。

5. 可靠性

在信息技术不断发展的同时，也存在一种危机，即对信息技术的依赖程度越高，系统失效造成的影响也就越大。因此，本系统的设计必须在投资可接受的条件下，从系统结构、技术措施、设备选型以及厂商的技术服务和维修响应能力等方面综合考虑，确保系统运行的可靠性。

6. 经济性

本系统综合考虑各方面的投资比例和投资保护，易于分期建设，以利于资金的合理流动和充分利用。

二、系统架构设计

系统包括 Web 前端服务及管理页面、后端服务、语义问答引擎、数据库存储以及本地化部署策略几大模块。基于 BS 架构设计，系统共分为四层：用户层、服务层、数据层及接口层（图 22）。

【接口层】：基础数据源接口，包括数据校验、数据加密解密等接口工具，第三方应用服务，业务系统对接 API 等接口服务，保证应用数据源的传输畅通及准确性。

【数据层】：提供数据分析服务，以及机器人智能学习需要的数据加工处理，例如：针对访客的访问次数及问题解决统计分析等。

【服务层】：部署在本地服务器上的各类服务组件，前端与服务端通过 Restful 风格服务接口进行访问。服务层包括基础服务、语义算法引擎和服务、知识库逻辑处理等。

【用户层】：可视化管理与应用中心，提供可视化的配置管理页面，包括知识管理、多轮任务流程配置、机器人设置、账户权限管理、数据分析等功能，运营人

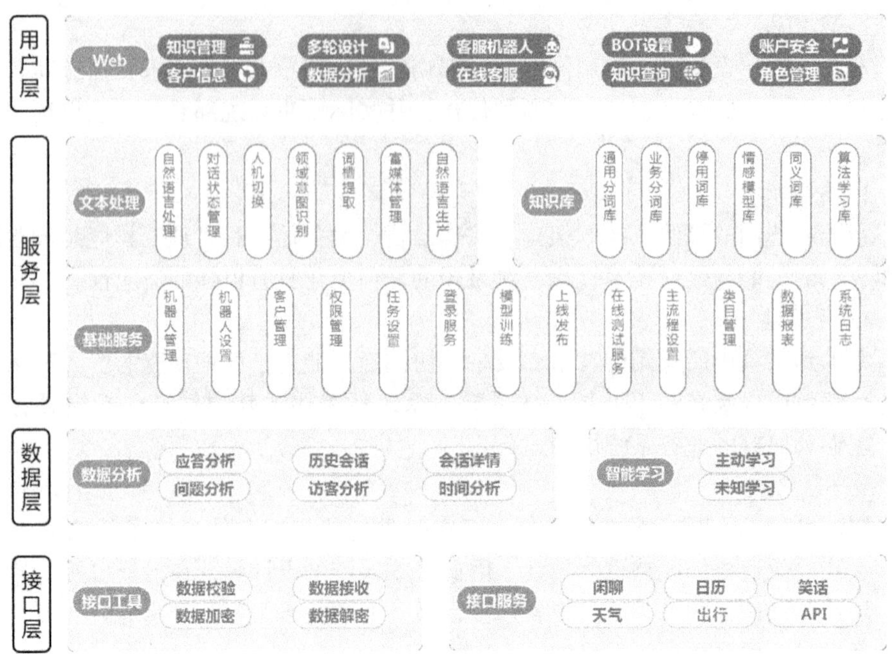

图 22　智能问答机器人系统功能架构

员可以通过账号密码登录机器人系统进行配置管理操作，终端客户通过门户网站与机器人进行对话。

整个系统将采用主流开发平台及语言，确保所开发出来的系统产品功能的可用性、稳定性及兼容性（表 3）。

表 3　**系统组件要求**

功能组件	开发平台/语言	备注描述
1. 前端配置管理页面	Vue ｜ Element	界面友好美观，用户体验极佳
2. 后端服务 3. 数据处理	Java ｜ Spring Cloud	微服务架构，模块之间耦合少，可独立部署，扩展性好
4. 语义算法引擎 5. 模型训练	C++	基于业界主流的机器学习和深度学习算法，语义解析准确率高
6. 数据库	MySQL ｜ Redis ｜ Mongo	数据采用 MySQL 数据库存储，用 Redis 和 Mongo 缓存计算信息，提高决策速度

其中系统的核心模块自然语言处理框架主要由语义理解、会话状态管理、领域意图分类、自然语言生产、槽位提取、语义查询等功能构成（图 23）。

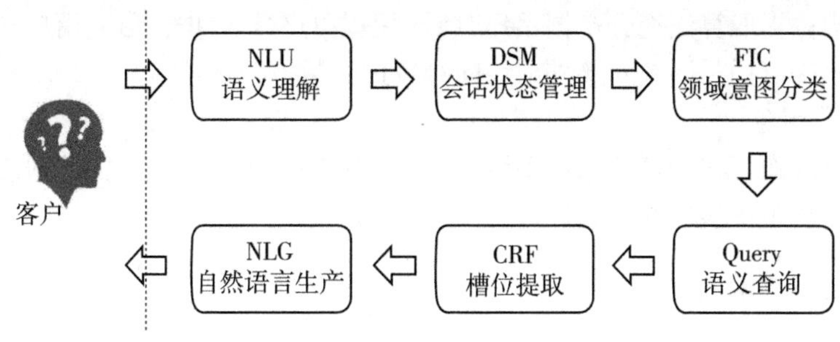

图 23　自然语言处理框架

如图 24 所示，整个问答系统流程包括了机器人管理、机器人服务、机器人实体、决策中心、推荐服务、槽位提取、NLG 模型及数据中心等。

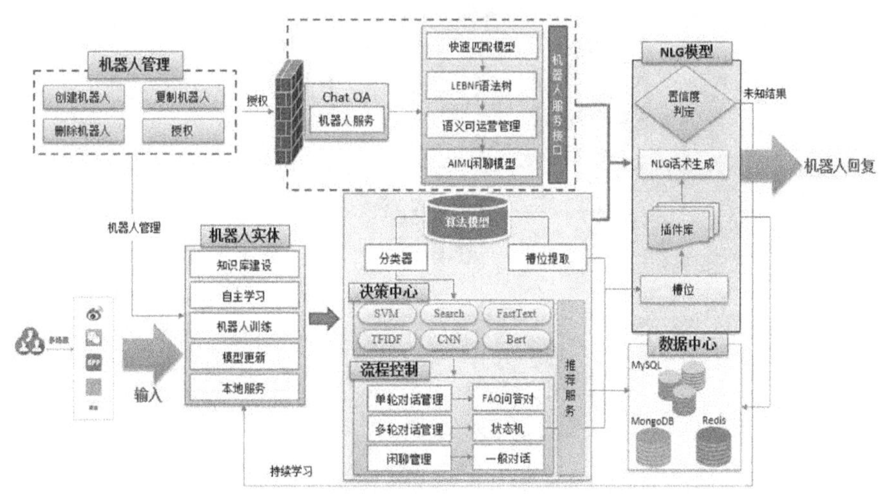

图 24　智能问答系统流程

- 决策中心：

融合统计学习及 CNN、Bert 深度学习等各种算法，通过映射加权计算等方法，提高了语义可识别率和容错性，垂直领域问答语义识别准确率达 90%～93%，高于一般对话系统 4～5 个百分点。

- 单、多轮对话

通过有限状态机控制和记录用户对话当前状态点，根据上下文环境计算用户对话流程走向，多轮流程中允许嵌入单轮问答，并可引导用户回到当前正确的多轮状态点，通过有效的多轮退出机制避免死循环。

- 槽位提取

通过槽位提取算法充分挖掘用户对话过程中的有效数据，形成用户画像等关键信息，并允许以插件形式对接外部访问接口进行数据操作。

- 推荐服务

基于获取的用户画像信息利用协同过滤等方法对用户进行相关问题或者相关产品推荐，提高服务能力与准确性。

三、核心技术功能设计

本课题目标是建设文本机器人对话平台，实现的核心功能包括智能语义理解、智能问答知识库、智能对话配置、数据训练、机器人自主学习、机器人管理、数据分析等（图 25）。

图 25　核心技术功能设计

（一）智能语义理解

研制出具备大规模语义理解能力的支持多轮对话的对话机器人，其具备识别客户口语化表达，可根据对话上下文完成高度拟人对话交流，通过机器人对话解答业务问题及引导客户完成业务办理。

智能语义理解可以智能处理语言歧义问题，拥有基础知识问答及多轮对话的能力，在对话过程中充分体现类真人的对话方式，可完成正常的言语交流，不会出现因为错字、多字少字、别称、乱称、语义不连贯等影响对话流程的问题（图 26）。

图 26　智能客服机器人如何理解问题

（二）智能问答知识库

知识库主要依据知识库主体，建立相应的树形结构知识库，通过相似问题的设置及知识库的条目收集，建立领域库，提升机器人的问答准确性，且知识库拥有知识条目的自学习能力。

□ 知识库分类：支持对知识库条目进行不同的分类，且不同机器人对应的知识库分类不同。

□ 相关问题引导：当机器人无法准确识别客户的提问时，机器人可自动将最相似问题列举（多个），并引导用户锁定询问的具体问题。

□ 关联问题设置：支持对标准知识条目进行关联问题的设置，当用户对该问题提问时，在返回答案的同时，推荐其相关联的问题。

此外，建立知识库的过程其实也是梳理业务需求场景和流程、整理 FAQ 问答的过程。可将市民经常咨询和可能关心的问题、相关的信息和政策、业务咨询的流程和场景都予以整理，进行结构化处理，并扩充各种可能的问题，为机器人训练学习提供足够多的语料来保证语义解析的准确性，最后可以针对每一类问题配置标准答案。

（三）智能对话配置

系统支持定制场景多轮对话，可视化配置对话流程、节点跳转以及相应话术等，主要包括以下功能模块：

□ 意图管理：具备自定义用户意图，且支持该意图的语义槽的标注。

□ 意图训练：支持对意图进行训练，以提高识别准确率。

□ 对话流程配置：系统具备根据业务场景可视化配置对话流，支持对话节点间的连接和跳转；支持自定义配置机器人话术。

（四）机器人自主学习

为持续方便高效地运营机器人知识库知识，并不断提高机器人的匹配准确率，产品要提供机器人智能学习功能，通过机器人自反馈和用户评价两个维度，对日常机器人回答错误或用户评价不满意的数据进行记录，通过简单的数据标注和机器人的自学习能力，实现不断优化和丰富知识库，提高机器人的智能性，使机器人能更好地服务客户。

（五）数据训练

机器人具备实时和定时自动训练功能，能够基于新的知识库、多轮流程和历史数据进行训练，提升机器人语义理解的准确性，同时可以针对新的算法模型进行在线模拟对话测试，快速验证算法模型的准确性，从而决定是否正式上线。

为了提高可用性，本系统安排了微服务模型训练的过程，与两种问答微服务整合在一起，当新模型训练完成后可以自动替换现有微服务中的老模型，实现模型热替换与高可用。在具体服务中，系统均要检查当前线上的微服务是否采用了最新版本模型，如果不是，则使用最新版本的模型重新初始化微服务并替换线上微服务，具体流程如图 27 所示：

（六）机器人管理

机器人管理模块主要包括机器人创建、机器人基本属性设置、渠道对接、欢迎语等。

（七）数据分析

针对业务运行过程中积累的对话数据进行查询及统计分析，包括分类别、分渠道问题统计，高频问题统计，问题解决率分析等，统计报表需可视化展示。

四、系统设计亮点

系统设计方案基于满足信访问答实际需求、易于管理和维护、稳定性和扩展性好、智能化程度高、用户体验好等方面进行充分考虑，具有以下几大亮点：

□ 支持全文关键词检索法规条目，构建了房管法规条款数据库。

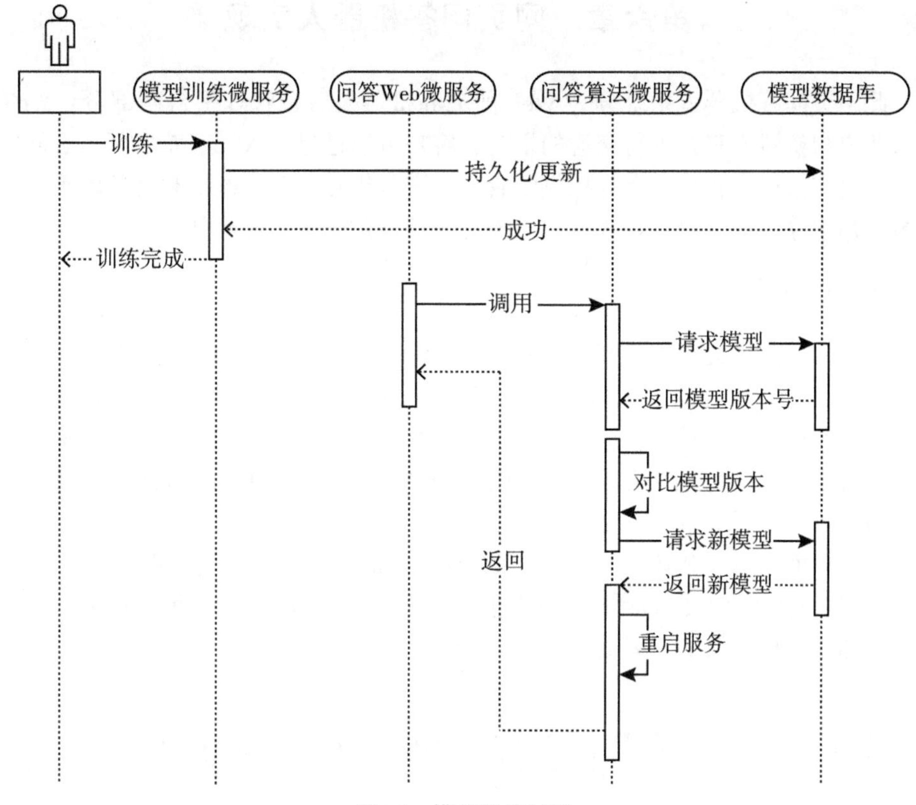

图 27 模型训练过程

□ 考虑到将来可能的需求，系统可快速扩展支持 Web、微信、App、电话机器人等多渠道，并且统一入口，易于管理和维护。

□ 可视化管理界面设计，操作简单，便于运营人员方便管理机器人、知识库和多轮对话等，普通业务人员可以很快上手，运维简单，易维护。

□ 基于国际流行通用的机器学习算法实现语义引擎，稳定可靠，准确率高，并且训练结果可以在线进行模拟测试，可控制性好。

□ 系统具备数据统计和分析功能，如访客分析，问题分析，满意度分析，便于进行系统监控以及业务分析参考。

□ 提供返回相似问题列表功能，包括问题对应的答案、问题置信度、对应部门和类别。

□ 提供相似问题推荐、问题分类及知识库定时更新接口，可给房管舆情处理相关业务提供辅助功能。

□ 系统后台采用 Java 语言开发，基于 Spring Cloud 微服务架构设计，可扩展性好。

第六章 网页问答机器人实现

此网页问答机器人系统分为 Web 前端和机器人后台管理平台两部分：Web 前端为客户与机器人直接进行交流的平台，客户可以通过输入文字获取所关心问题的答案；机器人后台管理平台为提供给管理员进行机器人系统维护和管理的平台，其中包括知识库管理、语料训练、数据统计、接待效果展示等部分。

一、Web 前端

智能问答系统的前端交互页面基于 HTML 和 JSP 实现，使用 Vue 2.0 作为基础前端框架，此框架为渐进式 JavaScript 框架，具有易用、灵活、高效的特性。JSP 是一种动态网页开发技术，前端页面通过 JSP 标签在 HTML 页面中插入 Java 代码，进而实现系统的前后端交互。前端的 JavaScript 脚本通过语句提取页面中的问题，提交 HTTP 相关请求。

前端页面通过 JSP 语句从 HTTP 的 request 请求中读取问题，并完成对问答系统的调用。JSP 语句会向系统提交问题，并利用系统完成对用户问题的回答。

具体前端设计及交互界面如图 28 所示：

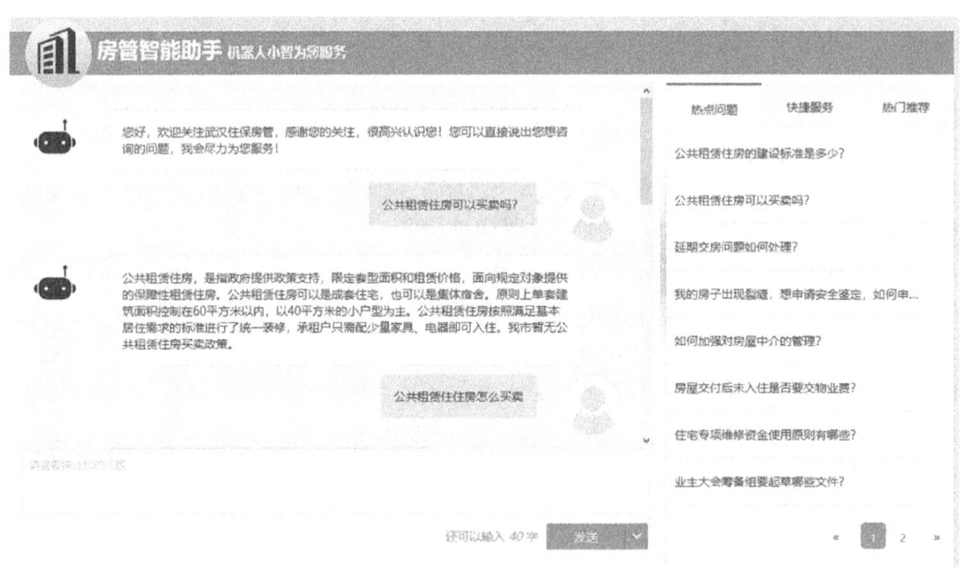

图 28 房管智能助手交互界面

具体交互与分区域需求描述如下：

☑ 欢迎语：用户第一次打开聊天页面出现欢迎语。此欢迎语可通过后台页面配置实现更新维护。

☑ 侧边栏：侧边栏分为热点问题和快捷链接。

热点问题：点击后会在聊天对话窗口出现选择的文字，机器人会给出问题的答案。快捷链接：点击后执行弹出操作，弹窗来到指定超链接地址。

☑ 问题推荐：当用户所问的问题类目下有相关推荐答案时，会以推荐的形式推出相关联的推荐问题，问题可以为超链接形式，当用户点击超链接时弹窗来到指定链接地址。

☑ 问题推荐联想：客户在输入框中输入文字后，系统会自动联想及推荐相关关键词问题（图 29）。

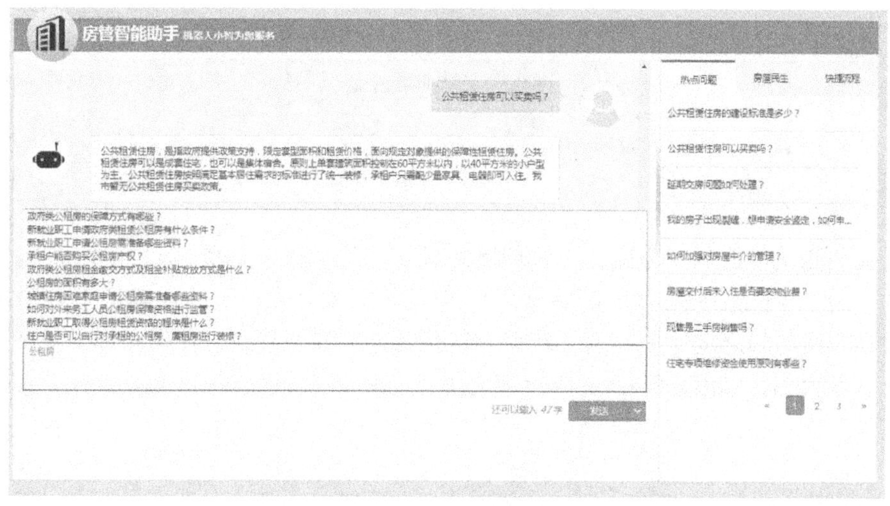

图 29　问题智能联想

☑ 智能匹配：当客户输入的问题未被完全匹配时，系统会给出智能匹配列表，列表顺序依据算法打分顺序排列。客户可以通过回复数字或者点击超链接的形式选择问题。（相似度分为高、中、低三个级别，分别对应高、中、低三种阈值。其中相似度高的是可以直接给出答案的问题；相似度中的是给出推荐问题让用户选择的问题；相似度低的是未识别的问题。当用户问的问题相似度只有 1 个为高时，直接给出该相似度高的问题答案；当用户问的问题相似度有多于 1 个为高时，给出最高者的答案；当相似度没有高，有中时，给出智能匹配结果；当相似度只有低时，则无法答复客户。）

智能匹配结果见图 30。

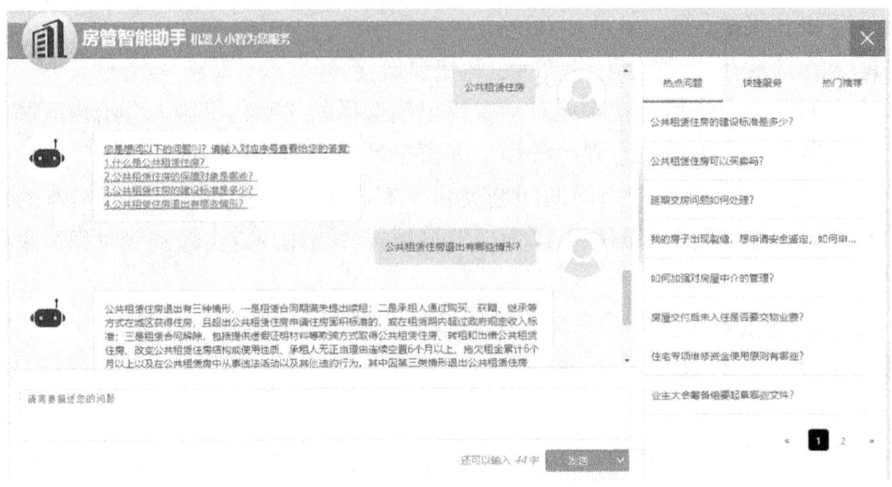

图 30　智能匹配推荐

二、系统测试

系统测试包括单元测试、实施环境测试、功能测试、性能测试、验收测试等，目的是为了保证系统能够真正满足用户的需求。其中单元测试在系统运行阶段执行，在开发时间之内完成；实施环境测试目的是在部署系统过程中验证系统的运行情况，本次部署采用 docker 一体化部署方案，所以重点验证 docker 部署后系统是否正常工作；功能测试为功能开发完毕之后，整体性验证功能是否完整；性能测试为在整体开发之后，验证问答准确率、问题命中率等性能指标；验收测试是为了整个项目的验收而进行的测试，是项目建设的里程碑。

现从用户使用角度重点关注功能测试以及问答准确率和问题命中率测试。

（一）功能测试

系统开发完成后课题组进行了各种基本功能的测试，以保证系统可以正常工作（图 31、图 32、图 33）。

（二）问答对比测试

为了保证问答的准确性，系统对原始标准问题进行了大量的相似问法扩充，从 917 条标准问题扩充到 4930 条问题。课题组构建了 5456 条测试案例，分别验证扩充前后问答的准确率（图 34、图 35、图 36）。

从测试结果可以看出，命中准确率从最初的 79% 大幅提升至 94%，满足了实

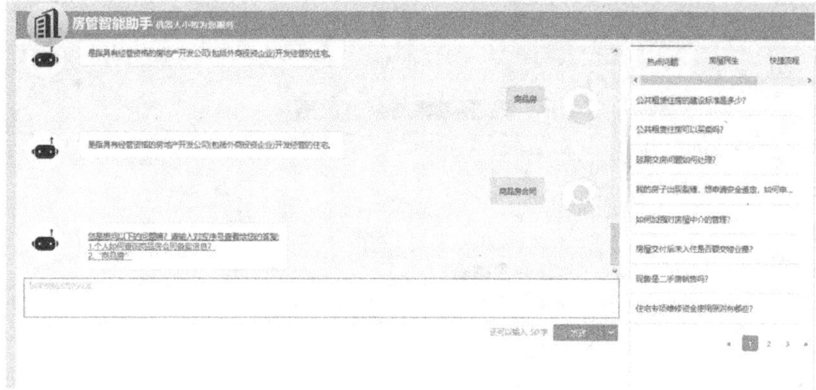

图 31 基本问答及推荐测试

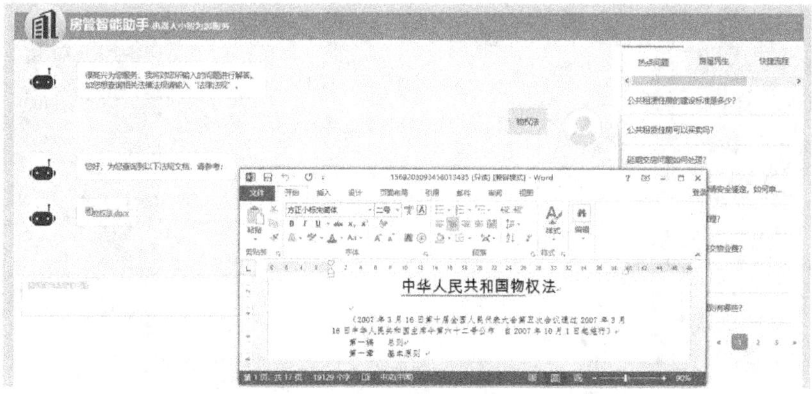

图 32 法规问答测试

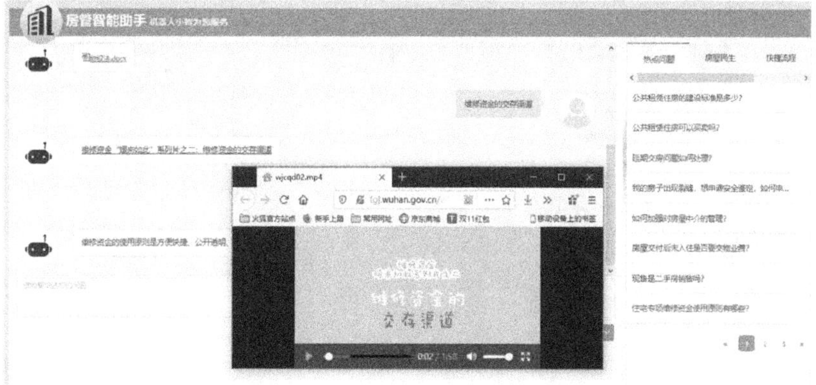

图 33 视频应答测试

图 34　图片应答测试

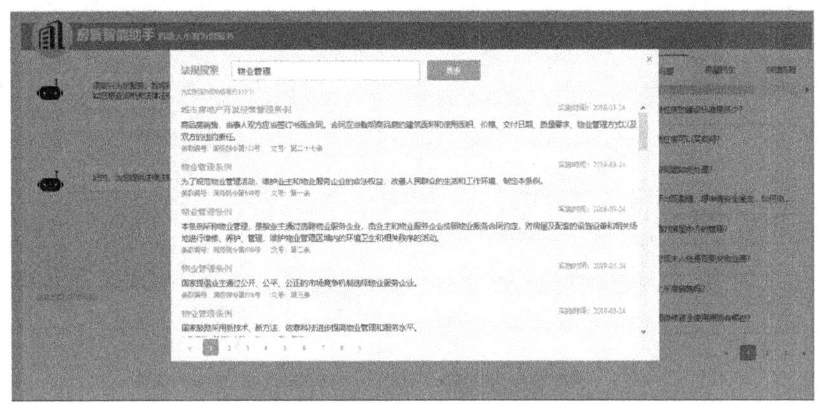

图 35　法规条目全文检索测试

图 36　智能问题联想测试

际使用的需求（图 37、图 38、图 39）。

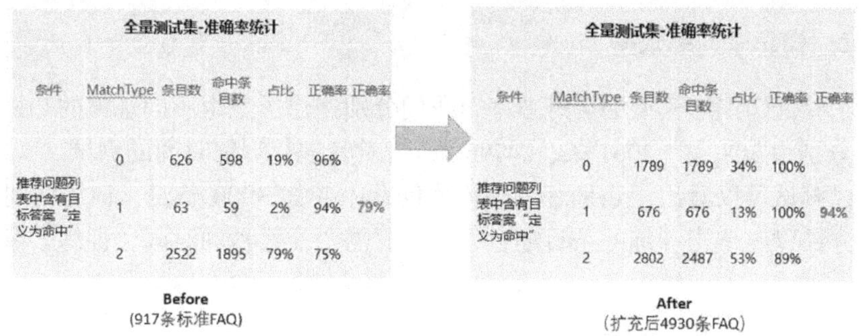

全量测试集-准确率统计

条件	MatchType	条目数	命中条目数	占比	正确率	正确率
推荐问题列表中含有目标答案"定义为命中"	0	626	598	19%	96%	
	1	63	59	2%	94%	79%
	2	2522	1895	79%	75%	

Before
(917条标准FAQ)

全量测试集-准确率统计

条件	MatchType	条目数	命中条目数	占比	正确率	正确率
推荐问题列表中含有目标答案"定义为命中"	0	1789	1789	34%	100%	
	1	676	676	13%	100%	94%
	2	2802	2487	53%	89%	

After
(扩充后4930条FAQ)

matchType = 0 直接回答：直接回复一个答案，阈值大于 0.9
matchType = 1 理解回答：两个以上问题命中，取阈值最高的答案回复，阈值大于 0.9
matchType = 2 引导回答：回复一个相似问题列表（阈值大于 0.1 小于 0.9）
matchType = 3 未知回答：算法匹配低于最低阈值时返回未知问题回复，阈值小于 0.1

图 37　问答准确率对比测试

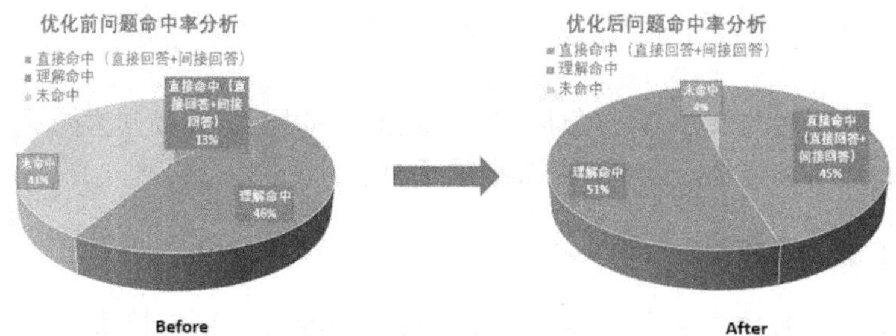

图 38　问题命中率前后对比

命中答案分值统计

分值下限	分值上限	条数	区间	占比
0	0.1	189	0~0.1	3.5%
0.1	0.2	501	0.1~0.2	9.2%
0.2	0.3	173	0.2~0.3	3.2%
0.3	0.4	926	0.3~0.4	17.0%
0.4	0.5	856	0.4~0.5	15.7%
0.5	0.6	168	0.5~0.6	3.1%
0.6	0.7	31	0.6~0.7	0.6%
0.7	0.8	91	0.7~0.8	1.7%
0.8	0.9	56	0.8~0.9	1.0%
0.9	1	2465	0.9~1	45.2%
SUM		5456		100%

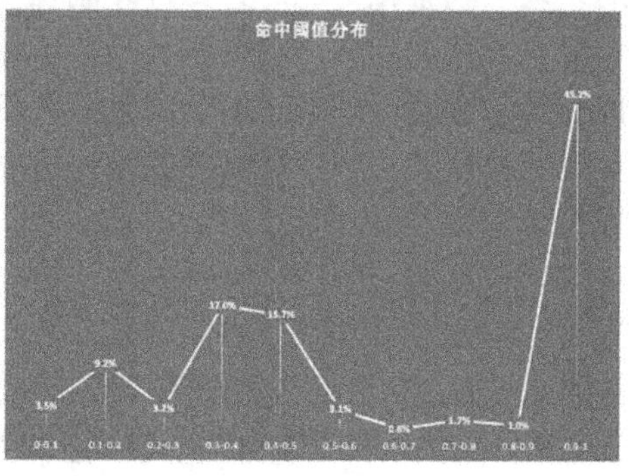

图 39　问题命中率分布分析

同时系统还与房管局线上现有的基于全文检索的智能问答系统进行对比，可以看到基于机器学习的智能问答效果远远优于现有的智能问答系统。

（三）知识库训练效率

为了验证知识库模型的训练效率，我们分别构建了三组不同规模的知识库语料条目（分别为 308 条、3061 条、24796 条），对其进行训练时间的测试。

通过测试可以看出，当训练的知识库问题不超过 3000 条时，训练时间基本控制在 1 分钟以内，当训练的条目超过 1 万条时需要几百秒的时间，训练效率非常高（图 40）。

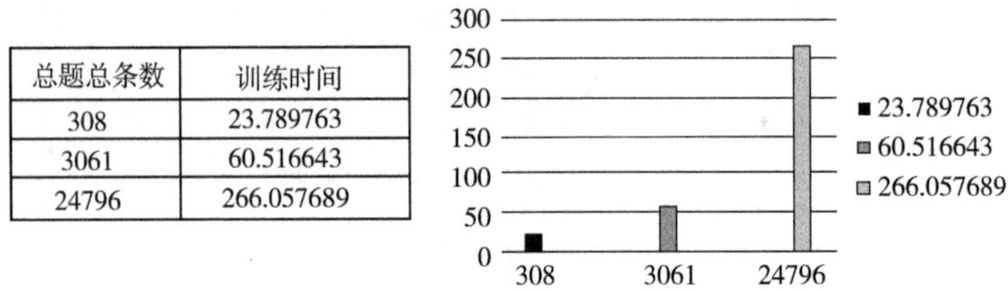

总题总条数	训练时间
308	23.789763
3061	60.516643
24796	266.057689

图 40　不同规模知识库的训练时间对比（单位：秒）

由于训练时间与服务器配置环境等因素相关，以上测试数据为同一服务器环境下不同语料数目训练从启动到训练完成的用时统计。

三、系统上线准备

系统上线过程中专家服务顾问应该进行生产准备就绪前检查，通过主动地识别任何可能造成部署中断和使实施的系统解决方案的技术优点打折扣的所有问题，来协助系统顺利推出。此时，要召开流程实施研讨会，部署流程最优实践，达到流程和技术的完美配合。项目建设涉及项目实施规划与设计、数据采集、UI 设计、软件开发与实施、硬件采购与安装、供应商管理、项目管理等众多专业性建设与综合性统筹管理。项目建设存在整体跨度大、专业性强、复杂度高、工作量大等特征。

（一）制订上线计划

应用系统验收通过后，开发人员编译源程序，将可以安装的产品移交给该系统的维护人员。维护人员根据开发计划，提出上线申请，提交单位分管领导审批。

（二）审批上线计划

分管领导审核上线计划及数据转换计划等相关申请，通过后提交开发部；

开发部确认应用系统是否符合上线要求，召集相关部门会签，并对上线计划和数据转换计划进行审批；对于重大项目，开发部报公司相关领导审批；

上线计划审批通过后，应用系统维护人员进行上线的准备及实施工作。

（三）上线实施

应用系统维护人员制定上线步骤，维护人员和数据库管理人员分别在模拟环境下进行上线测试和数据转换/移植测试；

测试通过后，应用系统的维护部门向技术发展部提交测试报告，技术发展部向该系统的维护部门、应用部门和相关的其他单位下达上线通知，正式发布新系统；

应用系统维护人员和系统管理人员准备上线的软硬件环境，确认各相关系统及相关单位已作好准备，按照通知规定的上线开始日期，通知相关业务暂停；

数据库管理人员、服务器操作系统管理人员和应用系统维护人员分别备份原来的数据库、操作系统文件和应用系统，并妥善保存；

数据库管理人员和应用系统维护人员按照上线步骤，进行数据转换或移植、系统配置与安装，必要时，服务器操作系统管理人员予以协助；实施人员记录每一步的操作结果，如果有错误，记录错误现状，通过各种途径解决该问题；如果暂时不能解决该问题，则应恢复备份的数据库、系统环境及应用系统等，取消本次上线，保证业务正常运行，等待问题解决以后再执行；

上线成功后，应用系统维护人员记录上线的日期和内容，做好新系统的文件备份、数据备份和系统日志记录；

应用系统维护人员通知各有关单位启动业务，并向技术发展部报告该系统上线情况，进行总结。

第七章　总结与展望

一、总结

智能应答在商业应用中已较为成熟，但在政务部门应用目前还不多。本次研究拟用文本手段，机器智能应答形式，以信访政务业务作为尝试，完成并构架房管智能机器人系统。基于武汉房管的实际情况，房地产市场、交易、管理作为群众主要关心的方面，信访部门业务量大、群众上访意向日渐强烈，本次以信访业务为突破口开展智能应答研究，旨在提高服务效率，减少人力资源成本，以 7×24 小时模式提供服务，提高政府办事效率及公信力。

网上信访智能应答系统在房管信访和舆情分析领域中，目前尚无成熟可借鉴的案例。需结合武汉房管信息部门及业务部门，制定落实相关计算规则，完成应答业务流程制定。在系统建设方向、内容、目标的确立方面，需要依据国家的政策制度逐条明确，特别是对于国家已经废除的旧的制度章程，在应答业务机制中需逐条核对更新最新的章程、法规，梳理工作量非常大。在知识体系和知识资源池的建立方面，需在逐条针对各个下属单位、业务部门划分责权区域。同时要在梳理过程中，对已有数据进行清洗、去重、分析，再进行统一存储。在数据方面，应确保数据的安全性、保密性，并对数据使用权限作相应的权限划分。NLP 技术在房管信息中设计成熟后，架构的适应方式、应用场景需在实验中逐步摸索完善，如在不停业务的环境中频繁作实验性调整。

二、展望

目前应用在聊天机器人上的深度技术正处于高速发展时期，不管是从技术方法上看，还是从实际的系统性能上看，都有非常大的发展空间和前景，考虑到将来可能的需求，本智能机器人系统可快速扩展支持 Web、微信、App、电话机器人等多渠道，并且统一入口，易于管理和维护。

（一）微信公众号、政务网站实行对接

武汉房管局智能对话机器人系统提供开放的 API 接口，今后可与房管局微信公众号以及政务网站等用户系统及其他信息查询咨询接口打通，进行深度集成，通过对话任务进行无缝连接，通过智能语义理解和意图识别，直接触达用户需求，完成信息咨询业务办理等需求，从而将人工从烦琐、重复的工作中解放出来，进而将人力资源用于精英服务，提升服务质量。智能对话机器人可以保持持续稳定的服务质量，同时避免了人工的不可控性，最终达到降低人力成本，提高服务效率的目的。

（二）知识库扩充

通过对城市留言板回复内容的相似学习，反向扩充知识库中的问题库。通过对法律条款的相似度学习，完善标准答案的法规依据。

系统上线后根据实际问答数据情况，可通过智能学习功能不断扩充和完善知识库，提高智能问答的准确率，从而提供更好的用户体验和满意度。

（三）语音服务机器人展望

武汉房管局智能对话机器人系统可与用户系统进行深度集成，承接智能语音接待业务，将内呼对话任务进行无缝连接，自动分类整理，语音导航直接触达用户需求。智能对话机器人可以保持持续稳定的服务质量，同时避免了人工的不可控性，可以在有效的时间内，完成更多更有效的沟通，降低人力投入成本。由于智能对话机器人处理能力不同于人工处理，可在有效的工作时间内完成更多的呼入和外呼任务，提高总体服务水平。

平台化的普适服务模式，可为广大用户提供人工智能服务，服务可定制，数据可监控，结果可分析。智能对话机器人全天候待命，可保证及时有效的服务需求。智能对话机器人无需调整情绪，即可提供 7×24 小时稳定的服务，及时解决用户的咨询，未来发展前景可期，必将投入到更多的政务服务中。

武汉市房产测绘成果审核备案及面积管理研究

武汉市住房保障和房屋管理局交易管理处
武汉市房产测绘中心

课题负责人：黄　立　武汉市住房保障和房屋管理局　副局长
课题组成员：赵泽山　郑举汉　潘芾林　刘昌平　祁春燕
陈祖军　郭阿兰　邓　宁　杨　凡
课题组顾问：刘越岩　蓝悦明　别必鑫
课 题 统 稿：郭阿兰　陈祖军

概　述

一、研究背景

（一）武汉市工程建设项目审批制度改革的背景

2018 年，武汉市深化工程建设项目审批制度改革深化方案发布，该方案以深化工程建设项目审批制度改革为工作目标，在工程建设项目审批制度框架体系下，拓展和优化信息数据平台功能，不断提升改革成效，通过进一步优化审批流程，进一步完善审批管理体系，进一步加强审批监管，到 2020 年底形成科学规范、便捷高效的工程建设项目审批和管理体系。

房产测绘成果审核备案工作需利用多项工程项目审批文件，如不动产证（土地证）、建设工程规划许可证、经相关行政部门审批通过的设计图纸等。建设项目审批制度改革出台的系列文件令测绘成果审核的数据采集来源和获取途径发生变化，房产测绘管理部门应对其进行系统整理，以适应新形势下的测绘成果审核备案工作。

建设工程审批改革方案进一步完善和落实了“多测合一”“联合验收”等制度，将推进武汉市房产测绘市场全面放开，房产测绘主管部门应制定相应的政策对开放市场中的房产测绘机构进行监督、管理。

武汉市房产测绘成果审核备案工作非“行政确认”事项，但在建设项目审批改革的大背景下，通过研究建设项目审批改革的理念、导向、具体实施方案，如电子证照云数据共享，拓展告知承诺制事项范围，加强信用体系建设，加强沟通培训等各项措施，提出了优化房产测绘成果审核流程、提高房产测绘管理水平的建议。

（二）当前武汉市房产测绘审核备案工作面临的问题

当前武汉市房产测绘审核备案工作常面临以下几个主要问题：①房产测绘管理部门无有效机制提高测绘部门质量意识，导致测绘成果报告审核一次性通过率低，行政效率不高；②房产测绘成果报告的合法性审核力度不强；③规划审批面积与房产测绘面积标准不一致引起的房产测绘成果审核管理风险问题；④当房屋现状与规划审批图纸不一致时的处理方法。

二、研究目的

（一）为房管部门提高房产测绘水平提供政策建议

本次研究通过实地调研北京、成都等全国城市房产测绘管理和房产测绘成果审核工作的先进经验和做法，结合武汉市房产测绘管理的现状提出意见和建议，为房管部门提高房产测绘管理水平提供政策建议。

（二）提出优化房产测绘成果审核工作流程的建议

研究武汉市建设工程审批制度改革的相关文件，收集测绘单位和建设单位的意见建议，梳理武汉市现行的房产测绘成果审核工作流程，并提出优化收件、审核工作流程，提高审核工作效率，确保审核质量的建议。

三、研究方法

（一）调查研究法

从课题立项到研究的各个阶段，分别用问卷、访谈等多种形式进行不同内容的调查研究，提高研究的可行性。

（二）文献研究法

查阅文本资料及相关的信息网，搜集各职能部门执行的技术标准，分析研究其时代背景，构建研究的理论框架，为课题研究奠定基础。

（三）经验总结法

由其他城市的具体经验，上升到科学总结，提高研究水平，为武汉市房管部门制定房产测绘管理政策提出设想和措施。

第一章　房产面积管理和测绘成果图件审核备案工作的依据和重要意义

一、法律法规的规定和各级政府的发文

房产面积管理，是指房地产行政主管部门按照《房产测绘管理办法》等相关规定，对房产测绘市场运行、测绘机构及其从业人员进行监督管理，对房产测量成果进行审核，调处房屋面积纠纷，组织开展房产基础测绘等管理工作。

《房产测绘管理办法》第十八条规定：“用于房屋权属登记等房产管理的房产测绘成果，房地产行政主管部门应当对施测单位的资格、测绘成果的适用性、界址点准确性、面积测算依据与方法等内容进行审核。审核后的房产测绘成果纳入房产

档案统一管理。”

住房城乡建设部《房屋交易与产权管理工作导则》（建房办〔2015〕45 号）第 7.4 条规定：各地对房产测绘成果应实行备案管理。第 7.6 条规定：房产测绘成果资料包括书面资料和电子数据资料。房产测绘成果资料内容与形式，应符合房产管理部门备案要求。房产测绘机构对房产测绘成果的真实性、准确性、合法性负责。

2001 年建设部第 88 号令《商品房销售管理办法》在第三十四条中明确指出："房地产开发企业应当在商品房交付使用前按项目委托具有房产测绘资格的单位实施测绘，测绘成果报房地产行政主管部门审核后用于房屋权属登记。”

湖北省《房产测绘管理办法》细则第三条规定："县级以上测绘行政主管部门和房产行政主管部门根据当地人民政府确定的职责分工负责房产测绘及其成果应用的监督管理。”

《武汉市测绘管理条例》第五条规定："城乡建设、住房保障和房管、水务等部门按照职责分工，负责本部门有关的测绘工作，并接受测绘主管部门的指导和监督。”

根据上述法律法规的规定，武汉市住房保障和房屋管理局颁布了以下文件以加强房产测绘成果管理工作：2010 年发文《市住房保障和房屋管理局关于进一步加强房产测绘成果管理的通知》（武房发〔2010〕29 号），2012 年发文《市房管局关于进一步加强房屋基础信息（测绘成果）管理的通知》（武房发〔2012〕141 号），2014 年发文《市房管局关于进一步加强房产测绘管理工作的通知》（武房发〔2014〕114 号），2016 年发文《市房管局关于优化调整房屋产权基础信息（测绘成果）管理工作的通知》（武房发〔2016〕33 号）。

二、房产面积管理和测绘成果图件审核备案工作的重要意义

（一）房产测绘工作的职能和任务

房产测绘就是使用先进的测绘仪器，运用科学的测绘技术及测绘手段来测定房屋及土地的各项基本信息：自然和权属状况、坐落、用途以及目前使用情况等。房产测绘的主要任务是对房屋以及与房屋相关的建筑物及附属设施进行权属调查、自然情况调查及绘制基本图形；对土地和土地上的建筑物进行实地调查，填写地籍调查表，确定权属界线等；对房屋的产权、坐落、状态、层数及使用状况等内容进行确认及核准。房产测绘的目的主要是为以下行为提供基础数据和参考资料，如房屋产权产籍管理、运营管理、买卖管理、动迁安置补偿及资产评估、缴税、征费、司法鉴定等；它也为城市的长远规划建设，如道路修建、地铁施工、通信线路、环境

保护等提供相关数据。房产测绘具有以下特征，见表1：

表1　**房产测绘特征**

法定性	房产测绘属于法定测绘，房产测绘成果一旦被房屋登记部门采用，便具有法律效力。它是房屋产权认定及处理产权纠纷的依据，其他的测量成果一般不具备法律效用
测绘成果形式多样	房产测绘成果形式多样，包括各种表格和图形。表格有面积表、分摊面积计算表、分户面积表等，图有分丘图、分层分户图等
从业人员素质要求高	从事房产测绘的工作人员既要掌握测绘技术，熟悉测绘仪器，还要有相当丰富的房地产方面知识，了解与房地产相关的法律法规
专业性	房产测绘一般需要依申请而进行，房产测绘机构根据申请人的委托内容进行房产测绘工作
数据更新	随着城市化进程的加快，城镇建设逐渐增多，新建房屋销售、进行产权登记等都需要及时更新房产测绘数据，房产测绘成果数据是进行房地产权属登记的法律依据

从表1可以看出，房产测绘的作用非常重要。房地产业的繁荣发展推动了房产测绘行业的崛起，房产测绘成果是进行房地产管理的基础性数据，房地产的管理离不开房产测绘。

（二）房产测绘成果审核备案工作的重要意义

测绘成果审核备案工作为采集房地产各项物理属性数据，为产权交易、市场管理、房屋安全管理、物业管理等各项房地产行政管理工作提供经过确认的有效信息，测绘成果的楼盘表信息同时作为各类业务数据的枢纽和载体，叠加房屋登记等各类业务数据后，实现各类房产行政管理工作的信息共享，是整个房管系统信息的基石。特别是在不动产登记职能调整后，房屋产权基础信息（测绘成果）审核结果将成为房管部门实现与不动产登记部门数据共享的信息仓库，地位日益凸显。

房屋面积及交易安全涉及购房人切身利益，直接关系到社会的和谐稳定，只有通过加强政府监管，树立政府权威公信力，营造公开公平公正的诚信环境，才能有效解决购房面积纠纷，化解潜在的社会不稳定因素，促进房地产市场健康稳定发展。

第二章　武汉市房产测绘管理与测绘成果审核备案工作开展情况

一、武汉市房产测绘机构介绍

（一）武汉市房产测绘机构的设置和人员现状

由于房产测绘市场规模的可预见性，为了避免过度竞争，武汉市对房产测绘实行了有限放开、适度竞争的模式。有限放开即不是所有具备测绘资质单位都可以进入房产测绘领域开发业务。武汉市房地产管理部门根据市场规模和客观条件，确定 16 家房产测绘单位进入房产测绘领域开发业务。其中隶属市房管局的独立法人事业单位 1 家（甲级），其余均为由原市区房屋登记机构的相关科室改制脱钩的事业单位或企业（乙级 3 家、丙级 11 家、丁级 1 家）。从事房产测绘人员共 396 人（见表 2）

表 2　　武汉市房产测绘机构设置和人员一览表

序号	单位名称	资质级别	人数	专业人员			学历			质量管理		备注
				高级	中级	初级	本科	大专	其他	专职	兼职	
1	武汉市房产测绘中心	甲级	156	12	40	63	93	47	16	5		
2	洪山区住房保障和房屋管理局测绘队	乙级	25	2	8	15	16	2	7	1	3	
3	江夏区测绘地理信息院	乙级	22	2	8			10	6		3	
4	武汉兴信测绘有限公司	乙级	47	2	8	21	21	10		2		
5	武汉市江岸区房产测绘站	丙级	7		2	5	6	1		1	2	
6	江汉区住房保障和房屋管理局测绘中心	丙级	16	1	8	17	9	3	4	1		
7	硚口区住房保障和房屋管理局测绘队	丙级	7	1	4	2	2	5		1	1	
8	汉阳区住房保障和房屋管理局测绘中心	丙级	10		4	2	9	1			2	

续表

序号	单位名称	资质级别	人数	专业人员			学历			质量管理		备注
				高级	中级	初级	本科	大专	其他	专职	兼职	
9	武昌区住房保障和房屋管理局测绘队	丙级	12	1	7	2	12				1	
10	武汉正量勘测设计有限责任公司	丙级	15	2	4	9	8	3	4	1	1	
11	东西湖区房产测绘中心	丙级	10	1	4	6	8	2			2	
12	武汉市金鑫房地产测绘有限公司	丙级	15		3	5	6	2			2	
13	黄陂区木兰房产测绘队	丙级	10		3	7	7	3		1	1	
14	新洲区房产测绘队	丙级	26	1	2	5	3	12	11		2	
15	青山区房产测绘站	丙级	8		4	4	6	2		1		
16	武汉永恒房地产测绘有限公司	丁级	10		3	7	4	16			2	
	合计		396									

（二）武汉市房产测绘机构存在的问题

1. 质量管理机制不健全

武汉市房产测绘机构除了市房产测绘中心（甲级测绘资质）以外，大部分房产测绘机构因资质等级较低，实际从业人员较少，设立专门质检部门的不多，很多作业人员身兼数职，测绘工序管理不到位。

2. 房产测量信息化建设不足

目前，房产测量向数字化、信息化发展。房产测量的信息化就是要通过建立房产测量生产和管理信息系统，建立城市房产测量基础数据库，实现测绘成果资料的统一管理和利用；房产测量、绘图、面积计算的自动化；房产测量项目图形和属性信息的一体化；测绘成果规范化的管理以及测绘成果在各个房地产业务子系统之间的充分利用和共享。

从我们对武汉市房产测绘机构调研的情况来看，除了市房产测绘中心（甲级测绘资质）以外，大部分测绘机构还未对房产测绘档案进行集中管理，许多测绘档案都是分散在各测绘机构中，或分散在权属登记档案里，并未集中建库。由于人员、设备等方面的原因，目前大部分房产测量机构还是采用传统的测量手段，忽视了房产测量成果作为房产 GIS 基础数据的重要性。

3. 房产测量业务范围单一，生产规模较小

调查发现，除了市房产测绘中心（甲级测绘资质）以外，测绘机构中只单纯开展房产测量业务的机构占绝大多数，业务比较单一。同时开展工程测量、地籍测量、航空摄影测量等工作的综合性测绘机构较少。大部分测绘机构只具备从事房屋面积测算业务的能力，无力承担其他测绘业务。

4. 测绘人员素质有待提高

调查发现，武汉市测绘机构大部分房产测量人员由原来的房产管理人员转型而来，专业技术欠缺，加上近几年对测绘专业人才的引进力度较小，导致各房产测量人员素质参差不齐，制约了房产测量行业的发展。同时，由于缺乏对房产测量的深入研究，各大学包括测绘专业也很少有房产测量的教材，房产测量学科系统全面的研究工作尚未开展。

二、武汉市房产测绘成果审核备案工作的开展情况

2010 年武汉市房管局为进一步规范武汉市房产测绘成果管理，加快房屋管理信息化建设，由市房管局产权处下设的测绘成果管理办公室负责对全市用于房产管理的测绘成果进行审核并强化监督检查及楼盘表建盘工作。房产测绘成果审核针对测绘单位是否具有房产测绘资质、测绘成果的实用性、界址点的精确性和面积测算的依据和方法四个方面进行。

自 2010 年开展房产测绘成果审核备案工作以来，武汉市住房保障和房屋管理局房屋基础信息（测绘成果）审核工作共完成 9539 个项目，建筑面积 58829. 60 万平方米，未发生一起因面积审核、楼盘表建盘错误引起的社会纠纷。

三、武汉市自开展房屋面积管理和测绘成果图件审核备案工作以来取得的成果

（一）统一技术规范执行标准，确保房产测绘成果质量

现代建筑结构形式千变万化，房产测绘技术规范的条款无法穷尽所有建筑形态，测绘部门对于技术规范有各自的解读，通过房产测绘成果审核工作，可使全市统一技术规范执行标准，并确保房产测绘成果质量，减少因测绘成果质量造成的房产管理风险。

有这样一个案例，房产测绘单位将某个商业地产项目的地上 26 层商业和办公部分，地下 3 层进行整栋测绘，将地下室的设备用房分摊给了地上商业和办公部分，审核工作人员在审核时，调用该项目前期档案，发现该项目的地下室与该项目大地下室相通，尽管前期大地下室和其地上房屋已办理了房屋权属证明，该栋地下

室也不应和商业、办公视作一栋房屋，应独立成栋，地下室的设备用房不应当分摊给地上商业和办公部分，审核部门提出审核意见后，测绘队修改了测绘成果，维护了客户的利益。

（二）加强技术标准研究，规范行政权力的行使

市局组织完成了《武汉市房产测绘实施细则》（2010 版）和《湖北省房产测绘技术规程》（DB42/T1049—2015）的制定工作，2015 年 6 月省内实施的技术规程通过了湖北省建设厅、湖北省质量监督管理局组织的专家验收，该规程不仅对面积计算规则作出了规定，而且还覆盖了分幅分丘、测绘信息技术应用以及成果资料的管理利用等内容，这在全国已制定房产测绘规则的省市中尚属首家。结合武汉市实际情况，2016 年针对审核过程中发现的问题，市局组织房产测绘行业专家，召开技术研讨会，并发文《房产测绘项目有关业务问题的处理意见》，提出相关解决方案。2018 年 9 月，武汉市建设工程审批制度改革的“多规合一”“多测合一”等政策出台，市房管局与市自然资源和规划局联合发文《武汉市建设工程建筑面积计算规则》，部分解决了两个部门之间计算规则不统一的问题。

（三）研发测绘生产软件系统，建立全市房产测绘成果数据库

2009 年市局与南方测绘有限公司合作开发了武汉市房产测绘数据生产系统，全市各测绘单位可免费安装使用。南方版房产测绘生产软件平台的搭建，实现房产测绘成果高效生产，提高测绘成果质量，统一全市房产测绘报告的数据格式，建立了全市房产测绘成果管理数据库。

因南方版测绘软件的版权制约、测绘成果数据无法导入楼盘表、测绘生产作业与测绘审核系统不能挂接等问题，受市局委托，武汉市房产测绘中心于 2015 年自主研究开发了武汉市房产测绘制图软件，向市局备案的房产测绘部门可免费安装使用。该系统生产的分层分户图件可导入武汉市房产测绘成果审核备案部门的办公生产系统，可进行测绘成果的电子版与纸质档案的核对，测绘成果的分户数据可导入楼盘表建盘系统，实现各栋分户数据自动建盘功能。

（四）规范武汉市房产测绘成果档案管理工作

武汉市房产测绘成果档案过去分散于全市各房产测绘单位，无法集中管理，有的测绘单位并未建立档案管理制度，档案资料零散，不健全的房产测绘档案管理给后续查档工作带来不便。2010 年，武汉市开展房产测绘成果审核备案工作，由武汉市房产信息中心对测绘成果审核备案的档案进行入库、装订，录入档案系统，实现了对全市测绘成果档案的纸质、数字化全方位的立体管理。

（五）建立完善信息系统，利用互联网技术提升管理服务水平

在不断优化审核流程的同时，市局对房屋产权基础信息（测绘成果）核图审核系统进行了多次修改升级，增加完善了管控手段、数据处理统计分析功能，实现了各环节信息共享，并通过微信“城市服务”栏目（微信号：武汉住保房管），为市民提供全方位房屋查询服务。

第三章　目前我市测绘成果审核工作流程及具体做法

一、武汉市房产测绘成果审核工作的总体框架

审核范围：全市单位自建房、商品房项目、测绘图件变更项目的用于商品房预售和房屋不动产登记的房产测绘成果报告。

审核层级：分初审、复审、确认三级审核模式，初审5个工作日，复审2个工作日，确认1个工作日。审核过程为100%的内业核查，不做外业勘察。

审核要点：施测单位的资格、测绘成果的适用性、界址点准确性、面积测算依据与方法等。

技术规范：武汉市目前执行的技术规范和标准如表3所示。

表3　　房产测绘成果审核执行的技术规范和标准

序号	文件名	文号	使用时间	备注
1	《房产测量规范》	GB/T17986—2000	2000年8月1日至今	
2	《关于房屋建筑面积计算与房屋权属登记有关问题的通知》	建住房〔2002〕74号	2002年5月1日至今	
3	湖北省地方标准《房产测绘技术规程》	DB42/T1049—2015	2015年6月1日至今	
4	《武汉市房产测绘实施细则》（2010版）	武房发〔2010〕3号	2010年2月1日	
5	《市房管局关于印发〈房产测绘项目有关业务问题的处理意见〉的通知》	武房发〔2016〕90号	2016年11月14日	
6	《武汉市建设工程建筑面积计算规则》		2018年9月21日	

续表

序号	文件名	文号	使用时间	备注
7	《市住房保障和房屋管理局关于贯彻执行〈武汉市建设工程建筑面积计算规则〉的技术指导意见》		2019 年 3 月 1 日	

信息系统：办公系统为武汉市房产测绘中心开发的房屋面积管理（图件审核）信息管理系统。2016 年前的预测项目，测绘单位应使用武汉市房产测绘数据生产系统（旧版生产系统）出具房产测绘成果报告图册，2016 年后的预测项目及未用旧版生产系统做过实测绘的项目，测绘单位应使用武汉市房产测绘制图软件（新版生产系统）出具房产测绘成果报告图册。

工作流程：执行《房屋面积管理（测绘成果审核及备案）工作手册》。该工作手册规定了测绘成果审核工作的依据、流程、收件资料、表格样式等。

审核流程：受理—分发—初审（收取分丘图报告）—复审—确认—发放结果通知单。

二、测绘成果审核流程图

测绘成果审核流程图见图 1。

三、审核的具体内容

（一）项目概况审核

（1）核对系统数据中项目委托主体、项目名称是否与申报资料的记载一致。

（2）审核申请表填写的测绘面积分类是否正确。

（3）审核测绘成果房屋用途是否与土地用途、规划用途一致。

（4）审核申报人受委托项目在房屋面积管理（测绘成果审核及备案）审核系统中上报的电子数据是否与测绘成果一致。

（二）测绘成果技术专业性审核

（1）审核测绘成果是否与建设规模参数中所表述房屋栋数、层次、规划功能、小区配套用房等情况一致。

（2）审查各栋房屋图形和户型的位置是否与项目总平面图及建筑施工图一致。

（3）审查房屋测绘图纸的分栋、分摊原则及计算方法，《技术报告书及图件》成果的格式及表示方法是否符合《房产测量规范》和《武汉市房产测绘实施细则》

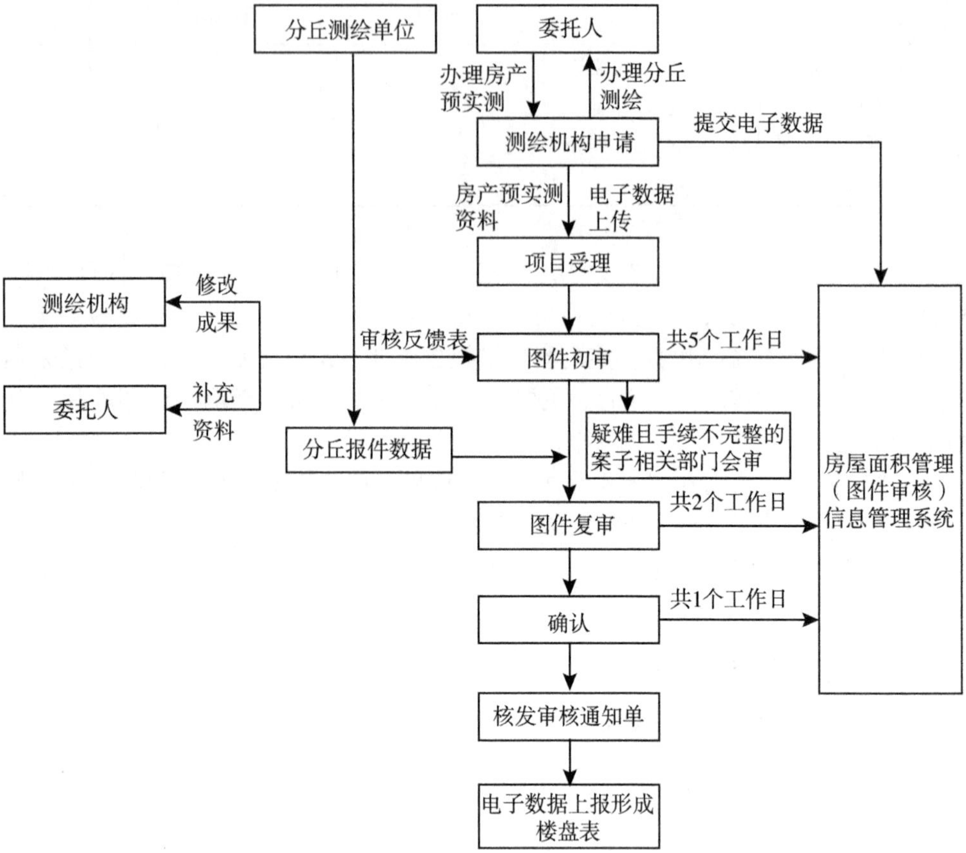

分丘测绘单位
委托人
办理房产预实测
办理分丘测绘
测绘机构申请
提交电子数据
房产预实测资料
电子数据上传
项目受理
测绘机构
修改成果
委托人
补充资料
审核反馈表
图件初审
共5个工作日
疑难且手续不完整的案子相关部门会审
分丘报件数据
房屋面积管理（图件审核）信息管理系统
图件复审
共2个工作日
确认
共1个工作日
核发审核通知单
电子数据上报形成楼盘表

图 1　测绘成果审核流程图

《房产测绘技术规程》等相关规定。

（4）公用部位和专有部位规划一致性审核。审核销售（分割）方案情况说明中对销售方案、栋（功能区）共有与共用部位描述是否与建筑施工图、测绘成果一致；审核测绘成果中地下室人防、非人防部位界限标示是否与规划审批的建筑施工图一致；审核测绘成果中各栋房屋的共有、专有部位是否标示清楚及其分摊原则是否符合要求；审核地下车位划分是否与规划验收一致。

（5）审核中针对商品房项目不计容地下部位房屋测绘、权属登记有关问题，根据《市房管局关于商品房开发项目不计容地下部位房屋测绘及权属登记有关问题的通知》（武房发〔2014〕103 号）文件规定，予以办理。

（6）审核物业用房、社区用房范围是否与规划审批一致。对物业用房面积不符合物业用房管理要求（项目总面积的 0.2%及规划审批指标）的项目，记载为需要建盘协审，由建盘部门指导开发企业完善物业用房的配置工作之后，再将项目签批转入复审阶段。

(7) 公共租赁房源审核。凡属商品房配建公共租赁房项目，审核其收件材料中是否有市住房保障中心出具的批文和公租房房源清册，并记载项目为需要建盘协审，由建盘部门对房产测绘报告的公租房各项指标进行核定之后，再将项目签批转入复审阶段。

第四章 当前我市工程建设项目审批改革的背景及对房屋面积管理和测绘成果审核备案工作的新要求

一、施工图审查分工文件对房产测绘成果审核备案工作的影响

2018 年 9 月，市国土规划局和市城乡建设委联合发文《关于工程规划许可和施工许可图纸审查分工的通知》(以下简称《通知》)，对市自然资源和规划局及市城乡建设委对施工图的审查职责进行了分工，并用文件形式明确了不动产登记的依据。“总平面图和建筑立面图审批后，盖武汉市国土资源和规划局建筑规划方案审批专用章，作为《建设工程规划许可证》的附图和工程验收以及不动产登记的依据”，“建筑工程平面图、地下室各层平面图和建筑单体剖面图等建筑图纸审批后，盖市城乡建设委建筑施工图审批专用章，作为《建筑工程施工许可证》的附图和工程验收以及不动产登记依据”。

《通知》发文前，市规划局在工程总平面设计图、工程平立剖面图纸上盖规划方案审批专用章。房产测绘成果审核收取规划审批工程图纸、规划工程验收、规划公示等资料，结合设计变更图纸等作为成果审核的依据。《通知》发文后，测绘成果审核以经规划部门审批通过的房屋总平图和立面图、以城乡建设局审批和第三方图审机构审查通过的平面图作为房产预测绘数据采集和房产要素调查的合法依据。在实测审核时，以规划竣工、规划处罚或公示、规划验收报告，结合经城乡建设局审批通过的工程图纸作为审核补充依据（表 4）。

表 4 **武汉市各行政区域施工图审查有效审批章列表**

序号	区属	规划章（平面图）	建委章（平面图）
1	江岸区	武汉市自然资源和规划局江岸分局业务联系专用章	武汉市江岸区建设工程施工图设计审查业务专用章
2	江汉区	武汉市自然资源和规划局江汉分局业务联系专用章	武汉市江汉区建设工程施工图设计审查业务专用章

续表

序号	区属	规划章（平面图）	建委章（平面图）
3	硚口区	武汉市自然资源和规划局硚口分局业务联系专用章	武汉市硚口区建设工程施工图设计审查业务专用章
4	汉阳区	武汉市自然资源和规划局汉阳分局业务联系专用章	汉阳区施工图审查业务专用章
5	武昌区	武汉市自然资源和规划局武昌分局业务联系专用章	武汉市武昌区建设委员会施工图设计文件审查专用章
6	洪山区	武汉市自然资源和规划局洪山业务联系专用章	武汉市洪山区建设局图审业务章
7	青山区	武汉市自然资源和规划局青山分局业务联系专用章	武汉市青山区施工图审查业务专用章
8	东西湖区	武汉市东西湖区国土资源和规划局施工图审查联系章	武汉市东西湖区建设工程施工图设计审查办公室业务专用章
9	武汉经济技术开发区（汉南区）	武汉经济技术开发区（汉南区）行政审批局业务联系章	武汉经济技术开发区（汉南区）城乡建设局图审业务章
10	蔡甸区	武汉市蔡甸区行政审批局方案审查工作联系专用章（仅供联系施工图审查之用）	武汉市蔡甸区城乡建设局施工图审查备案专用章
11	江夏区	武汉市江夏区行政审批局工作联系专用章	武汉市江夏区勘测设计管理办公室审查业务专用章
12	黄陂区	黄陂区自然资源和规划局建筑规划施工图核准专用章	—
13	新洲区	武汉市新洲区自然资源和规划局规划科	武汉市新洲区城乡建设局施工图联合审查专用章
14	东湖高新区	武汉东湖新技术开发区自然资源和规划局业务专用章	武汉东湖新技术开发区建设工程设计审查办公室施工图审查备案专用章

二、《武汉市建筑工程建筑面积计算规则》颁布后对房产测绘成果审核备案工作的影响

工程建设项目审批改革中的一项措施为：进一步完善和落实“多规合一”，

“多审合一”，“多测合一”，“多验合一”，加快推进工程建设项目审批制度改革涉及的相关地方性法规、规章和规范性文件的“立、改、废、释”工作。在上述背景下，2018 年 9 月，市房管局和市自然资源和规划局联合发文《武汉市建设工程建筑面积计算规则》（以下简称《规则》）。明确了建设工程房产测量技术标准适用原则以及房产测量的技术指导意见。

三、面积指标校核审核取消对房产测绘审核备案工作的影响

工程建设审批改革方案实施之前，武汉市国土规划局信息中心核定的《面积指标校核报告》是测绘成果审核部门认可的规划审批材料的补充技术文件，测绘成果审核部门收取《面积指标校核报告》作为预测审核参考材料，提取报告内的房屋的分栋情况、房屋的规划用途、面积指标项，来核对房产测绘报告和规划审批一致性的情况，对房产建筑面积与规划审批建筑差异较大的项目进行数据分析，得出差异原因。

工程建设审批改革方案及施工图审查分工文件出台后，《面积指标校核报告》纳入告知承诺制的范围，“告知承诺制”是申请人提出行政审批申请，行政审批机关一次性告知其审批条件和需要提交的资料，申请人以书面形式承诺其符合审批条件。市自然资源和规划局对审批项目进行面积校核抽查时，并非所有的新建项目都有《面积指标校核报告》，此时建设单位委托或第三方机构按照《规则》进行面积核定工作，或以设计院出具的建筑面积表，或以工程施工许可证上的房屋面积来代替面积指标校核报告，房产测绘成果审核部门以建设方提交的《面积指标校核报告》或设计院核定的面积数据作为审核的参考材料。

四、政府云数据共享对房产测绘成果审核备案工作的影响

建设工程项目审批改革实施方案中，规定“实行电子证照共享应用，建立行政审批市、区数据交换共享平台，实现数据云共享，将工程建设项目审批的证件、附图等信息提前传送到相关部门，对能够在线核查的，已在上游审批阶段提交的或者由上游审批部门出具的资料，不得要求申请人重复提交纸质资料”。

房产测绘成果审核用到的不动产证、工程规划许可证、规划竣工验收核实证明、建筑工程竣工备案表等资料均符合电子证照共享应用的规定，武汉市的房产测绘成果审核工作随时存在取消收取纸质证件材料，以武汉市政府大数据平台上的电子证照作为测绘审核的依据的可能性。

五、“联合验收”，“多测合一”的实施对房产测绘管理和房产测绘成果审核备案工作带来的影响

“多测合一”主要是指将多个测绘工作集成为一个综合性联合测量项目，实

现一次委托，统一测绘，成果共享。湖北省正在制定“多测合一”的相关政策，《关于开展湖北省工程建设项目“多测合一”工作的通知》《关于开展湖北省工程建设项目联合竣工验收阶段“多测合一”工作的通知》等文件已颁布。一旦湖北省“多测合一”“联合验收”的具体实施方案确定，武汉市房产测绘市场必将面临从半市场化向全面市场化的转变。

全面市场化会带来测绘市场的恶性竞争，导致测绘质量参差不齐，给房产测绘审核工作带来压力。房产行政管理部门应出台相应管控措施，规避房产管理和房产测绘成果审核的风险。

第五章　武汉市目前房屋面积管理和房产测绘成果审核工作中存在的问题

一、房产测绘成果审核备案部门未建立测绘成果质量机制

武汉市房产测绘成果审核备案部门无直接、间接的管理手段，如通过信用管理、成果质量评定等方式监督测绘部门的测绘成果质量，只能被动地接受各测绘单位质量参差不齐的房产测绘报告进行审核工作，自 2010 年测绘成果审核备案部门（图审办）成立以来，未因质量问题拒绝过测绘单位的测绘成果报告，导致房产测绘单位质量意识淡漠。

二、规划审批和房产测绘的两个标准带来的问题

（一）规划审批建筑面积和房产测绘建筑面积的标准问题

武汉市规划部门在房屋规划管理中，主要是控制建设项目的总规模、容积率、非计容面积、配套建筑、建筑密度等指标，这些指标的确认以房屋建筑面积为基础，是计算交纳项目规费的依据，是开发商计算房屋开发成本的重要组成部分。规划部门计算房屋建筑面积时对于房屋的栋面积、功能区面积、配套建筑的面积比较抽象，不具体确认功能建筑物之间的共有面积的关系，也不确认各产权单元之间的共有关系和分摊关系。

武汉市房管部门对于房屋面积的测算包括栋总建筑面积、各户的套内面积、产权面积、共有建筑面积等的确认和测算，这些数据主要用于房屋的交易，房屋价值的测算。同时，也是房屋产权登记的基础资料。

2018 年 9 月，市住房保障和房屋管理局及市自然资源和规划局联合发文《武汉市建设工程建筑面积计算规则》，以《规则》和《房产测量规范》为基础规定了建设工程建筑面积的计算方法，新规的适用范围为不动产登记。

《规则》的发布解决了部分规划审批与房产测绘面积差异的问题，但在实际房产测绘作业中，由于房产测绘特有的权属建筑面积分割、公共面积分摊计算等容易导致规划面积与房产测绘面积的不一致，造成了开发建设企业经济损失的情况，开发建设企业对此意见强烈（表5）。

表5　　　　规划审批面积与房产测绘面积不一致情况对照表

	房产测绘	规划审批
1. 高层建筑避难层的核心筒	作为公用面积分摊给避难层，不可销售	避难层不计容，避难层的核心筒作为计容面积计入其穿过的住宅或办公区域面积
2. 宽度超高2.1米的雨棚	面积计入其他，不可用于销售	面积计入其依附的建筑结构的功能区，如商业等
3. 临街柱廊	临街柱廊作为公共穿行通道，不计算建筑面积	面积计入其依附的建筑结构的功能区，如商业等
4. 独栋内，地上设备用房	可分摊给其服务的地上建筑	纳入其他之列
5. 功能区内的配套用房	配套用房的用途为其他，不能用于销售，如储藏室、值班室、活动用房等	面积计入其服务的建筑物
6. 栋与栋之间的连廊	多栋之间的连廊不计算建筑面积	一种情况是连廊有单独的连廊规划面积指标，则规划审批面积与房产测绘面积保持一致 另一种情况是连廊面积无单独的连廊规划面积指标，则其面积计入其服务的建筑部位的面积
7. 栋内消防连廊的计算	无柱连廊计算一半建筑面积	主体结构以内的无柱连廊计算全部建筑面积
8. 工业厂房的地上消防通道	消防通道不计算建筑面积，或当做架空处理	消防通道作为计容面积，计入厂房的建筑面积

从表5可分析得出，除配套用房的规划用途外，房产测绘面积与规划审批面积的主要差异体现在公共面积的处理上，例如雨棚、临街柱廊、高层建筑避难层的核心筒等。如果要达到规划审批面积与房产测绘面积真正统一，要么房产测绘规范继续向规划审批建筑面积规范靠近，则房屋的共有面积分摊系数会增大，影响购房业主的利益，要么规划审批建筑面积规范向房产测绘规范靠拢，则影响规划部门规费的收取。

（二）不同标准给房产测绘成果审核管理带来的风险

个别开发建设企业在房产测绘成果出来之后，通过比较发现房产测绘成果面积比规划审批面积小时，为满足房产测绘计算要求，通过变更规划设计图纸的方式将损失的建筑面积找回来。测绘成果审核备案部门无法判断规划变更的图纸与在规划部门备案的图纸是否一致，也无法确定设计图纸规划变更后，规划建筑面积指标是否需要规划部门重新核定，规划图纸变更后的合法性无法得到保证。例如以下案例，建设方发现规划部门将一层商业的雨棚投影部位计算了一半建筑面积，约 200 平方米的面积计入了商业面积，而房产测绘报告并未计算此处面积（新规可计算此处建筑面积，但规划用途为其他，不可销售），于是将图纸进行了规划变更，在雨棚投影的范围两侧增加了防火卷帘门形成了走道，计算全部建筑面积。然而该项目规划许可证上的证载面积并未修改，意味着未重新做面积校核，多出来的 200 平方米应当分摊的公用面积的合法性无法予以保证。

三、实测审核中的审核依据问题

《房产测量规范》《武汉市房产测绘实施细则》均规定实测是根据实际测量采集相关数据，《房产测绘技术规程》对实测数据采集进行了补充，是根据实际测量并结合建设单位提交的文件资料进行采集。上述技术规范均未明确当实地现场未按规划图纸进行施工，规划验收资料又无法体现出变更的建筑部位时该如何处理，实测现场未按规划图施工的情况多种多样，针对实测现场与规划审批图纸不一致的情况，何种变更情况需要规划审批的图纸变更作为审核依据，何种变更情况仅需要设计院变更图纸作为审核依据不得而知。目前我市房产测绘成果审核工作的做法是用于销售的房屋及设备用房的分户界限、用途发生变更，以及垂直、水平通道发生变化时应以规划审批变更或规划验收等相关材料作为审核依据。

东湖高新技术开发区规划竣工验收均以房产测绘报告作为参考材料，针对变更部位进行网上公示，规划公示材料可作为实测审核的依据。但武汉市其他城区的规划竣工验收不参考房产测绘成果，通常规划部门在规划竣工验收后不再对变更图纸加盖审批方案章，需要开发建设企业做大量的工作才能取得规划变更图纸作为审核依据，影响了审核的流程进度。

四、审核房产测绘成果报告的合法性问题

根据《国家测绘地理信息局关于印发测绘资质管理规定和测绘资质分级标准的通知》（国测管发〔2014〕31 号）对资质管理的要求，甲级房产测绘单位测绘无限额，乙级房产测绘单位的限额为“工程规划许可证上单栋证载面积小于 10 万平方米”，丙级房产测绘单位的限额为“工程规划许可证上单栋证载面积小于 5 万

平方米”，丁级房产测绘单位的限额为“工程规划许可证上单栋证载面积小于2万平方米”。

当遇到复杂建筑结构的房屋，如房产测绘报告为一栋，而规划审批为多栋的底层裙楼加塔楼的房屋建筑，这时是以规划审批的单栋建筑面积为限额标准还是以房产测绘报告的单栋建筑面积为限额标准来作为判断测绘部门是否超资质测绘？对此没有具体标准。超资质问题涉及测绘单位业务量问题，需要慎重对待。

第六章　外地城市的经验和做法

一、成都市的经验和做法

（一）成都市房产测绘管理机构

受四川省测绘局委托，成都市规划局为成都市房产面积测绘工作的行政主管部门，具体负责测绘机构的业务指导和日常管理。2015年成都市规划局和成都市城乡房产管理局联合发文《关于加强成都市房产测绘管理的通知》，2019年8月30日，成都市住房和城乡建设局发文《成都市房产测绘机构信用管理办法》，规定由市住建局负责全市房产测绘机构信用信息的管理、监督、指导工作。

（二）成都市房产测绘市场现状

2006年原房管局房屋产权监理处房屋面积测量办公室从产权处剥离并进行脱钩改制，在对原测量办公室工作人员进行分流安置后，重新组建成都市房管局房屋产权监理处房产面积测绘成果与信息管理科，自此成都市的房产面积测量全面市场化。

2006年成都市房产管理局发文《关于加强房产测绘成果审核归档管理的通知》，规定了房产测绘时提交的测绘成果需要审核和归档的内容。房产测绘全面市场化后成都市房管局建立了房产测绘机构管理库，2006年入库的房产测绘机构有40余家，2013年入库的房产测绘机构有100余家，2019年成都市“建设工程联合验收，多测合一”工作启动后，入库的测绘机构达到了300余家。房产测绘部门进行面积计算主要依据《房产测量规范》和《四川省房产测绘实施细则》。

（三）成都市房产测绘审核归档工作的开展情况

成都市住建局房屋交易租赁管理处负责全市房产测绘审核归档工作。成都市各房产测绘单位使用统一的测绘生产系统，房产测绘成果合法性的审核采用的是四川省2014年发布的地方性标准《四川省测绘资质分级标准》。测绘单位对实测项目出具两份技术报告，分别为《房产测绘技术报告》和《房屋建筑面积测绘成果报告》（房屋竣工建筑面积），房产测绘报告中包含有房产测绘面积与建筑面积测绘成果对比数据表，它是测绘成果审核的一个审核事项。

审核流程为申请—受理—一审—二审—归档，完成测绘成果审核程序的总工作时限为受理完成后第二个工作日起 7 个工作日内，不含测绘成果修正时间。审核内容为：①房屋栋划分准确：栋数认定准确、分栋界限明晰、独立成栋。②适用于预售、登记的需要，建筑形态合法。③报告及电子数据格式符合要求。④界址点的准确性。⑤面积测算的依据与方法正确。⑥房屋用途定义正确。⑦共有部位分类正确。⑧报告所定义的不动产单元适用于登记要求。⑨适用于系统数据格式的要求。

（四）成都市房产测绘机构信用制度分析

成都市房产测绘审核较早地建立了测绘机构管理数据库，采用信用管理模式进行房产测绘行业管理。2019 年 8 月，在四川省“多测合一”方案公布后，住建局根据相关文件精神发文《成都市房产测绘机构信用管理办法》，该办法目前处于讨论实施阶段。

测绘机构信用管理办法是把成都市房产测绘单位分为信用等级 A++级，A+级，A 级，B 级，C 级，D 级，建立覆盖全市房产测绘机构的管理系统。测绘成果面积审核部门根据信用等级决定审核抽查的比例，信用等级较高的房产测绘企业弱化成果审核，最快一个工作日内可以完成审核工作。

成都市成功实施测绘机构信用管理制度的背景：一是成都市开放房产测绘市场，测绘管理机构与任何一家测绘机构无利益关系；二是成都市较早建立了测绘机构信用管理库，根据成果质量对测绘部门评分，拒绝接收信用等级低的测绘部门的成果资料，具备了信用管理模式的雏形；三是成都市房产测绘成果审核机构与测绘单位之间“职、全、责”分明，测绘成果审核部门不深入审核测绘技术细节，测绘质量问题由测绘部门完全承担。

二、北京市的经验和做法

（一）北京市房产测绘成果审核的开展情况

2005 年北京市开始开展房产测绘成果审核工作。2016 年北京市对房产测绘成果审核工作进行了市、区审核部门职责分工，市住房城乡建设委办理驻京部队、保密单位、中央国家机关房产的审核，房地产预测项目的审核，以及相应的实、预测数据对应检查工作；区住房城乡（市）建设委（房管局）办理辖区内其他房屋的房产实测绘成果审核及相应的实预测数据对应检查工作。

北京市各房产测绘单位使用统一的测绘生产系统，测绘单位对实测项目在竣工验收之前介入，出具《房产测绘技术报告》和《房屋建筑面积测绘成果报告》，分别供测绘成果审核部门使用和规划验收部门使用，房产测绘部门进行面积计算主要依据《房产测量规范》和北京市地方标准《房屋面积测算技术规程》，对测绘成果合法性审核应用的是国家《测绘资质分级标准》(2014)。

北京市房产测绘成果审核工作由市住建委下设的北京房屋产权管理处负责，房产测绘成果审核确认为“行政确认事项”，与不动产登记为一个级别。审核流程为：受理—审核与决定—告知—送达。办理时限为自受理之日起，预测 6 个工作日，实测 7 个工作日完成审核。审核事项包括：①合法性：项目合法，施工许可合法，测绘机构合法。②规范性：测绘成果报告是否与规划许可的事项一致。③分摊说明：共有面积分摊说明的一致性与合法性。④格式：测绘成果报告的格式符合系统数据格式。

北京市住建委 2014 年发文《关于进一步加强房产测绘管理工作的通知》，决定对房产测绘单位实行信用评价制度，建立房产测绘单位信息库。对在面积测算中不执行标准规范，弄虚作假，测算失误等损害权利人权益、扰乱市场秩序的房产测绘单位予以行政处罚，限制其测绘成果在房屋管理中使用，并与测绘行政主管部门加强执法信息共享，实施执法联动。

（二）北京市房产测绘市场现状

北京市于 2003 年实现房产测绘市场化，测绘收费完全放开。至 2019 年全市备案的房产测绘单位共 130 余家。北京市房产测绘单位进入市场的方式为在规划部门取得资格许可，到房管局备案，免费使用生产系统。房产测绘主管部门掌握测绘单位进入测绘市场的情况，但不掌握测绘单位出走市场的情况。

三、武汉市与外地城市房产测绘成果审核备案工作开展情况的比较

（一）房产测绘审核备案机构的设置与职能比较

在全国开展房产测绘成果审核备案工作的城市中，武汉和杭州等地审核备案机构设在市房管局产权、交易相关处室，北京、成都等地审核备案机构设在住建局产权、交易相关处室，青岛、西安等城市审核备案机构设在不动产登记中心。

北京、成都等城市房产测绘审核备案机构除审核备案职能外，还部分行使管理房产测绘单位的职能，例如建立测绘机构信用管理制度等，可暂停或不受理信用等级差的测绘单位的房产测绘项目审核。

武汉市为半开放房产测绘市场，测绘成果审核备案部门无管理房产测绘机构的权限。

（二）房产测绘审核附加管理内容比较

北京市和成都市房产测绘审核备案工作仅对房产测绘成果进行审核备案，无附加的房产管理职能。武汉市将部分房产管理职能附加到房产测绘成果审核中，如测绘成果审核的初审环节需审核物业管理用房是否达到规划审批的面积指标或满足项目总建筑面积的 0.2%比例，将房管部门的物业管理职能附加到房产测绘成果审核工作中；又如商品房配建公租房项目的测绘成果审核，需收取武汉市房管局住房保障部门的公租房批文和公租房房源清册，初审时将此类项目标记为需建盘部门测绘协审的项目，由建盘部门对公租房房源进行各项指标审核与确认后，再进行房产测绘成果审核的复审核确认工作。

（三）实测审核方式比较

北京、成都、长沙等地的房产测绘均是在规划竣工验收之前介入，北京是房产测绘单位用不同的计算规则出两份实测技术报告：《房产测绘技术报告》和《房屋建筑面积测绘成果报告》。《房屋建筑面积测绘成果报告》用于规划部门竣工验收时使用，待规划部门核准后，再提交《房产测绘技术报告》进行房产测绘审核。成都市《房产测绘技术报告》的附件中包含《房屋建筑面积计算报告》，以及竣工建筑面积与产权面积差异对照表，该套报告首先用于规划竣工验收，合格后再交测绘成果审核使用。

长沙市实测成果首先用于房屋竣工验收，当与规划核准不一致时，出一份差异对照表转规划部门，待竣工验收后，换正式测绘成果。其中在竣工验收时，因房产计算规则不同导致差异时，测量技术报告中会明确差异原因。

武汉市、济南市的房产测绘部门进行预实测时均要依据规划设计图纸，如现场与图纸不一致，一般会要求委托方提供规划变更图纸，使得测绘成果基本和图纸、现场一致。

广州大体分三种情况解决，一是房屋变化较大时责令整改，保持与规划一致，二是房屋状况与规划局部不同时，出具供登记参考的技术报告，三是房屋状况与规划基本一致时直接出具用于登记的技术报告。

当房屋现状与规划设计不一致时，杭州市则给规划部门发送联系单，请予配合确认，建立了相关的沟通机制。

（四）审核模式比较

《房产测绘管理办法》第三条规定：“房产测绘单位……对其完成的房产测绘成果质量负责。”第十八条规定：“用于房屋权属登记等房屋管理的房产测绘成果，房地产行政主管部门应当对施测单位的资格、测绘成果的适用性、界址点的准确性、面积测算依据与方法等内容进行审核。审核后的房产测绘成果纳入房产档案统一管理。”该条规定对审核内容规定不明确。房地产行政管理部门对房产测绘成果是进行程序性审核还是实质性审核，其规定模棱两可。实质性审核重点是放在测绘成果审核备案的“审核”工作上，其审核模式为测绘成果审核备案部门实质上充当了各测绘部门质量管理员的角色；程序性审核重点是放在测绘成果审核备案工作的“备案”工作上，全国各地测绘成果审核的内容并不相同。

实质性审核的优点是能最大限度保证全市各测绘机构执行标准统一规范，减少因质量问题而引发的信访、投诉等负面事件，缺点是审核机构审核时间长，与国家建设工程审批制度改革的缩短审批时限、优化企业营商环境等政策相悖，并且审核机构变为测绘单位的质检部门，导致审核任务责任重，工作量大。

程序性审核通常还伴有测绘质量抽检制度，通过质量抽检来甄别房产测绘成果质量。程序性审核的优点是审核时间短，有较高的行政效率，审核部门承担有限的责任，缺点是各房产测绘单位对测绘规范执行的标准不统一，一旦测绘质量出现问题，容易引发投诉等群体事件。

北京市和武汉市的房产测绘成果审核模式类似实质性审核，北京市抽查 20% 比例的项目进行外业核查，武汉市不进行外业核查。执行实质性审核的审核部门必然依托了房产测绘单位的技术力量，如北京市住建委下的事业单位北京市房地产勘察测绘所，2010 年前就是北京市房产测绘成果的审核单位。

成都市的测绘成果审核模式是程序性审核与质量抽查相结合的机制，由测绘行业协会的专家、审核工作人员等组成的质量检查小组对房产测绘成果进行质量抽查，对于信用程度高的房产测绘单位，免于或降低质量抽查比例，对于信用程度低的房产测绘单位提高抽查比例甚至高达 100%。成都市房产测绘审核机构建立了测绘成果事后质量监督机制，对实测成果质量进行实地抽查，一旦发现实测质量问题，即致函不动产登记中心，停止该项目的不动产登记办理程序。

第七章　新形势下对房屋面积管理的措施建议和对策思考

一、建立面积纠纷调处和信访协调机制

房地产测量及房屋面积管理工作是房屋产权产籍管理的重要内容，关系到房屋人的切身利益。建立和完善房产测量面积纠纷调处机制，对于保障房地产市场的正常运作，维护房屋权利人的合法权益具有重要意义。

（一）研究建立专家委员会制度

房地产行政主管部门应指导建立房产测绘专家委员会。专家委员会应由具备房产测绘专业技能和政策水平的技术人员、大专院校教师等组成。专家委员会对同级房产面积鉴定机构的鉴定技术行为进行监督、指导，并负责重大技术疑难问题的处理。

（二）房产测绘成果鉴定认证机构应具有较高房产测绘水平

处理面积纠纷的房产测绘成果鉴定认证机构应根据规定取得鉴定资格。对房屋面积进行鉴定时，房屋面积鉴定机构可以组织专家独立开展工作，专家是鉴定项目的当事人或与本案有利害关系时，应当回避。在充分听取异议申诉人、测绘单位意见的基础上，复核房屋面积测算资料，必要时应当事人要求可以重新测量，以保证房产测绘的公正、公平、公开。

（三）建立房产测绘行业协会

房产测绘行业协会是一种民间团体组织，虽然它不能像政府一样发挥管理作用，但是在房产测绘领域，它能够发挥政府没有的作用。房产测绘行业协会相对于政府来说，更关心的是房产测绘的过程和房产测绘行业和市场的契合度，它在问题解决方面具有效率高、成本低的特性。

二、推进房产测绘面积管理信息公开化机制

（一）信息公开化的意义

瞬息万变的信息，已成为社会经济发展的决定因素，信息社会就是信息和知识扮演主角的社会，作为最重要的信息资源的政府信息涵盖全社会信息的 80%，它既是公众了解政府行为的直接途径，也是公众监督政府行为的重要依据。房产测绘面积管理的信息公开可让公众了解房产测绘面积管理的政策法规，推进房产测绘面积管理工作更好地服务于公众。

（二）信息公开化的渠道

武汉市房产测绘成果审核工作是过程管理而非行政许可、行政审批事项，武汉市住房保障和房屋管理局的官方网站上关于房产测绘成果面积管理的公开信息仅有《房产测绘管理办法》、全市 16 家房产测绘机构的地址和资质等级。在武汉市房产测绘中心的微信公众号中，有一些房产面积管理的相关内容，如房产测绘审核方面

的法律法规等。建议选择市局官方网站作为信息公开发布的主渠道，这样可兼顾权威性和广泛性。

（三）信息公开化的内容选择

房产测绘面积管理的信息如房产测绘机构审核部门介绍、工作地点、办公咨询电话等可以全面公开，办事流程的受理和办结事项可有限公开，如申请表下载、申报审核需准备的材料，审核时长等，以及通过审核的房产测绘项目，包括房产开发商的名称、项目名称、测绘单位等，均可以发布。

三、房产测量监督管理机制的建立

（一）房产测绘资质管理机构

根据《测绘法》和《房产测绘管理办法》的规定，房产测绘机构的资质管理权限属于各省测绘局，一些大中城市由规划管理部门对测绘机构进行日常管理和业务指导，省级建设主管部门也可参与对测绘机构的资质管理，有初审权。

（二）房产测量监督管理方法

房产测量监督管理机构职能主要是参与测绘资质管理、房产测量市场管理、房产测量成果管理。还有一部分管理机构承担了房产测量纠纷处理、司法鉴定的职能。由于资质管理权限在省测绘主管部门，而房地产行政主管部门由于很少参与年审、换证等资质管理工作，使得对房产测绘的监督管理缺乏一定的力度。

在面积管理机制中，房产测量成果审核是一项非常重要的管理职能，也是房产管理的日常工作之一。各地依照《房产测绘管理办法》的规定和相关文件精神，陆续开展了房产测量成果审核工作。各地审核工作开展情况多与登记机构设置情况有关。测绘完全放开城市和有限放开的城市一般都设置了测绘成果审核机构，严格按照《房产测绘管理办法》的规定开展审核工作

四、推进房产测绘行业的信用管理体制建设

随着房产测绘市场终将走向全面开放，市场壮大必然导致市场主体日益多元化，违法违规、不正当竞争等行为也会有所增加，不诚信的市场行为直接损害了国家和人民群众的切身利益，给审核和权属登记工作带来风险。为此应加大力度推进房产测绘机构信用制度建设，营造统一、开放、竞争的房产测绘市场环境。对测绘机构和人员应建立信用档案，对审核中发现问题的，将作业的测绘单位及人员信息计入其信用档案。

五、进一步研究房产测绘建筑面积与规划审批建筑面积统一计算规则

同一栋房屋房产测绘建筑面积和规划审批建筑面积的不一致分为两种情况。

一种情况是整栋房屋的建筑面积房产部门与规划部门测算面积是一致的，只是房产测绘经过分摊计算后导致分项指标不一致。例如带避难层的高层住宅，房产测绘分摊后将避难层核心筒的建筑面积分摊给了避难区，规划审批则将核心筒建筑面积计入住宅总面积，从而导致住宅指标的不一致。

另一种情况是房屋的建筑部位规划部门和房产部门计算标准不一样，导致整栋房屋的建筑面积出现不一致。

针对不同的情况应分别处理。对由于分摊导致的房产面积指标不一致的情况，建议修改分摊计算原则，使分摊后的分项面积指标与规划部门保持一致。对于建筑部位两个部门计算标准不一致的情况，建议房产和规划部门进一步研究，统一计算口径。

六、建议规划与房管部门在测绘成果审核使用上建立沟通机制

在规划和房管部门分开管理的情况下，再加上房产登记从房管部门划入不动产登记部门，涉及房屋面积管理的部门由两个变成三个，因此建立规划、房管、不动产登记沟通机制越发迫切。

在工程竣工后，规划管理部门会依建设单位申请按照建设工程规划许可证、规划设计图及实地情况进行规划核实；房管部门也同样是依据规划行政管理部门批准的规划设计图、规划核实测量成果图进行房产测绘成果审核，也就是说，两部门开展面积测算的基础资料基本是一致的。即使两部门间暂时无法形成统一的面积计算标准，有了沟通渠道，当再出现规划许可与产权登记面积不一致的问题时，可由房管测绘成果管理部门与规划核实部门直接进行对接，查找原因，无需建设单位在两部门间多次反复沟通，避免社会资源的无谓浪费。

第八章　目前审核体系下优化面积管理和测绘成果图件审核流程的建议

一、调整流程节点，升级办公系统，缩短审核时间

（一）调整房产分丘图图报告提交时间节点

分丘图报告不是测绘成果审核工作的审核内容，当测绘成果初审完成后而分丘

图未送达时，项目的进程就被延误在了初审阶段，将房产分丘图报告提交时间节点从初审签字环节调整到项目审核完成后、项目档案移交楼盘表之前，档案管理人员负责接收分丘图报告并记录，将分丘图报告归档至房产测绘审核档案中，这样就可为开发建设单位争取到分丘图报告的测绘时间。具体时间节点的切换见图 2。

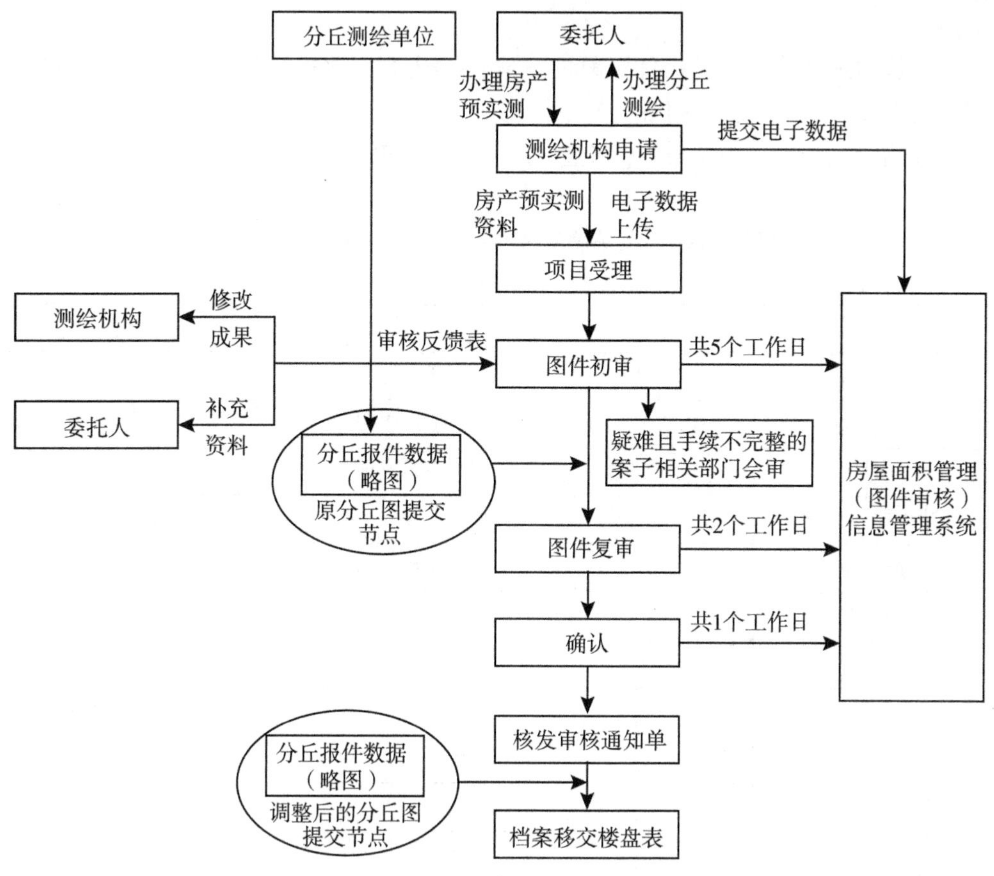

图 2　调整后的分丘图提交时间节点

（二）调整测绘审核申报表内容

原报件申报表的“申请审核房屋测绘情况”栏需填写各栋房屋的面积指标，但报件单位在报件时一般不填写，等初审完毕后再专门到审核部门根据审核后的报告补填各栋面积。填写的申报时间也是测绘成果审核后的时间，与报件单位真正报件时间并不一致。建议取消报件申报表“申请审核房屋测绘情况”中关于各栋房屋面积的填写部分，增加申报项目总栋数和栋号，报件单位在初审完成后无需再到测绘成果审核部门填写各栋数据，减少其跑路时间，测绘审核初审工作人员也可直接将项目档案流转至复审环节。

建议报件申报表增加申报项目的房屋类型。收件人员可根据房屋类型来判断是否需额外收取报件材料，如商品房配建公租房项目需额外收取公租房审批文件和公租房房源清册，测绘成果初审人员可根据房屋类型来判断该项目是否需要标记为建盘协审。

建议增加申请人承诺报件资料的真实性等内容，明确建设部门、房产测绘部门、房产测绘成果审核部门各自的主体责任。

原测绘成果申报表见表 6，调整后的测绘成果申报表见表 7。

表 6　　房屋面积管理（测绘成果审核及备案）申报表（原表）

分丘图号：＿＿＿＿＿＿

<table>
<tr><td colspan="2">测绘单位名称</td><td colspan="2"></td><td colspan="2">资质等级</td><td colspan="2"></td></tr>
<tr><td colspan="2">测丈人</td><td colspan="2"></td><td colspan="2">制图人</td><td colspan="2"></td></tr>
<tr><td colspan="2">检查人</td><td colspan="2"></td><td colspan="2">预、实测</td><td colspan="2"></td></tr>
<tr><td colspan="2">联系人</td><td colspan="2"></td><td colspan="2">联系电话</td><td colspan="2"></td></tr>
<tr><td colspan="2">建设单位名称</td><td colspan="6"></td></tr>
<tr><td colspan="2">联系人</td><td colspan="2"></td><td colspan="2">联系电话</td><td colspan="2"></td></tr>
<tr><td colspan="2">项目名称</td><td colspan="2"></td><td colspan="2">土地证号</td><td colspan="2"></td></tr>
<tr><td colspan="2">项目地址</td><td colspan="6"></td></tr>
<tr><td rowspan="8">申请审核房屋测绘情况</td><td>栋号</td><td>住宅（m^2）</td><td>营业用房（m^2）</td><td>写字楼（m^2）</td><td>物业用房（m^2）</td><td>社区用房（m^2）</td><td>其他（m^2）</td></tr>
<tr><td></td><td></td><td></td><td></td><td></td><td></td><td></td></tr>
<tr><td></td><td></td><td></td><td></td><td></td><td></td><td></td></tr>
<tr><td></td><td></td><td></td><td></td><td></td><td></td><td></td></tr>
<tr><td></td><td></td><td></td><td></td><td></td><td></td><td></td></tr>
<tr><td></td><td></td><td></td><td></td><td></td><td></td><td></td></tr>
<tr><td>小计</td><td></td><td></td><td></td><td></td><td></td><td></td></tr>
<tr><td>总合计</td><td colspan="6"></td></tr>
<tr><td colspan="2">规划许可证号</td><td colspan="2"></td><td colspan="2">规划建筑面积（m^2）</td><td colspan="2"></td></tr>
</table>

测绘单位（公章）：

申 请 时 间

表 7　　房屋面积管理（测绘成果审核及备案）申报表（修改表）

<table>
<tr><td>测绘单位名称</td><td colspan="2"></td><td>资质等级</td><td></td></tr>
<tr><td>测丈人</td><td colspan="2"></td><td>制图人</td><td></td></tr>
<tr><td>检查人</td><td colspan="2"></td><td>预、实测</td><td></td></tr>
<tr><td>联系人</td><td colspan="2"></td><td>联系电话</td><td></td></tr>
<tr><td>建设单位名称</td><td colspan="4"></td></tr>
<tr><td>联系人</td><td colspan="2"></td><td>联系电话</td><td></td></tr>
<tr><td>规划许可证号</td><td colspan="2"></td><td>土地证号</td><td></td></tr>
<tr><td>规划许可证颁发时间</td><td colspan="2"></td><td>规划建筑面积（m^2）</td><td></td></tr>
<tr><td>项目名称</td><td colspan="4"></td></tr>
<tr><td>项目地址</td><td colspan="4"></td></tr>
<tr><td rowspan="3">项目性质</td><td colspan="4">商品房　　工业自用　　工业销售</td></tr>
<tr><td colspan="4">商品房配建公租房　　历史遗留项目</td></tr>
<tr><td colspan="4">城中村改造　　经济适用房</td></tr>
<tr><td rowspan="2">本次申报审核栋数</td><td rowspan="2"></td><td>本次申报审核栋号</td><td colspan="2"></td></tr>
<tr><td>本次申报审核面积（m^2）</td><td colspan="2"></td></tr>
<tr><td colspan="5">建设单位承诺所提交资料的真实性，如有不实，建设单位承担法律责任
建设单位公章</td></tr>
</table>

测绘单位（公章）：

申 请 时 间

（三）实现测绘部门网上远程报件，系统打印测绘申报表

将房屋面积管理（图件审核）信息管理系统功能升级，对测绘部门开放网上报件功能，实现网上远程申报。由测绘审核部门收件人录入的“新增受理项目”菜单栏里的各项信息如土地、规划等项目审批信息（图 3），改成由房产测绘部门上报，或由建设开发企业利用测绘部门的账号上报。如有需要对证件材料进行电子扫描并上传的，测绘部门完成网上申报之后，报件单位持系统打印的项目申报表，持纸质档案材料到市民之家现场报件。网上报件功能的实现可较大程度提高测绘成

果审核的收件效率。

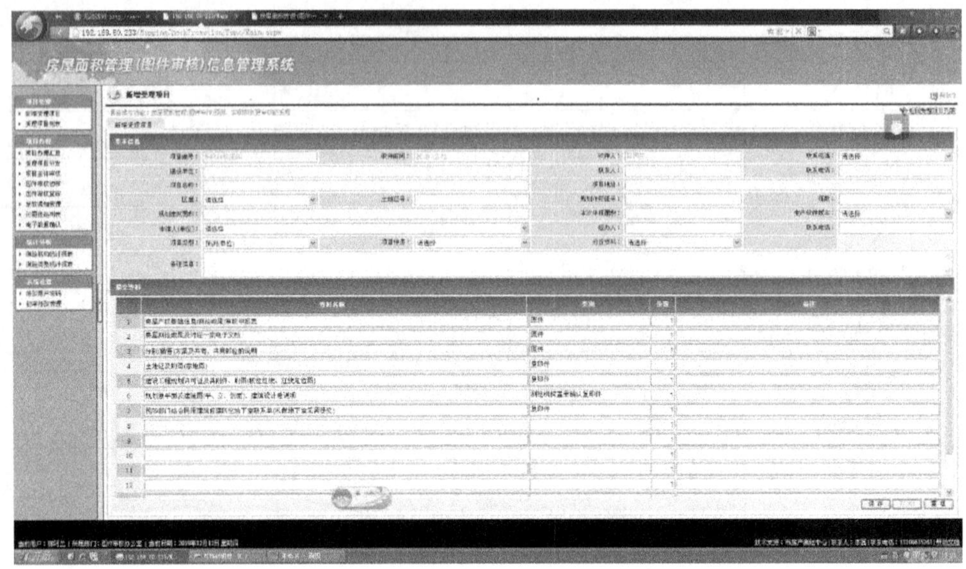

图 3 审批信息通过系统自行上报

测绘单位也可通过网上申报功能对其房产测绘项目进行系统化的档案管理，提高测绘单位的办公自动化程度和管理水平。

（四）减少审核意见中的手工填写，由系统自动生成

在房屋面积管理（图件审核）信息管理系统中，“电子数据确认”菜单栏可自动统计各栋房屋的各项建筑面积指标，但在“图件审核初审”里仍需审核人员手工填写各栋房屋的住宅面积、商业面积、物业面积、社区面积等建筑面积指标，当项目栋数较多或者遇到别墅群，需花费很长时间填写数据，并常有数据录入错误的情况，需反复核对。建议升级系统，将“电子数据确认”菜单里的各栋数据自动导入“图件审核初审”表格中，减少手工操作失误造成的各级审核人员签字返工情况。

二、通过制度化建设，提高房产测绘成果审核质量

（一）完善技术研讨会形式

1. 根据研讨会的内容邀请相关方面的专业人士

如新城瑾棠项目讨论连廊面积计算问题，因涉及连廊的建筑形式、承重结构等，建议邀请建筑设计专业人士列席会议。房产测绘专家根据相关专业人士的意见

来判断适用的测绘技术规范条款。

2. 对研讨会的形式做出具体规定

出台技术研讨会讨论制度，如每次参加技术研讨会的人员构成，应至少有多少人列席，哪方面的专家参加会议，会议上有多少人举手则讨论结果为有效决议等。

3. 明确技术研讨会形成的决议效力

针对某个具体项目召开的技术研讨会并形成会议决议的，对别的类似项目是否具有同样的执行效力，又是以何种形式进行发布，是否需要在房产管理部门进行备案等，这些均有待明确。

（二）建立房产测绘项目审核回溯制度

为了避免同一个商品房项目，尤其是同一个规划许可的商品房项目因不同的测绘作业人员测绘作业，不同时期申报测绘成果审核，或者是由不同的审核人员审核，发生同样的户型采用不同的技术标准，得出不同的建筑面积从而造成开发企业和购房者困扰的情况，审核人员应当对审核项目进行审核回溯，首先在办公系统上查询该项目前期报件情况，如前期已报件，通过调阅前期成果资料、问询前期审核人员等方式，将同一个测绘项目的标准进行统一，并在审核意见表中进行审核注记。

三、调整审核意见表内容，审核意见应体现审核要点

《市住房保障和房屋管理局关于进一步加强房产测绘成果管理的通知》规定测绘成果管理工作的要点为："测绘成果审核针对测绘单位是否具有房产测绘资质、测绘成果的适用性、界址点的准确性和面积测算的依据与方法四个方面进行。"

现有的审核意见表仅表述了：项目的建盘情况；资料的完整性；各栋房屋层次、功能用途；项目的其他需要描述的内容；审核结论；成果应用认定，审核要点表述得不完整（表8）。

表8　**房屋面积管理（图件审核）情况表**

<table>
<tr><td>建设单位名称</td><td colspan="6"></td></tr>
<tr><td>测绘单位名称</td><td colspan="6"></td></tr>
<tr><td>项目名称</td><td colspan="2"></td><td colspan="2">预（实）测</td><td colspan="2">实测</td></tr>
<tr><td>项目地址</td><td colspan="6"></td></tr>
<tr><td>房屋栋号</td><td colspan="2"></td><td colspan="2">建筑面积（m^2）</td><td colspan="2"></td></tr>
<tr><td>房屋规划用途</td><td>住宅</td><td>营业用房</td><td>写字楼</td><td>物业用房</td><td>社区用房</td><td>其他</td></tr>
<tr><td>分类面积（m^2）</td><td></td><td></td><td></td><td></td><td></td><td></td></tr>
</table>

续表

<table>
<tr><td>初核意见</td><td colspan="3">1. 经登录武汉市商品房网上签约合同备案系统检索，该项目已办理栋数据录入
2. 经审查，该项目申请材料和表格填写符合要求
3. （1）2 号楼为地上 43 层住宅楼（1 层含夹层），1 层（含夹层）用途为架空、物业管理用房、地下室井，2～15、17～30、32～43 层为住宅用途，16、31 层为避难层。（2）3 号楼为地上 45 层住宅楼（1 层含夹层），1～2 层（含 1 层夹层）用途为消防控制室、物业管理用房、开闭所、地下室楼梯、地下室井，3～15，17～31，33～45 层为住宅用途，16、32 层为避难层。（3）4 号楼为地上 43 层商住楼（1 层含夹层），1 层（含夹层）用途为商铺、社区用房、非机动车停车区、地下室楼梯、地下室井，2～15，17～30，32～43 层为住宅用途，16、31 层为避难层。本项目申报房屋层数、用途、功能与规划部门盖章施工图相符
4. 按照《房产测绘管理办法》（建设部、国家测绘局第 83 号令）和《市住房保障和房屋管理局关于进一步加强房产测绘成果管理的通知》（武房发〔2010〕29 号）的相关规定，审核该项目房产面积测算及分摊方法符合《房产测量规范》的规定要求
5. 本次申报的房产测绘成果拟同意用于后续房产管理</td></tr>
<tr><td>图件审核
复核意见</td><td></td><td>楼盘表确认
预审意见</td><td></td></tr>
<tr><td>备注栏</td><td colspan="3"></td></tr>
</table>

建议调整审核意见内容如下：①项目的建盘情况；②项目的测绘成果的适用性认定；③项目是否为超资质测绘项目，即测绘报告的合法性认定；④项目各栋房屋基本情况描述；⑤项目的界址点的准确性和面积测算的依据与方法的认定；⑥项目的其他需要描述的情况；⑦该项目申报的房屋测绘技术标准是否与同期其他房屋技术标准一致；⑧项目测绘报告的成果应用认定（表 9，黑色加粗部分为增加内容）。

表 9　　**房屋面积管理（图件审核）情况表**

<table>
<tr><td>建设单位名称</td><td colspan="6"></td></tr>
<tr><td>测绘单位名称</td><td colspan="6"></td></tr>
<tr><td>项目名称</td><td colspan="2"></td><td colspan="2">预（实）测</td><td colspan="2">实测</td></tr>
<tr><td>项目地址</td><td colspan="6"></td></tr>
<tr><td>房屋栋号</td><td colspan="2"></td><td colspan="2">建筑面积（m^2）</td><td colspan="2"></td></tr>
<tr><td>房屋规划用途</td><td>住宅</td><td>营业用房</td><td>写字楼</td><td>物业用房</td><td>社区用房</td><td>其他</td></tr>
<tr><td>分类面积（m^2）</td><td colspan="6"></td></tr>
</table>

续表

<table>
<tr><td>初核意见</td><td colspan="3">1. 经登录武汉市商品房网上签约合同备案系统检索，该项目已办理栋数据录入
2. 经审查，该项目技术报告的图表样式、内容适用于房屋权属登记发证的要求
3. 经审查该项目测绘单位为乙级资质，测绘成果报告符合《测绘资质管理规定》的要求。
(1) 2号楼为地上43层住宅楼（1层含夹层），1层（含夹层）用途为架空、物业管理用房、地下室井，2~15、17~30、32~43层为住宅用途，16、31层为避难层。(2) 3号楼为地上45层住宅楼（1层含夹层），1~2层（含1层夹层）用途为消防控制室、物业管理用房、开闭所、地下室楼梯、地下室井，3~15、17~31、33~45层为住宅用途，16、32层为避难层。(3) 4号楼为地上43层商住楼（1层含夹层），1层（含夹层）用途为商铺、社区用房、非机动车停车区、地下室楼梯、地下室井，2~15，17~30，32~43层为住宅用途，16、31层为避难层
本项目申报房屋层数、用途、功能与规划部门盖章施工图相符
4. 经审查，该项目申报的房屋××，××栋与同期项目其他栋技术标准一致
5. 按照《房产测绘管理办法》（建设部、国家测绘局第83号令）和《市住房保障和房屋管理局关于进一步加强房产测绘成果管理的通知》（武房发〔2010〕29号）的相关规定，**该项目界址点准确，**房产面积测算及分摊方法符合《房产测量规范》和《武汉市房产测绘实施细则》的规定要求
6. 本次申报的房产测绘成果拟同意用于后续房产管理</td></tr>
<tr><td>图件审核
复核意见</td><td></td><td>楼盘表确认
预审意见</td><td></td></tr>
<tr><td>备注栏</td><td colspan="3"></td></tr>
</table>

四、增强房产测绘报告合法性的审核

针对当前房产测绘成果审核中超资质测绘等问题，建议尽快细化测绘资质执业确认标准，按照《测绘法》和《国家测绘地理信息局关于印发测绘资质管理规定和测绘资质分级标准的通知》（国测管发〔2014〕31号）的相关规定，参考北京、成都、青岛等地经验，经征询省自然资源厅以及市自然资源局等部门意见，对房产测绘资质等级作业限额认定标准，建议按以下方式予以确认。

（1）《国家测绘地理信息局关于印发测绘资质管理规定和测绘资质分级标准的通知》中对测绘作业限额的规定为："甲级：无限额限制；乙级：规划许可证载单栋建筑面积10万 m^2 以下，单个合同标的不超过建筑面积200万 m^2；丙级：规划许可证载单栋建筑面积5万 m^2 以下，单个合同标的不超过建筑面积100万 m^2；丁级：规划许可证载单栋建筑面积2万 m^2 以下，单个合同标的不超过建筑面积50万 m^2。"上述测绘作业测绘分级限额的对应认定，均应以"规划许可证载单栋建筑面积与单个合同标的建筑面积"两方面符合要求为前置条件。

（2）规划证载栋及对应栋的建筑面积，由规划许可证及其附图，以及相关规划审批确认的资料载明情况确定。

（3）遵循以规划许可证载“栋”建筑面积孰高的处理原则：根据实际发放的规划许可证载对应“栋”的面积情况，按照其规划批准证载“栋”的最大面积，对应判断其作为资质等级作业的限额标准。

（4）地下部位处理原则：分期建设的贯通地下部位对应多个规划“栋”建筑面积的，按照规划批准的“栋”的最大建筑面积作为判断其资质等级作业的限额标准。

（5）对已颁发的规划许可证项目，按照上述认定标准处理后，本着便企利民的原则，为确保测绘技术路径及口径的一致性，原则上应由一家符合测绘分级限额标准的测绘机构承担该建设项目相应的房产测绘作业。

关于武汉市房地产金融创新模式的研究

武汉市房地产市场管理中心
武汉大学

课题负责人： 林　晖　武汉市住房保障和房屋管理局　副局长
课题组成员： 瞿　慎　屠浩文　曾国安　胡　松　徐冰涛
潘　峰　孙　红　章　亮　何雪莹　胡晶晶
马宇佳　何艾狄　罗亚兰　黄鹏飞　陈　芮
林成龙　杨小曼　赵若愚　苏诗琴　张明明
童若谷
课 题 统 稿： 屠浩文　曾国安

导　言

一、研究背景和目的

党的十九大报告明确提出要“坚持房子是用来住的、不是用来炒的定位”，2018 年 12 月，中央经济工作会议明确提出，要打好防范化解重大风险攻坚战，重点是防控金融风险，要服务于供给侧结构性改革这条主线，促进形成金融和实体经济、金融和房地产、金融体系内部的良性循环，做好重点领域风险防范和处置，坚决打击违法违规金融活动，加强薄弱环节监管制度建设。

在城镇住房体制改革中，武汉市长期发挥着改革先锋的作用。武汉市根据自身发展特点，在国家政策指导下，始终坚持因地制宜、因城施策，保持了住房供应、住房市场运行基本平稳，住房供应结构基本合理，居民住房水平持续提高的状态，住有所居目标得到了更好的实现。伴随着武汉市经济社会的进一步发展，武汉市城市规模和人口、产业、经济、空间结构等的进一步变化，武汉市住房需求规模和结构会发生新的变化，如何保持市场平稳，让居民住房条件得到更大的改善，是未来面临的主要任务。

在武汉市房地产业的发展中，金融支持提供了有力的保障，但在房地产业发展的新阶段，房地产金融的发展也面临着一些新的问题和任务，特别是围绕国家提出的稳增长、促改革、调结构、惠民生、防风险的基本工作任务和“六稳”（稳就业、稳金融、稳外贸、稳外资、稳投资、稳预期）的近期工作任务以及住建部提出的“三稳”（稳地价、稳房价、稳预期）目标，房地产金融如何服务于一城一策进行创新，促进住房市场和房地产业平稳健康发展，都需要展开深入研究。本研究的基本目的在于为完善武汉市房地产金融政策、防范房地产金融风险提供建设性意见。

二、研究的主要内容

（1）购房消费信贷政策创新。主要对当前购房贷款对象、额度、规模、期限、利率等的现状进行研究，探讨购房贷款对象、额度、规模、期限、利率等创新或调整的方向及可能性。

（2）住房公积金政策创新。主要对当前住房公积金制度设计、资金来源、贷款对象、贷款用途、额度、规模、期限、利率等的现状进行研究，探讨住房公积金制度设计、资金来源、贷款对象、贷款用途、额度、规模、期限、利率等创新或调整的方向及可能性。

（3）政策性住房金融机构发展。主要探讨武汉市未来发展政策性专业性住房金融机构的可能性、定位、模式、途径、资金来源、资金用途以及配套管制政策等。

（4）住房抵押贷款二级市场发展。主要对当前住房抵押贷款二级市场发展的现状及原因进行分析，探讨未来发展住房抵押贷款二级市场的可能性、条件、模式及途径。

（5）住房租赁市场金融政策。主要对当前住房租赁市场金融发展的现状及原因进行分析，探讨未来发展住房租赁市场金融发展的可能性、领域、模式及风险控制等。

（6）住房信托市场发展问题。主要对住房信托市场的功能和发展现状进行研究，探讨未来发展住房信托市场的重要性、条件及风险控制等。

（7）住房信贷风险管控政策。主要对当前住房信贷市场风险的来源及存在的问题展开分析，探讨完善住房信贷风险管控的原则和基本政策。

（8）住房市场的金融调控政策。主要对当前住房市场的金融调控政策及作用进行分析，探讨完善住房金融市场调控政策的必要性、原则及基本政策建议。

（9）房地产开发融资市场发展及风险管控。主要对当前开发融资市场发展的现状（正规市场、非正规市场的融资方式及结构，不同类型的开发企业融资方式的特点，不同融资方式的风险）及存在的问题展开分析，探讨促进房地产开发融资市场健康发展和进行风险管控的原则和基本政策。

三、研究方法

（1）比较研究。对相关问题在相关城市作必要的比较研究。

（2）实证研究。对相关问题采用相关方法运用相关数据进行实证分析。

（3）典型研究。对研究内容中涉及的专题，如果其他城市中有值得展开研究的做法，将有选择地进行专门研究。

（4）理论研究。把握城镇化发展、城市发展和房地产业发展规律和国家基本制度安排，洞悉房地产和金融发展趋势，为提供建设性意见打下基础。

（5）问题导向。立足现实中要解决的问题，以提出解决办法作为主要研究目的。

第一章　购房消费信贷政策创新

一、武汉市购房消费信贷政策现状

武汉市目前的购房消费信贷政策是在国家统一政策之下，结合武汉市的具体情况形成的。

（一）分区域实行限购限贷政策

目前，武汉市积极落实国家关于房地产市场分类调控、因城施策的总体要求，对武汉市部分区域实行限购限贷政策。在 2016 年 10 月 2 日武汉市人民政府办公厅下发的《武汉市人民政府办公厅关于在我市部分区域实行住房限购限贷措施的通知》中，首次分区域指定住房限购限贷范围为江岸、江汉、硚口、汉阳、武昌、青山、洪山区以及武汉东湖新技术开发区、武汉经济技术开发区（不含汉南区）、市东湖生态旅游风景区等区域，并在 2016 年 12 月 21 日的《武汉市住房保障和房屋管理局关于扩大住房限购范围的通知》中将限购限贷范围扩大至东西湖区、江夏区、黄陂区的部分区域，具体包括东西湖区金银湖、金银潭、吴家山片（京珠高速以东、沪蓉高速以南、府河及宏图路以西），江夏区纸坊、庙山、大桥、藏龙岛片（江夏区 107 国道以东、沪渝高速以北），黄陂区盘龙城片（武汉外环绕城高速以东、后湖以南、岱黄高速公路以西、府河以北）这些区域。2017 年 8 月 31 日武汉市住房保障和房屋管理局印发的《关于长江新城规划区域管控工作的通告》中再次将限购区域扩展至长江新城近期起步区部分区域，具体是东至武湖泵站河，南至长江北岸，西至滠水河、府河，北至江北铁路的区域。

（二）对首套房和二套房首付比例和利率进行差异化安排

在武汉市限购限贷区域中，对居民购买首套房与二套房首付比例的要求是不同的。具体来看，根据 2016 年 10 月 2 日武汉市人民政府办公厅下发的《武汉市人民政府办公厅关于在我市部分区域实行住房限购限贷措施的通知》，在本市无住房的居民家庭，在上述区域购买首套住房申请商业性个人住房贷款的，最低首付款比例为 25%，而在 10 月 6 日中国人民银行武汉分行、中国银行业监督管理委员会湖北监管局发布的《关于进一步加强住房信贷政策管理的通知》中，将这一比例提高到了 30%；而在本市拥有一套住房的本市户籍居民，在上述区域购买第二套住房申请商业性个人住房贷款的，最低首付款比例为 50%；在本市拥有一套住房的非本市户籍居民家庭，在上述区域购买住房的，暂停发放商业性个人住房贷款；对于在本市拥有 2 套及以上住房的本市户籍居民和非本市户籍居民家庭，均暂停在上述区域向其出售住房。

（三）购房信贷政策对是否属本地户籍人口有所区别

从武汉市首付款比例政策中可以看到，是否本地户籍在购买首套住房上并没有显著差异，其首付比例均是 30%；而从二套房购买开始，是否本地户籍人口在政策享受上就有了一定差异，即本地户籍人口可以购买第二套住房，首付比例为50%，非本地户籍人口在第二套房上则限购限贷；在第三套房的购买上，是否本地户籍又不再有明显差异，均不能进行购房，详情见表1。

表1　　武汉市购房消费信贷政策

<table>
<tr><th>购房套数</th><th>第一套</th><th>第二套</th><th>第三套</th></tr>
<tr><td rowspan="2">本地户籍</td><td rowspan="3">首付最低 30%（非本地户籍需提供两年社保证明）</td><td>首付最低 50%（面积 144 平方米以下）</td><td rowspan="3">禁购</td></tr>
<tr><td>首付最低 70%（面积 144 平方米以上或容积率 1.0 以下）</td></tr>
<tr><td>非本地户籍</td><td>禁购</td></tr>
</table>

二、武汉市购房消费信贷政策存在的主要问题

（一）没有考虑购房者房贷现状和历史

目前，武汉市首付比例政策差异主要体现在首套房、二套房，是否普通住房以及是否本地户籍上，而没有考虑购房者房贷现状和历史。但从我国其他主要城市的购房信贷政策看，很多都考虑到了购房者房贷现状和历史，包括广州、深圳、杭州等城市在内，均在首付比例的安排上按购房者房贷现状和历史作出了更为细致的划分。

（二）限购区域内没有作进一步的差异化调整

武汉市的限购区域与非限购区域在首付款政策上有所区分，但限购区域内部执行的是统一的首付款比例政策。而一般来说，限购区域之间的经济发展速度和人口集聚规模其实又有着显著差异，因此在限购区域内部应当考虑作更进一步的区域政策调整。

（三）针对人才的购房信贷政策存在空缺

在过去几年间，武汉市推出“百万大学生留汉创业就业工程”，并于2017年10月12日印发了《关于加强大学毕业生安居保障的实施意见（试行）》，首次将大学生安居保障问题列入计划。但从实际执行情况上看，武汉市目前推出的大学生安居房多数处于市内次级地段，首个安居房为武汉东西湖区的临空港青年城，江岸

区、黄陂区、蔡甸区等地区的大学生安居房也紧随其上。这些安居房所处地段往往较偏，而大多数大学生工作地点更多位于城市中心地段，这就使得供求存在一定的不匹配。此外，在非安居房的购买上，大学毕业生并没有获取到更多的信贷政策优惠，如低息购房或低首付购房等，而非安居房往往才是其真正的需求所在。

（四）缺少防范消费贷、信用贷违规流入购房市场的风险管控机制

近期，银保监会各地监管局连续对各地银行贷款违规行为做出处罚，尤其是对贷款违规流入购房市场行为进行严厉打击。目前，武汉市并未有银行受到该类处罚，但随着近年来武汉楼市的逐渐火热，这类问题仍可能隐藏在购房市场中而暂未被发现，而武汉市也缺少这类问题相应的风险防范和处罚机制。因此，必须对相关问题加以重视，并出台有关政策措施来加以防范。

三、武汉市购房消费信贷的政策创新及其可行性

（一）结合购房人已发生的房贷情况调整首付比例

第一，按购房人已发生的房贷情况调整首付比例。针对目前武汉市的限购区域，将房贷进行区分，进一步划分为无房无贷、无房有贷、有房无贷、有房有贷四个层级。对于无房无贷的居民家庭，继续按照首套房的标准执行，即首付比例保持30%不变；对于无房有贷的居民家庭，可按照首套房与二套房之间的标准去执行，具体标准在首套房标准上增加5%，即首付比例调整为35%；对于有房无贷的家庭，同样按照首套房与二套房之间的标准去执行，具体标准在二套房标准上降低5%，即首付比例调整为45%；对于有房有贷的家庭，继续按照原二套房标准去执行，即首付比例保持50%不变。

（二）进一步优化限购区域及限购区域内的购房信贷政策

根据武汉市目前的状况，可将限购区域进一步划分为两个大区域进行差异化调控，即主城区与其他限购区域，在主城区内，再根据不同区域的经济发展程度、人口集聚程度及其所处城市地段来作进一步调整。具体来看，首套房标准可保持原30%并覆盖所有限购区域不变，而在二套房标准上，主城区可在原有首付比例标准上上调5%~10%，而主城区中心区域，即武昌区、江汉区、江岸区等区域再在主城区标准上上调5%~10%，其他限购区域则保持原标准不变。通过在限购区域内进一步进行差异化调整的方式，能够更有效地遏制对于中心城区的投机性购房需求，而将真正的改善性需求分散到住房供应状况更宽松的地区，这对于带动城市各区域联动发展，促进房地产市场健康持续运行将发挥积极作用。

（三）针对人才提出切实可行的购房信贷优惠政策

要实现大学毕业生留汉计划的持续进行，应当在原有计划的基础上，提出针对普通住房的信贷优惠政策，满足大学毕业生对普通住房的需求。具体来看，可以从利率优惠、首付款补贴、贷款年限增加等方面来进行优惠政策的调节。从利率上看，目前武汉市首套房商贷利率是在基准利率上上浮10%~15%，那么，针对高等人才，可将这一上浮比例调整至5%~10%，大力度调整的情况下也可直接按基准利率执行；从首付款上看，由于目前国家首套房首付最低标准为30%，因此针对大学毕业生首套住房的购买也只能按30%的比例执行，但可以在该基础上，提供一定的首付款购房补贴，即组织资金专门用于大学毕业生首套房首付款的补贴，间接实现首付款比例的降低；从贷款年限上看，目前武汉市贷款年限最长不超过30年，其他地区则是按退休年龄进行贷款年限的计算，一般贷款年限为借款申请人法定退休年龄后5年，且原则上不得超过65周岁。那么针对大学毕业生，武汉市可以考虑将这一标准延长至借款申请人法定退休年龄后10年，通过这种方式减轻大学生的月还款压力，促进其在武汉购房。此外，除大学毕业生外，各类高级职称（含副高级和正高级）、高级技师等其他高等人才也应当包括在优惠政策范围中，以实现真正的各类人才的集聚。在实际政策执行中，可通过将以上三种信贷优惠方式单项或组合的方式来提出，从而弥补高等人才在购房信贷优惠政策上的空缺。

第二章　住房公积金政策创新

一、武汉市住房公积金制度的现状

（一）公积金贷款的额度与比例

表2　　目前武汉市一手房住房公积金贷款额度与比例

套数	现住房面积及贷款情况	所购住房面积	最低首付比例	最高贷款比例	基准贷款额度	利率
首套	无房无公积金贷款	面积≤$144m^2$	20%	80%	70万	基准
		面积>$144m^2$	30%	70%	70万	基准

续表

套数	现住房面积及贷款情况	所购住房面积	最低首付比例	最高贷款比例	基准贷款额度	利率
二套	面积 < 144m^2，未曾使用公积金贷款	面积≤144m^2	20%	40%	50 万	上浮 10%
		面积>144m^2	30%	40%	50 万	上浮 10%
	面积 < 144m^2，曾使用公积金贷款但已结清	面积≤144m^2	20%	40%	50 万	上浮 10%
		面积>144m^2	30%	40%	50 万	上浮 10%
	面积 < 144m^2，曾使用公积金贷款且未结清	不能贷款				
	面积≥144m^2	不能贷款				

表 3 **目前武汉市二手房住房公积金贷款额度与比例**

套数	现住房面积及贷款情况	所购住房建成年限	所购住房面积	最低首付比例	最高贷款比例	基准贷款额度	利率
首套	无房无公积金贷款	10 年（含）以内	面积≤144m^2	20%	80%	70 万	基准
			面积>144m^2	30%	70%	70 万	基准
		11～20 年	/	30%	60%	70 万	基准
		21～30 年	/	30%	50%	70 万	基准
二套	面积 < 144m^2，未曾使用公积金贷款	10 年（含）以内	面积≤144m^2	20%	40%	50 万	上浮 10%
			面积>144m^2	30%	40%	50 万	上浮 10%
		11～20 年	/	30%	40%	50 万	上浮 10%
		21～30 年	/	30%	40%	50 万	上浮 10%
	面积 < 144m^2，曾使用公积金贷款但已结清	10 年（含）以内	面积≤144m^2	20%	40%	50 万	上浮 10%
			面积>144m^2	30%	40%	50 万	上浮 10%
		11～20 年	/	30%	40%	50 万	上浮 10%
		21～30 年	/	30%	40%	50 万	上浮 10%
	面积<144m^2，曾使用公积金贷款且未结清	不能贷款					
	面积≥144m^2	不能贷款					

（二）公积金贷款的期限

借款人的贷款期限加借款人的实际年龄一般不得超出其法定退休年龄，但对连续正常缴存住房公积金且具有稳定收入、无还贷方面不良信用记录、有偿还贷款本息能力的借款人，其贷款期限可以超出法定退休年龄一年至五年，但不得超过中国人民银行规定的公积金贷款最长年限。

（三）公积金贷款的利率

公积金贷款利率按照中国人民银行公布的利率标准及相应档次利率执行。目前，武汉市住房公积金贷款利率未进行调整，即五年期以下（含五年）贷款年利率仍按 2.75%执行，五年期以上贷款年利率仍按 3.25%执行。

二、武汉市住房公积金制度面临的主要问题和风险

（一）主要问题

虽然武汉市住房公积金制度自建立以来取得了巨大的发展，但是依然存在不少问题。一是住房公积金的缴存范围未充分体现公平、开放性，二是住房公积金尚未加入省级统筹调剂，三是住房公积金的异地贷款政策仍不完善，四是住房公积金贷款风险增大。

表 4　　**近年来武汉市住房公积金经营情况**

年份	2012 年末	2013 年末	2014 年末	2015 年末	2016 年末	2017 年末	2018 年末
归集余额（亿元）	477.97	589.81	670.39	761.44	870.29	982.92	1116.97
缴存人数（万人）	142.63	159.92	170.45	181.21	193.66	205.31	220.47
发放贷款金额（亿元）	155.99	222.08	181.47	224.23	180.07	122.44	140.35
贷款逾期率（‰）	0.07	0.14	0.16	0.23	0.23	0.24	0.27

（二）风险

1. 贷款对象风险

一是贷款对象偿债能力导致的风险，二是购置房产与贷款行为不真实产生的风险，三是贷款对象造假导致的风险。

2. 法律层面面临的风险

目前，我国还没有构建完善的关于住房公积金贷款的法律法规。例如，依据最

高院于 2004 年所颁布的司法解释，在处置逾期不还贷的抵押房产时，若抵押房产是抵押人的唯一房产，即便借款人不能还款，法院也不能强制性拍卖该房产。此外，中国尚未实施个人破产法，因此，若个人贷款购买的房产逾期不还，追偿起来难度也很大。

3. 内部管理风险

目前，武汉市住房公积金管理中心自身的内部管理还不很完善，风险控制能力较弱。近年来，武汉市住房公积金个人贷款投放速度增长较快，导致不少个人住房贷款发放不够规范、科学，在真实性、合法性方面把关不够严格，有时贷款发放额度远超借款人的偿债能力，造成了较大的风险隐患。而且，由于缺乏贷后动态管理的机制，住房公积金管理中心难以及时、准确地掌控借款人的信息，造成不少贷款逾期未能回收，逾期贷款规模不断加大，有变成坏账的危险。

三、武汉市住房公积金政策创新

（一）建立和完善自愿缴存住房公积金制度

武汉市已经在个人自愿缴存住房公积金方面进行了初步探索。2016 年 10 月 19 日，武汉市住房公积金管理中心官网发布《武汉市个人自愿缴存、使用住房公积金管理办法（试行）（征求意见稿）》，拟推动个人自愿缴存、使用住房公积金。根据意见稿，住房公积金不仅仅限于单位缴纳，还扩大到个人。个人自愿缴存者包括农业转移人口、个体工商户、自由职业者等，年满 16 岁且男性未满 60 周岁，女性未满 55 周岁的个人。在缴存额度上，交多少由个人自行确定，但每次缴存额不得低于湖北省最新规定的武汉市中心城区最低工资标准的 16%。缴存住房公积金满一年后，购买首套基本住房时，可以向公积金管理中心申请住房公积金贷款。贷款额度为缴存职工公积金的余额积数×0. 0125，且不得大于公积金余额的 5 倍，也不得超过武汉市住房公积金贷款 50 万元的最高限额。

（二）住房公积金省级统筹调剂

实现住房公积金省级统筹调剂的基础条件已经具备。在当前楼市区域性不平衡的背景下，湖北省城市间公积金冷热不均的矛盾更加凸显。资金的流通性和区域需求的分化正在倒逼公积金制度打破区域壁垒。2016 年 3 月湖北省已经初步建立了住房公积金调剂融资机制，实现了省内咸宁、潜江、十堰等城市之间住房公积金调剂融资，为武汉市实现住房公积金省级统筹调剂奠定了坚实的基础。

（三）完善住房公积金异地贷款政策

武汉市是较早开展住房公积金异地互认政策的城市之一。自 2014 年 10 月住建部会同财政部和中国人民银行等部委联合推进住房公积金“异地互认”以来，武汉就与长沙、合肥和南昌签订了长江中游四城公积金贷款异地互认政策，即这四个长江中游城市之间的住房公积金缴存实行异地互认和转移接续。此后，武汉市公积金管理中心出台了《住房公积金异地贷款实施细则》《关于完善住房公积金异地贷款业务的通知》和《武汉住房公积金异地个人住房贷款实施细则（试行）》等一系列政策措施，为武汉市进一步完善住房公积金异地贷款政策奠定了基础。

（四）建立和完善住房公积金风险防控机制

随着近年来新闻媒体大量报道的各地住房公积金贷款风险案件，以及武汉市住房公积金不断攀升的归集余额，武汉市住房公积金管理中心对住房公积金的资金安全和风险防控意识也逐步增强，而武汉市缴存职工除了关心本人住房公积金账户内资金的安全性外，还意识到缴存金额的准确性和缴存的及时性也牵扯到个人的切身利益。由于武汉市住房公积金管理中心的高度重视，使得公积金贷款管理已经具备内部控制基础，而且，武汉市住房公积金管理中心自建成以来经过近四十年的发展，已经建立了较为完备的内部控制体系，并且每年都要对内控流程进行测试、更新。

第三章　发展专业性住房金融机构的构想

专业性住房金融机构是指专门从事或主要从事住房金融业务的金融机构，其经营主旨在于住房金融业务。专业性住房金融的管理机构原则上应依法成立，不以营利为目的，不从事具体的经营活动，其管理活动所需经费由政府划拨，属于政策性管理机构。

一、建立专业性住房金融机构的基本途径

建立专业性住房金融机构的基本途径有二：其一是新建专业性住房金融机构，其二是将某些金融机构或者基金改造成专业性住房金融机构。从武汉市目前实际情况来看，新建专业性住房金融机构尚不具有现实性，本章重点就第二种途径进行详细说明。

（一）将某些金融机构改造成专业性住房金融机构

随着金融业的不断发展，金融机构的数量会不断增加，在市场竞争中，金融机构会出现分化和转型问题。我们认为，对于那些愿意专门或者主要从事住房金融业务的金融机构应该允许它们转型为专业性的住房金融机构。从当前的情况来看，最合适的是将地方性小商业银行进行改造，使其成为专门从事住房金融业务

的金融机构。

（二）将住房公积金组织改组为专业性住房金融机构

除了通过将某些金融机构改造成专业性住房金融机构外，还应该允许一些基金公司转型为专业性住房金融机构。就当前的情况来看，将住房公积金管理中心改造为专业性住房金融机构是一个建立和发展专业性住房金融机构的现实的可行的途径。2018 年末，武汉市住房公积金缴存总额达 2460.21 亿元，缴存余额 1116.97 亿元，资金规模已经相当大，2018 年当年缴存额就达 375.30 亿元。所以如果能够将住房公积金管理中心改造成专业性住房金融机构，专业性住房金融机构将会得到快速的发展。

二、成立武汉住房银行的基本构想

住房公积金管理中心改造为专业性住房金融机构的名称可考虑确定为武汉住房银行。

（1）目标定位：促进城镇化和城市圈发展，提高居民住房消费支付能力，促进解决居民住房问题，特别是解决低收入和中低收入居民住房问题，为实现住有所居和居者有其屋提供金融服务。

（2）属性：地方性住房银行，但不排除在未来发展为全国性住房银行的可能。

（3）业务的地域范围："1+8" 城市圈。但不排除未来扩展到其他城市和省市。

（4）组织架构：武汉住房银行总部设在武汉，在其他城市设立分行或营业部。

（5）资本金：住房公积金利息；"1+8" 城市圈各市财政按比例注入资本金。

（6）资金来源：住房公积金；吸收存款；发行债券；出售住房抵押贷款证券。保险公司、信托公司、基金等可以以购买债券、住房抵押贷款证券等方式向住房银行提供资金。社会养老保险金等也可以以这种方式参与。

（7）资金用途：住房消费贷款；其他规定用途的住房公积金提取；利息支出。

（8）住房消费贷款对象、比例、期限、利率

住房消费贷款对象：限定于居民家庭或个人，不向企事业单位贷款。一方面防止资金被挪用，另一方面防止住房投机，尤其是禁止向房地产开发企业贷款。一旦向房地产开发企业贷款就无法避免形成房地产投机和泡沫，也无法避免宏观调控政策的一刀切所带来的波动。

住房消费贷款比例：最高可达 90%。具体比例根据信用等级确定。

住房消费贷款偿还期限：最长可达 20 年。

住房消费贷款利率：不高于市场利率，根据市场利率浮动，同时根据贷款对象的信用、贷款比例、贷款偿还期等的不同确定差别化的利率。

三、政府对武汉住房银行的支持与管制

（一）政府对武汉住房银行的政策支持

若要成立武汉住房银行这一专业性住房金融机构，需要取得政府多方面的支持。

一是须取得国家金融监管部门的支持。住房银行只能依法依规成立。

二是要取得国家和地方税务部门的政策支持。作为专业性的住房金融机构，税务部门除继续对住房公积金储蓄进行免税和个人所得税住房公积金缴存扣除优惠之外，还应对在武汉住房银行的储蓄存款给予一定限额的利息税减免（建议存款50万元以下免税），同时对武汉住房银行住房贷款利息税进行减免。对其他相关税收也给予减免。

三是要取得国家宏观经济调控部门的支持。武汉住房银行成立以后，必须独立运行，这样才能避免宏观经济调控政策一刀切所带来的震荡，才能促进住房市场平稳健康发展，才真正有利于建立房地产市场调控长效机制。因此宏观经济调控政策应不强制要求住房银行执行，可考虑参照一些国家的做法，对住房银行进行独立的专门性的调控，以此保证住房金融平稳健康发展。

四是要取得相关城市地方政府的支持，特别是支持各城市住房公积金管理中心的联动改造。

（二）住房银行的管制

对住房银行这一专业性住房金融机构进行合理和有效的管制是住房金融市场有序运行、持续发展的前提。

（1）应该对现有的金融法规进行调整，因为现有的金融法规是排斥专业性住房金融机构的，要使专业性住房金融机构能够建立和发展起来，必须调整现有的金融法规。

（2）制定专门的专业性住房金融机构管制法规。现行的金融管制法规不包括专业性住房金融机构的管制法规，因此需要制定专门的法规，同时针对专业性住房金融机构发展过程中出现的问题，还要不断完善专业性住房金融机构专门法。法规应对住房银行的性质、目标、负债业务范围、缴付存款准备金比例、资产业务范围、资产负债比例、流动比率等做出明确的规定，既要防止其过多扩张负债业务、资产业务和中间业务，也要防止出现不正当竞争，还要防止出现政府的不合理补贴。

（3）未来要考虑建立专业性住房金融机构（住房银行）的“中央银行”。为了防止专业性住房金融机构在经营过程中因为主观或者客观原因在资金流转等方面出现困难，从而诱发金融危机，需要建立专业性住房金融机构的“中央银行”，通过实行存款准备金制度、存款保险制度等，使其能够为专业性住房金融机构融通资金，充当专业性住房金融机构的“银行”，履行好管理、救济、稳定等职责。

第四章　住房抵押贷款二级市场发展

按照是否以证券形式出售可以将住房抵押贷款二级市场分为证券化市场和非证券化市场，其中住房抵押贷款证券化市场具有较强的流动性，是住房抵押贷款二级市场发展的重心所在，因此本章将重点围绕住房抵押贷款证券化市场展开研究。按发起机构的不同，住房抵押贷款支持证券（RMBS）可分为商业银行 RMBS 和住房公积金 RMBS。

一、武汉市 RMBS 产品发行情况

武汉市 RMBS 共发行过两单。其中一单是武汉住房公积金管理中心在 2016 年发行的武汉公积金 2016 年第一期个人住房贷款资产支持证券（WHGJJ1601. IB）。当时住房公积金 RMBS 在全国范围内刚刚兴起，武汉便走在了住房抵押贷款二级市场的最前沿。另一单是汉口银行在 2019 年发行的九通 2019 年第一期个人住房抵押贷款资产支持证券（JTYQ1901. IB）。全国范围内商业银行 RMBS 起步较早，早在 2005 年就已经做出了尝试，且后期发展较快，2016—2018 年增长迅速，分别发行了 15 单、19 单及 54 单，规模分别为 1049. 43 亿元、1707. 51 亿元和 5842. 63 亿元。2019 年 1—3 月，商业银行 RMBS 产品总计发行 6 单，规模 677. 97 亿元，占整个 ABS 市场发行量近三成，成为发行量最大的一类产品。相比之下，武汉市商业银行在 RMBS 上起步晚，发展慢。

二、武汉市住房抵押贷款二级市场发展潜力

在监管放开、政策鼓励的积极引导下，全国住房抵押贷款二级市场呈现出快速扩容、稳健运行、创新迭出的良好发展态势。2018 年个人住房抵押贷款支持证券发行规模达到 5842. 63 亿元，同比增长 242%，占银行间资产支持证券市场发行总量的 63%，成为银行间资产支持证券市场的重要组成部分。但相较于万亿级别的住房抵押贷款一级市场，住房抵押贷款二级市场仍处于初级阶段。根据中国人民银行数据，2018 年末个人住房贷款余额为 25. 75 万亿元，同期个人住房抵押贷款资产支持证券累计发行额为 0. 94 万亿元，仅占 2018 年末个人住房贷款余额的 3. 65%。

不考虑国有商业银行发行住房抵押贷款支持证券的基础资产池涉及武汉市住房抵押贷款的部分，单看武汉市住房抵押贷款二级市场，武汉住房公积金管理中心于2016年3月发行了武汉公积金2016年第一期个人住房贷款资产支持证券，发行额20.41亿元；汉口银行股份有限公司于2019年5月发行了九通2019年第一期个人住房抵押贷款资产支持证券，发行额35.11亿元。尽管相较于其他大中城市公积金管理中心和城市商业银行，武汉市已经在住房抵押贷款二级市场发展方面较早进行了尝试，但发行规模小，公积金管理中心三年来未再有新的产品，这意味着武汉市住房抵押贷款二级市场发展潜力并未充分发挥出来。

三、推进武汉市住房抵押贷款二级市场发展的政策建议

为了促进住房抵押贷款一级市场的发展，建立健全住房抵押贷款市场体系，进一步推进住房金融的发展，武汉市应在住房抵押贷款一级市场粗具规模、金融体系逐步健全、利率市场化稳步推进、金融法治建设不断深化、监管机制日趋完善的背景下，积极推进住房抵押贷款二级市场的发展。一是将推动住房抵押贷款二级市场的发展作为一项重要工作。二是根据政策和市场需要做好产品设计，一方面不违背监管政策，另一方面要对目标市场展开研究，住房抵押贷款证券必须能切合目标市场需要。三是做好住房抵押贷款二级市场的风险管控。四是政府做好对住房抵押贷款二级市场的监管和支持工作。五是重点推进住房公积金管理中心和地方金融机构住房抵押贷款证券化。六是推进住房抵押贷款二级市场配套机构发展。七是建立健全支持住房抵押贷款二级市场发展的法规。

第五章　住房租赁市场金融政策

一、武汉市租赁市场发展现状

武汉市支持租赁市场发展的政策初见成效。目前，武汉市市场租赁住房总量约68万套（92万间），面积约6532万平方米，人均租住面积25.8平方米，租赁住房提供者以个人房东为主，平均租金水平为34.1元/月/平方米，租金水平保持平稳，远低于住房均价涨幅。

（一）供给与需求特点

在总量上，武汉市租赁住房需求较大。近年来武汉不断出台新政，加大吸引人口流入力度。2018年末武汉市常住人口1108.1万人，年末全市户籍人口883.73万人，在全国净流入人口最多的城市中排名第七。持续的人口净流入带来了更多的住房需求，高企的房价与较低的可支配收入又将武汉市的一部分购房需求转变成了租

房需求。目前，武汉租赁市场上租户以30岁左右的群体为主，以新市民为主，他们收入水平较低，流动性大，因此在需求上要求租金低、面积小（12~20平方米）、小户型（单间、一居室公寓）、交通方便（位于工作地点或靠近地铁站、班车点）。

租赁住房的供给与需求存在一定程度的错配。在供给侧，武汉市住房市场供应总量较为充足，但是住房结构不均衡，购买类商品住房较多，租赁住房比重偏低。武汉市供给的租赁住房以二居室和三居室为主，面积较大（以60~120平方米为主），房龄较老（以20年左右房龄为主）。武汉市通过新建、配建、改建、包租等方式，多渠道筹集房源。截至2019年4月，武汉市明确22个市场租赁住房建设项目，建筑面积合计214.8万平方米，房源约3.4万套；按照符合规划、易于操作、考虑需求、规模适中、便于拆迁等原则，完成了5个地块、66.3亩土地选址定点工作，房源约1100套，其中黄陂区项目已经开工建设；通过二手房市场新增筹集长租房源11.0万套（间）。

（二）运营模式

在供应模式上，第一类是最原始的C2C模式，即房东和租客直接交易的模式；第二类是在第一类模式基础上进化而来的C2B2C模式，即租赁住房双方通过房地产中介达成的交易；第三类是住房租赁企业直接充当房东的B2C模式，标准化的房源和规范化的租赁合同使得交易匹配效率进一步提升，比如武汉市正在大力扶持的住房租赁企业。

（三）参与主体

住房租赁市场参与主体主要包括租赁专营企业、房地产开发企业、房地产中介机构、地方国企、互联网企业、酒店运营企业等。截至2019年4月，武汉市共培育和发展了住房租赁试点企业77家，其中开发企业44家，租赁专营企业33家。开发企业中，国有企业17家，民营、混合所有制企业27家。住房租赁专营企业中，国有企业7家，民营企业26家。住房租赁专营企业以轻资产运营为主、重资产运营为辅，全市租赁服务企业运营规模约14.6万套（间），454.2万平方米。

二、制约武汉市住房租赁市场金融发展的主要因素

（一）租赁市场发展相对初级，金融支持动力不足

武汉市租赁市场发展缓慢的原因正是金融支持动力不足。武汉市租赁住房供应主体仍然以个人业主为主，分散经营的个体房东自身对资金等金融的支持需求不强烈。截至2019年5月，全市共培育和发展住房租赁试点企业77家，其中租赁专营

试点企业仅有 33 家，住房租赁专营企业基本都是以轻资产运营为主、重资产运营为辅。假设武汉市 2018 年 224 万净流入人口每 2 人需要租赁 1 间住房，机构渗透率仅 14.4%，相比之下，德国租房市场中机构房源为 34%，美国租房市场中机构房源占比达 52%。由此可见，目前武汉、全国专业化住房租赁机构无论是机构数量，还是单家企业经营规模都较小，并且武汉市租赁住房供给与租赁需求在区位、环境、年龄需求、面积、户型需求方面匹配度偏低，导致房源虽多，但满足需求的房源较少。在“重买卖轻租赁”传统观念的影响下，租房者掏空“六个”钱包解决居住问题的意愿更加强烈，所以武汉市住房市场的金融支持动力主要集中在住房买卖市场，而非住房租赁市场。

（二）租赁市场回报率较低，金融支持渠道单一，总量较小

租赁市场租金回报率过低、租赁市场盈利前景不足、租赁机构难以在传统渠道获取资金支持成为租赁业发展的瓶颈。2018 年武汉市租金回报率仅 2.1%，考虑到个人业主是现阶段租赁住房的主要提供者，由于租金收入难以抵偿出租带来的折旧损失，他们缺乏将个人房源出租的意愿，也不需要金融支持。考虑到住房租赁企业是未来租房市场的重要供应者，而现在融资困难是阻碍住房租赁企业规模扩张的主要原因。住房租赁企业无力拓展房源，扩大经营规模，而其获取房源时都需要一次性付出大量现金。最终结果是，住房租赁企业规模扩张极为缓慢，租赁市场难以实现规模经济，再次推高其在传统渠道的融资成本。

（三）租赁市场法律法规有待完善，金融风险待释放

从武汉市住房租赁市场的政策环境看，还存在一些监管漏洞，一方面，尚未出台完善的、针对合租市场的制度规范与约束；另一方面，对专业化住房租赁机构的监管有待加强，特别是对于长租公寓沉淀资金的使用和去向、空气污染、押金退还、合同陷阱等问题的监管欠缺。正因为缺乏行业监管，曾被视为金融创新的“租金贷”，也因某长租公寓爆仓而告一段落。这不仅降低了住房租赁市场金融支持积极性，也不利于稳定的住房租赁市场的建立和发展。

三、推进武汉市未来住房租赁市场金融发展的政策建议

（一）加强顶层设计，完善法律法规

在“租购并举”的指导思想下，住房租赁市场逐渐成为解决新市民住房问题的重要途径。现在房屋租赁管理的手段、方式和内容相比以前有较大变化，租赁机构的运营模式也与以前有很大区别，因此有必要推进住房租赁的立法建设。2010 年 12 月出台的《商品房屋租赁管理办法》已不能适应当前工作需要，2017 年 5 月

出台的《住房租赁和销售管理条例（征求意见稿）》只是细化了租赁双方约束，住房和城乡建设部应尽快出台《住房租赁管理条例》，以便指导、规范武汉市住房租赁市场发展。

（二）建立政府引导的住房租赁金融支持体系

土地端方面，第一，以土地划拨的方式向开发商供应土地，专门用于建设租赁住房。第二，将配建租赁住房作为土地出让前置条件，即规定企业开发地块时的自持比例，甚至推出纯租赁地块（自持比例 100%）。第三，为农村集体建设用地上建设租赁住房提供金融支持。

资金来源方面，第一，利用好中央财政转移支付大力支持住房租赁机构，使其尽快形成规模经济。第二，敦促银行、政策性金融机构等发挥对住房租赁市场的金融支持。第三，通过税收优惠等政策间接增加住房租赁房屋提供者的收益率。

（三）创新融资渠道，切实防范金融风险

在供给侧，考虑房地产已进入存量时代，除了新建、配建租赁住房之外，应做好存量住房向租赁住房的转化工作，武汉市政府应有三个思想观念的转变：第一，租赁企业与个人出租者并重。第二，出租公寓与长租房并重。第三，农村集体建设用地和城中村等的租赁住房应受重视。除了三处观念的转变外，租赁住房租金收入稳定、运营模式清晰的特点符合资产证券化的特点，也符合互联网企业初创期重视未来现金流甚于利润的特点，利用这些特点，可以一方面积极鼓励房地产投资信托基金（REITs）在创新上取得突破，另一方面鼓励互联网头部企业加入住房租赁市场，探索“互联网+金融+住房租赁”新办法。

在需求侧，针对租赁住房的个人消费金融依然是可行的模式，实施时考虑加入“以保障承租人利益为主的”保险机制。第一，为承租人提供住房租赁消费贷款的机构为具有放贷资格的机构。第二，不得将住房租赁消费贷款相关内容嵌入住房租赁合同。第三，考虑引入保险机制。

第六章 住房信托市场发展问题

一、武汉市住房信托市场发展现状

截至 2018 年末，武汉市共有 2 家信托公司，分别为国通信托（原东亚方正信托）和交银国际信托，图 1 显示了 2011—2018 年以来武汉市信托公司资产总额及增长率，2011—2018 年间，武汉市信托资产平均增长率约为 10%。

武汉市政府目前对信托行业相关监管政策主要集中在房地产投资信托基金方

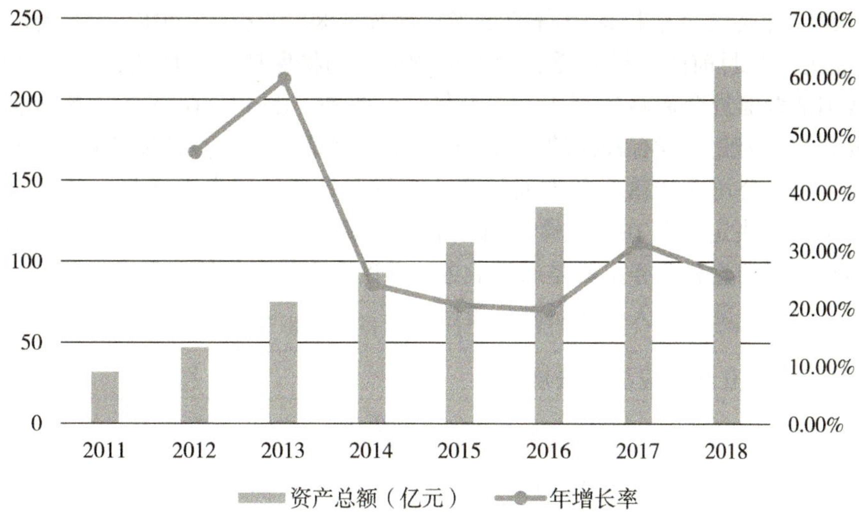

图 1　2011—2018 年武汉市信托公司资产总额及增长率

面，提倡推动拓展房地产开发融资渠道，尤其是住房租赁企业的融资，提倡积极推进房地产投资信托基金（REITs）试点。而对于信托公司发行消费金融产品，涉及个人住房消费贷款领域的监管较少。

二、武汉市住房信托市场发展存在的主要问题及原因

我国住房信托市场基本没有发展起来，主要原因在于：

（一）金融管制和监管打压

住房信托市场难以发展的基本原因之一就是严格的金融管制和监管打压。实际上，信托资金的规模、流向等一直都受到监管部门的监管，由于国家对流向房地产领域的信托资金实行一刀切政策，信托公司不能充分享有金融自由，使信托公司开展个人住房信托业务的积极性被打压，也没有开展住房信托业务的空间。此外，我国住房贷款利率市场化程度较低，而信托公司设计的个人住房信托产品按市场定价，利率必定高于商业银行提供的住房贷款利率，会大大降低融资人的融资意愿，也一定程度打压了信托公司的积极性。

（二）商业银行体系的挤压

商业银行先天的优势使其无论在人员素质、经营流程、产品设计、管理体系等方面都处于绝对领先地位，经过多年的发展已形成一套完整成熟的贷款业务体系，其开展贷款业务较同类金融机构效率高、成本低、流程合理、风险控制到位。数据

（二）商品住房市场层面分析

商品住房市场的运行情况直接影响住房信贷市场风险。商品住房市场波动较大将直接放大武汉市的住房金融风险。

1. 商品住房交易情况

从商品住房交易情况来看，2010—2017 年武汉市商品住房交易量总体呈上升态势。从去化周期来看，2016 年以前大体呈现下降态势，由 2011 年的 34.7 个月迅速下降至 2016 年的 3.5 个月，此后开始回升，当前为 7.3 个月，整体而言，去化周期当前基本保持在合理区间（表 7）。

表 7 **商品住房销售情况及去化周期**

年份	销售面积		销售套数		销售价格		成交金额		去化周期
	万 m^2	增速%	套	增速%	元/m^2	增速%	亿元	增速%	
2010	1342.19	—	130101	—	5781.69	—	776.01	—	28.1
2011	1122.22	-16.39%	111703	-14.14%	6404.15	10.77%	718.69	-7.39%	34.7
2012	1331.04	18.61%	134953	20.81%	6349.74	-0.85%	845.18	17.60%	25.8
2013	1585.01	19.08%	159503	18.19%	6848.86	7.86%	1085.55	28.44%	17.7
2014	1796.89	13.37%	179801	12.73%	7429.76	8.48%	1335.05	22.98%	16.8
2015	2283.84	27.10%	224976	25.12%	8592.78	15.65%	1962.45	47.00%	9.7
2016	3030.11	32.68%	291823	29.71%	9177.94	6.81%	2781.02	41.71%	3.5
2017	2088.87	-31.06%	207053	-29.05%	9974.21	8.68%	2083.48	-25.08%	7.3

2. 房价收入比

无论是纵向对比，还是横向对比，可以认为武汉市房价收入比处于合理区间，房价水平也处于居民收入可接受范围（表 8）。

表 8 **主要城市商品住房房价收入比**

	深圳市	成都市	西安市	长沙市	南京市	武汉市
2010 年	16.94	7.50	5.61	5.39	10.50	7.63
2011 年	14.57	7.42	6.47	6.40	7.60	8.05
2012 年	12.91	7.35	6.82	5.74	7.89	7.57
2013 年	13.47	7.35	6.48	6.62	8.55	7.43
2014 年	12.34	7.06	6.35	5.88	9.35	7.21

续表

	深圳市	成都市	西安市	长沙市	南京市	武汉市
2015 年	15.42	6.92	6.02	5.72	8.91	7.55
2016 年	21.52	7.69	5.96	5.78	13.13	7.43
2017 年	20.26	8.27	7.10	—	11.14	8.48

3. 住房空置率

依据《武汉市住房发展规划（2018—2022 年）》数据，2017 年底，武汉市住房套数为 412 万套，常住人口为 1089.29 万人，按照每户 2.99 人计算，2017 年常住家庭户数为 3646336 户，套户比约为 1.3，住房空置率约为 12.5%，超出国际通用标准 5%~10%的合理区间。

（三）金融机构层面分析

金融机构是住房信贷的直接供给方，一旦金融机构的行为模式、贷款决策、操作管理等出现失误，就可能引发信贷风险。

一是金融机构的行为模式。住房信贷是商业银行的优质资产，一方面住房信贷是银行信贷增长的根本动力，另一方面，住房抵押贷款安全性好、抵押率高，未来武汉市房地产市场发展较为稳定，相比其他贷款，住房抵押贷款是各商业银行的首选。2018 年 1—6 月住房贷款占比前 10 银行中，除国有五大行（累计占比超过 68.07%）外，其他银行发放个人住房贷款占比较为接近，占比在 2%~7%之间，在市场份额有限的情况下，各商业银行竞争渐呈白热化状态，无序现象突出（表 9）。

表 9　**2018 年 1—6 月武汉市各商业银行贷款份额占比**

银行名称	金额（亿元）	占比
中国建设银行	1070.12	20.17%
中国工商银行	958.22	18.06%
中国银行	633.87	11.94%
中国农业银行	511.09	9.63%
交通银行	438.89	8.27%
招商银行	343.03	6.46%
中国邮政储蓄银行	288.29	5.43%

续表

银行名称	金额（亿元）	占比
中国光大银行	167.45	3.16%
中信银行	145.75	2.75%
武汉农村商业银行	143.32	2.70%
其他	608.12	11.43%
合计	5308.15	100.00%

二是二套房首付比例处于较高区间，增长较快。2016 年上半年至 2018 年上半年，武汉市各商业银行首套房最低首付比例都保持在 30%以上，最高首付比例则由 30%上升至 43%。二套房最低首付比例由 35%上升至 42%，最高由 45%上升至 57%。武汉市二套房首付比例处于较高区间，对比同级别城市则属于中等水平，首付比例增速较快。

三是住房贷款所占比重高，加大系统性风险。2014 年后，武汉市居民住房贷款占金融机构贷款的比重快速上升，2018 年已高达 27%，接近 1/3。金融机构的贷款过多集中于房地产市场，资金来源的单一性必然导致金融风险的积累，一旦房地产市场出现较大波动，会造成系统性金融风险。

四是商业银行操作管理风险。操作风险是由于银行自身不完善或由内部程序、人员、系统或者外部事件所造成直接或者间接损失的风险。

五是法律法规角度的风险。

（四）购房人层面分析

购房人是住房信贷的需求方，当购房人的还款能力下降时，银行可能无法收回贷款资金，出现违约行为，引发系统性风险。

1. 武汉市住户住房负债率增长过快

2010 年至 2017 年，个人住房贷款大幅增长，由 2010 年的 1001.90 亿元增长至 2018 年的 5880.36 亿元，增长了 486.92%，年均增长达 25.81%。人均住房债务也快速提高，由 2010 年的 10238.7 元增长至 2018 年的 53067.05 元，增长了 418.3%，年均增长达 23.86%。与此同时，人均可支配收入也逐步上涨，由 2010 年的 20806 元增长至 2018 年的 47359 元，增长了 127.62%，年均增长 10.85%，增幅小于人均住房债务增长，即收入增长小于债务增长，导致居民住房负债率在 2010 年至 2018 年间快速提高，由 2010 年的 49.21%增长至 2018 年的 112.05%，增长了 127.7%，年均增幅达 11.94%，国家亟须防范由住房负债率快速上涨引发的系统性风险的爆发。

2. 房价与收入增长率之比较高

总体上来看，商品住房价格的增幅小于人均可支配收入的增幅，房价与收入增长率之比大体维持在80%左右（表10）。

表10　**2010—2017年武汉市房价与收入增长率之比**

年份	商品住房价格		人均可支配收入		房价与收入增长率之比
	元	增长率	元	增长率	
2010	5781.69	—	20806.00	—	—
2011	6404.15	10.77%	23738.00	14.09%	76.43%
2012	6349.74	-0.85%	27061.00	14.00%	-6.07%
2013	6848.86	7.86%	29821.00	10.20%	77.07%
2014	7429.76	8.48%	33270.00	11.57%	73.32%
2015	8592.78	15.65%	36436.00	9.52%	164.46%
2016	9177.94	6.81%	39737.00	9.06%	75.17%
2017	9974.21	8.68%	43405.00	9.23%	94.03%

3. 将消费贷资金用于购房

部分金融机构对消费贷款资金的贷前、贷中、贷后管理不严格或是银行内部人员与房地产开发商或中介串通，导致消费贷款资金流向房地产领域，消费贷、信用贷等资金违规进入房地产市场，不仅影响房地产调控效果，还带来了较大的风险。

4. 构造“假按揭”，违规获取资金

“假按揭”是个人住房信贷市场风险中危害最大、最易发生的风险，原因主要有三点：一是开发商或者个人售房者由于急需资金，通过伪造贷款资料，实施虚假购房行为，骗取银行的信贷资金；二是开发商或者个人售房者通过“假按揭”较容易获得低利率和长期限信贷资金；三是政策、法规的漏洞创造了违规的客观条件。

二、武汉市住房信贷市场风险评估

（一）住房信贷市场风险评价指标

住房信贷市场风险评价指标见表11。

表 11　**住房信贷市场风险评价指标**

<table>
<tr><td rowspan="5">住房信贷市场风险评价指标</td><td>一级指标</td><td>二级指标</td></tr>
<tr><td>宏观经济指标</td><td>GDP 增长率
固定资产投资增长率
就业增长率</td></tr>
<tr><td>商品住房市场指标</td><td>商品住房交易量增长率
商品住房交易金额增长率
商品住房价格
房价收入比
商品住房价格增长率
商品住房去化周期
住房空置率</td></tr>
<tr><td>金融机构指标</td><td>首套房首付比例
二套房首付比例
个人住房消费贷款增长率</td></tr>
<tr><td>购房者指标</td><td>居民住房负债率（人均住房债务/人均可支配收入）
房价与收入增长率之比（商品住房价格增长率/居民可支配收入增长率）</td></tr>
</table>

（二）武汉市住房信贷市场风险分析

运用主成分分析法，2011—2017 年武汉市住房信贷市场风险综合得分值见表 12，从表中可以看出，2011—2017 年武汉市住房信贷市场风险得分值总体上呈现逐渐减小、再逐渐增大的演变轨迹，这一演变轨迹与武汉市房地产调控政策历程密切相关。

表 12　**2011—2017 年武汉市住房信贷市场风险值**

	综合得分
2011	0. 2330
2012	0. 1647
2013	0. 1518
2014	0. 1272
2015	0. 1464

续表

	综合得分
2016	0. 0184
2017	0. 1583
平均综合值	0. 1428

2011 年至 2014 年住房信贷市场风险逐渐降低，这段时期，武汉市的房地产调控基调以限购为主。2014 年至 2017 年住房信贷市场风险开始上涨，这段时期，武汉市的房地产调控基调以去库存为主。2016 年 2 月 29 日，中国人民银行降低存款准备金率，各种楼市利好消息蜂拥而至，使得楼市热情居高不下，房价快速走高，与此同时，住房信贷市场风险也逐步上升。

三、完善武汉市住房信贷市场风险防控政策的建议

（一）进一步建立健全房地产信贷风险管理的法律法规体系

武汉市发改委、银保监局、房管局等部门应该联合起来，根据武汉市住房信贷发展史的实际情况，进一步完善与房地产信贷相关的法律法规，明确规定开发商和个人的权利及义务，使企业和个人严格按照法规规范住房贷款行为。

（二）加强市场研究，建立房地产行业风险预警和评估体系

加强对宏观经济波动的分析，提高信贷政策的前瞻性和适应性，科学把握房地产市场的放贷风险；加强对武汉市房地产市场实际情况调研，及时发现房地产市场的风险，采取有针对性的风险管理措施；建立房地产行业风险预警和评估体系。

（三）监管部门要加大对房地产信贷风险的监管

监管部门应进行定期检查和不定期抽查，一旦发现问题要采取必要的监管措施予以解决，将风险消灭在萌芽状态；加强通过窗口指导、约谈等方式化解风险，对于带来信贷风险的投机行为，与公安机关进行合作，对其进行严厉打击；建立住房信贷市场风险监测报告和定期通报制度，及时预警，对于违规行为进行通报批评。

（四）商业银行对个人贷款业务应审慎经营

商业银行要严格审核借款人的信用记录，对逾期记录超过一定次数，或历史逾期时间较长、金额较大的借款人，从严审慎发放贷款；严格审核借款人还款能力，对购房人提供虚假收入证明或不符合月供收入比要求的，不得放贷；严格审查借款

人首付款资金来源，严禁借款人通过个人消费贷款、个人经营性贷款、信用卡透支、P2P、小额贷款公司、房地产开发企业、房地产中介等渠道违规获取个人住房贷款首付款资金；商业银行要提高贷后检查频率，增加贷后检查手段，及时发现异常风险。

（五）商业银行应进一步完善内控管理制度

商业银行应审慎管理各类房地产贷款的发放，完善操作程序，对不同类型贷款的审批标准、操作程序、风险控制、贷后管理等作出明确规定；完善各类房地产贷款风险分类制度，建立动态的风险拨备机制，根据各类贷款的所占比重，设立风险控制点，采用科学的风险管理技术和方法，提高风险管理的科学水平。

第八章　住房市场的金融调控政策

一、武汉市住房市场金融调控政策梳理

武汉市积极响应中央号召，始终紧跟国家调控要求，出台一系列促进住房市场发展的政策措施，以促进武汉市住房市场平稳健康发展（表 13）。

表 13　**武汉市近年支持住房市场发展的重要政策一览**

时间	文号	政策名称
2008. 10	武政办〔2008〕178 号	《关于进一步促进武汉市房地产业健康发展的若干意见》
2011. 1	武房发〔2011〕7 号	《关于贯彻落实我市中心城区商品住房限购政策的通知》
2011. 2	武政办〔2011〕27 号	《市人民政府办公厅关于贯彻落实〈国务院办公厅关于进一步做好房地产市场调控工作有关问题的通知〉的意见》
2011. 2	武房发〔2011〕32 号	《市房管局关于调整我市住房限购政策有关问题的通知》
2011. 12	武房发〔2011〕198 号	《关于调整武汉市享受优惠政策普通住房标准的通知》
2016. 9	武银〔2016〕109 号	《中国人民银行武汉分行 中国银行业监督管理委员会湖北监管局关于加强住房信贷政策管理的通知》
2016. 10	武政办〔2016〕131 号	《武汉市人民政府办公厅关于在我市部分区域实行住房限购限贷措施的通知》
2016. 10	武银〔2016〕121 号	《关于进一步加强住房信贷政策管理的通知》
2016. 11	武政办〔2016〕159 号	《关于进一步促进我市房地产市场持续平稳健康发展的意见》

续表

时间	文号	政策名称
2016.12	武房发〔2016〕102号	《武汉市房管局关于扩大住房限购范围的通知》
2017.11	武房租〔2017〕4号	《武汉市培育和发展住房租赁市场试点工作扶持政策（试行）的通知》
2018.3	武政办〔2018〕33号	《市人民政府办公厅关于印发〈2018年建立租购并举住房制度实施方案〉的通知》
2018.7	武房规〔2018〕1号	《武汉市新建商品房预售资金监管实施细则》

二、武汉市住房市场金融调控政策评价

（一）武汉市住房市场金融调控政策的成效

武汉市住房市场金融调控政策的实施对武汉市住房市场的发展取得了积极的成效。从2010年以后的情况看，住房贷款保持了长期增长的趋势，从表14的数据来看，2018年住房贷款余额较2010年净增4878.46亿元，2018年住房贷款余额是2010年的5.87倍，住房贷款余额年均增长24.76%（表14、图2）。

表14 **2010年以来武汉市居民住房贷款余额变化情况**

	住户贷款余额（亿元）	短期贷款余额（亿元）	中长期贷款余额（亿元）	住房贷款余额（亿元）	住户贷款余额比上年增长率（%）	短期贷款余额比上年增长率（%）	中长期贷款余额比上年增长率（%）	住房贷款余额比上年增长额（亿元）	住房贷款余额比上年增长率（%）
2010	1446.2	152.22	1293.98	1001.9	/	/	/	/	
2011	1700.21	235.19	1465.02	1103.69	17.56	54.51	13.22	101.79	10.16
2012	1975.36	338.55	1636.81	1231.07	16.18	43.95	11.73	127.38	11.54
2013	2395.97	483.47	1912.5	1431.62	21.29	42.81	16.84	200.55	16.29
2014	2842.95	560.73	2282.22	1742.13	18.66	15.98	19.33	310.51	21.69
2015	3569.31	531.22	3038.09	2423.52	25.55	-5.26	33.12	681.39	39.11
2016	5165.92	414.14	4751.78	4002.58	44.73	-22.04	56.41	1579.06	65.16
2017	6613.84	478.21	6135.63	5014.73	28.03	15.47	29.12	1012.15	25.29
2018	/	/	/	5880.36	/	/	/	865.63	17.26
年均增长	738.23	46.57	691.66	409.82	24.26	17.77	24.90	609.81	24.76

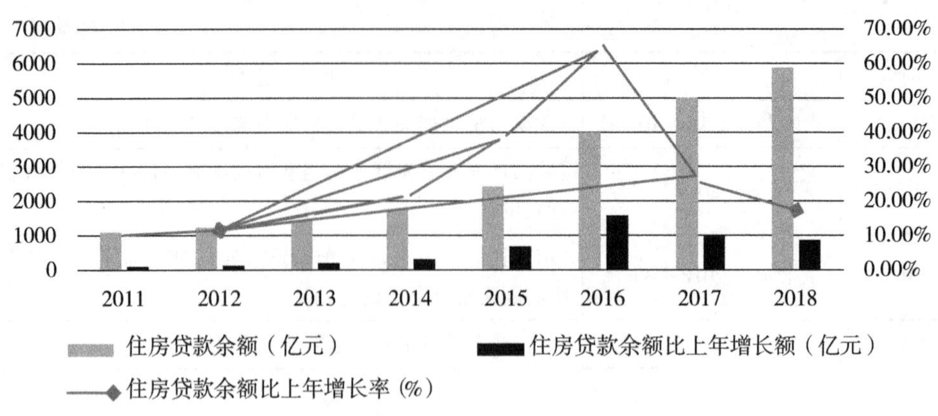

图 2　2011 年以来武汉市居民住房贷款余额变化图

具体来看，住房市场金融调控政策的成效主要体现在以下几个方面：

一是活跃了住房市场交易，促进了住房市场的不断扩大。二是促进了住房建设，住房供给保持长期增长。住房金融对住房需求端的有力支持为住房购置需求的增长提供了强有力的支撑，从而为开发企业生产的商品住房提供了不断扩大的市场，而这必然拉动商品住房建设，由此保障住房供给能不断增长。三是增强了居民住房购置能力，促进了居民住房水平和始终维持着高住房自有率。住房信贷支持优化调整了居民消费支出结构，直接提高了居民住房购置能力，发挥了促进居民不断提高住房消费水平，不断改善住房条件的作用，也强有力地支持了住房自有率的提高。四是住房价格水平相对合理，也促进了租金变化及水平的相对合理。从武汉市的情况来看，虽然住房市场价格不断上升，但相对于武汉市经济增长速度、城镇居民人均可支配收入增长速度以及经济社会的整体发展和其他城市房价的变化及水平，相对来说，武汉市住房市场价格水平还是比较合理的。五是住房金融持续发展，总体风险较小。在住房金融持续发展的条件下，居民住房债务风险整体较小，仍处于安全边界范围之内。

（二）住房市场金融调控政策存在的问题

必须肯定金融调控政策对住房市场发展所发挥的积极作用，但同时也要看到调控政策存在的问题。我们认为住房市场金融调控政策主要存在以下几个方面的问题：

一是缺乏对本地住房市场调控的长期政策选择，对住房市场的金融调控政策总体上只是被动执行上级政策。二是金融调控与武汉市住房市场运行所产生的调控需求不同步，干扰了住房市场的正常发展。三是金融调控过于频繁，且波动大，损害了住房市场的平稳发展。四是金融调控政策历来“一刀切”，不仅打乱了刚需族和改善型需求居民的住房消费期限节奏，也加重了刚需者的住房消费负担。

三、完善住房金融市场调控政策的建议

一是做好住房市场调控的长期政策选择，提高住房市场金融调控政策的主动性。二是把握市场运行特征，顺应调控需求，推动错位调控。三是推进专业性住房金融机构建设，促进住房市场相对独立和平稳运行。四是围绕实现调控目标的需要，做好供给侧调控和需求侧调控间的匹配。五是合理选择金融调控政策与其他调控政策组合，增强调控效力。六是完善差别化住房信贷政策，限制投机性购房需求。七是关注居民住房信贷债务，做好长期审慎管理工作。八是推进建立住房租赁市场融资监管体制，防范租赁市场金融风险。九是严厉打击非法市场，维护住房信贷秩序，促进住房金融安全。

第九章　房地产开发融资市场发展及风险管控

一、武汉市房地产开发融资市场风险分析

根据人民法院公告网的数据，截至 10 月底，2019 年全国有 408 家房地产开发企业发布破产公告，而到 11 月 20 日，发布破产公告的房地产开发企业陡然增至 446 家，全年平均每天破产 1.4 家，平均每周有 10 家房地产开发企业加入破产行列，10 月底以来，平均每天破产 1.9 家，平均每周近 13 家房地产开发企业宣布破产，破产企业数量规模之大、破产速度之快，创下历史纪录，这意味着房地产开发融资市场风险已经大面积暴露出来。

表 15　　**武汉市房地产开发企业破产情况**

	破产企业个数	破产企业名称
2018	4	武汉碧海房地产开发有限公司、武汉汇新房地产开发有限公司、武汉万马房地产开发有限公司、湖北荣生房地产开发有限公司
2019	5	金马房地产开发（湖北）有限公司、武汉丰穗房地产开发有限公司、湖北鑫磊房地产有限公司、武汉双龙堂房地产发展有限公司、武汉柱邦房地产开发有限公司

武汉市房地产开发企业出现了连续破产的情况，这意味着需要重视房地产开发融资风险的分析和防控。以下结合风险诱发主体和引起风险的因素的层次来对武汉

市房地产开发融资风险展开分析。考虑到中介服务机构在房地产开发融资风险中的作用不大，以下不考虑中介服务机构。

（一）融资方——房地产开发企业的融资风险分析

（1）房地产开发企业结构

目前武汉市房地产开发企业主体结构，基本特征是以大型房地产开发企业为主，其占比高达60%，因为大型房地产开发企业融资渠道多、融资成本低，由此来看，武汉市房地产开发市场的风险相对较小。从市场占有率来看，大型房地产开发企业的主导地位更突出。2018年武汉市拿地前十的房地产开发企业大部分属于百强房地产开发企业和国资委控股企业，拿地前十的房地产开发企业累计拿地面积占比为50.96%，前二十房地产开发企业累计拿地面积占比为69.25%，前三十房地产开发企业累计拿地面积占比为82.28%，呈现出规模越大的房地产开发企业拿地的比重越高态势。总体来看，土地市场集中度呈现出向超大型房地产开发企业倾斜的趋势。伴随着房地产建设用地供应的日趋紧张，武汉市未来土地竞拍市场的竞争还会加剧。在价高者得的规则下，小型房地产开发企业越来越被边缘化，而实际地价则会被不断抬高。

（2）开发商拿地成本及前期融资压力

与全国一二线城市一样，武汉市土地出让价格也呈现出不断上涨的趋势。由于房地产开发市场已经成为大型房地产开发企业占主导的市场，土地价格被不断地大幅度推高。土地价格越高，意味着房地产开发企业前期需要投入的资金就越多，在拿地竞争中，可能会导致一些企业资金储备枯竭，这一方面会对后期开发建设造成负面影响，另一方面规模巨大的资金也造成了巨大的资金成本。

（3）房地产开发运营模式

由于地价高昂，拿地资金成本高，市场竞争激烈，迫使房地产开发企业采取快建快销的运营模式，在地方政府加强对土地闲置管制的情况下，更加强化了快建快销运营模式。这一模式运行成功与否依赖于终端消费，一旦终端消费增长赶不上商品房供应增长，就必然带来财务风险，继而造成资金链断裂的风险。

（4）房地产开发企业的资产负债率

房地产开发企业基本上都是依靠高负债来维持房地产开发和企业运转的。从房地产开发企业的资产负债率来看，其不仅远远高于制造业等其他行业，而且远远高于其他国家和地区房地产企业的资产负债率。资产负债率越高，蕴藏的系统性金融风险越大。

（5）房地产开发企业的资金来源

总体而言，来源于股权融资的规模越大，比重越高，房地产开发企业经营出现问题引发破产倒闭和系统性金融风险的可能性就越小，反之，可能性就越大。尽管武汉市房地产开发企业股权融资比重有所上升，但水平低，并未改变企业严重依赖于债权融资的根本格局。

（6）房地产开发企业行为

随着房地产开发企业能力的不断成长，在政府监管、市场竞争和房地产开发企业经营战略的约束之下，房地产开发企业的行为越来越规范，但也确实存在着房地产开发企业因为各种主观和客观原因而出现的多种不规范行为，这些行为最终都会引发金融风险乃至社会风险。

（二）资金供给方——金融运营机构的融资风险分析

（1）开发融资市场的金融机构结构

武汉市房地产开发融资市场的主导力量是以国家开发银行、中国工商银行、中国建设银行等为代表的全国性金融机构。这些金融机构具有资金实力雄厚、资金调配能力强的显著优势，但同时也有其局限性。局限性主要反映在在汉机构必须服从各机构总部的指令，这样就无法避免“一刀切”的弊端。

（2）金融机构的行为模式

商业性金融机构向房地产开发企业投资的根本目的是牟利，因此只要其认为有利可图，必大力扩张，这会带来两个方面的问题：第一，过度竞争而放大信用风险。第二，加剧房地产投资波动。

（3）非银信贷方式的地位

相对于银行，信托计划或私募对基础资产、项目的审核不够严格，极易积累大量风险，并且非银信贷融资的利息远高于银行信贷，这给房地产开发企业造成了极高的财务成本，也迫使房地产开发企业采取高杠杆高周转的运营方式，这就进一步增加了风险。此外，在合规融资渠道之外，还存在不合规融资，这些不合规渠道的资金利率更高，有的就是高利贷资本，这加大了债务风险，也容易造成社会风险（暴力催债、群体讨债等），并且因为不合规融资渠道处于地下状态，不在监管范围之内，因此造成的风险更隐蔽，防范起来也很复杂。

（三）宏观因素以及其他因素

实际上，一切对房地产市场运行、房地产开发产生影响的因素都可能带来开发融资风险，这些因素包括宏观经济运行、区域经济发展、房地产行业发展、宏观经济政策、产业结构政策、国家和地方的房地产市场调控政策、金融监管政策等。

二、武汉市房地产开发融资市场风险评估

（一）评价指标

以下我们将从五个方面识别房地产开发融资市场的风险：宏观经济层面、商品

住房层面、房地产开发企业层面、金融机构层面以及消费者层面，具体评价指标如表 16 所示。我们使用主成分分析法对武汉市房地产开发融资市场的风险进行评估。

表 16 **房地产开发融资市场风险评价指标构成**

	一级指标	二级指标
房地产开发融资市场风险指标	宏观经济指标	GDP 增长率 固定资产投资增长率 就业增长率
	商品住房指标	商品住房交易量增长率 商品住房交易金额增长率 商品住房价格 房价收入比 商品住房价格增长率 土地供应量 商品住房去化周期
	房地产开发企业指标	土地成本 资产负债率 债权融资比重
	金融机构指标	房地产开发贷款增长率 个人住房消费贷款增长率
	购房者指标	居民住房负债率（人均住房债务/人均储蓄余额，或者人均住房债务/人均可支配收入） 房价与收入增长率之比（商品住房价格增长率/居民可支配收入增长率）

（二）武汉市房地产开发融资市场风险评估结果

从表 17 可以看出，2011—2017 年武汉市房地产开发融资市场风险得分值呈现逐渐增大的演变轨迹。结合平均综合值来看，2011—2014 年武汉市房地产开发融资市场风险得分值都低于平均值，其余年份都位于平均值之上。原因可能在于，政府出台四轮刺激政策，放松限购政策，加大信贷支持，导致房地产市场进入扩张期，房地产开发融资市场风险开始逐步增加。2016 年后，金融风险值较快增加，我们分析原因可能是融资政策收紧，地价、房价上涨，房地产开发企业再次面临融资难、融资贵问题，风险不断累积。

表 17　　2011—2017 年武汉市房地产开发融资市场风险评估值

	综合得分
2011	0.0676
2012	0.0369
2013	0.1034
2014	0.1131
2015	0.1959
2016	0.1878
2017	0.2949
平均综合值	0.1428

三、完善武汉市房地产开发融资市场风险防控政策的建议

（一）推进武汉市房地产开发融资市场创新

一是创新金融产品，探索融资新模式。可将金融产品创新的重心落在银行，武汉市的银行可针对本地实际情况，通过建立较为全面、系统、科学的本地企业的资信系统，有针对性地设计相应的金融产品；探索性地尝试通过资产证券化处置房地产不良贷款，运用标准化的产品运作方式，不良资产证券可成为商业银行处置不良贷款、提高拨备覆盖率的重要手段和有效工具，能有效降低风险。二是建立多元化房地产融资平台和多层次的资本市场。鼓励和支持专业性房地产金融机构建设，加强专业性质的房地产保险公司、房地产投资基金公司以及房地产财务公司的建设；进一步完善地方政府组建的国有资产投资平台，充分发挥平台内外部资源整合优势，发挥地方政府在统筹、协同各类金融资源和要素交易方面的优势，通过统筹银行贷款、信托计划、资管计划、保险产品，以及政府产业引导基金、私募股权基金、互联网金融产品等多种形式，补充资金需求，对优质项目提供资金支持。

（二）完善武汉市房地产开发融资市场风险防控政策

一是加快房地产金融风险预警机制建立。政府需科学地处理好房地产健康发展与房地产金融风险之间的关系，通过建立金融风险预警机制，在房地产健康平稳发展的基础上，提前防范风险。金融机构，尤其是商业银行要不断优化内部风险控制体系，全面、动态地对房地产金融风险进行监控。二是适度加大预售证发放及预售

资金监管的灵活性。武汉市政府可结合房地产市场走向以及中央金融监管的态度，适当调整商品房预售证的发放条件，以避免出现烂尾楼。此外，对于预售资金，市政府一定要严格审查是否存放到位，确保预售资金足额、按时集结至规定的监管账户，相关部门要加大对预售资金的审查，政府与银行尤其需定时核查房地产开发企业的资金运用情况。三是加强对民间借贷活动的监管。应尽快成立相应的监管部门，明确监管职责，统筹指导，进行专业化全面管理。四是进一步完善相关法律法规。完善的法律法规不仅能为房地产开发企业开展金融活动提供指导和规范，也有利于较少违法违规行为的发生，进而降低房地产金融风险。

结　语

本课题研究认为要从九个方面推动武汉市房地产金融创新，进而促进武汉市房地产业平稳健康可持续发展。

第一，推进购房消费信贷政策创新。一是将购房人已发生的房贷情况进一步划分为无房无贷、无房有贷、有房无贷、有房有贷四个层级，对应调整首付比例。二是将武汉市限购区域划分为两个大区域进行差异化调控，优化限购区域及限购区域内部的购房信贷政策。三是在原大学毕业生留汉计划的基础上，提出针对普通住房的信贷优惠政策。

第二，推进住房公积金政策创新。一是建立和完善自愿缴存住房公积金制度。二是实现住房公积金省级统筹调剂，搭建省级资金调拨平台。三是进一步完善住房公积金管理制度，对地方调剂有标准化的实施指引。四是完善住房公积金异地贷款政策，搭建统一的住房公积金基础信息平台，建立统一的异地贷款政策和考核制度，设置住房公积金异地贷款资金池。五是建立和完善住房公积金风险防控机制。

第三，发展专业性住房金融机构。可以考虑将武汉市住房公积金管理中心改造为专业性住房金融机构，业务的地域范围初步定为“1+8”城市圈，以促进城镇化和城市圈发展，提高居民住房消费支付能力，特别是解决低收入和中低收入居民住房问题，为实现住有所居和居者有其屋提供金融支持。

第四，推进住房抵押贷款二级市场发展。建立健全支持住房抵押贷款二级市场发展的法规，重点推进住房公积金管理中心和地方金融机构住房抵押贷款证券化，推进住房抵押贷款二级市场配套机构发展，根据政策和市场需要做好产品设计，做好住房抵押贷款二级市场的风险管控，做好对住房抵押贷款二级市场的监管和支持工作。

第五，推进武汉市住房租赁市场金融发展。一是加强顶层设计，完善法律法规，二是建立政府引导的住房租赁金融支持体系，三是创新融资渠道，切实防范金融风险。

第六，推进武汉市住房信托市场发展。一是发展住房信托市场的法律架构和业务规则。二是要建立专业性的住房信托机构，设计合适的住房信托产品，建立合理的交易机制，培养精通住房信托业务的专业人才。三是建立和完善合理有效的住房信托市场监管机制。

第七，完善武汉市住房信贷风险管控政策。一是进一步建立健全房地产信贷风险管理的法律法规体系，明确规定开发商和个人的权利及义务，使企业和个人严格按照法规规范住房贷款行为。二是加强市场研究，建立房地产行业风险预警和评估体系，建立房地产行业风险评价指标，构建房地产风险预警模型。三是监管部门要加强对房地产信贷风险监管，通过进行定期检查和不定期抽查、通过窗口指导及约谈等方式化解风险。四是商业银行应加强个人贷款业务审慎经营管理，采用科学的风险管理技术和方法进行风险防控。

第八，完善住房金融市场调控政策。一是做好住房市场调控的长期政策选择，提高住房市场金融调控政策的主动性。二是把握市场运行特征，顺应调控需求，推动错位调控。三是推进专业性住房金融机构建设，促进住房市场相对独立和平稳运行。四是围绕实现调控目标的需要，做好供给侧调控和需求侧调控间的匹配。五是合理选择金融调控政策与其他调控政策组合，增强调控效率。六是完善差别化住房信贷政策，限制投机性购房需求。七是关注居民住房信贷债务，做好长期审慎管理工作。八是推进建立住房租赁市场融资监管体制，防范租赁市场金融风险。九是严厉打击非法市场，维护住房信贷秩序，促进住房金融安全。

第九，完善武汉市房地产开发融资市场风险管控。一是加快房地产金融风险预警机制建立，确立房地产预警机制的目标、方法与评价指标，利用大数据平台，利用历史数据的累积、外部数据的拓展、预警规则的丰富，全面、动态地对房地产金融风险进行监控。二是适度加大预售证发放及预售资金监管的灵活性，可参考杭州、厦门等城市的预售资金监管办法，对本地的监管规则进行灵活变通，要严格审查预售资金是否存放到位，确保预售资金足额、按时集结至规定的监管账户，相关部门要加大对预售资金的审查力度。三是加强对民间借贷活动的监管，尽快成立相应的监管部门，明确监管职责，统筹指导，进行专业化全面管理，改变“先放养，后规范”的思路，对于所有从事金融借贷活动的单位必须到相关监管部门备案登记，进行统一管理。四是进一步完善相关法律法规，完善民事诉讼制度，探索化解纠纷的简易程序。

武汉市优秀历史建筑档案资料发掘途径及管理机制

武汉市房屋安全管理中心
（武汉市优秀历史建筑保护研究中心）
武汉共享遗产研究会

课题负责人：黄　立　武汉市住房保障和房屋管理局　副局长
课题组成员：艾　笋　曾汉武　周耀林　丁　援　马志亮
施　萌　徐　伟　吴莎冰　李　杰　许　颖
费小坤　姜一公　张文静　吴立波　周启明
课题顾问：周耀林　丁　援
课题统稿：马志亮　施　萌

一、武汉市优秀历史建筑的地域年代特征与档案保存状况

武汉市于 1993 年正式公布第一批优秀历史建筑，到 2019 年已公布了 12 批、274 处优秀历史建筑，其中 57 处在后期被公布为文物保护单位，9 处遭拆迁或拆毁①。现存优秀历史建筑 208 处（含 1 处异地保护②），其名单如下（表 1）：

表 1　武汉市优秀历史建筑名单

江岸区（共 138 处）			
一级（44 处）	建筑名称	地址	建造年代
第一批	巴公房子	鄱阳街 74~86 号	1910 年
	俄国领事馆	洞庭街 62 号	1896 年
	季凡洛夫公馆	洞庭街 86~90 号	1902 年
	金城银行	保华街 2 号	1930—1931 年
	立兴洋行大楼	洞庭街 116~118 号	1921—1923 年
	日本三菱洋行职员宿舍及松迺家酒店③	胜利街 256~272 号	1909 年
	咸安坊	南京路下首	1930 年代
	怡和村④	解放公园路 53 号	1920 年
第三批	吴家花园	南京路 124 号	1920 年代
第五批	宝顺洋行	天津路 5 号	约 1906 年
	德华学堂	球场路 64 号	约 1913 年
	日本汉口测候所⑤	胜利街 339 号	1908 年
	南京路 72~80 号	南京路 72~80 号	约 1920 年
	南京路 122 号	南京路 122 号	1922 年
	日本居留民团办事处	胜利街 335 号	1910—1912 年

① 此 9 处为：俄国领事馆官邸、三菱公司办公楼、万国跑马场看台、文华公书林、文华大学职员住宅、刘佐龙官邸、卢家老宅、花楼街 321 号、广益桥清真寺（民权路清真寺）。

② 1 处异地保护为：共勉街牌坊。

③ 旧名称：日租界军官宿舍。

④ 旧名称：怡合村。

⑤ 旧名称：市气象局政务服务中心。

续表

一级（44处）	建筑名称	地址	建造年代
第五批	胜利街325号①	胜利街325号	民国时期
	汉口胜利街333号	胜利街333号	20世纪初
	怡和洋行住宅	胜利街171~173号	1919年
	中孚银行	南京路47号	约1920年
	中山大道891~903号	中山大道891~903号	约1910年
第六批	市政府礼堂	沿江大道187号	1954年
第七批	美国美孚石油公司	江岸路5号	民国初年
	顺丰茶栈	洞庭街62~64号	1873年
	涂堃山、傅绍庭公馆	黎黄陂路27~29号	约1925年
	叶蓬公馆	青岛路15号	1930年代
	英国领事馆官邸	天津路10号	1861年；1946年
	中南银行	江汉路62~64号	1920年代中期
第八批	德明饭店小洋楼	蔡锷路与中山大道交会处	1920年代初
	民生轮船公司旧址	鄱阳街7号	约1923—1925年
	汉口中山大道909号	中山大道909号	约1930年代初
第九批	汉口洞庭街68~70号	洞庭街68~70号	1920年代
	法租界消防队	岳飞街19号	民国时期
	汉口真光照相馆	胜利街247号	1919年
	黎黄陂路44~48号	黎黄陂路44~48号	约1916年
	平汉铁路局宿舍	车站路35号	约1911年
	日本海军陆战队军营	张自忠路2号	民国初年
	英美烟草公司办公楼	鄱阳街65号、合作路17号	1911年
第十批	协同神学院	解放公园路97号	1926年
第十一批	永泰和烟草公司	南京路49号	1920年代
	黎黄陂路36号	黎黄陂路36号	民国时期

① 据邓伟明老师考证此处为“福来德洋行”，建于1910年。

续表

一级（44 处）	建筑名称	地址	建造年代
第十二批	美国生利洋行	胜利街 178 号	1930 年前
	车站路 21 号	车站路 21 号	1907 年
	洞庭街 85 号老宅	洞庭街 85 号	1930 年前
	日军“笔部队”驻地	吉庆街 39 号	1937 年
二级（94 处）	建筑名称	地址	建造年代
第一批	安利英洋行汉口分行	四唯路 11 号	1930—1931 年； 1933—1935 年
	大孚银行	南京路 104 号	1936 年
	大陆坊	中山大道南京路口	1934 年
	德国工部局、巡捕房	胜利街 271 号	1907—1909 年
	洞庭村	洞庭街南京路口	1931—1936 年
	法国领事馆	洞庭街 81 号	1892 年
	格非堂	黄石路 26 号	1931—1932 年
	广东银行汉口分行	扬子街 7 号	1923 年
	华商赛马公会	汇通路 20 号	1919 年
	江汉村、六也村	鄱阳街上首	1934—1936 年
	金城里	中山大道与保华街交会处	1930 年
	聚兴诚银行	江汉路 116 号	1936 年
	日本驻汉口领事馆遗址①	沿江大道山海关路路口	1923 年
	日信洋行	江汉路 4 号	1916—1917 年
	上海村	江汉路中段	1923 年
	首善堂	黎黄陂路 31 号	1913 年
	同兴里	洞庭街中段，胜利街 与洞庭街之间	约 1928—1932 年
	涂堃山公馆	车站路 10 号	民国初年
	武汉卫戍司令部	铭新街 18 号	1921 年
	萧耀南公馆	中山大道 911 号	1925 年

① 旧名称：日本领事馆。

续表

二级（94 处）	建筑名称	地址	建造年代
第一批	信义公所	洞庭街 77 号	1923 年
	永利银行	江汉路 20 号	1946—1949 年
	浙江实业银行汉口分行	中山大道 910 号	1926 年
	中央信托局汉口分局	中山大道 908 号	1936 年
	周苍柏公馆	黎黄陂路黄陂村 5、6、7 号	约 1920 年
第三批	车站路 8 号	车站路 8 号	1930 年
	汉润里	中山大道黄石路口	约 1911 年
	南京路 113 号	南京路 113 号	1937 年
	韶山二里	黎黄陂路中山大道口	约 1920 年
	胜利街 155 号	胜利街 155 号	民国初年
	胜利街 257 号	胜利街 257 号	1927 年
	英商太古洋行汉口分行①	沿江大道 140 号	1918 年
	铭新街 19 号②	铭新街 19 号	1921 年
	一元路 6 号	一元路 6 号	民国初年
第四批	高氏医院	黎黄陂路 38 号	民国时期
	三北轮船公司	沿江大道 167 号	1922 年
	圣教书局	鄱阳街 49 号	1911 年
	圣母无原罪堂	车站路 25 号	1910—1911 年
	沿江大道 144 号	沿江大道 144 号	20 世纪初
	沿江大道 153 号	沿江大道 153 号	1921—1924 年
	沿江大道 163 号	沿江大道 163 号	20 世纪初
	沿江大道 173~179 号	沿江大道 173~179 号	20 世纪初
	岳飞街 1 号	岳飞街 1 号	民国初年
	中山大道 889 号	中山大道 889 号	1912 年前

① 旧名称：沿江大道 140 号。

② 旧名称：万尧芳公馆。

续表

二级（94 处）	建筑名称	地址	建造年代
第五批	江汉二路 148 号①	江汉二路 148~150 号	1920 年代
第六批	安息日会警世堂	中山大道 769 号	1928—1930 年
	黎黄陂路 40 号	黎黄陂路 40 号	1913—1914 年
	鼎新里②	吉庆街与保成路交会处	1920 年代初
	洞庭街 91~97 号	洞庭街 91~97 号	约 1913 年
	关麟书旧宅	蔡锷路 1 号	1930 年代
	汉口胜利街 259-2、3、4、5 号	胜利街 259 号	民国时期
	一元路 4 号	一元路 4 号	1917 年
	慎成堂	蔡锷路 3~7 号	民国时期
	胜利街 261 号	胜利街 261 号	1927 年前
	裕民洋行	黎黄陂路 18~34 号	1920 年代
第七批	八大家	蔡锷路中段	约 1935 年
	周星堂公馆③	兰陵路 58-2 号	1923 年
	普海春大酒店	江汉路 104~106 号	20 世纪初
第八批	保华街 1~31 号	保华街 1~31 号	1912 年
第九批	保元里	南京路、保华街、汇通路交会处	1912 年
	俄国总会	兰陵路 17~19 号	20 世纪初
	福忠里	汇通路、江汉二路、吉庆街与南京路围合处	1920 年代
	高氏老宅	兰陵路 21 号	约 1916 年
	俄商新泰洋行水塔④	兰陵路 7~5 号	约 1876 年⑤
	黄陂村 8 号	黄陂村 8 号	约 1917 年

① 旧名称：江岸区大智街青少年教育基地。

② 旧名称：革新三里。

③ 旧名称：兰陵路 58-2 号。

④ 旧名称：汉口申新第四纺织公司职员宿舍。

⑤ 建造年代据《万里茶道申遗》第 420 页改。

续表

二级（94处）	建筑名称	地址	建造年代
第九批	金业里	南京路与吉庆街交会处	1930年代初
	老沙逊洋行仓库	洞庭街32号	约1918年
	李石樵公馆	武汉天地A4商业区3号楼	约1931年
	鄱阳街5号	鄱阳街5号	1920年代
	鄱阳街9号	鄱阳街9号	1920年代
	日本东京建物株式会社旧址	长春街73~75号	民国前期
	日本教师住宅	武汉天地A4商业区3号楼	20世纪初
	日本三井洋行职员宿舍	胜利街303号	民国初年
	三德里	中山大道与海寿街交会处	1901年
	泰安里	江汉二路与南京路交会处	1920年代初
	夏斗寅汉口公馆	武汉天地A4商业区3号楼	约1931年
	岳飞街28~34号	岳飞街28~34号	1920年代
	汉口中山大道907号	中山大道907号	约1930年代
第十批	鼎余里1~9号	胜利街南京路口附近	民国初年
	惠罗公司旧址	黎黄陂路7号	1918年
	日本汉口明治寻常高等小学校校长公馆	武汉天地A4商业区7号楼	约1930年
	望德堂	黄兴路1号	约1930年
	中孚里2~5号	南京路中段南侧	1917年
第十一批	江汉关职员宿舍	合作路15号	1880年
	五福路86号	五福路86号	民国时期
	大陆银行	南京路51号	1923年
	泰兴里	胜利街中段南侧	1908年
第十二批	胜利街331号	胜利街331号	1913年前
	民生轮船公司海员公寓	张自忠路1号	1954年
	邮局职员宿舍	海寿街2~4号	1913年前
	比利时驻汉口总领事馆	蔡锷路21号	1913年前
	黄兴路37~53号	黄兴路37~53号	1930年前
	华新里	中山大道与黄兴路交会处两侧	1912年
	辅仁里	辅仁里1~10号	1920年

续表

武昌区（共 30 处）			
一级（7 处）	建筑名称	地址	建造年代
第二批	钱基博故居	湖北美术学院内	1936 年
	天主教鄂东代牧区主教公署	花园山 4 号	1880—1882 年
第七批	华中大学榆园	湖北美术学院内	1936 年
	圣米迦勒教堂	复兴路 26 号	1916 年
第八批	圣·希理达女子学校礼拜堂	武汉市武昌区第二十五中学内	1922 年
第十批	武汉水运工程学院教学大楼	武汉理工大学余家头校区内	1959—1962 年
第十二批	基督教圣救世主堂	青龙巷 90 号	约 1910 年
二级（23 处）	建筑名称	地址	建造年代
第一批	翟雅各健身所	云架桥 110 号	1921 年
	湖北中医药大学附院 15 号楼（孙茂森花园旧址）	湖北中医药大学昙华林校区内	1901 年
	文华大学礼拜堂	湖北中医药大学昙华林校区内	1870 年
	文华大学文学院	湖北中医药大学昙华林校区内	约 1903 年
	文华大学学生宿舍	湖北中医药大学昙华林校区内	1937 年
	徐源泉、夏斗寅别墅	昙华林街 141 号	1930 年代
	中华循道公会弘道会	武珞路 357 号	1907 年
第二批	半园	鼓架坡 27 号	1928 年
	蔡广济旧宅①	戈甲营 94 号	1930 年
	鼓架坡 59、60、61 号	鼓架坡 59、60、61 号	1903 年
	基督教崇真堂	戈甲营 44 号	1864 年
	嘉诺撒仁爱修女会礼拜堂	湖北中医药大学昙华林校区内	1888 年
	仁济医院	湖北中医药大学昙华林校区内	1895 年
	瑞典教区旧址	昙华林街 92~108 号	1890 年至民国时期
	圣约瑟学堂旧址	崇福山街 49~51 号	1890 年

① 此名称存在争议，现已查明该建筑为蔡广记营造厂老板住所。蔡广记营造厂为武汉大学“六一惨案”纪念碑施工单位。

续表

二级（23处）	建筑名称	地址	建造年代
第二批	昙华林32号	昙华林街32号	1901年
	汪泽旧宅	太平试馆4号	清末民初
	翁守谦故居	昙华林街65号	1912年
	刘氏老宅①	崇福山街9号	1934年
	晏道刚公馆	高家巷17号	1925年
第七批	国立武汉大学农学院	武汉大学内	1937年， 1946—1947年
第十二批	基督教永生堂	张之洞路与解放路交会处	1915年
	中南政法学院早期建筑	武珞路114号	1954年

江汉区（共13处）

一级（2处）	建筑名称	地址	建造年代
第七批	汉口匹头公会旧址	二盛巷55附1号	1930年代初
第九批	汉口业主会	清芬路78号	1919—1920年
二级（11处）	建筑名称	地址	建造年代
第一批	汉口新市场	中山大道465号	1917—1919年
第三批	江汉路时代钟表	中山大道549~559号	约1919年
	邹庆孚金号旧址②	江汉路117号	1917年
	济生路电话分局	友谊路98号	约1926年
	协和福金号旧址③	江汉路135号	1930年代
第四批	联保里	江汉一路与前进五路交会处	约1918年
	汉口中山大道696~714号	中山大道696~714号	1919年
第六批	长江饭店	民生路205号	1921年
第十一批	协和医院包氏楼	协和医院9号楼	1931年
	中南体育场	新华路17号	1955年
第十二批	华商北洋饭店	清芬二路1号及 三民路54~70号	1924年

① 旧名称：徐氏公馆。

② 旧名称：华康副食。

③ 旧名称：江汉路135号。

续表

硚口区（共11处）			
一级（2处）	建筑名称	地址	建造年代
第七批	南洋兄弟烟草公司	仁寿路64号	1926年
第八批	同济医学院化学生物楼	同济医学院化学生物楼	1952年
二级（9处）	建筑名称	地址	建造年代
第一批	汉口慈善会	中山大道217号	1915—1916年
	基督教救世堂	汉正街434号	1930年
第三批	新安书院	新安街3~27号	1695年
第九批	淮盐巷	汉正街与汉中街之间	1912年前
	淮盐总局遗址	淮盐巷2号	1920年代
第十一批	中南同济医学院第二医院办公楼	武汉同济医院1号楼	1953—1955年
	中山大道209号	中山大道209号	民国时期
	武汉体育馆	解放大道612号	1956年
第十二批	维新百货商店	新安街2~4号	1946年前
汉阳区（共6处）			
一级（2处）	建筑名称	地址	建造年代
第三批	铁道部大桥局办公楼	汉阳大道38号	1953年
第七批	汉阳童贞圣母女修会院暨文德女中旧址①	翠微路18号	19世纪末
二级（4处）	建筑名称	地址	建造年代
第一批	共勉街牌坊	拦江路与阳新路交会处	1612年
第三批	汉阳天主堂（圣高隆庞堂）	显正街163号	1936年
第十一批	天主教乐勒托修女会	汉阳大道195号	1923年后
	天主教圣心堂	西大街182号	1940—1941年
洪山区（共2处）			
一级（2处）	建筑名称	地址	建造年代
第五批	中南建筑工程学校行政教学建筑群	武汉理工大学马房山校区内	1953年
第七批	华中师范学院早期建筑群②	华中师范大学内	1955—1956年

① 旧名称：中华基督教循道公会、汉阳文德小学。

② 旧名称：华师文学院、历史文化学院、西区六栋宿舍楼。

续表

青山区（共2处）			
二级（2处）	建筑名称	地址	建造年代
第三批	青山区红钢城八街坊	红钢城八街坊	1956年
	一冶机关大院	红卫路38街坊	1956年
东湖生态旅游风景区（共2处）			
二级（2处）	建筑名称	地址	建造年代
第七批	湖光阁	环湖路东湖沙滩浴场旁	1931年
	陶铸楼	听涛景区内	1940年代末
东湖新技术开发区（共2处）			
一级（1处）	建筑名称	地址	建造年代
第八批	华中工学院早期建筑	华中科技大学东区内	1953—1963年；1979年
二级（1处）	建筑名称	地址	建造年代
第七批	陈氏民居	滨湖街檀树岭村杨陈湾	约1866年
新洲区（共1处）			
二级（1处）	建筑名称	地址	建造年代
第七批	新洲区供销合作社联合社	邾城街新洲大街35号	1951年
黄陂区（共1处）			
一级（1处）	建筑名称	地址	建造年代
第八批	坡下湾刘氏老屋	罗汉街研子坡下湾	民国初年

表2 **武汉市优秀历史建筑时段分布统计表**

时段	数量	占比
明末	1	0.48%
1861—1911年	41~52①	19.71%~25%
1912—1949年	143~154②	68.75%~74.04%
1950—1962年	14	6.73%

---

① 有11处优秀历史建筑暂无法判定具体建造于清末还是民国时期。

② 有2处优秀历史建筑的建造年代跨越清末、民国（日本居留民团办事处、瑞典教区旧址）。另有三处优秀历史建筑暂无法判定具体建造于清末还是民国时期。

表 3 **民国时期武汉三镇优秀历史建筑时段分布统计表**

时段	数量	占比
1912—1937 年	139~150①	66.82~72.16%
1938—1945 年	1~2②	0.48~0.96%
1946—1949 年	3~4	1.44~1.92%

相较于对标城市上海市，武汉市的优秀历史建筑在数量和档案保存状况上相差极为悬殊。上海位于长江入海口，天然具备海运及内河联运的交通优势，且在近代开埠最早，长期把持全国航运中心、外贸中心③、商业中心、外国资本投资中心地位。而汉口作为内陆河港，在 1864—1930 年间的对外贸易极为依赖上海④，虽然直接进口能力增长很快，但直接出口能力增长缓慢，1900—1930 年间汉口直接出口在出口总值的比重年平均值仅为 12.5%，多数出口商品仍依赖上海的外贸转运。1930 年，汉口在全国口岸直接对外贸易值的排名仅列第 10，与上海相差甚远。

就直接外贸值而言，不同于上海的迅速增长，汉口开埠后很长时间内数值不大。1867 年，汉口直接进口 1.4 万两，直接出口 56.6 万两，直接外贸总值 58 万两，至 1870 年代增为六七百万两，此后一直徘徊不前。1899 年，汉口直接进口 44 万两，直接出口 615.5 万两，直接外贸总值 659.5 万两，仅及上海的 4%。而近代上海直接外贸量相当宏大，1867 年直接进出口净值 6603 万两，1890 年为 9746 万两，1895 年为 1.63 亿两，1905 年为 3.56 亿两。

另就最直观的城市人口规模而言，到抗战全面爆发前夕，上海人口规模一直呈现高速增长态势，而武汉三镇则呈现徘徊往复态势。上海 1843 年人口仅 23

---

① 有 1 处优秀历史建筑的建造年代分别为 1912—1937 年和 1946—1947 年（国立武汉大学农学院）。

② 有 1 处优秀历史建筑的建造年代暂无法判定具体建造于 1938—1945 年还是 1946—1947 年（维新百货商店）。

③ 1864—1904 年间，上海外贸总值在全国外贸总值中的比重年平均占 46.1%，最高值达到 65.6%。1905—1930 年间这一比重年平均值降为 44%，但上海仍是全国最大的外贸口岸，1936 年在全国外贸总值中的比重再度达到 56%，国内其他口岸无一能及，上海外贸值的变化直接牵动着全国外贸的变化。

④ 1867—1870 年，汉口对上海洋货转运依赖比重均在 99%以上，1872 年至 1885 年逐渐降至最低值 66.6%，此后回升，到 1898 年又高达 97.5%。从 19 世纪 80 年代后期至 19 世纪末汉口直接进口量非常有限，1886—1899 年间经上海转运进口值占其进口总值的比重平均为 88.4%。

万，至1880年已突破百万，超过北京，成为全国首屈一指的工商业大城市。1910年，上海人口为128.9万，之后上海人口进一步暴涨，1915年突破200万，1930年人口突破300万大关，至抗战全面爆发前夕已达375万。20余年间，上海人口净增246万，年均增长率达10.77%，是全国人口发展最快的城市。武汉清末估计人口数量为115万，其中汉口80万、武昌25万、汉阳10万。武昌首义后人口锐减，估计下降1/4，汉口人口下降20万人。此后，汉口重建十分缓慢，1920年代华中一带战乱频仍，武汉三镇人口缓慢恢复，至1936年，汉口人口80万、武昌30万、汉阳12.3万。民国时期，武汉人口增速在沿江大城市中垫底。

武汉与上海在经济体量与城市人口规模上的巨大差距，直接反映到目前各自的优秀历史建筑数量和收存历史档案的数量上。上海目前已公布1058处优秀历史建筑，且多处优秀历史建筑包括数十、上百栋建筑，无论是优秀历史建筑的公布数量还是栋数都远远超过武汉；上海市档案馆成立于1959年，截至1992年底，上海市档案馆馆藏历史档案113.6万卷，内容包括大量外文档案和工商档案，其中包括图书报刊资料3万余册。武汉市档案馆于1959年成立筹备处，1964年正式开馆，"文革"期间建制被打乱，1979年恢复武汉市档案馆建制。截至1990年底，武汉市档案馆收存民国档案17.6万卷，且大部分形成于1930年代，民国初期及抗战期间档案数量有限。

武汉市的优秀历史建筑分布在江岸区、江汉区、硚口区、汉阳区、武昌区、洪山区、青山区、东湖生态旅游风景区、东湖新技术开发区、新洲区和黄陂区等12个区，其中以曾建有五国租界的江岸区数量最多，达到138处，武昌区其次，达到30处，此外江汉区和硚口区分别拥有13处和11处，其余各区皆零星分布。

武汉市优秀历史建筑的用途多样，有以金城银行为代表的金融建筑，以基督教圣救世主堂为代表的宗教建筑，以法国领事馆为代表的外交建筑，以英商太古洋行汉口分行为代表的工商业建筑，以英美烟草公司办公楼为代表的办公建筑，以涂堃山公馆为代表的名人故居建筑，以三德里为代表的近代住宅建筑，以文华大学文学院为代表的教育建筑，以翟雅各健身所为代表的体育建筑，以协和医院包氏楼为代表的医疗建筑，涵盖武汉近代生活的方方面面。按建筑风格划分，有汉阳天主堂等西式建筑，咸安坊、同兴里、江汉村、上海村等居住类中西合璧式里分建筑，基督教救世堂等宗教类中西合璧式建筑。按使用者或权属划分，有以高氏医院为代表的个人私宅，以鼓架坡59、60、61号为代表的产权属于单位但使用权属于单位员工的公房，以淮盐巷为代表的产权属于政府但目前闲置的公房，以天主教鄂东代牧区主教公署为代表的产权和使用权都属于教会的公房，以天主教乐勒托修女会为代表的产权属于教会但使用权属于学校的公房等。

不过就构建武汉市的优秀历史建筑档案而言，并不适合按照用途、建筑风格、使用者或权属划分，而宜按照地域划分，这是有着深切历史原因的。武汉绝大多数优秀历史建筑建于 1861—1937 年，当时的档案资料并未按照用途、建筑风格等进行详细分类，而是按照机构划分。武汉是旧中国的金融中心和著名商埠，形成了丰富的金融、工商业档案，故汉口市政府及其部分直属机关、司法、金融机构与商会档案较为完整，其余许多机构的档案则不够完整，部分机构档案甚至并未得到收存，因此未形成针对建筑分门别类的档案存放方式，需要从相关机构档案与政府公文中寻找只言片语，而这些清末民国时期政府档案是按照行政区划分别存放的。中华人民共和国成立初期，武汉各区对本区内街巷与房屋产权情况作过调查，其形成的档案资料也以各自留存为主。此后新建的优秀历史建筑，其档案资料除部分上交各区政府档案管理部门及相关主管部门外，大多仍留存本单位，故其档案资料大致也可视作按地域存放。

根据表 1 和表 3 可知，就时间分布而言，武汉市优秀历史建筑主要建于 1912—1937 年间，占总数的 2/3 以上，其中相当一部分建筑的技术管理类等基本档案资料应收存于民国地方政府之中。另外，占据总数 1/4 的清末建筑，其中部分建筑的基本档案资料应可躲过清末民初的战火，移至民国政府，而在新管理秩序建立过程中，民国政府也应重新建立部分清末建筑的基本信息档案。因此，民国时期武汉三镇政府的相关档案资料应是建立武汉市优秀历史建筑基本档案资料库的重中之重。

在理想状态下，武汉三镇政府最多可保存全部 1861—1937 年间建造的 190 处优秀历史建筑的档案资料，占总数的 91. 35%。但可惜的是，由于清末民初的战乱及之后民国时期的军阀混战、政府管理者频繁更替及抗战全面爆发等原因，武汉三镇政府档案资料缺散严重。其最令人扼腕者，是 1946 年汉口市政府的回迁档案不知何故，未能抵汉。① 这对武汉优秀历史建筑档案造成的损失不可估量：纵使剔除民国时期一度划归汉口市政府管辖的汉阳地区相关历史建筑，仅计算当时的汉口市核心区，即今江岸区、江汉区和硚口区，其建于 1861—1937 年间的优秀历史建筑数量就达 152 处，占总数的 73. 08%。

---

① 消息来源：武汉市地方志办公室 2006 年所撰写的调研报告《抗战时期武汉政府损失调研报告》。

另外，民国时期并无档案统一管理办法，房产档案处于多头管理状态。民国政府重视与财政税收直接相关的地契类档案的收存，并不注重收存房产档案与建筑图纸等，且当时武汉三镇有权发放地契的单位在 20 家以上，地契档案也很难被政府完整收存。除此之外，民国时期武汉三镇行政区划变动频繁，导致各地政府档案放置较为杂乱，缺乏系统整理，也极不利于相关优秀历史建筑档案的查找。总而言之，在政府控制力度不强的民国时期，武汉三镇政府不重视房产与建筑图纸类档案的收存，房产档案处于多头管理状态，缺失严重，管理、存放杂乱，这直接导致目前大多数武汉民国优秀历史建筑档案资料缺失或难以查找。

同时，从现有样本数量分析，除里分建筑（1900 年至中华人民共和国成立前）以外，其余优秀历史建筑难以找到其类型分布与建成年代之间的对应关系。如汉口原租界区，其建筑类型多样，除领事馆外，其余建筑类型并不随清朝灭亡及各租界的收回而发生重大改变。

从调研状况来看，绝大多数武汉市优秀历史建筑的档案资料存放场馆并不能与建筑的时段与类型形成对应关系，档案资料严重缺失且分散。值得注意的是，在武汉市档案馆并未发现较成系统的优秀历史建筑档案资料，反而在湖北省档案馆零星发现几处汉口市的优秀历史建筑，但因数量过少，难以推断其原因，或许可以说明 1946—1949 年武汉地方政府档案曾向湖北省档案馆归拢过，也有可能是中华人民共和国成立后对此前档案进行过一定程度的归拢整理。

此外，武汉在 1861—1937 年间兴建的部分由外国建筑师设计的建筑，尤其是大量原租界建筑，其档案由各国租界管理部门及相关洋行、设计师事务所保存。但在调研过程中我们得知，中华人民共和国成立前后移交的外文档案资料已调至外交部，且自 21 世纪初期起已不对外开放，故暂时无法批量获取相关优秀历史建筑的原始外文档案。

综上所述，目前暂无任何渠道相对集中地获取 1861—1937 年间兴建的优秀历史建筑的官方一手中文或外文档案资料。中华人民共和国成立之后，武昌地方政府应当进行过相对全面的房产信息补登工作，但出于避免历史纠纷的考虑，暂时禁止外人查阅。其余区房管局尚未见过相关补登资料，仅在武汉市房管局档案处发现信义公所在 1960 年代的调查资料。因此，较之清末民国档案资料保存状况较好的上海市，武汉市优秀历史建筑（尤其是 1937 年以前部分）档案资料的获取，需要更加仰赖发动武汉市民，建立健全资料共享机制，方便热心市民提供相关资料与线索。

二、理论指导

（一）历史建筑档案资料应包含的内容及其价值用途

1. 历史建筑档案资料应包含的内容

根据有关学者、有关历史建筑档案资料的论述①，结合相关国家或地方标准、历史建筑档案编制的管理规定②，参考优秀历史建筑档案资料的特征和在未来优秀历史建筑承担的各项功能，历史建筑档案资料应至少包含以下五方面的内容：

（1）基本资料

基本资料应包括建筑的基本信息（现名称及原名称、地址、面积、结构、位置等）、整体概述、使用情况及价值评估等。

（2）历史人文资料

历史人文资料应包括历史沿革（产权变更）、历史图片（历史照片、历史地图），设计、施工者的历史资料及使用者、相关名人、历史事件资料等。

（3）技术资料

---

① 参见胡媛：《历史建筑档案的管理与开发利用》，《城建档案》2010 年第 2 期；李永利：《历史建筑档案的前期收集》，《城建档案》2010 年第 8 期；齐宗元：《历史建筑档案的管理与开发利用》，《兰台世界》2014 年第 2 期；高毓琳：《历史建筑矢量档案库的建立与利用》，《兰台世界》2014 年第 4 期；赵智勐：《历史建筑档案管理工作要点分析》，《2014 年 12 月建筑科技与管理学术交流会论文集》；祝璟：《历史建筑档案管理工作要点探析》，《兰台世界》2016 年第 11 期；毕燕苹：《城市记忆保护与历史建筑建档》，《浙江档案》2012 年第 10 期；曾云：《保护和传承岭南建筑文化完善历史建筑档案》，《城建档案》2013 年第 1 期。

② 如《上海市优秀历史建筑基础资料调查和保护指南（一幢一册）编制导则》第五条：（一）历史建筑的现状资料。建筑的坐落地址、占地面积、建筑面积、修建年代、建筑风格、建筑类型、稀有程度以及保护级别等；建筑外立面和内部装饰图片、建筑外立面和平面实测图。

（二）历史建筑的认定资料。建筑相关的普查、复查踏勘资料；专家评审文件；挂牌保护方案等。

（三）历史建筑的产权产籍资料。建筑权属登记及变化情况；建筑所有权人、使用人和有关物业服务机构确认的历史建筑保护责任告知书的回执文件等。

（四）历史建筑的技术资料。建筑过程中形成的法定文件材料，包括建筑的设计图、施工图、竣工图等；历次维修的文件材料，包括修缮报告、计划、方案、验收情况等。

（五）历史建筑的文史资料。建筑的历史沿革、历史事件、名人轶事等相关文字、图片资料。

（六）与历史建筑相关的其他重要资料。

技术资料应包括原设计图纸、测绘图纸、平面与立面图纸、建筑特征、使用现状、建筑定位、历次加建及修缮工程归档资料、现状建筑照片（立面、屋顶、重要保护部位、周边环境及航拍照片）、综合评估、修缮建议等。

（4）管理资料

管理资料应包括保护铭牌、保护要求、紫线控制图、权属及使用变更信息、日常巡查记录、历次房屋安全鉴定报告、相关规划图纸及说明、管理规定、日常保养方案等。

（5）研究记录

相关的研究文献（包括出版物、研究报告、文章、论坛贴吧、网文等）、影音资料（纪录片、录音）、照片等。

2. 历史建筑档案资料的价值及用途

（1）历史建筑档案资料的价值

存史弘文。历史建筑是城市历史文化发展的见证，其档案资料记录了城市发展的历史和市民的活动经历，保存和完善历史建筑档案资料可以真实全面地保存大量鲜活的城市历史记忆，丰富城市文化底蕴，教育市民铭记城市历史，感知城市文化韵味，加深市民的自豪感，有利于弘扬城市历史文化，坚定城市文化自信，提高城市文化引领力。

凭证参考。历史建筑档案资料具有原始记录的本质属性，在城市事务中具有凭证功能，可成为相关市民查询过往历史的证据以及建筑修缮、城市规划的重要参考。

（2）历史建筑档案资料的用途

宣传展示。目前各国正大规模地将文化遗产转换成数字化状态，最大限度地使社会公众能够公平地享有文化遗产，在网站上图文并茂地介绍历史建筑的信息，传播历史建筑文化，宣传历史建筑保护。如综合应用先进的光电声像技术，通过文字、图片、实体模型、多媒体等方式举办展览，把城市的历史、现状和未来丰富多彩、生动有趣、简洁明了地呈现在人们面前，成为了解城市的一个窗口；又如可将具有较高观赏价值和重要历史价值的历史建筑档案在报刊等媒体上作专版或专题介绍，借此传播优秀的历史建筑文化，宣传城市文化。

修缮参考。历史建筑档案，特别是原始的设计图纸、修缮或改造图纸、照片等资料，可为历史建筑的修缮和再利用提供参考依据，有助于恢复历史建筑的风貌。例如南京“总统府”铁质大门的修复正是凭借在江苏省档案馆找到的一张历史照片完成的。

（二）研究方法与内容

1. 研究方法

文献研究法、田野调查法和归纳总结法是本课题的研究方法。

（1）文献研究法

我们对历史建筑/文物建筑档案资料发掘、归集、管理等多方面所涉及的国内外相关文献、地方标准和管理规定、出版物、数字化平台进行了系统研究，全面分析梳理需要遵循、可参考借鉴的先进理念和技术方法。

（2）田野调查法

由于武汉市优秀历史建筑的相关档案资料分布较为零散，缺少专门机构的管理，导致研究团队尚不明确相关档案保存机构的具体档案资料多寡及类别，需要前往各类档案馆、图书馆、管理单位、使用单位等进行实地调研，并咨询相关专家，访谈老居民代表，以获取相关信息。

（3）归纳总结法

在完成文献研究与田野调查的基础上，我们对所获档案资料及相关信息进行分析与分类，归纳总结武汉市优秀历史建筑档案的资料类别及分布情况，选取有代表性的优秀历史建筑实例，探索发掘途径的规律性、可行性，以确保成果的深度和适用性，确定武汉市优秀历史建筑档案的具体内容和标准形式。

2. 研究内容

研究内容主要包括以下几个方面：

（1）背景动态研究

研究作为优秀历史建筑，其档案所应包含的内容以及相关背景、国内外相关理论与实践。对国内外相关理论和研究进程进行文献解读、综述，为本次研究提供理论支撑和经验借鉴。

（2）优秀历史建筑档案资料的分布特点及查找途径

全面调研武汉市优秀历史建筑档案资料可能存放的相关机构、单位、个人、电子信息平台及包含相关建筑信息的出版物、文章等，根据调研成果详细梳理武汉市优秀历史建筑档案资料的分布特点，并对相关存放机构的档案进行归类，总结查找途径。

（3）优秀历史建筑档案资料的管理机制研究

根据优秀历史建筑保护和利用对建筑档案的需求，结合档案管理的相关要求，研究适用于优秀历史建筑档案的管理机制，以期推动武汉市优秀历史建筑保护事业和管理科学的发展。

三、武汉市优秀历史建筑档案资料的发掘途径

为探索和确定较有操作性的优秀历史建筑档案资料的发掘途径，研究团队除相关理论研究工作之外，还进行了长达三个多月的户外调研工作（大致时间为2019年3—6月）。基于理论研究和调研，我们最终确认了武汉市优秀历史建筑档案资料发掘的9条主要途径：房管局系统查找、公共文化机构查找、其他相关机构寻访、老居民访谈、专家咨询、市民捐赠与征集、现场调研、相关出版物的搜集与整理以及互联网搜寻，其中前三者可统称为机构途径，是武汉市优秀历史建筑档案资料最主要的发掘途径。

（一）途径一：房管局系统查找

团队先后14次到武汉市房管系统档案处进行调研，其中包括市局2次，武昌区3次，江岸区6次，硚口区、汉阳区、江汉区各1次，基本了解了房管局系统优秀历史建筑档案的存储状况和类型特征。

武汉市房管局档案处关于优秀历史建筑的档案资料包括相关科技档案、图纸管理档案、地籍类档案和其他案卷等目录。团队核对了科技档案、图纸管理档案、地籍类档案和其他案卷等目录对应的档案文本，初步了解了市房管局关于优秀历史建筑的图纸档案分布情况。此外，武汉市房管局还保存有2012年至今的武汉市优秀历史建筑修缮、再利用、立面整治等工程设计方案。武汉市房管局还先后委托中信建筑设计研究总院有限公司ICOMOS共享遗产研究中心等编制了第一、第二批《武汉市优秀历史建筑图则》，目前ICOMOS共享遗产研究中心正在编制第三批《武汉市优秀历史建筑图则》。此外，武汉市房管局还保存有武汉市的十二批优秀历史建筑申报文本。

武昌区房管局、硚口区房管局、汉阳区房管局、江汉区房管局等区级房管局主要保留了1950年代和1970年代两套地籍图。其余的相关资料包括中华人民共和国成立初期的房产信息登记册（不允许外借与拍照）、1950年代武昌区街巷与建筑图卡（不允许外借与拍照），图卡包含的主要信息为建筑名称、图号（与地籍图相对应）、建成时间、结构、功能、建筑面积、厨卫信息、产权变更情况等（图1）。

江岸区房管局除上述信息外，还保存了部分历史建筑的巡查信息、现状调查附表、部分优秀历史建筑保护资金预算表、历史建筑的简介卡、第三次文物普查不可移动文物登记表等技术管理类档案资料。巡查信息包括建筑现名称和原名称、建筑位置、保护等级、产权人、巡查时间、房屋结构内外装饰检查情况、标志牌检查情况、违规行为处理意见以及巡查时的照片等；现状调查附表以街区为单位，包含门

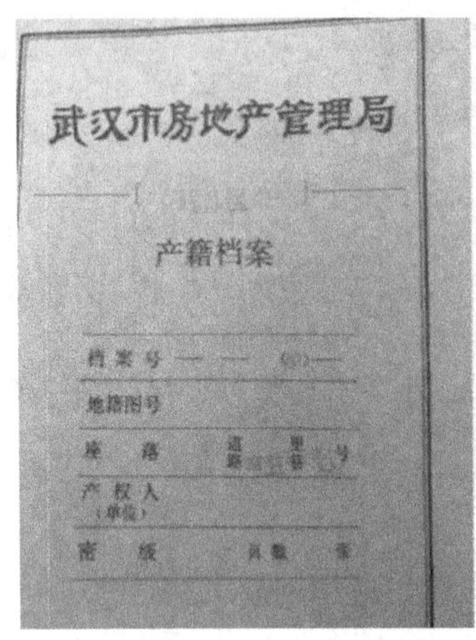

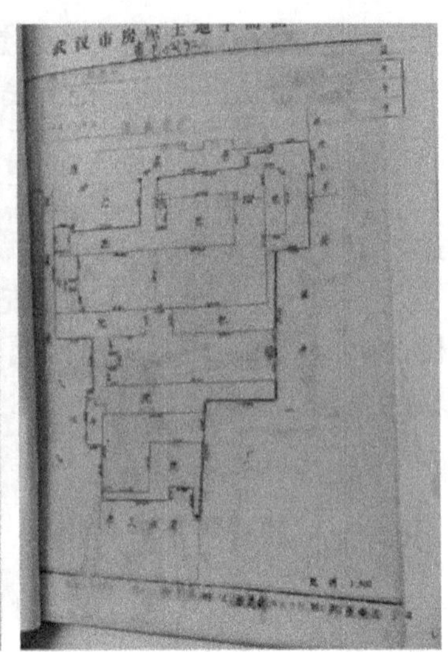

图 1　产籍档案图

牌号、结构类型、层数、建筑面积、居民户数、产权人等信息；部分优秀历史建筑保护资金预算表包括建筑原名称和现名称、建筑面积、结构、层数、建成年份、保护等级、保护资金的类型（分为维修、置换、立面）及金额等信息（表 4）；历史建筑的简介卡，其内容包括建筑名称、房屋坐落、建成年代、建筑结构、设计人、产权人、建筑保护等级、建筑面积、建筑层数、施工者、原使用性质、建筑特征及功能、相关历史时间、现状照片等信息；第三次文物普查不可移动文物登记表，该表的主要内容包括名称、地址及位置、类别、年代、统计年代、面积、所有权、使用情况、复查对象、单位文物说明、简介、保存状况、损毁原因、环境状况、普查组建议、审核意见、抽查结论、备注等。江岸区房管局另编著有《江岸优秀历史建筑》图册。

表 4　**江岸区优秀历史建筑保护资金预算表**

序号	房屋地址	房屋原名称	房屋现名称	建筑面积（m^2）	结构	层数	建成年份	保护等级	金额（万元）		
									维修	置换	立面
1	天津路 1 号	亚细亚火油公司	临江饭店	6750	砖混	6	1924	市一级	810		
2	洞庭街 90 号	俄国领事馆	省电影发行公司	2420	砖混	4	1904	市一级	290		
3	一元路 5 号	江汉关监督公署	市档案局	2343	砖混	4	1905	市一级	281		
4	洞庭街 81 号	法国领事馆	市委机关住宅	1391	砖木	2	1892	市二级	227		
5	洞庭街 88 号	季凡洛夫公馆	市警察学会	1832	砖木	2	1913	市一级	220	1099	

续表

序号	房屋地址	房屋原名称	房屋现名称	建筑面积（m^2）	结构	层数	建成年份	保护等级	金额（万元）		
									维修	置换	立面
6	沿江大道 158 号	新泰大楼	储备局设计大楼	3523	钢混	5	1924	市二级	563.4		
7	沿江大道 171 号	东方汇理银行	市越剧团	931	砖混	2	1902	市二级	115.5		
8	青岛路 8 号	保安洋行	市公安某处	5863	钢混	6	1914	市二级	703.5		

发掘途径重要程度评判：就调研结果来看，尽管存在多头管理、资料缺失、部分机构保存管理状况欠佳、上下级之间缺乏沟通等问题，但相较而言，由武汉市房管局和各区房管局构成的房管局系统仍然是武汉市优秀历史建筑档案资料保存最多、最全面完好、管理和利用相对最到位的机构，是武汉市优秀历史建筑档案资料最重要的发掘途径（表 5）。该部分档案资料以技术、管理类为主，目前的主要问题是控制档案过多，绝大部分不可查阅。

表 5　　**房管局系统保存武汉市优秀历史建筑档案资料统计表**

	基本资料	历史人文资料	技术资料	管理资料	研究记录
武汉市房管局	✓	✓	✓	✓	✓
武昌区房管局	✓		✓	✓	
江岸区房管局	✓	✓	✓	✓	✓
硚口区房管局		✓	✓	✓	
江汉区房管局		✓		✓	
汉阳区房管局				✓	

（二）途径二：公共文化机构查找

团队先后十余次到武汉市档案馆、湖北省档案馆、武汉市城建档案馆、湖北省图书馆、武汉市图书馆、武汉市地方志办公室等公共文化机构调研，排查相关资料。其中武汉市档案馆、湖北省档案管以及武汉市城建档案馆的有关历史建筑的资料极为匮乏，相关信息基本上以图书资料为主，其中武汉市档案馆结合馆藏档案资料出版了《老房子的诉说》，武汉市图书馆保存有部分优秀历史设计中的相关论文、图书（如《武汉历史建筑图志》《湖北近代建筑》《武汉：国家历史文化名城通览》《汉口法国租界及其建筑》《中国近代建筑总览・武汉篇》《汉口老房子》等），另有大量民国图书、报纸、期刊和清末民初报纸微缩胶卷等资料（该类资料不能提供网上检索）。武汉市地方志办公室保存了大量有关武汉地方史的书籍、资料（图 2）。

图 2　有关武汉历史的相关文献

武汉市城建档案馆保存了中信建筑设计研究总院有限公司（原武汉市建筑设计院）自 1952 年建院以来至 1978 年间的所有档案资料。武汉市城建档案馆于 2008 年开拍，历时六年共拍摄武汉优秀历史建筑 180 座，该电视片集政治、经济、人文、历史、建筑于一体，以专题片的艺术形式再现了武汉优秀历史建筑。

发掘途径重要程度评判：武汉市档案馆、湖北省档案馆、武汉市城建档案馆等处保存的武汉市优秀历史建筑档案资料数量较少；湖北省图书馆、武汉市图书馆以及武汉市地方志办公室保存较多相关出版物，档案属性较弱，不能提供较多的武汉市优秀历史建筑一手资料，并且相关场馆保存的大量图书，特别是 2000 年以后出版的图书，有关历史建筑的内容相似度较高，值得借鉴的资料信息有限，仅可视作武汉市优秀历史建筑档案资料的一个次要发掘途径（表 6）。

表 6　　　**公共文化机构保存武汉市优秀历史建筑档案资料统计表**

	基本资料	历史人文资料	技术资料	管理资料	研究记录
武汉市档案馆	✓	✓			
湖北省档案馆	✓	✓	✓		
武汉市城建档案馆	✓	✓	✓		
湖北省图书馆	✓	✓			✓
武汉市图书馆	✓	✓			✓
武汉市地方志办公室	✓	✓			✓

值得注意的是，武汉市图书馆保存有数量较多的民国期刊报纸，这对于中华人民共和国成立之前兴建的武汉市优秀历史建筑档案资料的发掘将起到较大作用，可

惜其并未电子化，在一定程度上限制了其作用的发挥。目前可通过查阅武汉市具体的优秀历史建筑的档案资料，从中提取民国时期的期刊报纸名，再经由武汉市图书馆资料处工作人员帮忙查阅。今后若能将其电子化，将善莫大焉。

（三）途径三：其他相关机构寻访

除上述武汉市、区级别的房管局和公共文化机构外，团队还多次走访了乐泰房产、海川房产、武汉城投房产集团有限公司等国资参股的房产公司，明确了江岸区部分优秀历史建筑的权属情况，取得了武汉城投房产集团有限公司管理下的所有优秀历史建筑图卡。图卡主要包括房屋基本情况（栋号、房间、结构、面积、占地、间数、建成年份、原建用途、现用途）、房屋产权情况（来源、日期、原业主、变更记载）、单线图（平面布局、房间面积、室内分隔、房间功能）、比例尺、登记日期等内容（图3）。武汉市其他区的多数公房详细产权资料及图卡、图纸资料可通过走访、沟通相应区国资参股房产公司获取。

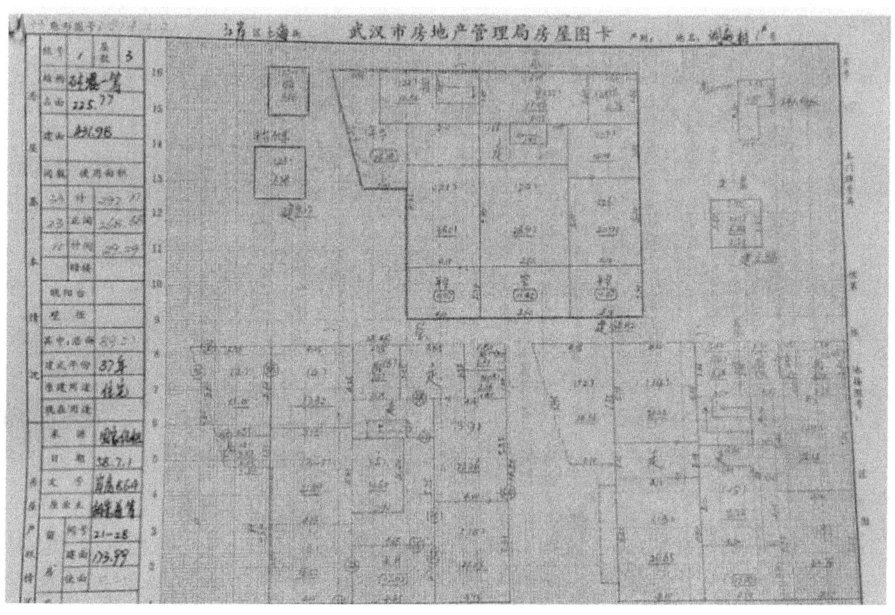

武汉市房地产管理局房屋图卡

图3　房屋图卡

发掘途径重要程度评判：通过对江岸区国资参股的几家房产公司的调研，最终获取了江岸区数十所公房的图卡资料，证明国资参股的房产公司保存有较多武汉市优秀历史建筑档案的技术资料，是除房管局系统之外的另一重要发掘途径（表7）。

表 7　　　　　　其他相关机构保存武汉市优秀历史建筑档案资料统计表

	基本资料	历史人文资料	技术资料	管理资料	研究记录
乐泰房产公司			✓		
海川房产公司			✓		
武汉城投房产公司			✓		

（四）途径四：老居民访谈

在优秀历史建筑档案资料的搜集过程中，常有资料不足及相关记载出现错讹或遗漏等问题，不利于武汉市优秀历史建筑准确信息的获取。而武汉市优秀历史建筑建成年代距今大多数在 100 年以内，在其中生活或居住过的人很多尚健在，在档案资料部分缺失的情况下，开展对其老居民的深入访谈，可补充部分缺失信息，还可将老居民口述信息与相关资料进行对比分析，往往也可订正资料的错讹之处。团队先后结合具体案例调研了武汉市一级优秀历史建筑吴家花园的老居民李南方夫妇和圣约瑟学院旧址（原文华图书馆专科学校旧址）曾经的使用者原文华图专毕业生、原武汉大学信息管理学院院长彭斐章教授。

通过与李南方夫妇的现场勘查与访谈，团队了解了吴家花园自 1949 年末至 21 世纪初期的历史沿革：该建筑曾作为中南军区后勤部办公场所，后逐渐形成居住 7 户军人的军区大院。1998 年后，湖南天主教会要求收回房产。2018 年武汉博语文化传媒公司从湖南天主教会手中购得该处房产。李南方夫妇佐证了现院落环境的变化。此外，李南方夫妇还提供了多张历史照片，为历史建筑立面的信息获取提供了依据。

通过彭斐章教授及其夫人的访谈，团队验证核实了关于圣约瑟学堂旧址的部分校史，厘清了圣约瑟学堂旧址（文华图书馆学专科学校）在 1950 年代初期的校园建筑分布情况。

发掘途径重要程度评判：武汉市相关优秀历史建筑的老居民对相关建筑的回忆以及提供的历史照片等资料，对于补充资料记载的缺失、纠正错漏都有重要意义，在准备充分的情况下对相关老居民进行访谈是获取武汉市优秀历史建筑档案资料的有效方法。如果条件允许，应扩大访谈范围，集合更多老居民的记忆，相互比对，有助于获得更准确的建筑历史沿革信息与早年布局情况（图 4）。

目前，有关吴家花园座谈会的筹备正在进行，如果能顺利举办并获取更多更准确的建筑信息，将促使老居民座谈的形式成为发掘武汉优秀历史建筑档案资料的重要途径，其作用将远大于对少量老居民的访谈。

我在武昌文华图书馆学专科学校的回忆

高炳礼

一、初进文华的感触

1952 年 9 月初的一天，我们集中在桂林广西大学学习班的新生搭火车北上。经过了两夜三天的旅程，总算抵达武昌车站，此时大约是早上 8 点 30

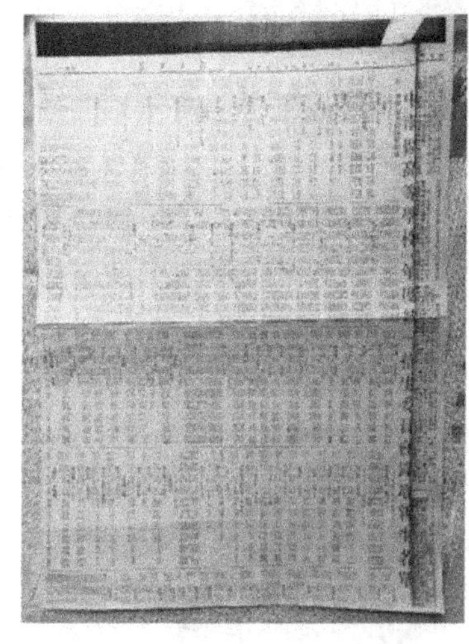

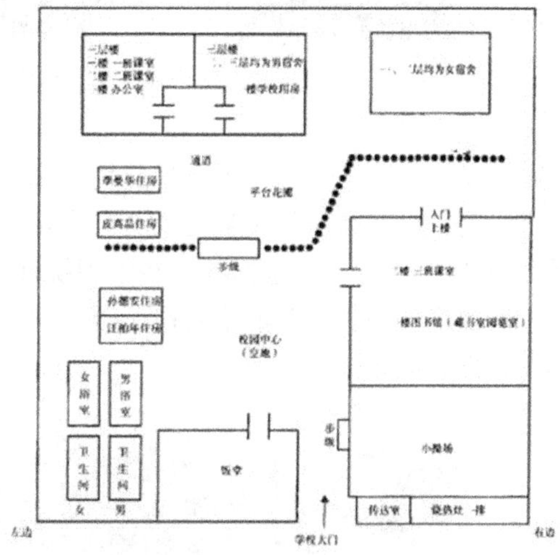

图 4　老居民回忆资料

（五）途径五：专家咨询

团队先后访谈了对武汉市优秀历史建筑有深入研究的专家学者王汗吾、董玉梅、宋晓丹、王钢、邓伟明等人，了解到武汉市历史建筑相关资料的查询办法、来源途径、查询禁忌，获得了部分历史建筑的历史照片、武汉市图书馆藏民国报纸影印版目录（图书馆查询系统无法查询）。

发掘途径重要程度评判：对武汉市优秀历史建筑有深入研究的专家学者进行访谈，有利于指导项目团队对武汉市历史建筑档案资料的发掘，使调研活动能更高效地展开，而相关专家学者书写的文章以及收藏的档案资料、藏品、历史照片等则可直接作为获取武汉市优秀历史建筑档案资料的重要途径（图 5）。

（六）途径六：市民捐赠与征集

2019 年 5 月 10 日，武汉市房管局安全鉴定中心施萌，中信建筑设计研究总院

图 5　与专家进行访谈

吴莎冰、姜一公、王金科、张文静前往武汉历史建筑保护和研究专家周小帆老师家中拜访，周小帆老师及其父亲向武汉市房管局捐赠自己珍藏的武汉市部分历史建筑图纸。图纸共 24 盒，折叠摆放，经整理统计，图纸对象包括浙江实业银行、立兴洋行、万国跑马场、英美烟草公司大楼、中央信托局、大陆银行等十余处建筑，共计 140 余张（图 6）。

图 6　捐赠活动现场

发掘途径重要程度评判：武汉市有大量市民收藏有武汉市优秀历史建筑的相关档案资料，如对其进行广泛征集，将极大地弥补现有档案资料的不足。为此，相关部门应加大宣传力度并设置专门的资料接收和收集人员，此举既可令有捐赠意愿的市民能比较轻松顺畅地进行藏品的捐赠，又能提高广大市民的捐赠意识。另外，捐赠当不限于实物，相关部门应开设专门网站与公共邮箱并公之于众，令市民或相关研究人员、热心人士能较便利地将自己的藏品、研究成果、新发现的关键资料以电子形式上传。此外，在经费允许的情况下，政府相关部门可对提供实物或资料的市民进行一定的经济补偿，必要时可开展公开征集活动。在政府相关部门的宣传与支持下，市民捐赠历史照片、资料信息或其电子件有望成为收集聚拢武汉市清末民初优秀历史建筑的重要途径。

（七）途径七：现场调研

团队先后至现场调研了涂堃山和傅绍庭公馆、吴家花园、淮盐巷、鼓架坡 59/60/61、汉阳圣心堂、文德小学等近 50 处历史建筑，获取了部分历史建筑的现状测绘图、现状照片、产权情况、使用情况、现状破损及病害情况等（图 7）。

图 7　对历史建筑进行实地勘测

除专业团队的现场勘查外，项目小组还邀请相关老居民和武汉文史专家前往现场调研、访谈，如邀请吴家花园老居民李南方夫妇至现场讲解吴家花园过去的建筑格局、材质及产权变更过程；邀请武汉文史专家王光老师赴新安书院旧址讲解书院遗存建筑具体位置和历史沿革等，取得了良好的效果。

发掘途径重要程度评判：在部分优秀历史建筑现有档案资料不充分、不明晰的情况下，必须开展现场走访与实地勘测活动，如开展现场建筑实测和拍照片、判定破损状况、诊断病害、访谈当地街道工作人员或老居民等。这是掌握更多（尤其是缺失的）武汉市优秀历史建筑档案资料的必由之路。

（八）途径八：相关出版物的搜集与整理

有关武汉市优秀历史建筑的出版物可谓汗牛充栋，其中《武汉历史建筑图志》《武汉：国家历史文化名城通览》《武汉历史建筑要览（英汉对照）》《汉口法国租界及其建筑》《中国近代建筑总览·武汉篇》《汉口老房子》《夕阳无语·武汉老公馆》《寻城记·武汉》《昙华林 52 处历史建筑名册》《武汉老房子老巷子·优秀历史建筑》《武汉历史建筑与城市研究系列丛书》《武汉老建筑背后的故事》《武汉优秀历史建筑通览》《武昌老建筑》等书籍以及《武汉文史资料》《武汉春秋》和《江岸区文史资料》等期刊对武汉市全市或部分区域的历史建筑有较多叙述或论证，是武汉市优秀历史建筑档案资料的重要发掘途径。

此外，《百年华大与百年记忆·掌故逸事风物》《不朽的文华·从文华公书林到文华图书馆学专科学校》《武汉高等院校建筑》《武汉大学早期建筑》《珞珈风云·武汉大学校园史迹探微》《德国建筑艺术在中国》等书籍都对武汉某些重要区域或类型的优秀历史建筑有较多的论述。武汉市现当代编著的各种市级、区级地方志、地名志、史话中也包含较多武汉市优秀历史建筑档案资料。以上各类书籍也都是武汉市优秀历史建筑档案资料发掘的重要途径。

发掘途径重要程度评判：相关出版物因资料齐备、考证翔实、作者权威、图文并茂，也是武汉市优秀历史建筑档案资料发掘的重要途径，但由于许多作者无法掌握一手资料，书中考证者多，重复内容较多。

（九）途径九：互联网搜寻

团队调研的相关网站主要分学术网站、各大机构官网、武汉重要地方网站、文史论坛以及其他各类网站。

团队主要调研的学术机构网站和各大机构官网主要包括人文武汉论坛、晚清民国期刊数据库、读秀、中国知网、抗日战争与近代中日关系文献数据平台、全国图书馆咨询联盟、武汉市房管局官网、中国国家图书馆官网、湖北省档案馆官网、武汉市档案馆官网、湖北省图书馆官网、武汉市图书馆官网、武汉市城建档案馆官网等几个国内重要的、能查询到较多武汉市优秀历史建筑档案资料的网站，下载或购买整理了大量电子书、文章等资料。

武汉重要地方网站和文史论坛主要指武汉文化遗产网、张之洞数字博物馆和汉网·人文武汉论坛等。以汉网·人文武汉论坛为例，团队先后在论坛收集了有关历史建筑档案资料（主要以历史照片、历史地图、相关事件为主）的帖子近 2000 篇，此类帖子以优秀历史建筑的历史沿革、历史照片、相关事件、现状照片、历史考证等内容为主。

对于国外网站则从实体建筑入手，在爬梳相关资料的前提下有针对性地抽样调研国外相关网站，如美国南加利福尼亚大学图书馆网站（http：//digitallibrary. usc. edu）、布里斯托大学历史图片网站（https：//www. hpcbristol. net/）、哈佛大学图书馆（https：//hollis. harvard. edu）等，调研中通过在外热心人士的帮忙，可以较方便地从国外网站获取资料甚至是实物资料，这也可作为武汉市优秀历史建筑档案资料获取的一个途径。

对于国内的其他网站我们也从实体建筑出发，进行了抽样调研，如孔夫子、个人博客、贴吧、华中师范大学档案馆官网、武汉大学档案馆官网等，这也证明了从实体建筑出发，在网络上寻找相关档案资料的可行性（图 8）。

发掘途径重要程度评判：在当今的网络时代，互联网包罗万象，大量武汉市优

图 8　介绍武汉历史的相关网站

秀历史建筑档案资料可从各大网站、贴吧中找到，包括历史照片、居民回忆文字乃至档案资料，利用好网络系统，对于拓展武汉市优秀历史建筑档案资料的发掘途径、整合管理武汉市优秀历史建筑档案资料的数字化信息都有重要意义。

（十）发掘途径总结与下一步档案收集工作重点

表 8　　　　　　　　　　**资料类型与发掘途径对照表**

	基本资料	历史人文资料	技术资料	管理资料	研究记录	重要程度
途径一：房管局系统查找	✓	✓	✓	✓	✓	最重要
途径二：公共文化机构查找	✓	✓	✓		✓	次要
途径三：其他相关机构寻访			✓			重要
途径四：老居民访谈		✓				重要
途径五：专家咨询	✓	✓			✓	重要
途径六：市民捐赠与征集		✓	✓	✓	✓	潜在重要
途径七：现场调研		✓	✓			重要
途径八：相关出版物的搜集与整理	✓	✓	✓		✓	一般
途径九：互联网搜寻	✓	✓	✓		✓	次要

通过上述途径分析可知，除部分优秀历史建筑的技术资料较集中地存放于房管局系统及其相关机构之外，大部分武汉市优秀历史建筑的档案资料存放较为分散，因此，下一步武汉市优秀历史建筑档案工作的重点应当是档案资料的分类归拢与集

中存放。

就调查情况来看，基本资料、技术资料、管理资料和研究记录较多以文字、图片等形式存在，而因为清末民初档案的严重缺失，很大一部分历史人文资料的发掘需要仰赖民间力量，诸如老居民口述和市民捐赠、征集。其中前者当是今后一段时间工作的重中之重，因为市民捐赠、征集尚可通过政府拨款，设立专门邮箱、网站的方式按部就班地进行，而随着时间的推进，相关老居民的流失速度是相当大的，如果不抓紧时间对现存老居民进行口述访谈，很多历史建筑的早期历史状况将无从知晓，并且，他们提供的很多信息很有可能是对相关建筑的历史或原始面貌、结构的修正，甚至是颠覆性的。例如武昌区原徐氏公馆，经原房主刘大铨先生提交给市局的信件可知，其应为刘氏老宅。得到市局许可后，团队对刘先生进行了电话访谈，知晓了房屋建成的确切时代和各居室住户或用途，以及建筑外立面原始面貌等珍贵信息。须知，刘大铨先生已经84岁高龄，武汉市其余优秀历史建筑中居住过的“刘大铨”应已不多，亟须发掘、访谈。

四、武汉市优秀历史建筑档案资料的管理机制

就调研情况来看，目前武汉市房管局系统的优秀历史建筑档案资料的保存管理存在多头管理、著录事项不全、查询系统建设滞后、控制档案数量过多、数字化程度低以及管理较为松散、缺乏监管等问题。

（一）现存问题与成因分析

1. 现存问题

基于项目团队四个月以来对武汉市房管局系统及其相关机构的调研，发现了以下几个较为严重、亟待解决的问题：

第一，多头管理。武汉市房管局虽然保管的档案数量最多，但并不完全，大量区房管局的地籍图、图卡等资料并未上交。各区房管局保存档案资料状况也不完备，某些区局甚至尚未形成档案资料，很多优秀历史建筑的档案资料需到具体的街道办事处查找。另外，项目团队通过自身的打探、沟通以及市局领导的帮助，还从部分区国资参股的房产公司中获取大量公房的权属信息和较为详细的建筑图卡，尤其是后者，在相关区局未见保存。

由此可见，目前武汉市的优秀历史建筑档案资料处于多头管理状态，未能建立以市房管局为首的档案资料定期归拢和统一管理系统，大量档案资料分散在各个基层单位，如此极易导致两个问题：

（1）大大增加查询相关优秀历史建筑档案信息的难度，查询步骤变得极为烦

琐。首先需有武汉市房管局开具介绍信或帮助提前联系，再由项目组成员前往相关区局，经过一番沟通后获得较为熟悉情况的业务人员联系方式，与熟悉情况的业务人员取得联系之后再约定时间见面访谈，之后在熟悉情况的业务人员带领下前往档案资料可能存放的机构或街道，再在机构或街道走完流程之后才能告知有无相关档案资料，若存在相关档案资料，则尚需与相关机构、部门或街道上层领导沟通之后，再确定是否可以提供；若没有相关档案资料则很可能前功尽弃，或者会告知可探访某些可能知情的老居民，但寻找老居民和预约访谈又需要很长时间，且结果也未可知。

（2）基层机构并未将保存和管理相关武汉市优秀历史建筑档案作为分内之事，保存管理松散，缺乏登记记录，极易造成档案的残损与丢失。此外，武汉市各大档案馆和各大图书馆等机构虽然也保存有部分优秀历史建筑档案资料，但由于与政府机构之间缺乏共享机制，也造成了资料查询和保存上的困难。

第二，著录事项不全。武汉市房管局相关优秀历史建筑档案资料保存较多，且都编号存档，但除少数优秀历史建筑档案保存内容较全面之外，大部分档案资料的图纸资料、历史沿革、修缮改造记载缺失。其余区房管局情况更为严重，往往只能提供地籍图信息，甚至未曾著录任何信息。

第三，查询系统建设滞后。除武汉市房管局资料处将保管的武汉市优秀历史建筑按现名称编号存档并著录了较为详备的档案编号纸质查询系统之外，其余区房管局皆未建立以建筑历史名称或现名称为标题的档案资料查询系统。少数建立了电子查询系统的区局仅能查询房产权属上报时的建筑名称，查询系统缺乏更新机制。

第四，控制档案数量过多，不利于研究人员及普通市民知晓某些优秀历史建筑的准确早期信息。因某些历史遗留问题，武汉市优秀历史建筑的档案资料必然需要设置一定数量的控制档案，以免引起不必要的纠葛，这种做法无疑是有利于保护武汉市优秀历史建筑的。但就项目小组的调研情况来看，控制档案的数量明显过多，很多所谓控制档案并无控制的必要。目前很多年限较长的控制档案资料已不会对国土安全和政府实际工作带来影响，也不存在引起产权纠纷的可能性，这部分档案就应该开放，这样不仅有利于大量优秀历史建筑早期准确信息的补足，也有利于档案资料本身的保管与修复。

诸如 20 世纪五六十年代的地籍图等资料，可以清晰地反映当时武汉某些地区的街巷与建筑状况，其公开也不会对实际工作造成任何影响，不公开反而会导致研究人员及普通市民难以知晓某些优秀历史建筑的准确早期信息，并且由于大量地籍图的存放与保管存在一定的随意性，经常导致丢失及材质的损坏。

第五，数字化程度低。大部分优秀历史建筑档案资料未进行数字化处理，不利于档案资料的查询和信息的长期保存。目前就项目组调研情况来看，武汉市大部分机构的优秀历史建筑档案资料未实现电子化。尽管有些机构将相关档案资料编号保存，但只有在打开卷宗的情况下才能知晓其中所存内容，既不利于提高档案资料信息的查找效率，也为相关管理人员增加了工作负担，且纸质档案的保存会有一定的时间限制，难免会在今后的长期保管过程中出现损坏甚至丢失的情况，不利于档案信息的长期保存，而尽早进行数字化处理会有效降低因为纸质档案保存出现各种问题而带来的损失。

第六，管理松散，缺乏监管。除武汉市房管局之外，其他区局均未建立专门的历史建筑档案资料处，所存优秀历史建筑档案资料缺乏专人管理，兼职管理人员的档案管理水平有限，缺乏安全意识，容易导致相关档案资料的无序堆放甚至遗失。另就调研情况来看，整个武汉市房管局系统对于优秀历史建筑档案尚缺乏完备的监管系统，无法保证档案资料整理和管理工作的有序合规地开展。

上述调研结果表明：武汉市保存相关优秀历史建筑档案资料的各大机构的当务之急是建立健全现代高效的管理机制。

2. 成因分析

目前武汉市优秀历史建筑尚无系统研究，档案资料的发掘途径也无研究基础，大量年代久远的优秀历史建筑存在情况复杂、涉及单位众多等问题。造成上述局面的原因很多，诸如战争及管理不当、研究不足等，历史建筑档案资料的保存管理和研究情况均与上海存在较大差距。

武汉素有九省通衢之称，每逢社会动乱时武汉总是首当其冲：1911 年阳夏保卫战期间，汉口大火直接导致了一大批档案资料的缺失；武汉沦陷期间，日军对武汉城市的破坏，也会导致部分建筑档案资料缺失；抗战胜利后，汉口市政府存放万县等地的档案等物品，始终未能运抵武汉，造成了不可估量的损失。

民国时期并无档案统一管理办法，政府重视与财政税收直接相关的地契类档案的收存，并不注重收存房产档案与建筑图纸等，且武汉三镇有权发放地契的单位有 20 家以上，地契档案也很难完整收存。除此之外，民国时期武汉三镇行政区划变动频繁，导致各地政府档案放置较为杂乱，缺乏系统整理，也极不利于相关优秀历史建筑档案的查找。总而言之，在政府控制力度不强的民国时期，武汉三镇政府不重视房产与建筑图纸类档案的收存，且档案处于多头管理状态，档案严重缺失，管理、存放杂乱，造成目前绝大多数民国优秀历史建筑档案资料缺失或难以查找。

中华人民共和国成立后，随着社会制度的变更带来的一系列运动和改革，导致历史建筑频繁更换使用者和管理者，对相关档案资料的收集和记录也一直没有形成标准和规范；此外随着政府机构改革，很多历史建筑的主管部门及所属辖区也发生了较多改变，这导致大量优秀历史建筑情况复杂，涉及的单位众多，极大增加了相关优秀历史建筑档案资料的记录、收集和管理工作的难度，且在这种整体权属不清、管理松散的情况下，各级房管机构并未形成专人专管制度，也令相关档案资料的记录、收集和管理工作更加难以有序开展。

另外武汉地区各大高校对武汉市优秀历史建筑的关注和研究起步较晚，至今尚未形成较为丰富的研究成果，故未形成对相关档案资料的强烈需求，这也会在客观上导致相关机构对武汉市优秀历史建筑档案资料的保管和现代化处理的意识不足。

（二）档案管理机制

本次武汉市优秀历史建筑的档案管理机制适用对象为武汉市自1993年至2019年间公布的、现存的208处优秀历史建筑，分为档案实体管理和档案信息管理两大部分。①

1. 档案实体管理建议

武汉市的各级房管局是保存和管理相关武汉市优秀历史建筑档案资料的主体部门，针对项目组在调研过程中发现的武汉市各级房管局系统在相关武汉市优秀历史建筑档案资料保存和管理中存在的档案资料多头管理、分散分布、缺乏专人管理、内容不全、控制档案数量过多及部分机构未形成档案目录或电子查询系统导致查找相关档案较为困难等情况，特提出以下五条建议：

（1）归拢整理档案资料，建立健全档案分级管理制度。由各区房管局将分散在武汉市各辖区街道、管理公司的档案资料进行集中归拢，首先进行初步的分类整理，之后将原件或复印件、电子件上交市房管局归档。

（2）安排专人管理档案，建立健全档案更新制度。市房管局安排专人整理各区局上交的优秀历史建筑档案。市房管局和各区房管局安排专人管理优秀历史建筑档案，今后各区档案管理人员应在每季季末三天将新增档案原件或复印件、电子件集中上交市房管局相应管理人员。各区房管局的档案管理人员也应继续搜集挖掘辖区内各街道、各企事业单位保存的有关优秀历史建筑的资料，并在每季季末三天将新增资料上交市局。另外，在有条件的情况下，市房管局还应安排相应的监督人员，采取定期检查与不定期抽查相结合的方式，评估相关档案管理人员的工作成果，防止信息错漏和资料散失。

（3）建立健全政府机构内部的档案资料馆际交流与拾遗补阙机制。武汉市房管局应与保存有较多武汉市优秀历史建筑档案资料的政府部门档案馆、城市建设档案馆、图书馆、方志办公室积极沟通，加强合作，实现相关档案资料的馆际交流。市房管局相关管理人员负责与武汉市各档案馆、图书馆对接，各相关大型政府机构积极配合武汉市房管局，尽量将本馆收藏管理的相关武汉市优秀历史建筑档案资料

① 当相关武汉市优秀历史建筑上升为文物建筑后，其档案资料仍需留存并按相关文物部门要求提供相关档案资料及信息。

移交给市局（若原始档案不便移交，可提供复印件及照片、电子文件等）。大批量档案资料实现移交之后，市局专门管理人员仍应与相关各大政府机构保持密切联系，相关各大政府机构也应安排专人对接，建立健全拾遗补阙机制（如市局相关人员的定期调研和相关政府机构工作人员的不定期新资料发现与移交），尽量保证武汉市房管局获取优秀历史建筑更多的档案信息。

（4）积极搜集、调研，广泛征集，尽量补充完善档案内容。针对部分区局档案内容以图纸和地图为主的情况，市局应积极派遣专人到各档案馆、图书馆搜集补充资料，并参与优秀历史建筑的普查和调研工作。同时，开通市民征集和咨询通道，方便市民或相关机构向市局或区局提供自己掌握的相关优秀历史建筑的资料。区局应派遣受过训练的工作人员至下辖各街道（尤其是优秀历史建筑连片区）进行优秀历史档案资料的全面排查，加强与相关知情人士的访谈工作，注重保存声像档案。房管局系统今后应注重档案的收集归档，各区新增的权属及使用变更信息、日常巡查记录、房屋安全鉴定报告及相关规划图纸及说明等资料信息需第一时间将原件或复印件、电子件上交至武汉市房管局，市房管局在接收后应将其立即归档。

（5）建立共享档案机制，扩大开放档案范围。针对不同人群，可设置不同的档案查看与使用权限，在保证档案涉密信息安全的前提下，建立健全面向公众的武汉市优秀历史建筑的查询平台（此过程应注重查询手续的规范和流程的完整）。

2. 档案信息管理建议

在做好上述档案实体资料的搜集、整理和管理工作的同时，武汉市房管局应尽快着手处理相关档案信息，尽快实现档案实体的数据化录入，做好分类管理，建设信息管理中心，构建较为详备的武汉市优秀历史建筑档案资料库和数据库，并注重面向公众，服务于社会。具体建议如下：

（1）对档案实体进行数据化处理，做好分类管理，建设信息管理中心。在专门管理人员对档案实体进行了初步整理与分类之后，市局应设立专门的信息管理中心，安排专人对相关档案实体进行数据处理。首先对档案实体资料进行扫描留存。其次应对初步的扫描件进行分类，分为“基本资料”“历史人文资料”“技术资料”“管理资料”“研究记录”五部分。最后还需对分类后的电子档案作进一步整理，其中的文字信息应 word 化，且所有信息均应注明出处，待专门的档案信息管理工作人员业务水平得到较大提高后，还应对相关信息进行点评、总结及初步分析。此外，市局应注重对信息管理中心的技术扶持和管理，加强技术资源配置和电子文件处理，对电子档案的保存形式、接受方式、处理和格式等制定明确统一的规范。

（2）编制适合武汉市优秀历史建筑档案资料保存状况的武汉市优秀历史建筑

“一处一档”，建立较为完备的武汉市优秀历史建筑档案资料库和数据库。“一处一档”应包括实体和数字两种样式，其内容应一致。在编制的初始阶段，其内容当尽量保持其原始性，以扫描电子件为主，辅以少量的说明文字，在相关编制人员业务水平得到较大提高后，应在保留原始扫描电子件的同时，对相关信息进行 word 化处理，并进行点评、总结与分析，甚至可以编写介绍相关建筑的较为详备的小册子。

（3）构建全面、共享、安全的档案管理信息化系统。该档案管理信息化系统以电子数据库为基础，应覆盖所有武汉市 208 处优秀历史建筑，是满足多种数据格式的多门类档案管理系统，实行在保证关键信息安全前提下的共享机制。即分别设置内部服务系统和公众服务平台，在加强后台建设和管理的同时，对访问用户的权限进行分级设置，保证某些关键、敏感信息只对内部人员开放，其余则面向广大公众，广大市民可检索利用（在线阅读页面应设置水印，不得随意复制和粘贴，下载资料需联系专门工作人员，提供身份证明和资料用途说明），也可留言提供新的信息资料、探讨错漏之处等。

（4）做好电子档案文件的保存工作。电子文件具有一定的不稳定性，其储存易受计算机网络技术和软件过时、存储环境的温湿度及防磁性等条件的影响，容易造成电子文件所依赖载体的损伤，导致电子信息丢失和电子文件无法读出。为避免这一情况，必须保证相关电子信息储存载体储存环境的温湿度和防磁性达到相关标准，且应设置多个存储场所和备份，定期检查与更换电子信息储存载体。为节省经费和保证重要资料的安全，可依据档案资料的重要程度设置具体的权限和保存周期，实行不同级别的保存管理。此外，就目前情况来看，纸张较各种新型载体（如电子照片、微缩制品、磁盘、光盘、硬盘等）更加耐久，至少能够保存百年（硬盘寿命约 25 年，质量好的光盘为 30~50 年），因此在今后很长时间内，必须在制作电子档案的同时，做好纸质档案的保存工作。

（5）面向公众，加强成果展示。首先，市局在做好武汉市优秀历史建筑档案管理规范化和制度化工作的同时，还应加强对相关成果的展示，使其更有效地服务于广大市民，让市民感知城市的文化韵味，加深文化自信，增强历史建筑保护意识，进一步推动武汉市政府对优秀历史建筑保护及其档案收集整理与管理工作的重视，保护好武汉的城市风貌与文化底蕴。其次，市局还应充分发挥优秀历史建筑档案的信息服务功能，积极参与相关优秀历史建筑的修缮和改造开发等项目，在掌握最新信息的同时，主动为设计施工单位提供参考数据和信息咨询服务，将档案资料转化为现实生产力。

五、武汉市优秀历史建筑档案编制导则

（一）武汉市优秀历史建筑档案的编制框架

综合借鉴国内外各级历史建筑档案的分卷形式和武汉市优秀历史建筑档案资料构成的特点，现将武汉市优秀历史建筑档案分为“基本资料”“历史人文资料”“技术资料”“管理资料”和“研究记录”五卷。

卷1“基本资料”包括以下内容：

1-1 建筑基本信息

1-2 整体概述

1-3 使用情况

1-4 价值评估

卷2“历史人文资料”包括以下内容：

2-1 历史沿革（包括产权变更）

2-2 历史图片

2-3 设计者的历史资料

2-4 施工者的历史资料

2-5 使用者、相关名人、历史事件资料

卷3“技术资料”包括以下内容：

3-1 原设计图纸

3-2 实测平面与立面图纸

3-3 建筑特征

3-4 保存现状

3-5 使用现状

3-6 建筑定位

3-7 历次加建、修缮工程及技术检测归档资料

3-8 立面、局部及构件、周边环境及航拍照片

3-9 综合评估

3-10 修缮建议

卷4“管理资料”包括以下内容：

4-1 保护铭牌

4-2 保护要求

4-3 紫线控制图

4-4 权属及使用变更信息

4-5 日常巡查记录

4-6 历次房屋安全鉴定报告

4-7 相关规划图纸及说明

4-8 管理规定

卷 5 “研究记录” 包括以下内容：

5-1 相关研究文献

5-2 影音资料

5-3 照片

（二）武汉市优秀历史建筑“一处一档”填写说明

1. 总则

①资料归档标准：武汉市优秀历史建筑档案资料的数量一般较为稀少，为避免审核筛选造成进一步的资料流失，因此在收录文件资料时应遵循穷尽式原则，力求最大限度地保持档案内文件材料的完整。之后按照“武汉市优秀历史建筑档案的编制框架”进行资料的分类归档，重新按编目顺序分类排列。

②编制文字和数字必须规范化。除特殊字段外，所有文字均以简体汉字填写，所有数字均以阿拉伯数字填写。

③时间形式为××××年××月××日。示例：2019 年 11 月 15 日。

④归档资料应注明来源，参考填写方式如下：

（a）出处为保护技术规定及保护技术规定文本的，填写相关保护技术规定名称，如《武汉市优秀历史建筑保护图则》（第二批）。

（b）出处为房屋管理部门基础资料的，填写部门名称，如“武汉市住房保障和房屋管理局”。

（c）出处为现场调查的，填写调查现场名称；出处为实地测绘图纸的，填写“实测”。

（d）出处为出版物的，首次引用时必须填写出版物完整信息，如“丁援、李杰、吴莎冰编著，刘建林摄影：《武汉历史建筑图志》，武汉：武汉出版社，2017 年，第 163 页”，此后可只填写出版物名称和页码。

（e）其余按出处名称填写。

⑤在具体的分卷目录中，若有填写内容的，填写“有”；若暂时无法获得填写内容资料的，填写“暂缺”，除非经多方查找后确认无相关内容时方可填“无”。

⑥所收录文献资料若篇幅较短，可截取相关内容录入档案文本并注明资料来源；若篇幅较长，则只收录电子文件，在档案文本中注明资料来源。

2. 分目填写说明

封面

①档案编码

由档案管理部门统一规定，由行政区名称的首字母缩写和数字组成。

②地址

以××区××街××号的形式表达，填写现行路名及门牌号码。

③栋数量

优秀历史建筑保护处内保护建筑的数量，统计建筑自然幢数量，以现场实地勘察为准。

④立卷单位

依时间顺序填写初始立卷单位和后期增改修订单位名称。

⑤立卷时间

依时间顺序填写初始立卷单位完成立卷时间和后期增改修订单位改动时间。

卷 1：基本资料

①“1-1　建筑基本信息”包括“所在社区、原路名及门牌号、现路名及门牌号、原名称、现名称、产权人、使用人、建成年代、建筑基底面积、总建筑面积、建造者、设计者、施工者、优秀历史建筑批次、保护级别、区房管局监管负责人(监管楼长)、区房管局责任工作部门及办公电话、区房管局责任工作部门负责人、社区巡查责任人及联系电话、紫线范围”等 20 项，其中施工者及其之前的 12 项均需注明出处。

②所在社区

以××街××社区的形式表达，填写现街道名及社区名。

③原路名

建筑现地址所在道路在 1949 年 5 月之前使用的名称，以房屋管理部门提供的基础资料及相关历史资料为准。原路名填写一个，道路存在多个历史路名的，填写 1949 年 5 月之前使用时间最长的路名。其他曾用路名在“2-1 历史沿革”中注明。

④原名称

指建筑最初的、曾经使用过的名称或使用者。主要参考房屋管理部门提供的基础资料及权威出版物记载。其他曾用名在“2-1 历史沿革”中注明。

⑤现名称

指建筑目前名称，或使用者、使用单位名称；亦可以功能性质定名。以房屋管理部门基础资料及现场勘查为准。

⑥产权人

授权经营单位/授权管理单位的按产权性质填写；产权为个人的填写“自然

人"；产权为企事业单位的，填写企事业单位名。产权人信息以房屋产权证或物业公司提供的资料为准。

⑦使用人

建筑使用人名称，使用人为个人的填写"自然人"，使用人为企事业单位的，填写企事业单位名。使用人信息以现场调查为准。

⑧建成年代

建成年代以房管局、档案馆的档案资料及权威出版物记载为准，尽量精确至具体年份。若建造时间在五年以内，可只填写建筑竣工时间；若建造时间在五年及以上，则应填写建筑建造开始时间—竣工时间。

⑨建筑基底面积

指优秀历史建筑接触地面的自然层建筑外墙或结构外围水平投影面积。

⑩总建筑面积

优秀历史建筑保护范围内各栋保护建筑的建筑面积总和。

⑪ 1-4　价值评估

优秀历史建筑的价值评估主要从历史价值、科学价值和艺术价值三方面展开，可根据实际情况增加社会、人文两方面的价值评估。若评估文字有出处，应加以注明。

卷 2：历史人文资料

①所有录入文献均需注明资料来源，格式参考"总则④"。

② 2-1　历史沿革

本项应清楚表达建筑的建成年代、建造人、历年使用沿革、产权变更等信息。

③ 2-2　历史图片

(a) 需注明历史图片所示建筑立面、部位。

(b) 优秀历史建筑的历史图片，包含历史照片、明信片、地图、卫星图等图片。清末民初建筑的历史图片尽量以 1949 年前的照片、明信片为主，原则上不晚于 2000 年。

(c) 出版物：历史图片出处，填写出版物名称或出版机构名称。

(d) 年份：历史图片拍摄或绘制时间。

④ 2-5　使用者、相关名人、历史事件资料的收录说明

(a) word 文本中只截取最直接关联部分。

(b) PDF 收录全文。

卷 3：技术资料

① 3-3　建筑特征

包括建筑层数、结构、平面形状、外观、立面构图等。

② 3-4　保存现状

主要包括下列内容：

（a）建筑总体保存状况，如“信义公所大楼保存状况一般”。

（b）是否仍在使用。

（c）有无超负荷现象。

（d）建筑物整体或局部、构件的加建、改建或拆除现象及其效果，如“建筑原为五层，后期加建一层”“建筑原开敞式阳台现已封闭，改为室内空间”“空调外机使用白色百叶窗遮挡，协调性尚可”“室内部分门窗、踢脚线、地板和五金构件保留原样，室内楼梯保存一般，原楼梯井空间安装有电梯”。

③ 3-5　使用现状

包括产权现状、环境特征现状和使用现状（建筑内部的业态）。

④ 3-6　建筑定位

需图文结合加以说明。

⑤ 3-8　立面、局部及构件、周边环境及航拍照片

“局部及构件”应在照片下注明具体位置与构件名称。

⑥ 3-9　综合评估

总体评价之后应注明建筑重点保护部位，并进行现状评估（建筑保存状况、周边环境、利用状况）。

⑦ 3-10　修缮建议

需图文结合加以说明。

卷 4：管理资料

① 4-2　保护要求

分为一般要求、建筑保护要求及其图示、建筑其他保护要求（建筑周边环境保护要求、建筑使用功能保护要求、消防要求等）三部分，以武汉市房管局所出示或认可的条文为依据。

② 4-4　权属及使用变更信息

本条与“2-1　历史沿革”中的“产权变更”不同，其内容需在优秀历史建筑档案编制完成之后视实际情况增补。

卷 5：研究记录

5-1　相关研究文献

本条为针对优秀历史建筑本身及其某一、某几方面的专门研究文章，并非一般史料性的叙述文字，可能会与“卷 1 基本资料”和“卷 2 历史人文资料”的内容有所重叠。

5-2　影音资料

发现影音资料后应及时注明资料来源，武汉市房管局应尽早联系相关单位、个人获取影音电子件。

5-3 照片

本条照片是指 2000 年以后的优秀历史建筑现状照片或新摄照片。

武汉市住宅专项维修资金续筹机制研究

武汉市物业管理事务指导中心
（武汉市住房专项维修资金管理中心）
华中师范大学经济与工商管理学院

课题负责人： 邓绪海　武汉市住房保障和房屋管理局　总工程师
课题组成员： 韦　峰　龙克虎　傅嘉亮　张　毅　付礼栋
陈淑云　甘小梅　张素云　刘红萍　洪建国
王翔翔
课题组顾问： 邓宏乾　曾国安
课 题 统 稿： 陈淑云　甘小梅

一、绪　论

（一）研究背景与意义

20 世纪 70 年代末，我国推行传统住房福利制度改革，我国城镇人均住房面积随之大幅度提高，2018 年城镇居民人均住房建筑面积达 39 平方米，比 1978 年增加了 32.3 平方米。① 改革开放以来，我国住房领域取得的成就有目共睹，但住房领域依然存在“人民日益增长的美好居住生活需求与住房市场不平衡不充分发展之间的矛盾”。特别是新时代，我国城镇居民的居住生活需求，已从过去追求居住面积的扩大向居住质量的提高而转变，在此背景下，随着住宅使用年限的延长，住宅建筑物的共用部位与共用设施陆续进入维修改造阶段，部分商品住宅小区逐渐启用首次归集的住宅专项维修资金。随着住宅专项维修资金提取使用的加速，早期的商品住宅专项维修资金余额已达到国家规定的续筹启动线，部分住宅专项维修资金余额不足的住宅，又未成功续筹，已陷入无住宅专项维修资金可用、住宅无法得到有效维修养护的困境，一旦这种状况成为普遍现象，不仅会影响城镇居民的居住质量，影响城镇居民住房财富的保值增值，还影响基层社区治理，影响社会稳定和谐。基于此，深入研究住宅专项维修资金续筹问题，具有重要的现实意义和一定的理论意义。

（二）研究对象的界定

住宅专项维修资金制度内嵌于我国物业管理制度，而物业管理制度又是我国住房制度改革的一个配套制度，是住房管理市场化、社会化、专业化的重要载体。理论上讲，物业管理首先是要确保住房在整个使用周期内居住功能的正常发挥，而住房功能正常发挥的前提是对住房建筑及配套设施设备进行适当的维修与养护。因此，在我国相关法律制度框架下，作为住房“养老金”的住宅专项维修资金是否充足关系到住宅的安全和寿命。住宅专项维修资金筹集，从房源结构来看，不仅包含新建商品住宅专项维修资金的筹集，也包含传统住房福利制度改革中各类售后公房，即房改房维修资金的筹集；住宅专项维修资金既有首次筹集，又有二次及后期续筹。本课题结合我国住宅小区物业管理发展的实际情况，特别是武汉市住宅专项维修资金领域发展的实际情况，对课题研究对象进行了界定，即本课题着眼于武汉市商品住宅小区住宅专项维修资金续筹问题，本研究“续筹”是指业主的维修资金账户余额不足首次缴存额 30%时，业主应当按照房管局及财政部门制定的续筹

---

① https：//finance. sina. com. cn/china/2019-07-31/doc-ihytcitm5951294. shtml。

标准继续缴纳维修资金，并由相关部门制定规范性政策，对维修资金续筹工作进行管理、指导。

（三）研究内容

本课题研究主要分五个部分，第一部分为课题研究的绪论，主要介绍课题的研究背景和研究意义。在对本课题研究对象进行界定的基础上，介绍本研究的研究方法与技术路线。其余内容如下：

第二部分梳理全国及武汉市住宅专项维修资金的制度演变发展历程。分析了武汉市维修资金现行“续筹”管理制度，是导致维修资金“续筹难”的症结所在。2007年，建设部通过《住宅专项维修资金管理办法》，为武汉市维修资金续筹管理工作提供了制度基础；2011年，武汉市政府正式发布《武汉市住宅专项维修资金管理办法》，明确规定维修资金续筹边界，即“业主分户账中住宅专项维修资金余额不足首期应交存额30%的，应当按照业主大会决定的续交方案及时续交住宅专项维修资金”，但对于续筹收费标准、管理主体、职责权限等具体的续筹细则以及拒缴惩戒措施缺乏统一、明确的规定。

第三部分聚焦于武汉市住宅专项维修资金续筹现状，以武汉市住宅专项维修资金实际归集与使用情况为续筹客观前提，分析了武汉市住宅小区缩影——“百步亭”社区续筹状况。研究认为，百步亭社区代表了武汉市住宅小区自治的较高水平，但在社区业主委员会积极宣传，并采取一系列制约措施的情况下仍然无法顺利实现续筹，原因在于目前住宅专项维修资金续筹工作缺乏强制性政策约束，业主对于续筹理念及方式认知存在较大分歧，全市范围内的续筹标准也难以统一。本次课题共发放问卷360份，汇总了调研小区的业主对于维修资金“续筹”工作的建议和看法，以及小区业主是否认同原有的维修资金续筹标准（首次缴存额的30%），分析了续筹困难的原因并对武汉市维修资金续筹工作建言献策。

第四、第五部分参照美国、英国等国外住宅专项维修资金管理经验，并结合国内上海市、深圳市和扬州市等维修资金管理示范城市的续筹示例，为本市维修资金“续筹”管理工作的理论创新提供借鉴。

第六部分则对武汉市住宅专项维修资金“续筹难”提出具体的政策建议。建议出台《武汉市住宅专项维修资金续筹工作指导规约》，认为确立政府部门的主体责任和业主的强制履行义务是续筹工作实施的有效前提；财务审计制度、续筹方案设计、标准统一以及住宅小区内部约束机制的建立是保证续筹工作正常开展的关键。

（四）研究方法

课题研究采用案例分析、问卷调查以及深度访谈的方式，遵循科学、合理、准确的调研原则，以武汉市住宅专项维修资金续筹状况为主线，对使用状况及余额的动态平衡进行测量，分析、比较武汉市不同区域维修资金的余额状况。重点围绕全国层面及武汉市住宅专项维修资金续筹政策发展历程以及武汉市维修资金续筹现状和问题进行分析，并对英、美、日、新等国家和国内范例城市的续筹方案进行借鉴；走访百步亭、金色华府和金地格林等小区，调阅住宅专项维修资金交存资料，核查续筹金额以及评估续筹可行性；召开小区业主代表访谈会，收集业主的续筹建议。通过调研，多视角全方位了解了武汉市住宅专项维修资金续筹现状，形成了课题报告。

二、我国住宅专项维修资金制度发展历程

结合本课题研究目标，本部分对全国及武汉市住宅专项维修资金制度发展历程的梳理以续筹为主线，围绕住宅专项维修资金的续筹制度进行展开。

（一）我国住宅专项维修资金制度演化：续筹视角

在城镇住房制度改革不断深化的背景下，国务院于 1998 年出台了《国务院关于进一步深化城镇住房制度改革加快住房建设的通知》（以下简称《通知》），这是我国住房维修资金制度建立的政策基石。①《通知》第二十六条提出：“加强住房售后的维修管理，建立住房共用部位、设备和小区公共设施专项维修资金，并健全业主对专项维修资金管理和使用的监督制度。”

同年，财政部与建设部联合颁布了《住宅共用部位共用设施设备维修基金管理办法》（建住房〔1998〕第 213 号），标志着我国维修资金制度正式建立。该办法于 1999 年 1 月 1 日起正式施行，并将专项维修资金更名为维修基金，业主在购买商品住房时就应按购房款的 2%～3%向售房单位交存。住宅小区成立业委会之前，由房地产行政主管部门代为管理，业委会成立以后接管。

对于住宅专项维修资金续筹的相关问题，1998 年出台的《国务院关于进一步深化城镇住房制度改革加快住房建设的通知》中并未提及。

《住宅共用部位共用设施设备维修基金管理办法》第十九条提出：“商品住房

① 《通知》第 25～27 条规定：“加快改革现行的住房维修、管理体制，建立业主自治与物业管理企业专业管理相结合的社会化、专业化、市场化的物业管理体制。”“加强住房售后的维修管理，建立住房共用部位、设备和小区公共设施专项维修资金，并健全业主对专项维修资金管理和使用的监督制度。”“物业管理企业要加强内部管理，努力提高服务质量，向用户提供质价相符的服务，不得只收费不服务或多收费少服务，切实减轻住户负担。”

和公有住房出售后未建立维修基金或维修基金的建立标准低于本办法规定的，当地房地产行政主管部门和财政部门应当按照本办法规定制定建立或补充维修基金的具体办法。”

2007年10月30日，在我国《物权法》基础上，建设部第142次常务会议讨论通过了《住宅专项维修资金管理办法》（第165号）（下文简称《办法（165号）》），该办法根据《物权法》规定的建筑物区分所有权的基础上，将1998年《住宅共用部位共用设施设备维修基金管理办法》中的“维修基金”，改为“住宅专项维修资金”，并一直沿用至今，成为各地区因地制宜制定维修资金管理制度的基础。《办法（165号）》确立了住宅专项维修资金首次缴存的强制性。同时，《办法（165号）》第十七条规定：“业主分户账面住宅专项维修资金余额不足首期交存额30%的，应当及时续交。成立业主大会的，续交方案由业主大会决定。未成立业主大会的，续交的具体管理办法由直辖市、市、县人民政府建设（房地产）主管部门会同同级财政部门制定。”

（二）武汉市住宅专项维修资金制度演变：续筹视角

1998年至今，各地市按照相关法律法规的要求，出台了具有当地特色、符合实际的地方维修资金管理具体规则。2011年3月25日，武汉市人民政府正式发布《武汉市住宅专项维修资金管理办法》（武汉216号令）（下文简称《办法（武汉216号令）》），并于同年5月1日起施行。该管理办法奠定了武汉市行政区划内住宅小区住宅专项维修资金管理办法的总体框架，为加强本市住宅专项维修资金管理，保障共用部位、设施设备正常使用提供了制度基础，切实维护了住宅专项维修资金所有者的合法权益。《办法（武汉216号令）》强调，我市住宅专项维修资金管理坚持“专户存储、专款专用、所有权人决策、政府监督”的原则，全市住宅专项维修资金管理工作的指导和监督由市房屋行政主管部门总负责，日常管理工作则由市住宅专项维修资金管理机构承担，市局与机构分权管理；各分区行政区域内住宅专项维修资金的交存、使用工作由区房屋行政主管部门负责，财政、审计主管部门按照各自职责承担住宅专项维修资金的财务监督和审计监督工作。

对于“续筹”部分，《办法（武汉216号令）》第20条提出：“业主分户账中住宅专项维修资金余额不足首期应交存额30%的，应当按照业主大会决定的续交方案及时续交住宅专项维修资金。尚未成立业主大会的，续交的具体管理办法由市房屋行政主管部门会同市财政部门制定。”《办法（武汉216号令）》根据《住宅专项维修资金管理办法》对维修资金续筹的账面余额边界做出了明确规定，同时指定业主委员会为维修资金的续筹主体。但对于维修资金续筹收费标准、管理主体、应缴未缴以及拒缴业主的惩戒措施，《办法（武汉 216 号令）》并未给出可行性方案，使得实际的维修资金续筹工作缺乏基本依据（表 1）。

表 1　**2007 年至今武汉市维修资金政策演变一览表**

管理办法	住宅专项维修资金管理办法		武汉市住宅专项维修资金管理办法	
时间	2007. 8. 6		2011. 5. 1	
性质	强制缴存			
类别	公有住房	商品住房	公有住房	商品住房
缴存时点	缴纳购房款 30 日内	产权登记前缴存	房改手续时缴纳	房屋交付前缴纳
使用	业主大会>物业、房管单位>相关业主		政府代管	业主自管
			业主大会> 社区居委会	业主大会决定
续筹边界	余额不足首期交存额 30%			
续筹方案	交由业主大会决定或房地产行政主管部门决定			

三、武汉市住宅专项维修资金续筹问题与原因分析

我国《商品房销售管理办法》及《建筑工程质量管理条例》对正常使用条件下的建筑工程最低保修期做出了规定，即新建商品住宅投入使用后屋面防水工程，有防水要求的卫生间、房间和外墙面的防渗漏保修期为 5 年；电气管线、给排水管道、设备安装和装修工程为 2 年等。从理论角度看，商品住宅小区公共部位、设施设备在交付使用 5 年后将会进入房屋维修期。

由图 1 可知，以武汉市 2002—2017 年全市商品住宅竣工房屋面积为参照标准，2007 年有 522. 7 万平方米商品住宅进入全面维修期，其后每一年都有不少于 500 万平方米的商品住宅进入维修期。至 2017 年，全市累积可能进入维修期的商品住宅面积达 6499. 92 万平方米。随着住宅专项维修资金提取与使用的提高，越来越多的住宅将面临续筹问题。

（一）武汉市住宅专项维修资金续筹问题

从宏观层面看，近年来，随着武汉市住宅市场销售面积的持续增长，武汉市住宅专项维修资金首次归集额逐年递增。同时，随着越来越多住宅进入维修期以及住宅专项维修资金提取使用的便捷，住宅专项维修资金提取额度也逐年递增。但从微

观层面看，随着住宅专项维修资金大面积的提取，越来越多的住宅小区已面临续筹问题。

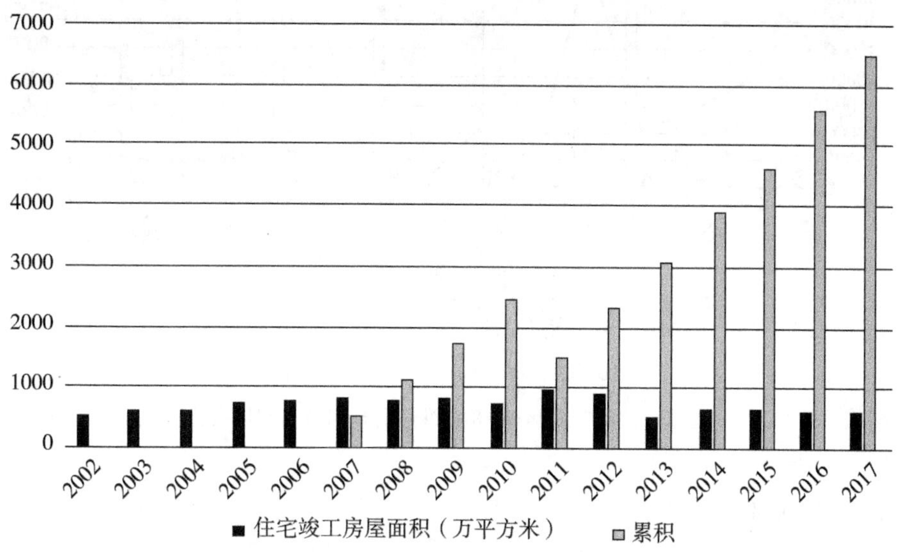

图 1　武汉市 2002—2017 年进入维修期商品住宅累积面积①

1. 武汉市住宅专项维修资金使用状况

图 2 中折线代表各区 2018 年度住宅专项维修资金使用金额相较于归集额所占的百分比。其中，武昌区年度维修资金使用比率超过 30%，东湖风景区同类型比率低于 5%，与武昌区形成鲜明对比。原因在于武汉市内，武昌区、江岸区以及洪山区等地区的商品住宅小区建成年代早、人口密度大，其住宅维修需求大、维修使用范围广。而东湖风景区等新开发区商品住宅建成年代近，人口密度小，部分小区未启用或仅使用数额较少的维修资金，因而与武昌区等老城区形成鲜明对比。

同样的情况也在住宅专项维修资金具体使用项目中得到体现。如图 3 所示，不同的维修项目，其使用的维修资金金额也大相径庭。屋面、外墙渗漏一直都是小区业主申请住宅专项维修资金使用的主要维修项目。2018 年，武汉市用于修理屋面、外墙渗漏的维修资金总额为 11882.23 万元，占全年维修资金使用额的 40.27%；而二次供水、排水、配电三个项目所使用的住宅专项维修资金占比分别为 0.76%、

① 数据来源于房地产及建筑业、省会城市和计划单列市、武汉住宅竣工房屋面积等行业相关资料。

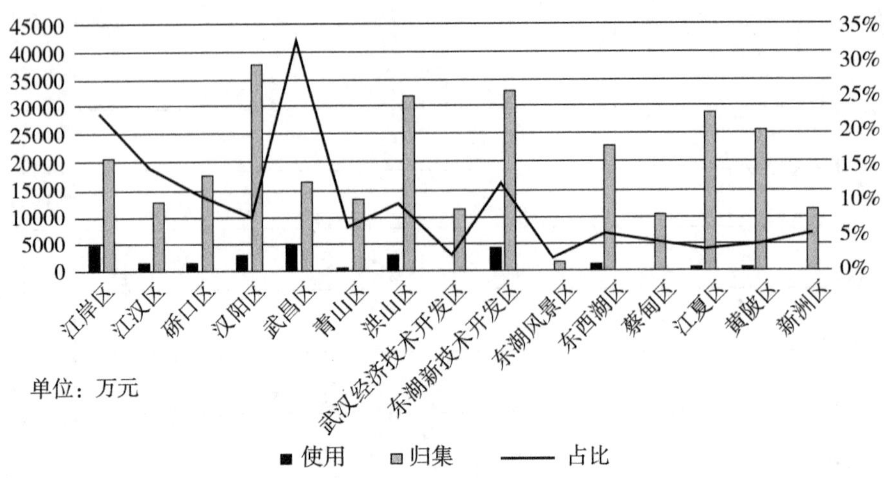

图 2　武汉市各区 2018 年维修资金归集与使用占比

0. 55%和 0. 32%。

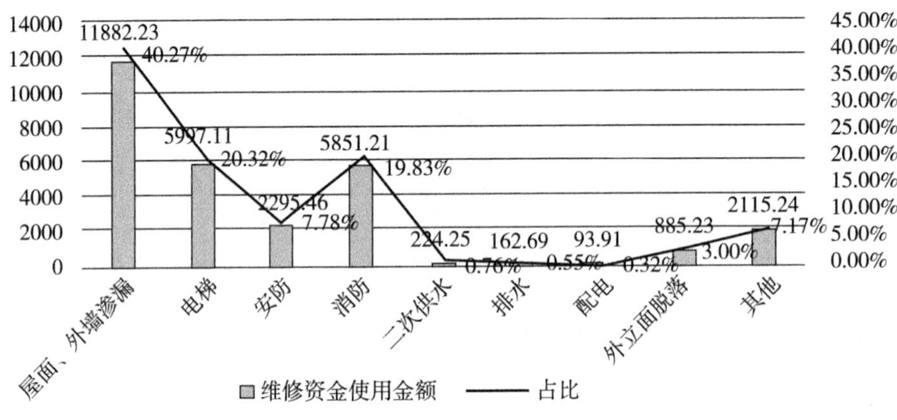

图 3　2018 年武汉市各项目维修资金使用额及占比（单位：万元）

武汉市住宅专项维修资金使用状况呈现出整体需求量大、新老城区整体需求不一致以及维修项目所用金额差异大的特点，因此，住宅专项维修资金续筹方案也应与使用状况相配套，以应对市内住宅专项维修资金整体需求量大、新老城区整体需求不一致以及维修项目所用金额差异大的特点。

2. 住宅专项维修资金续筹个案分析——以百步亭社区为例①

百步亭社区位于江岸区，占地面积达 4 平方公里，截至 2019 年 8 月，该社区已入住 13 万人。百步亭社区是全国文明社区的示范点，同时被评为全国和谐社区的建设示范社区、全国文化先进社区，并获得首届“中国人居环境范例奖”。

（1）百步亭各住宅小区续筹差异

现以百步亭社区为例，分析武汉市不同类别住宅小区维修资金使用状况和续筹差异，为本课题提出续筹方案提供真实的案例依据。如图 4 所示，百步亭社区各住宅小区交房年份差异较大。“安居 C 区”交房时间最早，于 1998 年交房，进入维修期年限已达 16 年。但“幸福时代四期”小区交房时间仅 2 年，远未进入全面维修期。

百步亭社区业委会明确表示，目前建设单位交存的住宅专项维修资金已使用完的小区有：安居苑、百合苑、温馨苑、怡康苑、怡和苑、龙庭、华庭、雅庭等 12 个小区；其中，安居苑、百合苑、温馨苑、怡康苑和怡和苑共 9 个小区急需续筹。同时，由于各小区交房年份跨度较大，同时存在部分小区未办房产证且未缴纳住宅专项维修资金、办了房产证同时缴纳住宅专项维修资金和办了房产证但未缴纳住宅专项维修资金的情况。如：安居 C 区在 1998 年交房，办理房产证时缴纳住宅专项维修资金的业主仅有 64 户，未交业主多达 553 户，占总户数的 90%。

（2）百步亭社区业主委员会续筹解决办法

社区内各住宅小区的维修资金缴纳状况参差不齐，对于住宅专项维修资金续筹工作，百步亭社区业主委员会提出了一系列较为完整的续筹方案。

①制定《业主管理规约》《百步亭花园社区业主管理规约》，在社区内部建立约束机制。在《业主管理规约》中，“业主应按照《武汉市住宅专项维修资金管理办法》的相关规定，缴存、使用、管理和续筹专项维修资金。……维修资金专户的续筹和补交，按房屋建筑面积续筹。原未交存首期维修资金的业主，应按照市有关规定一次性补交到位或按维修项目支付应承担的专项维修资金”。

对于拒缴、未缴维修资金的业主，业委会发放“住宅专项维修资金催款通知单”；如公共设施、设备急需维修的，启用应急程序，垫资处理。在垫资应急维修前，业委会、受益业主和小区居委会共同签订《垫资承诺书》《现金支付承诺书》《出资承诺书》和《委托收款证明》，明确三方相关责任。

②运用法律武器，梳理业主委员会与小区业主的法律关系，普及法律宣传及法律咨询工作，通过法律途径解决维修资金续筹难问题。

③积极宣传，正面引导，将维修资金管理、使用、权益等知识普及深入到小区

① 资料来源：《百步亭花园社区业主委员会对住宅专项维修资金续筹相关问题的咨询》。

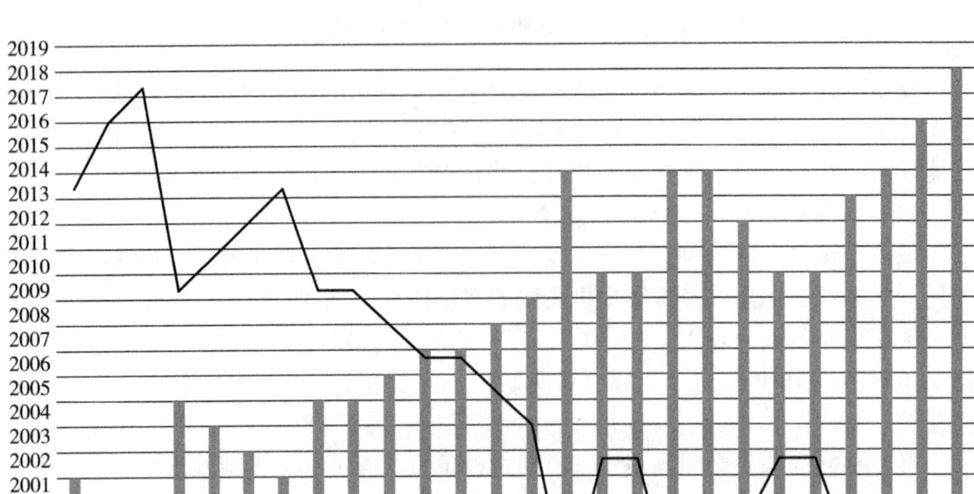

图 4　百步亭各小区交房年份及全面维修期年限

业主日常生活中。百步亭业委会共组织三方联动会议 580 次，大讲堂志愿者学习会议 16 次，春秋季志愿者培训 26 次，业主之家活动 308 次，起到了宣传、学习维修资金申请使用管理办法的作用。

（二）武汉市住宅专项维修资金续筹难原因分析

住宅专项维修资金续筹本质上以业主的“公共决策意识”“契约精神”为实施基础。住宅专项维修资金续筹是业主的共同权利，也是业主应尽的义务，广大业主的基本素质、能力决定了住宅专项维修资金的实施效果，政策约束决定了续筹工作能否顺利、稳定展开。但现阶段，大部分业主对于成立业主委员会缺乏积极性，淡漠公共权力意识，导致多数地方业主委员会成立比例低或工作效能低，加之住宅专项维修资金实操法规的缺乏，业主缺乏交纳、使用和管理住宅专项维修资金的主动性，业主违反公共契约和怠于履行公共义务的现象屡有发生，尤其是强制性政策约束和宣传工作的缺位，使得住宅专项维修资金续筹工作难以推进。

1. 住宅专项维修资金续筹缺乏强制性法律约束力

武汉市普通商品住宅现行住宅专项维修资金管理模式中，政府管理部门与业主委员会是两大住宅专项维修资金的管理主体。① 在政府部门住宅专项维修资金管理体系内，市级房屋行政主管部门对全市住宅专项维修资金工作进行全面指导和监督，日常管理则由市住宅专项维修资金管理机构承担，交存、使用等方面由本区房屋行政主管部门负责。但对于住宅专项维修资金续筹方案的制定，已成立业主大会的住宅小区由业主大会负责制定续筹规则；尚未成立业主大会的，续筹办法需由市级房屋主管部门与财政部门共同制定。

从武汉市住宅专项维修资金续筹管理技术路线图来看（图 5），住宅专项维修资金续筹工作囊括在武汉市住宅专项维修资金管理系统内，由武汉市房管局进行统一管理、监督，续筹方案原则上由各商品住宅小区业主大会主导制定，同时限定，在没有业主大会的情况下，地方房地产主管部门才介入住宅专项维修资金的续筹工作。在现实中，武汉市已于 2015 年提出所有住宅小区组建业主委员会，但实际上多数业主委员会处于虚设状态，即使业主委员会积极参与住宅小区自治管理，如武汉市百步亭社区，但由于缺少必要的强制力，针对个别业主的住宅专项维修资金首次追缴都无法完成，设计全部的续筹方案更是困难。

根据《物权法》及《物业管理条例》的规定，业主大会虽然拥有制定业主公约等内部规章及“选聘、解聘物业服务企业”“决定专项维修资金的使用、续筹”等民事活动的资格，而且能够代表全体业主对公共场地、设施设备行使财产权，但其仅是代表和维护全体业主在物业管理活动中的合法权益的组织。业主委员会只是依法设立的业主大会的一个常设执行机构，对于住宅小区能够起到基本维护治理秩序的作用，但其本身对其他组织和个人仅具有民事行为能力，无法独立承担民事责任。对于住宅专项维修资金续筹，业主委员会在完成小区治理工作之余，难以设计全部续筹工作流程，更无权强制约束业主履行续筹义务。

（1）住宅专项维修资金续筹工作由业主自治组织主导，但业主对业主自治组织信任程度低

《住宅专项维修资金管理办法》明确规定，我国住宅小区专项维修资金实行

---

① 《武汉市住宅专项维修资金管理办法》第五条：市房屋行政主管部门负责全市住宅专项维修资金的指导和监督工作，日常管理工作由市住宅专项维修资金管理机构承担。区房屋行政主管部门负责本辖区内住宅专项维修资金的交存、使用的管理工作。财政、审计主管部门按照各自职责负责住宅专项维修资金的财务监督和审计监督工作。第二十条：业主分户账中住宅专项维修资金余额不足首期应交存额 30%的，应当按照业主大会决定的续交方案及时续交住宅专项维修资金。尚未成立业主大会的，续交的具体管理办法由市房屋行政主管部门会同市财政部门制定。

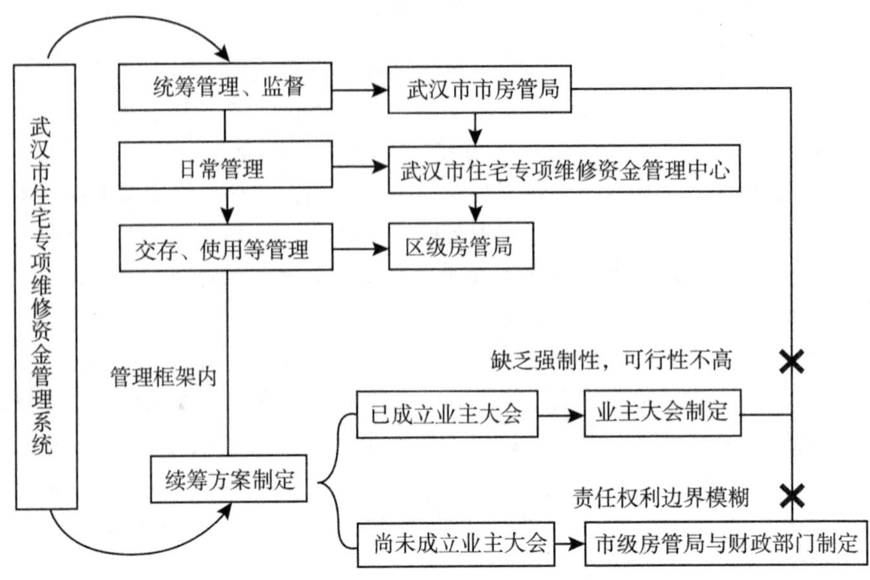

图 5　武汉市住宅专项维修资金续筹管理技术路线图

“业主自管、政府代管”，即成立业主自治委员会的小区，其住宅专项维修资金应由小区业主大会自行管理，还未成立业委会的小区，由物业所在地直辖市、市、县人民政府建设部门代为管理。武汉市住宅专项维修资金已具备实施业主自治管理模式的初步条件，但该模式仍不成熟。在武汉市政府大力推进住宅小区业主大会成立的环境下，武汉市各小区业主自治组织覆盖率达 80%，已基本实现全市覆盖。但由于发展起步晚，业主自治组织的发展进度普遍落后于国内一线城市。政府在住宅专项维修资金管理过程中具有非主体责任，但目前全市部分住宅小区仍然存在“政府主管、业主委员会辅助管理”的局面，这为住宅专项维修资金管理、续筹工作带来困难。

武汉市商品住宅小区基本按照业主代表大会—业主委员会—物业管理公司的架构来实施物业管理，而住宅专项维修资金管理工作则统一交由政府住房管理部门代为管理。问卷调查结果显示，在已成立业主大会的普通商品住宅小区中，普遍存在业主更信任政府、对业主自治组织信任度低的情况。

①业主认为住宅专项维修资金应由政府部门管理

如图 6 所示，有 52. 41%的参与问卷调研业主认为住宅专项维修资金应交给政府部门管理；只有 31. 44%的业主认可业主自治组织对住宅专项维修资金的管理工作。“政府代管”仍是业主最信赖的选择，从政府代管阶段到业主自治管理阶段还有很多问题需要解决。

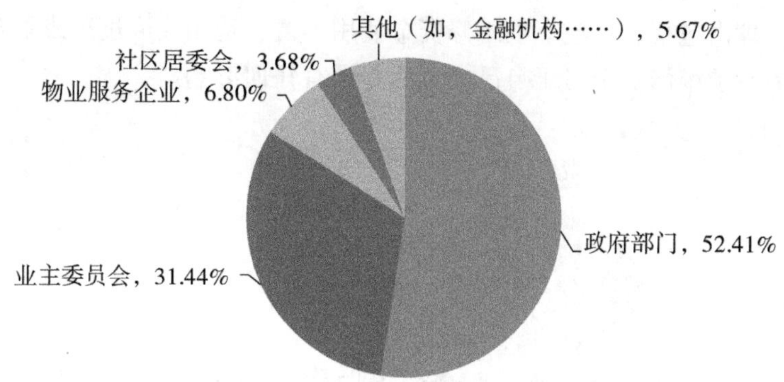

图 6　您认为住宅专项维修资金应由哪个部门管理

②业主期望引入第三方监督机构对业主自治组织的续筹工作进行监督

在被问及“如果续筹时由物业或业主委员会代收住宅专项维修资金，您是否赞同引入第三方监管机构对其行为进行监督”时，持赞同意见的业主高达 95. 47%，接近参与调研问卷业主的总人数，反映了业主对于住宅专项维修资金收取及使用等工作公正度的需求（图 7）。这仍说明业主对于政府公信力的认可及对业主自治组织和物业公司在资金管理上的不信任。

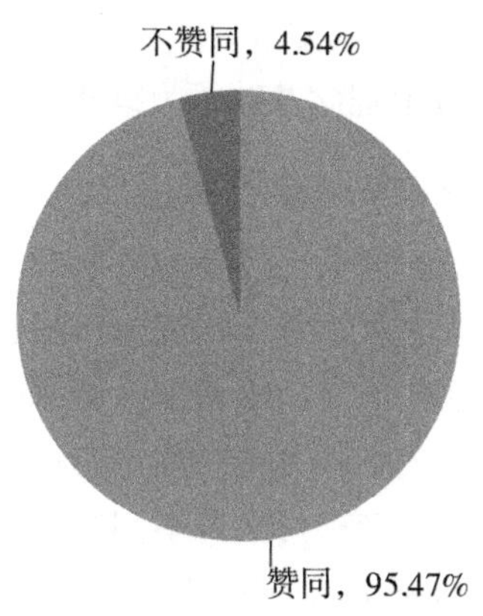

图 7　您是否赞同引入第三方监管机构对其行为进行监督

（2）业主委员会仅具有自治能力，对拒缴业主不具备强制管理能力

对于拒绝履行住宅专项维修资金续筹义务的业主，业主委员会可通过管理规约以及业主大会议事规则对其予以限制，但无法实施强制措施。

参与问卷调研业主中，部分业主表示不愿续缴住宅专项维修资金，原因多样。

图8显示，参与问卷调研的业主中有70.37%的业主表示自己不愿意续缴住宅专项维修资金，理由包括：住宅专项维修资金使用不便、费用收取过高或不合理以及是否续缴住宅专项维修资金对于自己的生活并没有任何影响。

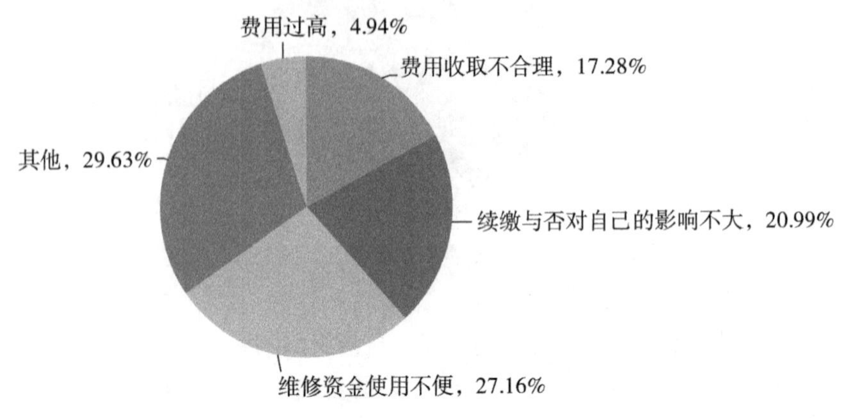

图8 不愿续缴住宅专项维修资金的原因

鉴于业主更信赖政府房屋管理部门，以及部分业主不愿续缴住宅专项维修资金的客观事实，急需政府部门制定相关政策法规，以政府为主导，对住宅专项维修资金续筹工作进行强制性管理。

2. 业主对住宅专项维修资金理念及续筹方式的认知不同

从“武汉市住宅专项维修资金续筹管理技术路线图”中可以看出，武汉市房管局对整个住宅专项维修资金管理系统具有统筹监督、管理的职责权限，同时，未成立业主大会的普通商品住宅小区续筹方案也由市房管局暂时代为管理；已成立业主委员会的住宅小区对本小区住宅专项维修资金续筹事宜享有自主决定权。商品住宅小区使用年限差异大，各住宅小区业主对住宅专项维修资金续筹看法不一，为住宅专项维修资金续筹事宜的统一管理带来许多困难。

（1）业主对住宅专项维修资金的使用理念存在较大差异

调研问卷显示，有66.01%（知道，但不很清楚49.86%；不了解16.15%）的业主对住宅专项维修资金了解程度不多，其中有16.15%的业主明确表示对住宅专项维修资金完全不了解（图9）。

如图10所示，对于“住宅具有消费性质，也需要管理和维修”这一理念，有97.17%的业主表示认同，但仍有2.83%的业主表示不认可。认同人数接近全体参与问卷调研的业主，表示大部分业主对于住宅专项维修资金使用的必要性都认可，

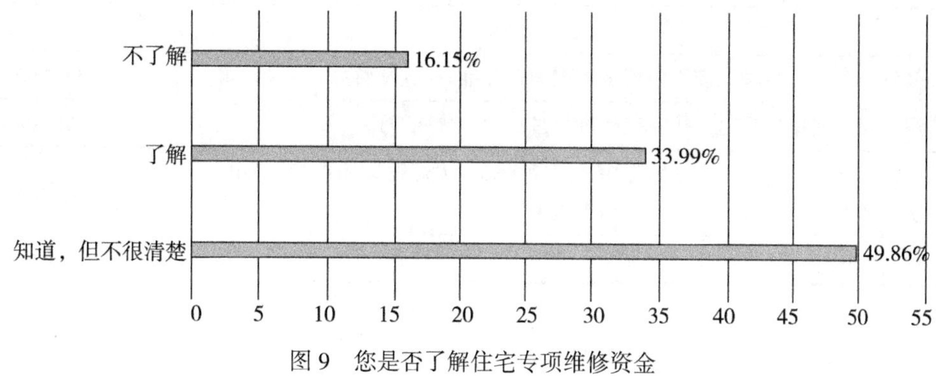

图 9　您是否了解住宅专项维修资金

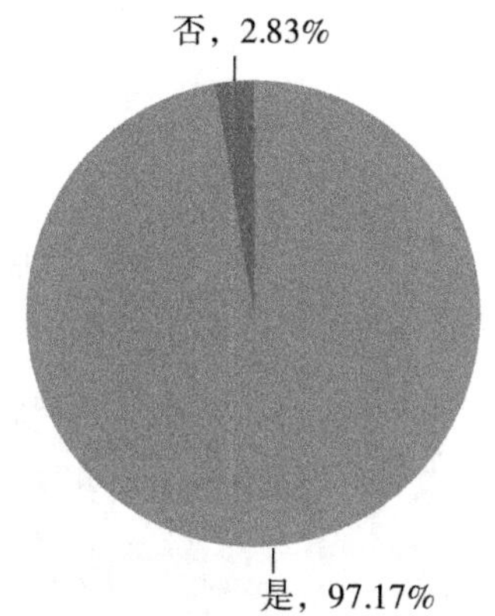

图 10　你是否赞同“住宅具有消费性质，也需要管理和维修”

但仍需进一步加强对住宅专项维修资金的宣传工作。

（2）业主在续筹方式上存在较大分歧

如表 2 所示，“维修资金余额不足时，按维修资金首次缴存标准一次性缴存”以及“按一定标准每月/季/年分期缴存用于房屋小修，大修时即用即缴（如电梯更新，一次性缴存，不留余额，下次使用再缴存）”两个选项的答案占比分别为 33. 43%、32. 01%，相差仅 1. 42%，表明业主对于这两种续缴方式都较为认可。另外，“自房屋交付之日起，按一定标准每月/季/年分期缴存”这一选项的得票率也达到了 16. 71%，与第三个选项相对照，表明部分业主也期望通过分期缴存的方式来实现对住宅专项维修资金的续筹，但对于是否区分大修、小修两种续筹模式，这一点存在较大争议。

表 2 续缴过程中，您愿意选择哪种方式

选　　项	回复情况
维修资金余额不足时，按维修资金首次缴存标准一次性缴存	33.43%
自房屋交付使用之日起，按一定标准每月/季/年分期缴存	16.71%
按一定标准每月/季/年分期缴存用于房屋小修，大修时即用即缴（如电梯更新，一次性缴存，不留余额，下次使用再缴纳）	32.01%
其他	17.85%

业主之间对于住宅专项维修资金在不同缴存模式下，由谁作为资金收取主体，这一点没有形成一致意见。不管是一次性缴存方式还是分期缴存方式，业主都更赞同直接缴存至维修资金专户，对于业主委员会和物业服务企业代为收取的信任度依然不高（图 11）。

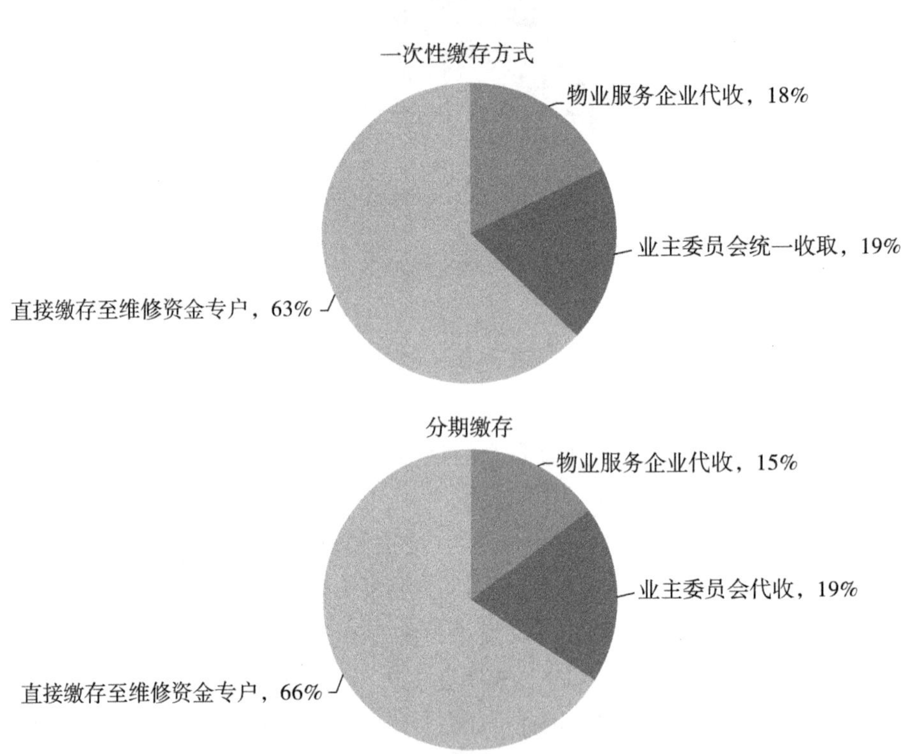

图 11　续缴资金收取主体方式选择

（3）预分摊制受到大多数被调查业主的支持

经统计，71%的被调查业主可以接受预分摊制，即按照项目预算生成虚拟分摊账户，以维修项目实际结算的分摊金额从分摊范围内的业主账户中扣除，剩余金额返还原业主账户，这为续筹制度的创新提供了新的思路和支持。

3. 住宅专项维修资金续筹标准难以统一

（1）业主对全市统一标准或具体制定方案未达成一致意见

在参与问卷调研的业主中，59.77%的业主希望全市能够统一住宅专项维修资金续筹的标准，即对于同一类别房屋在全市范围内以相同的临界值、相同的征收比例来进行住宅专项维修资金续筹。图 12 为“对于住宅专项维修资金续筹机制，您希望全市所有小区统一标准，还是根据您所在小区实际情况具体制定方案?”这一问题的结果统计。认为“应该全市所有小区统一标准”的业主达到了 59.77%，选择“根据各小区实际情况具体制定续筹标准”这一选项的业主也有 40.23%，二者相差 19.54%。按照具体住房类别统一制定续筹标准可以借助政府的公信力提升业主对续筹工作的配合程度，防止不同小区的业主产生比较和不满心理，并且降低业主委员会因为经验或专业知识不足制定不适合的续筹方案的风险。住宅专项维修资金续筹标准一直以来都是各住宅小区治理过程中的难点，是否需要统一标准需要政府房屋管理部门作出明确规定，避免续筹过程中引起不必要的争议。

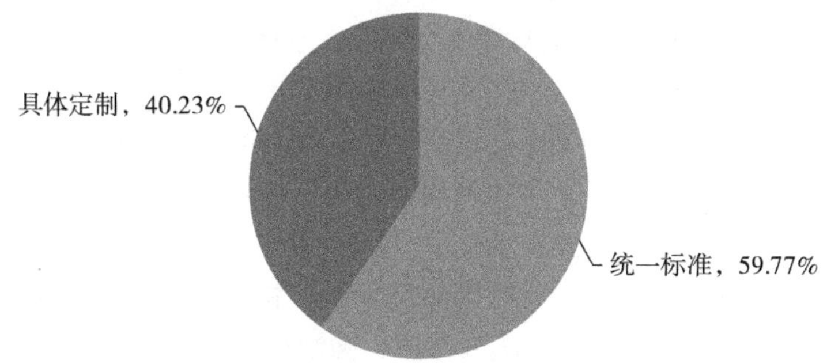

图 12 续筹是按统一标准，还是具体情况制定方案

（2）续筹临界点难以确定

在续筹的临界条件方面，被调查业主的选择如图 13 所示（图中上标为续筹临界点，下标为占比）。32%的被调查业主选择了以最低的首期交存金额 10%为临界点的选项。这一现象说明有相当一部分业主希望续筹的条件能尽可能降低，并没有考虑到维修资金续筹方面的实际问题，侧面反映了业主对于续筹的消极态度，以及业主对于住宅专项维修资金使用上的不了解。另外有 25%的被调查业主选择了法定的 30%为临界点，表明还是有部分业主对国家政策充分信任和支持，对续筹工

作持积极态度。

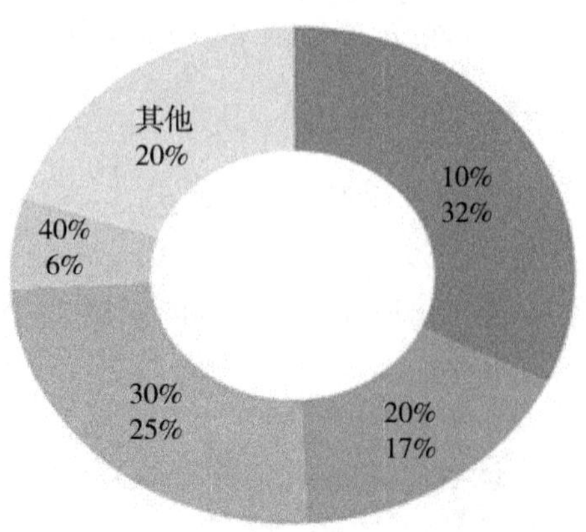

图 13 续筹临界点的选择

住宅专项维修资金合理续筹是小区业主、物业公司不可推卸的义务，业主的自觉意识、政府政策的强制约束都能对业主自觉履行续筹义务起到激励作用。本课题对武汉市内部分住宅小区进行了实地问卷调研。问卷第 12 题对“受访者是否参加过维修资金相关事项表决”进行提问，仅有 27. 14%的居民表示曾参加过维修资金相关表决。77. 14%的业主称愿意续缴本小区的住宅专项维修资金，仍有 22. 86%的业主不愿续交维修资金。

由于现阶段业主对业主自治组织信任程度不高，武汉市目前还不具备通过业主自治途径解决住宅专项维修资金的续筹问题。从我市住宅小区整体发展趋势来看，政府部门代管局面将在未来很长一段时间内成为住宅专项维修资金管理的主导模式，落实顶层制度整体规划，明确政府部门管理主体责任，进一步推进小区业主委员会建设进程并适度下放小区自主管理权限，强制约束居民住宅专项维修资金交存义务十分必要。

四、国外及我国港澳台住宅专项维修资金续筹经验借鉴

（一）美国住宅专项维修资金续筹经验借鉴

1. 美国住宅专项维修资金管理概况

美国的住宅专项维修资金主要以物业保养费及维修准备金的形式缴纳。公用部

分和公用设施设备的日常保养维护费用以及相关人员、材料的管理费用属于物业保养费的范畴。维修准备金则作为小区的应急储备基金，在设施设备需要大修时使用。美国小区普遍成立了业主自治组织，由业主协会负责物业管理。业主协会管理委员会会对每一年的维修资金做出预算，确定需要缴纳的物业保养费及维修准备金的数额，经过业主大会审议和表决通过后由业主协会进行收取。

美国物业管理费用中的储备基金主要有两类：设施重置基金和意外事故应急基金。设施重置基金的计算方法相对繁杂。大堂的地毯、家私、中央空调、应急发电机等，根据其重置费用及预计寿命等逐项计算。应急基金的计算就比较简单，联邦住房署建议应急基金应当是年度预算总额的3%。而一般出租公寓的应急基金则要高一些。重置基金要根据实际每年调整，逐项计算，对偶然事件也有充分考虑，并通过购买保险来保障预算的执行。

2. 美国住宅专项维修资金续筹经验

美国的维修资金管理法律较为健全。在续缴的强制性方面，业主协会将委派律师对拒绝续缴维修资金的业主进行通知。对于超出一定期限后依然拒绝续缴的业主，业主协会可以经由律师对拒绝续缴的业主的房产进行质押登记。对于依旧拒绝续缴的业主，业主协会可以选择向法院申请实施质押房屋优先受偿权。在维修资金的保值增值方面，物业公司受业主协会对于管理资金的委托，将维修资金交给专业程度高的基金公司管理。绝大多数的维修资金在闲置期内会被投资到银行业，基金公司将收益在扣除管理费之后交给物业公司，所得的收益归全体业主所有。

（二）英国住宅专项维修资金续筹经验借鉴

1. 英国住宅专项维修资金管理概况

在英国，业主可以选择由物业公司负责物业维修或者由房屋经理来负责房屋及公共部分的维修。物业公司每年向业主收取固定数目的物业管理费，这一费用包括所有物业管理和房屋维修的费用以及物业公司的酬金。物业公司的账目透明公开，业主可以去当地税务部门进行查询。对于一些小规模的社区，聘请房屋经理进行管理可以节省业主物业费用的支出。房屋公共部分的维修问题需要全体业主商讨后达成统一意见，否则其中任何一个业主都可以申请政府通过实地勘察来进行裁决。若裁定结果为房屋确实急需维修，政府部门将要求全体业主在一定期限内达成统一意见。如果全体业主无法达成一致意见，政府部门将会组织单位对房屋进行维修，并由全体业主分摊维修费用及一定数额的政府补贴，以促进全体业主达成统一的意见。①

英国维修资金相关法律规定中十分重视会计师与律师的作用。一般情况下，住宅专项维修资金的预算方案由业委会做出，然后交由专业的会计机构对方案进行核算并对外公开。如果预算方案中所计算的维修资金的款额过高，业委会就需要采取招投标的方式来确定维修护理单位。预算方案通过之后，律师会将有关情况告知存储银行，银行会将资金支付给业主委员会并由业主委员会依据之前的预算进行维修，并由专业的会计审议和公布使用的各种费用支出情况。

2. 英国住宅专项维修资金续筹经验

对于公共设施、设备的维修养护，以及常用设备的维修管理工作，如消防系统、电梯、安保系统等，英国在居民居住初期就要求与物业公司签订契约合同，按照一定比例交纳经常性维修费用。住宅应急性工程费用与工程储备性开支，则与政府物业、私人物业所筹集的物业管理费用一起，通过建立专门的维修储备基金加以解决。

（三）日本住宅专项维修资金续筹经验借鉴

1. 日本住宅专项维修资金管理概况

在日本，住宅专项维修资金的职能由修缮积立金和修缮积立基金承担。修缮积立金是指用于房屋共用部分（如房屋外立面、楼梯、走廊、照明设备、电梯、阳台、停车场、给水设备、屋顶防水等）的定期维修所征收的费用。业主会在每月将修缮积立金连同物业管理费一起交纳给管理组合（类似我国的业主委员会）。在业主购房时，开发商会交纳部分资金作为修缮积立基金。除此之外，在业主有需要时还可征收临时积立金。这些资金主要用于房屋共用部分定期、计划维修；增强电视信号强度或其他设施增容；小区共用部分的更新或处理；房屋共用部分发生意外事故或其他情况的维修；小区用地及共用部分的管理。

为了能够有计划地实施住宅共用部分的维修工作及把修缮积立金以及相关资金用到实处，日本的小区会事先制订长期且细致的维修计划，包括维修周期、维修项目及预算等，并且依据法律规定，修缮积立金的使用和归集情况要及时告知业主，以保障资金使用的公开透明。对于拖欠缴纳修缮积立金的业主，管理组合将会上门催缴；若业主坚持不配合缴纳修缮积立金，管理组合可对业主提起法律诉讼。

---

① 张小军：《我国住宅专项维修资金制度的运行困境与制度完善》，西南财经大学 2012 年硕士论文。

2. 日本住宅专项维修资金续筹经验

为了延长住宅的使用寿命，进行合理的检查和修复等维护管理及改造是非常有必要的，为此日本物业管理企业建立了“住宅履历书制度”。修缮积立金则按住宅维修长期计划书实施预算，每月分摊测定，按月收取，占总管理费用的60%。按月收缴主要出于考虑购房业主的负担能力。

（四）新加坡住宅专项维修资金续筹经验借鉴

1. 新加坡住宅专项维修资金管理概况

新加坡的住宅专项维修资金包含在业主缴纳的住宅小区管理费中。新加坡法律规定，住宅小区由业主管理委员会自治，业主负有对住宅小区的公共部分和公共设施设备维护的法律责任。物业管理企业不负责物业小区的维修保养，只负责小区日常事务的管理。市镇理事会（相当于我国的业主委员会）将具体维修保养工作发包给专门的维修保养公司，维修保养公司将依据法律的强制性规定对住宅小区进行日常定期检查维修和周期性更新（表3）。除了业主缴纳的住宅小区管理费之外，新加坡政府也将部分城市建设费投入到住宅小区的维护和管理上。

表3 **新加坡物业共用部位、共用设施设备更新要求**

序号	项目	更新频率
1	外墙修补、重新粉刷	1次/5年
2	水泵、电梯电缆	1次/7年
3	供水器	1次/12年
4	屋顶防水/隔热层	1次/10~14年
5	电线、水管	1次/25年
6	电梯	1次/28年

新加坡专门设立了建筑总监，负责监督住宅公共部分的维修养护工作。建筑总监有权要求建筑物的所有人和使用人对住宅需要维修的部分立即进行维修，对于拒绝执行维修工作者，建筑总监可以通过诉讼强制执行。

2. 新加坡住宅专项维修资金续筹经验

新加坡不提前预留住宅专项维修资金。当住宅小区公共部分和公共设施设备需要维修时，经50%以上业主同意，可以向所有业主收取这笔费用。如果业主无力缴纳或暂时拒绝缴纳这笔费用，政府在将购房契约在相关部门进行抵押登记后可以获得本次维修所需的费用，业主在补缴这笔费用之前，房屋不允许进入市场交易。

（五）我国香港、澳门、台湾住宅专项维修资金续筹经验借鉴

1. 香港住宅专项维修资金续筹经验借鉴

（1）香港住宅专项维修资金管理概况

香港设有常用基金和备用基金两种维修资金。常用基金和备用基金由业主组成的业主立案法团管理，由法团来负责公共部分的管理。物业维修基金中的备用基金专门用于应急维修。备用基金采取定期交存的方式，每月收取。遇特殊情况，可临时筹集特别基金，具体交存标准由业主代表机构（称“业主立案法团”）自行决定。物业维修基金的启动标准很低，只需 10% 相关业主出席会议，其中 1/2 以上同意即可。不仅如此，香港物业维修的范围非常全面，不仅包括应急维修，还包括预防性维修，以尽可能延长房屋使用寿命。为保障基金专款专用，基金账目每年经审计师审计后公告业主。

（2）香港住宅专项维修资金续筹经验

虽然香港并未规定在购房时需要缴纳住宅维修资金，但是如果业主有欠缴维修资金的情况，只有当补缴之后其房产才能进入市场交易。除此之外，香港的维修资金管理制度中设有保险制度，在为社区公共部分及公共设施设备投保之后，因意外造成这些部分需要维修时，保险公司将会进行理赔。

2. 澳门住宅专项维修资金续筹经验借鉴

（1）澳门住宅专项维修资金管理概况

澳门强制设立了“共同储备基金”用以应对巨额的非预见性维修开支，尤其是用于建筑物共用部分的维修开支。分层建筑物所有人大会负责制定共同储备基金的管理规章以及从事共同储备基金的管理工作。资金来源有三个方面：一是分层建筑物固定开支的十分之一（分层建筑物所有人大会可以决定更高的比例）；二是分层建筑物所有人大会在分层建筑物规章内定出的对有关违反相关规定、约定而收缴的罚金，这些处罚所带来的收益可以作为共同储备基金；三是罚金所带来的收益。共同储备基金的管理规则由分层建筑物所有人大会负责制定，一般由分层建筑物的管理机关按照所有人大会所授权限负责管理，该基金可以存放在银行里。

（2）澳门住宅专项维修资金续筹经验

业主每月按房屋价值比例分摊维修基金。对于不缴费的业主，由业主管理委员会向其提出民事追讨。

3. 台湾住宅专项维修资金续筹经验借鉴

（1）台湾住宅专项维修资金管理概况

1995年6月28日台湾地区公布了《公寓大厦管理条例》。该条例把物业管理资金分为三种，分别是使用偿金、管理及维修分担费用（管理费）、公共基金。其中提到的“公共基金”，与我们所说的住宅专项维修资金相似。该条例明确规定：“公共基金应设专户储存，由管理负责人或管理委员会负责管理，但其运用应依照区分所有权人会议决议为之。”法律还规定业主不能单独出让公共基金，也不能在公共基金上享有担保权利，建筑物区分所有权转移则公共基金也随之转移。资金来源有四个方面：一是房地产开发商按照一定比例金额缴纳的管理维护费用；二是区分所有权人依区分所有权人会议决议缴纳；三是本基金之利息收入；四是其他收入如捐赠等。台湾地区的公共基金主要用于公用部位和共用设施设备的维修、管理和改良。一般在以下情形可以使用公共基金：第一，公寓大厦每经一定的年限所进行的计划性修缮；第二，用于紧急情况下需要立即修缮的；第三，对住宅共用部分以及相关设施设备进行的改良、拆除或者重大修缮；第四，供垫付前款之费用。

（2）台湾住宅专项维修资金续筹经验

住户欠缴公共基金达到一定金额，经多次催告仍不给付，管理负责人可上诉法院令其缴付。此外，依据我国台湾地区的建筑法规，管理负责人还可以凭借公权力采取切断电气和水道等其他适当的措施予以催缴。

五、国内典型城市住宅专项维修资金续筹经验借鉴

国内各城市间经济发展水平差异较大，房地产行业发展同样存在较大差异。各地政府房屋行政管理部门结合本地实际，相继出台相关政策，致力于完善本市房屋监管制度，形成了具有各地特色的管理体系。在维修资金续筹方面，上海、苏州、深圳、乌鲁木齐和泰州等城市提出了切合本市实际的解决方案，为国内其他城市提供了经验借鉴。

（一）上海市经验

在十多年的探索和实践过程中，上海市积累、形成了较为完整的房屋管理体系。从归集、划转到使用，上海市住宅专项维修资金都按照较为成熟的具体制度执行，但对于资金的再次筹集缺乏可操作性强的具体方案，对政府部门和物业管理机构造成一定的困扰。有鉴于此，上海市政府房屋管理部门采用“组合拳”模式，

多角度解决本市住宅专项维修资金续筹难题。①

常规续筹，建立应急机制。按照规定，维修资金余额低于首期交存金额30%则触及续缴标准下限，应当及时续缴。但在日常管理中，该方案的可行性不强，原因在于一次续缴费用过高，业主配合意愿低。参考深圳市做法，上海市推行“常规缴费与应急机制相结合”的方案，即维修资金尚未达到续筹标准时，按月收取较低的维修资金，既对既有维修资金进行补充，又促进业主形成自觉缴费意识；当维修资金余额低于首期交存金额30%时，适当提高按月交存金额，提高维修资金储备。

具体筹集标准见表4：

表4 **上海市维修资金筹集条件与标准**

分类	筹集条件	筹集标准（每月）
日常筹集	业主大会成立后按月缴费	高层0.25元/平方米 多层0.15元/平方米
应急筹集	维修资金余额低于首期交存款30%以下	0.8~2.6元/平方米

打通公积金补充渠道，拓宽小区收益来源。住房公积金具有归集性好、储蓄强制性高的特点，住宅专项维修资金在资金用途与使用方式上与之类似，但征集过程十分困难。上海市提出打通公积金补充维修资金的渠道，发挥公积金征缴便利的优势，既解决了因限购导致个人公积金无法提取的问题，又增加了维修资金来源方式，保证房屋的正常使用。上海市还积极拓宽小区公共收益来源，补充维修资金。上海市政府房屋管理部门鼓励住宅小区将广告收入、停车位费用等收益用于补充住宅专项维修资金，以便延缓维修资金续筹时间。

形成业主拒缴约束机制。业主是否配合，是住宅专项维修资金续筹能否顺利进行的关键。在现今住宅小区区分所有权人的背景下，业主作为产权所有人不愿配合征缴维修资金，这样做既会影响自身的正常生活，也会有损他人的正当利益。经过研究，上海市提出针对拒缴维修资金业主的处理方案：房屋进行转移登记或抵押时，业主须补足维修资金；将维修资金征缴与个人征信挂钩；设置欠缴的处罚性规定；建立起诉和偿付机制。

积极推广宣传。积极宣传，让业主了解并主动参与维修资金征管过程，才能充分调动业主的续筹积极性，使维修资金征缴、使用与管理形成良性循环。上海市政府房屋管理部门从三个途径加大对维修资金续筹的宣传力度：一是通过报纸、广

① 参见《维修资金监管动态》。

播、电视等媒体对业主进行宣传，提高业主的自觉交费意识；二是由政府房屋管理部门主导，会同街道办事处及居委会工作人员共同深入住宅小区进行业务指导、政策宣传以及矛盾协调。

政府补贴。20世纪90年代末，上海市部分商品房并未征缴维修资金，但由于历史原因已无法追缴。政府对该类住宅小区的首期住宅专项维修资金进行补贴，免除购房人对于遗留问题的困扰。同时，政府也为住宅小区的在修项目进行补贴，在住宅楼栋维修资金余额不低于首期缴纳额70%的前提下，政府与居民共同进行维修改造；若楼栋维修资金低于首期缴纳额的70%，则先由业主自行缴纳维修资金，这对住宅小区维修资金缴纳起到了一定的激励作用。另外，小区内收入较低者可向政府申请免息或无息贷款。

（二）苏州市经验

维修资金的申请以及使用管理过程中的滥用风险防范成为管理部门面临的难题，苏州市房屋管理部门推行第三方监管的做法，加强事中、事后的监督管理工作，有效防范了资金的滥用风险。

目前苏州市住宅专项维修资金第三方监督管理工作主要涉及项目使用的审价、监理、鉴定，电梯维修方案审核以及招标代理等方面。

审价监管：在申请维修资金使用前，申请单位应出具具体维修项目的使用方案，由专业造价机构对使用方案的预算和决算进行审计，之后出具预算审计结果作为合同签订依据，预算审计结果作为项目结算、费用分摊的最终依据。

监理监管：监理监管指对维修资金使用方案中所涉及的方案实施过程进行过程监督，由专业的监理机构进行。在整个维修资金方案使用过程中，维修资金项目的维修工艺、主材品牌及质量、维修工程量以及工程预定时间进展，都是维修资金监管的重点。监理机构应对监管过程相关的项目资料进行保密，并参与项目验收及款项结算，项目资料作为验收及结算依据。项目进展也纳入结算依据范围。

房屋鉴定：房屋出现损毁，启动维修资金使用应急预案前，由专业的房屋鉴定机构对需维修房屋进行技术鉴定。对于不符合维修资金管理制度规定的应急启动条件出具相关说明，并对符合应急启动条件的房屋提供使用证明。房屋鉴定主要针对屋面及室内外墙面、管道及围墙，具体包括：屋面及外墙墙面防水层是否漏水，外墙粉层及贴面是否剥落，管道排水是否发生故障及坍塌，以及围墙是否有倒塌风险等。对于确实符合维修资金使用范围的房屋损毁应出具相关具体说明。

电梯维修方案审核：对于维修资金应急预案启动中所涉及的电梯维修项目，由专业机构对方案的可实施性、合理性和必要性进行技术审查。审查过程以电梯维修保养档案所提供的相关资料为准，主要参考电梯出厂材料中所涉及的零配件参考价，并由技术人员对故障电梯进行检验检测，最终检测结果作为审查意见一并纳入预案启动的参考依据。

招标代理：委托专业招标代理机构代拟发包方案，向各项目相关的工程公司发布招标公告，进行投标资格预审，并进行开标评标管理，出具工程合同草稿，协助维修资金使用小区与中标公司签订维修合同。招标代理工作应由独立于政府房屋管理部门、物业管理企业以及业主委员会的招标公司承担，对招标过程所涉及的资料严格保密。

（三）深圳市经验

深圳是我国第一个经济特区、改革开放窗口和新兴移民城市，经过改革开放四十多年的发展，在经济发展水平、人民生活水平、产业发展水平和科技凝聚力等方面位列我国甚至世界发展前列。依托扎实的经济基础以及人力资源，深圳市形成了领先世界的高新技术产业。工欲善其事，必先利其器。“互联网+”就是新兴的高新技术产业之一，深圳市将其运用到住宅专项维修资金管理过程中，整合社会资源，完善物业资金系统，运用大数据技术，将维修资金管理使用信息化，实现创新突破。为贯彻落实信息公开这一基本政策方针，深圳市政府房屋管理部门建立了维修资金管理中心官方网站、微信公众号查询平台等信息公开渠道。维修资金管理中心官方网站公开维修资金划拨、使用、余额等明细，微信公众号主动推送深圳市维修资金管理政策，方便业主查询自己的维修资金使用状况及余额。

上述渠道拓宽了深圳市住宅专项维修资金信息公开渠道，保障了业主的知情权与监督权，但仍存在大量的信息空白。为此，深圳市政府房屋管理部门主动对接各大平台运营商，建立更加公开的信息机制。如结合指纹识别、人脸识别等最新技术手段，在深圳惠民平台“政务”栏目、腾讯维修“城市服务”栏目、支付宝“城市服务”栏目等平台窗口嵌入房屋维修资金信息公开功能，将便利带到千家万户，促进了维修资金信息的进一步公开。

深圳市普遍采用行政式的维修资金审核流程，即经小区申报后由主管部门进行行政审核来决定是否进行信息公开。融合“互联网+”技术以后，维修资金信息公开向服务型流程转变，系统自动预警并作出对比参考，小区根据参考结果决定是否需要申请信息公开，再通过行政审核获取维修资金的全档公开，待这一转变落地，深圳市全网的维修资金服务效能将实现显著提升。

为集中政府、业主与企业的综合优势资源，深圳市将维修资金与市电子政务资源中心、市不动产中心与腾讯微信、专户银行等系统对接，实现维修资金基本职能和主要业务与物业管理企业上下层合并管理。下一阶段，深圳市维修资金拟实现内外协同、综合联动，创建物业管理企业的信息化服务大平台，打造“大物业”综合服务平台。

（四）乌鲁木齐市经验

乌鲁木齐市维修资金管理工作走在国内其他城市的前列，从交存管理模式到规范、精简化监管，以及后续保值增值都做到了因地制宜，结合本地实际，补短板、创优势、寻创新，加快信息化建设力度，建设出具有高效维修资金续筹方案的管理模式。

乌鲁木齐市内住宅小区普遍进入到维修资金大修或中修阶段，业主生活水平及文化素养在不断提高，维权意识也随之提高，对维修资金的监管、保值增值工作也寄予更高期望，但业主自身仍然缺乏主体责任意识。乌鲁木齐市物业专项维修资金监管机构以“规范化、精简化”为管理目标，制定了一整套从流程、制度到监管的操作系统。

以“安全使用”为宗旨，规范工作管理流程。住宅小区公共部位、设施设备出现损毁，需报修启用维修资金，应当通过申请、审核、批准，由相关管理部门组织施工，并对维修过程和费用实行严格监管。除此之外，出于安全考虑，还并行一套完整的维修资金应急启用方案，以防止小区公共部位、设施设备突然破损急需维修。

维修项目在申报过程中根据项目造价的多少、施工工程量的大小以及施工难度进行分类处理。普通施工项目按照常规流程申报，紧急方案须事先告知后才能启用维修资金，但维修过程所发生的费用应当严格记录，并整理存档，作为维修项目结算依据。

建立逻辑严密的监管系统。乌鲁木齐市维修资金管理部门非常重视资金的监管工作。以乌鲁木齐市的维修资金实际情况为出发点，对维修资金的支用进行层层审核，严格把控技术环节及工作流程各个环节的合理性和必要性。

项目监理保证施工质量。乌鲁木齐市维修资金使用过程中的项目监理先由施工单位对施工过程进行自我监督检查，再交由监理单位和部分业主代表进行实地检查验收，在这期间乌鲁木齐市维修资金管理办公室鼓励小区业主和物业管理企业聘请专业的项目监理公司，对施工单位的项目过程和项目结果进行第三方监督，其检查结果纳入维修资金监督管理范围。

业主对施工项目享有充分的监督权限。启用维修资金时，物业应将业主签署的“业主同意书”进行公示。项目竣工完成后，资金结算明细及说明与申请计划和“同意书”一并纳入公示材料。对维修项目存在异议的业主可向物业管理企业申请查阅相关资料。

（五）泰州市经验

结合地方住房市场发展的需要，泰州市的住宅专项维修资金形成了具有泰州特色的管理模式和经验方法，首创性提出“住房医保”，提倡参加房屋“医保”，使房屋维修有保障。泰州市住房物业管理中心提前统筹规划，预防房屋若干年后面临房屋维修群众意见不统一、资金筹集困难的困境，建立预存账户，为房屋设置“住房医保”，确保房屋的修缮按照“生病”模式处理，确保房屋使用可持续、故障维修速度快、维修资金有保障。

主动角色在政府。泰州市政府房屋管理部门作为住宅专项维修资金的主管部门，在市内维修资金续筹过程中积极牵头，主动拓宽市内住宅小区维修资金收益渠道，建设维修资金“资金池”，起到降低续筹工作难度的重要作用。泰州市政府房屋管理部门通过对市内住宅专项维修资金开户银行进行比对、询价，通过“竞标”方式增加维修资金存量金额的收益来源，增加维修资金存量额，减少资金续筹困难。

鼓励宣传在物业。泰州市内住宅小区主要由物业公司管理，在维修资金续筹方案中，物业服务企业扮演着重要角色。在维修资金续筹过程中，各小区物业管理服务公司针对本小区续筹情况，对每户参与续缴维修资金的业主实行每月 2 元保险补贴，既向业主宣传维修资金“医保”，调动小区居民续筹积极性，又为业主做出续筹典型示范，引导业主主动参与小区续筹。

自愿续筹在群众。泰州市推出的“住房医保”方案致力于让全市人民在维修资金续筹中享受到实惠与便利。“医保”的资金征集及续筹都以“小额”为主，业主按照每月 2 元标准参加住房“医疗保险”。

泰州市政府先后出台了《泰州市区住宅专项维修资金管理办法》以及《关于明确住宅专项维修资金有关政策的通知》，对泰州市区住宅小区维修资金、保险衔接和维修额度具体计算规则作出了明确规定：

（1）“住房医保”可通过物业企业和业主两种途径参保：以正常标准按时缴纳物业费的业主可享受由物业企业购买赠送的房屋维修资金保险，其费用为 2 元/月/户；对于自愿参加“住房医疗保险”的业主，可在物业企业购买赠送的基本保险的基础上叠加购买一份保险，保费同样为 2 元/月/户。

（2）业主参保额度具体计算公式如下：房屋维修额度=基础额度+参保额度+年限额度+续交补助+高层补助+长期参保补助；其中，各具体额度及补助计算规则如下：

①基础额度=0.6×A0（A0 为业主缴交的初始公共维修资金，其 0.5 倍为楼栋公共维修资金）。

②参保额度视物业企业及业主的参保情况确定（表 5）。

表 5 泰州市住宅专项维修资金参保额度①

企业参保	业主参保	参保额度
是	是	$1.8A^{参保系数}$
是	否	$1.0A^{参保系数}$
否	是	$0.2A^{参保系数}$
否	否	0

③年限额度=300×Round（$N/3$）+200×Round（$N/3$）。

④续交补助：按照泰房发〔2015〕100 号文件规定的补缴方式执行。某业主房屋的累计维修费用超出房屋维修额度时，长期参保的业主可以继续缴纳维修资金，享受续交补助。

⑤高层补助：2000 元。对于居住楼层较高的住户，政府房管部门按照层高给予额外补助。

⑥长期参保补助：具体补助标准待确定。长期按约缴纳物业费、物业企业长期为业主赠送房屋维修保险和业主自愿长期参保的住户，将享受额外补助。

六、进一步完善武汉市住宅专项维修资金续筹机制的政策建议

住宅专项维修资金的管理、使用及征缴，对于维护小区居民生活幸福，保证社会秩序长治久安具有深远影响。为此，本课题组针对近几年武汉市各住宅小区专项维修资金使用状况，从部委、市政府以及市房屋管理部门不同维度提出具体的政策建议。

（一）国家层面：建议出台《住宅专项维修资金续筹规则》

建议住建部联合财政部、民政部等部门出台《住宅专项维修资金续筹规则》，明确续筹管理规范，为各地区因地制宜进行住宅专项维修资金续筹管理提供政策依据。

（二）市级层面：建议修订《武汉市住宅专项维修资金管理办法》

由前文可知，受现阶段武汉市内各小区自治水平的限制，通过业主大会进行住宅专项维修资金续筹的路径不具备现实可行性。当前武汉市大部分住宅专项维修资

① 参保系数：（$0.8\times N+0.2\times n$）/（当前年份+1-小区参保年份）

金都由市级房地产行政主管部门进行代管，同时业主对政府部门的信任程度远高于物业服务企业与业主委员会。考虑到与现行制度的衔接，本课题建议武汉市政府明确各商品住宅小区业主委员会、对应业主作为住宅专项维修资金续筹的责任主体，市级政府房地产行政主管部门会同武汉市财政部门作为组织主体，出台具体的住宅专项维修资金续筹指导方案，指导各住宅小区业主大会具体落实住宅专项维修资金的续筹；同时也允许业主大会结合所在住宅小区实际情况自行制定方案组织续筹，但应向政府部门备案审批，并通过法律条文的形式明确拒缴业主的法律责任及后果，对住宅专项维修资金续筹工作进行强制规约，使后期对拒缴业主的强制约束有法可依。

（三）市级主管部门：建议出台《武汉市住宅专项维修资金续筹工作指导规约》

建议武汉市房屋行政主管部门出台《武汉市住宅专项维修资金续筹工作指导规约》以及《武汉市住宅专项维修资金管理规约示范文本》，设计菜单式续筹方案，细化续筹标准，具体内容包括以下几方面：

1. 设定菜单式住宅专项维修资金续筹方案，减少业主大会续筹方案制定的难度，供业主大会选择

（1）方案一：一次性缴存

该方案与首次缴存方式最为接近，其设定核心在于住宅专项维修资金余额已达到续筹启动线。该方案缴存过程简单，缴存标准清晰。按照现行制度规定，当“业主分户账面住宅专项维修资金余额不足首期交存额 30%”，业主委员会启动续筹工作。续筹标准参照首次缴存即每平方米建安造价 5%的比率，按照建筑物重置成本预算定额的 5%进行缴纳，一次性存入住宅专项维修资金专户。

（2）方案二：定期缴存

该方案设定的核心在于业主委员会委托物业服务企业代为收缴，让业主养成定期缴纳的习惯，积少成多。该方案优点是缴存相对简单，每次资金额相对较小。参考深圳续筹标准，可按多层面住宅每月每平方米 0. 2 元，高层及配备电梯的住宅每月每平方米 0. 8 元的标准缴纳。

（3）方案三：应急续筹

该方案主要用于防范住宅专项维修资金余额不足所带来的安全问题。应急续筹以需维修项目所涉及的居民为筹集范围，以幢、栋为单位进行续筹。当维修项目所涉及的居民住宅专项维修资金账户余额总额低于首次缴存额 30%时，可启动应急续筹程序；为保证居民居住安全，可将住房公积金作为应急续筹的资金补充。

2. 建立住宅专项维修资金财务审计与公布制度，提高资金管理与使用透明度

当前武汉市绝大多数住宅专项维修资金都由武汉市房地产行政主管部门代管，尽管业主相对比较信任政府，但住宅专项维修资金保值增值问题长期以来备受社会质疑。因此要解决住宅专项维修资金续筹难题，需要公开已缴存的住宅专项维修资金增值、提取使用的具体情况，定期向社会公布，通过建立住宅专项维修资金财务公开透明制度，提高住宅专项维修资金续筹的吸引力。建议对住宅专项维修资金进行预决算管理，由业主委员会对本小区住宅专项维修资金做出预算方案，由专业会计机构对方案进行核算并对外公开；对于预算方案中预算过高的项目，采用招投标的方式选择项目施工单位，并引入专业会计机构对项目进行审计监督，公布各项费用支出；规范市级、区级政府部门以及各小区住宅专项维修资金账目体系，统一会计核算科目，为住宅专项维修资金核算、管理及预测功能的实现提供基本数据支撑。

3. 鼓励业主委员会通过法律途径正当维权，明确催缴、拒缴惩戒流程

通过法律途径解决住宅专项维修资金续筹难问题，有助于梳理业主委员会与小区业主的法律关系。对于未缴、拒缴的业主，房屋行政管理部门应该依法发出《催缴住宅专项维修资金》的律师函，同时由住宅小区业主委员会工作人员联系业主进行解释；对于出租户和闲置房屋的业主寄出《住宅专项维修资金续筹告知书》；业委会和居委会工作人员应与拒收律师函的个别业主面谈，将业主拒缴理由作为法庭证据予以保留；对于仍明确表示拒缴的业主，房屋行政管理部门及住宅小区业主委员会可对其进行起诉。

4. 规范住宅小区公共收益，扩大续筹资金来源

当前随着业主自治水平与维权意识的提高，部分住宅小区通过出租电梯广告、车位与其他公共空间，产生越来越多的公共收益，如武汉市百步亭社区在业主委员会组织下，整个百步亭居住区通过公开招投标方式出租公共空间的使用权，2018年获得380万元的公共收益。建议通过规范小区公共收益，将其纳入小区住宅专项维修资金账户，以补充维修资金余额不足。鼓励业主委员会按照本小区实际制定《公共收益管理细则》，明确基本原则、所有权主体、公共收益范围界限、管理责任和使用权限等。

5. 鼓励业主大会委托业主委员会在住宅小区内部建立约束机制

住宅小区可通过建立《业主管理规约》《社区管理规约》对小区住宅专项维修资金续筹工作细则及物业项目基本情况进行明确规定，提出业主间共同约定的基本

准则，并对物业管理、物业使用等细节问题做出详实阐述，与《武汉市住宅专项维修资金管理办法》中强制缴存规定衔接，为后期维修资金管理、使用及续筹工作提供制度依据。

6. 积极推广宣传，拓宽信息公开渠道

对于住宅专项维修资金基本管理工作以及续筹程序，武汉市政府、业主委员会以及物业服务企业应积极建立三方联动宣传模式，对续筹工作进行正面宣传引导，让广大业主了解住宅专项维修资金的重要性，为住宅专项维修资金续筹提供良好的舆论支持。应当鼓励业主委员会积极宣传住宅专项维修资金续筹工作，正面引导，将住宅专项维修资金续筹知识普及深入到小区业主日常生活中。

建议在武汉市住宅专项维修资金管理中心官方网站、微信公众号等信息公开平台增设查询功能，及时更新对应小区住宅专项维修资金划拨、使用以及余额等明细；设立业主对应分户查询选项，并主动推送最新住宅专项维修资金管理政策及动态变化，方便业主查询自己的住宅专项维修资金使用状况及余额；尽量保障业主知情权与监督权，为续筹工作的开展扫除障碍。